四庫全書総目彙訂

修訂本

6

子部

魏小虎 編撰

上海古籍出版社

子部二十一

術數類存目二

漢原陵祕葬經十卷(永樂大典本)

不著撰人名氏。前有自序,稱:"昔因遇樓敬先生,傳陰陽書三本,其用甚驗。直指休咎之理,出生入死。遁甲之法,乾兌坎離遷宅之法,辨年月日時加臨運式。余因暇日,述斯文五十四章①,分為十卷,備陳奧旨。立冢安墳,擇地斬草,冢穴高深,喪庭門陌,碑碣旐旌,無不備矣。"云云。蓋術家所依託。所云樓敬先生,豈假名於婁敬,而其姓誤加"木"旁歟?

【彙訂】

① "章",殿本作"篇"。

葬經一卷(兩江總督採進本)

題云青烏先生《葬經》,大金丞相兀欽仄註。考《青烏子》名見《晉書·郭璞傳》①。《唐志》有《青烏子》三卷,已不知為真古書否。此本文義淺近,經與註如出一手,殆又後人所依託矣。郭璞《葬書》引"經曰"者若干條,皆見於此本,然字句頗有異同。蓋作偽者獵取璞書以自證,而又稍易其文以泯剿襲之迹耳。未可據為符驗也。

【彙訂】

① 唐修《晉書‧郭璞傳》及諸書所引十八家《晉書》皆不見言《青烏子》事。（余嘉錫：《四庫提要辨證》）

天機素書四卷（通行本）

舊本題唐邱〔丘〕延翰撰。延翰字翼之，聞喜人。《通志‧藝文略》載延翰《玉函經》一卷，《黃囊大卦訣》一卷，無此書名。惟《堪輿類纂》載宋吳景鸞進《陰陽天機書》序云：“唐開元中，河東星氣有異，朝廷患之，遣使斷其山。究其實，則邱延翰所作之山也。捕之弗得，詔原其罪。乃詣闕進師授《天機書》，并自撰《理氣心印》三卷。元宗賜之爵，以玉函藏其書內廷，禁勿傳。唐末兵亂，曾求己、楊益於瓊林庫獲玉函，發之得《天機書》，由是楊、曾之名始著。曾授陳搏，搏授景鸞父克誠，景鸞於慶曆辛巳承詔進《天機》、《心印》二書。”然則《玉函》、《天機》本一書而二名也。然其說頗誕，已不足為據。是書尤詞旨猥鄙，不類唐以前書。二卷以下圖說參半，所謂《三仙講》、《五虎講》諸圖，冗複牽綴，皆無意義。大抵明代地師因景鸞之說所為，又非宋人相傳之本矣。

內傳天皇鼇極鎮世神書三卷（浙江巡撫採進本）

舊本題邱延翰正傳，楊筠松補義，吳景鸞解蒙。核檢其文，實出偽託。其大例以天星二十八宿附於二十四山龍之下，以乾、坤、艮、巽為四鼇極，配以炁、羅、計、孛四星，以角亢、奎婁、斗牛、井鬼分為四候，不知其何所取義。案《青囊序》有“先看金龍”一語，後人以亢、牛、婁、鬼四星當之，原屬臆解。是書又云四金不以方位言，專以在地之形應在天之象。考星野見於《周禮》，其占候略見於《左傳》。《唐書》載僧一行亦以山河兩戒配列宿。然第就方輿大勢言之，初非沾沾於一邱一壑，指其象某宿某垣也。楊、賴諸家間借天星以代干支字面，如亥曰紫微，兌曰少微之類，特欲變文以示深隱。後人誤會其意，浸以天星立說，於是亥為貴龍，艮為富曜，踵譌襲謬，異說紛紜，遂至離方位而言星象。斷非楊、賴之舊法，無論邱延翰也。

地理玉函纂要二卷（浙江巡撫採進本）

不著撰人名氏。案《玉函》之名，相傳本於邱延翰書[①]，然其書久已不傳。是本託名《纂要》，設為諸圖，雜以三合長生之說。末附《黑囊經口訣》、《捉穴心印》、《造理賦》數條。大抵剽取坊本偽書，隨意竄入，不足據為定論也[②]。

【彙訂】

①"書"，殿本無。

②"也"，殿本無。

天玉經外傳一卷四十八局圖一卷（通行本）

舊本題宋吳克誠撰，其子景鸞續成之。一名《吳公教子書》。案克誠父子名氏，古籍無徵。惟術家相傳，謂克誠德興人，嘗從學於陳摶。景鸞承其指授，慶曆中應薦入都，授司天監正。以論牛頭山山陵事下獄。遇赦後，佯狂削髮於天門西岸白雲山洞。治平初，遺書與女而終。女即虔倅張道明之妻，以其書授廖瑀者也。今觀是書，大半剿襲《青囊》、《催官》詞句，而陰據《玉尺經》三合為本。如以寅午戌為火局，遂謂寅龍左旋屬丙，右旋屬丁。非但以木為火，違其本性。即論三合，丁火當生酉旺巳墓丑，正與寅午戌相反。又如因艮近寅，辛近戌，遂併以艮辛為火，坤乙為水，乾丁為木，巽癸為金，屈天干以就地支。泝流忘源，併失三合緣起之意。宋人議論尚無此派，斷為明人贗作無疑。次卷《四十八局圖》，即衍前說。李國木序云："傳為嘉、隆間歐陽氏鶯筆所書。"附以經驗各圖，如朱國祚、黃洪憲祖地之類，皆明萬曆時人，其偽託之迹尤顯然也。

九星穴法四卷（通行本）

舊本題宋廖瑀撰。地理家以楊、曾、廖、賴並稱，而瑀書獨佚不傳，故諸家著錄，皆無其目。是書莫知所自來，蓋依託也。其法專以九星辨穴體。所謂九星者，太陽、太陰、金水、紫炁、天財，凹腦、雙腦、平腦三體，合天罡燥火為九。其中又分正體、開口、懸乳、弓腳、雙臂、單股、側腦、沒骨、平面為九等，各系以圖與說。已不免強無定之形以就一定之格。至其"雙臂太陰"一條云："若兩臂太尖，名夾刃，主殺人至毒。須人力鋤去尖頭，使令圓淨，則變凶為吉。"是人不受氣於地，地轉受形於人矣。但擇一吉地之圖，依其高下而培築剷削之，固不難尺寸悉符，曲折相肖也。然有是理歟？

玉尺經四卷（通行本）

舊本題元劉秉忠撰，明劉基註。秉忠初名侃，字仲晦，其先瑞州人。曾祖官邢州，因徙家焉。少補邢臺節度府令史，旋棄去。隱武安山中，從浮屠法，更名子聰。世祖在潛邸，僧海雲邀與入見，大悅之，留贊大計，人稱聰書記。及世祖即位，始創議建國號。規模制作，皆所草定。至元元年，拜光祿大夫、太保，參預中書省事，更賜今名。十一年卒，贈太傅趙國公。諡文貞，後改諡文正，追封常山王。事蹟具《元史》本傳。基有《清類天文分野》之書,已著錄①。秉忠精於陰陽術數,世祖稱其"占事知來,若合符契"。嘗相地建上都於龍岡,又建大都城,其規制皆秉忠所定。顧史不載其著有是書,《永樂大典》備收元以前地理之書,亦無是編,明嘉、隆以前人語地學者皆未嘗引及。知其晚出,特依託於秉忠。基註中有"貴州北界"之語。貴州在元季為順元宣慰司,明初改貴州宣慰司,永樂開始置貴州布政司。基當太祖時,何由與廣東、雲南並稱?是註之偽託,亦不問可知。其書言萬山起自崑崙,其入中華分五嶽者為艮、震、巽三條;又云黃河界而西北丑艮行龍,長江限而東南巽辰起祖。不知黃河自西北而東南,依形家言,當云乾亥行龍;長江自西南而東北,依形家言,當云坤申起祖。蓋承上文而自忘其謬。又以金臨火為自焚,木入金為絕命,離龍見兌坎為自廢,震龍見離兌為傷劫。不知山川蟠鬱,千里百里,初無定形。必如所云自起祖以至落脈,兌不可以入離,離不可以趨兌,將褒斜之谷不可以入終南,九華之峯不可以趨鍾阜。拘而鮮通,莫此為甚。其《論向篇》謂龍穴之善惡從水,而以生旺三合為主。是轉以巒頭之形勢②,繫於水口之吉凶。舍本齊末,益復支離。自此書盛行,江南地學率皆以三合為正宗,趨生趨旺,從向從龍,糾紛不已。蓋三吳澤國,言水口則易於傅會,是以輾轉相承,末流益熾。國朝華亭蔣平階作《地理辨正》,始攻之甚力。雖平階欲盡變理氣家言,未免過當。然謂其竊楊③、賴兩家龍分順逆,砂辨貴賤之緒論,參以臆說,詞雖瀾翻,意實膚淺。平階所糾,要不得謂之吹索也。

【彙訂】

① 依《總目》體例,當作"基有《國初禮賢錄》,已著錄"。

② "巒頭",殿本作"巒體"。

③"謂",殿本無。

披肝露膽經一卷（通行本）

舊題明劉基撰。《明史·藝文志》亦載有其目。然觀書中所分《龍訣》、《穴情》兩篇，大半剽剟《撼龍》、《葬法》諸書。《砂訣》、《水訣歌》亦皆淺俗，如"筆架科名應有分，滿淋牙笏世為官"等句，基必不若是之陋。後附《南北平陽論》數條，則李國木雜取他家之書附入者，尤為傖鄙，殆嫁名於基者也。

地理大全一集三十卷二集二十五卷（通行本）

明李國木撰。國木字喬伯，漢陽人。是書一集之一卷、二卷為郭璞《葬經》，三卷至六卷為唐邱延翰《天機素書》，七卷至十卷為楊筠松《撼龍經》、《疑龍經》、《葬法倒杖》，十一卷至十四卷為宋廖瑀《九星穴法》，十五卷為蔡元定《發微論》，十六卷為明劉基《披肝露膽經》，十七至三十卷為《搜元〔玄〕曠覽》。稱《遯菴彙古》者，國木自撰也。二集一卷為唐曾文辿《青囊序》，二卷為楊筠松《青囊奧語》，三卷至六卷為楊筠《松天玉經》內傳、外編，七卷至十一卷為元劉秉忠《玉尺經》，附《遯菴原經圖說》，十二卷至十四卷為宋賴文俊《催官篇》，附《遯菴理氣穴法》，十五、十六卷為宋吳克誠《天玉外傳四十八局圖說》，十七卷至二十五卷為《索隱元〔玄〕宗》，亦國木自撰。是書凡例，一集專論巒頭，二集專論理氣，以多為富，真偽錯糅。又國木自撰附圖附說者居其半，陳因泛衍，絕無取裁。如《玉尺經》向稱劉秉忠著，已屬傅會。是書標題為陳希夷著，劉秉忠集。跋云："與師友講論，已成一帙。幸得伯溫先生原本，與予註若出一揆。因為補其闕遺，仍附圖說。"乃知所謂劉註即國木假為之以欺世也。每卷首率題"李某刪定"，是即其所集諸家之書亦已多所竄改矣。

地理總括三卷（浙江巡撫採進本）

明羅玨撰。玨字世美，鄱陽人。是書刻於萬曆二年。前二卷以二十四山分陰陽局，龍穴、砂水各為之圖，又及造命、分金、躔度諸法。玨自序專為理氣而設。顧楊、曾二氏之論理氣，詞約義豐，隨地通變，賴氏雖分龍、穴、砂、水為四，亦撮舉一二確鑿可據者為言。玨乃定為格式，某龍某方為吉，某方為凶，二十四山執一不化。不知山川賦形，卦氣消息，萬有不齊。用意雖勤，可謂不善學古者矣。其第三卷為《平原三法》，附以諸家雜論。三法者，一曰特生墩阜，二曰眠亙形局，三曰篲水裁局，不著其所自來。案葉泰《平陽全書》三法後有嘉靖時汪標跋①，稱此書出自幕講僧祕傳。今觀其《墩阜圖》內所載龍虎朝應，率皆板法；《眠亙圖》有靈蛇搶蛤、老蚌吐珠等名，亦多臆造，未必出幕講之手。惟雜論內所引楊筠松之《遍地鈐》，如"水邊花發水中紅，窗外月明窗內白"之句，寓言氣感，頗具名理。惜又雜以他說，如"海角經青龍，六合宜高大，白虎螣蛇莫起峯"之類，仍不離乎庸術也。

【彙訂】

① "三法"，殿本無。

羅經頂門鍼二卷（內府藏本）

明徐之鏌撰。之鏌，建陽人，萬曆中諸生。是書專論指南鍼法，以當時堪輿家羅經之制僅主二十四向，而略先天十二支之位為非，因著論詳辨。復繪之為圖，分三十三層，各有詳說。後附圖解一卷，則其門人朱之相所作也。

堪輿類纂人天共寶十二卷（安徽巡撫採進本）

明黃慎撰。慎字仲修，海陽人。其書刊於崇禎癸酉。分經、傳、論、狀、書、記、篇、說、詩、賦、歌、訣、問答、雜錄、辨、斷、穴法[①]、葬法、序、表二十目。大抵割裂舊書，分門編次，舛錯紛淆，漫無持擇。如何溥《靈城精義》一書，因無門可歸，改曰《論氣正訣》，入之訣類，他可知矣。

【彙訂】

① "穴法"，殿本作"六法"，誤。清乾隆三十七年姚氏刻本此書卷十一為"穴法類"。

羅經消納正宗二卷（兩淮鹽政採進本）

明沈昇撰。昇始末未詳。是書前分七十二龍，用納音五行以斷消納得氣及消納失氣為一卷。次分六十龍，參取星度三百六十五及三奇、八門、官貴、祿馬、刑傷、剋殺為一卷。其門人史自成序稱廖瑀得楊筠松、曾文迪、曾求己、吳穎、吳景鸞相傳之術，以授丁應星，應星授譚某，譚授吳舜舉，舜舉授劉師文，師文授余芝孫，芝孫授黃仲理，仲理授程義剛，義剛授劉時輝，時輝授劉應奇，應奇授顧乃德，乃德授何震儒，震儒授昇。昇廣演圖局，口授是書。自來論羅經者二家，一主八卦九宮，所謂氣從八方是也；一主十二地支，一支五干，重而六十，名胎骨六十龍，又名透地六十龍，以之定格來龍入首；於兩支接縫開空去癸甲壬乙之界，成七十二，名穿山七十二龍，以之立向收水。而皆取納音五行，六十納音起於金，故曰分金。然如以六十為得，則空其十二支接縫以成七十二者非矣；如以七十二為得，則干支強排以成六十者非矣。況言六十龍又有二，一則甲子起壬初，從卦不從支，而為平分六十龍；一則甲子起壬之半，從支不從卦，而為胎骨六十龍。說愈岐而愈謬，徒足滋惑而已。

寸金穴法二卷（浙江巡撫採進本）

不著撰人名氏。其書以俗本廖瑀《九星穴法》為宗，謂穴法之外當有異穴、怪穴，別為之圖。其智蓋又出於《穴法九變》之下①。內一條云：“汀州王氏墓，真武大坐形，龜蛇俱足。郭景純為龜眼上下一穴，蛇眼上下一穴，子孫富貴不絕。”其荒誕可知矣。

【彙訂】

① “其智”，殿本作“所見”。

畫筴圖一卷撼龍經一卷（兩淮鹽政採進本）

國朝孫光烈撰。光烈字丹扶，餘姚人。順治辛卯副榜貢生，官棗城縣知縣。其書託之楊筠松以授曾、劉諸人，實約取諸家之論氣脈者，而附以己說。起原脈，終火燿，為目二十有四，題稱第一圖至二十四圖①。今惟“動氣”一條有圖有說，餘皆有說而無圖，蓋已佚缺。前載洪武六年劉基上《畫筴圖》疏，似依託所為。後附《撼龍經》一卷，題云：“余真如解，孫光烈刪補”，其說與《畫筴圖》相表裏。二書皆專論龍脈，非游談無根者比。然出於掇拾剿襲，不足名一家之言也。

【彙訂】

① “題稱第一圖至二十四圖”，殿本作“自稱有二十四圖”。

定穴立向開門放水墳宅便覽要訣四卷（浙江巡撫採進本）

國朝梅自實撰。自實字有源，宣城人。是書專以二十四山向用正五行，辨每年旺氣節候。又以年遁方支論納音生剋，每山下各附《天符經》、《金精竈極》、《天河轉運》等書所定吉凶日。又附陽宅開門放水諸訣於後。但詳宜忌,並不著其所以然。蓋術家鈔輯之本,以備檢閱者也。

　　山法全書十九卷(江蘇周厚堉家藏本)

　　國朝葉泰撰。泰字九升,婺源人。自序謂先輯《平陽全書》,復輯是編。皆裒集前人堪輿之說,而以己意評註之,亦閒附以己作。大旨以楊筠松、吳景鸞二家為主。其論巒頭陰陽,尤尊楊氏,而闢廖金精之說。其龍法論九星,不取五星之說。其凡例謂:"山法流傳既久,其正形正象俱葬去無遺,故曰有遺穴無遺龍。若言遺龍,惟奇形怪穴,人所不能識,人所不敢下者耳。於今日而言山穴,舍奇怪無從也。"斯亦非平易篤實之道矣。

附錄

　　尚書天地圖說六卷(河南巡撫採進本)

　　國朝潘咸撰。咸有《易蓍圖說》,已著錄。是書雖借《尚書》為名,以《堯典》經文冠前五卷之首,以《禹貢》經文冠末一卷之首。而實則支離曼衍,自抒其說,與經義渺無所涉。而其說又皆自逞私臆,如謂月食非地影所隔,謂陽全陰半,月之圍徑當減日體之半。皆據理而談,不知測算為何事。故新法、古法兩不能通,圖說彌多,糾牽彌甚。其地圖以《山海經》所列諸名不分真妄,案四方四隅排比駢聯,齊如布算;又以《水經注》所列諸名不分今古,屈曲鉤貫,紛若亂絲。至所繪今之輿圖,顛倒南北,易置東西者十之八九。至其天圖之末,附以《羅經圖說》、《甲子納音》;地圖之末,附以元劉秉忠《玉尺經》。盛談相地之術,尤為不經。列之經部,實為不倫。故附存目於"術數類"焉。

右術數類"相宅相墓"之屬，十八部，一百三十二卷，附錄一部，六卷，皆附存目。

九天元〔玄〕女六壬課一卷（永樂大典本）

舊本題唐袁天綱撰。天綱事蹟具《新唐書·方技傳》。前有序文，不著名氏。稱："伏羲受河洛之祕而畫卦，文王重之，孔子備之。後世卜筮者惟鬼谷子得其要妙，至唐太史天綱袁公得其要旨。今鏤梓以廣其傳。"末題"大德十年丙午"，蓋元人所偽託也。

六壬軍帳賦一卷（浙江范懋柱家天一閣藏本）

舊本題河南劉啟明撰。不著時代。案《崇文總目》有劉啟明《占候雲賦式》一卷，《宋史·藝文志》有劉啟明《雲氣測候賦》一卷，蓋北宋以前人。是書見於焦竑《經籍志》、錢曾《讀書敏求記》。所言臨戎傳式之法，以四時識神之雌雄，亦《玉帳經》之流。明人已刻入《六壬兵占》中，此其別行之本也。

河洛真數二卷（浙江范懋柱家天一閣藏本）

舊本題宋陳摶撰。摶事蹟具《宋史·隱逸傳》。其說以《易》之卦爻配合人生年月日時八字，以定休咎。前有摶自序，又有邵子序，詞皆鄙倍，殆術士不學者所為。下卷載晉管輅《述洛書篇》，首曰："夫河龍負圖者，非龍也，乃大龜也。"又曰："羲皇畫八卦，後有大撓明之。"尤極謬陋，不足與之辨也。

邵子加一倍法一卷（浙江范懋柱家天一閣藏本）

不著撰人名氏。考《二程遺書》載邵子與程子言數，程子稱只是加一倍法。蓋指算數言之，非占驗祿命之謂也。此書以六十甲子積數以卜貴賤吉凶，亦以加一倍法託之邵子，殊相矛盾。楊慎《丹鉛錄》曰：“張橫渠喜論命，因問康節疾，曰：‘先生推命否？’康節曰：‘若天命，已知之矣。世俗所謂命，則不知也。’康節之言如此。今世游食術人，妄造大定數、蠢子術託名康節，豈不厚誣前賢？”則妄相假借，其來已久矣。

六壬心鏡要三卷後集一卷（浙江巡撫採進本）

宋徐道符撰。道符自號無欲子，東海人。所著別有《六壬六經歌》一卷，今已亡佚，惟此書尚存。焦竑《經籍志》又作《六壬心鑑歌》，則字之譌也。自序謂取《神樞》、《靈轄》、《連珠式》、《花瓶記》、《元堂壁玉龍首雕科》諸書，遍求奧旨，攢略為歌。凡一百八十一篇，分成三卷。上卷九門，中卷十七門，皆論課象及一切日用事物占斷。下卷十六門，皆軍占。其雜占及十二神將論凡十三篇①，別為《後集》。立說簡該，使讀者昭然易曉，在壬書中最為善本。今已全收入《六壬大全》中，故不更複錄，而特存其目於此。

【彙訂】

①“十二”，底本作“二十”，據殿本改。《六壬大全》卷二《神將釋·大神總論》：“十二支神有陰陽之分，各司其事。”

六壬畢法賦一卷（浙江鄭大節家藏本）

宋凌福之撰。福之履貫未詳。核其自序，蓋理宗寶慶間人也。始徐道符作《六壬心鏡》，建炎中又有邵彥和者著書，名曰《口鑒》，以闡明徐氏之說，後多為俗學所竄亂。福之因用彥和法作七言百句註釋之，以成此書。融貫舊說，而綴以心得，獨為精當。自序謂：“雖言詞鄙拙，實決斷之幽微。”可為定論。世之言壬術者，多奉為祕鑰。亦載《六壬大全》中,故與《心鏡》並存目焉。

　　皇極大定動數得一論一卷(永樂大典本)

　　元吳正撰。正字大初,不知何許人。有大德庚子自序,稱:
"康節先生集成《大定論數》,不以示人。一日訪隱者龔老於山
閒,見其孫方襁褓,曰:'此子神色凝重,將來可傳吾學。'即出袖
中書以遺龔老。龔以授其孫,即所謂西峯先生也。先生諱端禮,
嘗鬻數於潭州城西,日纔自給,便不復算。乃演為三十六類,以
授石渠先生。石渠增為四十門,以授黃先生。後為白玉蟾得之,
作《觀物筌蹄》十論①,以授蔡叔明。叔明傳蔡習卿,習卿傳傅君
玉,君玉傳許伯約。伯約以降,傳者寖寂。余游方外,與野舟吳
先生會於秋浦。先生名準,鄱江人。余就學其數,案圖而索,閒
亦多驗。舊槀無存,今再為是編,與同志者共討論之。原始要
終,意明詞簡,名之曰《得一論》,蓋有取於'天向一中分造化'之
義云爾。"蓋宋以後術數之家大抵託邵子以神其說。然邵伯溫作
《易學辨惑》,稱邵子惟傳王天悅、張子望二人,又皆早死。鄭夬
竊得天悅之書,伯溫尚斥其依託,此紛紛者何自來乎?

【彙訂】

　　①"十",殿本作"一",誤。明楊向春《皇極經世心易發微》
卷二載《觀物筌蹄》十則。

　　周易尚占三卷(兵部侍郎紀昀家藏本)

　　不著撰人名氏。前有大德丁未寶巴序,案寶巴,原本作保八,今
改正①。稱為瑩蟾子李清菴作。案元李之純號清菴,又號瑩蟾
子,有《中和集》,別著錄。則此書乃之純撰也②。其書分十八
部,皆論《易》課斷法,與今卜肆術相類。惟於六神之外兼論神煞

吉凶,則與今稍別。案寶巴有《易體用》十卷,中分三書,其第三書為《周易尚占》三卷,書名、卷數皆與此書相同,然世無傳本。或因寶巴之序疑此即寶巴之佚書,則誤甚矣。

【彙訂】

①"案寶巴原本作保八今改正",殿本無。

②《總目》卷一四七著錄《中和集》,題李道純撰。《道藏·洞真部·方法類·光字號函》亦收《中和集》,題"都梁清菴瑩蟾子李道純元素撰"。李之純,《宋史》有傳,又金有文士李之純,《總目》卷一二四著錄其《鳴道集説》,然俱非號瑩蟾子者。(劉韶軍:《〈道藏〉〈續道藏〉〈藏外道書〉中易學著作提要》;楊武泉:《四庫全書總目辨誤》)

玉靈聚義五卷(浙江巡撫採進本)

元陸森撰。森字茂林,平江路人,官陰陽教諭。是書前有延祐二年森自序。又有天曆二年刊書緣起,亦森所述,稱:"申奉平江路陰陽司校正無差,及移準本路儒學訓導考究,總管府指揮鋟梓。"則當日官刻之書也。所述皆龜卜之法。其曰"玉靈"者,案《史記·龜筴傳》,祝龜之詞有"玉靈夫子"語,司馬貞《索隱》謂"尊神龜而玉之",其名當取此義也。第一卷全錄徐堅《初學記》龜部故實詩文及對偶之句,第二卷全錄《龜筴傳》,三卷以下乃及於圖式訣法。詞旨鄙俚,不出術家之習。其書久無刊版。此本傳寫頗脫誤,證以《永樂大典》所載,全書卷首佚趙孟頫、駱天祐、范濂三序①,卷三之末佚《龜經祕訣》三條,卷四佚《自然清平》一圖,卷五之末佚《推六神行法》、《配入五鄉》一章、《自然卦頌》一章及所列十圖,蓋殘闕之本。自孔子繫《易》,極贊蓍德,而龜卜漸以不傳。後世術家所用，皆別立名目，以意斷制，非復古法，蓋無足貴。今亦姑存其目，所佚諸條，不復採掇葺補焉。

【彙訂】

① 據元天曆二年平江路儒學刻本此書，"范濂"乃"范溢"之誤。（杜澤遜：《〈四庫提要〉劄記》）

六壬五變中黃經二卷（浙江巡撫採進本）①

不著撰人名氏。"中黃"本道家之言，《道藏》有《太清中黃真經》二卷，亦名《胎藏論》。稱九仙君撰，中黃真人註，共十八章，皆服炁要訣。是書題嵩嶽真人凝神子，與所稱九仙君者不相合。蓋術家竊道經之名以示神奇，與吐納導引本無涉也。焦竑《經籍志》載有此書二卷，其來已久，故言六壬者多援以為證。今觀其書，傳寫譌謬，註釋亦多互異，殆後人已有所增損。書中自《釋己身》至《疾病》為正經，《釋盜賊》至《來意》為後集，所釋亦略無詮次。如《釋五行》下先逃亡，次遠行，次雜類，又次為求官，忽又閒晴雨於婚姻、疾病之閒，殊為叢雜。又如《六壬大全》所引，首載《釋十二將》，而是卷無之。乃附貴人、太常、天空、白虎、元〔玄〕武、陰后等七將之說於《釋官訟》章，而敘次亦復顛倒。至卷末題《釋來意》章，而所列乃青龍、螣蛇、朱雀、六合、勾陳五將之說，與篇題殊不相應。蓋必淺學者支離剽竊，從他書牽合成文，已非原本之舊矣②。其《五行》章內謂本於《元〔玄〕門寶鑑》一百六十卷，且謂今河中府龍門縣有《寶鑑全書》。河中府為唐時之制，此殆舊本原文，變竄未盡者歟？

【彙訂】

① 此書在《各省進呈書目》中僅著錄於《浙江省第九次進呈

書目》與《浙江採集遺書總錄》，又見於《二老閣進呈書》，"浙江巡
撫採進本"應為"浙江鄭大節家藏本"之誤。（江慶柏：《四庫全
書私人呈送本中的鄭大節家藏本》）

②今存明鈔本《大六壬五變中黃經正文》一卷，《釋義》四
卷，前有《補完直解六壬五變中黃經》序，署"倫古齋後學燕人商
皓仲賢書"，云："郭璞者何？晉明帝時常為司天官，號曰凝神子、
嵩岳真人者是也。璞見寶鑒之汗漫難傳，歲久湮沒，因摘其關
鍵，另成一篇，名鬼賊五變中黃經之書……課之紀綱，郭凝神言
之備矣；象之吉凶，焦休文注之明矣……僕……積三十餘年，頗
得中黃之旨趣，兵革以來，舊本煨燼，遍詣諸方求訪殘編，用心考
校，其中闕少者，按群書經籍，添補脫漏，差錯者，憑諸書改正。
更用直言句真易讀，義淺易識，庶幾廣傳，發揚術中美事，俾好學
之君子，復得覽焉……方今司天監張君正之，亦與之齊名。"張正
之名居中，金人，官司天監提點。據此，則此書相傳為郭璞編，其
後焦休文注，而商皓復重編之。張正之乃金人，則商皓亦為金元
間人。（胡露：《〈四庫全書總目〉子部存目補正》）

六壬開雲觀月經一卷（浙江范懋柱家天一閣藏本）

不著撰人名氏。考焦竑《經籍志》有蔣日新《開雲觀月歌》一
卷，而《六壬大全》所引亦與此合，當即日新遺本。分為八門，始
於元首，終於五福，凡六十五卦，占斷簡要，頗行於時。其文已全
載入《六壬大全》中，今別存其目。

大六壬無惑鈴一卷（浙江鄭大節家藏本）

不著撰人名氏。考《宋史·藝文志》、馬端臨《經籍考》及焦
竑《經籍志》，但載有《六壬課鈴》一卷，或即以此書當之，其是否

莫能詳也。《六壬大全》所載《總鈐》，具列六十甲子、七百二十課、三傳名目，與此頗合。而此更益以斷詞四語，其大旨與《課經集》多相出入。

六壬行軍指南無卷數（浙江范懋柱家天一閣藏本）

不著撰人名氏。蓋即玉帳、軍占之遺法。案課鈐成局演三傳，配以遊都、魯都，加十二將，以決軍中攻守藏伏之用。每日為十二課，凡七百二十課局。條理分明，其意頗為周密。惟是兵之為用，情形萬變，不可端倪，故恃成法者斷不足以制勝，又豈能預占時刻，決以一定之吉凶？即以壬術而論，時將先鋒，為一切神機所現，參以四時休旺之不同，固有同此課傳神將而所驗迥乎不一者。又況晝治、夜治，神將悉殊，趨避益當有異，又安可為此刻舟以求劍乎？今是書所用惟遊都、魯都根於日干，不論節氣及晝夜，而卷中註遊魯每局易一位，與自古軍占之書獨異，不知其何所據依。然從未有神煞不由年月日時而獨視課局而移者，其為好事者臆撰無疑也。

奇門遁甲賦一卷（浙江范懋柱家天一閣藏本）

不著撰人名氏。考焦竑《經籍志》遁甲書七十二家，以賦名者宋邱濬《天乙遁甲賦》及員卓《遁甲專征賦》而已。是編論奇門而不及於天乙，亦不主於用兵，殆非濬、卓遺本。其於奇儀飛伏之理，詞意明簡①，尚不至於荒詭。末附以《烟波釣叟歌》，明程道昌皆已採入《遁甲演義》中。其賦中註釋，則大抵江湖術士摭拾浮談，無所闡發也。

【彙訂】

①"其於奇儀飛伏之理詞意明簡"，殿本作"然詞意簡明"。

六壬兵占二卷（編修勵守謙家藏本）

不著編輯者名氏。凡《六壬百鍊金》、《六壬軍帳賦》、《金鳳歌》、《行軍占異》為一卷，其《兵占》自《時事休咎》至《凱旋聞詔》共五十篇為一卷。六壬非為用兵而作，而五行生剋制化與夫王相死生之用理可相通，故兵家亦多取為占驗。《唐志》有李靖《玉帳經》一卷，李筌《六壬大玉帳歌》十卷，《彭門玉帳歌》三卷[①]。其餘若胡萬頃《軍鑒式》之類，不可勝數。然流傳既久，大抵出自術士偽託，非其本真。《新唐書·李靖傳贊》謂："世言靖精風角、鳥占、雲祲、孤虛之術，故善用兵，是不然。特以臨機果，料敵明，根於忠智而已。"可謂知言。為將者苟能如靖之決策制勝，即一切遊都、天目、玉帳、軍占之說俱可存而不論，矧其出自後來之傅會者乎？是書為明人所刊，所採諸家，亦多未備。《兵占》末條稱："太歲與太陰旺生大將年命，主後宮有暗助之力。"其說尤為鄙謬矣。

【彙訂】

①《彭門玉帳歌》實著錄於《宋史·藝文志》。

皇極數三卷（永樂大典本）

不著撰人名氏。其說以八卦之數推人禍福吉凶。"占子孫"一條有云："此祖宗後代之數，先天不傳之祕。司馬溫公得之於康節，康節子伯溫又得之於司馬公，從而流傳。今得之者幾希，予不得已而傳之。"云云。牽及邵子，猶數學之慣技，牽及司馬光，妄益甚矣。

皇極生成鬼經數一卷（永樂大典本）

不著撰人名氏。其法以手掌四指節起十二時，而以正節當生數為化星。一為貴，二為劫，三為文，依此推之，而參以甲子納音，以斷吉凶。世無傳其術者，亦數學之橫生支節者也。

九天元〔玄〕女課一卷（永樂大典本）①

不著撰人名氏，專以先天八卦、後天八卦圖推測吉凶。其祝辭有曰"一心虔請九天元女、帝君、伏羲、周公，一切演《易》先聖"云云，鄙陋殊甚。考陶宗儀《輟耕錄》曰："九天元女課，其法折草一把，不計莖數多寡，兩手隨意分之，左手在上豎放，右手在下橫放，以三除之，不及者為卦。一豎一橫曰太陽，二豎一橫曰靈通，二豎二橫曰老君，二豎三橫曰太吳，三豎一橫曰洪石，三豎三橫曰祥雲，皆吉兆也。一豎二橫曰太陰，一豎三橫曰懸厓，三豎二橫曰陰中②，皆凶兆也。"其法又與此不同。總之，術家所依託而已。

【彙訂】

① "九天元女課"，底本作"九天元妙課"，據殿本改。

② "二橫"，殿本作"三橫"，誤。參一九二三年影元刻本《南村輟耕錄》卷二十"九天玄女課"條原文。別本或作"三橫"，殿本襲其誤。

易占經緯四卷（江蘇巡撫採進本）

明韓邦奇撰。邦奇有《易學啟蒙意見》，已著錄，茲編專闡卜筮之法，以三百八十四變為經，四千九十六變為緯。經者《易》之爻辭，緯取焦氏《易林》附之，占則一以孔子占變為主①，蓋言數而流於藝術者也。《經義考》載其門人王賜紱序略，而此本不錄②。別有濟南金城序，殊不及原序之詳。

【彙訂】

① "一"，殿本無。

② "而"，殿本無。

籤易一卷（浙江巡撫採進本）

明盧翰撰。翰有《易經中說》，已著錄。是書以六十四卦加太極、兩儀、四象、進退、離合、大小、遠近，衍為七十九數，易蓍策而用竹籤。每籤有辭，又各贅以贊釋①，以擬《易林》、《太元》、《元包》、《潛虛》諸書，實則方技者流以錢代蓍之變法耳。雖依傍卦義②，於經義邈無關也。前有張鶴鳴所撰翰小傳及翰自序，又有嘉靖辛亥曹金序、萬曆己亥李右諫序，皆稱許甚至。然至今術數之家未聞有用其法者，則無驗可知矣。

【彙訂】

① "贅"，殿本作"繫"。

② "依傍"，殿本作"依稀"，誤。

周易懸鏡十卷（浙江吳玉墀家藏本）①

明喻有功撰。有功字若無，又字混初，高安人。其書專言軌策之數。序稱其術出邵子，然別無證驗，蓋方技家依託也。大旨以《皇極經世》為宗，而雜及於後世占卜之法。雖有依傍卦爻立說者，然皆非經之本義②。邵子之《易》，朱子已稱為《易》外別傳，此又別傳之別傳矣。末纂《左氏傳繇象》并《郭氏洞林》，皆主占驗之學者也③。卷首有甘士价序，稱為七卷，而此書實十卷。其第九卷《帝王經世甲子》內載至國朝康熙二十三年甲子，則當是後人有所增入，故卷數加多耳。

【彙訂】

① "十卷"，殿本作"一卷"，誤。提要明言"此書實十卷"，《浙江省第四次吳玉墀家呈送書目》、《浙江採集遺書總錄》均亦著錄作十卷。（昌彼得：《跋武英殿本〈四庫全書總目提要〉》）

② “之”，殿本作“文”。

③ “者也”，殿本無。

大易通變六卷（浙江巡撫採進本）

明喬中和撰。中和有《說易》，已著錄。是書一名《焦氏易林補》。取焦贛《易林》刪其詞之重複者，而以己意補綴其闕①，凡一千餘首。焦《易》四千九十六變，傳世既久，字多譌誤，如以快為快②，以羊為缶之類，宋黃伯思、薛季宣已極論之。然古書譌誤，豈後人所可續貂！況焦氏之學雖所稱源出孟喜者，施讎等力斥其誣，而占驗無譌，要於易外別傳。自有專門授受，非儒生研求卦畫所可臆推。中和之術不聞出贛以上，乃竟刊補其文，殊昧於度德量力之義矣。其曰《大易通變》者，焦氏舊本有唐王俞序，稱曰“大《易》通變”，故中和用以為名云。

【彙訂】

① “而”，殿本無。

② “快”，殿本作“夬”。黃伯思《較定〈易林〉原序》：“中或字誤，以快為快，以羊為首。”其《東觀餘論》卷下亦收《校定焦贛〈易林〉序》：“篇中或字誤，以快為決，以羊為年。”薛季宣《浪語集》卷三十《敘焦氏易林》：“故書屢經傳寫，字多舛誤，以羊為缶，以快為決。”

易數總斷無卷數（兩江總督採進本）

舊本題新安和玉山人程汝文撰。不著時代。詳其版式紙色，蓋明人書也。其書分一千八十局，立三奇、八門，而上方則附以《易》卦、爻詞。蓋方技之家以六壬奇門假《易》義以立法，非《易》之本法也。

易冒十卷（江蘇巡撫採進本）

國朝程良玉撰。良玉字元如，歙縣人。是書所論皆以錢代著之法。自序稱："五歲喪明，究心卜筮，初作《筮類》五十篇。康熙己卯適楚，遇枯笣老人，得其祕旨，因增定為九十章。"然皆術家常論，無他妙旨。至《家宅》章以六爻兼斷六親榮枯得喪，如兄弟旺則劫財，父母旺則剋子，官爻旺則災病，其說膠固難通。所論《鬼神》、《諸星》兩章，穿鑿支離，尤無理解。《婚姻》章內不根五行生剋，不究用神衰旺，惟據卦名之美惡而論，則更乖謬矣。

右術數類"占卜"之屬，二十四部，六十二卷，內二部無卷數①。皆附存目。

【彙訂】

① "六十二卷"，殿本作"五十三卷"，誤。

相掌金龜卦一卷（永樂大典本）①

舊本題鬼谷子撰。其法用草一莖，五指各自尖量至窮坑②，復自拇指比至中紋，逐一截斷，排列成龜，用以推斷其成格。左右手共圖三十四③，以格之全與不全判人禍福。蓋俚俗猥鄙之談，託之古人也。

【彙訂】

① 殿本此條及《貴賤定格三世相書》皆置於《星平會海》條之後，與題作者時代先後順序不符。

② "窮坑"，殿本作"窮炕"。

③ "手"，殿本脫。

貴賤定格三世相書一卷（永樂大典本）

舊本題鬼谷子撰。其法以十二辰分屬貪狼、巨門、廉貞、武曲、破軍、文曲①、祿存,而各為之像。又冠帶、臨官、帝旺諸星亦有像,蓋術數家之俚淺者也②。

【彙訂】

① "武曲破軍文曲",殿本作"文曲破軍武曲"。

② "蓋術數家之俚淺者也",殿本作"在術數之家亦最俚淺"。

易衍二卷(永樂大典本)

舊本題漢東方朔撰。而其歌括皆作七言律詩,則偽妄不待辨也。其法推言祿命,以六十甲子值日,一日分十二時。如甲子日子時命如何,丑時命如何,蓋今世所謂"八字"者,此書僅用其四。考唐李虛中推祿命,尚論日不論時,朔乃先論時乎?

貴賤定格五行相書一卷(永樂大典本)①

舊本題唐袁天綱撰,蓋依託也。其說謂春夏秋冬十二時各變移部位,而曰某時生居黃帝之頭,某時生居黃帝之手,某時生居黃帝之足,怪妄殊甚。又一條記所相一人云②:"正月生人,四月受胎。前生京西路來,曾捨牛一頭入僧寺,今生衣食豐足。"云云。益誕謬不足詰矣。

【彙訂】

① 殿本此條置於《貴賤定格三世相書》條之後,與作者時代先後順序不符。

② "人",據殿本補。

五星要錄無卷數(浙江巡撫採進本)①

不著撰人名氏。書中多載梁成大、喬行簡、華岳、真德秀等星命,蓋南宋人所輯也。其布宮推象,皆前代舊法,故危月兼得子宮,亢金具在辰位。此在當時,亦或有所驗。而以今法例之,則全不可施用矣。書首有闕文。其《星象賦》一篇詮述頗詳，而奧義精言，闡發尚尠。如二主臨財主富，官福居垣主貴，此則星家所共見，何待縷陳。至其論時人星命，雖間有特見，而附會處亦復不少也[2]。

【彙訂】

① 此書在《各省進呈書目》中僅著錄於《浙江省第九次進呈書目》與《浙江採集遺書總錄》，又見於《二老閣進呈書》，"浙江巡撫採進本"應為"浙江鄭大節家藏本"之誤。（江慶柏：《四庫全書私人呈送本中的鄭大節家藏本》）

②"附會處亦復不少也"，殿本作"附會者亦復不少"。

康節内祕影一卷（永樂大典本）

舊本題宋邵子撰，亦依託也。其術以八卦之數定人貧富貴賤。後有總論一篇，雜引古今事，而有張南軒北門祝草、柳翠拜佛參禪云云。則南宋以後人作矣。

子平三命淵源註一卷（浙江范懋柱家天一閣藏本）

元李欽夫撰。書末題大德丁未孟冬朔日，長安道人李欽夫仁敬註解。前有泰定丙寅翰林編修官王瓚中序，稱："《子平三命淵源》得造化之妙。自錢塘徐大升後，知此者鮮。五羊道人李欽夫取子平《喜忌》、《繼善》二篇特加註解，括以歌訣，消息分朗，脈絡貫通。"云云。蓋專以詮釋徐子平之書者[1]。其說視後來星家亦多相仿，無甚祕奧。原本附《寸金易鑑》後，今析出焉[2]。

【彙訂】

①"專以詮釋徐子平之書者"，殿本作"專釋徐子平之書"。

②"無甚祕奧"至"今析出焉"，殿本無。

九宮八卦遁法祕書二卷（永樂大典本）

不著撰人名氏。其説以支干配天德、貴人等星，推人休咎。蓋以陰陽家神煞之説竄入祿命者也。

成數大定一卷（永樂大典本）

不著撰人名氏。其法以生人干支合八卦之數，推壽夭富貴貧賤。蓋術士變幻之談，以《易》數與祿命併為一法耳。

寸金易鑑無卷數（浙江范懋柱家天一閣藏本）

首題西蜀易鏡先生撰[1]，不著姓名。後有洪武甲子跋語一則，稱其書為日者松山得異人所授，世傳類多舛譌，此本乃楊謙德補註，發明不少。謙德亦不知何許人也。書中以《月令》為提綱，案其四柱之五行，配其陰陽，取為用神。分官、財、印、煞、食神、傷官六格，察其生旺死絕，定其強弱貴賤。説理頗明，在術家為平正通達之本。然皆人所共知，非別有精奧也[2]。

【彙訂】

①"易鏡"，殿本作"易鑑"，誤。《浙江第五次范懋柱家呈送書目》、《浙江採集遺書總錄》皆著錄作西蜀易鏡先生撰。

②"非別有精奧"，殿本作"別無精義"。

演禽圖訣無卷數（浙江范懋柱家天一閣藏本）

舊本題明劉基撰，《明史・藝文志》不載，亦近代所依託也。其書取二十八禽各為之圖，先以四時憂喜進退，次隸六甲，定其取化吉凶，斷人祿命。凡一切旬頭、胎命、身宮、入門起例之説，概不之及。

古今識鑑四卷[1]（浙江范懋柱家天一閣藏本）[2]

明袁忠徹編。忠徹，鄞縣人。父珙，字庭玉，號柳莊，精於相法，嘗決成祖當有天下。及即位，擢官太常寺丞。忠徹傳其父術，亦仕至尚寶少卿。《明史・方技傳》附見珙傳中。史稱所著有《人相大成》，今未見。是編乃宣宗命採古來相人有驗者裒為一書，至景泰二年始奏進。所錄上自三皇，下迄明代，又自作《象人賦》一首附之[①]。夫相術精微，心傳神會，捃拾典故，僅得其粗。且其編次體例，頗嫌淆混。如以季友、老聃以上屬之三代，以孔子、顔、曾而下係之列國，殊為強生分別。至宓羲蛇身人首、神農人身牛首諸說，緯書妄記，本屬荒唐，亦併列之，尤失持擇。若乃文君臉似芙蓉，眉如遠山，亦入相法，則幾於笑具矣。

【彙訂】

① 明景泰二年刻本為《古今識鑒》八卷附《人象賦》一卷，《浙江省第五次范懋柱家呈送書目》、《浙江採集遺書總錄》亦著錄作八卷。（杜澤遜：《四庫存目標注》）

② 殿本此條置於《貴賤定格五行相書》條之後，與作者時代先後順序不符。

③ 據明景泰二年此書刻本，"象人賦"乃"人象賦"之誤。（杜澤遜：《〈四庫提要〉劄記》）

範圍數無卷數（浙江范懋柱家天一閣藏本）

明趙迎撰。迎，鄞縣人。嘉靖丙戌進士，官南京工部主事。是書前有嘉靖壬辰自序。其法本之河、洛，以干支配合先、後天成數，推人祿命。相傳以為出於陳摶。蓋取甲己子午九、乙庚丑未八之數為先天，為範；天一生水，地六成之之數為後天，為圍。故用《易》繫辭"範圍天地"之意以命名。起於一百一十一數，而極於二千三百五十四數。其起大、小運流年悉如星平家例，蓋又以圖書之學竄入祿命者也。考元賈顯先有此法，集諸家論説為書，其文頗繁，今猶存《永樂大典》中。是書自"圖式"至"流年斷訣"，凡十五門。詳其體例，蓋即約賈書以成編耳。

百中經無卷數（浙江巡撫採進本）

不著撰人名氏。考陳振孫《書錄解題》有《信齋百中經》一卷，安慶府本，不著名氏。又《怡齋百中經》一卷，東陽術士曹東野撰。其述東野之言曰："今世言五星者，皆用唐《顯慶曆》。曆法無慮十餘變，而《百中經》猶守舊，安得不差？於是用現行曆推算。"云云。此書所列十一曜躔次，用宋之《統天》、《開禧》、《會天》，元之《授時》四數為準，而其紀年至明嘉靖中。殆術者以次續補，轉相沿用，而未改舊名歟？

呂氏摘金歌無卷數（浙江范懋柱家天一閣藏本）

舊本但題呂氏撰，不著其名。其書論列五星，專以身主、命主為重。案星命所係，以立命之宮所躔度為最①，其次命主，其次度主，又其次身主。身主所以次於命、度者，以凡人皆以月為身也。篇中於度主不甚重，未為得要。其立論閒有可采者，《星平大成》諸書已多取之矣。

【彙訂】

① 殿本"宮"下有"命"字，衍。

五曜源流二卷（浙江巡撫採進本）①

不著撰人名氏。前有自序，云遇一老僧所傳。蓋術家依託之辭，不足信也②。其書專論子平。曰五曜者，即指五行而言，非五星術也。其法以日干為主，推五行之衰旺宜忌。十干又以時分，斷其休咎。持論頗平正，《三命通會》及《星平會海》諸書全錄用之。

【彙訂】

①　此書在《各省進呈書目》中僅著錄於《浙江省第九次進呈書目》與《浙江採集遺書總錄》,又見於《二老閣進呈書》,"浙江巡撫採進本"應為"浙江鄭大節家藏本"之誤。(江慶柏:《四庫全書私人呈送本中的鄭大節家藏本》)

②　"蓋術家依託之辭不足信也",殿本無。

五星考三卷(浙江巡撫採進本)①

不著撰人名氏。首言安命分宮之法,次及大、小行限,次及吉凶星曜神煞,次論拱、夾、沖、釣,以及窮通壽夭諸局,多列圖説。觀其義例,當出自明人之手。其中精當者,《星平會海》俱已採掇無遺。至於二十八宿,如女自屬土,牛自屬金,無可疑者。而此書於一宿之中五行互用,如角初度至三度以為屬水,四度至八度以為屬木,九度至十三度以為屬金,他宿仿此。此則務為新奇而不當於理矣。且角止有十度,而演至十四度,他宮諸宿略同,亦不知其何所本也。

【彙訂】

①　此書在《各省進呈書目》中僅著錄於《浙江省第九次進呈書目》與《浙江採集遺書總錄》,又見於《二老閣進呈書》,"浙江巡撫採進本"應為"浙江鄭大節家藏本"之誤。(江慶柏:《四庫全書私人呈送本中的鄭大節家藏本》)

星平會海十卷(通行本)

不著撰人名氏。黃虞稷《千頃堂書目》載有其名,蓋明人所編。前有自題,稱"武當山玉虛宮三逢甲子日金山人"。如果甲子三逢,則年已一百八十矣①。術家故為虛誕以惑人聽,不足憑也。其書兼論子平五星,所撮取者不一家,而亦有合有不合。如加盤、喬廟諸法,持論非不詳密,而推衍家宗之,往往十失其九。且印行既久,模糊舛誤,幾不可句讀。在坊本中又出《星平大成》之下矣。

【彙訂】

① 今存清道光八年天祿齋刻本《增補星平會海命學全書》十卷首一卷,卷首署“武當山玉虛宮三逢甲子月金山人霞陽水中龍編集　洪都羊城汝月門人庚甲山人雲陽朱會龍校正　殘夢居士澹漪汪洪重訂”。又三逢甲子,未必一百八十歲,倘甲子年生,則實歲百二十歲時,即三逢甲子矣。(胡露:《〈四庫全書總目〉子部存目補正》)

右術數類“命書相書”之屬,十八部,二十九卷,內六部無卷數。皆附存目。

元〔玄〕女經一卷(兩江總督採進本)

舊本題云《黃帝授三子元女經》,蓋術數家依託所為。《隋書·經籍志》有《元女式經要法》一卷,列之五行家。此書詳於論嫁娶日辰,其發端以天一所在占日之吉凶①,以天罡加臨占與人期會,亦屬五行家言,然無以證其即《元女式經要法》否也。此本為毛晉所刻,字多脫誤,殆不可讀。

【彙訂】

① “天一”,殿本作“太乙”。

洪範政鑒十二卷(永樂大典本)

宋仁宗皇帝撰。前有御製序曰:“宸宮餘暇,氾覽史籍,《洪範》之說，緬然可尋。而伏、鄭所編，靡聞全錄。前則歆、向作傳，散布羣篇；後則京、夏諸儒，衍釋證兆。簡牘廣記，顛末弗齊。不有彙分，何從質信？亦嘗取書林之奏，合日官之藏，參咨邇臣，覆究曩例。遂采五行六沴，前世察候最稽應者，次為十二卷，名曰《洪範政鑑》。若語非典要，過涉怪誕，則略而不載；若占有差別，互存考驗，則析而詳言。君人者承天子民，必逆知未萌，前慮諸愿，庶乎嗣祖宗之構，順陰陽之構，故因題辭，兼以自勵。"云云。《玉海》云："康定元年十一月丙辰，內出御製《洪範政鑒》十二卷示輔臣。"即此本也。其書以五行分類，自春秋以迄歷代事應，采摭頗詳，蓋亦古帝王敬畏修省之意。然聖人欽崇永保，無刻不然，不必遇變而始警。即上天垂戒，亦從無一定之格，不移尺寸。《洪範》庶徵，約舉感應之理，亦大凡耳。漢儒推衍，條目愈繁。稽其所談，率以某災應某事，而不能先言某事當有某災。故劉知幾《史通・書志篇》曰："肇彰先覺，取驗將來，言必有中，語無虛發。苟志之竹帛，誰曰不然。若乃前事已往，後來追證，課彼虛說，成此游詞。多見其老生常談，徒煩翰墨。"又穿鑿既甚，同異彌多，知幾所謂"董、京之說，前後相反；向、歆之解，父子不同，言無準的，事益煩費"者，尤篤論也。雖仁宗令主，其書當存，而所言無裨於實政，今謹附存其目焉。

　　禮緯含文嘉三卷（浙江吳玉墀家藏本）

　　不著撰人名氏。目錄後有題詞曰："已上《天鏡》、《地鏡》、《人鏡》，皆萬物變異，但有所疑，無不具載。此乃三才之書，共六十篇，易名《禮緯含文嘉》三卷。紹興辛巳十一月二十九日，東南第三正將觀察使張師禹授。"考宋《兩朝藝文志》曰："今緯書存者

獨《易》。而《含文嘉》乃後人著為占候兵家之說，與諸家所引
《禮》緯乖異不合. 故以《易》緯附經，以《含文嘉》入‘五行’。”云
云，則其書實出南宋初。然張師禹記特稱易名《禮緯含文嘉》，則
此名實師禹所改，原未稱即其本書①。《兩朝藝文志》疑其乖異
不合，蓋偶未詳核也。朱彝尊《經義考》既歷引諸書所引《含文
嘉》，證其不合。又云所見凡二本，一本畫雲氣星輝之象，而附以
占詞，一本分《天鏡》、《地鏡》、《人鏡》，皆非原書。而於《含文嘉》
標目之下仍註“存”字，則舛誤甚矣②。

【彙訂】

①“未”，殿本作“本”，誤。

②《經義考》卷二百六十五《禮含文嘉》條云：“宋均注。又
鄭玄注。三卷。存……予先後見有二本，文各不同，一本畫雲氣
星輝之象，而附以占辭；一本分天鏡、地鏡、人鏡為三門，門各一
卷，凡六十篇，後題‘紹興辛巳十一月觀察使張師禹授’。而前諸
書所引之文，兩本皆無之，知非原書矣。”則朱氏已明知為張氏所
改，非復舊本。其所注“存”，亦就張氏改本而言。（張宗友：
《〈四庫全書總目〉誤引〈經義考〉訂正》）

丙丁龜鑑五卷續錄二卷（兩江總督採進本）

宋柴望撰。望字仲山，江山人。嘉定、紹熙閒，為太學上舍。
除中書，特奏名。淳祐六年，歲在丙午，正旦日食。望因上此書，
逮下詔獄。尋放歸。景炎二年，薦授迪功郎、史館國史編校①。
宋亡後，不仕而終。為“柴氏四隱”之一。是書大旨以丙午、丁未
為國家厄會，因歷摭秦莊襄王以後至晉天福十二年，凡值丙午、
丁未者二十有一②，皆有事變應之，而歸本於修省戒懼，以人勝

天。《通考》著錄作十卷,此本止五卷,然首尾完具,蓋明人所合併也。《續錄》二卷,一為元人所撰,記宋真宗景德三年至理宗淳祐七年值丙午、丁未者五;一為明人所續,紀元世祖大德十年至順帝至正二十七年值丙午、丁未者二[③]。亦各舉時事實之,如望書之例,均不著姓名。考陽九、百六、元二之説,自漢以來即有之,丙丁之説則倡於望。元人《續錄》序引陰陽家之言曰:"丙丁屬火,遇午未而盛,故陰極必戰,亢而有悔也。"又曰:"丙祿在巳,午為刃煞,丁祿居午,未為刃煞。"其術純用術數家言,不出經典。夫王者敬天勤民,無時可懈,豈待六十年一逢厄會,始議修省!且史傳所書,亂多治少,亦不必盡係於丙丁。望徒見靖康之變適在是二年中,故附會其文,冀以悚聽。實則所列事蹟,多涉牽就,宜其言之不行也。且論涉機祥,易熒民聽。《輟耕錄》所載龍蛇跨馬之妖言,豈非至正二十七年適當丙午,遂借是説以惑衆歟[①]?後世重其節義,又立言出於忠愛之誠,故論雖不經,至今傳錄。實則不可以為訓也。

【彙訂】

① 自紹熙元年至景炎二年,歷時八十七年,紹熙時已為太學生,則至薦授迪功郎時已逾百歲矣。陸心源《宋史翼》卷三四《柴望傳》,據《柴氏四隱集》附錄吳幼安《秋堂墓誌》(秋堂,柴望號)云:"卒於至元十七年,年六十有九。"據此可知,柴望生於嘉定五年,後於紹熙十七八年,不可能在紹熙時為太學生。檢《宋詩紀事》卷六五柴望小傳,乃是"嘉熙間為太學上舍"。(楊武泉:《四庫全書總目辨誤》)

② 清彭氏知聖齋鈔本此集,末一則作"後漢高祖天福十二年丁未"。後晉高祖始以天福為年號,歷西元 936 至 942 年,943

年出帝即位未改元，944年改元開運，947年丁未，後漢高祖代晉，不改元，稱天福十二年。（胡露、周錄祥：《四庫全書總目·子部》存目補正）

③"大德"為元成宗年號，非世祖年號。（楊武泉：《四庫全書總目辨誤》）

④陶宗儀《南村輟耕錄》卷八"龍見嘉興"條云："檇李郭元之言：至正乙未秋七月三日，城東馬橋上白龍掛，盲風怪雨，天暗黑若除夜……"乃至正十五年乙未。又至正二十六年為丙午，非至正二十七年。（同上）

黃帝奇門遁甲圖一卷（浙江范懋柱家天一閣藏本）

不著撰人名氏。所載惟陰陽十八局及入門凡例，而餘法皆不詳。前有序一篇，末題"景祐己亥七月，兵部尚書楊惟德"[①]。案陳氏《書錄解題》，景祐間修《遁甲玉函符應經》，為司天春官正楊惟德撰，而仁宗御製序文。今此序又稱惟德自撰，其官階既不相合，而文辭鄙拙，亦不類宋人。殆好事者依託為之也[②]。

【彙訂】

① 景祐紀元無己亥，中有乙亥即景祐二年，"己亥"當為乙亥之誤。（楊武泉：《四庫全書總目辨誤》）

② "好事者依託為之"，殿本作"依託"。

太乙統宗寶鑑二十卷（浙江汪啟淑家藏本）

舊題元曉山老人撰，不知其姓名。前有大德七年自序。錢曾《讀書敏求記》稱其家藏舊鈔《統宗寶鑑》有二本，其一後附《起例》、《真數》、《淘金歌》三書各一卷，其一後附《數林》、《籌數》、《專征集略》、《神機三鏡》四書各一卷[①]。今檢此本，並無所附，或為傳錄者所刪削也。其書以太乙周行統運六十四卦,與夫五福三基之貴神、八門十精之星使,經緯錯綜,標類成編。凡分二百餘目。大約本王希明《金鏡式經》而推擴之,頗為賅備。案王肯堂《鬱岡齋筆麈》云:"太乙之術,世所宗尚者惟《統宗寶鑑》。其求積年術,置演上元甲子,距元大德七年癸卯歲,積一千零一十五萬五千二百一十九年以為七曜齊元之法。然用此積算逆推至上元甲子,得氣應三十四萬七千八百七十五分,乃戊戌日酉正三刻,非甲子年甲子月甲子日甲子時也。其非七曜齊元明矣。作太乙書者不精算法,故譌舛如此。行之數百年,莫為是正,可歎也。"云云。是其於演記尋元之術,殊未足據矣。

【彙訂】

①"三書"、"四書",殿本作"二書"、"三書",誤,參《讀書敏求記》卷三之中《太乙統宗寶鑒》條原文。

太乙成書八卷(浙江范懋柱家天一閣藏本)

不著撰人名氏。是書以太乙五將奇偶二算演七十二局,覘歲神吉凶。其法以上元甲子歲太乙起乾行八宮,每三年一徙;計神起寅,逆行十二辰;天目起甲,順行十六神。又以計神加艮求天目所在,為始擊將,而天目、始擊又各以其算立大將、參將。故必七十二局而五將遊行變動之格始周①。凡五周為三百六十局,而甲子之太乙始復歸於乾。其每月者為月局,陰陽順逆,略如遁甲法。復約之為日局,而太乙之用乃具。書中所列諸局,雜引《淘金歌》、《金鏡》、《福應》、《紫庭》諸經及樂產《王佐祕珠》諸說以證之。不為詮次,往往冗雜無緒。又其論兵家主客先後,以算之和長者勝,若關囚掩迫,宜固守而算少者,不利深入,亦為牽於成局。殆《新唐書·方技傳序》所謂"迂而入諸拘礙,泥而弗通大方"者也。

【彙訂】

① "七十二",底本作"七十六",據殿本改。

禽總法無卷數①(浙江巡撫採進本)②

不著撰人名氏。言八門休旺及二十八宿降伏、厭禳之法。其論禽宿,多援引古人以自神。至謂周公製禮時,遇房日兔;夫子在陳絕糧,遇昴日雞以救。術者之荒誕無稽,大率類此。末載遁甲符呪諸圖,尤鄙俚不足據。

【彙訂】

① "禽總法",殿本作"演禽總法",疑誤。《浙江省第九次進呈書目》與《浙江採集遺書總錄》著錄作《禽總法》。

② 此書在《各省進呈書目》中僅著錄於《浙江省第九次進呈書目》與《浙江採集遺書總錄》,又見於《二老閣進呈書》,"浙江巡撫採進本"應為"浙江鄭大節家藏本"之誤。(江慶柏:《四庫全書私人呈送本中的鄭大節家藏本》)

黃帝演禽七元三傳心法一卷(浙江范懋柱家天一閣藏本)

不著撰人名氏。其書乃以七元之翻禽倒將論戰陣主客之用者。其略以兵氣在內①,利為主;兵氣在外,利為客。而比和則利招安,不交則利退保。值時之壬癸,為截路與旬空時,皆在所避。其文頗亦簡明。然所列條目,有倒將而無翻禽。且標題稱"七元三傳",而此書僅有一元三傳②。為壬家言,或本參用壬術。而卷中並未之及,非完書也。

【彙訂】

① "其略",殿本作"大略"。

② "有一元三傳"，殿本作"一元又三傳"。

七元六甲天書一卷（浙江范懋柱家天一閣藏本）

不著撰人名氏。雜取星禽衰旺，論藏兵立寨及出行之吉凶，而參以六甲青龍之圖及掌中門，似又旁采遁甲之術。其論每月值日星、咸池、月厭、往亡之類，又與近世選擇家相同。大都剽竊成書，夸誕無取。末附以觀雲日月圖及占旗步風之說。至謂"敵用青旗，則我用白旗必勝。風從南來為緩風，陣不宜動；從北來為勝風，我軍不戰大勝"，此尤術士悠謬無稽之說矣。

奇門要略一卷（浙江范懋柱家天一閣藏本）

不著撰人名氏。大都摭拾《奇門五總龜》之說，略加詮次，於得奇、得門、得使毫無所發明，即超神、接氣亦未之及，而以為得宋平章趙公之傳。書末復援劉基、徐達以自神其術。此術家誕妄之習，不足究詰也。

太乙遁甲專征賦一卷（浙江范懋柱家天一閣藏本）

不著撰人名氏。考焦竑《經籍志》有明員卓《遁甲專征賦》，其名與此相合，或即卓書。或後人所擬作，莫能詳也。其書以遁甲論行軍趨避之用，不外《煙波釣叟歌》中之意，別無所發明。且以"太乙"命名，而篇中絕無一語及太乙九宮計神主客者，尤為不可解矣。

佐元直指圖解十卷（安徽巡撫採進本）

舊本題明劉基撰，汪元標訂，江之棟輯。蓋世有《佐元直指賦》一篇，傳為基所著。天啟丁卯，之棟因演為圖式而纂註之，元標則為刊刻以行者也。其書以相地為主，於山運卦位星宮弔替之説略具。八卷以下,詳選擇之要。末附上官出行吉凶,閒採六壬遁甲、遊魯奇儀之説。視術家游談不根者,尚為簡當[1]。

【彙訂】

[1] 殿本"當"下有"云"字。

肘後神經大全三卷(浙江范懋柱家天一閣藏本)

舊本題涵虛子臞仙撰。臞仙者,明寧獻王權自號也[1]。權有《漢唐祕史》,已著錄。其平生頗講神仙方技之書,所著《肘後神樞》二卷、《運化元〔玄〕樞》一卷,見《明史·藝文志》。又高儒《百川書志》亦云:"《臞仙肘後神樞》二卷,九章七十七條。"今是編所載,皆推算諸星煞吉凶以為趨避。上卷為《值日圖》,中卷為《值時旁圖》,下卷為《值日時斷例》,卷帙、篇章與《明史志》及高儒《書志》俱不相合,圖説亦皆疎陋。疑已為後人增益,非原本矣。

【彙訂】

[1] "自",殿本無。

遁甲吉方直指一卷(浙江范懋柱家天一閣藏本)

明王巽撰。巽自號秦臺子,蘭陽人。官欽天監五官司曆。是書前有自序,謂永樂中上巡狩北京,增《大統王遁曆書》。命巽及冬官正皇甫仲和、靈臺郎湯銘等推演遁甲,删諸凶時,專註吉門以利用,因集為此書。蓋亦《壬遁曆》之略例也。然術家主趨避,未有不明於所避而可以獲吉者。專選吉方以求驗,殊非古法矣[1]。

【彙訂】

[1] "殊",殿本無。

類編曆法通書大全三十卷（兩淮鹽政採進本）

不著編輯者名氏。考《明史·藝文志》載《曆法通書》三十卷，註金谿何士泰《景祥曆法》、臨江宋魯珍《輝山通書》合編。今觀是書，於何、宋兩家外，另標"鼇峯熊宗立《道軒類編》"一行，不知何時增入。十九卷以前目錄析為三節，分標何、宋、熊三人之名。自二十卷以下，別起目錄，似又另為一書，而不詳何人所纂[1]。卷首原序亦無姓名，稱宋輝山《通書》集先賢之祕，而何景祥《曆法集成》又輝山所未見，故以二書合之。其說與《藝文志》相合，疑即志所稱《曆法通書》，而坊間又有所增益也。其所載選擇之要，皆術家常法，初無祕義。至紕繆之處，則《欽定協紀辨方書》駁正詳矣。

【彙訂】

[1]"詳"，殿本作"註"。

原本五行類事占徵驗九卷（浙江范懋柱家天一閣藏本）

舊本題明李淑通撰。前有正統庚申自序，其結銜稱賜進士前詹事府通事舍人，其里貫稱河南。考《太學明進士題名碑》，正統庚申以前無所謂李淑通者，疑不能明也[1]。然錢春作《五行類應》，已稱淑通有此書，則其來久矣。大旨祖《漢書·五行志》所引董仲舒、劉向、劉歆之說而衍之。故其體例近古，不似五行家之猥鄙。然其為穿鑿附會則一也。

【彙訂】

[1]《總目》卷六七著錄《四時氣候集解》四卷，"明李泰撰。泰字淑通，鹿邑人，洪武丁丑進士"，即此人也。（呂友仁、李正輝：《〈四庫全書總目〉補正十六則》）

五行類事占徵驗六卷（安徽巡撫採進本）

不著撰人名氏。案，錢春《五行類應》凡例稱其書“初成於中州李氏淑通，重修於張氏賁通，名曰《五行類事占徵應》”，因爲參訂而改題之。考李淑通書凡九卷，尚有范氏天一閣寫本傳於世。今檢此書，類目、次序俱與錢本相同，殆即張賁通之書矣。惟春稱書名作“徵應”，而此本實作“徵驗”，稍有不合，或傳寫有一誤也。其書歷記古今災異之事，惟元代闕焉。所列門目，悉本之諸史《五行志》，大抵與馬端臨《物異考》相近。惟分析標題，少異其面目耳。

通書捷徑無卷數（浙江范懋柱家天一閣藏本）

明樓楷撰。楷號南沙，鄞縣人。是書成於嘉靖癸亥。以世行選擇通書有彼此背馳，棄取違戾者，故作此以正之。其似吉而有犯，本凶而多解者，咸爲之辨析。蓋亦當時坊行之本[①]。

【彙訂】

① “蓋亦當時坊行之本”，殿本無。

選擇集要六卷（兩淮鹽政採進本）

明黃一鳳撰。一鳳字時鳴，峽江人，萬曆庚戌進士[①]。以術家通書多改竄古人成法，以致選擇謬誤，因取楊救貧《造命千金歌》爲主，而以吳景鸞、郭景純、曾文辿諸說參考成書。詞意簡明，頗爲得法。前有一鳳原序。國朝雍正中，余朝相爲之重刊，并附鐫其所作《齊安堂辨疑》及《續補》於末。

【彙訂】

① “庚戌”，殿本作“丙戌”，誤。《明清進士題名碑錄》載黃一鳳乃萬曆三十八年庚戌科三甲第二百二十六名進士。

五行類應九卷（江蘇巡撫採進本）

明錢春撰。春有《湖湘五略》，已著錄。此書乃春以御史巡按湖廣時，取李淑通及張賈通所輯《五行類事占徵應》一書，稍為參訂而刊行之。自春秋迄於南宋，皆仍原書之例。自稱：“於徵驗之事牽合附會者，略為芟薙。”然以原書相較，大略相同，亦未嘗有所訂正也。

大統皇曆經世三卷（江蘇巡撫採進本）

明胡獻忠撰。獻忠自號六六道人，婺源人。其書以明代《大統曆》所列《九宮紫白圖》俗師多有譌異，故特揭而明之。大指推本洛書。弁以八卦法象三十六宮序卦之圖，並取丹書圖象，而以敬與義為一白，怠與欲為二黑，謂即九宮紫白之原，其立說不免過高。次及《九星中宮款歌》，黃、黑道列宿一切吉凶消息之要。中卷為十二月《直日星煞之圖》，下卷為六甲《直時星煞之圖》。蓋當時選擇通行之本也。

奇門說要一卷（浙江范懋柱家天一閣藏本）

明郭仰廉編。仰廉始末未詳。是書即陰陽十八局起例立成之說，別無要指，蓋亦從諸書鈔撮而成者[①]。

【彙訂】

① “者”，殿本無。

將門祕法陰符經三卷（浙江巡撫採進本）

不著撰人名氏，但稱為陳摶所傳。分前、後、別三集。前集取星平家三刑方為安營要訣，旁及占風候氣，並用壬家生死怎二神以為案，十二月節背生擊死必勝。後集以坐孤取虛術為言，而廣其說為萬人用年，千人用月，百人用旬，輔以六用青

龍之圖。末復載金威玉女符呪暨六甲隱身法為別集。殊詭誕
不可信。

禽遁七元成局書十四卷（兩江總督採進本）

國朝汪漢謀編。康熙癸酉,陳錕錄而傳之。錕自題曰雲門,
不知其何地也。其書亦用翻禽倒將之法,有氣將、日將、時將、彼
將、我將、時制日、我制彼者為吉,反是為凶。以二十八宿案每日
十二時,考其吉凶,論行軍主客勝負之機。自一元甲子日行禽虛
日鼠日易一禽,閱七甲子,禽凡十五周而復循其始,故有《七元成
局》。所條列亦頗井井,世之為兵家言者每稱之。然考其所列翻
禽倒將之法,亦俱舛互失次。據池本理論翻倒法,以翻覆為翻
禽,為我取上禽下之意,故居時將之下;倒轉為倒將,為彼取下伏
上之義,故居氣將之上。翻宜制倒,而此概沿俗説,以倒將為翻
禽。即此可見所學之未精矣。

陳子性藏書十二卷（江西巡撫採進本）

國朝陳應選撰。應選字子性,廣州人,康熙中諸生。是書專
為選擇而設①。首列《理氣天體論》、《太極圖説》及諸圖,次論羅
經,繼言選擇。多取舊説,斷其得失,亦自發新論。然於太陽、太
陰過度皆用古法,由今推之,多所未合,推衍後來流年,亦頗譌
舛。又如何尚公煞等名,亦多不可信。唯用真太陽到向到坐法
及六氣元機定局,尚為合理耳。

【彙訂】

①"專為選擇而設",殿本無。

右術數類"陰陽五行"之屬,二十六部,一百六十三卷,_{內二部}
_{無卷數。}皆附存目。

太素脈法一卷（通行本）

不著撰人名氏。其書以診脈辨人貴賤吉凶。原序稱唐末有樵者於崆峒山石函得此書，凡上、下二卷，云仙人所遺。其說荒誕，蓋術者所依託。此本祇一卷，或經合併，或佚其下卷也。案太素脈自古無聞，《宋史》載："僧智緣，隨州人。嘉祐末，召至京師。每察脈，知人貴賤禍福休咎。診父之脈，而能道其子吉凶，所言若神。王珪疑古無此術。王安石曰：'昔醫和診晉侯，而知其良臣將死。則視父知子，亦何足怪哉！'"云云。其引據亦自有理。然推繹《傳》文，醫和亦以人事斷之，料其當爾。故其對晉侯曰："疾不可為也。是謂近女室，疾如蠱，非鬼非食，惑以喪志，良臣將死，天命不祐。"其對趙武曰："國之大臣，榮其寵祿，任其大節，有菑禍興而無改焉[1]，必受其咎。"何嘗一字及於脈？且《傳》曰"視之"，亦不云診，是特良醫神解，望其神色知之。安石所云，殊為附會。大抵此術興於北宋，故智緣以前不聞有此。而羅擴作《張擴傳》，稱擴"少好醫，從龐安時游。後聞蜀有王朴善脈，又能以太素知人貴賤禍福。從之期年，得衣領中所藏《素書》，盡其訣，乃辭去"。擴，徽宗時人，則王朴當與智緣同時，足證其並出於嘉祐閒。觀此書原序，亦僅稱唐末所得，其非古法審矣。此本所載皆七言歌括，至為鄙淺，未必即領中之《素書》，殆方技之流又從而依託也。

【彙訂】

① "有"，殿本作"其"，疑誤，參《左傳·昭公元年》原文。

神機相字法一卷（永樂大典本）

是書一名《景齊字至理集》①。景齊不知何許人。自序稱：

“偶信步山石，忽見一異人，箕踞於盤石，詢某曰：‘子非景齊乎？’
僕驚其預知姓名，疑是神人。異人曰：‘此乃東華洞文，上卷奇
篇，嘗付安石。今日以中卷授於子。’密窺乃陰陽祕記，釋字神機
之書。”云云。似是南、北宋閒人矣。蓋淺陋術士耳，聞有王安石
《字説》，遂假借其名也。

【彙訂】

①“是書”，殿本無。

龜鑑易影皇極數一卷（永樂大典本）

舊本題邵居敬撰。不著時代，亦不知何許人。《永樂大典》
載之，則元以前書矣。其法以字之偏傍定吉凶。如云“二口一
犬，哭泣臨身”、“牛角安刀，情事解散”之類。蓋今所謂測字
術也。

紀夢要覽三卷（浙江范懋柱家天一閣藏本）

明童軒撰。軒字士昂，鄱陽人。景泰辛未進士，官至吏部尚
書。是書《夢論》一卷，《歷代紀夢事實》二卷，卷末禳夢符及占夢
法，則鄙俚荒唐，為異端邪説之尤矣。《周官》占夢，其法不傳。
《漢志》有《黄帝長柳占夢》十一卷，《甘德長柳占夢》二十卷，今亦
久佚。軒乃摭村巫瞽説以當之，不亦陋乎？

夢占類考十二卷（内府藏本）

明張鳳翼撰。鳳翼字伯起，長洲人，嘉靖甲子舉人。《明
史·文苑傳》附見《皇甫涍傳》末。是編取六經子史及稗官野乘
所言夢兆之事，排比成書，分為三十四類。大抵摭集原文，略採
後人之論，及以己見附之。然亦僅據其善惡已然之迹，而於所謂
占事知來者，茫乎未得其術。則亦僅鈔撮故事之書，而不可據以

候际吉凶，於"占"之名頗無當也。

　　夢林元〔玄〕解三十四卷（兩淮鹽政採進本）

　　明陳士元撰，何棟如重輯。士元有《易象鉤解》，棟如有《明祖四大法》，皆已著錄。士元初作《夢書元解》，棟如因而廣之，分《夢占》二十六卷，《夢襄》二卷，《夢原》一卷，《夢徵》五卷。前有凡例，稱是書在宋景祐閒名《圓夢祕策》，為晉葛洪原本，而宋邵雍輯之者。其言無可證據。又有孫奭序一篇，辭氣纖俗，蓋術家依託之文，士元等不及辨也。

　　右術數類"雜技術"之屬，六部，五十二卷，皆附存目。

　　　案，占夢見《周禮》及《詩》，其事最古，然《漢志》已列之"雜占"。相字、太素脈之類，並出後世，益不足道矣。今統名曰"雜技術"，錄其名以備數耳，非有所取也。

子部二十二

藝術類一

古言六書，後明八法，於是字學、書品為二事。左圖右史，畫亦古義，丹青金碧，漸別為賞鑑一途。衣裳製而纂組巧，飲食造而陸海陳，踵事增華，勢有馴致。然均與文史相出入，要為藝事之首也。琴本雅音，舊列樂部，後世俗工撥捄，率造新聲，非復《清廟》、《生民》之奏，是特一技耳。摹印本六體之一①，自漢白元朱，務矜鐫刻，與"小學"遠矣。射義、投壺，載於《戴記》，諸家所述，亦事異禮經。均退列"藝術"，於義差允。至於譜博弈，論歌舞，名品紛繁，事皆瑣屑，亦併為一類，統曰"雜技"焉。

【彙訂】

① 據許慎《説文解字敘》，"六體"當作"八體"。（呂友仁、李正輝：《〈四庫全書總目〉補正十六則》）

古畫品錄一卷（兩淮鹽政採進本）

南齊謝赫撰。赫不知何許人。姚最《續畫品錄》稱其"寫貌人物，不須對看，所須一覽，便歸操筆。點刷精研，意存形似，目想毫髮，皆無遺失。麗服靚妝，隨時變改，直眉曲鬢，與世競新。

別體細微，多自赫始，委巷逐末，皆類效顰。至於氣韻精靈，未窮生動之致；筆路纖弱，不副雅壯之懷。然中興以來，象人為最"。據其所説，殆後來院畫之發源。張彥遠《名畫記》又稱其有《安期先生圖》傳於代，要亦六朝佳手也。是書等差畫家優劣，晁公武《讀書志》謂分四品。今考所列，實為六品，蓋《讀書志》傳寫之譌。大抵謂畫有六法，兼善者難。自陸探微以下，以次品第，各為序引，僅得二十七人，意頗矜慎。姚最頗詆其謬[1]，謂："如長康之美，擅高往策[2]，矯然獨步，終始無雙。列於下品，尤所未安。"李嗣真亦譏其黜衛進曹，有涉貴耳之論。然張彥遠稱："謝赫評畫，最為允愜；姚、李品藻，有所未安。"則固以是書為定論。所言六法，畫家宗之，亦至今千載不易也。

【彙訂】

① 殿本"姚"上有"惟"字。

② "策"，殿本作"代"，誤，參姚最《續畫品》原文。

書品一卷（浙江鮑士恭家藏本）

梁庾肩吾撰。肩吾字子慎，新野人。起家晉安王國常侍，元帝時官至度支尚書。事蹟具《梁書·文學傳》。是書載漢至齊、梁能真草者一百二十八人，分為九品。每品各繫以論，而以總序冠於前。考竇臯《述書賦》稱："肩吾通塞，并乏天性，工歸文華，拙見草正。徒聞師阮，何至遼復？使鉛刀之均鋒，稱並利而則侫。"云云。其於肩吾書學，不甚推許。又其論述作一條，稱"庾中庶品格拘於文華"，則於是書亦頗致不滿。然其論列，多有理致，究不失先民典型。如序稱："尋隸體發源，秦時隸人下邳程邈所作，始皇見而重之。以奏事繁多，篆字難製，遂作此法，故曰隸書。今時正書是也。"此足正歐陽修以八分為隸之誤。惟唐之魏徵，與肩吾時代邈不相及，而並列其閒，殊為顛舛，故王士禎《居易錄》詆毛晉刊本之譌。又序稱二百二十八人，而書中所列實止一百二十三人，數亦不符，殆後人已有所增削。然張彥遠《法書要錄》全載此書，已同此本，併魏徵之謬亦同，則其來久矣。

　　續畫品一卷（浙江巡撫採進本）

　　舊本題陳吳興姚最撰。今考書中稱梁元帝為湘東殿下，則作是書時猶在江陵即位之前①。蓋梁人而入陳者，猶《玉臺新詠》作於梁簡文在東宮時，而今本皆題陳徐陵耳。其書繼謝赫《古畫品錄》而作，而以赫所品高下多失其實②，故但敘時代，不分品目③。所錄始於梁元帝，終於解蒨，凡二十人，各為論斷。中稽寶鈞、聶松合一論，釋僧珍、僧覺合一論，釋迦佛陀、吉底俱、摩羅菩提合一論④，凡為論十六則。名下閒有附註，如"湘東殿下"條註曰"梁元帝初封湘東王，嘗畫《芙蓉圖》、《醮鼎圖》"，"毛稜"條下註曰"惠秀姪"，似尚是最之本文⑤。至"張僧繇"條下註曰"五代梁時吳興人"⑥，則決不出最手，蓋皆後人所益也。凡所論斷，多不過五六行，少或止於三四句，而出以儷詞，氣體雅儁，確為唐以前語，非後人所能依託也。

　　【彙訂】

　　①"江陵即位之前"即承聖元年（552）之前，時姚最年僅十四五歲，且書中"釋迦佛陀"、"吉底俱"、"摩羅菩提"條所載釋迦佛陀據《高僧傳》來華後始終未入南朝梁代，姚最去魏入周前豈能見其畫？此條中又附"光宅僧威公，下筆為京、洛所知"。京、洛顯指北周之長安、洛陽。此書當撰於北周明帝、武帝時（557—

578)。稱梁元帝為湘東殿下,乃因梁實為周太祖所滅,不敢稱其帝號。(余嘉錫:《四庫提要辨證》;謝巍:《中國畫學著作考錄》)

②"而",殿本無。

③書中不但未標明時代,人名前後亦並不按時代。(俞劍華:《中國古代畫論類編》)

④"摩羅菩提",殿本作"麾羅菩提",誤。《歷代名畫記》等亦作"摩羅菩提"。

⑤"似尚",殿本作"尚似"。

⑥"五代"前當脫一"事"字,斷句為"事五代,梁時吳興人"。"事五代"即歷侍五代帝王之意,非謂五代之朱梁。(謝巍:《中國畫學著作考錄》)

貞觀公私畫史一卷(浙江鮑士恭家藏本)

唐裴孝源撰,孝源里貫未詳。卷首有貞觀十三年八月自序,結銜題中書舍人。案《唐書·藝文志》有裴孝源《畫品錄》一卷,註曰"中書舍人",與此序合。然註又曰:"記貞觀、顯慶年事。"而此書序中則稱:"大唐漢王元昌每燕時暇日,多與其流商榷精奧,以予耿尚,嘗賜討論。遂命魏、晉以來前賢遺蹟所存及品格高下,列為先後。起於高貴鄉公,終於大唐貞觀十三年祕府及佛寺并私家所蓄,共二百九十八卷,屋壁四十七所。為《貞觀公私畫錄》。"云云。與註所言,絕不相符。考張彥遠《名畫錄》引孝源《畫錄》最多,皆此書所無①。蓋孝源別有一書,記貞觀、顯慶間畫家品第,如謝赫《古畫品錄》之例,非此書也。又序稱"高貴鄉公以下",而此本所列乃以宋陸探微為首,反居其前,疑傳寫之誤。又序稱"止於貞觀十三年",而此本所列皆隋代收藏官本,其畫壁亦終於楊契丹，均不可解。考其序末稱："又集新錄官庫畫總二百九十八卷。三百三十卷是隋室官庫[2]，十三卷是左僕射蕭瑀進，二十卷是楊素家得，三十卷許善心進，十卷高平縣行書佐張氏所獻，四卷褚安福進，近十八卷先在祕府，亦無所得人名，並有天和年月。其間有二十三卷恐非晉、宋人真迹。"云云。其文重沓不明，疑傳寫有誤[3]。推其大意，似尚有新錄，今佚之耳。書中皆前列畫名，後列作者之名，而以"梁《太清目》所有"、"梁《太清目》所無"分註於下。《太清目》既不可見，則考隋以前古畫名目者，莫古於是。是亦賞鑒家之祖本矣[4]。

【彙訂】

①《歷代名畫記》僅引裴孝源文字三處，且皆見於今本《貞觀公私畫史》。（謝巍：《中國畫學著作考錄》）

②"庫"，殿本無。據黃休復《益州名畫錄·趙德玄傳》所引，此句當作"二百三十卷是隋唐官本"。（李裕民：《四庫提要訂誤》）

③ 今傳本皆出自南宋陳道人刻本，蓋此祖本所據已係殘帙。原本當有二編，或分為二部，即畫品、畫錄一在前，一在後。見畫品在前者，遂題為《畫品錄》；見畫錄在前者，遂題為《公私畫錄》。畫品一編以宋陸探微為首，畫錄一編起於高貴鄉公，以至貞觀、顯慶間諸家畫目。後傳世輯本已亂其序次。（謝巍：《中國畫學著作考錄》）

④ 自漢明帝至南朝已有多種畫錄書，皆早於此書。（同上）

書譜一卷（浙江鮑士恭家藏本）

唐孫過庭撰。竇蒙《述書賦》註曰："孫過庭字虔禮，富陽人。

右衛胄曹參軍。"張懷瓘《書斷》則云:"孫虔禮字過庭,陳留人。官至率府錄事參軍。"二人俱相距不遠,而所記名字、爵里不同,殆與《舊唐書》稱房喬字元〔玄〕齡、《新唐書》稱房元齡字喬者同一謬異。疑唐人多以字行,故各處所聞不能盡一也①。是書篇末自題垂拱三年,蓋武后時作,《書斷》謂之《筆意論》②。然世傳石刻乃其手迹,篇中自稱名曰《書譜》,則作《書譜》為是矣。過庭之書頗為竇臯《述書賦》所詆,然自宋以來,皆推能品,不以臯言為然。張懷瓘推獎是書,亦稱其深得旨趣,故操翰者奉為指南。然過庭自稱"撰為六篇,分為兩卷",此本乃止一篇,疑全書已佚,流傳真蹟③僅存其總序之文。以前賢緒論,姑存以見一斑,而仍題其全書之名耳。然微言奧義,已足見其大凡矣。

【彙訂】

①"處",殿本作"據"。

②《法書要錄》中所錄《書斷》實作《運筆論》。(余嘉錫:《四庫提要辨證》)

③"流傳",殿本作"傳流"。

書斷三卷(浙江鮑士恭家藏本)

唐張懷瓘撰。是書《唐書·藝文志》著錄,稱懷瓘為開元中翰林院供奉。竇蒙《述書賦註》則云:"懷瓘海陵人,鄂州司馬。"與《志》不同。然《述書賦》張懷瓘條下又註云:"懷瓌,懷瓘弟,盛王府司馬,兄弟並翰林待詔。"則與《志》相合。蓋嘗為鄂州司馬,終於翰林供奉,二書各舉其一官爾。所錄皆古今書體及能書人名。上卷列古文、大篆、籀文、小篆、八分、隸書、章草、行書、飛白、草書十體,各述其源流,系之以贊。末為總論一篇。中卷、下卷分神、妙、能三品,每品各以體分。凡神品二十五人,除各體重複得十二人。妙品九十八人,除各體重複得三十九人。能品一百七人,除各體重複得三十五人。前列姓名,後為小傳,傳中附錄又三十八人。其記述頗詳,評論亦允。張彥遠《法書要錄》全載其文,蓋當代以為精鑒矣。

述書賦二卷(浙江鮑士恭家藏本)

唐竇臮撰,竇蒙註。臮字靈長,扶風人,官至檢校戶部員外郎、宋汴節度參謀①。蒙字子全,臮之兄,官至試國子司業兼太原縣令。並見徐浩《古蹟記》。案張彥遠《法書要錄》稱:"臮作《述書賦》,精窮旨要,詳辨祕義。"今觀其賦,上篇所述自上古至南北朝,下篇所述自唐代高祖、太宗、武后、睿宗、明皇以下,而終於其兄蒙及劉秦之妹,蓋其文成於天寶中也。首尾凡一十三代,一百九十八人。篇末系以徐僧權等署證八人,太平公主等印記十一家,徵求寶玩韋述等二十六人,利通貨易穆韋等八人,文與上篇相屬。蓋以卷帙稍重,故分而為二耳②。其品題敍述,皆極精核。其印記一章,兼畫印模於句下,遂為朱存理《鐵網珊瑚》、張丑《清河書畫舫》、《真蹟日錄》之祖。註文尤典要不支,舊以為出其兄蒙。考《賦》中蒙條下註曰:"家兄蒙字子全,司議郎安南都護。"又似乎臮所自註③。且所敍仕履與卷首結銜亦不同,均為疑竇。然張彥遠《法書要錄》所題已同今本。單文孤證,未敢遽易舊文,姑仍原本錄之焉。

【彙訂】

① 陸耀遹《金石續編》卷九有《唐華陽三洞景昭大法師碑》,朝議大夫、檢校尚書兵部郎中兼侍御史、上柱國竇臮書并篆額,

貞元三年正月建。《法書要錄》卷四載唐盧元卿《法書錄》云:"貞元十一年正月,於都官郎中竇泉宅見王廙書、鍾會書各一卷。"《權德輿文集》卷三一《太宗飛白書記》云:"有都官郎中竇泉者,博古尚藝,貞元初,得其書於人間,太清宮道士盧元卿又得之於竇氏。"竇泉蓋竇臮之誤。是臮之官不止於檢校户部員外郎,亦不終於宋汴幕府也。(余嘉錫:《四庫提要辨證》)

②"而",殿本無。

③ 注文確為竇臮自撰。《全唐詩》卷四四七載竇蒙《大曆四年七月點發行朱尋繹精嚴痛摧心骨其人已往其蹟今存追想容輝流淚嗚咽〈述書賦〉語例字格》曰:"晚年又著《述書賦》……尚輦君(指竇臮)學究天人,才通訓詁,注解分析,皆據史傳。注有未盡,在此例中,意有未盡,出此格上。"書中徐浩條注曰:"中書舍人,國子祭酒。"據《新唐書·徐浩傳》:"肅宗立,繇襄州刺史召授中書舍人……進國子祭酒。"又《全唐詩》卷二六二竇蒙《題弟臮述書賦後》注:"嘗製《述書賦》,論書家起史籀迄至德一百九十八人。"則書成於至德年間。(吳企明:《唐集質疑四題》)

法書要錄十卷(浙江巡撫採進本)

唐張彦遠撰。書首有彦遠自序,但署河東郡望。郭若虛《圖畫見聞志》、晁公武《讀書志》亦但稱其字曰愛賓,而仕履時代皆不及詳。今以《新唐書·世系表》、《藝文志》、列傳與彦遠自序參考,知彦遠乃明皇時宰相嘉貞之元〔玄〕孫。序稱高祖河東公,即嘉貞;其稱曾祖魏國公者,為同平章事延賞;案,延賞封魏國公,本傳失載,僅見於此序中①。稱大父高平公者,為同平章事宏〔弘〕靖;稱先公尚書者,為桂管觀察使文規。《唐書》皆有傳。此書之末附載《畫譜》本傳，不知何人所作，乃稱彥遠大父名稔②。考《歷代名畫記》中有彥遠"叔祖名諗"之文，非其大父，亦非"稔"字，顯然舛謬。至本傳稱彥遠博學有文辭，乾符中至大理寺卿，《藝文志》亦同③，而《世系表》作祠部員外郎，則未詳孰是也。是編集古人論書之語，起於東漢，迄於元和，皆具錄原文，如王愔《文字志》之未見其書者，亦特存其目。惟一卷中王羲之《教子敬筆論》一篇，三卷中蔡愔《書無定體論》一篇，四卷中顏師古註《急就章》一篇，張懷瓘《六體書》一篇有錄無書。然目錄下俱註"不錄"字，蓋彥遠所刪，非由闕佚。其《急就章註》當以無關書法見遺，余則不知其故矣。其書採摭繁富，漢以來佚文緒論多賴以存。即庾肩吾《書品》、李嗣真《後書品》④、張懷瓘《書斷》、竇臮《述書賦》各有別本者，實亦於此書錄出。自序謂好事者得此書及《歷代名畫記》⑤，書畫之事畢矣，殆非夸飾也。末為《右軍書記》一卷，凡王羲之帖四百六十五，附王獻之帖十七，皆具為釋文，知劉克莊《閣帖釋文》亦據此為藍本⑥。則其沾溉於書家者非淺尠矣。

【彙訂】

① 李綽《尚書故實》稱延賞為魏國公者凡兩見，又《唐文粹》卷六三《張彥遠三祖大師碑陰記》亦云"彥遠曾祖魏國公"。（余嘉錫：《四庫提要辨證》）

② 稱彥遠大父名稔乃《宣和書譜》卷二十之文，此書刻本誤"書"為"畫"。（同上）

③ 唐、宋之制，凡卿寺官署銜均不帶寺字，故《新唐書·張嘉貞傳》及《藝文志》敘彥遠官，均只稱大理卿。明、清始稱大理寺卿。（同上）

④ "後書品"，殿本作"書品後"。《法書要錄》卷首總目作

《後書品》,卷三目錄作《書後品》,正文標題作《書品後》。

　　⑤"書",殿本無。

　　⑥"劉克莊閣帖釋文"乃"劉次莊法帖釋文"之誤。(陳尚君、張金耀主撰:《四庫提要精讀》)

　　歷代名畫記十卷(兩江總督採進本)

　　唐張彥遠撰。自序謂:"家世藏法書名畫,收藏鑒識,自謂有一日之長。"案《唐書》稱彥遠之祖宏〔弘〕靖家聚書畫侔祕府,李綽《尚書故實》亦多記張氏書畫名蹟,足證自序之不誣。故是書述所見聞,極為賅備。前三卷皆畫論,一敘畫之源流,二敘畫之興廢,三、四敘古畫人姓名,五論畫六法,六論畫山水樹石,七論傳授南北時代,八論顧陸張吳用筆,九論畫體工用搨寫,十論名價品第,十一論鑒識收藏閱玩,十二敘自古跋尾押署,十三敘自古公私印記,十四論裝褙標軸,十五記兩京外州寺觀畫壁,十六論古之祕畫珍圖①。自第四卷以下,皆畫家小傳,然即第一卷內所錄之三百七十人②。既俱列其傳於後,則第一卷內所出姓名一篇,殊為繁複。疑其書初為三卷,但錄畫人姓名,後裒輯其事蹟評論續之於後,而未刪其前之姓名一篇,故重出也③。書中徵引繁富,佚文舊事往往而存。如顧愷之《論畫》一篇、《魏晉勝流名畫讚》一篇、《畫雲臺山記》一篇,皆他書之所不載。又古書畫中褚氏書印乃別一褚氏,非遂良之迹。可以釋石刻《靈飛經》前有褚氏一印之疑,亦他書之所未詳。即其論杜甫詩"幹惟畫肉不畫骨"句,亦從來註杜詩者所未引。則非但鑒別之精,其資考證者亦不少矣。晁公武《讀書志》別載彥遠《名畫獵精》六卷,記歷代畫工名姓,自始皇以降至唐朝,及論畫法并裝褙裱軸之式、鑒別閱玩之方。毛晉刻是書跋謂彥遠自序止云《歷代名畫記》,不及此書,意其大略相似。考郭若虛《圖畫見聞志》敘諸家文字,列有是書,註曰:“無名氏撰①。”其次序在張懷瓘《畫斷》之後,李嗣真《後畫品錄》之前,則必非張彥遠之作,晁氏誤也。

【彙訂】

① 底本“古”下衍“今”字,據殿本刪。此書卷三原文作“述古之秘畫珍圖”。

② 畫人傳共錄三百七十三人。(李裕民:《四庫提要訂誤》)

③ 卷一“敘畫之興廢”條乃大中元年(847)作,明言諸畫人傳止於會昌元年,已全部作成。而前三卷除此條外,寫作時間均晚於後七卷,其文言及會昌五年滅法事,其注下及大中七年事。然作前三卷時,亦曾對後七卷有所訂補。此書的編寫體例深受《法書要錄》,尤其是其中卷七至九所錄張懷瓘《書斷》的影響。《敘歷代能畫人名》即參照《法書要錄》卷一羊欣《采古來能書人名》、卷一王愔《文字志》等而作,兼有著錄與敘目之性質,非未及刪除之文。(李裕民:《四庫提要訂誤》;韋賓:《唐朝畫論考釋》)

④ “無名氏”,殿本作“無名字”,誤,參《圖畫見聞志》卷一原文。

唐朝名畫錄一卷(浙江范懋柱家天一閣藏本)

唐朱景元〔玄〕撰。景元,吳郡人。官翰林學士。《圖畫見聞志》作朱景真,避宋諱也。是書《唐藝文志》題曰《唐畫斷》,故《通考》稱《畫斷》一名《唐朝名畫錄》。今考景元自序,實稱《畫錄》,則《畫斷》之名非也。《通志略》、《通考》均稱三卷,此本不分卷,蓋後人合併。《通考》又稱前有天聖三年商宗儒序,此本亦傳寫佚之。所分凡神、妙、能、逸四品，神、妙、能又各別上、中、下三等，而逸品則無等次，蓋尊之也。初，庾肩吾、謝赫以來，品書畫者多從班固《古今人表》分九等，《古畫品錄》陸探微條下稱："'上上品'之外，無他寄言，故屈標第一等。"蓋詞窮而無以加也。李嗣真作《書品後》，始別以李斯等五人為逸品。張懷瓘作《書斷》，始立神、妙、能三品之目。合兩家之所論定為四品，實始景元，至今遂因之不能易。四品所載，共一百二十四人[①]。卷首列唐代親王三人，皆不入品第，猶之懷瓘《書斷》帝后不入品第，蓋亦貴貴之禮云[②]。

【彙訂】

①《崇文總目》卷三、《新唐書·藝文志》皆著錄作《唐畫斷》三卷（《通志·藝文略》作《畫斷》三卷），《太平御覽》、《太平廣記》亦引作《唐畫斷》。至南宋陳振孫《直齋書錄解題》卷十四始變為《唐畫斷》一卷，一名《唐朝名畫錄》。説明北宋本三卷，傳至南宋時書坊刻本所據為殘帙（商宗儒序不見傳世可證），今傳本皆據南宋陳道人書鋪本而來。《四庫全書》本四品所載僅九十二人，亦可證非全帙，且據《太平御覽》、《太平廣記》所引又有竄入韋蘊《唐畫斷》之文。（謝巍：《中國畫學著作考錄》）

②朱景玄原序云："近代畫者，但工一物以擅其名，斯即幸矣。惟吳道子天縱其能，獨步當世，可齊踪於陸、顧。又周昉次焉。其餘作者一百二十四人。"則所錄應為一百二十六人。實載一百二十五人。又《圖畫見聞志》卷一《述諸家文字》："《畫斷》，張懷瓘撰。"疑此《畫斷》已立神、妙、能、逸四品，朱景玄襲之。（李裕民：《四庫提要訂誤》；韋賓：《唐朝畫論考釋》）

墨藪二卷附法帖釋文刊誤一卷（浙江巡撫採進本）

舊本題唐韋續撰。續不知何許人。是書《唐志》亦不著錄，惟《文獻通考》載《墨藪》十卷，引晁公武《讀書志》曰：“高陽許歸與編，未詳何代人。李氏書目祇五卷。”又引陳振孫《書錄解題》曰：“不知何代所集，凡十八篇。又一本二十一篇。”此本為明程榮所刻校，其門目上卷五十六種書第一，九品書人第二，書品優劣第三，《續書品》第四，梁武帝評第五，書論第六，論篆第七，用筆法并口訣第八，《筆陣圖》第九，又《筆陣圖》第十；下卷張長史十二意法第十一，王逸少《筆勢傳》第十二，《指意筆髓》第十三，王逸少《筆勢圖》第十四①，筆意第十五，晉衛恒等《書勢》第十六，勸學第十七，貞觀論第十八，書訣第十九，徐氏《書記》第二十，唐朝書法第二十一。與振孫所言又一本合，蓋即所見。書中所記止於唐文宗、柳公權事，當出於開成後人。然題為韋續，則不知其何所據也②。末載宋參知政事陳與義《法帖釋文刊誤》一卷，蓋榮之所附。後有淳熙七年周必大跋。其書僅七紙，然糾劉次莊《釋文》之誤③，頗為精核。必大跋稱與義為侍從時奉敕所撰。篇頁太少，難以單行，今仍綴之末簡焉①。

【彙訂】

① “圖”，殿本作“傳”，誤，參此書卷下原文。

② 宋朱勝非《紺珠集》、曾慥《類說》摘錄此書，均題韋續撰，則其來有自。（昌彼得：《說郛考》）

③ “糾”，殿本作“正”。

④《法帖釋文刊誤》實有單行之本。（胡玉縉：《四庫未收書目提要續編》）

畫山水賦一卷附筆法記一卷（浙江鮑士恭家藏本）

舊本題唐荆浩撰。案劉道醇《五代名畫補遺》曰：“荆浩字浩然，河南沁水人。五季多故，隱於太行之洪谷，自號洪谷子。著《山水訣》一卷。”湯垕《畫鑒》亦曰：“荆浩山水為唐末之冠，作《山水訣》，為范寬輩之祖。”則此書本名《山水訣》。此本載詹景鳳《王氏畫苑補益》中，獨題曰《畫山水賦》。考荀卿以後，賦體數更，而自漢及唐，未有無韻之格。此篇雖用駢詞，而中閒或數句有韻，數句無韻，仍如散體，强題曰“賦”，未見其然。又以浩為豫章人，題曰“豫章先生”，益誕妄無稽矣。別有《筆法記》一卷，載《王氏畫苑》中，標題之下註曰：“一名《畫山水錄》。”案《唐書·藝文志》載荆浩《筆法記》一卷，陳振孫《書錄解題》則作“《山水受筆法》一卷，沁水荆浩浩然撰”。今檢《記》中稱：“石鼓巖前遇一叟，講授筆法。”則陳氏所記乃其本名，《唐志》所載乃省文呼之，《王氏畫苑》所註又後人改名也。二書文皆拙澀，中閒忽作雅詞，忽參鄙語，似藝術家粗知文義而不知文格者依託為之，非其本書①。以相傳既久，其論亦頗有可採者，姑錄存之，備畫家一說云爾。

【彙訂】

① 書中所用散文體之文賦正為唐五代時文體多變的產物。北宋宣和時人韓拙《山水純全集》徵引荆浩論畫語五處，皆見於今傳本《筆法記》，文字大同小異。《論林木》篇所引作“《訣》曰”，可證《筆法記》即《山水訣》，不當視作偽托贋本。（謝巍：《中國畫學著作考錄》）

翰墨志一卷（浙江鮑士恭家藏本）

宋高宗皇帝御撰。《宋史·藝文志》載：“高宗《評書》一卷，亦名《翰墨志》。"高似孫《硯箋》引作《高宗翰墨志》,岳珂《法書贊》引作《思陵翰墨志》,後人所追題也。高宗當臥薪嘗膽之時,不能以修練戎韜為自强之計,尚耽心筆札,效太平治世之風,可謂舍本而營末。然以書法而論,則所得頗深。陸游《渭南集》稱其"妙悟八法,留神古雅,訪求法書名畫,不遺餘力。清暇之燕,展玩摹搨不少怠"。王應麟《玉海》稱其"初喜黃庭堅體格,後又采米芾,已而皆置不用,專意羲、獻父子,手追心摹。嘗曰:'學書當以鍾、王為法,然後出入變化,自成一家。'"今觀是編,自謂"五十年未嘗舍筆墨",又謂宋代"無字法可稱",於北宋但舉蔡襄、李時雍及蘇、黃、米、薛,於同時但舉吳説、徐兢,而皆有不滿之詞,惟於米芾行草較為許可。其大旨所宗,惟在羲、獻。與《玉海》所記皆合,蓋晚年所作也。其論效米芾法者"不過得其外貌,高視闊步,氣韻軒昂。不知其中本六朝妙處,醖釀風骨,自然超越",可謂入微之論。其論徽宗留意書法,"立學養士,惟得杜唐稽一人"。今書家無舉其姓名者①。中閒論端研一條,謂欲如一段紫玉,磨之無聲,而不以眼為貴,今賞鑒家猶奉為指南。岳珂《寶真齋法書贊》引此書評米芾詩文一條,此本無之。殆經明人刪節,已非完書歟②?

【彙訂】

① 杜從古字唐稽,其名屢見於《書史會要》、《蘭亭續考》、《皇宋書錄》、《靖康要錄》、《寶真齋法書贊》等宋、元人著作中。(余嘉錫:《四庫提要辨證》)

② 岳珂《寶真齋法書贊》並未出現過"《思陵翰墨志》"字樣,也未見其中引用《翰墨志》評米芾詩文一條,僅卷一九《宋名人真蹟·米元章書簡帖下》後有跋語一處涉及《翰墨志》。而傳世《翰

墨志》一卷各本，均有"芾之詩文，詩無蹈襲，出風烟之上；覺其詞翰同有凌雲之氣，覽者當自得"一段。宋刻、明刻《百川學海》本此書二十四則，此段為第十則。《總目》所據底本應系明萬曆《王氏書苑補益》本，作二十二則，乃將第一、二兩則合為一條，第十九、二十兩則合為一條，內容並無刪節。（方愛龍：《南宋書法史》）

五代名畫補遺一卷（兩江總督採進本）

宋劉道醇撰。考晁公武《讀書志》曰："《五代名畫補遺》一卷，皇朝劉道成纂①，符嘉應撰。序云胡嶠嘗作《梁朝名畫錄》，因廣之，故曰《補遺》。"又別載《宋朝名畫評》三卷，亦註"劉道成纂，符嘉應序"。則劉道醇當作道成。又陳振孫《書錄解題》曰："《五代名畫記》一卷，大梁劉道醇撰，嘉祐四年陳詢直序。"②則"補遺"字又當作"記"。然此本為毛晉汲古閣影摹宋刻，楮墨精好，纖毫無闕，不應卷首題名乃作譌字。蓋本此一書，振孫誤題書名，公武誤題人名。馬端臨作《文獻通考》，又偶未見其書，但據兩家之目，遂重載之。觀卷首陳詢直序，與振孫所言合，而公武所載符嘉應序，又即詢直序中語，知公武併以《宋朝名畫評》序誤註此條，不但"成"字之譌也。胡嶠名見《五代史·契丹傳》，郭若虛《圖畫見聞志》稱其為《廣梁朝畫目》，註曰"皇朝胡嶠撰"，則已入宋。其書今不傳。道醇，不知其仕履。此書所錄凡二十四人。蓋已見於胡嶠錄者不載，故五十年中寥寥僅此云。

【彙訂】

①"劉道成"，底本作"劉道醇"，據《郡齋讀書志》（衢本卷十五，袁本卷三下）及殿本改。

②《直齋書錄解題》卷十四原文作"陳洵直"，《文獻通考·經籍考》誤引作"陳詢直"。

宋朝名畫評三卷（浙江范懋柱家天一閣藏本）

宋劉道醇撰。書分六門，一曰人物，二曰山水林木，三曰畜獸，四曰花草翎毛，五曰鬼神，六曰屋木。每門之中，分神、妙、能三品，每品又各分上、中、下，所錄凡九十餘人。首有敘文，不著名氏，其詞亦不類序體。疑為書前發凡，後人以原書無序，析出別為一篇也。案朱景元《名畫錄》分神、妙、能、逸四品，而此仍從張懷瓘例，僅分三品，殆謂神品足以該逸品，故不再加分析，抑或無其人以當之，姑虛其等也。又黃休復《益州名畫錄》列黃筌及其子居寀於妙格下，而此書於"人物門"則筌、居寀並列入妙品，"花木翎毛門"則筌、居寀又列入神品。蓋即一人，亦必隨其技之高下而品騭之，其評論較為平允。其所敘諸人事實，詞雖簡略，亦多有足資考核者焉。

益州名畫錄二卷（安徽巡撫採進本）①

宋黃休復撰。前有景德三年李畋序，稱："江夏黃氏休復字歸本，通《春秋》學，校左氏、公、穀書，鬻丹養親。游心顧、陸之藝，深得厥趣。"考休復別有《茅亭客話》，陳振孫《書錄解題》亦不詳其里貫，但以所言多蜀事，又嘗著《成都名畫記》，疑為蜀人。則此書一名《成都名畫記》，而舊本與《茅亭客話》皆未題里貫，故振孫云然。今本皆題江夏人，疑後人以畋序補書歟？然畋序作於宋初，或沿唐、五代餘習，題黃氏郡望，亦未可知，未必果生於是地也②。所記凡五十八人，起唐乾元迄宋乾德。品以四格，曰逸，曰神，曰妙，曰能。其四格之目雖因唐朱景元之舊，而景元置逸品於三品外，示三品不能伍，休復此書又躋逸品於三品上，明三品不能先。其次序又復小殊。逸格凡一人。神格凡二人。妙格上品凡七人，中品凡十人，下品凡十一人，而寫真二十二處，無姓名者附焉。能格上品凡十五人，中品凡五人，下品凡七人，而有畫無名、有名無畫者附焉。其大慈寺六祖院羅漢閣圖畫，休復評妙格中品，而列能品之末，不與寫真二十二處一例。非"妙"字誤刊，則編次時偶疎也③。畋序又稱："益都自唐二帝播越，諸侯作鎮，畫藝之傑者多從遊而來。"故是編所集，皆取其事蹟之像乎蜀者，而不盡為蜀產。考鄧椿《畫繼》稱"蜀雖僻遠④，而畫手獨多於四方，李方叔載《德隅齋畫品》⑤，蜀筆居半"云云，則休復之詳錄益州，非夸飾矣。其書敍述頗古雅，而詩文典故所載尤詳，非他家畫品泛題高下無所指據者比也。《書錄解題》又稱："《中興書目》以為李畋撰，休復書今亡。此書有景德三年序，不著姓名，而敍休復所錄明甚，又有休復自為序，則固未嘗亡也。"云云。據其所說，則別本但題李畋之名，不以序文出李畋。今本直作畋序⑥，又與宋時本不合。然諸刻本皆作畋序，故姑從舊本，仍存畋名焉⑦。

【彙訂】

① 文淵閣《四庫》本為三卷。（沈治宏：《中國叢書綜錄訂誤》）

②《茅亭客話》為黃休復在蜀時所撰，既稱"客話"，顯非蜀人。（謝巍：《中國畫學著作考錄》）

③ 蓋其體例為凡有畫無名者皆聚集一處，不更分入各品，但觀同篇中後有"能格上品"一條、"能格中品"三條，皆未分入能格上、中二品可知也。（王世襄：《中國畫論研究》）

④"畫繼",殿本作"畫斷",誤。《總目》同卷著錄宋鄧椿撰《畫繼》十卷。"蜀雖僻遠",底本作"蜀道僻遠",據《畫繼》卷九原文及殿本改。

⑤"李方叔載德隅齋畫品",殿本作"李方叔德隅齋畫品載",誤,參《畫繼》卷九原文。

⑥"本",殿本無。

⑦李畋序云:"居常以魏、晉之奇踪,隋、唐之懿迹,盈縑溢帙,類而珍之。"可知所序之書包含了魏晉隋唐以來的卷軸畫。而今本《益州名畫錄》所載以佛寺道觀壁畫為主,其目擊作品的年代大抵不早於李唐。卷中妙格下品《黃居寀傳》云:"淳化四年,充成都府一路送衣襖使。"淳化四年(993)晚於序中"乾德歲"。又卷上《盧楞伽傳》云乾元初(758—760)畫大聖慈寺壁,"經二百五十餘年,至今宛如初矣",則寫作此書時間約在 1008 年之後,而序末明言"時景德三年(1006)五月二十日虞曹外郎致仕李畋序"。且《郡齋讀書志》(袁本)卷三下《該聞錄》條著錄:"右皇朝李畋撰。畋,蜀人……熙寧中致仕。"熙寧為 1068—1077 年。郭若虛《圖畫見聞志》卷一《敘諸家文字》載辛顯撰《益州畫錄》,黃休復撰《總畫集》。則此序前半部分或為《總畫集》所作,故稱黃休復撰,而"故自李唐乾元初至皇宋乾德歲"以下後半部分是作偽。《圖畫見聞志》所引辛顯《益州畫錄》的內容與今本《益州名畫錄》完全相合,應即一書。黃休復《茅亭客話》雖與《益州名畫錄》多有可互證的內容,但辛顯與黃休復同時同地,交游密切,見聞相似,不足為奇。且兩書對若干畫家的評價、行文習慣並不一致,《益州名畫錄》不錄與黃休復相熟的孫知微等,可證未出一手。(章賓:《宋元畫學研究》)

圖畫見聞志六卷（內府藏本）

宋郭若虛撰。若虛不知何許人。書中有"熙寧辛亥冬，被命接勞北使，為輔行"語。則嘗為朝官，故得預接伴。陳振孫《書錄解題》云："自序在元豐中稱大父司徒公，未知何人。郭氏在國初無顯人，但有郭承祐耳。"然今考史傳，並郭承祐亦不載，莫之詳也[1]。是書馬端臨《文獻通考》作《名畫見聞志》，而《宋史·藝文志》、鄭樵《通志略》則所載與今本並同，蓋《通考》乃傳寫之誤[2]。若虛以張彥遠《歷代名畫記》絕筆唐末，因續為裒輯，自五代至熙寧七年而止[3]，分敘論[4]、紀藝、故事拾遺、近事四門。鄧椿《畫繼》嘗議其評孫位、景朴優劣倒置，由未嘗親至蜀中目睹其畫。又謂江南王凝之花鳥，潤州僧修範之湖石，道士劉貞白之松石梅雀[5]，蜀童詳、許中正之人物仙佛，邱〔丘〕仁慶之花，王延嗣之鬼神，皆熙寧以前名筆，而遺略不載。然一人之耳目，豈能遍觀海內之丹青？若虛以"見聞"立名[6]，則遺略原所不諱。況就其所載論之，一百五六十年之中，名人藝士，流派本末，頗稱賅備，實視劉道醇《畫評》為詳。未可以偶漏數人，遽見喘點[7]。其論制作之理[8]，亦能深得畫旨[9]。故馬端臨以為看畫之綱領，亦未可以一語失當為玷也。

【彙訂】

①《宋會要輯稿》帝系八之五二、《續資治通鑑長編》卷三二四均謂"贈司徒郭崇仁"，即若虛之祖。郭氏家族與皇室累世姻親。（李裕民：《四庫提要訂誤》增訂本）

② 古人書名多有不同，尤其傳抄本與後世刊刻本書名常有異，即為續《歷代名畫記》之作，名《名畫見聞志》亦不妨，《通考》未必誤也。（謝巍：《中國畫學著作考錄》）

③ 本書卷六"高麗國"條云："熙寧甲寅歲,遣使金良鑒入貢……丙辰冬,復遣使崔思訓入貢。"熙寧甲寅為七年,丙辰為九年。卷四"蒲永昇"條稱"蘇子瞻內翰",蘇軾官翰林學士知制誥,時在元祐元年至四年。卷三載"皇弟嘉王",據《宋史》列傳,神宗弟頵卒於元祐三年。則此書應成於元祐間,內容下限至熙寧九年。(阮璞:《圖畫見聞志》限斷之年並非成書之年;李裕民:《四庫提要訂誤》增訂本;韋賓:《宋元畫學研究》)

④ "敍論",殿本作"敍事",誤,此書卷一各節題目均以敍、論起首,如敍諸家文字、敍國朝求訪、論制作楷模、論衣冠異制等。

⑤ "劉貞白",殿本作"劉真白",誤,參《畫繼》卷九原文。

⑥ "立名",殿本作"立志",誤。

⑦ "遽見嗤點",殿本作"而嗤之所論"。

⑧ "其論制作之理",殿本脫。

⑨ "能",殿本無。

林泉高致集一卷(浙江范懋柱家天一閣藏本)①

舊本題宋郭思撰。思父熙,字淳夫,溫縣人。官翰林待詔直長,以善畫名於時。思字得之,登元豐五年進士,官至徽猷閣待制、秦鳳路經略安撫使。書首有思所作序,謂:"丱角侍先子,每聞一説,旋即筆記,收拾纂集,用貽同好。"故陳振孫《書錄解題》以此書為思追述其父遺蹟事實而作。今案書凡六篇,曰《山水訓》,曰《畫意》,曰《畫訣》,曰《畫題》,曰《畫格拾遺》,曰《畫記》。其篇首實題"贈正議大夫郭熙撰"。又有政和七年翰林學士河南許光凝序,亦謂:"公平日講論小筆範式,燦然盈編,題曰《郭氏林泉高致》。"而書中多附思所作釋語,并稱"閒以所聞註而出之"。
據此,則自《山水訓》至《畫題》四篇,皆熙之詞,而思為之註,惟
《畫格拾遺》一篇紀熙平生真蹟,《畫記》一篇述熙在神宗時寵遇
之事,則當為思所論撰,而併為一編者也。許光凝序尚有元豐以
來詩歌、贊記,陳振孫即稱已闕。而此本前後又載入王維、李成
《山水訣》,荊浩《山水賦》,董羽《畫龍輯議》各一篇,亦非郭氏原
本之舊。書末有"至正八年豫章歐陽必學重刻"一行,或即元時
刊書者所附入歟^②?別本又有《山水訣纂》一卷,亦題宋郭思撰。
前有簽書河南府判官廳公事王緯序,稱思述其父熙平日所説山
水畫法,好事者喜傳其文,而緯得之最先。大觀四年,鏤版廣之。
校其文與《林泉高致》所載《山水訓》一篇首尾相同,疑思先纂是
編,後復增益之,為《林泉高致集》。而其書已行,故至今猶兩存
之也。舊末又有《圖畫見聞志》一卷,與郭若虛同名,而其文迥
異。中載葉夢得《評畫行》,似非思所裒輯。疑本別為一編,乃續
郭若虛書而作者。後人因所收《畫訣》、《畫題》皆思述其父之詞,
故取附《山水訓纂》之末耳。以上二編,一與思書相複,一與思書
無關,今俱刊除不錄。而附存其目於此書之末,用以訂同異,備
考核焉。

【彙訂】

① 文淵閣《四庫》本尚有附錄一卷。(沈治宏:《中國叢書綜
錄訂誤》)

② 郭思《山水訣纂》有大觀四年(1110)王緯序刻本,亦附有
《圖畫見聞志》一卷、葉夢得《評畫行》等篇,安知北宋刊本《林泉
高致集》原不附錄《山水訣》等文,而為元人所附入? 歐陽必學乃
歐陽修後裔,非書賈,既重刻舊本,又因何將非郭熙、郭思父子之

著作附入？（謝巍：《中國畫學著作考錄》）

墨池編六卷（浙江鮑士恭家藏本）

宋朱長文撰。長文有《吳郡圖經續記》，已著錄。是編論書學源流，分為八門。每門又各析次第，凡字學一，筆法二，雜議二，品藻五，贊述三，寶藏三，碑刻二，器用二，皆引古人成書而編類之[1]。蒐輯甚博，前代遺文往往藉以考見，閒附己說，亦極典核。後來《書苑菁華》諸編，雖遞有增益，終不能出其範圍。陳耀文《學林就正》嘗摭其引王次仲事誤稱劉向《列仙傳》，小小筆誤，不為累也。"贊述"門寶泉《述書賦》下，自稱編此書十卷。又"器用"門下稱："因讀蘇大參《文房四譜》，取其事有裨於書者，勒成兩卷，贅《墨池編》之末。"是長文原本當為十二卷[2]。今止六卷，殆後人所合併歟？又此本"碑刻"門末載宋碑九十二通，元碑四十四通，明碑一百十九通，皆明萬曆中重刊時所增。明人竄亂古書，往往如是。幸其妄相附益，尚有蹤蹟可尋。今並從刪削，以還其舊[3]。至其合併之帙，無關宏旨，則亦姑仍之矣。

【彙訂】

① 其第九、第十兩卷"品藻"門，《續書斷》題為照溪隱者，即長文自撰之文；第十七、第十八兩卷"碑刻"亦皆長文所自纂輯者也。（余紹宋：《書畫書錄解題》）

② 清雍正朱氏刊本二十卷，各類每部分均為一卷。卷十一《贊述一》之末寶泉《述書賦上》後有朱長文題語云："予既編此書十卷，復得索靖、楊泉、劉邵、王僧虔賦，惜其非完篇。"可證此書原本《述書賦》即分為兩卷，共二十卷，與朱氏刊本相同。若原本為十二卷，則索靖《書勢》、楊泉《草書賦》等篇不應在內。而二十

卷本皆錄在卷十一。（王宏生：《北宋書學文獻考論》）

　　③ 清康熙朱之勷題識未言萬曆李時成重刊本有增損。《四庫全書》本此書卷六《碑刻二》於朱長文題識後有注云："宋以前碑刻考，朱伯原採錄間多脫誤，晨為之訂次；宋以後碑刻考并法帖，晨竊增入。"則宋代以後諸碑系隆慶間薛晨刊本所增。（同上）

　　德隅齋畫品一卷（兩江總督採進本）

　　宋李廌撰。廌字方叔，陽翟人。事蹟具《宋史·文苑傳》。廌少以文字見知於蘇軾，後軾知舉，廌乃不第，竟偃蹇而卒。軾所謂"平生浪說古戰場，到眼空迷日五色"，至今傳為故實者，即為廌作也。是編所記名畫凡二十有二人①，各為序述品題。陳振孫《書錄解題》稱："元符元年趙令時官襄陽，行橐中諸畫，方叔皆為之評品。"蓋即此書。惟"德隅齋"作"德隅堂"。考鄧椿《畫繼》稱"李方叔載《德隅齋畫品》"云云，則陳氏所記誤矣②。廌本善屬文，故其詞致皆雅令，波瀾意趣，一一妙中理解。葉夢得《石林詩話》論寇國寶詩所謂"從蘇、黃門庭中來"者。惟《寒龜出曝圖》條中有"頃在丞相尤公家見黃筌一龜"云云③。考元祐、紹聖之閒，丞相未有尤姓者，豈傳寫之譌耶？

　　【彙訂】

　　①《四庫全書》本實載二十一人。（謝巍：《中國畫學著作考錄》）

　　② 宋尤袤《遂初堂書目》雜藝類、陳振孫《直齋書錄解題》卷十四、《宋史·藝文志》卷六皆題作《德隅堂畫品》。德隅堂意即德公（趙令時字德鄰）之隅堂，亦即趙氏藏畫之所。（同上）

③《寒龜出曝圖》應作《寒龜曝背圖》。（李裕民：《四庫提要訂誤》）

畫史一卷（兩江總督採進本）

宋米芾撰。芾字元章。史浩《兩鈔摘腴》曰：“芾自號鹿門居士。”黃潛《筆記》曰：“元章自署姓名，米或為芈①，芾或為黻。”又稱海岳外史，又稱襄陽漫士。周必大《平園集》有章友直《畫蟲跋》曰：“後題無礙居士，即米元章。”蓋芾性好奇，故屢變其稱如是。《宋史》本傳作吳人。都穆《寓意編》曰：“米氏父子本襄陽人，而寓居京口。嘗觀海岳翁表吾郡朱樂圃先生墓曰：‘余昔居郡，與先生游。’則海岳又嘗寓蘇。修《宋史》者直云吳人，而後之論撰者遂以為吳縣人，失之遠矣。”據其所考，則史稱吳人誤也。芾初以其母侍宣仁后藩邸舊恩，補浛洭尉②，官至禮部員外郎，知淮南軍③。史稱其“妙於翰墨繪圖，自名一家，尤精鑒裁”④。此書皆舉其平生所見名畫⑤，品題真偽，或閒及裝褙收藏及考訂譌謬。歷代賞鑒之家奉為圭臬。中亦有未見其畫而載者，如王球所藏兩漢至隋帝王像及李公麟所說王獻之畫之類。蓋芾作《書史》，皆所親見；作《寶章待訪錄》，別以目覩、的聞，分類編次；此則已見、未見相雜而書，其體例各異也。他如《渾天圖》及《五聲六律十二宮旋相為君圖》，自為圖譜之學，不在丹青之列，芾亦附載，殆張彥遠《歷代名畫記》兼收《日月交會九道》諸圖之例歟？芾不以天文名，而其論天，以古今百家星曆盡為妄說，欲以所作《晝夜六十圖》上之御府，藏之名山，已為誇誕。又不以韻學名，而其論韻，謂沈約只知四聲，求其宮聲而不得，乃分平聲為上下，以欺後世。考約集載《答陸厥書》，雖稱宮商之音有五，而《梁書》

約本傳及《南史》厥本傳並云"四聲",《隋志》亦作沈約《四聲》一卷,芾所謂"求其宮聲不得"者,不知何據。殆誤記唐徐景安《樂書》以上、下平分宮商歟？案,景安書今不傳,其說見王應麟《玉海》。卷首題詞謂唐代五王之功業不如薛稷之二鶴,尤為誕肆。是亦以"顛"得名之一端,存而不論可矣。

【彙訂】

①"芊",殿本誤作"芉"。

②"涪涯尉",殿本作"涪陽尉"。《宋史》卷四四四米芾本傳、蔡肇《米元章墓誌》皆作"涪光尉"。

③宋無淮南軍。《宋史》米芾本傳、《北山小集》卷一六《題米元章墓》、《畫繼》卷三均作知淮陽軍。（李裕民：《四庫提要訂誤》）

④"芾字元章"至"尤精鑒裁",殿本無。

⑤"舉",殿本作"彙"。

書史一卷(浙江鮑士恭家藏本)①

宋米芾撰②。是編評論前人真蹟,皆以目歷者為斷,故始自西晉,迄於五代③。凡印章跋尾、紙絹裝褙,俱詳載之。中如言《敘帖》,辨為右軍書,而斥柳公權之誤作子敬;智永《千文》驗為鍾紹京、歐陽詢書;魏泰收虞世南草書,則又定為智永作。類皆辨別精微,不爽錙黍。所錄詩文,亦多出於見聞之外。如許渾詩"湘潭雲盡暮山出"句,此載渾手寫烏絲欄墨蹟,內"暮山"實作"暮煙",知今世所行《丁卯集》本為誤。楊慎作《丹鉛錄》,嘗攘其說而諱所自來,是亦足資考證,不但為鑒賞翰墨之資也。惟卷末論私印一條,謂印關吉凶,歷引當時三省印、御史臺印、宣撫使

印,皆以篆文字畫卜官之休咎。考《隋書‧經籍志》有魏征東將
軍程申伯《相印法》一卷,《三國志註‧夏侯尚傳》末附許允相印
事,引《相印書》曰:"相印法本出陳長文,以語韋仲將,印工楊利
從仲將受法,以語許士宗,_{案士宗即許允之字①}。利以法術占吉凶,
十可中八九。仲將又問長文從誰得法,長文曰,本出漢世。有
《相印》、《相笏經》,又有《鷹經》、《牛經》、《馬經》。印工宗養以法
語程申伯,於是有一十二家相法。"是古原有此法,然芾未必能得
其傳,殆亦謬為附會,徒為好異而已矣。

【彙訂】

①　此條殿本置於《畫史》條之前,與文淵閣庫書次序不符。

②　此句殿本下有"芾字元章"至"尤精鑒裁"一段。

③　書中言及宋初人釋夢英,"我太祖祕閣圖書之印"一條記
述宋初官印,"本朝太宗"一條評論宋太宗、李宗諤、宋綬等人書
法及宋初書法風尚。則其所記時間下限已在宋初。其中亦有未
經目歷者,如:"歐陽詢《孝經》一卷,薛臨,寄錢公,未見真迹。"
"蘇臺文收張從申墨迹一卷,是唐坰言,余未見。""胡奕修家有徐
諳書經,未見。"(李裕民:《四庫提要訂誤》;王宏生:《北宋書學
文獻考論》)

④　"字",殿本作"子",誤。《三國志‧魏志》卷九注引《魏
略》曰:"(許)允字士宗。"

寶章待訪錄一卷(浙江鮑士恭家藏本)

宋米芾撰。皆紀同時士大夫所藏晉、唐墨迹,成於元祐元年
丙寅。《書錄解題》作《寶墨待訪錄》二卷,與此互異,疑陳振孫誤
也。自序謂:"太宗混一,偽邦圖書皆聚①,而士民之間尚有藏

者,懼久廢忘,故作此以俟訪。"分目睹、的聞二類。目睹者,王羲之《雪晴帖》以下凡五十四條。内張芝、王翼二帖註云"非真",蓋與張直清所藏他帖連類全載之。的聞者,唐僧懷素自序以下凡二十九條。大概與所撰《書史》相出入,然《書史》詳而此較略。中如王右軍《來戲帖》,此書謂丁氏"以一萬質於鄆州梁子志處",而《書史》則謂:"質於其鄰大姓賈氏,得二十千。今十五年,猶在賈氏。"又《懷素三帖》,此書謂見於安師文家,而《書史》則謂"元祐戊辰安公攜至,留吾家月餘,今歸章公惇"云云。驗其歲月,皆當在此書既成之後,知《書史》晚出,故視此更為詳備也。然其間如晉謝奕、謝安、桓溫三帖,《書史》祇載竇蒙審定印,而此書又載有鍾紹京書印。陳僧智永《〈歸田賦〉跋》,《書史》作"開成某年",而此書實作"開成五年",亦有可以互相考證者[2]。今故備著於錄,備參訂焉。

【彙訂】

①"偽邦",底本作"天下",據自序原文及殿本改。

②此書有小楷墨本與刻本二種,後者據前者修訂整理而成,其"晉王右軍《稚恭進鎮帖》"條稱王仲修為"前著作郎",當成於元祐二年五月之後。《四庫》本所據為刻本,"目睹"墨本為五十四條,刻本為五十五條。《歸田賦》條墨本亦作"開成某年"。(王宏生:《北宋書學文獻考論》)

海岳名言一卷(浙江鮑士恭家藏本)

宋米芾撰。皆其平日論書之語,於古人多所譏貶。如謂歐、柳為醜怪惡札之祖;徐浩肥俗,更無氣骨;薛稷大字,用筆如蒸餅;顏魯公真字,便入俗品。皆深致不滿。其所記對徽宗之語,於蔡襄、沈遼、黃庭堅、蘇軾、蔡京、蔡卞尤極意詆訶。史稱芾翰墨得王獻之筆意，而書中於子敬書顧不置議論。但云："吾書取諸長處，總而成之，人見之不知以何為祖。"殆亦不免放言矜肆之習[1]。然其心得既深，所言運筆布格之法，實能脫落蹊徑，獨湊單微，為書家之圭臬，信臨池者所宜探索也。其書原載入左圭《百川學海》中，篇頁太少。今以類相從[2]，附諸《書》、《畫史》、《寶章待訪錄》之末，都為一帙焉。

【彙訂】

①"肆"，殿本作"炫"。

②"以類相從"，殿本作"從其類"。

宣和畫譜二十卷（兩江總督採進本）

不著撰人名氏[1]。記宋徽宗朝內府所藏諸畫，前有宣和庚子御製序。然序中稱"今天子"云云，乃類臣子之頌詞，疑標題誤也。所載共二百三十一人，計六千三百九十六軸[2]，分為十門，一道釋，二人物，三宮室，四蕃族，五龍魚，六山水，七鳥獸，八花木，九墨竹，十蔬果。考趙彥衛《雲麓漫鈔》載宣和畫學分六科，一曰佛道，二曰人物，三曰山川，四曰鳥獸，五曰竹花，六曰屋木，與此大同小異。蓋後又更定其條目也。蔡絛《鐵圍山叢談》曰："崇寧初，命宋喬年值御前書畫所。喬年後罷去，繼以米芾輩。迨至末年，上方所藏，率至千計，吾以宣和癸卯歲嘗得見其目。"云云。癸卯在庚子後三年，當時《書》、《畫》二譜蓋即就其目排比成書歟[3]？徽宗繪事本工，米芾又稱精鑒，故其所錄，收藏家據以為徵[4]。非王黼等所輯《博古圖》動輒舛謬者比。絛又稱："御府所祕古來丹青，其最高遠者，以曹不興《元〔玄〕女授黃帝兵符

圖》為第一,曹髦《卞莊子刺虎圖》第二,謝稚《烈女貞節圖》第三,
自餘始數顧、陸、僧繇而下。”與今本次第不同。蓋作譜之時乃分
類排纂,其收藏之目則以時代先後為差也。又《卞莊子刺虎圖》
今本作衛協,不作曹髦,則併標題名氏亦有所考正更易矣。王肯
堂《筆塵》曰:“《畫譜》採薈諸家記錄,或臣下撰述,不出一手,故
有自相矛盾者。如山水部稱王士元‘兼有諸家之妙’,而宮室部
以皂隸目之之類。‘許道寧’條稱‘張文懿公深加嘆賞’,亦非徽
宗口語,蓋仍劉道醇《名畫評》之詞。”云云。案肯堂以是書為徽
宗御撰,蓋亦未詳繹序文⑤。然所指牴牾之處,則固切中其
失也。

【彙訂】

① 此書與《宣和書譜》皆極力頌揚蔡京、蔡卞,不收元祐黨
人名迹,或系宣和間任提舉祕書省之蔡攸主持編撰。(謝巍:
《中國畫學著作考錄》)

②《四庫全書》本此書實錄畫家二百三十三人(含日本國
一),按每位畫家傳後“今御府所藏”軸數計,為六千三百九十一
軸,而實際是六千三百八十二軸。(韋賓:《宋元畫學研究》)

③ 米芾卒於大觀元年丁亥(1107),若此書成於宣和二年庚
子(1120),則距芾卒已十三年。(胡玉縉:《四庫全書總目提要
補正》)

④ 此書大量剽襲《圖畫見聞志》、《聖朝名畫評》等,或盡取
其文,加以空洞文字;或錯亂原文次序,加以空洞文字;或篡改中
歪曲史實,其作者並非根據御府所藏敘錄,只是一味抄文獻。
(韋賓:《宋元畫學著作的剽襲與“言公”說獻疑》)

⑤《鬱岡齋筆塵》明言“或臣下撰述,不出一手”,不得謂“以

是書為徽宗御撰"。(謝巍:《中國畫學著作考錄》)

宣和書譜二十卷(兩江總督採進本)

不著撰人名氏。記宋徽宗時內府所藏諸帖,蓋與《畫譜》同時作也。首列帝王諸書為一卷,次列篆、隸為一卷,次列正書四卷,次列行書六卷,次列草書七卷,末列分書一卷,而制誥附焉。宋人之書,終於蔡京、蔡卞、米芾,殆即三人所定歟? 芾、京、卞書法皆工,芾尤善於辨別,均為用其所長。故宣和之政無一可觀,而賞鑒則為獨絕。蔡絛《鐵圍山叢談》稱"所見內府書目,唐人硬黃臨二王至三千八百餘幅,顏魯公墨迹至八百餘幅,大凡歐、虞、褚、薛及唐名臣李太白、白樂天等書字,不可勝記,獨兩晉人則有數矣。至二王《破羌》、《洛神》諸帖,真迹殆絕,蓋亦偽多焉"云云。今書所載王羲之帖僅二百四十有二,王獻之帖僅八十有九,顏真卿帖僅二十有八。蓋其著於錄者亦精為汰簡,魚目之混罕矣。

山水純全集一卷(浙江鮑士恭家藏本)

宋韓拙撰。拙字純全,號琴堂,南陽人。《畫史會要》稱其善畫山水、窠石,著《山水純全集》,即指此書。別本或作《山水純全論》,傳寫譌也①。拙始末不可考。惟集末有宣和辛丑夷門張懷後序,稱:"自紹聖閒擔簦至都下進藝,為都尉王晉卿所愜,薦於今聖藩邸。繼而上登寶位,授翰林書藝局祗候,累遷為直長、祕書待詔,今已授忠訓郎。"云云。蓋徽宗時畫院中人也。是編首論山,次論水,次論林木,次論石,次論雲、霧、煙、靄、嵐光、風、雨、雪、霧②,次論人物、橋彴、關城、寺觀、山居、舟車、四時之景,次論用墨格法氣韻之病③,次論觀畫別識,次論古今學者,凡九篇。而序中自稱曰十篇,豈佚其一歟④? 其持論多主規矩,所謂逸情遠致,超然於筆墨之外者,殊未之及。蓋院畫之體如是,然未始非畫家之格律也。考鄧椿《畫繼》載有洛人韓若拙工畫翎毛,又善寫真,宣和末應募使高麗,寫國王真,會用兵不果行。二人同時,同鄉里,同善畫,而姓名祇差一字,殆一人而譌傳歟? 不可考矣⑤。

【彙訂】

① 作《山水純全論》者乃誤會韓氏自序所言"分為十論"而誤題,非傳寫之譌。(謝巍:《中國畫學著作考錄》)

② "霧",底本作"霜",據此書原文及殿本改。

③ 原文"雲霧"作"雲霞"。又"用墨"前脫一"筆"字。(李裕民:《四庫提要訂誤》)

④ 今存明抄《說郛》本、明沈辨之野竹齋抄本等十篇皆全,多《論三古之畫過與不及》一篇。(昌彼得:《說郛考》;謝巍:《中國畫學著作考錄》)

⑤ 韓拙宣和三年自序已云"至今白頭",而韓若拙宣和末尚能應募使高麗,其年齡必不甚老,二者年齡不同。又一為南陽人,一為洛人,鄉里亦不同。韓拙工畫於山水,而韓若拙長於翎毛、人物,二者所長不同。不得附會為一人。(李裕民:《四庫提要訂誤》)

廣川書跋十卷(兩江總督採進本)

宋董逌撰。逌字彥遠,東平人。題曰廣川,從郡望也。政和中官徽猷閣待制①。王明清《玉照新志》載宋齊愈獄牘,稱"司業董逌在坐",則靖康末尚官司業。曾敏行《獨醒雜志》稱建炎己酉

迨從駕，則南渡時尚存。丁特起《孤臣泣血錄》並記其受張邦昌
偽命，為之撫慰太學諸生事，則其人蓋不足道。然其賞鑒書畫，
則至今推之。是編皆古器款識及漢、唐以來碑帖，末亦附宋人數
帖。論斷考證，皆極精當。其據《左傳》"成有岐陽之蒐"，定石鼓
文為成王作，雖未必確，而説亦甚辨。然能知《孫叔敖碑》不可
信，而《滕公石椁銘》乃信《博物志》、《西京雜記》之語。又如以紀
為裂繻之國，不知其是卿非侯②；以"窗中列遠岫"為謝靈運詩，
不知其為謝朓，亦多疎舛。要不害其鑒別之精也。

【彙訂】

①　殿本"政"上有"迨"字。王明清《揮塵前錄》卷三云"宣和
中……校書郎董彥遠"，可知董迨宣和間始為館職，安得先於政
和中官待制乎？《建炎以來繫年要錄》卷十二云："建炎二年二
月，尚書禮部員外郎董迨為宗正少卿。"卷二五云："建炎三年七
月，中書舍人董迨充徽猷閣待制。"（余嘉錫：《四庫提要辨證》）

②　此書卷二《紀侯敦銘》條云："紀城在齊之東，古裂繻之
國，齊桓公既滅之矣。崇寧元年，民有得古器數十於城者。"紀裂
繻字子帛，紀國之卿，曾代表其君至魯國"逆女"，又與"莒子盟于
密"。均見《左傳》隱公二年。紀國之人，以裂繻頻見於《春秋經
傳》算有名，故《廣川書跋》稱紀為裂繻之國。這裏並不強調國乃
國君之國，因而不須分別為卿為侯、為君為臣，統而言之，並無舛
誤。（楊武泉：《四庫全書總目辨誤》）

廣川畫跋六卷（兩江總督採進本）

宋董迨撰。迨在宣和中，與黃伯思均以考據賞鑒擅名。毛
晉嘗刊其《書跋》十卷，而《畫跋》則世罕傳本。此本為元至正乙

巳華亭孫道明所鈔,云從宋末書生寫本錄出,則爾時已無錢本矣①。紙墨歲久剝蝕,然僅第六卷末有闕字,餘尚完整也。古圖畫多作故事及物象,故逌所跋皆考證之文。其論山水者,惟王維一條,范寬二條,李成三條,燕肅二條,時記室所收一條而已。其中如辨正《武皇望仙圖》、《東丹王千角鹿圖》、《七夕圖》、《兵車圖》、《九主圖》、《陸羽點茶圖》、《送窮圖》、《乞巧圖》、《勘書圖》、《擊壤圖》、《沒骨花圖》、《舞馬圖》、戴嵩《牛圖》、《秦王進餅圖》、《留瓜圖》、《王波利獻馬圖》,引據皆極精核。其《封禪圖》一條,立義未確;《姒魚圖》一條,附會太甚;《分鏡圖》一條,拘滯無理;《地獄變相圖》,誤以盧棱伽為在吳道元前。皆偶然小疵,不足以為是書累也。

【彙訂】

① 此書晚明尚有《補益畫苑》本。(胡玉縉:《四庫全書總目提要補正》)

畫繼十卷(兩江總督採進本)

宋鄧椿撰。椿,雙流人。祖洵武,政和中知樞密院。其時最重畫學,椿以家世聞見,綴成此書。其曰《畫繼》者,唐張彥遠作《歷代名畫記》,起軒轅,止唐會昌元年;宋郭若虛作《圖畫見聞志》,起會昌元年,止宋熙寧七年。椿作此書起熙寧七年,止乾道三年,用續二家之書,故曰"繼"也。所錄上而帝王,下而工技,九十四年之中,凡得二百一十九人。一卷至五卷以人分,曰聖藝,曰侯王貴戚,曰軒冕才賢①,曰縉紳韋布,曰道人衲子,曰世冑婦女及宦者②,各為區分類別,以總括一代之技能。六卷、七卷以畫分,曰仙佛鬼神,曰人物傳寫,曰山水林石③,曰花竹翎毛,曰畜獸蟲魚④，曰屋木舟車，曰蔬果藥草，曰小景雜畫，各為標舉短長，以分闡諸家之工巧，蓋互相經緯，欲俾一善不遺。八卷曰銘心絕品⑤，記所見奇跡愛不能忘者，為書中之特筆。九卷、十卷皆曰雜説，分論遠、論近二子目，則書中之總斷也。《論遠》多品畫之詞，《論近》則多説雜事。《論遠》之末附綴雜事一條⑥，或傳寫失次歟？椿以當代之人，記當代之藝，又頗議郭若虛之遺漏，故所收未免稍寬。然網羅賅備，俾後來得以考核。其持論以高雅為宗，不滿徽宗之尚法度，亦不滿石恪等之放佚，亦為平允。固賞鑒家所據為左驗者矣⑦。

【彙訂】

①“才”，殿本作“材”，誤。此書卷三為《軒冕才賢》。

②明崇禎毛氏汲古閣刻《津逮祕書》本《畫繼》卷前目錄卷三脱“巖穴上士”一門，正文有之。文淵閣本書前提要未脱，正文亦有之。（柏克萊加州大學東亞圖書館編：《柏克萊加州大學東亞圖書館中文古籍善本書志》）

③“林”，殿本作“樹”，誤。此書卷六有《山水林石》。

④“畜”，殿本作“鳥”，誤。此書卷七有《畜獸蟲魚》。

⑤“品”，殿本作“妙”，誤。此書卷八為《銘心絕品》。

⑥“論遠”，底本作“論近”，據文意及殿本改。

⑦殿本“家”上有“之”字。

續書譜一卷（浙江鮑士恭家藏本）

宋姜夔撰。夔有《絳帖平》，已著錄。是編其論書之語。曰《續書譜》者，唐孫過庭先有《書譜》故也。前有嘉定戊辰天台謝采伯序，稱略識夔於一友人處，不知其能書也。近閲其手墨數紙,筆力遒勁,波瀾老成。又得其所著《續書譜》一卷,議論精到,三讀三歎,因為鋟木。蓋夔撰是書,至采伯始刊行也。此本為王氏《書苑》補益,所載凡二十則。一曰總論,二曰真書,三曰用筆,四曰草書,五曰用筆,六曰用墨,七曰行書,八曰臨摹,九曰書丹,十曰情性,十一曰血脈,十二曰燥潤,十三曰勁媚,十四曰方圓,十五曰向背,十六曰位置,十七曰疎密,十八曰風神,十九曰遲速,二十曰筆鋒。其"燥潤"、"勁媚"二則,均有錄無書。燥潤下註曰:"見用筆條。""勁媚"下註曰:"見情性條。"然燥潤之説,實在"用墨"條中,疑有舛誤。又"真書"、"草書"之後各有"用筆"一則,而"草書"後之論用筆乃是八法,並非論草,疑亦有譌。敬考《欽定佩文齋書畫譜》第七卷中全收是編①,"臨摹"以前八則,次序相同;"臨摹"以下則九曰方圓,十曰向背,十一曰位置,十二曰疎密,十三曰風神,十四曰遲速,十五曰筆勢,十六曰情性,十七曰血脈,十八曰書丹,先後小殊②。而"燥潤"、"勁媚"二則,則並無其目。蓋所據之本稍有不同,而其文則無所增損也。《書史會要》曰③:"趙必睪字伯暐,宗室也。官至奏院中丞。善隸楷,作《續書譜辨妄》,以規姜夔之失。"案,必睪之書今已佚,不知其所規者何語。然夔此譜自來為書家所重,必睪獨持異論,似恐未然。殆世以其立説乖謬,故棄而不傳歟?

【彙訂】

①"欽定",殿本作"御定"。

②"小殊",殿本作"迥殊"。

③"書史會要",殿本作"書史薈要",誤。陶宗儀《書史會要》卷六有此條。

寶真齋法書贊二十八卷(永樂大典本)

宋岳珂撰。珂有《刊正九經三傳例》,已著錄。是書以其家所藏墨蹟,自晉、唐迄於南宋,各系以跋而為之贊。珂處南渡積弱之餘,又承家難流離之後,故其閒關涉時事者多發憤激烈,情見乎詞。至於諸家古帖,尤徵人論世,考核精審。其文亦能兼備衆體,新穎百變,層出不窮,可謂以賞鑒而兼文章者矣。珂所著《桯史》、《金陀粹編》、《愧郯錄》諸書,世多傳本,獨是編諸家皆未論及,惟米芾《外紀》所引《英光堂帖》載其一條,即珂所刻米芾墨跡,其文視此稍略。蓋彼為帖後跋尾,此則編輯以成書,猶歐陽修《集古錄》有真跡、集本之異也。文徵明停雲館所刻《萬歲通天帖》亦有一條,而此本無之,意偶佚歟?原本為《永樂大典》割裂分系,其卷目已不可考。今就其僅存者排比推求,大抵以類分編。首以歷代帝王,次晉真蹟,次唐摹,次唐五代至宋真蹟。而唐摹又自分二王及雜蹟,五代又先以吳越三王,宋則終以鄂國傳家。每類之首有總標,如《吳越三王判牘》、《鄂國傳家帖》,可以考也。總標之下先系以總贊,如《唐摹二王》之"貞觀熶興"云云,《無名氏帖》之"非紀錄不概"云云,可以考也。其總贊無可專屬,《永樂大典》皆棄不錄。惟此二首連前後帖尾,幸而得存,猶可尋當日體例耳。所類諸帖,晉、唐以前簡幅省少,帖各為贊,南、北宋人篇翰繁多,則連類為贊。而每帖之或真或草,幾幅幾行,題記塗乙,又附註於分標之下。約略編次,尚可二十八卷。其閒遺聞佚事,可訂史傳之是非;短什長篇,可補文集之譌闕。如朱子《儲議》一帖,辨論幾及萬言;許渾烏闌百篇,文異殆逾千字,於考證頗為有功。且所載諸帖,石刻流傳者十僅二三,墨迹僅存者百尠一二,皆因珂之彙集以傳。其書泯没零落逾數百年,遭遇聖代右文，得邀裒輯，復見於世，可謂珂之大幸，亦可謂歷代書家之大幸矣。至於前賢法帖，釋者聚訟，珂所載亦閒有異同，其已經欽定重刻《閣帖》釐定者，並敬遵駁正。閒有參差岐出，數說皆通者，亦並用參存，不沒其實焉。

書小史十卷（浙江巡撫採進本）

宋陳思撰。思有《寶刻叢編》，已著錄。是書以歷代書家小傳纂次成帙，前有咸淳丁卯天台謝愈修序。書中所載，自庖犧迄五季。凡紀一卷，載帝王為五十一人[①]。傳九卷，首后妃十人，附以諸女十三人。次諸王二十七人，次蒼頡至郭忠恕共四百三十人[②]。如中閒"閨秀"一門，自宜依史例退置史末，乃以厠於后妃、諸王之閒，殊為乖舛。又如北齊彭城王澈本無能書之名，惟史載其以歲時書迹未工為博士韓毅所戲。思因此一節，遂一概採入書家中，尤屬泛濫，迥不及《書苑菁華》之詳密。特其排比薈粹，用力亦勤。自張彥遠名畫、法書各有記錄，嗣後品錄畫家者多，品錄書家者少。思蒐羅編輯，彙為斯編，亦足以為考古者檢閱之助也。

【彙訂】

① "為"，殿本無。

② 卷二載后妃實為十二人，卷三載四十六人，卷四載五十人，卷五載三十四人，卷六載七十五人，卷七載五十四人，卷八載六十三人，卷九載四十六人，卷十載六十人，共四百二十八人。又後八卷附傳共載一百零七人。（李裕民：《四庫提要訂誤》）

書苑菁華二十卷（浙江汪汝瑮家藏本）[①]

宋陳思撰。是編集古人論書之語，與《書小史》相輔而並行。

卷一、卷二曰法。卷三曰勢，曰狀，曰體，曰旨。卷四曰品。卷五曰評，曰議，曰佶。卷六曰斷。卷七曰錄。卷八曰譜，曰名。卷九、卷十曰賦。卷十一、卷十二曰論。卷十三曰記。卷十四曰表，曰啟。卷十五曰箋，曰判。卷十六曰書，曰序。卷十七曰歌，曰詩。卷十八曰銘，曰贊，曰敘，曰傳。卷十九曰訣，曰意，曰志。卷二十曰雜著。所收凡一百六十餘篇。以意主閎博，故編次叢雜，不免疏舛。如“序”古無作“敘”者，因蘇軾避其家諱而改，本非二體，《昌黎集》内所載皆“序”而非“敘”。思乃列“序”、“敘”為二目，且以韓愈《送高閑上人》一篇載入“敘”中，殊無根據。又《晉書·王羲之傳》，唐太宗稱制論斷，即屬傳贊之流。而思別題作《書王羲之傳後》，列之“雜著”中，尤為不知體製。然自唐以來，惟張彦遠《法書要錄》、韋續《墨藪》兼採羣言，而篇帙無多，未為賅備。其哀錄諸家緒言，薈粹編排以資考訂，實始於是編。《欽定佩文齋書畫譜》中“論書”一門②，多採用之。雖思書規模草創，萬不及後來之精密，而大輅肇自椎輪，層冰成於積水，其造始之功，固亦未可泯焉。

【彙訂】

① 與文淵閣庫書次序不符，文淵閣庫書及殿本皆置於“書小史十卷”條前。

② “欽定”，殿本作“御定”。

書錄三卷外篇一卷(浙江吳玉墀家藏本)①

宋董史撰②。史字良史③，不詳其里貫。自稱閩中老叟，蓋未登仕版者也。其書皆紀宋代書家姓氏，分上、中、下三篇。上篇載藝祖至高宗，中篇載北宋書家一百十人，下篇載南宋書家四十五人。有所見輒鈔於帙，故不復以人品高下為銓次。凡諸書所有評論書法者，悉加採摭，彙次每人之後。更加《外篇》，附於卷末。所載女子六人，蓋倣《華陽國志》宴儒、貧女有可紀者，莫不咸具例也。《錄》中所紀，雖未為賅備，而徵引典核，考據精審，亦殊有體裁，非泛濫捃摭者可比。其書成於理宗淳祐壬寅，後景定元年庚申燬於火。度宗咸淳元年乙丑，從章氏得其舊本①，乃重加修校，復成此編。原本書末有"至正丁未三月錄辦"云云一行，蓋元時華亭孫氏所鈔存者。後輾轉傳錄，譌脫益甚，自序亦已殘闕不可讀。檢勘諸本並同，無可校補，今姑仍其舊焉。

【彙訂】

①"外篇一卷"，殿本脫，參文淵閣庫書。

②"董史"，殿本作"董更"，下同，誤。《知不足齋叢書》本《皇宋書錄》三卷，末有鮑廷博跋云："又後序稱'閑中老叟董更良史'，頗疑'更良'為字，而'史'其名也。及觀他書目，亦有以'董更'著錄者，久未能明。近檢《江村銷夏錄》，載適適堂董氏舊藏《搗練詩帖》。中有閑中叟一詩，及'洪董史良史'收藏印記。於是知其隸籍洪都，而序中'更'字為'史'字傳寫之譌無疑矣。"（余嘉錫：《四庫提要辨證》）

③"良史"，底本作"更良"，據殿本改。

④據董史自序，"章氏"乃"曹氏（士冕）"之誤。（方愛龍：《南宋書法史》）

竹譜十卷（永樂大典本）

元李衎撰。衎字仲賓，號息齋，薊邱〔丘〕人。皇慶元年為吏部尚書，拜集賢殿大學士，諡文簡。蘇天爵《滋溪集》有衎《墓志》，稱其“翰墨餘暇，善圖古木竹石，有王維、文同之高致。”《續宏〔弘〕簡錄》曰：“李衎少時見人畫竹，從旁窺其筆法，始若可喜，旋覺不類，輒嘆息舍去。後從黃華子澹游學。案黃華老人，金王庭筠之別號。澹游，庭筠子曼慶之別號。《畫史會要錄》稱庭筠善古木竹石①，曼慶亦工墨竹。已觀黃華所畫墨竹，又迥然不同，乃復棄去。至元初來錢塘，得文同一幅，欣然願慰。自後一意師之，兼善畫竹法加青綠設色。後使交趾，深入竹鄉，於竹之形色情狀，辨析精到，作《畫竹》、《墨竹》二譜，凡黏幀礬絹之法悉備。”又鄧文原《履素齋集》有哭衎詩二首，詩末註曰：“仲賓近刊《竹譜》二十卷。”其書世罕傳本。浙江鮑氏所傳鈔者僅有一卷，疎略殊甚。惟《永樂大典》載其完書，實分四門。曰《畫竹譜》、《墨竹譜》，與《宏簡錄》所言合。又有《竹態譜》、《竹品譜》。其《竹品譜》中又分全德品、異形品、異色品、神異品、似是而非竹品、有名而非竹品六子目。共為十卷，卷各有圖，蓋每二卷併一卷矣。其書廣引繁徵，頗稱淹雅。錄而存之，非惟游藝之一端，抑亦博物之一助矣。中有有説而無圖者②，自序謂與常竹同者則不復圖，非闕佚也。

【彙訂】

①“畫史會要錄”，底本作“書史會要錄”，據殿本改。朱謀垔《畫史會要》卷三載：“王庭筠字子端，號黃華老人……善山水，古木竹石，上逼古人……子曼慶，字禧伯，號澹游。善墨竹，樹石絕佳，亦能山水。”而陶宗儀《書史會要》未載。

② 殿本少一“有”字。

畫鑒一卷（兩江總督採進本）

舊本題宋東楚湯垕君載撰。案卷首有題詞曰：“采真子妙於考古，在京師時，與今鑒畫博士柯君敬仲論畫，遂著此書。用意精到，悉有據依。"云云①。則垕與柯九思同時。九思為鑒畫博士在元文宗天曆元年，則作此書時上距宋亡已五十三年，下距元亡僅三十九年，垕安得復稱宋人②？且書中稱元曰本朝，稱宋曰宋朝，內元外宋，尤不得以遺民藉口。舊本蓋相沿誤題也。又題詞稱："惜乎尚多疏略，乃為刪補，編次成帙，名曰《畫鑒》。後有高識，賞其知言③。采真子，東楚湯垕君載之自號也。"云云。則此書乃因垕舊稿重為潤色，不但非垕之原本，併《畫鑒》之名亦非垕所自命矣。惟題詞不著名氏，遂不能詳考其人耳。所論歷代之畫始於吳曹不興，次晉衛協、顧愷之，次六朝陸探微諸家，案吳、晉皆在六朝之數，不應別探微以下為六朝。原本標目如是，姑仍其舊，而附訂其誤於此。次唐及五代諸家，次宋、金、元諸家。然元惟龔開、陳琳二人，蓋趙孟頫諸人並出同時，故不錄也。次為外國畫，次為雜論。大致似米芾《畫史》，以鑒別真偽為主。所辨論皆在筆墨氣韻間，不似董逌諸家以考證見長也。

【彙訂】

①"據依"，殿本作"依據"，誤，參題詞原文。

②《元史·文宗本紀》載至順元年（1330，即天曆三年）二月"置奎章閣鑒書博士二人，秩正五品"。可見柯九思為學士院鑒書博士（非鑒畫博士）在至順元年二月以後。《至順鎮江志》卷四載湯垕卒於大都都護府令史任內，且未滿三期，當在延祐四年（1317）前。而《畫鑒》應撰寫於至元年間後期與大德之間，最遲不超過至大年間（即1310年之前）。（謝巍：《中國畫學著作考錄》；周永昭：《元代湯垕生平之考證》）

③"賞其知言"，殿本作"知賞其言"，誤，參題詞原文。

衍極二卷（永樂大典本）

元鄭杓撰。案何喬遠《閩書》曰："杓字子經，羅源人。泰定中官南安縣教諭，與陳旅為文字友。著《衍極》五篇，《衍極記載》三篇。其書自蒼頡迄元代，凡古人篆籀以極書法之變，皆在所論。宣撫使齊伯亨採而上之，作衍極堂以藏其書。"陶宗儀《書史會要》又稱其"能大字，兼工八分"，蓋究心斯藝，故能析其源流如是也。其書載《永樂大典》中，而闕其《記載》三篇。別本又載有《學書次第》、《書法源流》二圖，《永樂大典》亦闕。然別本字句譌脫，文註混淆，不及《永樂大典》之精善。謹合兩本參校，補遺正誤，復還舊觀。其註為劉有定所作。有定字能靜，號原範，莆田人。其名載林承霖《莆陽詩編》，亦見《書史會要》。蓋亦文雅之士云。

法書考八卷（浙江巡撫採進本）

元盛熙明撰。案陶九成《書史會要》曰："盛熙明，其先曲鮮人，後居豫章。清修謹飭，篤學多材。工翰墨，亦能通六國書。"則色目人也。是書前有虞集、揭傒斯、歐陽元三序。集序稱其備宿衛，傒斯序則稱為夏官屬，其始末則不可考矣。傒斯序又稱："熙明作是書，稾未竟，已有言之文皇之前者，有旨趣上進。以修《皇朝經世大典》事嚴，未及錄上。四年四月五日，今上在延春閣[1]，遂因奎章學士實喇巴勒_{原作沙剌班，今改正。}以書進。上方留神書法，覽之終卷，親問八法旨要。命藏之禁中，以備親覽。"《書史會要》亦稱"至正甲申，嘗以《法書考》八卷進上"，與序相合。則是書實當時奏御本也。其書首為書譜，分子目四。次為字源[2]，次為筆法，次為圖訣，次為形勢，各分子目二。次為風神，次為工用，各分子目三。次為附錄印章、題署、跋尾，雖雜取諸家之說，而採擇特精。其"字源"一門所列梵書十六聲三十四母、蒙古書四十二母，亦與陶九成"通六國書"之說合。皆頗足以資考證也。

【彙訂】

① "今上在"，殿本作"今在上"，誤，參揭傒斯序原文。

② "次為字源"，殿本脫。書中卷二為字源。

圖繪寶鑑五卷續編一卷（衍聖公孔昭煥家藏本）

元夏文彥撰。文彥字士良，其先吳興人，居於松江。陶宗儀《輟耕錄》曰："友人吳興夏文彥，號蘭渚生，其家世藏名跡，罕有比者。朝夕玩索，心領神會，加以游於畫藝，悟入厥趣。是故鑒賞品藻①，百不失一。因取《名畫記》、《圖畫見聞志》、《畫繼》、《續畫記》為本，加以《宣和畫譜》、《南渡七朝畫史》齊、梁、魏、陳、唐、宋以來諸家畫錄，及傳記雜說百氏之書，蒐潛剔祕，網羅無遺。自軒轅至宋德祐乙亥，得能畫者一千二百八十餘人，又金、元三十人，本朝至元丙子案宗儀此書作於至正中，故稱元為本朝。至今九十餘年間二百餘人，共一千五百餘人。其考核誠至，其用心良勤，其論畫之三品蓋擴前人所未發。"云云，即指此書也。中閒如"封膜"之類，尚沿舊譌，未能糾正。又每代所列不以先後為次，往往倒置，體例亦未為善。然蒐羅廣博，在畫史之中最為詳贍。郎瑛《七修類稿》嘗謂："《圖繪寶鑑》但紀歷代善畫人名及所師某人而已，當添言所以，方盡其意。如董源則曰'山是麻皮皴'之類，馬遠則曰'山是大斧劈兼丁頭鼠尾'之類，如是則二人之規矩已寓目前，而後之觀其畫者亦易。"云云。然文彥所記，主於徵考家數源流②，中間傳其名者多，見其跡者少，安能一一舉其形似？瑛所云云，蓋未知著書之難，不足據也。《續編》一卷，明欽天監副韓昂所纂。起明初迄正德一百五十年間，採輯得一百七人，而冠以宣宗、憲宗、孝宗三朝御筆③。成於正德十四年。然核其書中如文彭、陸治、錢穀等以下，皆嘉靖時人。殆後來有所增補，非昂之舊歟④？

【彙訂】

① "鑒賞"，底本作"賞鑒"，據《輟耕錄》卷十八原文及殿本改。

② 此書明顯地剽襲《圖畫見聞志》、《宣和畫譜》等前代畫史，乃至以譌傳譌，而成一以資料轉抄為主，學術價值并不高的畫學著作。（章寶：《宋元畫學著作的剽襲與"言公"說獻疑》）

③ 是編首宣宗迄朱端，凡一百十四人。（余紹宋：《書畫書錄解題》）

④ 是書元至正二十六年刊本傳世尚多，除《圖繪寶鑒》五卷外，尚有《補遺》一卷、《續補》一卷，皆文彥作，實七卷也。浙江圖書館藏明正德十四年苗增刻本《圖繪寶鑒》五卷、《補遺》一卷、《續補》一卷、《續編》一卷，實八卷也。而增補文彭等人者，系近刻之八卷本，或即雍正間年怡堂所刊。（崔富章：《四庫提要補正》）

子 部 二 十 三

藝 術 類 二

書史會要九卷補遺一卷續編一卷（浙江鮑士恭家藏本）

《書史會要》九卷、《補遺》一卷，明陶宗儀撰。《續編》一卷，朱謀垔撰。宗儀有《國風尊經》，已著錄。謀垔字隱之，號厭原山人，寧藩支裔也。是編載古來能書人，上起三皇，下至元代，凡八卷。末為《書法》一卷，又《補遺》一卷。據孫作《滄螺集》所載宗儀小傳，稱《書史會要》凡九卷。此本目錄亦以《書法》、《補遺》共為一卷。而刊本乃以《補遺》別為卷，又以朱謀垔所作《續編》一卷題為卷十，移其次於《補遺》前。殆謀垔之子統鍙重刊是書，分析移易，遂使宗儀原書中斷為二。今仍退謀垔所補自為一卷，題曰《續編》，以別宗儀之書①。而其《書法》、《補遺》如仍合為一卷②，則篇頁稍繁。姑仍統鍙所編，別為一卷，以便省覽③。宗儀舊本，以元繼宋，而列遼、金於後，與所作《輟耕錄》中載楊維楨《正統論》以元繼宋者所見相同。維楨論已仰禀睿裁，特存其說。宗儀是編，亦謹仍其舊文焉。

【彙訂】

① 殿本"別"下有"於"字。

② "而"，殿本無。

③ 明洪武九年刻本此書《補遺》即別為一卷，非統鈂所分。（楊守敬：《日本訪書志》）

珊瑚木難八卷（兩淮鹽政採進本）

明朱存理撰。存理有《旌孝錄》，已著錄。朱彝尊《靜志居詩話》曰："存理自少至老，未嘗一日忘學問。人有異書，必從訪求，以必得為志。所纂集凡數百卷，既老不厭。坐貧無以自資，其書旋亦散去。"《江南通志》亦曰："元季明初，中吳南園何氏、笠澤虞氏、廬山陳氏，書籍金石之富，甲於海內。繼其後者，存理其尤也。"兹編悉載所見字畫題跋，其卷中前人詩文世所罕覯者，亦附錄焉。前有文徵明、文嘉、王穉登、王騰程四人名氏，蓋出於四家收藏者為多①。徵明等皆以賞鑒相高，故所貯並多名蹟。存理又工於考證，凡所題品，具有根據，與真贗雜糅者不同。惟其書從無刊本②，轉相傳寫，譌脱頗多。今詳加釐正，而闕其所不可知者，著之於錄。

【彙訂】

① "家"，殿本作"人"。

② 此書有雍正元年年希堯刻本。（陳滯冬：《中國書學論著提要》）

趙氏鐵網珊瑚十六卷（兩淮馬裕家藏本）

舊本題明朱存理撰。末有萬曆中常熟趙琦美跋，稱原從秦四麟家得《書品》、《畫品》各四卷。後從焦竑得一本，卷帙較多。用兩本互校，增為《書品》十卷，《畫品》六卷。其先後次序，則琦美所釐定，而又以所見真蹟續於後。稱秦氏原本無撰人姓名。

別有跋,記作者姓名。後佚去,不復記,然非朱存理也。據此,則是書乃趙琦美得無名氏殘稾所編。其稾既不出於一家,且琦美又有所增補,題"朱存理撰"為誤矣①。雍正六年,年希堯嘗刻此書。其跋稱別有一本十四卷者,傳為存理原本,今亦未見。又世傳有存理所作《珊瑚木難》八卷,所載名蹟,末皆有自跋語,與此本體例迥異,則此書非出存理手愈可知也。然所載書畫諸跋,頗足以辨析異同,考究真偽,至今賞鑒家多引據之。其書既為可採,則亦不必問其定出誰氏矣。

【彙訂】

① 朱存理(1444—1513),字性甫,文徵明《朱性甫先生墓誌銘》謂其所纂輯有《鐵綱珊瑚》。書中所收錄書畫原迹,年代皆在明洪武前。所記題跋,最晚者當為王英跋《石鼓文》,時在正德丙寅(1506),與趙氏時代相符。趙琦美跋云:"向酉陽亦曾有浮帖跋語一段,著作者姓名,此帖侍御劉九畹借錄失去。影響間,非朱存理氏也。"並未斷定非朱存理所著。(戴立強:《明鈔本〈書畫萃苑〉考》)

寓意編一卷(兵部侍郎紀昀家藏本)①

明都穆撰。穆有《壬午功臣爵賞錄》,已著錄。此書記所見書畫名蹟,載陳繼儒《祕笈》中僅有一卷。而世所刻本別有穆《鐵綱珊瑚》二十卷,其第五、第六兩卷題曰寓意上、寓意下,乃多一卷。考其上卷所載書畫,每條各系以收藏之家,而下卷則否。上卷之末云:"余家高祖以來,好蓄名畫,皆往往為好事者所得,亦不留意也。"云云。詳其語意,已為終篇之詞,不應更有下卷。況下卷之末,併載何良俊《書畫銘心錄》中,有嘉靖丁巳正月人日記所觀書畫事。考王寵所作《穆墓誌》，穆卒於嘉靖四年乙酉，而何良俊之撰《銘心錄》則在嘉靖三十六年，穆何從而載其事？又其下卷以下每卷皆標“太僕寺少卿都穆”之名②，而中閒載文徵明山水二軸，一作於嘉靖乙未，一作於嘉靖戊午。乙未為嘉靖十四年，戊午為嘉靖三十七年，皆在穆卒以後，是即《鐵網珊瑚》一書出於偽託之明證。然則其下一卷為妄人附益審矣。今仍以陳繼儒所刻一卷著錄，以存其舊。所載如顏真卿《爭坐位帖》、薛尚功《鐘鼎款識帖》，亦足資考核③。惟“成化戊申”一段，成化實無戊申，殊為牴牾。當由誤記，抑或刻本偶譌歟？

【彙訂】

① 此條與文淵閣庫書次序不符，文淵閣庫書及殿本皆置於上卷卷末。

②“寺”，殿本脫。

③ 殿本“足”下有“以”字。

墨池瑣錄四卷（浙江汪啟淑家藏本）

明楊慎撰。慎有《檀弓叢訓》，已著錄。王世貞《〈名賢遺墨〉跋》曰：“慎以博學名世，書亦自負吳興堂廡。世傳其謫戍雲南時，嘗醉傅胡粉，作雙髻插花，諸伎擁之遊行城市。或以精白綾作裓，遺諸伎服之。酒閒乞書，醉墨淋漓。人每購歸，裝潢成卷。”蓋慎亦究心書學者。此書頗抑顏真卿，而謂米芾行不速言。“至趙孟頫出，始一洗顏、柳之病，直以晉人為師。右軍之後，一人而已”。與王世貞“吳興堂廡”之說合，知其確出慎手。中閒或採舊文，或抒己意，往往皆心得之言。其述張天錫《草書韻會》源流及小王破體書，亦兼有考證。至《漢司隸楊厥碑》“遷”字之類，偶爾疎謬者，已駁正於洪适《隸釋》條下，茲不具論云。

書訣一卷（浙江范懋柱家天一閣藏本）[①]

不著撰人姓名[②]。《明史·藝文志》亦未著錄。案，書中稱其十世祖名稷，曾祖名慶，祖名耘，考名熙，則當為嘉靖間鄞人豐坊所作也。坊有《古易世學》，已著錄。其平生好作偽書，妄謬萬端，至今為世詬屬。然於書法則有所心得。故《詹氏小辨》曰："坊為人逸出法紀外，而書學極博，五體並能。諸家自魏、晉以及國朝，靡不兼通規矩，盡從手出。蓋工於執筆者也。以故其書大有腕力，特神韻稍不足。"朱謀垔《書史會要》亦曰[③]："坊草書自晉、唐而來無今人一筆態度。惟喜用枯筆，乏風韻耳。"是編皆論學書之法，而尤注意於篆籀。又排比古今能書之家，評其次第。其論顏真卿，獨推其擘窠題署第一，而詆《東方朔贊》、《多寶塔頌》為俗筆。又貶蘇軾以肉襯紙，甚有俗氣，於楷法僅取其《上清儲祥宮碑》等三種。務為高論，蓋猶其狂易之餘態。要亦各抒所見，固與無實大言者異矣。

【彙訂】

① 此條與文淵閣庫書次序不符，文淵閣庫書及殿本皆置於"書畫跋跋三卷續三卷"條之後。

② "姓名"，殿本作"名氏"。

③ 《書史會要》當作《書史會要續編》。（杜澤遜：《讀〈四庫提要〉隨記》）

書畫跋跋三卷續三卷（浙江孫仰曾家藏本）

明孫鑛撰。鑛有《月峰評經》，已著錄。是書名《書畫跋跋》者，王世貞先有《書畫跋》，鑛又跋其所跋，故重文見義。猶《非非

國語》、《反反離騷》例也。明以來未有刊本，僅有鈔本，在仁和毛
先舒家，後歸其邑人趙信。信為孫氏之壻，故鑛六世孫宗溥、宗
濂又從趙氏得之。乾隆庚申，始刊版印行，任蘭枝為之序。初，
宗溥等以鑛書本因世貞而作，如不載世貞原跋，則鑛之所云有不
知為何語者，乃取世貞諸跋散附於各題之下。其明人書札，可與
鑛參證及為鑛語所緣起者，亦附載焉。凡墨迹一卷，碑刻一卷，
畫一卷，《續》亦如之。惟《續跋》"碑刻"作"墨刻"，蓋偶爾駁文，
非宏旨所在也。《詹氏小辨》曰："王元美雖不以字名，顧吳中諸
家，惟元美一人知法古人。"又《書史會要》曰[1]："王世貞書學雖
非當家，而議論翩翩，筆法古雅，蓋拙於揮毫而工於別古者也。"
鑛以制義名一時，亦不以書畫傳。然所論則時有精理，與世貞長
短正同，亦賞鑒家所當取證者矣。

【彙訂】

①《書史會要》當作《書史會要續編》。（杜澤遜：《讀〈四庫
提要〉隨記》）

繪事微言四卷（兩淮鹽政採進本）①

明唐志契撰。志契字敷五，又字元生，江都人。與弟志伊並
能畫，而志契尤以山水擅名。是編乃其所著畫譜，姜紹書《無聲
詩史》以為頗得六法之蘊者也。所錄畫家名論，自南齊謝赫《古
畫品錄》而下，至於明李日華諸人，皆刪除蕪冗②，汰取精華。其
承譌襲繆者，如梁元帝《畫松石格》、荆浩《畫山水賦》皆不知為贗
本。《畫麈》乃吳中沈顥著，見陶宗儀《說郛》，而因顥字朗倩，輾
轉傳譌，遂誤作朗耀。蓋伎藝之流多喜依託古人，以神其授受。
地師動稱郭璞，術家每署劉基，皆踵謬沿譌，猝難究詰。但所言

中理,即可不必深求。至其自著論斷,則多中肯綮。如謂:"佛道、人物、牛馬,則今不如古;山水、林木、花石,則古不如今。"又云:"作畫以氣韻為本,讀書為先。"皆確論也③。讀其書,可以知其非庸史矣。故欽定《佩文書畫譜》採志契之説頗多云。

【彙訂】

①"四卷",殿本作"一卷"。文淵閣《四庫》本實為上、下二卷,書前提要不誤。

②"删",殿本作"荄"。

③"佛道、人物、牛馬,則今不如古;山水、林木、花石,則古不如今",蓋本郭若虛《圖畫見聞記》。"作畫以氣韻為本,讀書為先",前賢發揮者尤不止一家。(余紹宋:《書畫書錄解題》)

書法雅言一卷(浙江巡撫採進本)

明項穆撰。王穉登所作穆《小傳》,稱其初名德枝,郡大夫徐公易為純。後乃更名穆,字德純,號曰貞元,亦號曰無稱子。秀水項元汴之子也。元汴鑒藏書畫,甲於一時,至今論真迹者,尚以墨林印記別真偽。穆承其家學,耳擩目染,故於書法特工。因抒其心得,作為是書。凡十七篇,曰書統,曰古今,曰辨體,曰形質,曰品格,曰資學,曰規矩,曰常變,曰正奇,曰中和,曰老少,曰神化,曰心相,曰取舍,曰功序,曰器用,曰知識。大旨以晉人為宗,而排蘇軾、米芾書為稜角怒張,倪瓚書寒儉。軾、芾加以工力,可至古人,瓚則終不可到。雖持論稍為過高,而終身一藝,研求至深,煙楮之外,實多獨契。衡以取法乎上之義,未始非書家之圭臬也。

寒山帚談二卷拾遺一卷附錄一卷(直隸總督採進本)

明趙宧光撰。宧光有《説文長箋》,已著錄。是編本在所撰

《説文長箋》中，亦析出别行。《長箋》穿鑿附會，且引據疎舛，頗為小學家所譏。而篆文筆法，則差有偏長，故此編猶為後人所重。上卷四目，曰權輿，論一十五種書也；曰格調，論筆法結構也；曰力學，論字功書法也；曰臨仿，則力學之餘緒，析而為篇者也。下卷四目。曰用材①，論筆墨紙硯及運用法也；曰評鑒，論辨識之淺深也；曰法書，論古帖也；曰了義，論書家祕諦也。其《拾遺》一卷，闡發未盡之意，各註“某條補某篇”字②。其《附錄》則《金石林甲乙表》及諸論也。曰“帚談”者，取“家有敝帚，享之千金”意耳。

【彙訂】

① “用材”，殿本作“用才”，誤。

② 底本“字”上有“某”字，衍，據殿本改。

書法離鉤十卷（浙江鮑士恭家藏本）

明潘之淙撰。之淙字無聲，號達齋，錢塘人。是書薈萃舊説，各以類從。大旨謂書家筆筆有法，必深於法而後可與離法，又必超於法而後可與進法。俗學株守規繩，高明盡滅紀律，俱非作者。書中《知道》、《從性》諸篇，皆言“不法而法，法而不法”之意。其名“離鉤”者，取禪家“垂絲千尺，意在深潭離鉤三寸”語也。其中考論六書，如籀文與古文、大篆皆小異，故《説文序》云：“新莽謂之奇字。”徐浩云：“史籀造籀文，李斯作篆。”江式、唐元度則謂：“史籀著大篆十五篇。”又如隸書在八分之前，行書在草書之後，故蔡琬〔琰〕云：“吾父割隸字八分而取二分。”①蕭子良云：“靈帝時王次仲飾隸為八分。”《説文》：“漢興有草書。”張懷瓘則謂：“八分小篆之捷，隸亦八分之捷。”郭忠恕則謂：“小篆散而八分生，八分破而隸書出，隸書悖而行書作，行書狂而草書聖。”之淙率雜錄舊文，不能訂其舛異。至楊慎改《嶽麓禹碑》中“南暴昌言”四字為“南瀆衍亨”，偽云“得之夢中”，之淙亦信之，尤為寡識。然大旨在論八法，不在論六書，學問各有門徑，不必以考證之學責諸藝術也。前有自著凡例，稱此書本與《淳化帖釋文》合刻。此本無之，或藏弆者殘闕歟？

【彙訂】

①“蔡琬”，當作“蔡琰”，乃避嘉慶諱改。殿本作“蔡琰”。

畫史會要五卷（浙江鮑士恭家藏本）

明朱謀垔撰。謀垔既續陶宗儀《書史會要》，因推廣其類，採上古迄明能畫人姓名事蹟，輯為此編，亦附以《畫法》一卷。成於崇禎辛未。全用宗儀之體例，故書名亦復相因。然宗儀之書，止於元代，故謀垔所續，明人別為一卷，列之“外域”之後可也。此書為謀垔所自編，既以金列元前，稍移其次，而所列明人雖太祖、宣宗亦次於“外域”之後。則拘於舊目，顛倒乖刺之甚矣。至目錄以宋為第二卷，金、元及外域為第三卷，而其書乃以北宋為第二卷，南宋、金、元及外域為第三卷。又削去南宋之號，但以“都錢塘”三字為卷端標目，舛迕尤甚。蓋明之末年，士大夫多喜著書，而競尚狂禪，以潦草脫略為高尚，不復以精審為事①。故顧炎武《日知錄》謂萬曆後所著之書，皆以“流賊劉七”為“賊七”之類，所刻之書皆以“壯月朔”改為“牡丹朔”之類②。雖詆之稍過，亦未可謂全無因也。今為改正其文，而附註原目之謬如右。其書雖採摭未富，疏漏頗多，而宋、金、元、明諸畫家頗賴以考見始末。故《御定佩文齋書畫譜·畫家傳》中多引以為據，亦談丹青者所不可遽廢也③。

【彙訂】

① 館臣所據當係一清初抄本。清人入關後，尤諱金與南宋並列，次金於南宋之後，故削去南宋之號，而非明人所為。（謝巍：《中國畫學著作考錄》）

② 殿本二“為”前皆有“改”字。

③ 據莫伯驥《五十萬卷樓羣書跋文》中《舊寫本〈畫史會要〉跋》云：“前題云‘嚴默老金賚數奇撰，顏巷逸人校’……而寫本則多後跋，為金氏表弟所撰者……此書似是金氏手撰，久而未刻，遂為謀壐托名流布者……”《欽定佩文齋書畫譜・纂輯書籍》、《天祿琳琅書目》卷三、《孫氏祠堂書目》均謂金賚撰。（劉遠遊：《四庫提要補正》）

郁氏書畫題跋記十二卷續題跋記十二卷（兩淮鹽政採進本）①

明郁逢慶撰。逢慶字叔遇，別號水西道人，嘉興人。是書分前後二集。前集末有《自識》云：“所見法書名畫，錄其題詠，積成卷帙，時崇禎七年冬也。”②後集無跋，則不知其成於何歲矣。其書隨其所見書畫，錄其題跋，初不以辨別真贋為事。故如趙孟堅所藏定武蘭亭本“天聖丙寅”一條，范仲淹、王堯臣、米黻、劉涇四條，年月位置，皆與海寧陳氏《渤海藏真帖》所刻褚模本同。蓋以趙孟堅“落水本”原亦有范仲淹題，而褚模本原亦有孟堅印，傳寫舛誤③，遂致混二本題跋為一本。又如“五字損本”文徵明跋，既載於前集第十卷，作“嘉靖九年八月二日”，下註云“詳見續集”。而續集第二卷載此跋④，則作“嘉靖十一年六月二十又七日”。

同一帖,同一跋,一字不易,而年月迥乎不同。又前集《高克恭仿米芾青綠雲山》,云"詳見續集",而前集所載克恭名款及"至正戊子吳鎮題"一段,續集乃反無之。沈周有《竹居卷》,亦云"詳續集",而徐有貞、文林、吳寬、錢仁夫、秦巘數詩,與前集所載乃前後倒互。諸如此類,皆漫無考訂。至於前集所載《宋高宗畫册》、《梁楷畫右軍書扇圖》皆有"水西道人"題記,當即逢慶所藏。而第一至第四卷每卷之尾皆有"崇禎甲戌冬日收藏"題記,核其歲月亦即逢慶所自識,而皆未註某為所藏,某為所見,體例尤不分明。特以採摭繁富,多可互資參考者,故併錄存之,備檢閱焉。

【彙訂】

① "續題跋記",殿本作"續記"。

② 前集草成之後,猶有補輯。如卷二米友仁《雲山小卷》下有小字注:"崇禎丙子四月望後二日,觀於周敏仲舟中。"丙子乃崇禎九年(1639)。(謝巍:《中國畫學著作考錄》)

③ "舛誤",殿本作"舛互"。

④ 此跋載於續集第三卷。(謝巍:《中國畫學著作考錄》)

清河書畫舫十二卷(浙江巡撫採進本)

明張丑撰。丑,崑山人,原名謙德,字叔益,後改今名,字青父,號米菴。蓋丑於萬曆乙卯得米芾《寶章待訪錄》墨蹟,名其書室曰寶米軒,故以自號①。越歲丙辰,是書乃成。其以《書畫舫》為名,亦即取之黃庭堅詩"米家書畫船"句也②。明代賞鑒之家,考證多疎,是編獨多所訂正。如《宋史‧米芾傳》誤謂芾卒時年四十八,而真蹟流傳在四十八歲以後者不一而足,深滋疑竇。丑則云"芾以皇祐三年辛卯生,以大觀元年丁亥卒,年五十七",正與米芾印記"辛卯米芾"四字相合，足糾托克托等之謬③。其他諸條，亦多可依據。惟是所取書畫題跋，不盡出於手迹，多從諸家文集錄入。且亦有未見其物，但據傳聞編入者。如文嘉《嚴氏書畫記》內稱"枝山翁卷一"，又稱"文徵明詞翰二"，是亦非盡出原蹟之一驗。其中第三卷之顧野王，第五卷之杜牧之、李陽冰、蘇靈芝諸人，皆無標目，輾轉傳寫，亦多失於校讐。然丑家四世收藏，於前代卷軸，所見特廣。其書用張彥遠《法書要錄》例，於題識印記，所載亦詳。故百餘年來收藏之家，多資以辨驗真偽。末一卷曰《鑒古百一詩》，則丑所自為。《米菴詩》二十首，《銘心小集》八十一首，以類相從，附於集後。第九卷末附刻米芾《寶章待訪錄》，十二卷末附刻文天祥手札，皆非原本所有，蓋鮑氏刊本所增附也④。鮑氏所刊，不分卷數，但以"鶯嘴啄花紅溜，燕尾點波綠皺"十二字標為次第。蓋用謝枋得《文章軌範》以"王侯將相有種乎"七字編為七冊之例。然麻沙坊本，不可據為典要。今削去舊題，以十二卷著錄焉。

【彙訂】

①　改名丑，字廣德，號米菴，乃萬曆丙戌年事。（謝巍：《中國畫學著作考錄》）

②　"之"，殿本無。

③　蔡肇《南宮舍人米公墓誌》云："知淮陽軍。彌年，瘍生其首，上書謝事，不許。"方信孺《寶晉米公畫像記》（載汪森《粵西文載》卷三六）亦云："知淮陽軍。瘍生於首，謝事不許，卒於官。"米芾《章吉老墓表》署"承議郎、行書學博士"、"大觀元年歲次丁亥"，其《崇國公墓誌》又署"承議郎、權知淮陽軍"、"大觀元年三月廿九日"。諸書載其生平，為書學博士皆在知淮陽軍前。則知

淮陽軍當在大觀元年春,而卒於大觀二年,享年五十有八。《墓誌》云"享年五十有七",亦誤。(王宏生:《北宋書學文獻考論》)

　④ 此書不見於《知不足齋叢書》,非鮑氏刻,而為鮑氏藏。(葉德輝:《郋園讀書志》)

　　真蹟日錄五卷二集一卷三集一卷(浙江鮑士恭家藏本)①

　　明張丑撰。凡三集②。前有丑自題,稱:"《書畫舫》成,鑒家謂其粗可觀覽,多以名品卷軸見示就正。因信手筆其一二,命曰《真蹟日錄》。"隨見隨書,不復差次時代。其二集、三集則皆無序跋,蓋以漸續增,各自為卷,實可通作一編也。此本為鮑士恭家知不足齋所刊③。凡原本所載與《書畫舫》重複者,如《初集》之虞永興《破邪論》,王右軍《鵠不佳帖》、《破羌帖》、《此事帖》、《謝司馬帖》、《思想帖》、又《別本思想帖》、《大道帖》、又《別本大道帖》,鍾太傅《孔廟鼎銘》,曹不興《兵符圖》、《桃源圖》,李成《寒林平野圖》,顏魯公《書告》及《與蔡明遠帖》,陸機《平復帖》,李西臺《千文卷》,趙幹《江行初雪圖》,錢舜舉《臨陸探微金粟如來像卷》,懷素《夢遊天姥吟真蹟》,倪雲林《溪山仙館小幅》,王齊翰《挑耳圖》,展子虔《春游圖》,鮮于伯機《題董北苑山水》、《題趙模本搨蘭亭後》①,王朋梅《金明池圖》;《二集》之《劉原父墨蹟·秋水篇》、《黃子久山水》,郭熙《溪山秋霽卷》,李泰和《梅熟帖》,褚河南《小楷西昇經》,王叔明《惠麓小隱卷》⑤,倪雲林《跋黃子久畫卷》,顧清臣《書李成讀碑窠石圖》、《右軍鵝等帖》,孫知微《十一曜圖》,巨然《賺蘭亭圖》;《三集》之吳道子《八部天龍卷》,李龍眠《郭子儀單騎見回紇圖》,唐子畏《獨樂園》、《江山行旅圖》。二卷凡四十一條,皆刪去而存其目。其詞有詳略異同者,則仍並載之,以資參考焉。

【彙訂】

① 文淵閣《四庫》本無二集、三集,書前提要不誤。(沈治宏:《中國叢書綜錄訂誤》)

② 文溯閣《四庫》本為《真蹟日錄》二卷、二集二卷、三集一卷。今國家圖書館藏清李腹叟抄本《真蹟日錄》二卷、《清河篋書畫表》一卷、《南陽法書表》一卷、《名畫表》一卷、《法書名畫見聞表》一卷(明張丑撰)、《清祕藏》一卷(明張應文撰)。又藏《真蹟日錄》一卷二集一卷三集一卷,清抄本。絕無作七卷者。(崔富章:《四庫提要補正》)

③ 此書不見於《知不足齋叢書》,非鮑氏刻,而為鮑氏藏。(葉德輝:《郎園讀書志》)

④ "趙模本",殿本作"趙蓼木",誤。《清河書畫舫》卷二下、《真蹟日錄》卷二均作"題趙摹本拓蘭亭後"。

⑤ "王叔明",殿本作"王敬明",誤。《清河書畫舫》卷十一上、《真蹟日錄》卷三均作"王叔明"。

法書名畫見聞表一卷(浙江鮑士恭家藏本)①

明張丑撰。蓋仿米芾《寶章待訪錄》例,變而為表。凡分四格,第一格為"時代",第二格為"目覩",第三格為"的聞",第四格則每一朝代總計其數,題曰"會計"。凡一百五十五人,一百八十八帖,三百五十六圖。末附顧凱之《夏禹治水圖》、王羲之《行穰帖》,皆註曰"見";虞世南《臨張芝平復帖》、顏真卿《鹿脯帖》,皆註曰"聞"。蓋表成以後所續載也。丑別有《南陽書畫表》,故表首附記已見彼者不錄。又云"凡影響附會者不錄"。然所列"目覩”諸名,與所作《書畫舫》、《真蹟日録》多不相應。意此數表成於二書之前耶②?

【彙訂】

① 文淵閣《四庫》本書名為《書畫見聞表》,書前提要亦同。(沈治宏:《中國叢書綜録訂誤》)

② 是表與二書所載有所異同,乃因二書所記有受他人影響而錯定者,有附會前人之説者,有所聞不確者,亦有錯定書畫作者之名者,有認定某書畫或某題跋乃偽作者,而此乃表其“一世之聞見,上下千古,筆削稱情”,因而必有所選汰。(謝巍:《中國畫學著作考録》)

南陽法書表一卷南陽名畫表一卷(浙江鮑士恭家藏本)

明張丑撰。所列皆韓世能家收藏真蹟。《法書表》凡作者二十七人,計七十二件,分五格。上為時代,下以正書、行押、草聖、石刻四等各為一格。《名畫表》凡作者四十七人,計九十五圖,亦分五格。上為時代,而下以道釋人物為一格,山水界畫為一格,花果鳥獸為一格,蟲魚墨戲為一格,例又小別。二表前皆有丑自序。蓋先表法書,既而世能之子朝延併屬兼表名畫也。世能字存良,長洲人。隆慶戊辰進士,官至禮部尚書。喜收名蹟,董其昌《洛神賦跋》所稱“館師韓宗伯”者是也。其稱“南陽”者,韓氏郡望南陽,猶韓維之稱《南陽集》耳。

清河書畫表一卷(浙江鮑士恭家藏本)①

明張丑記其家累世所藏書畫也。丑自序稱其始祖號真闆處士者,即收藏書畫。有黃庭堅、劉松年諸蹟,已散佚無存。是表所列,以書畫時代為經,以世系為緯。第一格為其高祖元素所

藏。第二格為其曾伯祖維慶、曾祖子和所藏。第三格為其祖約
之、叔祖誠之所藏。第四格為其父茂實所藏。第五格為其兄以
繩所藏。第六格為丑所自藏。第七格為其姪誕嘉所藏。上迄
晉，下迄明，計作者八十一人，四十九帖，一百一十五圖，中多名
蹟。蓋自其高祖即出沈度、沈粲之門，其曾祖亦與沈周游，其祖、
父皆與文徵明父子為姻婭世好。淵源有自，故丑特以賞鑒聞。
然據其自序，則作表之時，家事中落，已斥賣盡矣。此特追錄其
名耳[2]。

【彙訂】

① 此條與文淵閣庫書次序不符，文淵閣庫書及殿本皆置於
"法書名畫見聞表一卷"條之前。

② 張氏自序云："隆慶丁卯（1567），伯兄以繩氏髫年登南國
賢書……先世之藏，畢聚其室。兄又陸續收購……漸成冊府。
不幸遭仇，燒劫蕩析，無復孑遺。"此萬曆"戊午（1618）家變"之
時，並非斥賣盡矣。又云："幸會猶子誕嘉，稚齡賞識，天縱慧心，
人間不貲墨寶悉歸秘橐……未及十年，滄桑改變，乃誕嘉坐家事
旁落，而薄劣以婚嫁逼人，日削月刪，傾筐倒篋，希遇餅金懸購，
竟成無是公矣！嗚呼，惜哉！"可見至崇禎初，張氏所藏書畫已中
興，誕嘉掌管之書畫雖遭不肖子孫變賣，張丑一房所藏並未斥
賣，其《真迹日錄》所載自藏書畫可證。如崇禎三年（1630）題《李
西臺〈千文〉》曰："米菴力購李西臺〈千文〉，甫就，尋為猶子誕嘉
所得。"可見誕嘉仍在收購書畫。（謝巍：《中國畫學著作考錄》）

珊瑚網四十八卷（浙江孫仰曾家藏本）

明汪砢玉撰。砢玉有《古今鹺略》，已著錄。是書成於崇禎

癸未。凡法書題跋二十四卷，名畫題跋二十四卷。朱彝尊《靜志居詩話》稱卻玉留心著述，所輯《珊瑚網》一編，與張丑《清河書畫舫》、《真蹟日錄》並駕。蓋丑自其高祖以下四世鑒藏，卻玉亦以其父愛荊與嘉興項元汴交好，築凝霞閣以貯書畫。收藏之富，甲於一時。其有所憑藉，約略相等。故皆能搜羅薈萃，勒為巨編。然丑之二書，前後編次歲月皆未明析。卻玉是書則前列題跋，後附論說，較丑書綱領節目，秩然有條。惟其所載法書，頗有目睹耳聞，據以著錄，不盡其所自藏。乃一例登載，皆不註明，未免稍無區別。中閒原蹟全文，或載或否，亦絕無義例。又如謂唐刻《定武蘭亭》有二石，焦山《瘞鶴銘》有三石，則真贋不別。以李邕書《雲麾將軍李秀碑》誤為《李思訓碑》，以宋人所刻《臨江帖》誤為唐搨，則考據亦未盡精審。其所載名畫，則宋、元諸家銘心絕品，收錄極詳，賮素之富，誠為罕有。後來卞永譽《式古堂書畫考》、厲鶚《南宋院畫錄》皆藉是書以成，較在《書跋》之上。至於《書跋》之後附以《書旨》、《書品》之類，《畫跋》之後附以《畫繼》、《畫評》之類，皆雜錄舊文，挂一漏萬。枝指駢拇，兩集相同。以原本所有，姑並錄之云爾。

　　御定佩文齋書畫譜一百卷

　　康熙四十七年聖祖仁皇帝御定。書畫皆興於上古，而無考辨工拙之文。考辨工拙蓋自東漢以後。其初惟論筆法，其後有名姓品第，有收藏著錄，有題跋古迹，有辨證真偽，其書或傳或不傳。其兼登衆說，彙為一編，則自張彥遠《法書要錄》、《歷代名畫記》始。唐以後沿波繼作，記載日繁。然大抵各據見聞，弗能賅備。我聖祖仁皇帝久道化成，游心翰墨。御製書畫題跋，輝煌奎

藻，册府垂光。復詔發中祕之藏，蒐羅編輯，一一親為裁定，勒成
是編。凡論書十卷，論畫八卷，歷代帝王書二卷、畫一卷，書家傳
二十三卷，畫家傳十四卷，無名氏書六卷、畫二卷，御製書畫跋一
卷，歷代帝王書跋一卷、畫跋一卷，歷代名人書跋十一卷、畫跋七
卷，書辨證二卷，畫辨證一卷，歷代鑒藏十卷。分門列目，徵事考
言。所引書凡一千八百四十四種，每條之下各註所出。用張鳴
鳳《桂故》、《桂勝》，董斯張《吳興備志》之例，使一字一句必有所
徵。而前後條貫，無所重複，亦無所牴牾[1]，又似呂祖謙《家塾讀
詩記》，裒合衆説，各别姓名，而鎔貫鎗裁，如出一手[2]。非惟尋
源竟委，殫藝事之精微，即引據詳賅，義例精密，抑亦考證之資
糧，著作之軌範也。

【彙訂】

　　① 此書卷三十九《書家傳》中已引證顧瑛《玉山草堂雅集》，
謂王蒙為“趙文敏公之甥”，卷五十四《畫家傳》中又據王達善《聽
雨樓諸賢記》，謂王蒙為“趙松雪之外孫也”，便是牴牾之最。（阮
璞：《美術史上載述畫家親族關係之誤》）

　　② 書中《畫家傳》與《畫跋》引文有頗多複見者，或有所引書
書名相同而作者不同者亦未注出。（謝巍：《中國畫學著
作考錄》）

　　石渠寶笈四十四卷

　　乾隆九年奉敕撰[1]。書評畫品，肇自六朝，張彦遠始彙其
總。依據舊文，粗陳名目而已，不能盡見真蹟也。唐、宋以來，記
載日夥。或精於賞鑒，而限於見聞；或長於蒐羅，而短於識别[2]。
迄未能兼收衆美，定著一編，為藝林之鴻寶。我國家承平景運一

百餘年，內府所收，既多人間所未睹。我皇上幾餘游藝，妙契天工；又睿鑒所臨，物無匿狀，是以品評甲乙，既博且精。特命儒臣錄為斯帙，以貯藏殿閣依次提綱，以書册、畫册、書畫合册、書卷、畫卷、書畫合卷、書軸、畫軸、書畫合軸分條列目。其箋素尺寸、印記姓名、賦詠跋識，與奉有御題、御璽者，皆一一臚載，纖悉必詳。而三朝宸翰，皇上御筆，尤珍逾球璧，光燦儀璘。仰見未明勤政之餘，乙夜觀書之暇，松雲棟牖，穆穆凝神，所為頤養天和，怡情悦性者，不過游心翰墨，寄賞丹青。與前代帝王務侈紛華靡麗之觀者，迥不侔也。

【彙訂】

①“九年”，底本作“十九年”，“十”字衍，據此書卷首載乾隆九年二月初十日上諭及殿本刪。

②“識別”，殿本作“辨別”。

祕殿珠林二十四卷①

乾隆九年奉敕撰。凡內府所藏書畫關於釋典、道家者，並別為編錄，彙為此書。首載三朝宸翰，皇上御筆。次為歷代名人書畫，而附以印本、繡線②、刻絲之屬。次為臣工書畫。次為石刻、木刻經典、語錄、科儀及供奉經像。其次序先釋後道，用阮孝緒《七錄》例。案：《七錄》今不傳，其分類總目載道宣《廣宏〔弘〕明集》中。其記載先書後畫，先册，次卷，次軸，用賞鑒家著錄之通例。而於絹本、紙本、金書、墨書、水墨畫、著色畫一一分別，以及標題款識、印記題跋、高廣尺寸，亦一一詳列。較之《鐵網珊瑚》之類，體例更詳焉。考宣和畫學分六科，以佛道為第一科。案：事見趙彦衛《雲麓漫鈔》。《宣和畫譜》分十類，以道釋為第一類。案：畫學稱佛道，蓋唐以來相沿舊語。《畫譜》作於林靈素用事以後，方改僧為德士，故易其次為道釋。鄧椿《畫繼》分八目，亦以仙佛鬼神為第一目。然均不別為一書。至書家著錄，則晉、唐人所書經典，均雜列古法帖真蹟之內，無所區分。其以書畫涉二氏者別為一書，實是編創始。蓋記載日衍而日多，體例亦益分而益密。《七略》列《史記》於"春秋家"，列《離騷》於"賦家"；後《史記》別為正史，《離騷》別為楚詞。文章流別，以漸而增。初附見而後特書，往往如此。故諸家所錄似諸史藝文志，以釋道為子部之一類。是編所錄則似釋家之列"三藏"，道家之紀《七籤》，於四部之外各自別行。古略今詳，義各有當。聖人制作，或創或因，無非隨事而協其宜爾。

【彙訂】

① 此條與文淵閣庫書次序不符，文淵閣庫書及殿本皆置於"石渠寶笈四十四卷"條之前。

② "繡線"，殿本作"繡錦"，誤。此書卷十四有"繡線釋氏經冊次等、繡線釋氏圖卷上等、繡線釋氏圖軸上等 次等"，卷二十一有"繡線道氏圖軸上等"之屬。

庚子銷夏記八卷（浙江巡撫採進本）

國朝孫承澤撰。承澤有《尚書集解》，已著錄。承澤晚年思以講學自見，論者多未之許。然至於鑒賞書畫，則別有專長。是編乃順治十六年承澤退居後所作。始自四月，迄於六月，故以"銷夏"為名①。自一卷至三卷皆所藏晉、唐至明書畫真蹟。四卷至七卷皆古石刻，每條先標其名，而各評騭於其下。八卷為寓目記，則皆他人所藏而曾為承澤所見者，故別為一卷附之。大抵議論之中，閒有考據。如宋之錢時，嘗為祕閣校勘、史館檢閱，終於江東帥屬，本傳所載甚明，而承澤以為隱居不仕。此類亦頗失於檢點。然其鑒裁精審，敘次雅潔，猶有米芾、黃長睿之遺風。視董逌之文筆晦澀者，實為勝之。其人可薄，其書未可薄也。

【彙訂】

① 文淵閣庫本書前提要云："是編乃順治十七年承澤退居後所作。"書首自題云："庚子四月之朔，天氣漸炎……退谷逸叟記。"庚子即順治十七年也。周中孚《鄭堂讀書記》卷四八《庚子銷夏記》條亦作順治十七年。（楊武泉：《四庫全書總目辨誤》）

繪事備考八卷（內府藏本）

國朝王毓賢撰。毓賢字星聚，鑲紅旗漢軍，官至湖廣按察使。陳鼎《留溪外傳》記獄吏汪金章事，稱毓賢勤於吏治，案無留牘，則其人本以吏才見。然是編即康熙辛未官按察使時所作，乃又能留心於賞鑒。第一卷為總論，皆撮錄諸家畫法。二卷至八卷則取古來畫家姓名事迹，以時代分序。自軒轅至隋，共為一卷，遼、金、元共為一卷，唐、五代、南宋、明俱各為一卷，惟北宋家數繁多，析為三子卷。故總目雖分八卷，其實乃十卷也。其例每人各立小傳，而以諸書所載傳世名蹟附於其人之後。大抵以張彥遠《歷代名畫記》、夏文彥《圖繪寶鑑》為藍本，增廣其所未備，蒐輯頗為詳贍。其中如《穆天子傳》"封膜畫於河水之陽"，郭璞註明云"膜畫，人名"，張彥遠誤以"畫"字作"畫"字，遂稱封膜為畫家之祖，并妄造璞註以實之。毓賢乃沿襲其譌，殊失於訂覈。又遼常思言人品、畫品並高，附見郭若虛《圖畫見聞志》中。諸書並佚其名，此亦闕載。至於明之畫家，僅據韓昂《圖繪寶鑑續編》所載迄正德而止。嘉靖以後，竟不為採摭續添，亦殊傷闕略。然前代如李嗣真、釋彥悰、劉道醇之流，往往分別品第，時代混淆，難於檢核。是書仿張、夏二家舊例，因時類敘，一覽可知。又芟汰繁冗，易於尋討。雖多用舊文，固不以遞相祖述為病矣。

書法正傳十卷（兩淮鹽政採進本）

國朝馮武撰。武號簡緣，常熟人。馮班之從子。班以書法名一時，武受其學。年八十一時，館於蘇州繆曰芑家，為述此書，專論正書之法。首陳繹曾《翰林要訣》一卷，次周伯琦所傳《書法三昧》一卷，次李溥光《永字八法》一卷，以三家論書獨得微旨故也。其語意有未顯者，則武為補註以明之。次明李淳所進《大字結構八十四法》一卷。次《纂言》三卷，則歷代書家之微論。次《書家小傳》、《名蹟源流》各一卷，而以班所著《鈍吟書要》一卷終焉。每卷之中，武亦各為附論，時有精語。蓋武於書學，頗有淵源故也。

江村銷夏錄三卷（安徽巡撫採進本）

國朝高士奇撰。士奇有《春秋地名考略》，已著錄。是編乃其告歸平湖之日，以所見法書、名畫，考其源流，記其絹素長短廣狹，後人題跋圖記一一誌載，彙為一書。其體例頗與《鐵網珊瑚》、《清河書畫舫》相似。惟間加評定之語，又以己所作題跋一概附入，稍有不同。然所錄皆出於親見，則視二家更詳審矣。錄中書畫，卞永譽《式古堂彙考》已並載無遺，蓋即從士奇此本錄入。其鑒賞之精，為收藏家所取重，亦概可見也。所記自晉王羲之及明人文、沈諸家皆具，惟董其昌舊蹟悉不登載。其凡例云："董文敏畫另為一卷。"此本無之，殆當時未及刊行歟？

式古堂書畫彙考六十卷（兩淮馬裕家藏本）

國朝卞永譽撰。永譽字令之，鑲紅旗漢軍，官至刑部左侍郎。王士禎《居易錄》云：“卞中丞永譽貽《書畫彙考》六十卷，凡詩文、題跋悉載。上溯魏、晉，下迄元、明，所收最為詳博。”朱彝尊《論畫詩》亦有“妙鑒誰能別苗髮，一時難得兩中丞”之句。蓋永譽及宋犖皆精於賞鑒。犖時為江西巡撫，永譽時為福建巡撫，故云“兩中丞”也。是書書、畫各三十卷，先綱後目，先總後分，先本文而後題跋，先本卷題跋而後引據他書，條理秩然，且視從來著錄家徵引特詳。惟所載書畫不盡屬所藏，亦非盡得之目見，大抵多從汪砢玉《珊瑚網》、張丑《清河書畫舫》諸家採摭裒輯，故不能如《寶章待訪錄》以目見、的聞灼然分別。又所載本文如褚遂良書陸機《文賦》、吳通微書《陰符經》、劉敞書《南華·秋水篇》、趙孟頫書《過秦論》等，皆與今本無大異同。而具載全篇，殊為疣贅。至於陸機《平復帖》、虞世南《枕卧帖》，其文為世所未睹者，乃略而不書。至如趙孟堅《水仙圖卷》，《珊瑚網》載有二本，不能無前後錯出之疑。永譽於後一條下註明“其一恐出臨摹，並存以俟考”，其例是也。而所載“定武《蘭亭》落水本”與郁逢慶《書畫題跋記》所載前後題跋互有不同。所載“神龍《蘭亭》本”與朱存理《鐵網珊瑚》所錄“定武本”題跋反多重複[①]。又黃庭堅書《陰長生詩卷》與朱存理、張丑所載參錯岐出[②]，竟有三本；王詵《煙江疊嶂圖》，蘇軾所為賦詩者，竟有四本。皆未能辨析真偽。又王士禎《居易錄》所記於永譽齋中觀其所藏書畫，有司馬光《資治通鑑》手稿，永譽云：“曾見一册，極端楷，為好事者分去，永譽得其二三紙耳。”今是書載此蹟，但云“史草”，亦不著所存頁數，反不及士禎所載之可據。士禎又見所藏趙孟頫寫杜詩《天育驃騎歌》，上有孟頫小篆“延祐四年九月既望”字，是書亦併不載，均為漏略。至於雁門乃郡名，茂苑即長洲地名，而以為文彭、文嘉之別號。居節字士貞，"貞"字印章古篆與"鼎"字相類，而以為居節一字"士鼎"。又以"秋巖"為吾衍之別號，蓋因衍書《古文篆韻》後有"至元丙戌秋巖記"一條也。不思前至元丙戌吾衍年甫二十，不應云老。且其跋內之"丁卯"若是宋末咸淳丁卯，則正吾衍始生之時，不當有"自征建昌"之語。今以陶九成跋核之，則"至元"乃"至正"之譌，實為至正七年丙戌，距吾衍之歿已三十七年。其秋巖乃陳秋巖③，非吾衍別號也①。凡若此類，疏舛尤多。然登載既繁，引述又富，足資談藝家檢閱者無過是編。固不以一二小疵，累其全體之宏博焉。

【彙訂】

① "朱存理"，殿本無。

② "朱存理張丑"，殿本作"鐵網珊瑚書畫舫"。

③ "乃"，殿本作"當即"。

④ 丙戌當為至正六年，由丙戌上溯三十七年，為至大三年庚戌，以庚戌為卒年，而以丁卯為生年，則吾衍享年應為四十四歲。吾衍因買妾及受造偽幣案證據誣枉投水死，宋濂《吾衍傳》謂在至大三年末（"臘月未盡二日"），《總目》之說當本此。然胡長孺《吾子行文冢銘》（子行為吾衍之字）謂在至大四年末，投水當日曾留詩與仇遠。王行《吾衍傳》、錢良佑《吾子衍挽詩》，亦均謂在至大四年（宋、胡、王、錢之詩文，均載《四庫》本《竹素山房詩集》附錄中）。胡長孺為吾衍畏友，其說最可信。胡氏撰《冢銘》云："初，子行年四十未娶，所知宛丘趙天賜為買酒家孤女為妾……留五年，當至大四年……臘月未盡二日，甲午，子行持詩一章……詣（仇）仁近別，值晨出家，留詩……子行去，不知所之……明年三月辛酉，衞天隱以六壬筮之，得亥子丑順流象。

曰：‘歲子、月巳、旬寅、斯首亥，為水鄉……非其藏，死沉江湖。是生戊辰，土為宰制，土弗勝火，家絕身棄。’此其骨朽淵沉九十日矣。”《冢銘》載筮詞言“是生戊辰”，即吾衍生於咸淳四年戊辰，非咸淳三年丁卯。《冢銘》言死於至大四年末（“臘月未盡二日”），可知享年四十五，與四十買妾，“留五年，當至大四年秋”之文亦合。至大四年之次年為皇慶元年壬子，與筮詞“歲子”之言亦合。（楊武泉：《四庫全書總目辨誤》）

南宋院畫錄八卷（浙江吳玉墀家藏本）

國朝厲鶚撰。鶚有《遼史拾遺》，已著錄。南宋自和議既成以後，湖山歌舞，務在粉飾太平。於是仍仿宣和故事，置御前畫院，有待詔、祇候諸官品。其所作即名為院畫。當時如李唐、劉松年、馬遠、夏珪等，有“四大家”之稱。説者或謂其工巧太過，視北宋門徑有殊。然其初尚多宣和舊人，流派相傳，各臻工妙。專門之藝，實非後人所及。故雖斷素殘縑，收藏者尚以為寶。鶚嘗撰《宋詩紀事》、《南宋雜事詩》，於宋事最為博洽。因臚考院畫本末，作為此書。首總述一卷。次自李唐以下凡九十六人，每人詳其事蹟，而以諸書所藏真蹟、題咏之類附於其下，敘次頗為賅贍。其間如楊妹子《題趙清獻琴鶴圖》絕句，一以為馬和之畫，一以為劉松年畫，諸書參錯不同，此類亦未悉加考證。然其徵引淵博，於遺聞佚事殆已採摭無遺矣。

六藝之一錄四百六卷續編十二卷（禮部侍郎金甡家藏本）

國朝倪濤撰。濤有《周易蛾術》，已著錄[①]。其平生篤志嗜學，年幾百歲，猶著書不輟。貧不能得人繕寫，皆手自鈔錄，及其家婦女助成之。是編猶出其親槀。凡分六集，一曰金器款識，二

曰刻石文字，三曰法帖論述，四曰古今書體，五曰歷朝書論，六曰
歷朝書譜。凡六書之異同、八法之變化，以及刊刻墨蹟之源流得
失，載籍所具者，無不衷輯。其閒祇錄前人成説，不以己意論斷。
或有彼此異論，舛互難合者，亦兩存其説，以待後人之決擇。蓋
自古論書者，唐以前遺文緖論，惟張彥遠《法書要錄》為詳；若唐
以後論書之語，則未有賅備於是者矣。雖採摭既多，所錄不必盡
雅；條例太廣，為例亦未能悉純。然排比貫串，上下二千餘年，洪
纖悉具，實為書家總彙。梗柟杞梓，萃於鄧林，不以榛楛苦勿薉
為病也。所著別有《文德翼備吹錄註》，及刊削酈道元《水經注》，
今皆未見其本，不知存佚。然傳此一編，其餘亦不必計矣。

【彙訂】

①“周易蛾術”，底本作“周易蛾述”，據《總目》卷十“周易蛾
術”條及殿本改。

小山畫譜二卷（兵部侍郎紀昀家藏本）

國朝鄒一桂撰。一桂字小山，號讓鄉，無錫人。雍正丁未進
士，官至禮部侍郎。是編皆論畫花卉法。上卷首列八法、四知。
八法者，一曰章法，二曰筆法，三曰墨法，四曰設色法，五曰點染
法，六曰烘暈法，七曰樹石法，八曰苔襯法，皆酌取前人微論。四
知者，一曰知天，二曰知地，三曰知人，四曰知物，則前人所未及
也。次為各花分別，凡一百十五種，各詳花葉形色。次取用顏
色，凡十一條，各詳其制煉之法。下卷首摘錄古人畫説，參以己
意，凡四十三條。附以膠礬、紙絹、畫碟、畫筆、用水諸法①，而終
之以《洋菊譜》。蓋一桂於乾隆丙子閏九月承詔畫內廷洋菊三十
六種，蒙皇上賜題。因恭紀花之名品形狀，撰為兹譜，以誌榮遇。

時《畫譜》已刊成，因附於末。一桂為惲氏之婿，所畫花卉，得惲壽平之傳。是編篇帙雖簡，然多其心得之語也。

【彙訂】

① 應為"礬絹、用膠礬、礬紙、捶絹、畫碟、畫筆、用水諸法"。

傳神祕要一卷（兵部尚書蔡新家藏本）

國朝蔣驥撰。驥字赤霄，號勉齋，金壇人。其父衡，字湘帆，後改名振生，以書法名一時。嘗寫《十三經》，於乾隆五年呈進，特賜國子監學正銜。驥書不逮父，而特以寫真名。是編凡二十七目，於一切布局取勢、運筆設色，皆抒所心得，言之最詳。考古人畫法，多重寫貌人物，故顧愷之妙絕當代，特以是名。然相傳畫論則人物、花鳥、山水為多。其以寫真之法勒為一書者，自陶宗儀《輟耕錄》所載王繹《寫像祕訣》外，不少概見。丹青之家，多以口訣相傳，幾以為非士大夫之藝。驥是編研析精微，標舉格例，實可補古人所未備。正未可貴遠賤近，視為工匠之技也。

右藝術類"書畫"之屬，七十一部，一千七十三卷①，皆文淵閣著錄。

【彙訂】

① "一千七十三卷"，殿本作"一千六十六卷"，實著錄一千六十三卷。

　　案，考論書畫之書，著錄最夥。有記載姓名如傳記體者，有敍述名品如目錄體者，有講說筆法者，有書畫各為一書者，又有共為一書者。其中彼此鉤貫，難以類分。今通以時代為次。其兼說賞鑒古器者，則別入雜家"雜品"中。

琴史六卷（浙江范懋柱家天一閣藏本）

宋朱長文撰。長文有《吳郡圖經續記》，已著錄。是書專述琴典。前五卷紀自古通琴理者一百四十六人，附見者九人，各臚舉其事蹟。後一卷分十一篇，一曰瑩律，二曰釋弦，三曰明度，四曰擬象，五曰論音，六曰審調，七曰聲歌，八曰廣制，九曰盡美，十曰志言，十一曰敘史。凡操弄沿起，制度損益，無不咸具。採摭詳博，文詞雅贍，視所作《墨池編》更為勝之。錢曾《讀書敏求記》但錄其載"太宗九弦琴"條，以為異聞，其實可資博識者不止是也。紹定癸巳，其從孫正大始刊版，併為後序。又其五世孫夢炎所作長文《事略》一首，舊本併附於後。今仍錄之，以見是書之緣起與長文始末焉。

松絃館琴譜二卷（江蘇巡撫採進本）

明嚴澂撰。澂字道澈，常熟人。大學士訥次子，以蔭仕至邵武府知府。是書所錄之曲二十有八，皆無文者也。其自序云："古樂湮而琴不傳，所傳者聲而已。近世一二俗工，取古文詞用一字當一聲，而謂能聲；又取古曲隨一聲當一字屬成理語，而謂能文，古然乎哉？蓋一字也，曼聲而歌之，則五音殆幾乎遍。故古樂聲一字而鼓不知其幾。而欲聲字相當，有是理乎？考古詩被諸管弦者，大抵倚聲而歌，非以歌取聲。今世所傳古琴操者，皆其詞，非其聲也。觀濮上之音，師涓能聽而得之，此有調無文之明證。孔子鼓琴得其人，師襄始言為文王操。使有詞可讀，孔子不待問，師襄亦不待言矣。"云云。考葉夢得《避暑錄話》，稱廬州崔閑姜琴所彈凡三十餘曲，欲請夢得各為之詞，是亦宋代琴譜有聲無詞之明證。澂之所論，最為近理。故琴派各家不一，而清

微淡遠，惟虞山為最。是譜之後，繼之者有徐祺《大還閣譜》。天
池、青山二家，遂為虞山派之大宗云。

松風閣琴譜二卷抒懷操一卷（浙江巡撫採進本）[1]

國朝程雄撰。雄字雲松，休寧人。是編輯諸家遺譜而參以
己法。前附《松風閣指法》二篇，乃三山莊臻鳳原本，雄為之改
訂。《琴譜》上、下二卷[2]，自清宮《忘機》至清商《春山聽杜鵑》，
凡十一曲。譜中所增諸法，多出雄之新意，指法亦較他譜增倍。
《醉漁》諸曲，更欲曼衍聲調，以博趣於弦軫之外，可謂心知其意
者。其《抒懷操》一卷，則即以士大夫贈答之詞譜作琴曲，共四十
餘調。協以五音，鏗鏘激壯，亦頗近自然。其於操縵之術，大抵
得力於勹法居多。然譜調純熟而不涉於俗，亦學琴者所不可
廢矣。

【彙訂】

① 文淵閣本尚有卷首一卷。（沈治宏：《中國叢書綜錄
訂誤》）

② "上下"，殿本無。

琴譜合璧十八卷（大學士英廉購進本）

國朝和素取明楊掄所撰《太古遺音》重為繙譯[1]。掄本金陵
琴工，輯舊譜為是書。其意蓋以古之雅樂不過如是，而不知其仍
不離乎俗也。如《普菴咒》之類，已近煩手，以云乎太音希聲，一
字一音之旨，又奚知焉？惟是指法五十三勢，頗得師授，為時譜
之佳者。又《歸去來詞》、《聽穎師琴詩》、《秋聲賦》、《前赤壁賦》
不增減一字，而聲韻自合，亦足取也。其餘附會古人，詞多鄙俚，
祇取其音，無取其詞可耳。和素，滿洲鑲黃旗人，官至內閣侍讀

學士。就楊掄舊譜以清文譯之，於五音指法則用對音。蓋滿洲音韻精微廣大，無所不包。用之於琴，尤見中聲之諧、天籟之合焉。

【彙訂】

① 今存明萬曆三十七年楊掄自刻本《琴譜合璧》三卷，内含《太古遺音》二卷《伯牙心法》一卷。《四庫》本雖名"琴譜合璧"，然缺《伯牙心法》。（崔富章：《四庫提要補正》）

右藝術類"琴譜"之屬，四部，二十九卷，皆文淵閣著錄。

案，以上所錄皆山人墨客之技，識曲賞音之事也。若熊朋來《瑟譜後錄》、汪浩然《琴瑟譜》之類，則全為雅奏，仍隸經部樂類中，不與此為伍矣。

學古編一卷（浙江巡撫採進本）①

元吾邱衍撰。衍有《周秦刻石釋音》，已著錄。是書專為篆刻印章而作。首列三十五舉，詳論書體正變及篆寫摹刻之法。次合用文籍品目，一小篆品，二鍾鼎品，三古文品，四碑刻品，五器品，六辨謬品，七隸書品，八字源，九辨源②，凡四十六條。又以洗印法、印油法附於後。摹刻私印，雖稱小技，而非精於六書之法者，必不能工。宋代若晁克一、王俅、顏叔夏、姜夔、王厚之，各有譜錄。衍因復踵而為之，其間辨論譌謬，徐官《印史》謂其多採他家之說，而附以己意，剖析頗精。所列小學諸書，各為評斷，亦殊有考核。其"論漢隸"條下，稱："寫法載前卷'十七舉'下，此不再數。"是原本當為上、下二卷。今合為一卷，蓋後人所併也。

【彙訂】

① 文淵閣本尚有附錄一卷。（沈治宏：《中國叢書綜錄

訂誤》）

②“八字源九辨源”乃“八字源七辨”之誤。（崔富章：《四庫提要補正》）

印典八卷（浙江巡撫採進本）

國朝朱象賢撰。象賢號清溪，吳縣人。是編採錄印璽故實及諸家論說，分原始、制度、賚予、流傳、故實、綜紀、集說、雜錄、評論、鐫製、器用、詩文十二類。後有康熙壬寅白長庚跋，稱所引宋王基《梅菴雜記》、《蝸廬筆記》、葉氏《遊藝雜述》，元宋無《考古紀略》四書，皆得之橋李曹氏鈔本，為諸家所未見。然他所援據，率乏祕籍，所分諸類，亦頗淆雜。如“故事”與“綜紀”二門，所載多相出入。又往往字句偶涉，即為闌入。如《周顗傳》稱“取金印如斗大繫肘後”，《辛替否傳》稱“金銀不共其印”，皆因他事口談；《王融傳》稱“穰侯印詎便可解”，《世說新語》稱“石勒使人讀《漢書》，聞立六國後刻印將授”，亦偶然追述舊典，俱非印璽故事，未免濫收。且雜採舊文，漫無考辨。吾邱衍《學古編》云“三代無印”，又辨《淮南子》載子貢印事之妄。而“賚予”門內乃以此事為首，亦自相矛盾。然採摭既富，足備考核。且古人未有集印事為書者，姑仿《文房四譜》之例，存備一家。象賢自稱朱長文裔，故是書初刻附《墨池編》後。今以時代既殊，所載各異，分著於錄，使各從其類焉。

右藝術類“篆刻”之屬，二部，九卷，皆文淵閣著錄。

案，揚雄稱：“雕蟲篆刻，壯夫不為。”故鍾繇、李邕之屬，或自鐫碑，而無一自製印者，亦無鑒別其工拙者。漢印字畫，往往譌異。蓋由工匠所作，不解六書，或效為之，斯好古之過也。自王俅《嘯堂集古錄》始稍收古印，自晁克一《印格》始集古印為譜，自吾邱衍《學古編》始詳論印之體例，遂為賞鑑家之一種。文彭、何震以後，法益密，巧益生焉。然印譜一經傳寫，必失其真，今所錄者惟諸家品題之書耳。

羯鼓錄一卷（江蘇巡撫採進本）①

唐南卓撰。《唐書·藝文志》樂類載南卓《羯鼓錄》一卷，然不云卓何許人。雜史類又載南卓《唐朝綱領圖》一卷，註曰“字昭嗣，大中黔南觀察使”②。計有功《唐詩紀事》亦稱卓初為拾遺，以諫謫松滋令，大中時為黔南觀察使，與《唐書》合，當即其人。惟書自稱會昌元年為洛陽令；又稱大中四年春陽罷免，還自海南。《書錄解題》又以為婺州刺史，均不相符。然段安節《樂府雜錄》稱“黔帥南卓作《羯鼓錄》”，亦與《唐志》合。安節唐人，必無謬誤。疑書中所敘乃未為黔帥以前事。陳振孫所云則但據書中有“至東陽”之語，以意斷為刺婺州也。其書分前、後二錄，前錄成於大中二年，後錄成於四年。前錄首敘羯鼓源流、形狀，次敘元宗以後諸故事。後錄載崔鉉所説宋璟知音事③，而附錄羯鼓諸宮曲名。凡太簇宮二十三調，太簇商五十調，太簇角十四調，徵羽闕焉。惟用太簇者，以羯鼓惟主太簇一均故也①。又有諸佛曲十調，食曲三十二調。調名亦多用梵語，以本龜兹、高昌、疏勒、天竺四部所用故也。其“李琬”一條記《耶婆色雞》一曲，聲盡意不盡，以他曲解之，即漢、魏樂府曲末有“豔”之遺法。如《飛來雙白鵠》、《塘上行》諸曲，篇末文不相屬，皆即此例。蓋樂工專門授受，猶得其傳。文士不諳歌法，循文生解，轉至於穿鑿而不可通也。

【彙訂】

① 此書不見於江蘇省各次進呈書目,而著錄於《浙江省第九次進呈書目》與《浙江採集遺書總錄》,疑"江蘇巡撫採進本"應為"浙江巡撫採進本"之誤。(江慶柏:《四庫全書私人呈送本中的鄭大節家藏本》)

② 底本"中"下有"時"字,據《新唐書·藝文志》雜史類及殿本刪。

③ 後錄所載為崔鉉所説宋沇即宋璟孫知音事。(黄永年:《唐史史料學》)

④ "惟主",底本作"為主",據殿本改。

樂府雜錄一卷(編修程晉芳家藏本)

唐段安節撰。安節,臨淄人。宰相文昌之孫①,太常少卿成式之子,温庭筠之壻也。見《南楚新聞》。官至朝議大夫,守國子司業。《唐書》附見成式傳末,稱其"善音律,能自度曲"。故是書述樂府之法甚悉。書中稱僖宗幸蜀,又序稱:"洎從離亂,禮寺隳頹,簨虡既移,警鼓莫辨。"是成於唐末矣。《唐書·藝文志》作一卷,與今本合。《宋史·藝文志》則作二卷。然《崇文總目》實作一卷,不應《宋志》頓增,知"二"字為傳寫誤也。首列樂部九條,次列歌舞俳優三條,次列樂器十三條,次列樂曲十二條,終以別樂識五音輪二十八調圖。然有説無圖,其舊本佚之歟?《崇文總目》譏其蕪駁不倫。今考其中樂部諸條,與《開元禮》、杜佑《通典》、《唐書·禮樂志》相出入,知非傳聞無稽之談。敍述亦頗有倫理,未知所謂"蕪駁"何在。徐充《暖姝由筆》曰:"琴有攱聲。東坡言:'嵇中散《琴賦》曰:"間遼故音痺,弦長故徽鳴②。"所謂

痺者,猶今所謂炊聲也。炊音鮮,出《羯鼓錄》。'"則亦頗有裨於
考證。惟樂曲諸名,不及郭茂倩《樂府詩集》之備,與王灼《碧雞
漫志》亦互有同異。蓋茂倩書備載古題之目,灼書上溯宋詞之
源。而此書所列,則當時被之管弦者,詳略不同,職是故也。

【彙訂】

①《新唐書·段志玄傳》載三世孫文昌"字墨卿,一字景初,
世客荊州……太和四年,檢校左僕射,徙帥荊南……文昌先墓在
荊州"。則安節亦荊州人。(盧弼:《四庫湖北先正遺書札記》)

②"徽",殿本作"微",誤,參《文選》卷十八《琴賦》原文。

元元〔玄玄〕棋經一卷(永樂大典本)

宋晏天章撰。張靖序曰①:"圍棋之戲,或言是兵法之類②。
今取生敗之要,分十三篇。棋局第一,得算第二,權輿第三,合戰
第四,虛實第五,自知第六,審局第七,度情第八,斜正第九,洞微
第十,名數第十一,品格第十二,雜說第十三。"後有跋云:"自宋
以善弈顯名天下者,昔待詔老劉宗,今日劉仲甫、楊中隱、王琬、
孫侁、郭範、李百詳輩,皆能論此十三篇,體其常而生其變也。"其
跋不署名氏,觀稱仲甫為今日,則為南宋初人。蓋此書在當時已
為弈家之模範矣。考《通志圖譜略》云:"《太宗棋圖》一卷,《邯鄲
藝術志御棋圖》一卷,上為製局名之。凡十四局,有逍遙自在、千
變萬化、凝神靜心、元之又元諸名。""元元"之名,或本諸此歟?

【彙訂】

① 晏天章乃元人,僅手錄嚴德甫所輯《玄玄棋經》,又以家
藏諸譜增益之,鋟梓以行。宋李逸民《忘憂清樂集》所收《棋經十
三篇》(《玄玄棋經》異名)題"皇祐中張學士擬撰",又收有《論棋

訣要雜說》,題"張靖撰",與《玄玄棋經》第十三篇《雜說篇第十三》內容幾乎全同。南宋末陳元靚《事林廣記》續集卷四文藝類載《棋局篇》(即《玄玄棋經》,《棋局篇》為其首篇篇名),題"宋皇祐中學士張靖撰"。據《邵氏聞見錄》卷九、《石林燕語》卷十及《續資治通鑑長編》等,張靖乃河清人張望長子,幼時與文彥博同學,天聖五年同登第。皇祐中文彥博為相時擢靖為直龍圖閣,後遷淮南轉運使,歷知邠州、陝州、荊南。子閎,《宋史》有傳。(李毓珍《〈棋經十三篇〉作者考》)

②　張靖序原文作:"桓譚《新論》曰:'世有圍棋之戲,或言是兵法之類。'"(余嘉錫:《四庫提要辨證》)

棋訣一卷(永樂大典本)

宋劉仲甫撰。仲甫,錢塘人,南渡時國手也①。書凡四章,一曰布置,二曰侵凌,三曰用戰,四曰取捨。仲甫曰:"棋者意同於用兵,故敘此四篇,粗合孫、吳之法。"後附《論棋雜說》,即晏天章《棋經》之末篇,而仲甫為之註者也。案仲甫以弈名一世,而何薳《春渚紀聞》載有祝不疑者勝之,蔡絛《鐵圍山叢談》又載有王憨子、晉士明者皆勝之,則其訣亦非出萬全。然算數心計之事,大抵皆後勝於前。蓋因所已至從而更推所未至,有所藉者易為力也。且盛名之下自負無敵,後來者或乘其暮氣之將衰,或乘其驕氣之太盛,往往抵隙而入,出所不防。利鈍之形,蓋由於此。夫孫武能帥師入郢,而不能禁楚之不復郢,則亦非百戰百勝者。然《十三篇》之書,談兵者莫能外也。仲甫此書,亦可作如是觀矣。

【彙訂】

①《春渚紀聞》卷二:"棋待詔劉仲甫,初自江西入都,行次

錢塘,舍於逆旅……一日晨起,忽於邸前懸一幟云：江南棋客劉仲甫,奉饒天下棋先。"可知劉仲甫為江西人,江西全稱江南西路,故自稱江南棋客。又《鐵圍山叢談》卷六："太上皇在位,時屬升平。手藝人之有稱者,棋則劉仲甫,號國手第一……及政和初,晉士明……獨直出仲甫右……及士明出,仲甫聞而呼之,與角逐,為士明再四連敗之……仲甫悵不悦,居月餘,偶以疾殂。"則仲甫卒於政和初,下距北宋亡十餘年,不得稱其"南渡時國手"。(李裕民:《四庫提要訂誤》)

右藝術類"雜技"之屬,四部,四卷,並文淵閣著錄。

案,《羯鼓錄》、《樂府雜錄》,《新唐書志》皆入經部樂類。雅鄭不分,殊無條理。今以類入之於"藝術",庶各得其倫。

子部二十四

藝術類存目

山水松石格一卷（浙江鮑士恭家藏本）

舊本題梁孝元皇帝撰。案是書《宋·藝文志》始著錄。其文凡鄙，不類六朝人語。且元帝之畫，《南史》載有宣尼像，《金樓子》載有職貢圖，《歷代名畫記》載有《蕃客入朝圖》、《遊春苑圖》、《鹿圖》、《師利圖》、《鶼鶴陂澤圖》、《芙蓉湖醮鼎圖》，《貞觀畫史》載有文殊像。是其擅長，惟在人物。故姚最《續畫品錄》惟稱："湘東王殿下工於像人，特盡神妙。"未聞以山水松石傳，安有此書也？

後畫錄一卷（兩江總督採進本）

唐釋彥悰撰。前有彥悰自序，稱："為帝京寺錄，就所見長安名畫，系以品題，凡三十七人。"蓋以續姚最之書者。序題貞觀九年，故稱閻立本猶為司平太常伯。然末一人為廣陵郡倉曹參軍李湊。考張彥遠《名畫記》："李湊，林甫之姪也。初為廣陵倉曹，天寶中貶明州象山尉。尤工綺羅人物，為時驚絕。"則湊為明皇時人。彥悰遠在太宗之世，何以能預錄之乎？張彥遠《歷代名畫記》曰："僧悰之評,最為謬誤,傳寫又復脫錯,殊不足看也。"是真本尚不足重,無論偽本矣。

　　續畫品錄一卷(江蘇巡撫採進本)[①]

　　舊本題唐李嗣真撰。案《舊唐書》:"李嗣真,滑州匡城人。永昌中拜御史中丞知大夫事,為來俊臣所陷,配流嶺南。萬歲通天中徵還,行至桂陽卒。"此本前題結銜為御史大夫,而張彥遠《歷代名畫記》亦稱為李大夫,與《舊唐書》合,彥遠又稱嗣真為尹琳弟子,"善畫佛道鬼神"。琳,高宗時人,時代亦符,當即其人也。是書名載《唐·藝文志》,朱景元[玄]《唐朝名畫錄》序稱嗣真"空錄人名,而不記其善惡,無品格高下",與此本體例合。然《名畫記》引李嗣真云:"曹不興以一蠅輒擅重價,列於上品,恐為未當。況拂蠅之事,一說是楊修。謝赫黜衛進曹,是涉貴耳之論。"云云,凡數條。又李綽《尚書故實》亦引嗣真云:"顧畫屈居第一,然虎頭又伏衛協畫《北風圖》。"是嗣真之書又本有論斷,同出唐人而所言互異。晁公武《郡齋讀書志》載嗣真《名畫記》一卷,又《畫人名》一卷[②],豈彥遠所引為《名畫記》之文,而此為《畫人名》耶?然嗣真唐人,而稱梁元帝為湘東殿下,仍同姚最之文。其序又云:"今之所載,並謝赫之所遺。"轉不及最一字。恐嗣真原本已佚,明人剟姚最之書,稍為附益,偽託於嗣真耳。《法書要錄》載嗣真《後書品》一卷[③],所載八十一人,分為十等,各有敘錄。又有評有贊,條理秩然。計其《畫品》體例,亦必一律,不應草草如此。是尤作偽之明證矣[①]。

【彙訂】

①"江蘇巡撫採進本",殿本作"江西巡撫採進本"。《四庫

採進書目》未著錄此書。(江慶柏:《殿本、浙本〈四庫全書總目〉著錄圖書進獻者主名異同考》)

②《郡齋讀書志》卷十五(衢本,袁本卷三同)有李嗣真《續畫記》一卷,《直齋書錄解題》卷十四有李嗣真《古今畫人名》一卷。(王世襄:《中國畫論研究》)

③"後書品",殿本作"書品後"。

④"明",殿本作"顯"。據諸家所引,原書體例當為先列上、中、下三品畫人名,次敘錄,次評贊。現存明翻南宋臨安府陳道人書籍鋪刊本,可證乃宋人偽托。(謝巍:《中國畫學著作考錄》)

畫學祕訣一卷(浙江鮑士恭家藏本)

舊本題唐王維撰。詞作駢體,而句格皆似南宋人語。王縉編維集,亦不載此篇。明焦竑《國史經籍志》始著於錄,蓋近代依託也。明人收入維集,失考甚矣。

山水訣一卷(浙江鮑士恭家藏本)

舊本題唐李成撰。案,《宋史·李覺傳》載:"李成,字咸熙,本京兆長安人,唐末徙家青州。工畫山水,周樞密王朴將薦其能。會朴卒,鬱鬱不得志。乾德中,司農卿衛融知陳州,召之,成因挈族而往。"劉道醇《宋朝名畫評》又載其"開寶中舉進士,集於春官"①,邵博《聞見後錄》亦稱:"國初營邱李成畫山水。"然則成為宋人,題"唐"者誤矣。是書《宋志》及晁、陳書目皆不著錄,宋人諸家畫錄亦不言成有是書②。殆後人依託其文,與《王氏畫苑》所載嘉定中李澄叟《山水訣》大同小異③。大抵庸俗畫工有是口訣,輾轉相傳,互有損益,隨意偽題古人耳。

【彙訂】

①《圖畫見聞志》卷三《李成傳》云："後游淮陽，以疾終於乾德五年（967）。"豈能於開寶中（968—976）舉進士？（謝巍：《中國畫學著作考錄》）

② 宋郭思《林泉高致集》附錄此書，沈括《夢溪筆談》亦引李成論畫法之語。（同上）

③ 李澄叟《山水訣》載詹氏《畫苑補益》中，非《王氏畫苑》。（崔富章：《四庫提要補正》）

宣和論畫雜評一卷（浙江鮑士恭家藏本）

此本為《王氏畫苑》所載，題宋徽宗皇帝御撰。勘驗其文，即《宣和畫譜》中諸論也。明人叢書，往往如是，亦拙於作偽矣。

華光梅譜一卷（浙江鮑士恭家藏本）

舊本題宋僧仲仁撰。考鄧椿《畫繼》曰："仲仁，會稽人，住衡州華光山。"陶宗儀《書史會要》曰："華光長老酷好梅花，方丈植梅數本。每花放時，移牀其下，吟咏終日。偶月夜見窗間疎影橫斜，蕭然可愛，遂以筆規其狀。因此好寫，得其三昧①。黃庭堅詩曰：'雅聞華光能墨梅，更乞一枝洗煩惱。'"此"華光畫梅"所以傳也。然庭堅又嘗題其《平沙遠水》，則不止能畫梅矣。此書蓋後人因仲仁之名，依託為之。其"口訣"一則，詞旨凡鄙。其"取象"一則，附會於太極陰陽奇偶，旁涉講學家門徑，尤乖畫家蕭散之趣。末有補之"總論"一則，"華光指迷"一則。補之即楊無咎字，南宋高宗時始以畫梅著。曾敏行《獨醒雜志》載："紹興初有華光寺僧來居清江慧力寺，士人楊補之、譚逢原與之往來，乃得仲仁之傳。"仲仁在元祐間不應先引其說。至華光著書，乃又自引華光之書,其謬尤不待辨矣②。

【彙訂】

①《畫史會要》卷二云:"華光長老,衡州人,酷愛梅花,方丈植梅數本。每花放時,移牀其下,吟咏終日……因此好寫,得其三昧。"但《畫史會要》作者為朱謀垔,而陶宗儀《書史會要》無此文(陶亦無《畫史會要》之著作)。(楊武泉:《四庫全書總目辨誤》)

②是書乃集仲仁、華光寺僧(仲仁弟子)二人之口傳,由楊無咎記錄,復編入楊無咎以己畫梅之經驗所撰數則而成。書前《小引》謂墨梅始自華光仁老等語,乃明人輯者所作,非仲仁引楊無咎語,亦非自引所著之書。(謝巍:《中國畫學著作考錄》)

金壺記三卷(兩淮鹽政採進本)

宋僧適之撰。適之始末未詳,案,《拾遺記》載周時浮提國獻書生二人,有金壺,壺中墨汁,灑水石皆成篆籀或科斗文字①。《記》之取名,蓋出於此。適之原有《金壺字考》一卷,取書之異音者以類相從,標題二字而音其下,其書具有條理。是書雜述書體及能書人名,乃頗為蕪雜。如"項籍記姓名"、"揚雄心畫"之類,雜敘於五十六種書體內,殊為不類。又皆不著出處,亦乖傳信之道也。

【彙訂】

①《拾遺記》卷三原文為:"壺中墨汁如淳漆,灑地及石,皆成篆隸科斗文字。"(楊武泉:《四庫全書總目辨誤》)

畫山水訣一卷(浙江鮑士恭家藏本)

舊本題宋李澄叟撰。澄叟始末不可考,惟序末自稱湘中人。

序題“嘉定辛巳六月”，而中稱“盤礴乎其間者六十餘年”，則高宗末年人，至寧宗時猶存矣[1]。其論畫謂：“南渡以後有李、蕭二君。”考南渡後畫手李姓者不下數十人，蕭姓者則無，所考莫詳所指[2]。又澄叟僅及紹興之末，而“泛說”一條中乃稱紹興中有一晚進，亦殊矛盾[3]。考《畫史會要》載元有李澄叟，湘中人，“自幼觀湘中山水，長遊三峽、夔門。或水或陸，盡得其態，寫之水墨，甚有妙悟。作《山水訣》一卷。”人名、書名與此皆合，惟時代與書中違異。今勘驗書中所載，皆世傳李成《畫山水訣》之文，而小變其字句。殆原本散佚，妄人剿李成之書，偽撰此本，又誤以為宋人，故全然牴牾。《王氏畫苑》乃與成書並收之，亦失於互勘矣[4]。

【彙訂】

①《總目》所引序文係後人偽作，多取此書《泛說》篇中語改變成文，不可引以為據。（謝巍：《中國畫學著作考錄》）

② 文中所稱“李先生”、“蕭大夫”、“李、蕭二公”乃指南宋畫家李唐、蕭照。（同上）

③ 李唐紹興中尚在世，蕭照卒於淳熙初，李澄叟稱“先生”、“大夫”，其年輩當晚於二人。《泛說》篇中言“紹興末間有一傭畫晚進，姓翟名興祖……”“乾道間（1165—1173），江夏有傭畫姓黃第十八……”皆不見當時畫史有記載，乃其親眼目睹者。自號“澄叟”，撰此文時年當在六十以上，顯非高宗末年人。（同上）

④ 此書《小序》一篇確係後人作偽，實即無名氏（托名李成）之《山水訣》。《泛說》一篇全文並無矛盾，當為李澄叟所撰。（同上）

竹譜詳錄一卷（浙江鮑士恭家藏本）

舊本題元李衎撰。衎《竹譜》十卷，已於《永樂大典》中採輯著錄。此鈔其百分之一，乃改題曰"詳錄"，傎亦甚矣[①]。

【彙訂】

① 今存明鈔殘本（卷四至七）即名《竹譜詳錄》，則"詳錄"之名非一卷節鈔本獨有。《永樂大典》稱《竹譜》，或系簡稱。（杜澤遜：《讀〈四庫提要〉隨記》）

書法鉤元〔玄〕四卷（兩淮鹽政採進本）

元蘇霖撰。霖字子啟，鎮江人。是書取前人論書之語，始漢揚雄，終宋劉辰翁，凡六十五條。略具梗概，未為該備。其去取亦未精審。

字學新書摘鈔一卷（浙江鄭大節家藏本）

元劉惟志撰。惟志，達州人，仕履未詳。是編摘錄古人論書之語，分四目：曰六書，曰六體，曰書法，曰書評，簡略殊甚。詳其書名，似先有《字學新書》而惟志摘鈔之也。

畫紀補遺二卷元畫紀一卷（浙江范懋柱家天一閣藏本）[①]

不著撰人名氏。載宋高宗以後、元至正以前諸畫家[②]，頗多舛錯。如馬遠之父名公顯，兄名逵，乃以逵為遠之弟，以公顯為遠之孫，并云"傳家學不逮厥祖"，顛倒甚矣。其他脫漏，更指不勝屈也。

【彙訂】

① 此書實名《畫繼補遺》，為補鄧椿《畫繼》而作。（李裕民：《四庫提要訂誤》）

② 卷上蔡肇、郭思，卷下趙令穰、趙令松，均為北宋人。（同上）

法書通釋二卷（衍聖公孔昭焕家藏本）

明張紳撰。紳字士行，一曰字仲紳。《書史會要》但稱為山東人，洪武中官浙江布政使。不詳為山東何地之人，亦不詳其出身。考《明史·吳伯宗傳》附載鮑恂事，稱：“洪武十五年吉安余詮、高郵張長年、登州張紳並以明經老成為禮部主事所薦，召至京。恂、長年皆以老病辭歸。惟紳授鄠縣教諭，尋召為右僉都御史，終浙江左布政使。”則紳乃登州人，以薦舉起家也[1]。是書分十篇：曰八法，曰結構，曰執使，曰篇段，曰從古，曰立式，曰辨體，曰名稱，曰利器，曰總論。皆彙集晉、唐以來名論，亦閒及蘇軾、黃庭堅、姜夔、吾衍之説。所取古人碑帖，祇及唐而止，然皆習見之文。《立式篇》“辨古無真書之名，鍾、王楷書皆是隸法”一條，足正近代俗劄之陋。其所引法書，《瘞鶴銘》前後兩見，一列之小楷，一列之大楷，殆校錄偶疏耶？案，《靜志居詩話》曰：“張紳工大小篆，精於賞鑒。法書名畫，多所品題。撰《法書通釋》一卷。”今檢此本，實為兩卷，蓋朱彝尊偶誤記也。

【彙訂】

① 張紳為膠州人，早在元至正七年（1347）已與弟張緝、張經同領鄉薦，清道光《重修膠州志·人物》有傳。（竇秀豔等：《青島歷代著述考》）

書學會編四卷（兩淮鹽政採進本）

明黃瑜編。瑜字廷美，華亭人。案明有兩黃瑜，皆字廷美，皆景泰、天順閒人。其一為黃佐之祖，有《雙槐歲鈔》，別著錄。此黃瑜則天順六年官肇慶府知府，此書即其在肇慶所刻也。凡四種，一為劉次莊《法帖釋文》，一為米芾《書史》，一為黃伯思《法帖刊誤》，一為曹士冕《法帖譜系》。無一字之考證，而譌脫至不可讀，蓋書帕本耳。

書篡五卷（浙江巡撫採進本）①

不著撰人名氏。惟卷首有翠渠病叟自序。考《明史·儒林傳》載周瑛字梁石，莆田人。成化己丑進士，官至四川右布政使。學者稱翠渠先生，其號與自序合。又《明史·藝文志》載周瑛《書篡》五卷，與此本書名、卷數並合，蓋即瑛書也。分原始、辨體、考法、會通、擇佐使五篇。《原始篇》論六書，《辨體篇》論古籀、篆、隸、草、八分、飛白諸體及歷代沿革，《考法篇》論手法、筆法、書法，《會通篇》論諸家書，《擇佐使篇》論筆、墨、紙、硯。大抵掇拾舊文，故名曰“篡”。自序稱其長孫南鳳年十有一，作書以授之，故所錄多淺近易明云。

【彙訂】

① 此書在《各省進呈書目》中僅著錄於《浙江省第五次鄭大節呈送書目》及《二老閣呈送書》，則應為浙江鄭大節家藏本，作“浙江巡撫採進本”誤。（江慶柏：《四庫全書私人呈送本中的鄭大節家藏本》）

書輯三卷（兩江總督採進本）

明陸深撰。深有《南巡日錄》，已著錄。是書分為六篇，一曰述通，二曰典通，三曰釋通，四曰筆論，五曰體位，六曰古今訓。凡所採用諸書，皆臚列於首，而復以《法帖源流》一篇附其後。嘗自書勒石。

明書畫史三卷元朝遺佚附錄一卷（浙江范懋柱家天一閣藏本）

明劉璋撰。璋字圭甫，嘉定人。是書成於正德乙亥。載洪

武以來善書畫者得三百七十餘人，而釋子六人併綴於末。又附
元代名家及五季、宋、金之姓氏隱僻者九人，別為一卷。每人寥
寥數言，不備本末，粗具梗概而已。

平泉題跋二卷（兩淮鹽政採進本）

明陸樹聲撰。樹聲字與吉，平泉其別號也，南直隸華亭人。
嘉靖辛丑進士，官至禮部尚書。事蹟具《明史》本傳。此編皆其
題跋書畫之文。萬曆庚寅，其門人黃秼、包林芳等別輯刊行。後
附以雜著四則。

畫苑十卷畫苑補益四卷（浙江鮑士恭家藏本）

《畫苑》十卷，明王世貞編。《畫苑補益》四卷，詹景鳳編。世
貞有《弇山堂別集》，已著錄。景鳳字東圖，休寧人，由舉人官至
平樂府通判。世貞所錄，凡謝赫《古畫品錄》一卷，李嗣真《續畫
品錄》一卷，沙門彥悰《後畫錄》一卷，姚最《續畫品》一卷，裴孝源
《貞觀公私畫史》一卷，沈括《圖畫歌》一篇，荊浩《筆法記》一篇，
王維《山水論》一篇，張彥遠《歷代名畫記》十卷，劉道醇《宋朝名
畫評》三卷，朱景元《唐朝名畫錄》一卷，陳詢直《五代名畫補遺》
一卷，案，此書“劉道醇”作“陳詢直”①，乃沿《文獻通考》之誤，語詳本條下②。
鄧椿《畫繼》十卷，黃休復《益州名畫錄》三卷，米芾《海嶽畫史》一
卷，計十五篇③。景鳳所補，凡梁元帝《山水松石格》一篇，王維
《畫山水祕訣》一篇，荊浩《論畫山水賦》一篇，李成《山水訣》一
篇④，郭熙《林泉高致》一卷，淳思《畫論》一卷、《紀藝》一卷⑤，《宣
和論畫雜評》一卷，韓純全《山水純全集》一卷⑥，李澄叟《畫山水
訣》一卷，無名氏《論畫山水歌》一篇，李廌《畫品》一卷，華光和尚
《梅譜》一卷，李衎《竹譜詳錄》一卷，張退公《墨竹記》一篇，董逌

《廣川畫跋》六卷。計十六種。

【彙訂】

①"書"，殿本作"以"。明萬曆十八年王元貞刻本《畫苑》所收《五代名畫補遺》題"大梁劉道醇纂"，未作"陳詢直"。

②《文獻通考·經籍考·子部·雜藝術類》載："《五代名畫記》一卷，陳氏曰：'大梁劉道醇撰，嘉祐四年陳詢直序。'《五代名畫補遺》一卷，晁氏曰：'皇朝劉道成纂。符嘉應撰序云：胡嶠嘗有《梁朝名畫錄》，因廣之，故曰《補遺》。'"未言《五代名畫補遺》為陳詢直撰。《總目》卷一一二《五代名畫補遺》條曰："考晁公武《讀書志》曰：'《五代名畫補遺》一卷，皇朝劉道成纂。符嘉應撰序云：胡嶠嘗作《梁朝名畫錄》，因廣之，故曰《補遺》。'又別載《宋朝名畫評》三卷，亦注劉道成纂，符嘉應序。則劉道醇當作道成。又陳振孫《書錄解題》曰：'《五代名畫記》一卷，大梁劉道醇撰，嘉祐四年陳詢直序。'則'補遺'字又當作'記'……蓋本此一書，振孫誤題書名，公武誤題人名，馬端臨作《文獻通考》，又偶未見其書，但據兩家之目，遂重載之。"亦未言《文獻通考》載《五代名畫補遺》為陳詢直撰。（謝巍：《中國畫學著作考錄》）

③"篇"，殿本作"種"。

④"訣"，殿本作"賦"，誤。明萬曆十八年王元貞刻本《畫苑補益》所收為李成《山水訣》，《總目》本卷亦著錄作李成《山水訣》。

⑤"淳思"，殿本作"淳于思"。明焦竑《國史經籍志》卷四載有郭思《山水論》一卷，又《紀藝》一卷，《山水論》當為《畫論》異名，則"淳思"乃郭思之誤。又《畫論》乃取郭若虛《圖畫見聞志》卷一敘論中十一篇，詹氏《畫苑補益》本題作《郭若虛畫論》，則二書實皆郭若虛所撰。（謝巍：《中國畫學著作考錄》）

⑥ "集"，殿本作"論"。

王氏書苑十卷書苑補益八卷（浙江鮑士恭家藏本）

是書亦明王世貞編，詹景鳳續編。初，世貞纂《古書家言》多至八十餘卷。撫郾陽時，擇取十數種付梓，版藏襄陽郡齋。因水漲漂失，尋復以刻本五種畀王元貞，翻刻於金陵，題曰《王氏書苑》。萬曆辛卯，元貞與詹景鳳續刻八種，題曰《書苑補益》。世貞《書苑》五種，曰張彥遠《法書要錄》十卷，米芾《海嶽書史》一卷，蘇霖《書法鉤元〔玄〕》四卷，黃伯思《東觀餘論》二卷，黃訥《東觀餘論附錄》一卷。景鳳《補益》八種，曰孫過庭《書譜》一卷，姜夔《續書譜》一卷，米芾《寶章待訪錄》一卷，歐陽修《試筆》一卷，宋高宗《翰墨志》一卷，曹士冕《法帖譜系雜說》二卷，吾邱衍《學古編》二卷，劉惟志《字學新書摘鈔》一卷①。諸書皆有別本單行，世貞特裒合刻版，遂自立名目。是則明人錮習，雖賢者不免矣。朱國楨《湧幢小品》曰："王弇州不善書，好談書法。其言曰：'吾腕有鬼，吾眼有神。'此說一倡，於是不善畫者好談畫，不善詩文者好談詩文，極於禪元〔玄〕，莫不皆然。古語云：'知者不言，言者不知。'吾友董思白，於書畫一時獨步，然對人絕不齒及也。"其詆諆世貞至矣。然世貞品題書畫，賞鑒家實不以為謬，殆以好談致謗歟？如此書及《畫苑》，皆其好談之一徵也。

【彙訂】

① 傳世萬曆王世貞刻本《書苑補益》尚多《廣川書跋》一種。（杜澤遜：《讀〈四庫提要〉隨記》）

弇州山人題跋七卷（安徽巡撫採進本）

明王世貞撰。考《弇州四部稿》有雜文跋、墨蹟跋、墨刻跋、畫跋、佛經跋諸類。此本惟墨蹟跋三卷,墨刻跋四卷,其文與棄中所載又頗詳略不同。疑當時鈔撮以成帙,其後又經删定入集①。如《集古錄》有真蹟、集本之殊也。

【彙訂】

①"定",殿本作"訂"。

中麓畫品一卷(浙江范懋柱家天一閣藏本)

明李開先撰。開先字伯華,中麓其號也,章邱人。嘉靖己丑進士,官至太常寺卿。《明史·文苑傳》附載陳束傳中。稱其性好蓄書,藏書之名聞天下。今其書目不傳,乃傳其《畫品》①。大致仿謝赫、姚最之例,品明一代之畫②,分為五品,每品之中,優劣兼陳。王士禎《香祖筆記》曰:"章邱李中麓太常,藏書畫極富,自負賞鑒。嘗作《畫品》,次第明人,以戴文進、吳偉、陶成、杜堇為第一等,倪瓚、莊麟為次等,而沈周、唐寅居四等,持論與吳人頗異。王弇州與之善,嘗言過中麓草堂,盡觀所藏畫,無一佳者。而中麓謂文進畫高過元人,不及宋人,亦未足為定論也。"云云。則是編之持論偏僻,可知矣。

【彙訂】

①"畫品",殿本作"書品",誤。

②"明",殿本作"評",誤,參李開先《中麓畫品》序,所品皆"國朝名畫"。

筆元〔玄〕要旨一卷(浙江汪啟淑家藏本)

明徐渭撰。渭字文清,後更字文長,山陰人。事蹟具《明史·文苑傳》。是編論書,專以運筆為主,大概昉諸米氏。

吳郡丹青志一卷(江蘇巡撫採進本)

明王穉登撰。穉登字百穀,吳縣人。嘉靖中布衣。事蹟具

《明史·文苑傳》。是編所載，神品一人，曰沈周。附三人，曰周之父恒、伯貞、恒之師杜瓊。妙品四人，曰宋克、唐寅、文徵明、張靈。附四人，曰徵明之子嘉、姪伯仁，曰朱生、周官。能品四人，曰夏昶、夏昺、周臣、仇英。逸品三人，曰劉珏、陳淳、陳栝。遺者三人，曰黃公望、趙原、陳惟允。樓旅二人，曰徐賁、張羽。閨秀一人，曰仇氏。各為傳贊，詞皆纖佻。至以仇氏善畫為牝雞之晨，亦可謂不善數典矣。

　　繪林題識一卷（兩淮鹽政採進本）

　　明汪顯節編。顯節始末未詳。萬曆中，秀水周履靖鉤摹古今名畫勒於石，題曰《繪林》。一時文士多有題識。顯節彙次成帙，凡四十二人。顯節亦在其中。

　　海內名家工畫能事二卷（兩淮鹽政採進本）

　　明張鳳翼撰。鳳翼有《夢占類考》，已著錄。是編採輯前人論畫緒言。然語多淺近，僅可以教俗工。中有戴逵、王維論畫之辭，尤出於依託，鳳翼不能辨也。

　　畫禪一卷（浙江鮑士恭家藏本）

　　舊本題明釋蓮儒撰。蓮儒自稱白石山衲子，其始末未詳。自跋謂：“古尊宿六十餘家，見於《王氏畫苑》及夏士良《圖繪寶鑑》。”則嘉、隆以後人矣。所紀自惠覺以下迄智海[①]，凡緇流之能畫者皆列焉。然元僧中如絕照之見於《俟菴集》，天然之見於《林屋漫稿》，枯林之見於《桂隱集》，南岳雲及蓮公之見於《梧溪集》，鏡塘之見於《玩齋集》者，悉佚不載。則其挂漏尚多矣[②]。

　　【彙訂】

　　① 應作“迄雪窗”。（余紹宋：《書畫書錄解題》）

② 自跋已明言此六十四家皆採自《畫苑》及《圖繪寶鑒》，兩書未錄者此書自然未收。（同上）

湖州竹派一卷（兩江總督採進本）

舊本題明釋蓮儒撰。記文同畫竹之派凡二十人[①]。蓮儒在明中葉以後，而書中稱"山谷為余作詩"云云，又稱"余問子瞻"云云，而後乃及金、元諸人。時代殊相刺謬[②]。今以所載考之，其李公擇妹、蘇軾二條乃米芾《畫史》之文，黃斌老、黃彝、張昌嗣、文氏、楊吉老、程堂六條乃鄧椿《畫繼》之文，劉仲懷、王士英、蔡珪、李衎、李士行、喬達、李倜、周堯敏、姚雪心、盛昭十條乃夏文彥《圖繪寶鑑》之文，吳璩、虞仲文、柯九思、僧溥光四條乃陶宗儀《畫史會要》之文[③]。皆剽竊原書，不遺一字[④]。惟趙令庇、俞澄、蘇大年三條，未知其剽自何書耳[⑤]。可謂拙於作偽[⑥]。陳繼儒收之《彙祕笈》中，亦失考甚矣。

【彙訂】

① 書中共記二十五人。（謝巍：《中國畫學著作考錄》）

② "黃彝"條云："山谷《用贈斌老韻謝子舟》、《為余作風雨竹》兩篇……"《總目》因斷句不當致誤。"蘇軾"條云："蘇軾子瞻作墨竹，從地一直起至頂，余問：'何不逐節分？'……"乃照錄米芾《畫史》之文。（同上）

③ 陶宗儀所著為《書史會要》。（同上）

④ 書中如"盛昭"一條，與《圖繪寶鑒》所載頗有出入。"不遺一字"云云未確。（同上）

⑤ "俞澄"乃"俞澂"之誤，亦見於《畫史會要》卷三。趙令庇、蘇大年二條所錄乃《圖繪寶鑒》之文。（同上）

⑥此書亦採《王氏畫苑》所收之書及《圖繪寶鑒》而成,非剽竊偽托之作。(同上)

竹嬾畫賸一卷續畫賸一卷(禮部尚書曹秀先家藏本)

明李日華撰。日華有《梅墟先生別錄》,已著錄。是書皆哀錄其題畫之作。謂之“賸”者,作畫而附以詩文,如送女而賸以娣姪也。所載諸詩有云:“霜落蒹葭水國寒,浪花雲影上漁竿。畫成未擬將人去①,茶熟香温且自看。”又云:“夢壓春寒睡起遲,一林疎雨褪臙脂。詩翁艇子無人見,只有飛來白鷺鷥。”又云:“江鄉風物正秋初,山影沈沈樹影疎。野老慣遊渾不覺,有人天上憶鱸魚。”又云:“樹影苔痕濕不分,栗留聲隔幾重雲。沙彌詩夢渾無定,又在滄江野水濱。”如此之類,雖風骨未高,而亦瀟灑有韻。惟數首以外,語意略同。七律尤類唐傷格。且有以偶題五字,亦登梨棗,如“晚山無限好”句,恐未足當“楓落吳江冷”矣。

【彙訂】

①“將人去”,底本作“人將去”,據明刻本《竹嬾畫賸》首篇《題畫》詩原文及殿本改。

墨君題語二卷(禮部尚書曹秀先家藏本)

明項聖謨編。聖謨字孔彰,秀水人。是編皆題詠墨竹之文。上卷為李肇亨作,下卷為李日華作。肇亨字會嘉,嘉興人,日華之子也①。

【彙訂】

①此書第一卷為江元祚輯,俱李竹嬾題咏,幾及百篇。雖以《墨君》標名,而不僅為寫竹而作。第二卷為項聖謨輯,則多為李會嘉題語,凡二十八篇。所題亦不僅為墨竹,亦多為孔孫之畫

而作。（余紹宋：《書畫書錄解題》）

畫說一卷（浙江鮑士恭家藏本）

明莫是龍撰。是龍字雲卿，以字行，更字廷韓，華亭人，莫如忠之子也。萬曆中，以貢入國學。《明史·文苑傳》附見《董其昌傳》中。其論畫以李成為北宗[1]，王維為南宗，而於維尤無間然。又謂："有輪廓而無皴法，謂之無筆；有皴法而無輕重、向背、明晦，謂之無墨。"頗合畫家宗旨。特所錄僅十五條[2]，不為詳盡。其末一條謂[3]："師趙大年、江貫道、北苑、子昂、大李將軍、郭忠恕、李成，集其大成，自出機軸。再四五年，文、沈二君不能獨步吾吳矣。"云云。不知其所指何人也。

【彙訂】

① 書中乃以李思訓為北宗。（俞劍華：《中國古代畫論類編》）

② 今本俱系十六條。（同上）

③ "謂"，殿本作"稱"。

筆道通會一卷（兩淮鹽政採進本）

明朱象衡編。象衡字朗初，秀水人。是編推廣徐渭《筆元要旨》而作，中多述豐坊之語。華亭唐文獻為之序。末有象衡自跋云："余性稍慧，於法書名蹟辨之不爽毫髮。"其言頗近於夸。米芾、黃伯思精鑒入神，論者尚有同異，此事談何容易乎？

寶繪錄二十卷（江西巡撫採進本）

明張泰階撰。泰階字爰平，上海人，萬曆己未進士。其家有寶繪樓，自言多得名畫真迹，操論甚高。然如曹不興畫，據南齊謝赫《古畫品錄》，已僅見其一龍首，不知泰階何緣得其《海戍圖》；又顧愷之、陸探微、展子虔、張僧繇卷軸累累，皆前古之所未睹；其閻立本、吳道元、王維、李思訓、鄭虔諸人，以朝代相次，僅廁名第六、七卷中，幾以多而見輕矣。揆以事理，似乎不近。且所列歷代諸家跋語，如出一手，亦復可疑也。

游鶴堂墨藪二卷（兩淮鹽政採進本）

明周之士撰。之士字士貴，自號四明居士，齊興人。《御定佩文齋書畫譜》列之《書家傳》中，然亦惟採瞿九思序此書之語，是其始末無可考矣。書中稱董其昌為恩師，則其昌弟子也。其書上卷論字體源流及筆法大旨，排唐而宗晉。下卷評書家優劣，所稱明代能書諸家，儼然以己名列其中。亦可謂躁於自表矣。

書畫史一卷（浙江孫仰曾家藏本）

明陳繼儒撰。繼儒有《邵康節外紀》，已著錄[1]。此編雜錄書畫家瑣碎之事，閒及名蹟。所載闕略不備[2]，無裨考證。如載岐陽石鼓、王祥臥冰處、劉蛻文冢之類，亦多傷於氾濫。末附以《書畫金湯》四則，一善趣，一惡魔，一莊嚴，一落劫。各舉十數事以為品騭，尤不脫小品陋習。蓋一時風尚使然也。

【彙訂】

① 依《總目》體例，當作“繼儒有《建文史待》，已著錄”。

② “載”，殿本作“在”，誤。

唐詩畫譜五卷（內府藏本）

明黃鳳池撰。鳳池，徽州人。是書刊於天啟中。取唐人五、六、七言絕句詩各五十首，繪為圖譜，而以原詩書於左方。凡三卷。末二卷為花鳥譜，但有圖而無詩。則鳳池自集其畫，附詩譜以行也。

　　畫志一卷（浙江范懋柱家天一閣藏本）

　　明沈與文撰。與文自稱姑餘山人。是編所載畫家，起唐王維，迄元商琦，僅十九人。後附宋葉夢得《評畫行》一篇①，與文為之註。

　　【彙訂】

　　①"後"，殿本作"復"。

　　畫譜六卷（內府藏本）

　　不著撰人名氏。首《唐六如畫譜》一卷，次《五言唐詩畫譜》一卷，次《六言唐詩畫譜》一卷，次《七言唐詩畫譜》一卷，次《木本花譜》一卷，次《草本花譜》一卷，次《扇譜》一卷。譜首各有小序，蓋明季坊本也①。

　　【彙訂】

　　① 此書實即黃鳳池《黃氏畫譜》之另一部。《武英殿第二次書目》著錄作《唐詩畫譜》七種七冊，提要所列亦作七種。明刊本共八種八卷，此本缺《梅蘭竹菊四譜》一卷。（崔富章：《四庫提要補正》；杜澤遜：《四庫存目標注》）

　　草書集韻五卷（內府藏本）

　　不著編輯者名氏。取漢章帝以下至於元人草法，依韻編次。每字之下，各註其人。其編次用《洪武正韻》，蓋明人作也①。

　　【彙訂】

　　① 此書係元末人改編金張天錫《草書韻會》而成。楊慎《墨池璅錄》卷三："金張天錫君用號錦溪，嘗集古名家草書一帖名曰《草書韻會》，其所取歷代諸家，漢則章帝、史游……魏則曹孟德、少帝髦……金則王競、高士談……至元末好事者又添鮮于樞字，

改名《草書集韻》,刻已不精,洪武中蜀邸又翻刻……"(董運來:
《〈四庫全書總目〉補正十則》,情)

　　研山齋墨蹟集覽一卷法書集覽三卷(編修勵守謙家藏本)

　　國朝孫承澤撰。承澤有《尚書集解》,已著錄。是書前有小
序,即《庚子銷夏記》之序,其文亦與《庚子銷夏記》同。惟前後編
次頗異,蓋即《銷夏記》之槀本也。後附《元人破臨安所得宋書畫
目》一卷,前亦有承澤序,今本《銷夏錄》無之。核其所列,即元王
惲《玉堂嘉話》之文。殆以與《秋澗集》重出,故始載之而終刪
之歟?

　　無聲詩史七卷(編修勵守謙家藏本)

　　國朝姜紹書撰。紹書字二酉,丹陽人。所著《韻石齋筆談》,
自稱前明嘗為南京工部郎,其階則不可考矣。是編蒐輯前明畫
家,自洪武以至崇禎,為四卷,附以女史一卷。自卷六以下則或
真迹不存,或品格未高,偶然點染,不以畫名者,亦附著焉。後有
嘉興李光暎跋,謂鄉人李芳與同時褚勛均未載入,頗以挂漏為
憾。然是書採摭博而敍述無法,如倪瓚以明初尚存,故列之明代
矣;王鐸已歸命國朝,官至禮部尚書,亦列之明代,是何例乎? 劉
基之傳,即曰"公鼎彝之迹載在國史,茲不復贅矣";岳正一傳,乃
全述直諫之事;張靈一傳,亦備述狂誕之行。連篇累牘,於繪事了無
關涉,又何例也? 至於末附其子彥初一傳,稱其"寫山水小景,頗具
倪、黃邱壑。蓋不學而能",尤為創見。童烏不秀,是以附載《法言》。
以十七歲之少年方學渲染,即列傳於古人之中,抑又異矣。

　　書學彙編十卷(浙江巡撫採進本)

　　國朝萬斯同撰。斯同有《讀禮質疑》,已著錄[①]。是編錄歷

代善書之人，上自倉頡，下迄明季，共一千五十四人。其中如皇甫規妻，舊云不知何氏，此據張懷瓘《書斷》，知其姓馬。後魏江式《請定正文字疏》，稱漢講學大夫秦近、小學元士爰禮，此據《漢書》以為王莽時官。董羽謂劉德昇即劉表，為書家之祖，此據《三國志》云表字景升，非德昇。《宣和書譜》稱詹思遠史亡其系，此據《晉書》知為應璩之孫詹，字曰思遠。《譜》又稱王邃行書有羲、獻法，此據《晉書》知邃為元帝時人，在羲、獻之前。又稱陳達為陳人，劉珉為北齊人，此據史知達為晉人，珉為南齊人②。又稱唐有盧革、楊邠書，此據史言革、邠皆不知學，未必真蹟。又稱南唐有李霄遠，此據《十國春秋》知為李蕭遠。《宋史》鮑由，此以為即鮑慎由，避孝宗諱。以及"模搨《蘭亭》"之說斷從褚遂良，《昇元祖帖》之說斷為南唐元宗，皆頗有考證。然此書作於國初，迨康熙中《御定佩文齋書畫譜》出，則此為滄海之一粟矣。

【彙訂】

①《總目》未著錄《讀禮質疑》，蓋萬斯大《學禮質疑》之誤。依《總目》體例，當作"斯同有《聲韻源流考》，已著錄"。（胡玉縉：《四庫全書總目提要補正》）

② 此書卷二及《宣和書譜》皆有陳逵而無陳達。卷四劉珉條注："北齊人，《宣和書譜》列之南齊，誤。"劉珉見載於《北齊書·文苑傳》。（王宏生：《北宋書學文獻考論》）

畫法年紀一卷（兩淮鹽政採進本）①

國朝郭礎撰。礎字石公，江都人。順治壬辰進士，官至順德府知府。是編紀歷代善畫人名，自晉以迄於國朝。附載《古畫品目》，卷帙太狹，未免挂漏。

【彙訂】

① 此書書名當作《歷朝畫識》,《畫法年紀》乃其前半部分。
(謝巍:《中國畫學著作考錄》)

草韻彙編二十六卷(江蘇巡撫採進本)

國朝陶南望編。南望字遜亭,上海人。是書成於康熙中。輯錄秦程邈迄明朱克誠,共三百四十一家。草法分韻編次,其平、上、去三韻乃南望手輯,入聲一類則其友人侯昌言等續訂①。蓋本《辨疑》、《彙辨》諸書,稍加釐正②。然傳刻失真,恐未足據為模範也。

【彙訂】

①“類”,殿本作“韻”。

②《辨疑》疑《辨體》之譌。明郭諶輯《草韻辨體》五卷、附《草韻百韻歌》一卷、《後韻草訣歌》一卷、《草訣續韻歌》一卷,傳世有萬曆、崇禎刻本。(崔富章:《四庫提要補正》)

石村畫訣一卷(衍聖公孔昭煥家藏本)

國朝孔衍栻撰。衍栻字石村,曲阜人。是書皆自記其作畫之法。

歷代畫家姓氏韻編七卷(浙江巡撫採進本)

國朝顧仲清撰。仲清字咸三,號松壑,嘉興人。工繪事,尤長於畫蝶,有咏蝶詩三百首。此書首卷為帝王藩封之善畫者,末為釋、道、閨秀、外國。其中則取畫家姓氏依韻編次,取便尋檢,無所考證也。

研山齋圖繪集覽三卷(編修勵守謙家藏本)①

不著撰人名氏。卷首有退翁小序。退翁,孫承澤別號也。

然集中多稱"先宮保公評"云云，疑承澤採掇舊文，為古來畫家作傳，草創未竟。其後人鈔錄成帙，因以所作畫跋附綴於後，成此編也。其書於古來畫家，先敘本末，後述所見真蹟，附以跋語。上卷起顧愷之訖包鼎，共四十二家，末附不知姓名《洛神圖》一則。下卷起蘇軾訖鄒之麟，亦四十二家，末附《總題明四家畫册》一則及《題冬日賞菊卷》二則。自序稱"八十二老人"，則又在《庚子銷夏記》之後，為其晚年所記矣。原本目錄以王宰、衛賢、邊鸞三人連名，而以《石榴猴鼠圖》、《花竹禽石圖》、《高士圖》三畫并列。勘驗書中所載，則宰蹟不傳，《石榴猴鼠》二圖屬鸞，《高士圖》屬賢，與目互異。又目錄終於明四家，而書末《冬日賞菊卷》乃軼不載。當時草草編輯，此亦明驗。且其文已多具《庚子銷夏記》中，此特其隨筆記錄之初稾。其中同異之處，皆以《庚子銷夏記》為長。故附存其目，不複錄焉。

【彙訂】

① 此條與文淵閣庫本次序不符，文淵閣庫書及殿本皆置於"無聲詩史七卷"條之前。

漢溪書法通解八卷（安徽巡撫採進本）

國朝戈守智撰。守智字達夫，平湖人。是集成於乾隆庚午。採錄古人論書之語，分述古、執筆、運筆、結字、訣法、譜序六門。冠以《述古篇》，則守智之所自撰。大致欲仿竇臮《述書賦》，而淹貫宏通終不逮古也。

國朝畫徵錄三卷續錄二卷（浙江巡撫採進本）

國朝張庚撰。庚有《通鑑綱目釋地糾繆》，已著錄。是編記國朝畫家，每人各為小傳。然時代太近，其人多未經論定，不盡足徵。

月湖讀畫錄一卷（江西巡撫採進本）

國朝王槩撰。槩，震澤人。是編以所見名畫各為品評。其中宋、元人畫，僅寥寥數軸。餘皆明代及近時人也。其筆墨蹊徑則全仿李日華《六研齋筆記》、《紫桃軒雜綴》諸書云。

豔雪齋書品二卷畫苑二卷筆墨紙硯譜一卷（編修勵守謙家藏本）

不著撰人名氏。與所作《詩評》、《詞曲評》合為一帙，猶為未竟之槀①。皆鈔撮舊文，以備觀覽，無一字之發明。

【彙訂】

① "為"，殿本無。豔雪齋為明高奭齋名。國家圖書館藏高奭編《豔雪齋叢書》稿本，中有高奭《詩評》二卷、《詞評》一卷、《硯譜》一卷、《墨談》一卷、《書苑》二卷（清翁楚《畫話》稿本引作《豔雪齋畫苑》）、王世貞《曲評》一卷、朱權《涵虛子評元詞》一卷、楊慎《書品》二卷。（謝巍：《中國畫學著作考錄》；孫小力：《明代詩學書目彙考》）

右藝術類"書畫"之屬，五十二部，二百一十一卷①，皆附存目。

【彙訂】

① "二百一十一卷"，殿本作"二百二十三卷"，誤。

琴譜正傳六卷（浙江巡撫採進本）

題明無錫宋仕校正，楊嘉森編。後又有梧岡道人黃獻跋，稱："少學琴於司禮監太監戴某，刻譜以廣其傳。"案，黃虞稷《千頃堂書目》有黃獻《梧岡琴譜》十卷，註云：“獻字仲賢，廣西平樂人。憲宗時為中官。嘉靖丙午陳經序。”今此本目止六卷，亦無陳經序，而有嘉靖辛酉總督漕運都御史吉陽何遷序，稱：“培菴楊子持《梧岡琴譜》並無錫宋君《七曲》示之。”云云。則此書蓋黃獻原本，楊嘉森等所重刻，而併其卷數①。其卷首列《三十八勢》及《詳明字母》等篇，鄙俚尤甚，當亦嘉森等所增入也。又獻序自稱宏治丙辰進入內府，則為孝宗時中官。虞稷稱“憲宗時”者，殆偶誤歟②？

【彙訂】

① 何遷序明言楊氏所輯乃黃、宋兩家之譜，又如《梅花》、《鶴鳴》各有兩譜，淵源迥異，均可證明此書非黃獻本人之譜。（查阜西：《琴曲集成》第一輯上）

② “殆”，殿本作“或”。

琴譜大全十卷（通行本）

明楊表正撰。表正字西峯，延平人。是書彙錄琴譜諸調，考正音文，註明指法。蒐採視他本頗廣，初刊於萬曆元年。此本又其後增以新曲，校正重刊者也。

文會堂琴譜六卷（通行本）

明胡文煥撰。文煥字德甫，號全菴，一號抱琴居士，錢塘人。是書刻於萬曆丙申。凡分十八條，皆論琴。後十一條，多論鼓琴之事。卷首有自序云：“譜多不同，琴師炫新，改換名目，欺弊非一。然琴獨尚浙操者，猶曲之有海鹽也。今余此譜，皆新傳之浙操。其開首自創制，末附鄙見，以‘文會堂’別之，恐濫厠於叢惡開也。”

理性元雅六卷（內府藏本）

明張廷玉撰。廷玉字汝光，號石初，延安人。萬曆庚戌進士，官至工部郎中。是編為所作琴譜。琴凡四式，曲凡百篇①。有本調、正調、別調、指法、調法、研註諸門。又別譜鼓瑟之法，案律取音，案音協調，合一十有二曲為一卷，以附於後。

【彙訂】

① 明萬曆刻本此集前有張廷玉自作《引》，云："琴凡四式，曲凡七十有二。"檢正文所列之曲，亦七十二篇。（胡露：《〈四庫全書總目〉子部存目補正》）

青蓮舫琴雅四卷（浙江汪啟淑家藏本）

明林有麟編。有麟字仁甫，華亭人，太僕寺卿景暘之子。以父蔭，官至龍安府知府。凡古琴之制度、名稱、典故、賦詠，是編悉為採錄，而琴譜反黜不錄。蓋隸事之書，非審音之書也。據有麟自序，乃萬曆癸丑游西泖時所作，青蓮舫蓋其舟名。序云"就行笥中書籍採錄"，然一舟所貯，卷軸幾何，其言似未可信也。

伯牙心法一卷（浙江巡撫採進本）

明揚掄撰。掄號桐菴，又號鶴潀，江寧人。書中《客窗新語》一曲，稱湯顯祖作；《神化引》一曲，稱李如真作，則萬曆以後人也。凡宮音三曲，商音六曲，角音三曲，徵音七曲，羽音三曲，商角音三曲，慢宮調一曲，黃鍾調一曲，淒涼調一曲，清商調二曲。有詞者六，無詞者二十三①。每詞各有解題，詞旨淺拙。至謂墨子為梁惠王時人，其陋可想矣。

【彙訂】

① 據明萬曆李嘉遇刻《琴譜合璧二種》本此書，《湘妃怨》、

《釋談章》、《客窗新語》、《閨怨操》、《陋室銘》、《水龍吟》、《清商調》、《飛鳥吟》八曲有詞。李如真所校乃《清商調》,非《神化引》。

　　太古遺音無卷數（浙江巡撫採進本）

　　明揚掄撰。卷首系四言贊一篇①。其中《上古琴樣》一篇,自伏羲、神農迄劉伯温,凡三十四人之琴,皆繪之為圖,不經殊甚。又繪鍾子期像,而以己像廁其後,尤為妄誕。焦竑《經籍志》有《太古遺音》四卷,稱袁均哲著,今未之見。或掄竊其書而改竄之,未可知也②。

　　【彙訂】

　　①“言”,殿本作“古”,誤,參明萬曆李嘉遇刻《琴譜合璧二種》本此書。四言贊當指《鶴浦自敘》,四言二十句。

　　②明刻本《太音大全集》五卷,實即袁均哲《太古遺音》的刻本,後朱權新刊之。此書原是琴論專書,據朱權序,乃宋代田楚翁所輯,至嘉定間,楊祖雲更名《琴苑須知》,獻之於朝。明初袁均哲為此書作注釋,並附入五個小品琴曲示範。而揚掄輯《琴譜合璧》三卷,明萬曆三十七年自刻本,上、中兩卷為《太古遺音》,下卷為《伯牙心法》,皆為琴譜。據呂蘭谷跋,《太古遺音》的材料都來自師承,“掄竊其書而改竄之”云云不能成立。且傳世《太古遺音》尚有明謝琳輯、明黃士達輯等多種。（查阜西:《琴曲集成》第一輯上;崔富章:《四庫提要補正》）

　　操縵錄十卷（內府藏本）

　　國朝胡世安撰。世安有《大易則通》,已著錄。是書專辨絲音,雜引古書為證,兼及詩賦,分為四門:曰《離音弋載》,統論聲律;曰《樂統博稽》,論琴;曰《遺音綴筆》,論瑟①;曰《絲系衍記》,

論琵琶、箏、箜篌。絲音可謂大備。然主於泛收故實，未必能通懸解也。

【彙訂】

①"瑟"，殿本作"琴"，誤。清順治刻《秀嚴集》本此書卷八《遺音緻筆》皆論瑟。

溪山琴況一卷（内府藏本）

國朝徐祺撰。祺，太倉人。是書共二十四則，專論琴聲。

琴學心聲一卷（浙江巡撫採進本）

國朝莊臻鳳撰。臻鳳號蜨菴，江寧人。其書專論琴聲^①。先考律呂之源，次辨指法之誤。又自製新譜十二曲，增入舊調之中。並以同時贈詩附焉。

【彙訂】

①"琴聲"，殿本作"琴學"。

琴談二卷（浙江鮑士恭家藏本）

國朝程允基撰。允基字寓山，徽州人。是編上卷為集論，所述皆為鼓琴諸法及其工拙得失。唯所論夸法"餘指要直"、閃法"上徽得聲"，頗識指法之妙，與《松風閣》諸譜不同。其餘七要、十要之法，則人所共知也。下卷惟紀琴之故實，取備談資而已，無關琴理。

琴學內篇一卷外篇一卷（浙江巡撫採進本）

國朝曹庭棟撰。庭棟有《易準》，已著錄。是書分内、外二篇。《内篇》論琴律正變倍半之理及定徽轉調之法。《外篇》則薈萃古今琴説，而以己意斷其是非也。管律與弦度，其生聲取分，本不相通。以律合琴，本原已謬。蔡元定謂："琴絣定七絃，只可彈黃鍾一均。"朱子謂："季通不能琴，彈出便不可行。"庭棟乃取《律呂新書》所論而一一比附之，誤矣。其《制弦篇》云："律有十二，弦僅有七。以為轉軫便可換調，終不盡合當用之律。必須因正變半律之數俱制為弦，隨調更張之。"此正朱子之所譏，而庭棟不知也。《立調篇》云："黃大太三律以一弦為宮，夾姑二律以二弦為宮，仲蕤林三律以三弦為宮，夷南二律以四弦為宮，無應二律以五弦為宮。"説蓋本之趙孟頫《琴原》[①]。然絲數之巨細多寡，無可增減。如一弦既定為黃鍾者，不得又目之為大呂、太簇，是以有"隨調製弦"之説以遷就之。今考書中《五調統十二宮圖》，所列每弦正倍變之別有十二通，七弦則八十四。如一弦有黃大太及黃變四律，而大呂正律又因宮正與羽徵角商倍而分為五，太簇正律又因宮正徵倍而分為二，黃變又因羽徵角商倍而分為四。不知庭棟何以能盡別之，是亦臆説而已矣。

【彙訂】

① "琴原"，殿本作"琴源"，誤。《元史》趙孟頫本傳載："所著有《尚書注》。有《琴原》、《樂原》，得律呂不傳之妙。"《松雪齋集》十卷本亦收有《琴原》。

右藝術類"琴譜"之屬，十二部，四十九卷，內一部無卷數。皆附存目。

宣和集古印史八卷（兩淮鹽政採進本）

明來行學刊。行學字顏叔，杭州人。自序稱："耕於石箐山畔，桐棺裂，得朱笥一函。內蜀錦重封《宣和印史》一卷，素絲玉軸，硃印墨書，蓋南渡以來好事家所寶以自殉者。"考輯錄古印，始於宋晁克一之《集古印格》。其書一卷，見於《郡齋讀書志》。此書則自宋以來諸家書目所不載。惟吾衍《學古編》末有明隆慶二年羅浮山樵附錄五條，其"世存古今圖印譜式"條内載有《宣和印譜》四卷。計其年月，適在此書初出之時。然則即據此本以載入，非古有是書矣。況桐棺易朽，何以南宋至明猶存？其為依託，顯然明白。末二行附題所製印色之價，某種若干，尤為猥鄙。屠隆作序極稱之，殊非定論也。

古今印史一卷（内府藏本）

明徐官撰。官字元懋，吳縣人。魏校之門人也。校作《六書精蘊》，以篆改隸，又以古篆改小篆，穿鑿附會，務以詭激取名。官承其師説，謬為高論。於摹印一事，動引六書為詞。而實於摹印無所解，於六書亦無所解。許慎《説文》序載摹印之書別為一體，名曰繆篆。而漢人之印傳於今者，不啻千百，往往與小篆不符。如小篆文借鎦為劉，通朋為鳳，而顧氏《印藪》載漢劉鳳印乃直作隸書"劉鳳"字者，不一而足。蓋古之印章，所以示信。欲人辨識，務肖本形。使改諸葛亮為諸葛諒，改韓愈為韓瘉，人已不知為誰矣。況如官之所論，動以鍾鼎古文鐫之哉！他如稱"古篆首列《蒼頡篇》"，其書《隋志》已佚，官何由睹？又稱："隸書宜結體微方，當一一翻篆為之"，是漢、魏碑刻全然乖謬。又稱比干盤銘、季札墓碑皆為孔子真蹟。季札碑姑無論，比干墓中之盤，夫子何自書之？又稱："嘗見宋版《説文》為徐鉉所書，其弟鍇校正。"鍇卒於南唐，安得預刻宋版？甚至謂："縣字取'系系倒首'之意[①]，假借為州縣字，所以言民之倒懸"。其謬妄更不足辨矣。

【彙訂】

① "系系倒首"，底本作"系鼎倒皆"，據明刻此書"縣字"條及殿本改。

印藪六卷（編修汪如藻家藏本）

明顧從德撰。從德字汝修，上海人。是編搜羅古印，摹刻成譜。首尚方諸璽，次官印，次私印，以四聲部分為次，檢閱頗便。凡所收錄，自其家以及好事者所藏曾經寓目者，咸以硃摹其文，而詳載其釋文形製於下。至前人所集如王俅之《嘯堂集古錄》、趙孟頫之《印史》、吾衍之《學古編》、楊遵之《集古印譜》等書①，並採掇以備考訂。前有隆慶壬申沈明臣序，稱從德所藏玉印一百六十有奇，銅印一千六百有奇，可謂至富。序又云："集印者太原王常幼安氏。"今卷前亦題曰："王常延年編，顧從德汝修氏校。"蓋同時編次之人也。是書初名《集古印譜》，王穉登始易之曰《印藪》，說見從德自序云。

【彙訂】

① "之"，殿本無。

印史五卷（兩淮鹽政採進本）

明何通撰。通字不違，松江人。是書成於萬曆中。取歷代名人各為刻一私印，而略附小傳於下。秦十九人，西漢二百二十一人，東漢二百六人，蜀十八人，吳七人，魏二十八人，晉八十一人，宋七人，齊二人，梁九人，北魏六人，周二人，隋十三人，唐一百七十八人，五代十一人，宋一百二十人，元十四人。其去取頗不可解。如秦以李斯為首，公孫鞅次之。二人行事無足取，且鞅在斯前，不知何以顛倒。四皓僅取東園公、綺里季，不知何所優

劣。漢有孔僅、桑宏〔弘〕羊，唐有李義府、許敬宗、高力士，五代
有敬新磨，亦不知何以甄錄。其印欲仿漢刻，而多違漢法。如二
名分為兩行，複姓乃作回文，不知漢印二名、複姓皆不割裂其文
也。又參以鐘鼎之文，不知漢印之不合小篆者，多兼用隸法，不
用古篆也。班固曰"班固孟堅"，王粲曰"仲宣王粲"，漢印無此文
法也。"劉"字、"亮"字，《説文》所無，參以隸法是矣①，庾亮、陳
亮乃作"諒"字。王凝之從小篆矣，李陽冰乃又作"凝"字，不又自
亂其例乎？大抵拘於俗工之配合，而全未考古耳。

【彙訂】

①"以"，殿本作"之"。

印存初集二卷印存元〔玄〕覽二卷（内府藏本）

　國朝胡正言篆①。正言字曰從，海陽人。前明嘗官武英殿
中書舍人。以摹印名一時。是編其印譜也。《初集》以朱印之，
別名《元覽》者則以墨印之②。大抵名字印十之八，齋閣印十之
一，鐫成語者十之一。自明中葉，篆刻分文彭、何震二家，文以秀
雅為宗，其末流傷於姸媚，無復古意；何以蒼勁為宗，其末流破碎
楂枒，備諸惡狀。正言欲矯兩家之失，獨以端重為主，頗合古人
摹印之法。而學之者失於板滯，又為土偶之衣冠矣。

【彙訂】

①"篆"，殿本作"撰"。

②《印存初集》與《印存玄覽》二書，今傳本及諸家著錄皆作
四卷。不惟成書方式有別，即其卷次分合、内容、數量等亦皆有
所不同。如《玄覽》收印，卷一 71 方，卷二 156 方，卷三 454 方，
卷四 381 方，總 1062 方；而《初集》（以上海博物館藏本計）卷一

39 方，卷二 186 方，卷三 392 方，卷四 91 方，總 708 方。（柳向春：《胡正言及其〈印存初集〉述略》）

右藝術類"篆刻"之屬，五部，二十四卷，皆附存目。

適情錄二十卷（浙江范懋柱家天一閣藏本）

明林應龍編。應龍字翔之，永嘉人，嘗充禮部儒士。是書成於嘉靖乙酉。前八卷載日本僧虛中所傳《弈譜》三百八十四圖，第九卷以下為外篇、補遺、圖說，則應龍所蒐輯也[1]。

【彙訂】

① "輯"，殿本作"錄"。

弈史一卷（浙江巡撫採進本）

明王稺登撰。稺登有《吳郡丹青志》，已著錄。是編歷述古來弈品，敘次頗為簡潔。其末附《辨論》一則，駁諸書附會神奇之說，亦頗中理。

弈律一卷（安徽巡撫採進本）

明王思任撰。思任字季重，山陰人。萬曆乙未進士，官至江西按察司僉事。是編定弈棋禁令，各以明代律文列前，而以弈者所犯附會比照之。分笞、杖、徒三等，納贖有差，凡四十二條。夫弈以消閒遣興，而限以苛例，使拘苦萬狀，動輒得咎。斯亦不韻之極矣，無論其所定當否也。

秋仙遺譜十二卷（內府藏本）

不著撰人名氏[1]。皆弈圖也，前冠以馬融《圍棋賦》、班固《弈旨》、張擬《棋經》[2]、劉仲甫《棋法》及《圍棋十訣》。前集八卷，後集四卷。驗其版式，蓋明刊本也。

【彙訂】

① 據明嘉靖三十六年徐慰懷刻本，此書乃明褚克明撰。
（崔富章：《四庫提要補正》）

② "張擬"，殿本作"張撰"，誤。説詳卷一一三《玄玄棋經》
條訂誤。

射書四卷（兩江總督採進本）

明顧煜撰。煜字銘柏，自題曰西神羼圃。案無錫有西神
山，則無錫人也。其仕履無考①。是編掇拾羣書論射之言，彙
為一書。卷首載明代武科制詔疏議數條，次射法，次射式，次
馬射，次射禮。其射法、射式中所引之書多註"祕授"二字，而
不詳所從來。《射禮考》則首載明代考試武生儀。又摭拾《三
禮》及《吳越春秋》、《白虎通》、《初學記》數則，而以袁黃《兵制
考》、黃道周《馬政考》、勞堪《馬説》及前人詩賦數篇雜綴其後，
體例頗為蕪雜。

【彙訂】

①《禮記·射義》："孔子射於瞿相之圃，蓋觀者如堵牆。"鄭
玄注："瞿相，地名也。"西神羼圃，蓋謂西神山之射場，非謂撰人
自號西神羼圃也。又康熙《常州府志》卷一七《選舉志·順治六
年進士劉子壯榜》："無錫顧煜，象山知縣。"雍正《江南通志》卷一
四二《人物·宦迹·顧煜傳》云："字銘柏，無錫人，順治己丑進
士。"則顧煜為順治己丑（六年）進士，《乾隆一統志》卷六一"常州
府人物顧煜"條、光緒《無錫金匱縣志》卷一六《選舉志》同。又
《無錫金匱縣志》卷二〇《宦望》顧煜傳載："擢兵部主事，以強項
不能俯仰，自劾歸。"（楊武泉：《四庫全書總目辨誤》；馬明達：

《中國古代射書考》)

射義新書二卷(浙江巡撫採進本)

明程道生撰。道生,海寧人①。是編上卷雜引《禮記》、《周禮》及各子史中言射之事,鈔撮故實,無所發明。下卷則專言射訣,而所引祇《武編》、《紀效新書》、《武經節要》、《射家心法》四種②。亦皆紙上空談,無濟於用。末附《雜記》數則,載《養由基神射法》,具列咒詞、符籙,尤怪誕不經矣。

【彙訂】

① 依《總目》體例,當作"道生有《遁甲演義》,已著錄"。

② 明崇禎刊本下卷所收書尚有其自著《射法啟蒙》,共五種。(馬明達:《中國古代射書考》)

壺譜一卷(兩淮鹽政採進本)

明李孝元撰。孝元字松橋,滑縣人。嘉靖中,官都司經歷。其書以投壺之法,圖之為譜。凡十八目,一百三十餘式。雖非禮經古制,亦技藝之一種也。

壺史三卷(內府藏本)

明郭元鴻撰。元鴻,泰和人。是書成於萬曆丁丑。以投壺為射禮之遺,為之考訂。首引羣書,次載司馬光《譜》,次列所創新名。

五木經一卷(直隸總督採進本)

唐李翺撰。記樗蒲之戲,元革為之注。其法有圖有例。考陳氏《書錄解題》①,載《五木經》一卷並圖例。今圖例已佚,非全書矣。程大昌《演繁露》疑所述與史語不合,然謂:"樗蒲久廢不傳。賴有此文,而五木之形製齒數粗亦可考。"顧大韶作《五木經辨》,則謂:"按以古六博格五之法,殊相繆戾。知此經是翱所戲作,借古樗蒱'盧白雉犢'之名以行打馬之法,實非古之五木。"所引《後漢書·梁冀傳》註及《列子·楊朱篇》註,考證甚詳。合二人所論觀之,則是書為翱自出新意明矣。

【彙訂】

① "考",殿本作"故"。

丸經二卷(江西巡撫採進本)①

不著撰人名氏。序稱宋徽宗、金章宗皆愛捶丸。序末云:"述為《丸經》,增註簡,案:"簡"字句意未完,疑下脫一"中"字,謹附識於此。諒好事者從而歌詠之。"則經、註本一人所作。其書借擊毬之事以寓意,文詞頗有可觀。序稱"龍集壬午",似為元至正二年作也②。

【彙訂】

① "江西",殿本作"江兩",誤。

② 前有自序,末稱龍集壬午。考元代有兩壬午:一為至元十九年,一為至正二年。據序中稱方今天下隆平,邊陲寧謐,將帥宴安於橐弓服矢之際,士卒嬉游於放牛歸馬之餘云云,當屬前壬午,則去己卯滅宋於崖山無幾時,故其詞如此也。(周中孚:《鄭堂讀書記》)

雙陸譜一卷(永樂大典本)

舊本題丫角道人撰。前有元林子益序,稱:"雙陸之戲始於陳思王。道人來閩,隨動而應,無不勝者。一日遺此書而去,竟泯其迹。於是人以'丫角仙'稱之,得是譜者用之如神矣。"云云。

其書有圖，有例，有論，於進退棄取之機，言之頗詳。

右藝術類"雜技"之屬，十一部，四十八卷，皆附存目。

案，射法，《漢志》入"兵家"，《文獻通考》則入"雜技藝"，今從之。象經、弈品，《隋志》亦入"兵家"，謂智角勝負，古兵法之遺也。然相去遠矣，今亦歸之"雜技"，不從其例。

子部二十五

譜 錄 類

劉向《七略》門目孔多，後併為四部，大綱定矣。中閒子目，遞有增減，亦不甚相遠。然古人學問各守專門，其著述具有源流，易於配隸。六朝以後，作者漸出新裁，體例多由創造，古來舊目，遂不能該。附贅懸疣，往往牽強。《隋志》"譜系"本陳族姓，而末載《竹譜》、《錢譜》①、《錢圖》；《唐志》"農家"本言種植，而雜列《錢譜》、《相鶴經》、《相馬經》、《鷙擊錄》、《相貝經》。《文獻通考》亦以《香譜》入"農家"。是皆明知其不安，而限於無類可歸，又復窮而不變，故支離顛舛，遂至於斯②。惟尤袤《遂初堂書目》創立"譜錄"一門，於是別類殊名，咸歸統攝，此亦變而能通矣。今用其例，以收諸雜書之無可繫屬者。門目既繁，檢尋亦病於瑣碎③，故諸物以類相從，不更以時代次焉。

【彙訂】

① "錢譜"，據殿本補。《隋書·經籍志》"譜系"類著錄顧烜《錢譜》一卷。（昌彼得：《跋武英殿本四庫全書總目提要》）

② 《隋書·經籍志》列《竹譜》、《錢譜》於譜系類，皆僅憑其書名有"譜"字，非明知其内容却"窮而不變"。（曾貽芬、崔文印：

《中國歷史文獻學史述要》）

③“亦”，殿本作“頗”。

古今刀劍錄一卷（兩江總督採進本）

梁陶宏〔弘〕景撰。宏景字通明，丹陽秣陵人。齊初為奉朝請①。永明十年，上表辭祿，止於句曲山。梁大同二年卒②。贈中散大夫，諡貞白先生。事蹟具《梁書·處士傳》。是書所記帝王刀劍，自夏啟至梁武帝，凡四十事。諸國刀劍，自劉淵至赫連勃勃，凡十八事。“吳將刀”周瑜以下凡十事，“魏將刀”鍾會以下凡六事。然關、張、諸葛亮、黃忠皆蜀將，不應附入吳將中，疑傳寫誤佚“蜀將刀”標題三字。又董卓、袁紹不應附魏，亦不應在鄧艾、郭淮之間，均為顛舛。至宏景生於宋代，齊高帝作相時已引為諸王侍讀，而書中乃稱順帝準為楊玉所弒，不應以身歷之事，謬誤至此。且宏景先武帝卒，而帝王刀劍一條乃預著武帝諡號，並直斥其名，尤乖事理。疑其書已為後人所竄亂③，非盡宏景本文④。然考唐李綽《尚書故實》引《古今刀劍錄》云：“自古好刀劍多投伊水中，以禳膝人之妖。”與此本所記“漢章帝鑄劍”一條，雖文字小有同異，而大略相合。則其來已久，不盡出後人贗造。或亦張華《博物志》之流，真偽參半也⑤。

【彙訂】

① 據陶翊（弘景從子）作《華陽隱居先生本起錄》載弘景《與從兄書》，三十六歲方作奉朝請。時在永明九年（491），上距梁建國元年（479）十二年，下距亡國（502）十一年，不得謂“齊初”。（王家葵：《陶弘景叢考》）

② “二年”，殿本作“六年”，誤，參《梁書》、《南史》本傳，梁簡

文帝撰墓誌銘。（同上）

③ “所”，殿本無。

④ “非盡宏景本文”，殿本作“非宏景本文矣”。

⑤ “也”，殿本作“歟”。

鼎錄一卷（浙江鮑士恭家藏本）

舊本題梁虞荔撰。考《陳書》列傳，荔字山披，會稽餘姚人。釋褐為梁西中郎行參軍，遷中書舍人。侯景亂，歸鄉里。陳初召為太子中庶子，領大著作，東陽、揚州二州大中正①。贈侍中，謚曰德。是荔當為陳人，稱梁者誤也。其書不見於本傳，《唐志》始著錄。然檢書中載有“陳宣帝於太極殿鑄鼎”之文②。荔卒於陳文帝天嘉二年，下距臨海王光大二年宣帝嗣位時，首尾七年，安得預稱謚號？其為後人所攙入無疑。又卷首序文乃紀“夏鼎”應在“黃帝”條後，亦必無識者以原書無序，移掇其文。蓋流傳既久，屢經竄亂，真偽已不可辨，特以其舊帙存之耳。又按晁公武《讀書志》別出“吳協《鼎錄》”一條，《通考》與此書兩收之，然其書他無所見。疑“吳”字近“虞”、“協”字近“荔”，傳寫舛譌，因而誤分為二也。

【彙訂】

① 東陽為郡名，非州。《隋書·地理志》：“會稽郡，宋置東揚州，陳初省，尋復。”可知州稱“東揚”，《陳書·虞荔傳》正作“東揚”。（楊武泉：《四庫全書總目辨誤》）

② “然檢書中載有”，殿本作“然書中有”。

考古圖十卷續考古圖五卷釋文一卷（内府藏本）

宋呂大臨撰。大臨字與叔，藍田人。元祐中，官祕書省正字。事蹟附載《宋史・呂大防傳》。案陳振孫《書錄解題》載大臨《考古圖》十卷，錢曾《讀書敏求記》則稱："十卷之外尚有《續考》五卷，《釋文》一卷，乃北宋鏤版，得於無錫顧宸家，後歸泰興季振宜，又歸崑山徐乾學。曾復從乾學借鈔，其圖亦令良工繪畫，不失毫髮，紙墨更精於槧本。"云云。此本勘驗印記，即曾所手錄。以較世所行本，卷一多《孔文父飲鼎》圖一，銘十四字，說五十一字；卷三《郘敦》圖多一蓋圖；卷四開封劉氏《小方壺》圖乃祕閣《方文方壺》圖，《祕閣方文方壺》圖，乃開封劉氏《小方壺》圖，今本互相顛倒；卷六目錄多標題"盤、匜、盂、弩、戈、削"一行；卷八多《玉鹿盧》劍具圖三，說一百五十五字[①]，又多《白玉雲鉤》、《玉環》、《玉玦》圖各一；卷九多京兆田氏《鹿盧鐙》圖一，說四十七字，又《犀鐙》第二圖與今本迥別，又內藏《環耳鼎》多一蓋圖；卷十新平張氏《連環鼎壺》無"右所從得及度量銘識皆闕失無可考，惟樣存於此"二十字，又多廬江李氏《鐎斗》圖一，又《獸鑪》第二圖後多說三十五字，又卷末多邛州天寧寺僧捧敕佩圖二，說四十六字。卷首大臨自序本題曰《後記》，附載卷末。其餘字句行款之異同，不可縷舉。而參驗文義，皆以此本為長。《續圖》卷一二十器，卷二二十二器，卷三二十六器，卷四二十器，卷五二器，先後不以類從。蓋隨見隨錄，故第五卷所載獨少。或有銘而不摹其文，有文而不釋其讀者。其收藏名姓皆載圖說之首，云"右某人所得"，與前《圖》註姓名於標目下者例亦小殊。《釋文》一卷，前有大臨題詞，取銘識古字以《廣韻》四聲部分編之。其有所異同者，則各為訓釋考證，疑字、象形字、無所從之字則附於卷末。大臨《圖》成於元祐壬申，在《宣和博古圖》之前。而體例謹嚴，有疑則闕，不似《博古圖》之附會古人，動成舛謬。其《郘敦》

一條^②,胡安國註《春秋》"成周宣榭火",乃引之詁經,足知其説之可據。吾邱衍《學古編》稱此圖有黑、白兩樣,<small>案,黑字、白字皆指所刻款識。</small>黑字者後有韻,圖欠《璊玉甒》,白字者《博山鑪》上雞畫作人手。此本銘文作白字,然《博山鑪》圖無所謂人手,亦無所謂雞。其《釋文》一卷,依韻排次,當即衍所謂韻圖。然八卷實有廬江李氏《璊玉甒》,知衍所見之本亦不及此本之完善。錢曾稱為縹囊異物,洵不虛矣^③。惟《續圖》五卷,《書錄解題》所不載,吾邱衍《學古編》亦未言及^④。其中第二卷引"吕與叔"云云,又引《考古圖》云云,第三卷有"紹興壬午所得之器"云云,則其書在紹興三十二年之後,與大臨遠不相及。蓋南宋人續大臨之書而佚其名氏^⑤。錢曾並以為大臨作,蓋考之未審也。其《釋文》所舉諸器皆在前十卷中,所釋"榭"字、"析"字之類,亦多與圖説相合。惟"岠"字圖説釋為"張",與歐陽修《集古錄》同^⑥,而《釋文》則從闕疑,稍相牴牾。或大臨削改未竟,偶爾駁文歟? 至其題詞稱:"古器銘識,不獨與小篆有異。有同一器同一字,而筆畫多寡、偏旁位置不一者。如《伯百父敦》之'百'字、'寶'字、'蘄'字,《叔高父簋》之'簋'字,《晉鼎》之'作'字,其異器者如彝尊'壽'、'萬'等字,諸器筆畫皆有小異。知古字未必同文,至秦始就一律,故非小篆所能該。"亦通論也。

【彙訂】

① 此書提要乃翁方綱所作,別見於《續考古圖跋》,作"一百一十五字",書中卷八《玉鹿盧》條注文確為一百一十五字,當以跋本為是。(容庚:《宋代吉金書籍述評》)

② 此器當釋作"邡簋"。(李裕民:《四庫提要訂誤》)

③《四庫》本多處屛入南宋以後之按語或引文,否定或懷疑

呂氏之言;小注數引"薛釋"、"薛編",即南宋初薛尚功《歷代鐘鼎彝器款識》,卷八《琥》跋內引《復齋漫錄》一段,即成書於紹興二十五至二十七年間的吳曾《能改齋漫錄》;卷首"《考古圖》所藏姓氏"諸家之後,有"考訂默齋羅更翁"七字,可知所據錢曾藏本實系影鈔羅更翁考訂之元大德本,而非影宋本。(李玉奇:《〈考古圖〉錢曾藏本非影宋本考》)

④"吾邱衍",殿本無。

⑤據翟耆年《籀史》可知《釋文》為趙九成所撰,據李邴《嘯堂集古錄序》可知《續考古圖》亦九成所輯。(陸心源:《儀顧堂題跋》)

⑥此字釋弡、釋張均誤,當釋弨。(李裕民:《四庫提要訂誤》)

嘯堂集古錄二卷(浙江范懋柱家天一閣藏本)①

宋王俅撰。俅字子弁,一作球,字夑玉,米芾《畫史》又作夑石,未詳孰是。陳振孫《書錄解題》謂李邴序衹稱故人長儒之子,未詳其為何王氏。考邴序稱與長儒同鄉關,邴籍濟州任城,則俅為齊人可知。是編錄古尊、彝、敦、卣之屬,自商迄漢,凡數百種,摹其款識,各以今文釋之。中有古印章數十,其一曰"夏禹"。元吾邱衍《學古編》謂係漢巫厭水災法印②,世俗傳有渡水佩禹字法,此印乃漢篆,故知之。衍精於鑒古,當得其實。衍又謂《滕公墓銘》"鬱鬱"作兩字書,與古法疊字止作二小畫者不同,灼知其偽。則是書固真贗雜糅,然所採摭,尚足資考鑒,不能以一二疵累廢之。蓋居千百年下而辨別千百年上之遺器,其物或真或不真,其說亦或確或不確,自《考古圖》以下,大勢類然,亦不但此書也。

【彙訂】

① 此條與文淵閣庫書次序不符,文淵閣庫書及殿本皆置於"考古圖十卷續考古圖五卷釋文一卷"條之前。

② "元",殿本無。

宣和博古圖三十卷(大理寺卿陸錫熊家藏本)

案晁公武《讀書志》稱《宣和博古圖》為王楚撰,而錢曾《讀書敏求記》稱:"元至大中重刻《博古圖》,凡'臣王黼撰'云云,都為削去,殆以人廢書。"則是書實王黼撰,"楚"字為傳寫之譌矣①。曾又稱《博古圖》成於宣和年間,而謂之"重修"者,蓋以採取黃長睿《博古圖說》在前也。考陳振孫《書錄解題》曰:"《博古圖說》十卷,祕書郎昭武黃伯思長睿撰。凡諸器五十九品,其數五百二十七,印章十七品,其數四十五②。長睿沒於政和八年,其後修《博古圖》頗採用之,而亦有刪改。"云云,錢曾所說良信。然考蔡絛《鐵圍山叢談》曰:"李公麟字伯時,最善畫,性喜古,取生平所得及其聞睹者作為圖狀,而名之曰《考古圖》。及大觀初,乃倣公麟之《考古》,作《宣和殿博古圖》。"則此書踵李公麟而作,非踵黃伯思而作,且作於大觀初,不作於宣和中。絛,蔡京之子,所說皆其目睹,當必不誤,陳氏蓋考之未審。其時未有宣和年號,而曰《宣和博古圖》者,蓋徽宗禁中有宣和殿,以藏古器書畫。後政和八年改元重和,右丞范致虛言犯遼國年號,_{案,遼先以重熙建元,後因天祚諱禧,遂追稱重和。}徽宗不樂,遂以常所處殿名其年,且自號曰宣和人,亦見《鐵圍山叢談》。則是書實以殿名,不以年號名。自洪邁《容齋隨筆》始誤稱:"政和、宣和間朝廷置書局以數十計,其荒陋而可笑莫若《博古圖》。"云云。錢曾遂沿以立説,亦失考也③。條又稱:"尚方所貯至六千餘數百器,遂盡見三代典禮文章,而讀先儒所講説,殆有可哂者。"而洪邁則摘其《父癸匜》、周《義母匜》、《漢註水匜》、《楚姬盤》、《漢梁山鋗》及州吁、高克諸條,以為訛屬,皆確中其病。知條説乃回護時局,不為定評①。然其書考證雖疎,而形模未失;音釋雖謬,而字畫俱存。讀者尚可因其所繪,以識三代鼎彝之製、款識之文,以重為之核訂。當時裒集之功,亦不可没。其支離悠謬之説,不足以當駁詰,置之不論不議可矣。

【彙訂】

①晁公武《郡齋讀書志》成於紹興二十二年,上距大觀、政和才四十餘年,其於此書既題"王楚集",又於薛尚功《鐘鼎篆韻》云"政和中王楚所集亦不過數千字"。《直齋書錄解題》、李綱《左朝奉郎行祕書省祕書郎贈左朝請郎黃公墓誌銘》皆云《博古圖》採自黃伯思《古器説》,可知王楚確曾撰集《宣和博古圖》三十卷。然黃氏《東觀餘論》所載《古器説》所論,與今本《重修宣和博古圖》多有不同。則別是一書,已佚。蔡條《鐵圍山叢談》卷五云大觀初,王黼等奉敕倣李公麟《考古圖》所編《重修宣和博古圖》三十卷方為今本。(張富祥:《宋代文獻學研究》;王宏生:《北宋書學文獻考論》)

②《直齋書錄解題》卷八載《博古圖説》十一卷,"凡諸器五十九品,其數五百二十七,印章十七品,其數二百四十五"。(岑仲勉:《宣和博古圖撰人》)

③《博古圖》的纂修應有初修與重修之分,初修本即《郡齋讀書志》(衢本)卷四所錄二十卷本,五百餘器,以殿名稱《宣和殿

博古圖錄》或《宣和殿博古圖》。據楊仲良《續資治通鑑長編紀事本末》卷一三三、一三四所記，始修於大觀二年，成書於政和三年。重修本有兩種情況，一是金人刊刻之《重修宣和博古圖錄》或《重修宣和博古圖》，不以"宣和"為年號；一是宋人著錄之《宣和重修博古圖錄》，"宣和"實指年號。當系初修本完成後至宣和二年八月罷禮制局及修書諸局等之前又有續添增補。蔡絛《鐵圍山叢談》卷五謂"（政和間）時所重者，三代之器而已，若秦漢間物，非殊特蓋亦不收。及宣和後，則咸蒙貯錄，且累數至萬餘。"則今本所收八百四十器中秦漢以後諸器當多為重修時所加。《容齋隨筆》所言不誤。以此書為踵黃伯思《博古圖說》而作乃《直齋書錄解題》的觀點，《讀書敏求記》並未"沿以立說"。（張富祥：《宋代文獻學研究》；王宏生：《北宋書學文獻考論》）

　　④《博古圖》卷七"犧尊"條云："漢儒之說，以謂犧讀如婆娑之義，而刻鳳凰之象，其形婆娑然。方是時，其器秘於潛壞，未之或見，曲從臆斷而遷就其義，以今觀之，蓋可笑矣。"則蔡絛所言亦出自本書。（許瀚：《讀四庫全書提要志疑》）

　　宣德鼎彝譜八卷（浙江鮑士恭家藏本）

　　明宣德中禮部尚書呂震等奉敕編次。前有華蓋殿大學士楊榮序，亦題"奉敕恭撰"。後有嘉靖甲午文彭跋，稱出自于謙家。宣德中，有太監吳誠司鑄冶之事，與呂震等彙著圖譜，進呈尚方，世無傳本。謙於正統中為禮部祠曹，從誠得其副本，彭復從謙諸孫假歸鈔之。蓋當時作此書，祇以進御，未嘗頒行，故至嘉靖中始流傳於世也。始宣宗以郊廟彝鼎不合古式，命工部尚書吳中採《博古圖錄》諸書①，及內府所藏柴、汝、官、哥、均、定各窯之式更鑄，震等纂集前後本末，以成此書。一卷、二卷載所奉敕諭及禮部進圖式、工部議物料諸疏。三卷載工部請給物料疏及禮、工二部議南北郊至武學武成殿鼎彝名目。四卷載太廟至內府宮殿鼎彝名目。五卷載敕賜兩京衙門至天下名山勝蹟鼎彝名目，工部鑄冶告成及補鑄二疏，並褒獎敕一道。六、七、八卷通為詳釋鼎彝名義，凡某所某器倣古某式，皆疏其事實尺寸制度，一一具載之。宣爐在明世已多偽製。此本辨析極精，可據以鑒別，頗足資博雅之助。末附項元汴《宣爐博論》數條[2]，亦見考證[3]。惟文彭原跋有“命工繪圖，敷采裝潢”之語，而此本無之，殆傳鈔者佚去歟？杭世駿《道古堂集》有《書〈宣德彝器譜〉後》一篇，曰：“此明宣德三年工部檔案也，遼陽年中丞希堯從部錄出。以宣宗諭旨中有‘鑪鼎彝器’字，遂摘用之。係年氏所定，非實事也。”所言與此本迥異。蓋世駿所見乃不完殘帙，以鈔自年希堯家，故影附而為此説，不足據也。

【彙訂】

①“錄”，殿本脫，參此書卷一所引聖諭。

②“項元汴”，殿本作“項於汴”，誤。《宣爐博論》署“檇李項子京書”，元汴字子京。

③“見”，殿本作“可”。

欽定西清古鑑四十卷

乾隆十四年奉敕撰。以內府庋藏古鼎、彝、尊、罍之屬，案器為圖，因圖繫説，詳其方圓圍徑之制，高廣輕重之等，併鉤勒款識，各為釋文。其體例雖仿《考古》、《博古》二圖，而摹繪精審，毫釐不失，則非二圖所及。其考證雖兼取歐陽修、董逌、黄伯思、薛尚功諸家之説，而援據經史，正誤析疑，亦非修等所及。如周《文王鼎銘》之"魯公"，斷為伯禽而非周公；周《晉姜鼎銘》之"文侯"，據"虎賁"云云與《書·文侯之命》合，斷為文侯虎而非文公重耳；漢《定陶鼎》，據《漢書·地理志》"濟陰郡"註"宣帝甘露二年，更名定陶"，斷此鼎為宣帝中定陶共王康作而非趙共王恢，皆足正《博古圖》姓名之譌。又如商《祖癸鼎》，《博古圖》謂"我之字從戈者，敵物之我也"云云，則斥其雜用王安石《字説》；王氏《銅虹燭錠》，《博古圖》謂是薦熟食器，則於《周素錠》引《説文》以"錠"為"鐙"正之，亦足糾其訓釋之舛。其他如周《召夫鼎》、周《魚鼎》之屬，辨駁尤多。又如周《單卣銘》"爵"字、"景"字從《博古圖》，"豐"字則從《鐘鼎款識》，於兩家皆取所長；銘首"凶"字，則證其不當作"同"，於兩家並訂其失。商《瞿卣》舊無實證，則引《竹書紀年》註定瞿為武乙之名。並能參考異同，補苴罅漏。至周《象尊》[1]，據器訂《周禮·司尊彝》註"飾以象骨"之非；周《犧尊》，據器訂鄭註"飾以翡翠"之非；周《虎錞》，引《周官·鼓人》"以金錞和鼓"鄭註，證《南史》"灌之以水"及"以器盛水於下，以芒莖當心跪注"之非，則尤有裨於經史之學。又周《邢侯方彝銘》"十八月乙亥"，證以《管子》"十三月令人之魯"、"二十四月魯梁之民歸齊"、"二十八月萊莒之君請復"之數語[2]，以破歐陽修、蔡襄、劉敞輩不解《洛鼎銘》"十有四月"之疑，尤從來考古者所未到。蓋著述之中，考證為難；考證之中，圖譜為難；圖譜之中，惟鐘鼎款識義通乎六書，制兼乎《三禮》，尤難之難。讀是一編而三代法物恍然如覩。聖天子稽古右文，敦崇實學，昭昭乎有明驗矣。

【彙訂】

① "至"，殿本無。

②《管子·輕重戊》原文作“二十八月萊莒之君請服”，服即降服之意。（江慶柏等整理：《四庫全書薈要總目提要》）

奇器圖説三卷諸器圖説一卷（兩淮鹽政採進本）

《奇器圖説》，明西洋人鄧玉函撰。《諸器圖説》，明王徵撰。徵，涇陽人，天啟壬戌進士，官揚州府推官。嘗詢西洋奇器之法於玉函，玉函因以其國所傳文字口授，徵譯為是書。其術能以小力運大，故名曰重，又謂之力藝。大旨謂天地生物，有數，有度，有重。數為算法，度為測量，重則即此力藝之學，皆相資而成。故先論重之本體，以明立法之所以然，凡六十一條。次論各色器具之法，凡九十二條。次起重十一圖，引重四圖，轉重二圖，取水九圖，轉磨十五圖，解木四圖，解石、轉碓、書架、水日晷、代耕各一圖，水銃四圖，圖皆有説，而於農器水法尤為詳備。其第一卷之首有《表性言解》、《來德言解》二篇，俱極誇其法之神妙，大都荒誕恣肆，不足究詰。然其製器之巧，實為甲於古今。寸有所長，自宜節取。且書中所載皆裨益民生之具，其法至便而其用至溥。錄而存之，固未嘗不可備一家之學也。《諸器圖説》，凡圖十一，各為之説，而附以銘贊。乃徵所自作，亦具有思致云。

文房四譜五卷（浙江吳玉墀家藏本）

宋蘇易簡撰。易簡字太簡，梓州銅山人。太平興國五年進士，官至參知政事。以禮部侍郎出知鄧州，移知陳州卒。事蹟具《宋史》本傳。是書凡《筆譜》二卷，《硯譜》、《墨譜》、《紙譜》各一卷，而筆格、水滴附焉。各述原委本末及其故實，殿以詞賦詩文，合為一書。前有徐鉉序，末有雍熙三年九月自序，謂因閲書祕府，集成此譜。考歐陽詢《藝文類聚》，每門皆前列事蹟，後附文章，易簡蓋仿其體式。然詢書兼羅衆目，其專舉一器一物，輯成一譜，而用歐陽氏之例者，則始自易簡。後來《硯箋》、《蟹錄》，皆沿用成規，則謂自易簡創法可也。其搜採頗爲詳博，如梁元帝《忠臣傳》、顧野王《輿地志》之類，雖不免自類書之中轉相援引，其他徵引則皆唐、五代以前之舊籍，足以廣典據而資博聞。當時甚重其書，至藏於祕閣，亦有以矣。《宋史》本傳但稱《文房四譜》，與此本同。尤袤《遂初堂書目》作《文房四寶譜》，又有《續文房四寶譜》。考洪邁《〈歙硯說〉跋》，稱"揭蘇氏《文房譜》於四寶堂"，當由是而俗呼"四寶"，因增入書名。後來病其不雅，又改題耳。

歙州硯譜一卷（浙江鮑士恭家藏本）

不著撰人名氏，惟卷末題有"大宋治平丙午歲重九日"十字。考之陳振孫《書錄解題》，載有《歙硯圖譜》一卷，稱："太子中舍知婺源縣唐積撰，治平丙午歲。"云云。其年月與此相合，然則此即積書矣。中分採發、石坑、攻取、品目、修斲、名狀、石病、道路、匠手、攻器十門，所誌開鑿成造之法甚詳。蓋歙石顯於南唐，宋人以其發墨，頗好用之。土人藉是爲生，往往多作形勢以希售。米芾嘗譏其好爲端樣，以平直斗樣爲貴，滯墨甚可惜。而此書"名狀門"內實首列端樣，亦可以考見一時風尚也。《書錄解題》作《圖譜》，米芾亦稱今之製見《歙州硯圖》，而此本有譜無圖。蓋左圭刊入《百川學海》時病繪圖繁費，削而不載。今則無從考補矣。

硯史一卷（浙江鮑士恭家藏本）[1]

宋米芾撰。芾有《畫史》，已著錄。是書首冠以"用品"一條，論石當以發墨爲上。後附"性品"一條，論石質之堅軟；"樣品"一條，則備列晉硯、唐硯以迄宋代形製之不同。中記諸硯，自玉硯至蔡州白硯,凡二十六種,而於端、歙二石辨之尤詳。自謂皆曾目擊經用者,非此則不錄,其用意殊為矜慎。末記所收青翠疊石一,正紫石一,皆指為歷代之環寶,而獨不及所謂"南唐硯山"者。或當時尚未歸寶晉齋中,或已為薛紹彭所易歟? 芾本工書法,凡石之良楛,皆出親試,故所論具得硯理,視他家之耳食者不同。其論歷代制作之變,考據尤極精確,有足為文房鑒古之助者焉。

【彙訂】

① 此條與文淵閣庫書次序不符,文淵閣庫書及殿本皆置於"歙州硯譜一卷"條之前。

硯譜一卷(浙江吳玉墀家藏本)

不著撰人名氏。舊載左圭《百川學海》中,亦無序跋年月。皆雜錄硯之出產與其故實。中閒載有歐陽修、蘇軾、唐詢、鄭樵諸人之說,則南宋人所為。然尤袤①、陳振孫二家書目皆不載,或偶遺也。其書僅三十二條,不為贍博,採摭亦閒有疎舛。如以端溪子石為在大石中生,尚沿舊說,未加考正。又如許漢陽以碧玉為硯,其事出谷神子《博異記》,乃龍女之硯,非漢陽之硯,徵引亦為譌誤。以其宋人舊帙,流傳既久,尚有一二足資多識者。故附著諸家硯譜之次,以備檢核焉。

【彙訂】

① "然",殿本無。

歙硯説一卷辨歙石説一卷(浙江鮑士恭家藏本)①

不著撰人名氏。陳振孫《書錄解題》載之,亦云"皆不著姓名"。左圭《百川學海》列於唐積譜後。卷末有跋,稱:"紹興三十年十二月,弟左承議郎尚書禮部員外郎兼國史院編修官邁跋。"

跋中稱：“景伯兄治歙，既揭蘇氏《文房譜》於四寶堂，又別刻《硯說》三種。”云云。案景伯為洪邁兄洪适之字，則此二書似出於适，然與邁跋“三種”之說不合。考适《盤洲集》有蘇易簡《〈文房四譜〉跋》，稱：“說歙硯者凡三家，品諸李者有《墨苑》，以躋此編。”然則此二種蓋與唐積之譜共為三種，皆适所刻，以附於《文房譜》之後者，實非适所自撰也。《硯說》兼紀採石之地、琢石之法及其品質之高下。《歙石說》則專論其紋理星暈，凡二十七種，辨別頗為詳悉。唐詢《北海公硯錄》見於《郡齋讀書志》者，今其本久已失傳[②]，惟此書引有兩條及無名氏《硯譜》引有一條，猶可以考見什一云。

【彙訂】

① 此條及《端溪硯譜》條與文淵閣庫書次序不符，文淵閣庫書及殿本皆置於“硯譜一卷”條之前。

② 《郡齋讀書志》未著錄唐詢《北海公硯錄》，此書實見於陳振孫《書錄解題》卷十四子部雜藝類。（楊大忠：《〈四庫全書總目提要〉訂誤十則》）

端溪硯譜一卷（浙江鮑士恭家藏本）

不著撰人名氏。末有淳熙十年東平榮芑跋曰：“右緝雲葉樾交叔傳此譜，稍異於眾人之說，不知何人所撰。稱徽祖為太上皇，必紹興初人。”云云，是當時已不詳其出誰手矣。其書前論石之所出與石質、石眼，次論價，次論形製，而終以石病。考端硯始見李賀詩，然柳公權論硯首青、絳二州，不言端石，蘇易簡《文房四譜》亦尚以青州紅絲硯為首。後端硯獨重於世，而鑒別之法亦漸以精密。此譜所載，於地產之優劣，石品之高下，皆剖晰微至，

可以依據。至於當時以子石為貴，而此獨辨其妄，榮芑以為稍異
於衆人之説，蓋指此類。然自米芾《硯史》已云徧詢石工，未嘗有
子石。芾為澉洸縣尉[1]，嘗親至端州得其詳，而其言正與此合。
亦足以知其説之確也。

【彙訂】

① "澉洸"，殿本作"澉陽"，誤。説詳卷一一二《畫史》條訂誤。

硯箋四卷（浙江巡撫採進本）

宋高似孫撰。似孫有《剡錄》，已著錄。是書成於嘉定癸未。
前有自序，序末數語隱澀殆不可解。與所作《〈蟹略〉序》體格彷
彿相似。陳振孫稱似孫之文好以怪僻為奇[1]，殆指此類歟？其
書第一卷為端硯，分子目十九。卷中硯圖一類列四十二式，註曰
"歙石亦如之"，然圖已不具，意傳寫佚之也。第二卷為歙硯，分
子目二十。第三卷為諸品硯，凡六十五種。第四卷則前人詩文，
其詩文明題曰端硯、歙硯者，已附入前二卷内，是卷所載皆不標
名品，故別附之諸品後耳。《宋志》所錄《硯譜》，今存者尚有四五
家，大抵詳於材產、質性，而罕及其典故。似孫此書獨晚出，得備
採諸家之説，又其學本淹博，能旁徵羣籍以為之佐證，故敘述頗
有可觀。中間稍有滲漏者，如"李後主青石硯為陶穀所碎"一條，
乃出無名氏《硯譜》中，為曾慥《類説》所引。今其原書收入左圭
《百川學海》，尚可檢核。似孫竟以為出自《類説》，未免失於根
據。然其大致馴雅，終與龐雜者不同。如端州綫石為諸品所不
載，據王安石詩增入，亦殊賅洽。錢曾《讀書敏求記》亦稱："唐人
言吳融《八韻賦》古今無敵[2]，惜乎亡來已久。此存得《古瓦研
賦》一篇，巋然《魯靈光》也。"則亦頗資考據矣。

【彙訂】

① 陳振孫《直齋書錄解題》卷二十《疏寮集》條云："四明高似孫續古撰……其讀書以隱僻為博，其作文以怪澀為奇，至有甚可笑者。"

②《讀書敏求記》卷二"器用"類著錄《硯箋》四卷，云："晉人言吳融《八韻賦》古今無敵……"

欽定西清硯譜二十五卷

乾隆四十三年奉敕撰。每硯各圖其正面、背面，閒及側面。凡奉有御題、御銘、御璽及前人款識、印記，悉皆案體臨摹。而詳述其尺度、材質、形製及收藏賞鑒姓名，系説於後。其舊人銘跋併附錄宸章之後，下逮臣工奉敕所題，亦得備書。其序先以陶之屬，上自漢瓦，下逮明製，凡六卷。次為石之屬，則自晉王廞璧水硯以至國朝朱彝尊井田硯，凡十五卷。共為硯二百，為圖四百六十有四。其後三卷曰附錄，為硯四十有一，為圖百有八，則今松花、紫金、駝基、紅絲諸品及仿製澄泥各種皆備列焉。古澤斑駁，珍產駢羅，誠為目不給賞。而奎藻璘瑜，徵名案狀，如化工肖物，尤與帝鴻之製、周武之銘，同照映萬古。然睿慮深長，不忘咨儆，恒因器以寓道，亦即物以警心。伏讀御製序有云："惜淪棄，悟用人，慎好惡，戒玩物。"無不三致意焉。信乎聖人之心所見者大，不徒視為文房翰墨之具矣。內廷所貯本，總二十四册，今案册為卷，而以原目為首卷，凡二十五卷。

墨譜三卷（浙江范懋柱家天一閣藏本）

宋李孝美撰。孝美字伯揚，自署趙郡人。蓋唐俗稱郡望，未知實籍何地，其仕履亦未詳也。前有紹聖乙亥馬涓序及李元膺序,與《通考》所載合。然二序皆稱《墨譜》,而《通考》則題曰《墨苑》,與序互異。案書中"出灰"、"磨試"二條,註曰"出《墨苑》",則《墨苑》別為一書,《通考》誤矣。此本題曰《墨譜法式》,與《通考》又別。案書分三卷,上卷曰圖,中卷曰式,下卷曰法。則"法式"乃其中之子目,安得復為總名?且既曰《墨譜》,又曰《法式》,文意重疊,於體例尤乖,殆亦後人妄改。今惟據原序名曰《墨譜》,以存其舊。上卷凡採松、造窯、發火、取煙、和製、入灰、出灰、磨試八圖,然惟採松、造窯二圖有説①,餘皆有説而佚其圖。中卷凡祖氏、奚庭珪、李超、李廷珪、李承晏、李文用、李惟慶、陳贇、張遇、盛氏、柴珣、宣道、宣德、猛州貢墨、順州貢墨及不知名氏十六家之式,亦各繪面圖、漫圖。惟以奚庭珪、李廷珪分為二人,且謂奚不如李遠甚,與《南唐書》奚庭珪賜姓為李之説異。然兩無顯證,義可並存。其目列盛氏在柴珣前,而圖則盛在柴後,蓋傳寫誤也。下卷凡牛皮膠、鹿角膠、減膠、冀公墨、仲將墨、庭珪墨、古墨、油煙墨、敘藥、品膠十一法②,而牛皮膠有二法,庭珪墨有二法,古墨有三法,油煙墨有六法,實二十法。其持論皆剖析毫芒,具有精理。自明以來,油煙盛行,松煙之製久絕。孝美所論,雖今人所不能用,然古法古式藉以得傳,固博物者所當知矣。

【彙訂】

① "二",殿本作"有"。

②《總目》所列僅十法,據此書下卷,"鹿角膠"後尚有"魚膠"一法。

墨經一卷(兩江總督採進本)

舊載毛晉《津逮祕書》中。原本題曰"晁氏撰",不著時代名字。諸書引之，亦但曰"晁氏《墨經》"。考何薳《春渚紀聞》云："晁季一生平無他嗜，獨見墨喜動眉宇，其所製銘曰'晁季一寄寂軒造'者，不減潘、陳。"又稱其"與賀方回、張秉道、康為章皆能精究和膠之法，其制皆如犀璧。"此書中論膠云："有上等煤而膠不如法，墨亦不佳。如得膠法，雖次煤能成善墨。"與所言精究和膠亦合，疑為晁季一作也。然晁公武《讀書後志》但有董秉《墨譜》一卷，而不及此書，不應其從父之作公武不見，是為可疑。考《讀書志》子部之敘，九曰小説，十曰天文曆算，十一曰兵家，十二曰類家，十三曰雜藝，十四曰醫書，十五曰神仙，十六曰釋書。而今本所刊"小説"之後綴以王氏《神仙傳》、葛洪《神仙傳》二種，並不列"神仙"之標題，以下即別標"釋書類"。是今本佚其子部五類，類書一類適在所佚之中，<small>案，《後志》載《墨譜》於類書。</small>其不載亦不足疑矣①。季一名貫之，晁説之之兄弟行②。朱弁《風月堂詩話》稱其官一曰檢討，一曰察院，不知實終於何職，其事蹟亦無考云。

【彙訂】

①　宋刻袁州本《郡齋讀書志》并無缺佚錯亂，但未見著錄晁氏《墨經》。其衢州本類書類亦止有黃秉《墨譜》。（余嘉錫：《四庫提要辨證》）

②　元陸友《墨史》卷中"晁貫之"條云："其兄説之……著《墨經》三卷。"并引《墨經》文多處，均與今本《墨經》合。《藝圃蒐奇》、《楝亭十二種》刊本亦署作"晁説之撰"。（黃大維：《〈四庫全書總目提要〉中墨書、墨譜考證》）

墨史二卷（兩江總督採進本）①

元陸友撰。友字友仁，亦字宅之，平江人。其書集古來精於製墨者，考其事蹟，勒為一書。於魏得韋誕一人，於晉得張金一人，於劉宋得張永一人，於唐得李陽冰以下十九人，於宋得柴珣以下一百三十餘人，於金得劉法、楊文秀二人。又詳載高麗、契丹、西域之墨，附錄雜記二十五則，皆墨之典故也[2]。其閒蒐羅隱僻，頗為博贍。其論奚廷珪非李廷珪一條，據《墨經》所載，易水奚鼐之子超，鼏之子起，又別敍歙州李超，超子廷珪以下世家。是族有奚、李之異，居有易、歙之分，惟其名偶同。所謂《墨經》者，今雖不知為何本，然宋紹聖中李孝美作《墨譜》，已有是說，亦可以旁資參考也[3]。案徐顯《稗傳》載友仁生市廛闤闠閒，父以市布為業，獨能異其所好，攻苦於學。善為歌詩，工八分隸楷，博極羣物。奎章閣鑒書博士柯九思、侍書學士虞集服其精識，相與言於文宗。未及任用而二人去職，友亦南歸，自號硯北生。著《硯史》、《墨史》、《印史》，所為詩文有《杞菊軒槀》。今皆亡佚，惟《研北雜志》及是書尚存云。

【彙訂】

① 《知不足齋叢書》本與四庫本均為上、中、下三卷。（黃大維：《〈四庫全書總目提要〉中墨書、墨譜考證》；李裕民：《四庫提要訂誤》）

② 卷上目錄作"唐二十人，五代、宋人附"，所附為李廷珪、張遇後裔。非盡唐人，亦非十九人。卷中、卷下載宋人一百七十二人，金國五人，附錄凡三十一則。（同上）

③ 所引《墨經》文，見今本晁氏《墨經》工條。（同上）

墨法集要一卷（永樂大典本）

明沈繼孫撰。繼孫，洪武時人。但自署其籍為姑蘇，餘不可考。惟倪瓚《雲林集》有《贈沈生賣墨詩序》曰："沈學翁隱居吳市，燒墨以自給，所謂'不汲汲於富貴，不戚戚於貧賤'者也。煙細而膠清，墨若點漆，近世不易得矣。因賦贈焉。"時代、姓氏、里貫一一相符，則學翁殆繼孫之字歟？繼孫自云："初受教於三衢墨師，後又從一僧得墨訣，遂併錄成書。"凡為圖二十有一，圖各有説，實近代造墨家之所祖也。古墨皆松煙，南唐李廷珪始兼用桐油，後楊振、陳道真諸家皆述其法。元、明以來，松煙之製漸廢，惟油烟獨行。繼孫所製今不傳，其工拙雖莫可考，而此書由浸油以至試墨，敘次詳核，各有條理，班班然古法具存，亦可謂深於茲事矣。世傳晁氏《墨經》，其説太略，而明以來方氏、程氏諸譜，又斤斤惟花紋模式之是矜，不若是書之縷析造法，切於實用。錄而傳之，是亦利用之一端，非他雜家技術徒為戲玩者比也。

欽定錢錄十六卷

乾隆十五年奉敕撰。卷一至卷十三詳列歷代之泉布，自伏羲氏迄明崇禎，以編年為次。第十四卷列外域諸品。第十五、十六卷以吉語、異錢、厭勝諸品殿焉。考《錢譜》始見於《隋志》，不云誰作[①]，其書今不傳。唐封演以下諸家所錄，今亦不傳。其傳者以宋洪遵《泉志》為最古，毛氏汲古閣所刊是也。然所分正品、偽品、不知年代品、奇品、神品諸目，既病淆雜，又大抵未睹其物，多據諸書所載想像圖之，如聶崇義之圖《三禮》。或諸書但有其名而不言其形模文字者，則概作外圓内方之輪郭，是又何貴於圖耶？至所箋釋，率多臆測，尤不足據為定論。是編所錄，皆以内府儲藏，得於目睹者為據，故不特字迹花紋，一一酷肖，即圍徑之分寸毫釐，色澤之丹黄青綠，亦窮形盡相，摹繪逼真。而考證異同，辨訂真偽，又皆根據典籍，無一語鑿空。蓋一物之微，亦見責實之道與稽古之義焉。至於觀其輕重厚薄，而究其法之行不行；觀其良窳精麤，而知其政之舉不舉，千古錢幣之利弊，一覽具覩，又不徒為博物之資矣。

【彙訂】

①《隋書·經籍志》載《錢譜》一卷，顧烜撰。

香譜二卷（內府藏本）

舊本不著撰人名氏。左圭《百川學海》題為宋洪芻撰。芻字駒父，南昌人①。紹聖元年進士，靖康中官至諫議大夫，謫沙門島以卒。所作《香譜》，《宋史·藝文志》著錄。周紫芝《太倉稊米集》有《題洪駒父〈香譜〉後》曰：“歷陽沈諫議家，昔號藏書最多者。今世所傳《香譜》，蓋諫議公所自集也，以為盡得諸家所載香事矣。以今洪駒父所集觀之，十分未得其一二也。余在富川，作妙香寮。永興郭元壽賦長篇，其後貴池丞劉君穎與余凡五賡其韻，往返十篇。所用香事頗多，猶有一二事駒父譜中不錄者。”云云。則當時推重芻譜在沈立譜之上。然晁公武《讀書志》稱：“芻譜集古今香法，有鄭康成漢宮香、《南史》小宗香、《真誥》嬰香、戚夫人迫駕香、唐員半千香，所記甚該博，然《通典》載歷代祀天用水沈香獨遺之。”云云。此本有“水沈香”一條，而所稱鄭康成諸條乃俱不載，卷數比《通考》所載芻譜亦多一卷，似非芻作。沈立譜久無傳本，《書錄解題》有侯氏《萱堂香譜》二卷，不知何代人，或即此書耶？其書凡分四類，曰香之品、香之異、香之事、香之法，亦頗賅備，足以資考證也。

【彙訂】

① 近年江西出土洪芻曾孫女覺順墓誌，稱：“其家自五季離

亂，由丹陽徙南康之建昌，遂為邑人。"作"南昌人"誤。（李裕民：
《四庫提要訂誤》）

香譜四卷（江蘇巡撫採進本）

宋陳敬撰。敬字子中，河南人。其仕履未詳。首有至治壬
戌熊朋來序，亦不載敬之本末。是書凡集沈立、洪芻以下十一家
之香譜，彙為一書。徵引既繁，不免以博為長，稍踰限制。若香
名、香品、歷代凝和製造之方，載之宜也。至於經傳中字句偶涉
而實非龍涎、迷迭之比，如卷首引《左傳》"黍稷馨香"，寥寥數則，
以為溯源經傳，殊屬無謂。此仿《齊民要術》首援經典之例而失
之者也。其實本出經典之事，乃往往挂漏。如鬱金香載《說文》
之說，而《周禮》"鬱人"條下鄭康成之註乃獨遺之，則又舉遠而略
近矣。然十一家之譜，今不盡傳，敬能薈稡羣言，為之總匯。佚
文遺事，多賴以傳，要於考證不為無益也。

香乘二十八卷（浙江鮑士恭家藏本）

明周嘉胄撰。嘉胄字江左，揚州人。是書初纂於萬曆戊午。
止十三卷，李維楨為之序。後自病其疎略，續輯此編。以崇禎辛
巳刊成，嘉胄自為前後二序。其書凡香品五卷，佛藏諸香一卷，
宮掖諸香一卷，香異一卷，香事分類二卷，香事別錄二卷，香緒餘
一卷，法和衆妙香四卷，凝合花香一卷，薰佩之香、塗傅之香共一
卷，香屬一卷，印香方一卷，印香圖一卷，晦齋譜一卷，墨蛾小錄
香譜一卷[①]，獵香新譜一卷，香爐詩、香文各一卷[②]，採摭極為繁
富。考宋以來諸家香譜，大抵不過一二卷，惟《書錄解題》載《香
嚴三昧》十卷，篇帙最富。然其本不傳，傳者惟陳敬之譜差為詳
備。嘉胄此編殫二十餘年之力，凡香之名品故實以及修合賞鑒

諸法，無不旁徵博引，一一具有始末③，而編次亦頗有條理，談香事者固莫詳備於斯矣。

【彙訂】

①"蛾"，殿本作"城"，誤。此書卷二十四為《墨蛾小錄香譜》。

②"印香方一卷印香圖一卷晦齋譜一卷香爐詩香文各一卷"，當作"印香篆法一卷印篆諸香圖一卷晦齋香譜一卷香爐類一卷香詩彙一卷香文彙一卷"。（李裕民：《四庫提要訂誤》）

③"始末"，底本作"始未"，據殿本改。

附錄

雲林石譜三卷（浙江巡撫採進本）

宋杜綰撰。綰字季揚，號雲林居士，山陰人，宰相衍之孫也。是書彙載石品凡一百一十有六，各具出產之地、採取之法，詳其形狀色澤，而第其高下。然如端溪之類，兼及硯材；浮光之類，兼及器用之材，不但譜假山清玩也。前有紹興癸丑闕里孔傳序，傳即續白居易《六帖》者。序中稱綰為杜甫之裔，因引甫詩"水落魚龍夜"句，謂長沙湘鄉之山，魚龍化而為石，甫因形容於詩。綰作是譜，為能紹其家風。考甫此句見於《秦州雜詩》，乃由陝赴蜀之時，何由得至楚地？且甫之詩意本非咏石，殊附會無理。末附《宣和石譜》，皆記艮岳諸石，有名無說，不知誰作。又附《漁陽公石譜》，皆載嗜石故事，亦不知漁陽公為誰。其中列周公謹、元遺山諸名，則必非綰書，蓋明周履靖刻是書時所竄入也①。今惟錄綰書以資考證，而所附二譜，悉削而不載。又毛晉嘗刻是書，併為一卷，又佚去孔傳之序，而文句則無大異同，今亦不別著錄焉。

【彙訂】

① 周履靖《夷門廣牘》本乃據《説郛》刻附《宣和石譜》及《漁陽公石譜》，非周氏所竄入。（昌彼得：《説郛考》）

案，宋以後書，多出於古來門目之外。如此譜所品諸石，既非器用，又非珍寶，且自然而成，亦並非技藝。豈但四庫中無可繫屬，即"譜錄"一門亦無類可從。亦以器物之材，附之"器物"之末焉。

右譜錄類"器物"之屬，二十四部，一百九十九卷，附錄一部，三卷，皆文淵閣著錄。

案陶宏景《刀劍錄》，《文獻通考》一入之"類書"，一入之"雜技藝"，虞荔《鼎錄》亦入"雜技藝"。夫宏景所錄刀劍，皆古來故實，非講擊刺之巧，明鑄造之法，入"類書"猶可，入"雜技藝"，於理為謬。此由無所附麗，著之此而不安，移之彼而又不安①，遷移不定，卒至失於刊削而兩存。故"譜錄"一門不可不立也。

【彙訂】

①"著之此而不安移之彼而又不安"，殿本作"著之此而覺不安移之彼而又覺不安"。

茶經三卷（浙江鮑士恭家藏本）

唐陸羽撰。羽字鴻漸，一名疾，字季疵，號桑苧翁，復州竟陵人。上元初，隱於苕溪。徵拜太子文學，又徙太常寺太祝，並不就職。貞元初卒。事迹具《唐書·隱逸傳》①。《傳》稱羽嗜茶②，著《經》三篇。《藝文志》載之"小説家"，作三卷，與今本同。陳師道《後山集》有《〈茶經〉序》曰："陸羽《茶經》，家書一卷，畢氏、王氏書三卷，張氏書四卷，內、外書十有一卷，其文繁簡不同。王、畢氏書繁雜，意其舊本。張書簡明，與家書合，而多脫誤。家書近古，可考正。曰‘七之事’以下，其文乃合三書以成之。錄為二篇，藏於家。”此本三卷，其王氏、畢氏之書歟？抑《後山集》傳寫多誤，誤“三篇”為“二篇”也。其書分十類，曰一之源，二之具，三之造，四之器，五之煮，六之飲，七之事，八之出，九之略，十之圖。其曰“具”者，皆採製之用；其曰“器”者，皆煎飲之用，故二者異部。其曰“圖”者，乃謂統上九類，寫以絹素張之，非別有圖。其類十，其文實九也。言茶者莫精於羽，其文亦朴雅有古意。“七之事”所引多古書，如“司馬相如《凡將篇》”一條三十八字，為他書所無，亦旁資考辨之一端矣。

【彙訂】

①　陸羽，《舊唐書》無傳，《新唐書》本傳云：“貞元（共二十一年）末卒。”考《唐詩紀事》卷一四陸鴻漸條，引權德輿《送陸太祝赴湖南幕》詩云：“不憚征路遙，定緣賓禮重……此去嘉句多，楓江接雲夢。”楓江指吳地，唐初崔信明有“楓落吳江冷”之名句，見《新唐書》本傳。雲夢既指陸之故鄉（陸為竟陵即今湖北天門市人），亦涉湖南。權德輿原在洪州為“江西從事”，貞元四年秋奉母喪歸葬潤州，見梁肅《權公夫人李氏墓誌銘》（載《全唐文》卷五二一）。權又於貞元七年入朝為太常博士，見《權文公集》卷四一《與張祕監書》。《送陸太祝》詩必在潤州時作，故言“楓江接雲夢”也。如此則貞元四年至七年，陸羽尚健在，豈得謂“貞元初卒”？（楊武泉：《四庫全書總目辨誤》）

②　“傳”，據殿本補。

茶錄二卷（江蘇巡撫採進本）[①]

宋蔡襄撰。襄，莆田人，仁宗賜字曰君謨。見集中《謝御筆賜字詩》序。仕至端明殿學士，諡忠惠。事蹟具《宋史》本傳[②]。是書乃其皇祐中為右正言修起居注時所進，前後皆有襄自序。前序稱："陸羽《茶經》，不第建安之品；丁謂《茶圖》，獨論採造之本。至於烹試，曾未有聞。輒條數事，簡而易明。"後序則治平元年勒石時作也。分上、下二篇，上篇論茶，下篇論茶器，皆所謂烹試之法。《通考》載之，作《試茶錄》。然考襄二序，俱自稱《茶錄》，石本亦作《茶錄》，則"試"字為誤增明矣。費袞《梁谿漫志》載有陳東此書跋曰："余聞之先生長者，君謨初為閩漕，出意造密雲小團為貢物。富鄭公聞之，嘆曰：'此僕妾愛其主之事耳，不意君謨亦復為此！'余時為兒，聞此語亦知感慕。及見《茶錄》石本，惜君謨不移此筆書《旅獒》一篇以進。"云云。案《北苑貢茶錄》稱："太平興國中，特置龍鳳模，造團茶。"則團茶乃正供之土貢。《苕溪漁隱叢話》稱："北苑官焙，漕司歲貢為上。"則造茶乃轉運使之職掌。襄特精其製，是亦修舉官政之一端。東所述富弼之言，未免操之已蹙。《羣芳譜》亦載是語，而以為出自歐陽修[③]。觀修所作《〈龍茶錄〉後序》，即述襄造小團茶事，無一貶詞，知其語出於依託。安知富弼之言不出依託耶？此殆皆因蘇軾詩中有"前丁後蔡，致養口體"之語而附會其說，非事實也。況造茶自慶曆中事，進錄自皇祐中事。襄本閩人，不過文人好事，夸飾土產之結習。必欲加以深文，則錢惟演之貢姚黃花亦為軾詩所譏，歐陽修作《牡丹譜》，將併責以"惜不移此筆註《大學》、《中庸》"乎？東所云云，所謂言之有故，執之成理，而實非通方之論者也。

【彙訂】

① 文淵閣本為一卷,書前提要不誤。(沈治宏:《中國叢書綜錄訂誤》)

②《宋史》本傳作"興化仙游人",《東都事略》卷七五蔡襄傳、《宋元學案》卷五蔡襄小傳以及周淙《乾道臨安志》卷三蔡襄傳,所載均同。宋代興化軍轄莆田、仙游、興化三縣,見《宋史·地理志》,仙游、莆田非一地。歐陽修《文忠集》卷三五《端明殿學士蔡公墓誌銘》云:"公諱襄,字君謨,興化軍仙游人也。"《總目》卷一九四《莆田清籟集》提要云:"蔡襄、蔡京、蔡卞本為同里,襄以名流推重,遂收之莆田;京、卞以奸迹彰聞,遂推之仙游。"亦以襄為莆田人,為名重所致,非實際籍貫也。(楊武泉:《四庫全書總目辨誤》)

③ "自",殿本無。

品茶要錄一卷(安徽巡撫採進本)

宋黃儒撰。儒字道輔,陳振孫《書錄解題》作"道父"者誤也。建安人,熙寧六年進士。此書不載於《宋史·藝文志》,明新安程百二始刊行之。有蘇軾書後一篇,稱儒博學能文,不幸早亡。云其文見閣本《東坡外集》,上元焦竑因錄附其後。然《東坡外集》實偽本,說詳集部本條下。則此文亦在疑信間也①。書中皆論建茶,分為十篇。一採造過時,二白合盜葉,三入雜,四蒸不熟,五過熟,六焦釜,七壓葉②,八清膏,九傷焙,十辯壑源、沙溪。前後各為總論一篇。大旨以茶之採製烹試,各有其法,低昂得失,所辨甚微。園民射利售欺,易以淆混,故特詳著其病以示人。與他家茶錄惟論地產品目及烹試器具者,用意稍別。惟《東溪試茶錄》

内有"茶病"一條,所稱"鳥蔕白合,蒸芽必熟"諸語,亦僅略陳端緒,不及此書之詳明。錄存其説,亦可以互資考證也。

【彙訂】

①《文獻通考》引《直齋書錄解題》曰:"建安黄儒道父撰,元祐中東坡嘗跋其後。"是蘇軾跋附此書,傳本有自,不得因見於外集僞本而疑其文也。(昌彼得:《説郛考》)

②"壓葉"乃"壓黄"之誤。

宣和北苑貢茶錄一卷附北苑別錄一卷(永樂大典本)

《宣和北苑貢茶錄》,宋熊蕃撰。所述皆建安茶園採焙入貢法式。淳熙中,其子校書郎克,始鋟諸木。凡為圖三十有八,附以採茶詩十章。陳振孫《書錄解題》謂蕃子克益寫其形製而傳之①,則圖蓋克所增入也。時福建轉運使主管帳司趙汝礪復作《別錄》一卷,以補其未備。所言水數贏縮,火候淹亟,綱次先後,品目多寡②,尤極該晰。考茗飲盛於唐,至南唐始立茶官,北苑所由名也,至宋而建茶遂名天下。壑源、沙溪以外,北苑獨稱官焙,為漕司歲貢所自出。文士每紀述其事,然書不盡傳,傳者亦多疎略。惟此二書於當時任土作貢之制,言之最詳。所載模製器具,頗多新意,亦有可以資故實而供詞翰者。存之亦博物之一端,不可廢也。蕃字叔茂,建陽人。宗王安石之學,工於吟咏,見《書錄解題》。克有《中興小曆》③,已著錄。汝礪行事無所見,惟《宋史·宗室世系表》漢王房下,有漢東侯宗楷曾孫汝礪,意者即其人歟?

【彙訂】

①"益",殿本作"並",誤,參《直齋書錄解題》卷十四《宣和

北苑貢茶錄》條原文。

　　②"品目"，殿本作"品味"，誤。

　　③"中興小曆"，殿本作"中興小紀"。

　　東溪試茶錄一卷（浙江鮑士恭家藏本）

　　原本題宋宋子安撰，載左圭《百川學海》中。而晁公武《郡齋讀書志》又作朱子安。未詳孰是。然《百川學海》為舊刻，且《宋史·藝文志》亦作宋子安，則《讀書志》為傳寫之譌也①。其書蓋補丁謂、蔡襄兩家《茶錄》之所遺。曰東溪者，亦建安地名也。凡分八目，曰總敘焙名，曰北苑，曰壑源，曰佛嶺，曰沙溪，曰茶名，曰採茶，曰茶病。大要以品茶宜辨所產之地，或相去咫尺而優劣頓殊，故《錄》中於諸焙道里遠近，最為詳盡。《宋史·藝文志》有呂惠卿《建安茶用記》二卷，章炳文《壑源茶錄》一卷，劉异《北苑拾遺》一卷，今俱失傳。所可考見建茶崖略者，惟此與熊蕃、趙汝礪二《錄》爾。

　　【彙訂】

　　① 袁本《郡齋讀書志》卷三正作"宋子安"。《宣和北苑貢茶錄》引作"宋子安《東溪試茶錄》"，可為確證。（李裕民：《四庫提要訂誤》）

　　續茶經三卷附錄一卷（江蘇巡撫採進本）

　　國朝陸廷燦撰。廷燦字秩昭①，嘉定人。官崇安縣知縣候補主事。自唐以來，茶品推武夷。武夷山即在崇安境②，故廷燦官是縣時習知其說，創為草槀。歸田後，訂輯成編。冠以陸羽《茶經》原本，而從其原目採摭諸書以續之。上卷續其一之源、二之具、三之造，中卷續其四之器，下卷自分三子卷：下之上續其五之煮、六之飲，下之中續其七之事、八之出，下之下續其九之略、十之圖。而以歷代茶法附為末卷，則原目所無，廷燦補之也。自唐以來閱數百載，凡產茶之地、製茶之法，業已歷代不同，即烹煮器具亦古今多異。故陸羽所述，其書雖古，而其法多不可行於今。廷燦一一訂定補輯，頗切實用而徵引繁富。觀所作《南村隨筆》③，引李日華《紫桃軒又綴》"五臺山凍泉"一條④，自稱此書失載，補錄於彼，其搜採可謂勤矣。錄而存之，亦足以資考訂。至於陸羽舊本，廷燦雖用以弁首，而其書久已別行，未可以續補之書掩其原目。故今刊去不載，惟錄廷燦之書焉。

【彙訂】

① 康熙五十七年棣華書屋刻本《藝菊志》八卷，題"嘉定陸廷燦扶照氏輯"。雍正十三年壽椿堂刻本《南村隨筆》六卷，題"嘉定陸廷燦扶照"。可知"秩昭"當為"扶照"之誤。（杜澤遜：《讀〈四庫提要〉隨記》）

② "即"，殿本無。

③ "而徵引繁富，觀"，殿本無。

④ "紫桃軒又綴"，殿本作"紫桃軒雜綴"，誤。此條見於《紫桃軒又綴》卷三，《南村隨筆》卷六亦引作《紫桃軒又綴》。

煎茶水記一卷（內府藏本）

唐張又新撰。又新字孔昭，深州陸澤人。司門員外郎薦之曾孫，工部侍郎薦之子也。元和九年進士第一，案，本傳但稱元和中及進士高第。知為九年者，據此書中所述；知為第一者，據元人所編《氏族大全》稱其狀元及第也。歷官右補闕。黨附李逢吉，為"入關十六子"之一。逢吉出為山南東道節度使，以又新為行軍司馬。坐田伾事，貶江州刺史。<small>案新、舊《唐書》皆云汀州刺史，而書中自稱"刺九江"，則為江州無疑，以二字形近而譌也。《書錄解題》作涪州，則更誤矣。</small>後又夤緣李訓，遷刑部郎中，為申州刺史。訓死，復坐貶，終於左司郎中。事蹟具《新唐書》本傳。其書前列刑部侍郎劉伯芻所品七水，次列陸羽所品二十水。云元和九年初成名時，在薦福寺得於楚僧，本題曰《煮茶記》，乃代宗時湖州刺史李季卿得於陸羽口授。後有葉清臣《述煮茶泉品》一篇，歐陽修《大明水記》一篇，《浮槎山水記》一篇。考《書錄解題》載此書，已稱《大明水記》載卷末，則宋人所附入也。清臣所記，稱又新此書為《水經》。案《太平廣記》三百九十九卷引此書，亦稱《水經》。或初名《水經》，後來改題，以別酈道元所誌歟①？修所記極詆又新之妄，謂與陸羽所説皆不合。今以《茶經》校之，信然。又《唐書》羽本傳稱："李季卿宣慰江南，有薦羽者，召之。羽野服挈具而入，季卿不為禮。羽愧之，更著《毀茶論》。"則羽與季卿大相齟齬，又安有口授《水經》之理？殆以羽號善茶，當代所重，故又新託名歟？然陸游《入蜀記》曰："史志道餉谷簾水數器，真絕品也。甘腴清冷，具備諸美。前輩或斥水品以為不可信，水品固不必盡當。至谷簾泉，卓然非惠山所及，則亦不可誣也。"是游亦有取於是書矣。

【彙訂】

① 殿本"所"上有"之"字。

北山酒經三卷（安徽巡撫採進本）

宋朱翼中撰①。陳振孫《書錄解題》稱大隱翁，而不詳其姓氏。考宋李保有《續北山酒經》，與此書並載陶宗儀《説郛》。保自敍云："大隱先生朱翼中，著書釀酒，僑居湖上。朝廷大興醫學,起為博士。坐書東坡詩,貶達州。"則大隱固翼中之自號也。是編首卷為總論,二、三卷載製麴造酒之法頗詳。《宋史·藝文志》作一卷,蓋傳刻之誤。《說郛》所採僅總論一篇,餘皆有目無書,則此固為完本矣。明焦竑原序稱:"於田氏《留青日札》中考得作者姓名。"似未見李保序者。而程百二又取保序冠於此書之前,標曰《題〈北山酒經〉後》,亦為乖誤。卷末有袁宏道《觴政》十六則,王績《醉鄉記》一篇,蓋胡之衍所附入。然古來著述,言酒事者多矣。附錄一明人,一唐人,何所取義? 今併刊除焉。

【彙訂】

① 翼中為朱肱之字,當題為宋朱肱撰,方合全書之例。(胡玉縉:《四庫全書總目提要補正》)

酒譜一卷(浙江鮑士恭家藏本)

宋竇苹撰。苹字子野,汶上人。晁公武《讀書志》載苹有《新唐書音訓》四卷,在吳縝、孫甫之前,當為仁宗時人①。公武稱其學問精博,蓋亦好古之士。別本有刻作"竇革"者,然詳其名字,乃有取於《鹿鳴》之詩,作"苹"字者是也。其書雜敘酒之故事,寥寥數條,似有脫佚。然《宋志》著錄,實作一卷。觀其始於酒名,終於酒令,首尾已具,知原本僅止於此②。大抵摘取新穎字句,以供採掇,與譜錄之體亦稍有不同。其引杜甫《少年行》"醉倒終同臥竹根"句,謂以竹根為飲器。考庾信詩有"山杯捧竹根"句,苹所說不為杜撰。然核甫詩意,究以醉臥於竹下為是。苹之所說,姑存以備異聞可也。

【彙訂】

① 衢本《郡齋讀書志》史評類《唐書音訓》條載:"苹,元豐中

為詳斷官,相州獄起,坐議法不一,下吏。蔡確笞掠之,誣服,遂廢死。"是書後有苹自跋,末題甲子六月在衡陽次公寔子野題,甲子為元豐七年。《續資治通鑑長編》卷四百五十四元祐六年正月載大理司直寔苹等言大理寺事,則寔苹元祐間尚存,顯為神宗時人。(余嘉錫:《四庫提要辨證》)

②此書傳本有二,一僅載十二條,即《總目》著錄之本。另一本十二篇及《後記》一篇,然亦出刪節,尚非全帙。(昌彼得:《說郛考》)

糖霜譜一卷(內府藏本)

宋王灼撰。灼字晦叔①,號頤堂,遂寧人。紹興中嘗為幕官。是編凡分七篇。惟首篇題《原委第一》,敍唐大曆中鄒和尚始創糖霜之事。自第二篇以下,則皆無標題。今以其文考之,第二篇言以蔗為糖始末,言蔗漿始見《楚詞》,而蔗餳始見《三國志》。第三篇言種蔗。第四篇言造糖之器。第五篇言結霜之法。第六篇言糖霜或結或不結,似有運命,因及於宣和中供御諸事。第七篇則糖霜之性味及製食諸法也。蓋宋時產糖霜者,有福唐②、四明、番禺、廣漢、遂寧五地,而遂寧為最,灼生於遂寧,故為此譜。所考古人題咏,始於蘇、黃。案古人謂糟為糖,《晉書·何曾傳》所云"蟹之將糖,躁擾彌甚"是也。《說文》有"飴"字,無"糖"字。徐鉉新附字中乃有之,然亦訓為飴,不言蔗造。鉉,五代宋初人也,尚不知蔗糖事。則灼所徵故實始於元祐,非疏漏矣。惟灼稱糖霜以紫色為上,白色為下,而今日所尚乃貴白而賤紫。灼稱糖霜須一年有半乃結,其結也以自然,今則製之甚易,其法亦不相同。是亦今古異宜,未可執後來以追議前人也③。

【彙訂】

①“晦叔”，底本作“海叔”，據殿本改。《直齋書錄解題》卷十“糖霜譜一卷”條、《郡齋讀書附志》“頤堂先生文集五十九卷碧雞漫志一卷長短句一卷祭文一卷”條均作“晦叔”。

②“有”，殿本無。

③“今日貴白而賤紫”者乃沙糖，此譜所載糖霜乃冰糖。

（余嘉錫：《四庫提要辨證》）

右譜錄類“食譜”之屬，十部，十九卷，皆文淵閣著錄。

案，《齊民要術》備載飲食烹飪之法，故後之類於是者，悉入“農家”。其實賈思勰所言，閭閻日用之常耳。至於天廚珍膳、方州貢品，連而入之，則非農家所有事矣。故諸書有可連類及者，“書儀”可附“禮”之類是也；有不可連類及者，“曲韻”不可附“小學”之類是也。今於近似“農家”者並改隸“譜錄”，俾均不失其實焉①。

【彙訂】

①“焉”，殿本無。

洛陽牡丹記一卷（浙江鮑士恭家藏本）

宋歐陽修撰。修有《詩本義》，已著錄，是《記》凡三篇。一曰《花品》，敘所列凡二十四種。二曰《花釋名》，述花名之所自來。三曰《風俗記》，首略敘遊宴及貢花，餘皆接植栽灌之事。文格古雅有法，蔡襄嘗書而刻之於家，以拓本遺修。修自為跋，已編入《文忠全集》，此其單行之本也。周必大作《歐集考異》，稱：“當時士大夫家有修《牡丹譜》印本，始列花品，敘及名品，與此卷前兩篇頗同。其後則曰敘事、宮禁、貴家、寺觀、府署、元白詩、譏鄙、吳蜀、詩集、記異、雜記、本朝、雙頭花、進花、丁晉公、《續花譜》,凡十六門,萬餘言。後有梅堯臣跋,其妄尤甚,蓋出假託。"云云。據此,是宋時尚別有一本。《宋史·藝文志》以《牡丹譜》著錄而不稱《牡丹記》,蓋已誤承其譌矣。

揚州芍藥譜一卷(浙江鮑士恭家藏本)

宋王觀撰。觀字達叟,如皋人。熙寧中,嘗以將仕郎守大理寺丞,知揚州江都縣事。在任為《揚州賦》上之,大蒙褒賞,賜緋衣銀章,見《嘉靖維揚志》中。汪士賢刻入《山居雜志》,題為"江都人"者誤也。揚州芍藥,自宋初名於天下。《宋史·藝文志》載為之譜者三家,其一孔武仲,其一劉攽,其一即觀此譜。孔、劉所述,世已無傳,僅陳景沂《全芳備祖》載有其略[1]。今與此《譜》相較,其所謂"三十一品前人所定"者,實即本之於劉《譜》。惟劉《譜》有"妒裙紅"一品,此《譜》改作"妒鵝黃",又略為移易其次序。其劉《譜》所無者,新增八種而已。又觀後論所稱[2]:"或者謂唐張祐、杜牧、盧仝之徒居揚日久,無一言及芍藥,意古未有如今之盛。"云云,亦即孔《譜》序中語,觀蓋取其義而翻駁之。至孔《譜》謂"可紀者三十有三種",具列其名,比劉《譜》較多二種。今《嘉靖維揚志》尚載其原目,亦頗有異同云。

【彙訂】

① 孔武仲《芍藥譜》,《能改齋漫錄》卷十五具載其文,劉攽《芍藥花譜》亦收入《事文類聚》後集卷三十,皆不僅見於《全芳備祖》。(余嘉錫:《四庫提要辨證》)

② "所",殿本無。

范村梅譜一卷(浙江鮑士恭家藏本)

宋范成大撰。成大有《桂海虞衡志》,已著錄[1]。此乃記所

居范村之梅,凡十二種。前有自序,稱:"於石湖玉雪坡既有梅數
百本,又於舍南買王氏僦舍七十楹,盡拆除之②,治為范村,以其
地三分之一與梅。吳下栽梅特盛,其品不一,今始盡得之,隨所
得為之譜。"蓋記其別業之所有,故以"范村"為目也。梅之名雖
見經典,然古者不重其花,故《離騷》徧詠香草,獨不及梅。《説
苑》始有越使執一枝梅遺梁王事,其重花之始歟? 六朝及唐遞相
賦詠,至宋而遂為詩家所最貴。然其裒為譜者,則自成大是編
始。其所品評,往往與後來小異。如緑萼梅今為常產,而成大以
為極難得,是蓋古今地氣之異,故以少而見珍也。又楊无咎畫
梅,後世珍為絕作,而成大後序乃謂其畫"大略皆如吳下之氣條,
雖筆法奇峭,去梅實遠",與宋孝宗詆无咎為"村梅"者所論相近。
至嘉熙、淳祐閒,趙希鵠作《洞天清祿》③,始稱:"江西人得无咎
一幅梅,價不下百千匹。"是又貴遠賤近之證矣。《通考》以此書
與所作《菊譜》合為一編,題曰《范村梅菊譜》二卷。然觀其自序,
實別為書,今故仍分著於錄焉。

【彙訂】

① 依《總目》體例,當作"成大有《驂鸞錄》,已著錄"。

② "拆除",殿本作"折除",誤,參原序。

③ 趙希鵠所著書名當為《洞天清祿集》,說詳卷一二三《洞
天清錄》條注。約紹熙元年(1190)左右撰成。(俞劍華:《中國
古代畫論類編》;謝巍:《中國畫學著作考錄》)

劉氏菊譜一卷(浙江鮑士恭家藏本)

宋劉蒙撰。蒙,彭城人①,仕履未詳。自序中載崇寧甲申為
龍門之游,訪劉元孫所居,相與訂論,為此譜。蓋徽宗時人。故

王得臣《麈史》中已引其説。焦竑《國史經籍志》列於范成大之後者[②]，誤也。其書首譜敘，次説疑，次定品，次列菊名三十五條，各敘其種類形色而評次之，以龍腦為第一，而以雜記三篇終焉。書中所論諸菊名品，各詳所出之地，自汴梁以及西京、陳州、鄧州、雍州、相州、滑州、鄜州、陽翟諸處，大抵皆中州物產，而萃聚於洛陽園圃中者，與後來史正志、范成大等南渡之後拘於疆域，偏志一隅者不同。然如金鈴、金錢、酴醾諸名，史、范二《志》亦載，意者本出河北而傳其種於江左歟？其《補意篇》中謂："掇接治療之方，栽培灌種之宜，宜觀於方册而問於老圃，不待余言也。"故惟以品花為主，而他皆不及焉。

【彙訂】

①《建炎以來繫年錄》卷九載劉蒙乃山東濱州人。彭城者，著郡望也。（陸心源：《儀顧堂題跋》）

②"范成大之"，殿本作"范村菊譜"。

史氏菊譜一卷（浙江鮑士恭家藏本）

宋史正志撰。正志字志道，江都人。紹興二十一年進士，累除司農丞。孝宗朝歷守廬、揚、建康，官至吏部侍郎。歸老姑蘇，自號吳門老圃。所著有《清暉閣詩》、《建康志》、《菊圃集》諸書，今俱失傳。此本載入左圭《百川學海》中，《宋史·藝文志》亦著於錄。所列凡二十七種。前有自序，稱："自昔好事者，為牡丹、芍藥、海棠、竹筍作譜記者多矣，獨菊花未有為之譜者，余姑以所見為之。"云云[①]。然劉蒙《菊譜》先已在前，正志殆偶未見也。末有後序一首，辯王安石、歐陽修所爭《楚詞》"落英"事，謂菊有落有不落者，譏二人於草木之名未能盡識。其說甚詳，是可以息兩家之爭。至於引《詩‧訪落》之語,訓"落"為"始",雖亦根據《爾雅》,則反為牽合其文,自生蛇足。上句"木蘭之墜露","墜"字又作何解乎?英落不可餐,豈露墜尚可飲乎?此所謂以文害詞者也。

【彙訂】

① "姑",底本作"故",據原序及殿本改。

范村菊譜一卷(浙江鮑士恭家藏本)

宋范成大撰。記所居范村之菊,成於淳熙丙午。蓋其以資政殿學士領宮祠家居時作。自序稱所得三十六種,而此本所載凡黃者十六種,白者十五種,雜色四種,實止三十五種,尚闕其一,疑傳寫有所脫佚也。菊之種類至繁,其形色幻化不一,與芍藥、牡丹相類,而變態尤多。故成大自序稱:"東陽人家菊圃多至七十種,將益訪求他品為後譜也。"今以此《譜》與史正志《譜》相核,其異同已十之五六,則菊之不能以譜盡,大概可覩。但各據耳目所及以記一時之名品,正不必以挂漏為嫌矣。至種植之法,《花史》特出"芟蕊"一條,使一枝之力盡歸一蕊,則開花尤大。成大此《譜》乃以一榦所出數千百朵婆娑團植為貴,幾於俗所謂"千頭菊"矣。是又古今賞鑒之不同,各隨其時之風尚者也。又案謝采伯《密齋筆記》稱:"《菊譜》,范石湖略,胡少瀹詳。"今考胡融《譜》尚載史鑄《百菊集譜》中,其名目亦互有出入。蓋各舉所知,更無庸以詳略分優劣耳。

百菊集譜六卷菊史補遺一卷(浙江鮑士恭家藏本)①

宋史鑄撰。鑄字顏甫,號愚齋,山陰人,即嘉定丁丑註王十朋《會稽三賦》者也。是書於淳祐壬寅成五卷。越四年丙午,續得赤城胡融《譜》，乃移原書第五卷為第六卷，而摭融《譜》為第五卷。又四年庚戌，更為《補遺》一卷。觀其自題，作《補遺》之時，已改名為《菊史》矣。而此仍題《百菊集譜》，豈當時刊版已成，不能更易耶？首列諸菊名品一百三十一種，附註者三十二種，又一花五名，一花四名者二種，冠於簡端，不入卷帙。第一卷為周師厚、劉蒙、史正志、范成大四家所譜，第二卷為沈競《譜》及鑄所撰新譜，三卷為種藝、故事、雜說、方術、辨疑及古今詩話，四卷為文章詩賦，五卷即所增胡融《譜》及栽植事實，附以張栻《賦》及杜甫詩話一條，六卷為鑄咏菊及集句詩，《補遺》一卷則雜採所續得詩文類也。書不成於一時，故編次頗無體例，然其蒐羅可謂博矣。

【彙訂】

① 文淵閣《四庫》本尚有卷首一卷。（沈治宏：《中國叢書綜錄訂誤》）

金漳蘭譜三卷（浙江范懋柱家天一閣藏本）

宋趙時庚撰。時庚為宗室子，其始末未詳。以時字聯名推之，蓋魏王廷美之九世孫也。是書亦載於《說郛》中，而佚其下卷。此本三卷皆備，獨為完帙，其敍述亦頗詳贍，大抵與王貴學《蘭譜》相為出入。若"大張青"、"蒲統領"之類，此書但列其名及華葉根莖而已。王氏《蘭譜》則詳其得名之由，曰："'大張青'者，張其姓，讀書巖谷得之。'蒲統領'者，乃淳熙間蒲統領引兵逐寇，至一所得之。"記載互相詳略，亦足見著書之不剿說也。首有紹定癸巳時庚自序，末又有嬾真子跋語。考嬾真子乃馬永卿別號，永卿受業劉安世，為北宋末人，不應紹定時尚在，殆別一人而號偶同耳①。

【彙訂】

①《説郛》本為一卷,即《四庫》本上、中二卷(下卷實為趙氏著《蘭譜奥法》),自序後附己卯歲嬾真子李子謹跋。(昌彼得:《説郛考》)

海棠譜三卷(浙江鮑士恭家藏本)

宋陳思撰。思有《寶刻叢編》,已著錄。此書不見於《宋史·藝文志》,惟焦竑《國史經籍志》載有三卷,與此本合。前有開慶元年思自序,上卷皆錄海棠故實,中、下二卷則錄唐、宋諸家題咏。而栽種之法,品類之別,僅於上卷中散見四五條。蓋數典之書,惟以隸事為主者,然搜羅不甚賅廣。今以《錦繡萬花谷》、《全芳備祖》諸書所類海棠事相較,其故實似稍加詳,而題咏則多闕略。如唐之劉禹錫、賈島,宋之王珪、楊繪、朱子、張孝祥、王十朋諸家,為陳景沂所收者,此書並未錄及①。然如張泊、程琳、宋祁、李定之類,亦有此書所有而陳氏脱漏者。蓋當時坊本各就所見裒集成書,故互有詳略。以宋人舊帙,姑並存之以資參核云爾。

【彙訂】

①“並”,殿本作“皆”。

荔枝譜一卷(浙江鮑士恭家藏本)

宋蔡襄撰。是編為閩中荔枝而作,凡七篇。其一原本始,其二標尤異,其三誌賈鬻,其四明服食,其五慎護養,其六時法制,其七別種類。嘗手寫刻之,今尚有墨版傳於世①。亦載所著《端明集》中,末有“嘉祐四年歲次己亥秋八月二十日莆陽蔡某述”十九字②,而此本無之。案其年月,蓋自福州移知泉州時也。荔枝之有譜自襄始③,敍述特詳,詞亦雅潔。而王世貞《四部稾》乃謂白樂天、蘇子瞻為荔枝傳神,君謨不及。是未知詩歌可極意形容,譜錄則惟求記實,文章有體,詞賦與譜錄殊也。襄詩篇中屢詠及荔枝,劉克莊《後村詩話》謂《四月池上》一首"荔枝纔似小青梅"句,即《譜》中之火山;《七月二十四日食荔枝》一首"絳衣仙子過中元"句,即《譜》中之中元紅;《謝宋評事》一首"兵鋒却後知神物"句,即《譜》中之宋公荔枝。蓋劉亦閩人,故能解其所指,知其體物之工。洪邁《容齋隨筆》又謂:"方氏有樹結實數千顆,欲重其名,以二百顆送蔡忠惠,紿以常歲所產止此。蔡為目之曰'方家紅',著之於《譜》。自後華實雖極繁茂,逮至成熟,所存未嘗越二百,遂成語讖。"云云。其事太誕,不近理,殆好事者謬造斯言。然亦足見當時貴重此《譜》,故有此附會矣。

【彙訂】

①"墨版",殿本作"石本"。此書有宋刻、宋拓傳世。

②"蔡某",殿本作"蔡襄"。

③鄭熊《廣中荔枝譜》早於此書。吳曾《能改齋漫錄》卷十五《荔枝譜》條載:"蔡君謨守福堂,以閩中荔枝著譜,而鄭熊嘗記廣中荔枝二十二種。"可證鄭譜在前。(王毓瑚:《中國農學書錄》;馮秋季:《〈中國農學書錄〉補正六則》)

橘錄三卷(浙江鮑士恭家藏本)

宋韓彥直撰。彥直字子溫,延安人。蘄忠武王世忠之長子。登紹興十八年進士,官至龍圖閣學士,提舉萬壽觀。以光祿大夫致仕,封蘄春郡公。事蹟附見《宋史》世忠傳。此譜乃淳熙中知溫州時所作。《宋史·藝文志》、焦竑《國史經籍志》俱作《永嘉橘錄》,卷數與此本相合。《文獻通考》作"一卷",蓋字之誤也。彥直有才略,而文學亦優。嘗輯宋朝故事,名《水心鏡》,凡一百六十餘卷,為尤袤所稱,今不傳。是《錄》亦頗見條理。上卷載柑品八,橙品一;中卷載橘品十八①,以泥山乳柑為第一;下卷則言種植之法,皆詳贍可觀。陳景沂作《全芳備祖》,引彥直此《錄》,謂其"但知乳柑出於泥山,而不知出於天台之黃巖,出於泥山者固奇,出於黃巖者尤天下之奇"云云。蓋景沂家本天台,故自夸飾土產,不知彥直是《錄》專記永嘉,不當借材於異地也。其亦昧於著作之體矣。

【彙訂】

① 書中記述柑八種,橘十四種,柳丁之屬同橘近似者五種。（王毓瑚:《中國農學書錄》）

竹譜一卷（內府藏本）

舊本題晉戴凱之撰。晁公武《郡齋讀書志》云:"凱之字慶預①,武昌人。"又引李淑《邯鄲圖書志》②,謂不知何代人。案《隋書·經籍志》"譜系類"中有《竹譜》一卷,不著名氏。《舊唐書·經籍志》載入農家,始題戴凱之之名,然不著時代。左圭《百川學海》題曰晉人,而其字則曰"慶豫"。預、豫字近,未詳孰是。其曰晉人,亦不知其何所本。然觀其以"崙"韻"年、船",以"邦"韻"同、功",猶存古讀;註中音訓皆引《三蒼》,他所援引如虞豫《會稽典錄》、常寬《蜀志》、徐廣《雜記》、沈瑩《臨海水土異物志》③、郭璞《山海經註》、《爾雅註》,亦皆晉人之書,而《尚書》"篠簜既敷",猶用鄭元"筱,箭竹。簜,大竹"之註,似在孔《傳》未盛行以前。雖題為晉人別無顯證,而李善註馬融《長笛賦》已引其"籠

鐘"一條,段公路《北户錄》引其"篨必六十①,復亦六年"一條,足
證為唐以前書。惟《酉陽雜俎》稱《竹譜》竹類三十九,今本乃七
十餘種,稍為不符,疑《酉陽雜俎》傳寫誤也。其書以四言韻語記
竹之種類,而自為之註,文皆古雅。所引《黄圖》一條,今本無之,
與徐廣註《史記》所引《黄圖》均為今本不載者,其事相類,亦足證
作是書時《黄圖》舊本猶未改修矣。舊本傳刻頗多譌脱,如"蓋竹
所生,大抵江東,上密防露,下疎來風,連畝接町,竦散岡潭"六
句,"潭"字於韻不協。雖"風"字據《詩·衛風》有"孚金切"一讀,
於古音可以協"潭",而"東"字則萬無協理,似乎"潭岡散竦"四字
誤倒其文。以"竦"韻"東、風",猶劉琨詩之以"叟"韻"璆",潘岳
詩之以"荷"韻"歌"也。然諸本並同,難以臆改。凡斯之類,皆姑
仍其舊焉。

【彙訂】

①"慶預",殿本作"慶豫",誤,參衢本《郡齋讀書志》卷十二
(袁本《後志》卷二)《竹譜》條原文。

② 底本"志"下有"云"字,據殿本删。

③ 據《三國志·吴志·孫皓傳》及裴松之注,沈瑩亡於280
年。然書中記"晉安"、"侯官"地名皆入晉後更名,《藝文類聚》、
《太平御覽》等所引同。故此書當成於晉代,非沈瑩所撰,或柳榮
之誤。(徐三見:《〈臨海水土異物志〉作者質疑》)

④"六十",殿本作"六年",誤。此書"篨必六十,復亦六年"
條云:"竹六十年一易根,易根輒結實而枯死。其實落土,復生六
年,遂成町。竹謂死為篨,篨音紵。"《北户錄》卷二"斑皮竹筍"條
云:"《竹譜》曰:'竹不剛不柔,非草非木,篨必六十,篛亦六年。'
是也。"

筍譜一卷（內府藏本）

不著撰人名氏。晁公武《讀書志》作僧惠崇撰，陳振孫《書錄解題》作僧贊寧撰。案惠崇為宋初"九僧"之一，工於吟咏，有《句圖》一卷。又工於畫，《黃庭堅集》有題其所作《蘆雁圖》詩，然不聞曾作是書。考《宋史·藝文志》亦作贊寧，則振孫説是也。贊寧，德清高氏子，出家杭州龍興寺。吳越王錢鏐署為兩浙僧統。宋太宗嘗召對於滋福殿，詔修《高僧傳》。咸平中，加右街僧錄。至道二年卒，謚曰圓明大師①。所著《物類相感志》，歲久散佚，世所傳者皆贋本，惟此書猶其原帙。書分五類，曰一之名，二之出，三之食，四之事，五之説，其標題蓋仿陸羽《茶經》。援據奧博，所引古書多今世所不傳，深有資於考證。三之食以前皆有註，似所自作。然"筍汁煮羹"一條，註乃駁正其説，以為羹不如蒸，又似後人之所附益，不可考矣。王得臣《麈史》曰："僧贊寧為《筍譜》甚詳，掎摭古人詩詠，自梁元帝至唐楊師道，皆詩中言及筍者，惟孟蜀時學士徐光溥等二人絕句，案此數句似有脱文，今姑仍其舊。亦可謂勤篤②，然未盡也。如退之《和侯協律詠筍》二十六韻，不收何耶？豈寧忿其排釋氏而私懷去取耶，抑文公集當時未出乎？不可知也。"云云。今檢譜中，果佚是作。然以一人之耳目而採摭歷代之詩歌，一二未周，勢所必有，不足為是書病也。

【彙訂】

①《總目》所述頗有缺誤：一，至道三年之次年為咸平元年，若至道二年已卒，不應在咸平中加右街僧錄。二，宋潛説友《咸淳臨安志》卷七十《贊寧傳》謂："真宗召對賜坐，以為右街僧錄，三年遷左街。"宋官制左尊於右，贊寧終於左街僧錄，不應只稱右街。三，據王禹偁《小畜集》卷二十《右街僧錄通惠大師文集序》，

贊寧生唐天佑十六年己卯(919)，至錢鏐卒時(932)才十四歲，雖已為僧，但聲譽未隆，豈能為兩浙僧統？據王《序》為僧統乃在錢元瓘、錢佐、錢俶之世。四，諡圓明大師，依文意，即在卒年。然據《咸淳臨安志》，乃徽宗崇寧三年追賜。五，王禹偁甚敬仰贊寧，《序》稱讚寧年已八十二，而頌其"視聽不衰"，未言其"圓寂"。據僧文瑩《湘山野錄》卷下稱讚寧"壽八十四"，可推知歿於咸平五年(1002)，非卒於至道二年(996)。陳垣《釋氏疑年錄》卷贊寧條，作"咸平四年卒，年八十三"。注謂生年據王禹偁《序》，卒年據《釋門正統》。按，《釋門正統》為沙門宗鑒，於南宋嘉熙年間撰集，見丁福保《佛學大辭典》"釋門正統"條；僧文瑩撰《湘山野錄》在北宋熙寧中，文瑩之時代較近贊寧，其所記自較宗鑒為確。陳氏未提《湘山野錄》，蓋未留意其記贊寧之年壽也。（楊武泉：《四庫全書總目辨誤》）

②據石研齋秦氏舊藏鈔本《塵史》，"惟"當作"雖"，"亦"下脫"收之"二字。（俞宗憲校點：《塵史》）

菌譜一卷（浙江鮑士恭家藏本）

宋陳仁玉撰。仁玉字碧棲，台州仙居人。擢進士第。開慶中官禮部郎中，浙東提刑，入直敷文閣。嘉定中重刊《趙清獻集》，其序即仁玉所作。其事蹟則無考矣。是編成於淳祐乙巳，前有自序。案葉夢得《避暑錄話》曰："四明、溫、台山谷之閒多產菌。"又周密《癸辛雜識》曰："天台所出桐蕈，味極珍，然致遠必漬以麻油，色味未免頓減。諸謝皆台人，尤嗜此品，乃併舁桐木以致之，旋摘以供饌。"是南宋時台州之菌為食單所重。故仁玉此譜備述其土產之名品，曰合蕈，曰稠膏蕈，曰栗殼蕈，曰松蕈，曰竹蕈，曰麥蕈，曰玉蕈，曰黃蕈，曰紫蕈，曰四季蕈，曰鵝膏蕈，凡十一種。各詳所生之地，所採之時與其形狀色味，然不及桐蕈，則未喻其故也。案《爾雅·釋草》曰"中馗菌"，郭璞註曰"地蕈也"，《呂氏春秋》稱"和之美者，越駱之菌"，是菌自古入食品。然為物頗微，類事者多不之及，陳景沂《全芳備祖》僅載二條。存此一編，亦博物之一端也。末附解毒之法，以苦茗白礬匀新水咽之，與張華《博物志》、陶宏景《本草註》以地漿治之者法又不同。可以互相參證，亦有裨於醫療焉。

御定廣羣芳譜一百卷

康熙四十七年聖祖仁皇帝御定。蓋因明王象晉《羣芳譜》而廣之也。凡改正其門目者三，以《天譜》、《歲譜》併為《天時記》，惟述物候榮枯。而《天譜》之雜述災祥，《歲譜》之泛陳節序者，俱删不錄。其《鶴魚》一譜，無關種植，亦無關民用，則竟全删。改正其體例者四，原本分條標目，前後參差，今每物先釋其名狀，次徵據事實，統標曰"彙考"；詩文題詠，統標曰"集藻"；製用移植諸法，統標曰"別錄"；其"療治"一條，恐參校未精，泥方貽誤，亦竟刊除。至象晉生於明季，不及見太平王會之盛。今則流沙蟠木，盡入版圖，航海梯山，咸通職貢。凡殊方絕域之產，古所未聞者，俱一一詳載，以昭聖朝之隆軌。又象晉以田居閒適，偶爾著書，不能窺天祿石渠之祕，考證頗疏。其所載者又多裨販於《花鏡》、《圃史》諸書，或迷其出處，或舛其姓名，譌漏不可殫數。今則紬東觀之藏，開西崑之府，並溯委窮源，詳為補正，以成博物之鴻編。賜名《廣羣芳譜》，特聖人襃纖芥之善，不没創始之功耳。實則新輯者十之八九，象晉舊文僅存十之一二也。

禽經一卷（內府藏本）

舊本題師曠撰，晉張華註。漢、隋、唐諸志及宋《崇文總目》皆不著錄。其引用自陸佃《埤雅》始，其稱師曠亦自佃始，其稱張華註則見於左圭《百川學海》所刻。考書中"鷦鴟"一條稱晉安曰懷南，江右曰逐隱，春秋時安有是地名？其偽不待辨。張華晉人，而註引顧野王《瑞應圖》、任昉《述異記》[①]，乃及見梁代之書，則註之偽亦不待辨。然其中又有偽中之偽。考王楙《野客叢書》載《埤雅》諸書所引而楙時之本無之者，如"鶴以怨望，鷗以貪顧，雞以嗔睨，鴨以怒瞋[②]，雀以猜瞿，燕以狂昐，鶯以喜囀，烏以悲啼，鳶以飢鳴，鶴以潔唳，梟以凶叫，鷗以愁嘯"、"鵝飛則蜮沈，鶏鳴則蚓結"、"鵲俯鳴則陰[③]，仰鳴則晴"、"陸生之鳥咮多銳而善啄，水生之鳥咮多圓而善唼"、"短腳者多伏，長腳者多立"，凡數十條。是楙所見者非北宋之本。又楙書中辨"鶯遷"一條，引《禽經》"鸎鳴嚶嚶"；辨杜詩"白鷗沒浩蕩"一條[④]，引《禽經》"鳧善沒，鷗善浮"；辨葉夢得詞"睡起啼鶯語"一條，引《禽經》"啼鶯解語，流鶯不解語"，今本又無之。馬驌《繹史》全錄此書，而別取《埤雅》、《爾雅翼》所引今本不載者，附錄於末，謂之《古禽經》。今考所載，楙已稱《禽經》無其文者凡三條，其餘尚有"青鳳謂之鶡，赤鳳謂之鶉，黃鳳謂之焉，白鳳謂之肅[⑤]，紫鳳謂之鷟"、"鶴愛陰而惡陽，雁愛陽而惡陰"、"鶴老則聲下而不能高，近而不能遼旋"、"目其名鸐，方目其名鴟，交目其名鵰"、"鳥之小而鷙者皆曰隼，大而鷙者皆曰鳩"、"烏鳴啞啞，鶯鳴嚌嚌，鳳鳴喈喈，凰鳴啾啾，雉鳴鷕鷕[⑥]，雞鳴咿咿，鸎鳴嚶嚶，鵲鳴唶唶，鴨鳴呷呷，鵠鳴哠哠，鶏鳴唄唄[⑦]"、"却近翠者能步，却近蒲者能擲"、"朱鳶不攫肉，朱鷺不吞腥"、"摯好風，鷂好雨[⑧]，鵝好霜，鷺好露"、"陸鳥曰棲,水鳥曰宿,獨鳥曰止,衆鳥曰集"、"鵝見異類差翅鳴,雞見同類拊翅鳴"、"雛上無尋,鵜上無常,雉上有文⑨,鷊上有赤"、"暮鳩鳴即小雨,朝鳶鳴即大風⑩"、"鷗鵲之信不如鷹,周周之智不如鴻"、"淘河在岸則魚没,沸河在岸則魚涌"、"雕以周之,鷺以就之,鷹以膺之,鵲以撠之,隼以尹之⑪"、"鴻雁愛力,遇風迅舉;孔雀愛毛,遇雨高止"、"雁曰翁,雞曰鶬,鶉曰鷹"、"鷹不擊伏,鵲不擊妊"、"一鳥曰佳,二鳥曰雔,三鳥曰朋,四鳥曰乘,五鳥曰雇,六鳥曰鵒,七鳥曰鴗,八鳥曰鸞,九鳥曰鳩,十鳥曰鶉"、"拙者莫如鳩,巧者莫如鵲"、"鵲見蛇則噪而貴,孔見蛇則宛而躍"、"山禽之咮多短,水禽之咮多長;山禽之尾多修,水禽之尾多促"、"衡為雀,虛為燕,火為鶉,亢為鶴"、"鸛生三子一為鶴,鳩生三子一為鶚"、"鷹好跱,隼好翔,鳧好没,鷗好浮"、"乾車斷舌則坐歌,孔雀拍尾則立舞,人勝之也;鸞入夜而歌,鳳入朝而舞,天勝之也"、"霜傅强枝,鳥以武生者少;雪封枯原,鳥以文死者多"、"雀交不一,雉交不再"、"冠鳥性勇,帶鳥性仁,纓鳥性樂"、"鵝鳥不登山,鷸鳥不踏土"諸條。其中有兩條為棥所摘引,餘亦不云無其文。則今所見者,又非棥所見之本矣。觀"雕以周之"諸語全類《字說》,疑即傳王氏學者所偽作⑫,故陸佃取之。此本為左圭《百川學海》所載,則其偽當在南宋之末⑬,流傳已數百年,文士往往引用。姑存備考,固亦無不可也。

【彙訂】

①"任昉",底本作"任昉",據殿本改。《總目》卷一四二著錄梁任昉撰《述異記》二卷。

②"雞以嗔睨鴨以怒瞋",殿本作"雞以睨視鴨以怒睨",誤,參《埤雅》卷六"鶴"條引《禽經》、《野客叢書》卷二十八"《禽經》"條。

③"鵲",殿本作"鸛",誤。《野客叢書》卷二十八"禽經"條引作"鵲"。《埤雅》卷六"鸛"條引作"鸛"。

④"白",殿本作"曰",誤,參杜甫《奉贈韋左丞丈二十二韻》詩原文。

⑤"黄鳳謂之焉白鳳謂之肅",殿本作"黄鳳謂之肅"。《繹史》卷一五九引《古禽經》作:"黄鳳謂之鸑,白鳳謂之鷫。"

⑥"鸗鸗",殿本作"嘒嘒"。《繹史》卷一五九引作"嚖嚖"。《埤雅》卷九"鴇"條、《爾雅翼》卷十七"鶩"條皆引作"鸗鸗"。

⑦"唄唄",殿本作"嗊嗊"。《繹史》卷一五九引作"唄唄"。《埤雅》卷九"鴇"條、《爾雅翼》卷十七"鶩"條皆引作"嗅嗅"。

⑧"鷊",殿本作"鴯",誤,參《繹史》卷一五九、《爾雅翼》卷十七"鷊鵯"條所引。

⑨"文",底本作"丈",據《繹史》卷一五九、《埤雅》卷六"雉"條所引及殿本改。

⑩"即",殿本作"則",誤,參《繹史》卷一五九、《埤雅》卷六"鳶"條所引。

⑪"尹",殿本作"伊",誤,參《繹史》卷一五九、《埤雅》卷八"隼"條所引。

⑫"作",殿本無。

⑬《遂初堂書目》譜録類載《禽經》一卷,又載别本《禽經》,是南宋初已有二本。(昌彼得:《説郛考》)

蟹譜二卷(浙江鮑士恭家藏本)

宋傅肱撰。肱字自翼,其自署曰怪山。陳振孫謂怪山乃越州之飛來山,則會稽人也。其書分上、下兩篇,前有嘉祐四年自序。而下篇"貪花"一條又引神宗時大臣趙姓者出鎮近輔事,而諱其名。考《宋史》,惟神宗熙寧初,樞密使、參知政事趙概嘗出知徐州,似即其事。則"嘉祐"當為"元祐"之譌。然《書錄解題》亦載是序為嘉祐四年,而趙概為北宋名臣,亦不容著貪墨聲,或刊本"神宗"字誤也。書中所錄皆蟹之故事,上篇多採舊文,下篇則其所自記,詮次頗見雅馴。所引《唐韻》十七條,尤足備考證。蓋其時孫愐原本尚存[1],故肱猶及見之云。

【彙訂】

[1] "尚存",殿本作"未佚"。

蟹略四卷(浙江鮑士恭家藏本)

宋高似孫撰。似孫有《剡錄》,已著錄[1]。是編以傅肱《蟹譜》徵事太略,因別加裒集。卷一曰蟹原、蟹象,卷二曰蟹鄉、蟹具、蟹品、蟹占,卷三曰蟹貢、蟹饌、蟹牒,卷四曰蟹雅、蟹志。賦咏每門之下分條記載,多取"蟹"字為目,而系以前人詩句。俞文豹《吹劍錄》嘗譏其誤以林逋"草泥行郭索,云木叫鉤輈"一聯為杜甫詩,今檢卷首《郭索傳》內,信然,殊為失於詳核。又《本草圖經》"蟹生伊洛池澤中"一語,"澤蟹"、"洛蟹"條下兩引之,亦為複出。又白居易詩"亥日饒鰕蟹"句,為傅肱《譜》中所原引,而此書"鰕蟹"條下乃反遺之。其餘編次,亦小有疎漏。特其採摭繁富,究為博雅,遺編佚句,所載尤多,視傅《譜》終為勝之云。

【彙訂】

[1] "似孫有《剡錄》,已著錄",殿本脫。

異魚圖贊四卷(浙江鮑士恭家藏本)

明楊慎撰。慎有《檀弓叢訓》,已著錄。是書前有嘉靖甲辰自序,稱:"西州畫史錄《南朝異魚圖》①,將補繪之。予閱其名多舛錯,文不雅馴。乃取萬震、沈懷遠《異物志》②,效郭璞、張駿之贊體,或述其成製,或演以新文。句中足徵,言表即見,不必張之粉繪,幨之蘔彩。"凡魚圖三卷,贊八十六首,異魚八十七種。附以海錯一卷,贊三十首,海物三十五種③。詞旨亦頗古雋,與宋祁《益部方物略》可以頡頏。惟詮釋名義,不過形容厓略,遽云可以代圖,未免自詡之過。且萬震《南州異物志》一卷、沈懷遠《南越志》五卷,僅見於《唐志》,《宋志》已不著錄,慎何從而見之? 尤出依託。亦就書論書,取其詞藻淹博而已矣。

【彙訂】

① "西州",殿本作"西川",誤,參原序。

② 殿本"遠"下有"之"字。

③ "贊八十六首異魚八十七種附以海錯一卷贊三十首海物三十五種",殿本作"共八十七種為贊八十六首附以海錯一卷共三十五種為贊三十首"。

異魚圖贊箋四卷(浙江巡撫採進本)

國朝胡世安撰。世安有《大易則通》,已著錄。楊慎《異魚圖贊》閒有自註,僅標所據書名,未暇備引其說。世安既為之補,又於崇禎庚午博採傳記以為之箋,徵引頗極繁富①。其名實舛互者,於目錄之中各為駁正,亦殊有辨證。惟貪多嗜博,挂漏轉多。或《贊》中所引而失註,如"赤鯉"下"務光憤世"之類;或自註明云據某書者而亦失證,如"魴魚"下"《河雒記》引諺"之類。而前代故實絕無關於名義者,乃支離曼衍,累牘不休,是微事之書,非復訓詁之體。然其搜採典籍,實為博贍,故殊形詭狀,一一皆有以考辨其源流。雖不免糅雜之譏,亦未始非識小之一助也。

【彙訂】

①"極",殿本作"為"。

異魚圖贊補三卷閏集一卷(浙江巡撫採進本)

國朝胡世安撰。是書前有自序,題萬曆戊午,乃其未第時所作。以楊慎《異魚圖贊》尚多所闕漏,因摭其遺脱,作為此編。凡魚類補一百五十四種,為贊五十七首,海錯類補三十八種,為贊二十八首。又《閏集》一卷,魚三十餘種,冠以摩竭、海多非常之魚,亦各為之贊。而其子璞及其門人雷珀等共加箋釋。《閏集》所載與目錄多不相應,前後舛互,贊文亦往往闕佚,疑當日修改未竟之本也。慎之作《贊》,雖屬文人游戲之筆,而源出郭璞,要自古雋可觀。世安續加仿傚,其徵據典博,亦不失為馴雅。與慎書相輔以行,於水族品目亦略備矣①。

【彙訂】

①"其徵據典博亦不失為馴雅與慎書相輔以行於水族品目亦略備矣",殿本作"徵據亦頗典博與慎書相輔以行正不以續貂為病矣"。

右譜錄類"草木鳥獸蟲魚"之屬,二十一部,一百四十五卷,皆文淵閣著錄。

子部二十六

譜 錄 類 存 目

銅劍贊一卷(浙江范懋柱家天一閣藏本)

梁江淹撰。淹字文通,濟陽考城人。官至散騎常侍、左衛將軍,封醴陵侯,謚曰憲。事蹟具《梁書》本傳①。齊永明中,掘地得古銅劍,淹因詮次劍事,考古人鑄兵用銅,後世鑄兵用鐵原委②,以為之讚。雖文止一篇,然《宋史·藝文志》、《文獻通考》皆著於錄,故附存其目焉③。

【彙訂】

①《梁書》卷十四江淹本傳載:"天監元年,為散騎常侍、左衛將軍,封臨沮縣開國伯,食邑四百戶……其年,以疾遷金紫光祿大夫,改封醴陵侯。"

② 殿本"原"上有"之"字。

③ 殿本"附"上有"今亦"二字。

蟫衣生劍記一卷(兩江總督採進本)

明郭子章撰。子章有《蟫衣生易解》,已著錄。是編皆記劍事,分上、下二篇。前有自序,謂上篇據劍之實者紀之,下卷則紀其寓言,如《莊子》所謂"天子劍"、"諸侯劍"之類是也。

劍筴二十七卷(内府藏本)

明錢希言撰。希言字簡棲,吳縣人[①]。是編所載皆歷代劍事,亦陶宏景《刀劍錄》之流。而採摭繁蕪,分類亦嫌冗瑣[②]。

【彙訂】

① 錢謙益《列朝詩集小傳》丁集下"錢山人希言"條云:"希言字簡棲,余之從高祖叔父也。少遇家難,避地之吳門,卒以窮死。予為買地,並先世數柩,葬之烏目山……又徵古今劍事,撰《劍筴》。"謙益為常熟人,烏目山即虞山,在常熟縣城之西北隅,見康熙《常熟縣志》卷二"山"篇。可知錢希言為常熟人。故同治《蘇州府志》卷九九載希言傳於《常熟縣·人物》,而吳縣《人物》篇無之。其居吳縣,乃因"少遇家難,避地"而至。錢希言《戲瑕》卷三"贋籍"條云:"《琅環記》傳是余邑桑民懌悦所藏。"桑悦為常熟人,見《明史·徐禎卿傳》。(楊武泉:《四庫全書總目辨誤》)

② "是編所載皆歷代劍事亦陶宏景刀劍錄之流而採摭繁蕪分類亦嫌冗瑣",殿本作"是編亦載歷代劍事採摭繁蕪分類尤為冗瑣"。

別本考古圖十卷(内府藏本)

宋吕大臨撰。大臨原書十六卷,已著錄。此本無《續圖》及《釋文》,乃元大德己亥茶陵陳翼子所重刊。附以諸家之考證,已非吕氏之舊,且亦自多謬誤。如河南張氏"戠敦"條下云:"愚案,前惟蓋存。"[①]又云:"形制與伯百父敦相似而無耳[②],圖像亦非蓋形,必是謬誤。"今考所云"惟蓋存"者,乃中言父旅敦,正作蓋形。

此條原文但有"形制與伯百父敦略相似"字，無"惟蓋存"字。翼子云云，非所刻大臨原本佚脱"惟蓋存"三字，即誤連上文為一條，以原文不譌為譌也③。明萬曆中，遂州鄭樸重刊之。新都楊明時繪圖及摹篆，而題其首曰："元默齋羅更翁考訂。"今考卷前陳才子序，稱："吾弟翼甫廣呂公好古素志，屬羅兄更翁臨本，且更翁刻以傳世，併採諸老辨證附左方。"則似繪圖、刊版並考證皆出更翁。至翼子序則云："命友臨本，刊譌刻傳，且採諸君子辨證附其下，或嗤予刌精努狗之器。"云云，則似臨圖及篆者為更翁，增考證者實翼子。兩序皆語意塞澀，其出誰手，竟不可明。今既未見茶陵刊版作何題署，姑闕疑焉可矣。

【彙訂】

①　據明初刻本此書卷三"戠敦"條原文，"前"下脱"云"字。

②　"伯百父敦"，殿本作"伯百父敦"，下同，誤，參"戠敦"條原文。

③　"翼子云云"至"以原文不譌為譌也"，殿本作"翼子所云殊為舛誤"。

紹興内府古器評二卷（内府藏本）

舊本題宋張掄撰。掄字材甫，履貫未詳。周密《武林舊事》載乾道三年三月高宗幸聚景園，知閤張掄進《柳梢青》詞，蒙宣賜。淳熙六年三月再幸聚景園，掄進《壺中天慢》詞，賜金盃盤法錦。是年九月，孝宗幸絳華宮，掄進《臨江仙》詞。則亦能文之士矣①。又王應麟《玉海》曰："張掄為《易卦補遺》，其說曰：'《易》以初、上二爻為定體，以中四爻為變。《繫辭》謂之中爻，先儒謂之互體。所謂雜物撰德，辨是與非，八卦互成，剛柔相易之道，非此無見焉。'"則掄亦留心於經術。又張端義《貴耳集》曰:"孝宗朝幸臣雖多,其讀書作文不減儒生,應制燕閒,未可輕視。當倉卒翰墨之奉,豈容宿撰。其人有曾覿、龍大淵、張掄、徐本中、王忭、劉弼,當時士大夫少有不游曾、龍、張、徐之門者。"則掄亦狎客之流。然《宋史·佞倖傳》僅有曾覿、龍大淵、王忭,不列掄等,則但以詞章邀寵,未亂政也。是書宋以來諸家書目皆不著錄。據書末毛晉跋稱,嘗得於范景文,景文得於于奕正。至奕正從何得之,則莫明所自。上卷凡九十八事,下卷凡九十七事,皆漢以前物。漢以後者惟梁中大同博山鑪一器②。其中如上卷之周文王鼎、商若癸鼎、父辛鼎、商持刀祖乙卣、周召父彝、商父辛尊、商父癸尊、商父庚觚、商持刀父己鼎、周淮父卣、周虎罍、周季父鼎、周南宮中鼎、商癸鼎、商瞿鼎、商貫耳弓壺、商亞虎父丁鼎、商祖戊尊、商兄癸卣、周己酉方彝、周觚棱壺、周戀女鼎、商子孫父辛彝、周叔液鼎、商父己鼎、周宰辟父敦、周刺公敦、周孟皇父彝③,下卷如商冀父辛卣、周舉己尊、商父丁尊、周仲丁壺、商父己尊、商象形饕餮鼎、商龍鳳方尊、周犧尊、商伯仲鼎、商夔龍饕餮鼎、周節鼎、周中鼎、周婦氏鼎、商提梁田鳳卣、漢麟瓶、周虬紐鍾、周樂司徒卣、漢獸耳圓壺、漢提梁小匾壺、商祖丙爵、商子孫己爵、周仲偁父鼎,皆即《博古圖》之文①,割剝點竄,詞義往往不通。其他諸器,亦皆《博古圖》所載。惟上卷商虎乳彝、周言鼎、周尹鼎、周獸足鼎,下卷商祖癸鼎、周乙父鼎、周公命鼎、周方鼎、商立戈父辛鼎、商父辛鼎,為《博古圖》所不收而已⑤。考《館閣續錄》所載南渡後古器儲藏祕省者,凡四百十八事,淳熙以後續降付四十事,別有不知名者二十三事。嘉定以後續降付八十三事。與此書所錄,數既不符⑥,而此書所載商冀父辛卣、父辛鼎、周南宮中鼎、周繼女鼎，皆嘉定十八年十一月所續降付，何以先著錄於紹興中⑦？其為明代妄人剽《博古圖》而偽作，更無疑義。毛晉刻入《津逮祕書》，蓋未詳考其文也。

【彙訂】

① "矣"，殿本無。

② 卷下收梁博山爐，乃"中大通二年太歲庚戌（530）"時器，作"中大同"誤。（李裕民：《四庫提要訂誤》）

③ 父辛鼎，當作父辛卣。商父辛尊，當作商人辛尊。商父癸尊，《博古圖》作商父癸卣。周季父鼎，當作周季婦（婦乃媜之誤）鼎。商瞿鼎，當作商父瞿鼎。周孟皇父彝，當作周孟皇父匜。（容庚：《宋代吉金書籍述評》）

④ 其商父辛尊、商父癸尊、周虎罍、商貫耳弓壺、商兄癸卣、周己酉方彝、周觚棱壺、周繼女鼎、商象形饕餮鼎、商伯仲（中）鼎、周中鼎、漢麟瓶、商子孫己爵，皆與《博古圖》大異。周舉己尊，《博古圖》且未著錄。商立戈鼎與周節鼎等器考錄文字皆與《博古圖》迥異。（容庚：《宋代吉金書籍述評》；曾貽芬、崔文印：《中國歷史文獻學史述要》）

⑤ 此書之為《博古圖》所不收者，尚有周父戊瓵、周公卣、商父乙敦蓋、商祖庚爵、商父丁舉卣、周亞乳彝、周山雷爵、周龐尊、商山花尊、商尊、周鍾、周寶鬲、周季姬鬲、商祖辛尊等。（容庚：《宋代吉金書籍述評》）

⑥ 據《館閣續錄》所載器數以疑《古器評》，猶據《鐵圍山叢談》所云"政和間，尚方所貯至六千餘數百器"以疑《博古圖錄》。（同上）

⑦ 冀父辛卣等四器，《博古圖》已著於錄，不必待續降付而後知。（同上）

焦山古鼎考一卷(兩江總督採進本)

題云王士祿圖釋,林佶增益,實則張潮所輯也。潮字山來,徽州人。焦山古鼎久已不存,世僅傳其銘識①。士祿所據者,程邃之本,佶所據者,徐焌之本,二本互有得失。潮則又就寺中重刻石本為之,益失真矣。

【彙訂】

① 焦山古鼎未佚。(許瀚:《讀四庫全書提要志疑》)

古奇器錄一卷(內府藏本)

明陸深撰。深有《南巡日錄》,已著錄。是書雜錄古人奇器名目,各標出處,末附以《江東藏書目錄》。經第一,理學第二,史第三,古書第四,諸子第五,文集第六,詩集第七,類書第八,雜史第九,地志第十,韻書第十一,小學、醫學第十二,雜流第十三,又特為"制書"一類。其義例與歷代書目頗有不同。蓋深以意為之,非古法也。

古器具名二卷附古器總說一卷(浙江巡撫採進本)

明胡文煥編。文煥有《文會堂琴譜》,已著錄。是書於每一古器,各繪一圖。先以《博古圖》、《考古圖》,次以《欣賞編》。《欣賞編》者,即鈔襲《說郛》內之《古玉圖》也。《古玉圖》,元人朱德潤編,有德潤自序。刻《說郛》者既失其序,而沈潤卿《欣賞編》又沒所自來,文煥此書遂直以為據《欣賞編》。譌以傳譌,其無所考證可見。況《博古》、《考古》二圖所載甚備,乃每器僅擇其一,亦不知其何取。末附《總說》一卷,則全襲《博古圖》之文,益為舛鄙。《博古圖》成於宣和禁絕史學之日,引據原疎。文煥不能考定,乃剽竊割裂,又從而汩亂之。其鉤摹古篆,亦不解古人筆法,尤誤謬百出[①]。不知而作,其此書之謂歟?

【彙訂】

①"誤",殿本作"譌"。

分宜清玩譜一卷(浙江汪啟淑家藏本)[①]

不著撰人名氏[②]。取嚴嵩家藏弄書畫器玩之目,彙為一册,亦《鈐山籍官簿》之類也。所紀皆摘珍異者錄之,非其全籍。然古琴而至五十餘張,亦何止元載之"胡椒八百斛"乎[③]?

【彙訂】

①《浙江省第四次汪啟淑家呈送書目》、《浙江採集遺書總錄》皆著錄書名作《分宜清玩籍》。(杜澤遜:《讀〈四庫提要〉隨記》)

②《浙江採集遺書總錄》庚集著錄是書,書名下注云:"文嘉為類次,題以今名者。"似是文嘉所輯。(曹正元:《〈四庫全書總目提要〉偶證三十例》)

③"亦鈐山籍官簿之類也"至"亦何止元載之胡椒八百斛乎",殿本作"皆摘其尤珍異者錄之尚非其全籍也"。

古玉圖譜一百卷(內府藏本)

舊本題宋龍大淵等奉敕撰。《宋史·藝文志》不載,他家著錄者皆未之及。尤袤《遂初堂書目》有"譜錄"一門,自《博古》、《考古圖》外,尚有李伯時《古器圖》、晏氏《辨古圖》、《八寶記》、《玉璽譜》諸目,亦無是書之名。朱澤民《古玉圖》作於元時,亦不言曾見是書。莫審其所自來。今即其前列修書諸臣職銜,以史傳考證,舛互之處,不可枚舉。案宋制,凡修書處有提舉、監修、詳定、編修諸職名,從無總裁、副總裁之稱,其可疑一也。宋制,

翰林學士承旨以學士久次者為之。《宋史·佞倖傳》載龍大淵紹
興中為建王内知客。孝宗受禪，自左武大夫除樞密副都承旨，知
閤門事，出為江東總管。是大淵官本武階，不應為是職。又提舉
嵩山崇福宮下加一"使"字，宋制亦無此名。且《傳》稱大淵於乾
道四年死，此書作於淳熙三年，在大淵死後九年，何得尚領修纂
之事？其可疑二也。又宇文粹中列銜稱翰林直學士，考南宋《館
閣錄》及《翰院題名記》，自乾道至淳熙，僅有王淮、崔敦詩、胡元
質、周必大、程叔達諸人，無粹中之名。其可疑三也。又《宋史·
佞倖傳》載曾覿字純甫，汴人，紹興中為建王内知客。孝宗以潛
邸舊人，除權知閤門事。淳熙元年除開府儀同三司，六年加少
保，醴泉觀使。今是書既作於淳熙三年，而於覿之列銜僅稱檢校
工部侍郎，轉無儀同三司之稱。且考《宋志》檢校官一十九，但有
檢校尚書，從無檢校侍郎者，殊為不合。其可疑四也。張掄即明
人所稱作《紹興内府古器評》者，《武林舊事》稱為知閤張掄。蓋
其官為知閤門事①，亦武臣之職。而是書乃作提舉徽猷閣。按
徽猷閣為哲宗御書閣，據《宋志》祇設有學士、待制、直閣，並無提
舉一官。若提舉祕閣則當用宰執，又非掄所應為。顯為不考宋
制，因知閤而附會之。其可疑五也。《宋志》皇城司但有幹當官，
無提舉之名。此作提舉皇城司事張青，與《志》不合。其可疑六
也。又士祿列銜稱帶御器械忠州防禦使，直寶文閣；葉盛列銜稱
帶御器械汝州團練使，直敷文閣。案帶御器械防禦、團練皆環衛
武臣所授階官，而直閣為文臣貼職，南宋一代，從未有以加武職
者。其可疑七也。北宋有太常禮儀院，元豐定官制，已歸併太常
寺，南渡無禮儀院之名。而此又有太常禮儀院使錢萬選。其可
疑八也。《書畫譜》引陳善《杭州志》載劉松年於寧宗朝進《耕織

圖》稱旨，賜金帶。此書作於淳熙初，距寧宗即位尚二十年，而已云賜金帶。其可疑九也。《圖繪寶鑑》稱李唐官成忠郎、畫院待詔，而此乃作儒林郎，既不相合。且唐在徽宗朝已入畫院，建炎中以邵宏〔弘〕淵薦，授待詔，《圖繪寶鑑》稱其時已年近八十。淳熙距建炎五十年，不應其人尚存。其可疑十也。《畫史會要》稱馬遠為光、寧朝待詔，陳善《杭州志》稱夏圭為寧宗朝待詔。今淳熙初已有其名，時代不符。其可疑十一也。《宋志》樞密院無都事，工部無司務，文思院衹有提轄、監管、監門諸職，無掌院之名，種種乖錯不合。其可疑十二也。此必後人假託宋時官本，又偽造銜名以證之。而不加考據，妄為捃摭，遂致舛錯乖互，不能自掩其跡。其亦不善作偽者矣[2]。

【彙訂】

① "張掄即明人所稱作紹興內府古器評者武林舊事稱為知閣張掄蓋其官為知閣門事"，殿本作"武林舊事稱張掄為知閣蓋知閣門事之省文"。

② 百卷大書憑空捏造殊難置信，偽造銜名假托官本原不乏見，不足以否定全書。（張富祥：《宋代文獻學研究》）

泉志十五卷（湖北巡撫採進本）

宋洪遵撰。遵有《翰苑羣書》，已著錄[1]。是書彙輯歷代錢圖，分為九品，自皇王、偏霸以及荒外之國，凡有文字可紀，形象可繪者，莫不畢載，頗為詳博。然歷代之錢，不能盡傳於後代。遵自序稱嘗得古泉百有餘品，是遵所目驗，宜為之圖。他如周太公泉形圜函方，猶有《漢食貨志》可據。若虞、夏、商泉，何由識而圖之？且《漢志》云太公為圜函方形，則前無是形可知。遵乃使虞、夏、商盡作周泉形，不亦謬耶？至道書天帝用泉，語本俚妄，遵亦以意而繪形，則其誕彌甚矣。是又務求詳博之過也。

【彙訂】

① 依《總目》體例，當作“遵有《訂正史記真本凡例》，已著錄”。

百寶總珍集十卷（兩淮鹽政採進本）

不著撰人名氏。考其書中所記，乃南宋臨安市賈所編也。所載金珠玉石以及器用等類，具詳出產、價值及真偽、形狀。每種前載七言絕句一首，取便記誦，詞皆猥鄙。首載“玉璽”一條，非可估易之物，尤為不倫。

燕几圖一卷（兩江總督採進本）

舊本題宋黃伯思撰。考伯思為北宋時人①，卒於徽宗初年②。此本前有自序，乃題“紹熙甲寅十二月丙午”，則南宋光宗之五年。如謂為紹聖之誤③，則紹聖四年起甲戌盡丁丑，實無甲寅。前乎此者，甲寅為神宗熙寧七年；後乎此者，甲寅為高宗紹興二十四年，亦皆不相及。又伯思字長睿，而序末題“雲林居士黃長睿伯思序”，以字為名，以名為字，尤舛誤顛倒，殆後人所依託也。其法初以几長七尺者二，長五尺二寸五分者二，長三尺五寸者二，皆廣一尺七寸五分，高二尺八寸，縱橫錯綜，而列之為二十體，變為四十名。謂之骰子桌，取其六數也。後增一几，易名七星，衍為二十五體，變為六十八名。各標目而系以說，蓋閒適者游戲之具。陶宗儀已收之《說郛》中，此後人錄出別行之本也。

【彙訂】

①“為北宋時人”，殿本無。

②《宋史·黃伯思傳》:"伯思以政和八年卒,年四十。"徽宗在位二十五年(1101—1125),政和八年(1118)為徽宗在位之第十八年,豈得曰徽宗初年? 應稱"卒於政和末"。(楊武泉:《四庫全書總目辨誤》)

③"誤",殿本作"譌"。

槎居譜一卷(兩淮鹽政採進本)

明黃鶴撰。鶴字修翎,宜興人,嘉靖己未進士[①]。所居宅名槎居,有仰陶亭、空中閣諸勝,皆自出意匠為之。此譜乃敍其宫室器服構造之製,而各系以銘。語意纖仄,體近俳諧。其《一點園銘》尤為鄙俚。

【彙訂】

① 嘉靖三十八年己未科進士黃鶴,嘉慶《宜興縣志》及雍正《江南通志》均不載此人。雍正《河南通志》卷五七《人物·黃鶴傳》:"杞縣人,嘉靖己未進士。"可知"宜興"乃"杞縣"之誤。(楊武泉:《四庫全書總目辨誤》)

蝶几譜一卷(江西巡撫採進本)

明嚴澂撰[①]。澂有《松絃館琴譜》,已著錄。是編因《燕几圖》而變通之。《燕几》以方几長短相參,此則以句股之形作三角相錯,形如蝶翅,故曰《蝶几》。其式有三,其製有六,其數十有三,其變化之式凡一百有餘,較《燕几圖》頗巧云。

【彙訂】

①《光緒常昭合志稿》卷四四云:"《蝶几譜》戈汕撰,或云嚴澂輯,蝶几實汕制也。"(曹正元:《〈四庫全書總目提要〉偶證三十例》)

文苑四先生集四卷（浙江巡撫採進本）

明鍾嶽秀撰。嶽秀字泰華，自署曰江右人[1]，其邑里則未詳也。是編仿蘇易簡《文房四譜》而稍廣之。所採自唐韓愈《毛穎傳》以下，凡為筆墨研紙而作者[2]，分體編輯。其事蹟則隨文附見，而嶽秀所自作者亦載焉。體例纖仄[3]，採摭尤為蕪雜，遠不及蘇氏書也。

【彙訂】

① "江右"，殿本作"江左"。

② "筆墨研紙"，殿本作"筆墨紙硯"。

③ "纖仄"，殿本作"纖小"。

歙硯志三卷（兩淮鹽政採進本）

明江貞撰。貞字吉夫，婺源人，官紹興府教授。其書以饒州守葉良貴與其弟束昌守良器所撰《硯志》及貞族祖遜《硯譜》參訂成編。大約皆以宋治平《歙硯譜》、洪适《硯説》為藍本而稍增益之也[1]。

【彙訂】

① "也"，殿本無。

程氏墨苑十二卷（浙江巡撫採進本）

明程君房撰。君房，歙縣人[1]。是編以所製諸墨，摹畫成圖，分為六類，曰元〔玄〕工，曰輿地，曰人官，曰物華，曰儒箴，曰緇黄[2]。每類各分上、下二卷[3]，雕鏤題識，頗為精巧，與方于魯《墨譜》鬬新角異，實兩不相下。考沈德符《飛鳧語略》載方、程兩人以名相軋為深讐。程墨嘗介内廷，進之神宗，方于魯恨之。程以不良死[4]，實方之力[5]。真墨妖亦墨兵也。姜紹書《韻石齋筆談》則云方、程以治墨互相角勝,方彙《墨譜》,倩名手為圖,刻畫研精,細入毫髮,程作《墨苑》以矯之。蓋于魯微時,曾受造墨法於君房,仍假館授粲。程有妾頗美麗,其妻妬而出之,正方所慕,令媒者輾轉謀娶。程訟之有司,遂成隙。未幾,程坐殺人繫獄,疑方陰嗾之,故《墨苑》內繪中山狼以詆方焉⑥。二書所載雖情事稍殊,而其為構釁則一。夫以松煤小技而互相傾陷若此,方之傾險固不足道,程必百計以圖報,是何所見之未廣乎?

【彙訂】

① 程大約字幼博,歙縣人,以程君房名行世。諸本均署“新都程大約幼博父撰”。(黃大維:《〈四庫全書總目提要〉中墨書、墨譜考證》)

② “元工”應為“玄工”,“輿地”應為“輿圖”,“儒箴”應為“儒藏”。(同上)

③ 上海博物館藏萬曆程氏滋蘭堂彩圖刊本,“物華”類分為三卷,其餘各類分上、下二卷,共為十三卷。其後尚有《人文爵里》八卷,補刻《中山狼圖》、《利瑪竇題寶像圖》一卷,合計二十二卷。(朱仲岳:《館藏善本瑣記》)

④ “不良”,殿本作“不食”,誤,參《飛鳧語略》“新安制墨”條原文。

⑤ 據江東之《程君房墨贊序》,進墨內廷在萬曆初,而程大約死於三四十年後,不得謂因此致死。(王重民:《中國善本書提要》)

⑥ 日本尊經閣文庫藏萬曆間刻本《寰中草》卷中有《續中山狼傳》曰:“乃余所遭三人背德負冤,大類中山狼事,因作《續中山狼傳》,以垂戒於世云。”此三人指從兄大德和姪子公霖、一鳳,《墨苑》所繪中山狼當亦為諷刺這三人。(黃仁生:《日本現藏稀

見元明文集考證與提要》)

方氏墨譜六卷(浙江汪啟淑家藏本)

明方于魯撰。于魯初名大瀓,後以字行,改字建元,歙縣人。初亦頗學為詩,汪道昆與之聯姻,招入豐干社,獎飾甚至。後得程君房墨法,乃改而製墨。與君房相軋,彎弓射羿,世兩譏焉。此編乃所作《墨譜》。首列同時諸人投贈之作,下分國寶、國華、博古、博物、法寶、鴻寶六類。上自符璽圭璧,下至雜佩,凡三百八十五式,摹繪精細,各系題贊,亦備列真草隸篆之文,頗為工巧。然其意主於炫耀以求名,故所繪僅墨之形製,與程氏爭勝於刻鏤間耳,於墨法未嘗一講也[1]。

【彙訂】

[1] 此譜刻於萬曆十七年,《程氏墨苑》刻於萬曆三十二年,不得謂“與程氏爭勝於刻鏤間”。譜中載汪道貫《墨書》,敘方氏造墨之法甚詳。則亦不得謂“於墨法未嘗一講”。(黃大維:《〈四庫全書總目提要〉中墨書、墨譜考證》)

雪堂墨品一卷(內府藏本)

國朝張仁熙撰。仁熙字長人,號藕灣,廣濟人。是編乃宋犖為黃州通判時,仁熙品其所藏之墨。以《漫堂墨品》所紀年月推之,蓋作於康熙辛亥[1]。自“方正牛舌墨”以下凡三十六種[2],意以配蘇軾雪堂試墨三十六丸也。

【彙訂】

[1] 辛亥為康熙十年。今所見《雪堂墨品》諸本皆有張仁熙跋,末署“康熙九年人日書於藕灣精舍”。且《漫堂墨品》提要明言“犖所藏墨,張仁熙既為品次。越十四年,為康熙甲子”,則成

書於康熙二十三年甲子,上推十四年亦為九年庚戌。(黃大維:《〈四庫全書總目提要〉中墨書、墨譜考證》)

② 底本"方"下有"中"字,衍,據此書首則及殿本刪。(同上)

漫堂墨品一卷(內府藏本)

國朝宋犖撰。犖有《滄浪小志》,已著錄。犖所藏墨,張仁熙既為品次。越十四年,為康熙甲子,又積得三十四丸,各列形狀、款識,與前《品》體例略同。惟兼載相贈之人與墨之銖兩輕重,其文差詳。然二書所載皆明中葉以後墨,無古製也①。

【彙訂】

① "惟兼載相贈之人與墨之銖兩輕重其文差詳然二書所載皆明中葉以後墨無古製也",殿本無。

曹氏墨林二卷(通行本)

國朝曹素功編。素功字聖臣,歙縣人,歲貢生。工於製墨。所製紫玉光、天琛、蒼龍珠、天瑞、豹囊叢賞、青麟髓、千秋光、筆花、岱雲、寥天一、薇露浣、香玉五珏、文露、紫英、漱金、大國香、蘭煙諸品,僅十八種①。不似方、程諸家以誇多鬥巧為事,而大抵適於實用,故士大夫頗重之。是編即一時投贈詩文,素功裒輯成帙者也。

【彙訂】

①《總目》所列僅十七種。據清康熙二十七年自刻本此書,"薇露浣"與"香玉五珏"間尚有"非煙"一種。(黃大維:《〈四庫全書總目提要〉中墨書、墨譜考證》)

冠譜一卷(兩淮鹽政採進本)

明顧孟容撰。孟容,錢塘人。是書統載歷代冠製。如孔子製司寇冠、杏壇冠、燕居冠，顔、閔、冉、仲製德行冠，曾子製進禮冠，子思製思美冠，孟子製緇布冠，均不見傳記，殊為杜撰。又每冠必繪之為圖，若親見其形製者，虛誕尤甚。卷首有永樂甲辰刑部員外郎尤芳序，謂："孟容多藝能，凡所製冠，必遵古制。"亦不考之甚矣。

冠圖一卷（浙江范懋柱家天一閣藏本）

不著撰人名氏，前後亦無序跋。以其書考之，即顧孟容之《冠譜》。作偽者別立新名，而故隱作者之姓字也①。

【彙訂】

①"也"，殿本作"耳"。

汝水巾譜一卷（浙江巡撫採進本）

明朱術珣撰。術珣字均焉，自號汝水居士，遼簡王植七世孫。由輔國中尉換授鎮江府通判，遷戶部主事。此書載古今巾式凡三十二圖，自華陽巾以下十三種，或採古書，或徵畫籍，而倣為之。然敘次多舛略，如折上巾、葛巾、幅巾，其尺幅、形製皆可考見，乃略而不敘。又明制本有軟巾諸色，及俗尚之凌雲等巾，亦俱失於登載。至貝葉巾以下十九種，則無所證據，皆術珣以意創為之耳。

香國三卷（安徽巡撫採進本）

明毛晉撰。晉有《毛詩陸疏廣要》，已著錄。是編雜錄香事，或著所出，或不著所出，皆陳因習見之詞，亦多龐雜割裂。如"狄香"一條云："洒埽清枕席，鞮芬以狄香。鞮，履也。狄香，外國之香也。"註曰："見張衡《同聲歌》。"案"洒埽"二句，實《同聲歌》之語，"鞮，履也"以下，乃後人解釋之文，豈得曰"見《同聲歌》"乎？

全書大抵似此，不足據也。

素園石譜四卷（浙江汪啟淑家藏本）

明林有麟撰。有麟有《青蓮舫琴雅》，已著錄。是編乃有麟於所居素園闢元〔玄〕池館以聚奇石。因採宣和以後石之見於往籍者凡百種，具繪為圖，綴以前人題詠。始蜀中永寧石，終於松江普照寺達摩石。大抵以意摹寫，未必能一一肖其真也。

石品二卷（兩淮鹽政採進本）

明郁濬撰。濬字開之，松江人。是書成於萬曆丁巳。雜錄古來石名，頗無倫次。又多剽取類書雜記①，至屠隆、陳繼儒之語亦據為典故。則大略可睹矣。

【彙訂】

① "雜記"，殿本作"雜說"。

怪石贊一卷（內府藏本）

國朝宋犖撰①。昔蘇軾作《怪石供》，而齊安之石遂名天下。犖官黃州通判時，得其佳者十有六，各為製名。一曰宜春勝，一曰達摩影，一曰紫鴛覆卵，一曰寒潭秋藻，一曰紅蜀錦，一曰朱霞罨月，一曰鬼面石，一曰玉貝葉，一曰三台象，一曰雙白眼，一曰紅蝦蟆，一曰鸚鴣眼，一曰玉蟾蜍，一曰楊妃瘢，一曰賽貓睛，一曰冰天月。各紀其狀而係以贊，成於康熙四年。

【彙訂】

① 依《總目》體例，當補"犖有《滄浪小志》，已著錄"。

觀石後錄一卷（浙江巡撫採進本）

國朝毛奇齡撰。奇齡有《仲氏易》，已著錄。是編皆記其客福建時所得壽山諸石，一一詳其形色，凡四十有九。自序謂嘗見友人高兆作《觀石》一録，流傳人閒，故此曰《後録》。其記壽山之石，明謝在杭始言之，然未之見。後山僧偶磨為印，亦不甚著名。國朝陳自浴乃齎糧開斲，大著於世，其事在康熙戊中。考古人印惟銅、玉最夥。顧氏《印藪》或閒註綠寶石印，亦不知其為何寶石。其以燈光凍石作印，則始於文彭，國朝初已久行於世[①]，不待康熙七年陳自浴始採而鬻之。奇齡第據所見言之耳。

【彙訂】

① "國朝初已久行於世"，殿本無。

漢甘泉宮瓦記一卷（福建巡撫採進本）

國朝林佶撰。佶字吉人，侯官人。康熙乙卯舉人[①]，直武英殿。壬辰特賜進士，授內閣中書。此瓦乃佶之兄侗得於陝西石門山中，琢以為研，今其後人猶藏之。瓦背一印，外圓而中以格斗界之，字隨格斗作三角形，其文曰"長生未央"，世亦多有拓本。王士禎詩註及此卷末張潮跋均以為"長生甘泉"四字，誤也。

【彙訂】

① 康熙乙卯為康熙十四年，然《福建通志》卷四十一載林佶為康熙三十八年己卯張遠榜舉人。（胡露：《〈四庫全書總目〉子部存目補正》）

右譜録類"器物"之屬，三十一部，二百十九卷，皆附存目。

茶寮記一卷（內府藏本）

明陸樹聲撰。樹聲有《平泉題跋》，已著録。樹聲初入翰林，與嚴嵩不合。罷歸後張居正柄國，欲招致之，亦不肯就。此編即其家居之時與終南山僧明亮同試天池茶而作。分人品、品泉、烹點、嘗茶、茶候、茶侶、茶勳七則,均寥寥數言。姑以寄意而已,不足以資考核也。

茶約一卷(兩淮鹽政採進本)

明何彬然撰。彬然字文長,一字寧野,蘄州人。是書成於萬曆己未。略倣陸羽《茶經》之例,分種法、審候、採擷、就製、收貯、擇水、候湯、器具、釃飲九則,後又附"茶九難"一則。

別本茶經三卷(浙江鮑士恭家藏本)

舊本題曰玉茗堂主人閱。玉茗堂主人,湯顯祖之別號也。顯祖有《五侯鯖字海》,已著錄。是編取陸羽之書合為一卷,後附《水辨》、《外集》各一卷,然編次無法,疎舛頗多。如皇甫冉《送陸鴻漸山人採茶》詩,譌為皇甫曾;歐陽修《大明水》、《浮槎山水》二記,列東坡《志林》之後;"雀舌下材"一條出沈括《夢溪筆談》,題下失註書名,連於唐人張又新《煎茶水記》之後①,遂似又新之作。皮日休《〈茶中雜詠〉序》刪詩存序,以冠篇首,改名《〈茶經〉序》。《陸羽傳》刪去《唐書》舊贊,別加童史氏承敘贊語。冗雜顛倒,毫無體例,顯祖似不至此,殆庸劣坊賈託名歟②?

【彙訂】

① "人",殿本無。

② "庸劣",殿本無。

茶董二卷(浙江汪啟淑家藏本)

明夏樹芳撰。樹芳字茂卿,江陰人①。是編雜錄南北朝至宋、金茶事,不及採造煎試之法,但摭詩句故實。然疎漏特甚,舛誤亦多。其曰《茶董》者,以《世說》記干寶為"鬼之董狐",襲其文也。前有陳繼儒序,卷首又題繼儒補。其氣類如是,則其書不足詰矣②。

【彙訂】

①依《總目》體例，當作"樹芳有《棲真志》，已著錄"。

②"不及採造煎試之法"至"則其書不足詰矣"，殿本作"曰茶董者取董狐史筆之意也其書不及採造煎試之法但摭詩句故實然疏漏特甚舛誤亦多"。

茗笈二卷（安徽巡撫採進本）

明屠本畯撰。本畯有《閩中海錯疏》，已著錄。是編雜論茗事。上卷分溯源、得地、乘時、揆制、藏茗、品泉、候火、定湯八章，下卷分點瀹、辨器、申忌、防濫、戒淆、相宜、衡鑒、元〔玄〕賞八章，每章多引諸書論茶之語，而前引以贊，後系以評。又取陸羽《茶經》分冠各篇，頂格書之，其他諸書皆亞一格書之。然割裂饾飣，已非《茶經》之全文。《點瀹》二章，併無《茶經》可引，則竟闕之。核其體例，似疏解《茶經》，又不似疏解《茶經》；似增删《茶經》，又不似增删《茶經》。紛紜錯亂，殊不解其何意也。

茗史二卷（江蘇巡撫採進本）

明萬邦寧撰。邦寧，奉節人，天啟壬戌進士。是書不載焙造煎試諸法，惟雜採古今茗事。多從類書撮錄而成，未為博奧。

茶疏一卷（內府藏本）

明許次紓撰。次紓字然明，錢塘人。是書凡三十九則①，論採摘、收貯、烹點之法頗詳。中閒"擇水"一條誤以金山頂上井為中泠泉，考證殊為疎舛。

【彙訂】

①明萬曆四十一年刻《茶書二十種》本書前目錄作三十六

則。（天野元之助：《中國古農書考》）

茶史二卷（浙江汪啟淑家藏本）

國朝劉源長撰。源長字介祉，淮安人。是編上卷記茶品，下卷記飲茶，其分子目三十，冗碎殊甚。卷端題名自稱曰"八十翁"。蓋暮年頤養，姑以寄意而已，不足以言著書也。

水品二卷（浙江巡撫採進本）

明徐獻忠撰。獻忠有《吳興掌故集》，已著錄。是編皆品煎茶之水。上卷為總論，一曰源，二曰清，三曰流，四曰甘，五曰寒，六曰品，七曰雜說。下卷詳記諸水，自上池水至金山寒穴泉，目錄列三十四名，而書中多噴霧崖瀑、萬縣西山包泉、雲陽縣天師泉、潼川鹽亭縣飛龍泉、遂寧縣靈泉五名，蓋目錄偶脫。又麻姑山神功泉，目錄在鐵篩泉後，而書則居前，亦誤倒也。其上卷第六篇中駁陸羽所品虎邱石水及二瀑水、吳松江水、張又新所品淮水，第七篇中駁羽"煮水初沸，調以鹽味"之說，亦自有見。然時有自相矛盾者。如上卷論瀑水不可飲，下卷乃列噴霧崖瀑，引張商英之說以為偏宜煮茗；下卷"濟南諸泉"條中，論珍珠泉涌出珠泡為"山氣太盛，不可飲"，"天台桐柏宮水"條又謂："涌起如珠，甘冽入品。"恐亦一時興到之言，不必盡為典要也。舊本題曰《水品全帙》，立名殊不可解。考田崇衡[①]、蔣灼二跋皆稱《水品》，無"全帙"字。疑書僅一冊，藏弄家插架題籤，於《水品》下寫"全帙"字，傳寫者誤連為書名也。今從舊跋，仍題曰《水品》焉。

【彙訂】

①"田崇衡"當作"田藝衡"。（阮浩耕等：《中國古代茶葉全書》）

煮泉小品一卷（內府藏本）

明田藝蘅撰。藝蘅有《大明同文集》，已著錄。是書凡分十類，一源泉，二石流，三清寒，四甘香，五宜茶，六靈水，七異泉，八江水，九井水，十緒談。大抵原本舊文，未能標異於《水品》、《茶經》之外[①]。

【彙訂】

① 田藝衡序《水品》云：“余嘗著《煮泉小品》，有取裁於鴻漸《茶經》者十有三，近游吳興，會徐伯臣《水品》，其旨契余者十有三。”可知此書作於《水品》之前，豈可責之以“未能標異於《水品》之外”？（阮浩耕等：《中國古代茶葉全書》）

湯品無卷數（副都御史黃登賢家藏本）

不著撰人名氏[①]。分十六品。首為煎法，以老嫩言者凡三品。次為注法，以緩急言者凡三品。次以器標者凡五品。次以薪論者凡五品。大抵餖飣成書，不足以資觀覽。

【彙訂】

① 明喻政《茶書全集》中有唐蘇廙《湯品》一卷。《靜嘉堂祕笈志》著錄此書，云題唐蘇廙元明著，並引屠本畯《茗笈》云“蘇廙《仙芽傳》載湯十六”云云，以為或稱《仙芽傳》。則為蘇廙撰無疑。（胡玉縉：《四庫全書總目提要補正》）

酒譜一卷（內府藏本）

舊本題臨安徐炬撰，不著時代。所載“賜酺”條中有洪武南市十四樓及顧佐奏禁挾妓事，是明人也。其序自云，採唐汝陽王璡等十三家書而成。然引據每多譌舛，如以梁劉孝標“松子玉漿，衛卿雲液”二句為送酒與蘇軾之啟，以魏武帝“何以解憂，惟

有杜康”二句為出焦贛《易林》，以《月泉吟社》“村歌聒耳烏鹽角，
社酒柔情玉練槌”二句與李白“遙看漢水鴨頭綠①，正似葡萄初
潑醅”二句皆為杜甫詩，以《水經注》劉白墮之事為出《五斗先生
傳》，以《前定錄》“松醪春”之名為東坡詩。如斯之類，幾於條條
有之，亦可謂不學無術矣②。

【彙訂】

①“社酒”，殿本作“村酒”，誤，參《月泉吟社詩》第三十一名
陳希邵原詩。

②“亦可謂不學無術矣”，殿本作“其為捃拾之學可知矣”。

酒史六卷（内府藏本）

明馮時化撰。前有隆慶庚申趙惟卿序，稱時化字應龍，別號與
川，晚自號無懷山人，而不著其里籍①。其書分酒系、酒品、酒獻、酒
述、酒餘、酒考，皆酒之詩文與故實，然舛陋殊甚。其《酒考》中一條
云：“‘羽觴’見王右軍，其《蘭亭序》云：‘羽觴隨波。’”則其他可知矣。
卷末載吳淑《事類賦》中《酒賦》一篇，以補其遺，題曰燕山居士，亦不
知其為何許人也。又浙江鮑士恭家別本，其文並同，而改題曰徐渭
撰。案書中所載有袁宏道《觴政》酒評。渭集雖宏道所編，然宏道實
不及見渭，渭何由收宏道作乎？其為坊賈偽題明矣。

【彙訂】

①《畿輔通志》卷七十九《文翰》“趙州·明·馮時化”條云：
“字與川，柏鄉人……性嗜酒，常作《夢遊無懷山記》，復捃摭諸書
為《酒史》八篇。”（胡露：《〈四庫全書總目〉子部存目補正》）

觴政一卷（内府藏本）

明袁宏道撰。宏道字無學，公安人。萬曆壬辰進士，官至吏

部稽勳司郎中。事蹟具《明史・文苑傳》。是書紀觴政凡十六則。前有宏道引語，謂："採古科之簡正者，附以新條，為醉鄉甲令。"朱國楨《湧幢小品》曰："袁中郎不善飲而好談飲，著有《觴政》一篇。"即此書也。

酒概四卷（浙江巡撫採進本）

明沈沈撰。自題曰震旦醷民困困父。前有自序一首，則稱曰褐之父。困困、沈沈，名號詭譎，不知何許人。每卷所署校正姓氏皆稱海陵，則刻於泰州者也。其書仿陸羽《茶經》之體，以類酒事。一卷三目，曰酒、名、器①。二卷七目，曰釋、法、造、出、稱、量、飲。三卷六目，曰評、僻、寄、緣、事、異。四卷六目，曰功、德、戒、亂、令、文。雜引諸書，體例叢碎。至以孔子為酒聖，阮籍、陶潛、王績、邵雍為四配，尤妄誕矣。

【彙訂】

① 明刻本此集一卷三目為源、名、器。正文"源"皆考述酒之產生，即酒之源。《總目》卷一一五著錄陸羽《茶經》云："其書分十類：曰一之源，二之具，三之造……"此書既仿《茶經》之體，則首述"源"宜也。（胡露：《〈四庫全書總目〉子部存目補正》）

酒部彙考十八卷（江蘇巡撫採進本）

不著撰人名氏。卷三末載國朝康熙三十年禁止直隸所屬地方以蒸酒糜米穀上諭一條，當為近人所著矣。所錄自經史以及稗乘、詩詞凡涉於酒者，徵採頗富。分為彙考六卷，總論一卷，紀事五卷，雜錄、外編各一卷，藝文四卷。然編次錯雜，殊乏體裁。每卷之首空前二行，而以《酒部彙考》為子目。意其欲輯類書而未成，此其一門之臟槀也①。

【彙訂】

① 此即《古今圖書集成》中《食貨典》酒部之文。該典卷二六九至二八三共十五卷，即酒部。前六卷為彙考，末一卷為雜錄、外編，中間諸卷為總論、藝文、紀事。第二七一卷即第三卷之末，有康熙三十年之上諭。可知此書即《圖書集成》一部分之初稿。《集成》少三卷且內容次序略異，蓋對初稿有刪改也。（楊武泉：《四庫全書總目辨誤》）

疏食譜一卷（內府藏本）

明汪士賢《山居雜志》載此書，題曰清漳陳達叟撰，不著時代。《千頃堂書目》亦作達叟，題曰宋人。考左圭《百川學海》載有此書，則宋人無疑。然《百川學海》所刻，其序自稱"本心翁"，而書前標題乃作"門人清漳友善書堂陳達叟編"，則達叟乃編其師之書，非所自撰也①。所載食品二十種，各繫以贊，皆粗糲草具，故曰"疏食"。《千頃堂書目》加"草"作"蔬"，失其旨矣。

【彙訂】

① 書中自序云："本心翁齋居晏坐，客從方外來問食譜，口授二十品與之。"是本心翁即陳達叟自號，非其師也。（瞿鏞：《鐵琴銅劍樓藏書目錄》）

飲膳正要三卷（浙江范懋柱家天一閣藏本）

元和斯輝<small>和斯輝原作忽思慧，今改正。</small>撰。和斯輝官飲膳太醫，其始末未詳。是編前有天曆三年進書奏，稱世祖設掌飲膳太醫四人，於《本草》內選無毒，無相反，可久食補益藥味，與飲食相宜，調和五味。及以每日所造珍品御膳，所職何人，所用何物，標註於曆，以驗後效。和斯輝自延祐間選充是職，因以進用奇珍異饌、湯膏煎造及諸家本草名醫方術，並日所必用穀肉果菜，取其性味補益者，集成一書。虞集奉敕為之序。所言皆當時之制，其中如鄒店井水之類，頗足以資考證。惟“神仙服食”一門，詞多荒誕耳。

易牙遺意二卷（副都御史黃登賢家藏本）

舊本題元韓奕撰。奕字公望，平江人。生於元文宗時，入明遁迹不仕，終於布衣。是編仿古食經之遺，上卷為醞造、脯鮓、蔬菜三類，下卷為籠造、炉造、糕餅、湯餅、齋食、果實、諸湯、諸藥八類。周履靖校刊，稱為當時豪家所珍。考奕與王賓、王履齊名，明初稱“吳中三高士”[1]，未必營心刀俎若此。或好事者偽撰，託名於奕耶[2]？周氏《夷門廣牘》、胡氏《格致叢書》、曹氏《學海類編》所載古書，十有九偽，大抵不足據也。

【彙訂】

[1] 韓奕，曹溶《明人小傳》卷一、過庭訓《本朝分省人物考》卷一八、朱彝尊《明詩綜》卷一一、錢謙益《列朝詩集小傳》甲集等皆列為明人。《總目》卷一七五《光菴集》條亦作“明王賓撰”。

[2] 趙友同撰韓奕《行狀》所列著述有《易牙遺意》二卷。（王欣夫：《蛾術軒篋存善本書錄》）

飲食須知八卷（編修程晉芳家藏本）

元賈銘撰。銘，海寧人，自號華山老人。元時嘗官萬户。入明已百歲，太祖召見，問其平日頤養之法，對云：“要在慎飲食。”因以此書進覽，賜讌禮部而回。至百有六歲乃卒。書中所載，自水火以及蔬果諸物，各疏其反忌，皆從諸家《本草》中摘敘成書。

自序謂：“物性有相反相忌，《本草》疏註各物，皆損益相半，令人莫可適從。兹專選其反忌，彙成一編。”然別無出於《本草》之外者，不足取也。

饌史一卷（兩淮鹽政採進本）

不著撰人名氏，舊本題曰元人，亦臆度之也。其書雜記飲食故事。所採如《西陽雜俎》、《東京夢華錄》、《武林舊事》之類，大抵習見。又以《饌史》為名，而波及食量，已為支蔓。乃並劉邕嗜痂、權長孺嗜爪甲、鮮于叔明嗜臭蟲事，亦併闌入。皆與饌無涉，益乖體例矣。

天廚聚珍妙饌集一卷（永樂大典本）

不著撰人名氏。所言皆製造飲食法度科例[①]，分類編次。有汝陽史維泉序曰：“東原鬻書，李順之購得善本，目之曰《天廚聚珍妙饌集》，將鋟梓以廣其傳。”蓋舊有其書，而李順之刻之，為題此名，當時已不知誰所作矣。

【彙訂】

① “科例”，殿本作“料例”，誤。

居常飲饌錄一卷（編修程晉芳家藏本）

國朝曹寅撰。寅字子清，號棟亭，鑲藍旗漢軍。康熙中巡視兩淮鹽政，加通政司銜。是編以前代所傳飲膳之法，彙成一編。一曰宋王灼《糖霜譜》，二、三曰宋束皙遯叟《粥品》及《粉麴品》，四曰元倪瓚《泉史》，五曰元海濱逸叟《製脯鮓法》，六曰明王叔承《釀錄》，七曰明釋智舷《茗箋》，八、九曰明灌畦老叟《蔬香譜》及《製蔬品法》。中間《糖霜譜》，寅已別刻入所輯《棟亭十種》，其他亦頗散見於《說郛》諸書云。

右譜錄類"食譜"之屬，二十三部，六十四卷[①]，内一部無卷數。皆附存目。

【彙訂】

①　"六十四卷"，殿本作"六十卷"，誤。

唐昌玉蘂辨證一卷（内府藏本）

宋周必大撰。必大有《玉堂雜記》，已著錄。唐昌觀玉蘂花，傳自唐時。宋祁疑為瓊花，黄庭堅以為瑒花，必大以為皆非是，故記所目驗者辨證之。原載《平園集》中，此本乃毛晉摘出刻入《津逮祕書》者也。

瓊花譜一卷（兩淮鹽政採進本）

明楊端撰。端字惟正，鄞縣人，成化閒寓居揚州。是集採摭前人瓊花篇什，彙為一編，以備故實。首冠杜斿《瓊花記》，故或題曰杜斿《瓊花譜》。考斿，宋人，字叔高，端平初以布衣召入館閣校讐。此本載及元、明，非斿作也。又錢曾《讀書敏求記》載《瓊花考》一卷，成化丁未楊端木輯，與此本序文年月合，當即一人一書，錢曾衍一"木"字耳[①]。范欽天一閣所藏別有《揚州瓊花集》，以雜文為一卷，詩為一卷，詞為一卷。蓋即因此本而分析其卷帙，亦題曰楊端，則"木"字為誤增審矣。

【彙訂】

①　《讀書敏求記》卷二《瓊花考》條作"楊端採輯"。（丁丙：《善本書室藏書志》）

天彭牡丹譜一卷（内府藏本）

宋陸游撰。游有《入蜀記》，已著錄。是編記蜀天彭花事之盛，已載《渭南文集》第四十二卷。此其別行之本也。

亳州牡丹志一卷（江蘇巡撫採進本）

不著撰人名氏。《千頃堂書目》列朱統𨮁《牡丹志》後，疑亦統𨮁作也。亳之牡丹始薛蕙，亳之牡丹志始薛鳳翔。此本與鳳翔書不同，而簡略殊甚①。後附牡丹雜事四條。第一條稱"神隱"者，乃明寧王權之別號。第二條稱"上皇召至驪山"，當為唐元宗。第三條稱"太祖斷宮嬪腕"者，不知為明為宋，大抵齊東之語②。第四條乃張鎡牡丹會事。皆與亳州無與，不審何以載入也。

【彙訂】

① 薛鳳翔《亳州牡丹史》卷一《本紀》載："往嚴郡伯於萬曆己卯（1579）譜亳州牡丹多至一百一種矣。"同卷《傳·靈品》"𩑔面嬌"條又載："南園於戊寅（1578）春，鶴翎紅枝上忽開一花二色，紅白中分，紅如脂膏，白如膩粉。時郡大夫嚴公造賞，呼為太極圖。"此"嚴郡伯"、"郡大夫嚴公造"當即此本《亳州牡丹志》的作者，略早於薛鳳翔之作。（潘法連：《讀〈中國農學書錄〉劄記五則》）

② 明萬曆新安汪氏刻《山居雜志》本此集，"太祖斷宮嬪腕者事"云："太祖一日幸後苑……截其腕而去。"此文實載宋王鞏《聞見近錄》，此太祖即宋太祖也。（胡露：《〈四庫全書總目〉子部存目補正》）

牡丹史四卷（內府藏本）

明薛鳳翔撰。鳳翔字公儀，亳州人。由例貢仕至鴻臚寺少卿。明時亳中牡丹最盛，鳳翔家園種藝尤多，因著是編。蓋本歐陽修《譜》而推廣之。然記一花木之微，至於規倣史例，為紀、表、書、傳、外傳、别傳、花考、神異、方術、藝文等目。則明人粉飾之習,不及修《譜》之簡質有體矣。

香雪林集二十六卷(浙江巡撫採進本)

明王思義編。思義有《宋史纂要》,已著録。是編凡梅圖二卷,詠梅詩詞文賦二十二卷,終以畫梅圖譜二卷。

蘭譜一卷(兩江總督採進本)

宋王貴學撰。貴學字進叔,臨江人。譜凡六則,一曰品第之等,二曰灌溉之候,三曰分析之法,四曰沙泥之宜,五曰愛養之地,六曰蘭品之產。貴學不知何許人。是書諸家書目亦皆不著録,惟見於陶宗儀《説郛》。王世貞嘗云:“《蘭譜》惟宋王進叔本為最善。”蓋即指《説郛》本也。此本為毛晉所刊,蓋得諸金壇于鏘者。然視《説郛》本尚少三十餘條,則已非完書矣[①]。

【彙訂】

① 據《説郛》本,當作三曰分折之法,四曰泥沙之宜。《四庫》本缺紫蘭以下四十條。(天野元之助:《中國古農書考》)

蘭易一卷附録蘭易十二翼一卷蘭史一卷(浙江巡撫採進本)

是書上卷為《蘭易》,一名《天根易》,題宋鹿亭翁撰。朱彝尊《經義考》載其自序云:“《蘭易》始於復,故曰天根。”又載馮京序云:“《蘭易》一卷,受之四明山中田父,書端稱鹿亭翁著。按郡縣志,山有鹿亭[①],今迷不知處,無問作者姓氏矣,要是宋代隱者。”云云。此本已無自序,蓋傳寫佚之。其書以復、臨、泰、大壯、夬、乾、姤、遯、否[②]、觀、剝、坤十二月卦為蘭消長之機,每卦各綴以詞,其文如彖,下又各繫以詞,其文如象傳。備述出納栽培之法,蓋戲仿《周易》為蘭譜耳。又附口訣二條,《蘭月令》十二章,不知誰作。下卷為《蘭易十二翼》，述養蘭宜忌十二條，題曰蕈溪子。考《經義考》載馮京序，此本題曰蕈溪子，則蕈溪子即京也。其序稱鹿亭翁為宋代隱者，則非宋之馮京，當別一人而同姓名矣③。末為《蘭史》一卷，亦題蕈溪子撰。首列《蘭表》，依《漢書·古今人表》例，分列九等，而下中、下下二等闕而不錄。次為《蘭本紀》，所列凡三種。次為《蘭世家》，所列凡十一種。次為《蘭列傳》，所列凡二十種。次為《蘭外紀》，所列凡九種。次為《蘭外傳》，所列凡五種。蓋鹿亭翁戲擬經，京既戲擬傳，又戲擬史也。其《蘭易》為詞人狡獪之作，與《易》義本無所涉，朱彝尊列之"擬經"門中，殊乖體例。今並改列之"譜錄"，庶存其真焉。

【彙訂】

① 殿本"山"上衍"四明"二字，參《經義考》卷二七二載鹿亭翁《天根易》馮京第序原文。

②"否"，殿本脫，參清蔣氏別下齋鈔本此書。

③《經義考》卷二七二原文作馮京第序，全祖望《鮚埼亭集》外編卷二五《馮侍郎遺書序》亦言明馮京第著《蘭易》二卷，《蘭史》一卷。（余嘉錫：《四庫提要辨證》）

藝菊志八卷（浙江鮑士恭家藏本）

國朝陸廷燦撰。廷燦有《續茶經》，已著錄。廷燦居南翔鎮①，在槎溪之上藝菊數畝，王翬為繪《藝菊圖》，一時多為題咏。廷燦因廣徵菊事，以作此志。凡分六類，曰考，曰譜，曰法，曰文，曰詩，曰詞，而以《藝菊圖》題詞附之。

【彙訂】

①"南翔"，底本作"南朔"，據殿本改。清張承先、程攸熙

《南翔鎮志》卷六《人物·文學》有陸廷燦小傳。

茶花譜三卷(兩淮鹽政採進本)

舊本題樸靜子撰,不著名氏。前有康熙己亥自序,蓋其官漳州時所作也。茶花盛於閩南,而以日本洋種為尤勝。是編上卷為花品,凡四十三種。其文欲以新雋冷峭學屠隆、陳繼儒之步,而纖佻彌甚。如敘"虎斑"曰:"經紅緯白,依稀借機杼於陰陽,非錦之一種而何?不然駓虞仁獸,血迹安從掩異文?補錄雄品,風來樹底,莫教咆哮於芳叢。"云云。是何等語乎?中卷為咏花之作,凡七言絕句六十七首。下卷則種植之法也。

永昌二芳記三卷(浙江鄭大節家藏本)

明張志淳撰。志淳自號南園野人,雲南籍,江寧人。成化甲辰進士,官至户部侍郎。坐劉瑾黨,勒致仕。其名見《明史·焦芳傳》中,然無事迹可見,疑亦康海、王九思之類也。是編以永昌所產山茶、杜鵑二花為一譜。上卷山茶花品三十六種,中卷杜鵑花品二十種,下卷則二花之故實詩文。其論躑躅、山榴、杜鵑之名自唐已無別。謂杜鵑但可名山石榴,不可名躑躅。躑躅為杜鵑別種,其花攢為大朵,非若杜鵑小朵各開,俗名映山紅,無所謂黄、紫、碧者,韓愈、元稹、梅堯臣詩並誤。其考證亦不苟也。

瓶花譜一卷(兩江總督採進本)

明張謙德撰。謙德後改名丑,有《清河書畫舫》,已著錄。是書首品瓶,次品花以及折枝插貯等事,而終以護瓶。據書首自序,蓋其稚齡所作也。

荔支通譜十六卷（編修汪如藻家藏本）

明鄧慶寀撰。慶寀字道協，福州人。是書以諸家荔支譜輯為一篇，故曰《通譜》。凡蔡襄譜一卷，徐𤊿譜七卷，慶寀所自為譜六卷，附宋珏譜一卷，曹蕃譜一卷。蔡譜尚已，徐譜所收如《十八娘別傳》之類，鄧譜所收如鮑山《荔支夢》之類，皆近傳奇。宋譜福業諸說，不脫明人小品習氣。曹譜差簡質，猶有古格。

筍梅譜二卷（兩淮鹽政採進本）

明釋真一撰。真一居杭州法華山龍歸塢，其地多筍，梅花亦極盛，因各為作譜。書成於天啟七年。

澹圃芋紀一卷（兩淮鹽政採進本）

明楊德周撰。趙士駿復增定之。德周字齊莊，鄞縣人①。萬曆壬子舉人②，官高唐縣知縣③。士駿字西星，亦鄞縣人。其書專紀芋魁典故，凡十類，一名，二藝，三食，四忌，五事，六論，七詩，八賦，九謠，十方，採摭頗詳。

【彙訂】

① 據《康熙鄞縣志·品行考·明賢傳》、《民國鄞縣通志·仕績》小傳，楊德周字南仲，一字次莊，非齊莊。（周采泉：《杜集書錄》）

② “壬子”，殿本作“戊子”，誤。據《康熙鄞縣志·品行考·明賢傳》、《民國鄞縣通志·仕績》小傳，楊德周乃萬曆四十年壬子舉人。

③ 據《明史·地理志》，高唐縣明洪武初已省入高唐州，屬東昌府。《浙江採集遺書總錄》：“《杜詩解》八卷，明高唐州知州

鄞縣楊德周撰。"可知知縣乃知州之誤。（杜澤遜：《四庫存目標注》）

竹譜一卷（兩江總督採進本）

國朝陳鼎撰。鼎有《東林列傳》,已著錄。此書記竹之異者凡六十條。

箋卉一卷（安徽巡撫採進本）

國朝吳菘撰。菘字綺園,歙縣人。黃山僧雪花嘗以黃山所產諸卉繪為圖,宋犖為題句。菘因各為作箋,凡三十五條①。

【彙訂】

① 清道光吳江沈氏世楷堂刻《昭代叢書》本此集,前有歙縣張潮《箋卉題辭》："及讀宋中丞《滄浪亭》詩中有《題黃山雪莊上人山花圖》五言斷句二十首……予又不知雪莊之所圖與綺圓之所箋遂足以盡黃山之所有乎? 抑或有所未足乎? 其種種嘉名雪莊之所賜乎……今此諸卉幸有雪莊、綺圓諸人為之圖畫箋注,而又有中丞之詩為咏歌……"可知"雪花"乃"雪莊"之誤。（潘法連:《安徽農學書錄選輯——〈中國農學書錄〉拾遺》;胡露:《〈四庫全書總目〉子部存目補正》）

苔譜六卷（浙江巡撫採進本）

國朝汪憲撰。憲有《說文繫傳考異》,已著錄①。是編雜錄苔之文句故實。卷一曰釋名,卷二曰總敘苔,卷三曰諸品苔,卷四、卷五曰苔生處所,卷六曰雜錄。

【彙訂】

① 依《總目》體例,當作"憲有《易說存悔》,已著錄",說詳卷四一《說文繫傳考異》條訂誤。

學圃雜疏一卷（兩江總督採進本）

明王世懋撰。世懋有《却金傳》，已著錄。茲編皆記其圃中所有曁聞見所及者，分花、果、蔬、瓜、豆、竹六類，各疏其品目及栽植之法。大致以花為主，而草木之類則從略。書止一卷，《續說郛》以花疏、果疏各分為卷者非也。

羣芳譜三十卷（內府藏本）

明王象晉撰。象晉字藎臣，山東新城人。萬曆甲辰進士，官至浙江右布政使。是書凡天譜三卷，歲譜四卷，穀譜一卷，蔬譜二卷，果譜四卷，茶竹譜一卷[1]，桑麻葛苧譜一卷，藥譜三卷，木譜三卷，花譜三卷，卉譜二卷，鶴魚譜一卷。略於種植而詳於療治之法與典故藝文，割裂餖飣，頗無足取。聖祖仁皇帝詔儒臣刪其踳駁，正其舛謬，復為拾遺補闕，成《廣羣芳譜》一書，昭示萬世。覆視是編，真已陳之土苴矣。

【彙訂】

[1] "一卷"，底本作"三卷"，據殿本改。明末刻本此書目錄列二十八卷，其中茶竹譜一卷，桑麻葛棉譜一卷。然茶譜、竹譜、桑麻葛譜、棉譜實各成一卷，故合為三十卷。

汝南圃史十二卷（浙江巡撫採進本）

明周文華撰。文華字含章，蘇州人[1]。前有萬曆庚申陳元素序，稱之曰光祿君。不知為光祿何官也。文華自序稱因見允齋《花史》，嫌其未備，補葺是書。凡分月令、栽種、花果、木果、水果、木本花、條刺花、草本花[2]、竹木、草、蔬菜、瓜豆十二門，皆敘述栽種之法，閒以詩詞。大抵就江南所有言之，故河北蘋婆、嶺表荔支之屬亦不著錄。較他書剽剟陳言，侈陳珍怪者較為切實。

惟分部多有未確,如西瓜不入"瓜豆"而入"水果",枸杞不入"條刺"而入"蔬菜"③,皆非其類。

【彙訂】

① 新修《吳縣志·藝文考》列是書於吳縣。(王重民:《中國善本書提要》)

② "草本花",殿本作"草木花",誤,參明萬曆四十八年書帶齋刻本此書。

③ "蔬菜",底本作"菜蔬",據此書卷十二"蔬菜部"及殿本改。

花史左編二十七卷(江蘇巡撫採進本)

明王路撰。路字仲遵,嘉興人。此書皆載花之品目故實,分類編輯。屬辭隸事,多涉佻纖,不出明季小品之習。《浙江通志》載王路《花史》二十四卷,有天啟元年李日華序。今此本二十七卷,無日華序,而前有陳繼儒序與路所作小引,皆稱二十四卷。又此本二十五卷"花之友"、二十七卷"花之器",皆題"潭雲宣猷馭雲子補",二十二卷"花塵",題"百花主人輯"。則路書本二十四卷,此三卷乃後人所補入,而刊書者併為一目耳①。又路小序稱此書為《左編》,別有《右編》為花之辭翰,約一十二卷,蓋有其名而未成書者也②。

【彙訂】

① 明萬曆四十六年綠綺軒刻本此集二十五卷"花之友"、二十七卷"花之器",皆題"潭陽宣猷馭雲子補","花塵"為二十六卷。(胡露:《〈四庫全書總目〉子部存目補正》)

② "者",殿本無。

花史十卷（內府藏本）

明吳彥匡撰。彥匡爵里未詳。是書蓋本常熟蔣養菴《花編》、松江曹介人《花品》二書推而廣之，得百有餘種。每一花為一類，各加神品、妙品、佳品、能品、具品、逸品標目，附以前人遺事及咏花詩歌。大都以意為之，所品第不必皆確也。

花裏活三卷（編修程晉芳家藏本）

明陳詩教撰。詩教字四可，秀水人。是編輯古今花卉故實，按代分編。然皆因襲陳言，別無奇僻，考證尤多疏漏。如云五代梁有王彥章，吳亦有王彥章，不知楊行密之將乃王茂章，後歸梁改名景仁，並無所謂王彥章者，其舛謬率皆此類。至《花裏活》之名蓋用李賀詩"秦宮一生花裏活"句，然秦宮何人，而可援以自比乎①？失考甚矣。

【彙訂】

①"援"，殿本無。

倦圃蒔植記三卷（浙江巡撫採進本）

國朝曹溶撰。溶有《崇禎五十宰相傳》，已著錄。茲編乃溶自山西陽和道歸里，築室范蠡湖上，名曰倦圃，多植花木其閒，因記其圃中所有。分花卉二卷，竹樹一卷，各疏其名品故實及種植之法。溶學本贍博，故引據多有可觀。惟下語頗涉纖仄，尚未脫明季小品積習。前有自序，題康熙甲子。案溶卒於康熙二十四年乙丑，年八十三①。則此書乃其晚年游戲之筆也。

【彙訂】

① 沈季友《檇李詩系》卷二三曹溶小傳云："乙丑八月卒，年七十三。"沈為平湖人，中康熙二十六年副榜，見雍正《浙江通志》

卷一七九。沈與曹同郡,時代相接,所言必確。又施閏章《學餘堂詩集》卷一四,有題為《寄贈曹秋岳司農,是年七十》詩。秋岳,曹溶字。施卒於康熙二十二年,年六十七,可知詩題中之"年七十",指曹。詩中提及康熙十八年至二十二年之間。其時曹溶只年七十,則至康熙二十四年時,不得年八十三。(楊武泉:《四庫全書總目辨誤》)

北墅抱甕錄一卷(編修程晉芳家藏本)

國朝高士奇撰。士奇有《春秋地名考略》,已著錄。此書前有康熙庚午自序,乃其告歸後所作。北墅者,所居別業之名也。墅中蒔植花木頗多,士奇因取果、樹、卉、竹、蔬、茹、藥、蔓之類,各疏其形色品狀,以為此編,凡二百二十二種。其敘錄頗為詳備。

名花譜一卷(兩淮鹽政採進本)

舊本題西湖居易主人撰。不著名氏,亦無序跋。其書雜鈔《羣芳譜》之類而成,蓋近人作。所列凡九十二種[①],而附以《瓶花訣》、《盆種訣》、《十二月花木訣》。所言種植之法,挂漏不詳,閒附故實,尤冗雜無緒。觀其開卷敘梅一段,字句凡鄙,引用謬誤,不過粗識文義之人,偶然鈔錄成册耳。

【彙訂】

① "九十二種",殿本作"二十九種"。據清刻本此書,實有一百種。

蟫衣生馬記一卷(兩江總督採進本)

明郭子章撰。子章有《蟫衣生易解》,已著錄。是編摭載籍中所記馬事,分上、下二篇。援引頗博,皆著所採書名,較明人他說部頗有根據。唯以宛馬為晉泰始時所獻，不知漢時已有之；又以果下馬為出於《魏志》，不知亦載於《漢書》，捃拾未免稍略耳。

　　虎薈六卷（內府藏本）

　　明陳繼儒撰。繼儒有《邵康節外紀》，已著錄[①]。是編末有黃庭鳳跋，謂繼儒病瘧，王穉登貽以《虎苑》一帙佩之而瘧愈，遂為是書[②]。凡所引用，多拉雜無倫。若《周禮·司尊彝》“裸用虎彝、蜼彝”，《漢書》“履虎尾絢履”之類，與談虎無涉，亦皆漫為牽綴，真所謂無關體要者也。

　　【彙訂】

　　① 依《總目》體例，當作“繼儒有《建文史待》，已著錄”。

　　② 黃廷鳳跋唯云：“仲醇道兄昨歲值瘧病，君子客有貽之《虎苑》。”未言貽書者為誰。而陳繼儒《虎薈序》云：“余丁酉六月二十三日始困瘧……先是百谷王丈訪余於寶顏堂，授以《虎苑》。”百谷即王穉登之字。（胡露：《〈四庫全書總目〉子部存目補正》）

　　畫眉筆談一卷（安徽巡撫採進本）

　　國朝陳均撰。均字康疇，歙縣人。此書皆記豢養畫眉鳥之事，本不足道。然養鷹諸法，古人著錄。姑存其目，以備博物之一端。

　　晴川蟹錄四卷後錄四卷（浙江吳玉墀家藏本）

　　國朝孫之騄撰。之騄所輯《尚書大傳》，已著錄。是編搜採蟹之詩文故實，分譜錄、事錄、文錄、詩錄四門，《後錄》又分事典、賦詠、食憲、拾遺四門。餖飣掇拾，冗雜無緒。在《晴川八識》之中，最為下乘，遠不逮傅肱、高似孫二家書也。

蛇譜一卷（安徽巡撫採進本）

國朝陳鼎撰。此書記蛇之異者凡六十三則，大抵皆蠻荒異怪之談，不爲徵信。其五十三則以後皆錄《山海經》之文，尤爲剿說。

禽蟲述一卷（浙江巡撫採進本）

舊本題閩中袁達德撰。徐𤊹《筆精》云：“《山居雜卷》中《禽蟲述》一卷①，乃閩中袁達撰。達字德修，程榮署曰袁達德。傳之後世，誰能辨其姓名乎②？”案《千頃堂書目》載此書，亦云袁達字德修，閩縣人。正德癸酉舉人，官貴溪縣知縣，降補湖廣都司經歷，與𤊹語相合。然則此書實出袁達，刊本誤衍“德”字也。其書述禽蟲名義典故，兼仿《禽經》、《埤雅》之體，聯絡成文，亦或閒以排偶。但有章段，不分門目，亦無註釋，不免爲餖飣之學。

【彙訂】

①“山居雜卷”乃“山居雜志”之誤。明萬曆新安汪士賢刻《山居雜志》收有《禽蟲述》一卷。《筆精》卷六“甘石星經禽蟲述”條原文不誤。

②“能”，殿本作“復”，誤，參《筆精》卷六“甘石星經禽蟲述”條原文。

蟲天志十卷（安徽巡撫採進本）

明沈宏〔弘〕正撰。宏正，嘉定人。是書集鳥獸蟲魚異事，分爲六部。莊子云：“惟蟲能蟲，惟蟲能天。”書之命名蓋取於此。

烏衣香牒四卷春駒小譜二卷（浙江巡撫採進本）

國朝陳邦彥撰。邦彥字世南，此本題匏廬道人，其自號也。海寧人。康熙癸未進士，官至内閣學士兼禮部侍郎。《烏衣香牒》皆採摭燕事。凡分八門①，前有乾隆戊午邦彥自序，云分為三卷，而此多一卷。疑刊刻之時分四卷，以均頁數，而序則未及追改耳。《春駒小譜》皆採摭蝶事②，分為五門。蓋欲仿宋人《蟹錄》之例，以為談助。然蒐羅雖廣，而考核多疎。一時寄興之作，固不暇於精審也。

【彙訂】

①“門”，殿本作“目”。

②“蝶”，殿本作“蟻”，誤，參清乾隆刻《養和堂叢書》本此書。

　　右譜錄類“草木鳥獸蟲魚”之屬，三十五部，二百二卷，皆附存目。

子部二十七

雜 家 類 一

　　衰周之季，百氏爭鳴。立説著書，各為流品。《漢志》所列備矣。或其學不傳，後無所述，或其名不美，人不肯居，故絶續不同，不能一概著錄。後人株守舊文[①]，於是墨家僅《墨子》、《晏子》二書，名家僅《公孫龍子》、《尹文子》、《人物志》三書，縱橫家僅《鬼谷子》一書，亦別立標題，自為支派，此拘泥門目之過也。黃虞稷《千頃堂書目》於寥寥不能成類者併入"雜家"。雜之義廣，無所不包，班固所謂"合儒、墨，兼名、法"也。變而得宜，於例為善。今從其説，以立説者謂之雜學，辨證者謂之雜考，議論而兼敍述者謂之雜説，旁究物理、臚陳纖瑣者謂之雜品，類輯舊文，塗兼衆軌者謂之雜纂，合刻諸書，不名一體者謂之雜編，凡六類。

【彙訂】

①"不能一概著錄後人株守舊文"，殿本作"不能一概後人著錄株守舊文"。

鬻子一卷（兩江總督採進本）

舊本題周鬻熊撰。《崇文總目》作十四篇，高似孫《子略》作

十二篇，陳振孫《書錄解題》稱陸佃所校十五篇。此本題唐逢行
珪註，凡十四篇，蓋即《崇文總目》所著錄也。考《漢書·藝文志》
"道家"《鬻子說》二十二篇①，又"小說家"《鬻子說》十九篇，是當
時本有二書。《列子》引《鬻子》凡三條②，皆黃老清靜之說，與今
本不類，疑即"道家"二十二篇之文。今本所載與賈誼《新書》所
引六條文格略同③，疑即"小說家"之《鬻子說》也。杜預《左傳
註》稱鬻熊為祝融十二世孫，孔穎達疏謂不知出何書。《史記》載
鬻熊子事文王，早卒。其子曰熊麗，熊麗生熊狂，熊狂生熊繹。
成王時舉文、武勤勞之後嗣，受封於楚。《漢書》載魏相奏記霍光
稱："文王見鬻子，年九十餘。"雖所說小異，然大約文、武時人。
今其書乃有"昔者魯周公"語，又有"昔者魯周公使康叔往守於
殷"語，而賈誼《新書》亦引其成王問答凡五條，時代殊不相及。
劉勰《文心雕龍》云："鬻熊知道，文王咨詢。遺文餘事，錄為《鬻
子》。"則哀輯成編，不出熊手。流傳附益，或構虛詞，故《漢志》別
入"小說家"歟？獨是偽《四八目》一書見北齊陽休之《序錄》，凡
古來帝王輔佐有數可紀者，靡不具載。而此書所列禹七大夫皋
陶、杜子業、既子、施子黯、季子寧、然子堪、輕子玉，湯七大夫慶
誧、伊尹、湟里且、東門虛、南門蠋、西門疵、北門側④，皆具有姓
名，獨不見收。似乎六朝之末尚無此本。或唐以來好事之流依
仿賈誼所引，撰為贗本，亦未可知。觀其標題甲乙，故為佚脫錯
亂之狀，而誼書所引則無一條之偶合，豈非有心相避而巧匿其
文，使讀者互相檢驗，生其信心歟⑤？且其篇名冗贅，古無此體，
又每篇寥寥數言，詞旨膚淺，決非三代舊文。姑以流傳既久，存
備一家耳。卷首有逢行珪序及永徽四年進書表，自署"華州鄭縣
尉"，里居未詳。

【彙訂】

①《漢書・藝文志》道家類所載為《鶡子》二十二篇。（胡應麟：《少室山房筆叢・九流緒論》）

②《列子》中《天瑞》、《黃帝》、《力命》、《楊朱》四篇各引《鶡子》文一則。（鍾肇鵬：《〈鶡子〉考》）

③賈誼《新書》共引錄《鶡子》十三條。（胡應麟：《少室山房筆叢・九流緒論》）

④"慶誧"，殿本誤作"慶輔"；"東門虛"，殿本誤作"東門頓"；"西門疵"，殿本誤作"西門疵"，參此書《禹政第六》。

⑤今本《鶡子》中與賈誼《新書・修政語下》所引七條，無一相合，而與唐初編《羣書治要》及馬總《意林》所引大部分相合。若是唐人作偽，為何不避唐代所編之書，反要"有心相避"漢初賈誼所引？《意林》本梁庾仲容《子鈔》，可見今本《鶡子》在梁朝以前早已流傳，決非唐人偽撰。（鍾肇鵬：《〈鶡子〉考》）

墨子十五卷（兩江總督採進本）

舊本題宋墨翟撰。考《漢書・藝文志》"《墨子》七十一篇"，註曰："名翟，宋大夫。"《隋書・經籍志》亦曰："宋大夫墨翟撰。"然其書中多稱"子墨子"，則門人之言，非所自著。又諸書多稱墨子名翟，《因樹屋書影》則曰①："墨子姓翟，母夢烏而生，因名之曰烏，以墨為道。今以姓為名，以墨為姓，是老子當姓老耶?"其說不著所出，未足為據也。《宋館閣書目》稱"《墨子》十五卷，六十一篇"，此本篇數與《漢志》合，卷數與《館閣書目》合。惟七十一篇之中僅佚《節用下第二十二》、《節葬上第二十三》、《節葬中第二十四》、《明鬼上第二十九》、《明鬼下第三十》②、《非樂中第三十三》、《非樂下第三十四》、《非儒上第三十八》,凡八篇,尚存六十三篇,與《館閣書目》不合。陳振孫《書錄解題》又稱有一本止存十三篇者,今不可見。或後人以兩本相校,互有存亡,增入二篇歟?抑傳寫者譌以"六十三"為"六十一"也③。墨家者流,史罕著錄,蓋以孟子所闢,無人肯居其名。然佛氏之教,其清淨取諸老,其慈悲則取諸墨。韓愈《送浮屠文暢序》稱"儒名墨行,墨名儒行",以佛為墨,蓋得其真。而《讀墨子》一篇乃稱"墨必用孔,孔必用墨",開後人三教歸一之説,未為篤論。特在彼法之中,能自嗇其身而時時利濟於物,亦有足以自立者。故其教得列於九流,而其書亦至今不泯耳。第五十二篇以下皆兵家言,其文古奧,或不可句讀,與全書為不類。疑因五十一篇言公輸般九攻墨子九拒之事,其徒因採摭其術,附記其末。觀其稱"弟子禽滑釐等三百人,已持守固之器在宋城上",是能傳其術之徵矣。

【彙訂】

① "因樹屋書影",殿本作"周亮工書影"。

② 應為《明鬼中第三十》。(武秀成:《〈四庫全書總目·墨子提要〉訂誤》)

③ 文淵閣《四庫全書》本《墨子》實同明正統十年(1445)《道藏》本,僅有五十三篇,而其書前提要亦稱"止存五十三篇"。《墨子》的各種傳本以及宋代以來的諸家藏書目錄,未曾見有言及六十三篇者,《總目》殆未除佚目十篇而計之。閣本提要明言:"此本所列篇數,終於第七十一,與《漢志》合,而按其目次,缺者十篇,正得六十一篇,與《館閣書目》亦合。惟六十一篇之中,其八篇有錄無書……"宋王應麟《玉海》卷五十三《藝文部·墨子》云:"《書目》(《中興館閣書目》):十五卷,自《親士》至《雜守》為六十

一篇（原註：亡九篇）。一本自《親士》至《上同》，凡十三篇。"而五十三篇本之前十三篇，正是"《親士》第一"至"《上同》第十三"。二本互校，實無存亡可補。（昌彼得：《說郛考》；武秀成：《〈四庫全書總目·墨子提要〉訂誤》）

子華子二卷（兩江總督採進本）

舊本題晉人程本撰。按程本之名見於《家語》，子華子之名見於《列子》，本非一人。《呂氏春秋》引《子華子》者凡三見，高誘以為古體道人，是秦以前原有《子華子》書。然《漢志》已不著錄，則劉向時書亡矣。此本自宋南渡後始刊版於會稽。晁公武以其多用《字說》，指為元豐後舉子所作。朱子以其出於越中，指為王銍、姚寬輩所託，而又疑非二人所及。《周氏涉筆》則據其《神氣》一篇，指為黨禁未開之時，不得志者所為。今觀其書，多採掇黃、老之言，而參以術數之說。《呂氏春秋·貴生篇》一條今在《陽城胥渠問篇》中[①]，《知度篇》一條今在《虎會篇》中，《審為篇》一條則故佚不載[②]，以掩剽劂之蹟，頗巧於作偽。然商榷治道，大旨皆不詭於聖賢。其論"黃帝鑄鼎"一條，以為古人之寓言，足正方士之謬。其論"唐堯土階"一條，謂聖人不徒貴儉而貴有禮，尤足砭墨家之偏。其文雖稍涉曼衍，而縱橫博辨，亦往往可喜，殆能文之士發憤著書，託其名於古人者。觀篇末自敍世系，以程出於趙，睠睠不忘其宗，屬其子勿有二心以事主，則明寓宋姓。其殆熙寧、紹聖之間，宗子之怵時不仕者乎？諸子之書，偽本不一。然此最有理致文彩，辨其贋則可，以其贋而廢之則不可。陳振孫謂"其文不古而亦有可觀，當出近世能言之流"，實為公論。晁公武以謬誤淺陋譏之，過矣。

【彙訂】

①"陽城渠胥問篇"乃"陽城胥渠問篇"之誤。

②《吕氏春秋》除《貴生》、《知度》、《審為》三篇外,其《先己》、《誣徒》、《明理》等篇亦引此書。(胡玉縉:《四庫全書總目提要補正》)

尹文子一卷(兩江總督採進本)

周尹文撰。前有魏黄初末山陽仲長氏序,稱條次撰定為上、下篇。《文獻通考》著錄作二卷。此本亦題《大道上篇》、《大道下篇》,與序文相符,而通為一卷,蓋後人所合併也。《莊子·天下篇》以尹文、田駢並稱,顔師古註《漢書》謂齊宣王時人。考劉向《説苑》載文與宣王問答,顔蓋據此。然《吕氏春秋》又載其與愍王問答事,殆宣王時稷下舊人,至愍王時猶在歟? 其書本名家者流,大旨指陳治道,欲自處於虛静,而萬事萬物則一一綜核其實,故其言出入於黄、老、申、韓之間。《周氏涉筆》謂其自道以至名,自名以至法,蓋得其真。晁公武《讀書志》以為誦法仲尼,其言誠過,宜為高似孫《緯略》所譏。然似孫以儒理繩之,謂其淆雜,亦為未允。百氏爭鳴,九流並列,各尊所聞,各行所知,自老、莊以下,均自為一家之言。讀其文者,取其博辨閎肆足矣,安能限以一格哉! 序中所稱熙伯,蓋繆襲之字。其山陽仲長氏不知為誰,李淑《邯鄲書目》以為仲長統。然統卒於建安之末,與所云黄初末者不合。晁公武因此而疑史誤,未免附會矣①。

【彙訂】

①《後漢書》卷四十九《仲長統傳》云統卒於獻帝遜位之歲。是年冬改元黄初,則統安得於黄初末尚在? 公武所疑極是。然

不知造偽序者正據史書，以影射仲長氏即仲長統，以《三國志》卷二十一《劉劭傳》正有"襲友人山陽仲長統，漢末為尚書郎"之語。唯造序者未暇細考仲長統卒年，遂露破綻於後人耳。（孫猛：《郡齋讀書志校正》）

慎子一卷（少詹事陸費墀家藏本）

周慎到撰。到，趙人，《中興書目》作瀏陽人。陳振孫《書錄解題》曰："慎到，趙人，見於《史記》。"瀏陽在今潭州，吳時始置縣，與趙南北了不相涉。蓋據書坊所稱，不知何謂也，則稱瀏陽者非矣。明人刻本又云"到，一名廣"。案陸德明《莊子釋文》"田駢"下註曰："《慎子》云：'名廣。'"然則駢一名廣，非到一名廣，尤舛誤也。《莊子·天下篇》曰："慎到棄知去己而緣不得已，泠汰於物以為道理，曰知不知，將薄知而後鄰傷之者也[①]。諔髁無任而笑天下之尚賢也，縱脫無行而非天下之大聖，椎拍輐斷，與物宛轉，舍是與非，苟可以免，不師智慮，不知前後，魏然而已矣。推而後行，曳而後往，若飄風之還，若羽之旋，若磨石之隧，全而無非，動靜無過，未嘗有罪。是何故？夫無知之物，無建己之患，無用知之累，動靜不離於理，是以終身無譽。故曰至於若無知之物而已，無用賢聖，夫塊不失道。豪傑相與笑之曰：'慎到之道，非生人之行而至死人之理，適得怪焉。'"云云。是《慎子》之學近乎釋氏，然《漢志》列之於法家。今考其書，大旨欲因物理之當然，各定一法而守之。不求於法之外，亦不寬於法之中，則上下相安，可以清淨而治。然法所不行，勢必刑以齊之。道德之為刑名，此其轉關。所以申、韓多稱之也。語見《漢書·藝文志》。其書《漢志》作四十二篇，《唐志》作十卷，《崇文總目》作三十七篇，《書錄解題》則稱"麻沙刻本凡五篇,已非全書"。此本雖亦分五篇,而文多刪削,又非陳振孫之所見。蓋明人捃拾殘剩,重為編次②。觀"孝子不生慈父之家,忠臣不生聖君之下"二句,前後兩見。知為雜錄而成,失除重複矣。

【彙訂】

①"之",殿本脫,參《莊子·天下篇》原文。

②《說郛》卷四十錄五篇全文,並刪節滕輔注,其後明、清諸刊本即自《說郛》錄出而刪注文,並附《意林》所載佚文十二條,非"捃拾殘剩,重為編次"而成。(昌彼得:《說郛考》)

鶡冠子三卷(兩淮馬裕家藏本)

案《漢書·藝文志》載《鶡冠子》一篇,註曰:"楚人。居深山,以鶡為冠。"劉勰《文心雕龍》稱:"鶡冠綿綿,亟發深言。"《韓愈集》有《讀鶡冠子》一首,稱其《博選篇》"四稽五至"之說,《學問篇》"一壺千金"之語,且謂其"施於國家,功德豈少"。《柳宗元集》有《鶡冠子辨》一首,乃詆為言盡鄙淺,謂其《世兵篇》多同《鵩賦》,據司馬遷所引"賈生"二語,以決其偽。然古人著書,往往偶用舊文,古人引證,亦往往偶隨所見。如"谷神不死"四語,今見《老子》中,而《列子》乃稱為《黃帝書》;"克己復禮"一語,今在《論語》中,《左傳》乃謂仲尼稱"志有之";"元者,善之長也"八句,今在《文言傳》中,《左傳》乃記為穆姜語。司馬遷惟稱"賈生",蓋亦此類。未可以單文孤證,遽斷其偽。惟《漢志》作一篇,而《隋志》以下皆作三卷,或後來有所附益,則未可知耳①。其說雖雜刑名,而大旨本原於《道德》,其文亦博辨宏肆。自六朝至唐,劉勰最號知文,而韓愈最號知道,二子稱之,宗元乃以為鄙淺,過矣。

此本為陸佃所註，凡十九篇。佃序謂愈但稱十六篇，未睹其全②。佃，北宋人，其時古本韓文初出，當得其真。今本韓文乃亦作十九篇，殆後來反據此書以改韓集，猶劉禹錫《〈河東集〉序》稱編為三十二通，而今本柳集亦反據穆修本改為四十五通也。佃所作《埤雅》盛傳於世③，已別著錄。此註則當日已不甚顯，惟陳振孫《書錄解題》載其名。晁公武《讀書志》則但稱有八卷一本，前三卷全同《墨子》，後兩卷多引漢以後事。公武削去前後五卷，得十九篇。殆由未見佃註，故不知所註之本先為十九篇歟？

【彙訂】

①《漢志》著錄書籍，一篇當與一卷同觀，而卷之大小古今劃分多異，不可據此斷其是否後來有所附益。（黃懷信：《〈鶡冠子彙校集注〉前言》）

② 今本十九篇中，《世賢》、《武靈王》二篇以“（趙）王問龐煖（煥）曰”開篇，當為《龐煖》內容。又《泰鴻》、《泰錄》二篇原本當是一篇，係後人所分。則十六篇之數與韓愈所見相符。（同上）

③ “世”，殿本作“後”。

公孫龍子三卷（兩江總督採進本）①

周公孫龍撰。案《史記》：“趙有公孫龍，為堅白異同之辨。”《漢書‧藝文志》：“龍與毛公等並游平原君之門”，亦作趙人。高誘註《呂氏春秋》，謂龍為魏人，不知何據。《列子釋文》：“龍字子秉，莊子謂惠子曰：‘儒、墨、楊、秉四，與夫子為五。’秉即龍也。”據此，則龍當為戰國時人。司馬貞《索隱》謂龍即仲尼弟子者，非也。其書《漢志》著錄十四篇，至宋時八篇已亡，今僅存《蹟府》、《白馬》、《指物》、《通變》、《堅白》、《名實》凡六篇②。其首章所載與孔穿辨論事，《孔叢子》亦有之，謂龍為穿所絀，而此書又謂穿願為弟子，彼此互異。蓋龍自著書，自必欲伸己説。《孔叢》偽本出於漢、晉之閒③，朱子以為孔氏子孫所作，自必欲伸其祖説。記載不同，不足怪也。其書大旨疾名器乖實，乃假指物以混是非，借白馬而齊物我，冀時君有悟而正名實，故諸史皆列於名家。《淮南鴻烈解》稱"公孫龍粲於辭而貿名"，《揚子法言》稱"公孫龍詭辭數萬"，蓋其持論雄贍，實足以聳動天下。故當時莊、列、荀卿並著其言，為學術之一。特品目稱謂之閒，紛然不可數計，龍必欲一一核其真，而理究不足以相勝，故言愈辨而名實愈不可正。然其書出自先秦，義雖恢誕，而文頗博辨。陳振孫《書錄解題》概以淺陋迂僻譏之，則又過矣。明鍾惺刻此書，改其名為《辨言》，妄誕不經。今仍從《漢志》，題為《公孫龍子》。又鄭樵《通志略》載此書，有陳嗣古註、賈士隱註各一卷，今俱失傳。此本之註，乃宋謝希深所撰，前有自序一篇。其註文義淺近，殊無可取，以原本所有，姑併錄焉。

【彙訂】

① 文淵閣《四庫》本為一卷，書前提要不誤。（沈治宏：《中國叢書綜錄訂誤》）

②《文苑英華》卷七五八《雜論上》載無名氏《擬公孫龍子論》一首，謂："咸亨二十年（應為二年）歲次辛未十二月庚寅，僕自嵩山游於汝陽，有宗人王先生者……僕過憩焉，縱言及於'指'、'馬'，因出其書以示僕。凡六篇，勒成一卷。"可證六篇本唐初已流傳。（余嘉錫：《四庫提要辨證》）

③ "漢晉"，底本作"晉漢"，據殿本乙。

鬼谷子一卷（兩江總督採進本）

案《鬼谷子》，《漢志》不著錄。《隋志》“縱橫家”有《鬼谷子》三卷，註曰：“周世隱於鬼谷。”《玉海》引《中興書目》曰：“周時高士，無鄉里族姓名字，以其所隱，自號鬼谷先生。蘇秦、張儀事之，授以《捭闔》至《符言》等十有二篇，及《轉丸本經》、《持樞中經》等篇。”因《隋志》之說也。《唐志》卷數相同，而註曰“蘇秦”。張守節《史記正義》曰：“鬼谷在雒州陽城縣北五里。”《七錄》有《蘇秦書》，樂壹註云：“秦欲神祕其道，故假名鬼谷。”此又《唐志》之所本也。胡應麟《筆叢》則謂：“《隋志》有《蘇秦》三十一篇，《張儀》十篇。必東漢人本二書之言，薈粹為此，而託於鬼谷，若子虛、亡是之屬。”其言頗為近理，然亦終無確證[1]。《隋志》稱皇甫謐註，則為魏、晉以來書，固無疑耳。《說苑》引《鬼谷子》“有人之不善而能矯之者，難矣”一語，今本不載；又惠洪《冷齋夜話》引《鬼谷子》曰：“崖蜜，櫻桃也。”今本亦不載，疑非其舊。然今本已佚其《轉丸》、《胠篋》二篇，惟存《捭闔》至《符言》十二篇，劉向所引或在佚篇之內。至惠洪所引，據《王直方詩話》，乃《金樓子》之文，惠洪誤以為《鬼谷子》耳。案《王直方詩話》今無全本，此條見朱翌《猗覺寮雜記》所引。均不足以致疑也。高似孫《子略》稱其“一闔一闢，為《易》之神；一翕一張，為老氏之術，出於戰國諸人之表”，誠為過當。宋濂《潛溪集》詆為“蛇鼠之智”，又謂其文淺近，不類戰國時人，又抑之太甚。柳宗元《辨鬼谷子》以為“言益奇而道益陷”，差得其真。蓋其術雖不足道，其文之奇變詭偉，要非後世所能為也。

【彙訂】

① 胡應麟《少室山房筆叢》卷十五《四部正譌中》云：“按《隋

志·縱橫家》有《蘇秦》三十一篇,《張儀》十篇。"《隋志》乃《漢志》
之誤。(丁延峯、林麗:《〈四庫全書總目〉補正六則》)

吕氏春秋二十六卷(兩江總督採進本)

舊本題秦吕不韋撰,考《史記·文信侯列傳》,實其賓客之所
集也。《太史公自序》又稱:"不韋遷蜀,世傳《吕覽》。"考《序意
篇》稱:"維秦八年,歲在涒灘。"①是時不韋未遷蜀。故自高誘以
下,皆不用後説,蓋史駁文耳。《漢書·藝文志》載《吕氏春秋》二
十六篇。今本凡十二紀,八覽,六論。紀所統子目六十一,覽所
統子目六十三,論所統子目三十六,實一百六十篇。《漢志》蓋舉
其綱也。其十二紀即《禮記》之《月令》。顧以十二月割為十二
篇,每篇之後,各閒他文四篇。惟夏令多言樂,秋令多言兵,似乎
有義,其餘則絶不可曉。先儒無説,莫之詳矣②。又每紀皆附四
篇,而《季冬紀》獨五篇。末一篇標識年月,題曰《序意》,為十二
紀之總論。殆所謂紀者猶内篇,而覽與論者為外篇、雜篇歟?唐
劉知幾作《史通》内、外篇,而《自序》一篇亦在内篇之末、外篇之
前,蓋其例也。不韋固小人,而是書較諸子之言獨為醇正。大抵
以儒為主,而參以道家、墨家,故多引六籍之文與孔子、曾子之
言。其他如論音則引《樂記》,論鑄劍則引《考工記》,雖不著篇
名,而其文可案。所引莊、列之言皆不取其放誕恣肆者,墨翟之
言不取其非儒、明鬼者,而縱橫之術、刑名之説一無及焉,其持論
頗為不苟。論者鄙其為人,因不甚重其書,非公論也。自漢以
來,註者惟高誘一家,訓詁簡質。於引證顛舛之處,如《制樂篇》
稱成湯之時穀生於庭,則據《書序》以駁之;稱南子為釐夫人,則
據《論語》、《左傳》以駁之;稱西門豹在魏襄王時,則據《魏世家》、

《孟子》以駁之；稱晉襄公伐陸渾，稱楚成王慢晉文公，則皆據《左傳》以駁之；稱顏闔對魯莊公，則據《魯世家》以駁之；稱衞逐獻公立公子黚，則據《左傳》、《衞世家》以駁之，皆不蹈註家附會之失③。然如稱魏文侯虜齊侯，獻之天子，傳無其事，不知誘何以不糾。其謂梅伯説鬼侯之女好，妲己以為不好①，因而見醢；謂白乙丙、孟明皆蹇叔子；謂甯戚扣角所歌乃《碩鼠》之詩；謂公孫龍為魏人，並不著所出，亦不知其何所據。又共伯得乎共首及張毅、單豹事，均出《莊子》，乃於共伯事則曰“不知其出何書”，於張毅、單豹事則引班固《幽通賦》，竟未見漆園之書，亦為可異。若其註“五世之廟”曰“逸《書》”，則梅賾偽本尚未出；引詩“庶姜孼孼”作“蠥蠥”、“鼉鼓逢逢”作“韸韸”，則經師異本，均不足為失也。

【彙訂】

①“歲在涒灘”，殿本作“涒灘之歲”。

② 以春、冬紀之文考之，蓋春令言生，冬令言死耳。《春秋繁露・陰陽義篇》：“春喜氣也故生，秋怒氣也故殺，夏樂氣也故養，冬哀氣也故藏。”（余嘉錫：《四庫提要辨證》）

③ 所引諸條除“穀生於庭”見《制樂篇》外，以下皆非《制樂篇》之文，而不明出篇名，不將使人誤認為皆見《制樂篇》也乎？魯文姜、穆姜皆淫佚，而得美謚，《貴因篇》稱南子為釐夫人，無足異也。《適威篇》所云顏闔見莊公，乃衞莊公，非魯莊公。高誘注皆以不誤為誤。（同上）

④“以”，殿本脱。此書《過理篇》“殺梅伯而遺文王其醢，不適也”句高誘注云：“梅伯，紂之諸侯也。説鬼侯之女美好，紂受妲己之譖，以為不好，故殺梅伯以為醢。”

淮南子二十一卷（内府藏本）

漢淮南王劉安撰，高誘註。安事蹟具《漢書》本傳。《漢書·藝文志》雜家："《淮南》内二十一篇，外三十三篇。"顏師古註曰："内篇論道，外篇雜説。"今所存者二十一篇，蓋内篇也。高誘序言此書"大較歸之於道，號曰《鴻烈》"。故《舊唐志》有何誘《淮南鴻烈音》一卷①，言《鴻烈》之音也；《宋志》有《淮南鴻烈解》二十一卷，亦《鴻烈》之解也。而註其下曰"淮南王安撰"，似乎解亦安撰者。諸書引用，遂併《淮南子》之本文亦題曰《淮南鴻烈解》，誤之甚矣。晁公武《讀書志》稱《崇文總目》亡三篇，李淑《邯鄲圖書志》亡二篇。其家本惟存原道、俶真、天文、墜形、時則、覽冥、精神、本經、主術②、繆稱、齊俗、道應、氾論、詮言、兵略③、説林、説山十七篇，亡其四篇。高似孫《子略》稱"讀《淮南》二十篇"，是在宋已鮮完本。惟洪邁《容齋隨筆》稱"今所存者二十一卷"，與今本同④。然白居易《六帖》引"烏鵲填河"事，云出《淮南子》，而今本無之，則尚有脱文也。公武謂"許慎註稱'記上'"，陳振孫謂"今本題'許慎註'，而詳序文即是高誘，殆不可曉"，蘆泉劉績又謂"記上"猶言標題進呈，並非慎為之註。然《隋志》、《唐志》、《宋志》皆許氏、高氏二註並列，陸德明《莊子釋文》引《淮南子註》稱許慎，李善《文選註》、殷敬順《列子釋文》引《淮南子註》，或稱高誘，或稱許慎，是原有二註之明證。後慎註散佚，傳刻者誤以誘註題慎名也⑤。觀書中稱"景，古影字"，而慎《説文》無"影"字，其不出於慎審矣。誘，涿郡人，盧植之弟子。建安中辟司空掾，歷官東郡濮陽令，遷河東監。並見於自序中。慎則和帝永元中人，遠在其前，何由記上誘註？劉績之説，蓋徒附會其文而未詳考時代也⑥。

【彙訂】

①《新唐書‧藝文志》云：“高誘註《淮南子》二十一卷，又《淮南鴻烈音》二卷。”則《淮南鴻烈音》亦出於高誘。《舊唐書‧經籍志》亦作“《淮南鴻烈音》二卷，高誘撰”。《總目》所據乃誤本。（余嘉錫：《四庫提要辨證》）

②“主術”，殿本作“三術”，誤，參此書卷九《主術訓》及衢本《郡齋讀書志》卷十二《淮南子》條。

③“兵略”，殿本作“邱略”，誤，參此書卷十五《兵略訓》及勞格《讀書雜識》卷二引衢本《郡齋讀書志》。（孫猛校正：《郡齋讀書志校正》）

④《淮南子》凡二十篇，《要略》一篇為序論，許慎注言之甚明。高似孫偶除《要略》不數而已。（余嘉錫：《四庫提要辨證》）

⑤《原道》、《俶真》、《天文》、《地形》、《時則》、《覽冥》、《精神》、《本經》、《主術》、《氾論》、《說山》、《說林》、《修務》十三篇，每篇名注皆有“因以題篇”四字，注中載音讀甚夥，乃高注也。《繆稱》、《齊俗》、《道應》、《詮言》、《兵略》、《人間》、《泰族》、《要略》八篇，篇下無“因以題篇”四字，注皆粗解大意，且無音讀，乃許注也。（陸心源：《淮南子高許二注考》）

⑥劉績之誤，惟在不知慎自有注，而曲為之說，若謂不知慎在高誘之前，未免厚誣。（余嘉錫：《四庫提要辨證》）

人物志三卷（副都御史黃登賢家藏本）

魏劉劭撰。劭字孔才，邯鄲人。黃初中官散騎常侍，正始中賜爵關內侯。事蹟具《三國志》本傳。別本或作“劉劭”，或作“劉邵”。此書末有宋庠跋云：“據今官書，《魏志》作劭劭之劭,從力。他本或從邑者,晉邑之名。"案字書此二訓外別無他釋,然俱不協"孔才"之義。《説文》則為劭,音同上,但召旁從卩耳,訓"高也",李舟《切韻》訓"美也"。高、美又與"孔才"義符。《揚子法言》曰:"周公之才之劭是也。"①所辨精核,今從之。其註為劉昞所作。昞字延明,燉煌人。舊本名上結銜題"涼儒林祭酒",蓋李暠時嘗授是官。然《十六國春秋》稱沮渠蒙遜平酒泉,授昞祕書郎,專管註記。魏太武時又授樂平從事中郎。則昞歷事三主,惟署涼官者誤矣②。劭書凡十二篇,首尾完具。晁公武《讀書志》作十六篇,疑傳寫之誤③。其書主於論辨人才,以外見之符,驗内藏之器,分別流品,研析疑似,故《隋志》以下皆著錄於名家。然所言究悉物情,而精覈近理。視尹文之説兼陳黃、老、申、韓,公孫龍之説惟析堅白同異者,迥乎不同。蓋其學雖近乎名家,其理則弗乖於儒者也。昞註不涉訓詁,惟疏通大意,而文詞簡古,猶有魏晉之遺。《漢魏叢書》所載,惟每篇之首存其解題十六字,且以卷首阮逸之序譌題晉人,殊為疏舛。此本為萬曆甲申河間劉用霖所刊,蓋用隆慶壬申鄭旻舊版而修之,猶古本云。

【彙訂】

①《法言・修身篇》原文作"公儀子、董仲舒之才之邵也"。

② 劉昞雖歷事三主,然《魏書》本傳敘其著述皆在李暠之世,則今本之題涼官,據其著書時言之,初未嘗誤也。(余嘉錫:《四庫提要辨證》)

③《郡齋讀書志》亦作十二篇,《文獻通考・經籍考》誤作十六篇。(孫猛:《郡齋讀書志校正》)

金樓子六卷（永樂大典本）

梁孝元皇帝撰。《梁書》本紀稱帝博總羣書，著述詞章，多行於世。其在藩時，嘗自號金樓子，因以名書。《隋書・經籍志》、《唐書》、《宋史・藝文志》俱載其目，爲二十卷。晁公武《讀書志》謂其書十五篇，是宋代尚無闕佚。至宋濂《諸子辨》、胡應麟《九流緒論》所列子部，皆不及是書。知明初漸已湮晦，明季遂竟散亡。故馬驌撰《繹史》，徵採最博，亦自謂未見傳本，僅從他書摭錄數條也。今檢《永樂大典》各韻，尚頗載其遺文。核其所據，乃元至正間刊本。勘驗序目，均爲完備。惟所列僅十四篇，與晁公武十五篇之數不合。其《二南五霸》一篇與《説蕃篇》文多複見，或傳刻者淆亂其目，而反佚其本篇歟？又《永樂大典》詮次無法，割裂破碎，有非一篇而誤合者，有割綴別卷而本篇反遺之者。其篇端序述，亦惟戒子、后妃、捷對、志怪四篇尚存，餘皆脱逸。然中間興王、戒子、聚書、説蕃、立言、著書、捷對、志怪八篇，皆首尾完整。其他文雖攪亂，而幸其條目分明，尚可排比成帙。謹詳加裒綴，參考互訂，釐爲六卷。其書於古今聞見事蹟、治忽貞邪，咸爲苞載。附以議論，勸戒兼資，蓋亦雜家之流。而當時周、秦異書未盡亡佚，具有徵引。如許由之父名，兄弟七人，十九而隱，成湯凡有七號之類，皆史外軼聞，他書未見。又立言、聚書、著書諸篇，自表其撰述之勤，所紀典籍源流，亦可補諸書所未備。惟永明以後，豔語盛行，此書亦文格綺靡，不出爾時風氣。其故爲古奧，如紀始安王遙光一節，句讀難施，又成僞體。至於自稱“五百年運，余何敢讓”，儼然上比孔子，尤爲不經。是則瑕瑜不掩，亦不必曲爲諱爾。

劉子十卷（內府藏本）

案《劉子》十卷，《隋志》不著錄。《唐志》作梁劉勰撰。陳振孫《書錄解題》、晁公武《讀書志》俱據唐播州錄事參軍袁孝政序①，作北齊劉晝撰。《宋史·藝文志》亦作劉晝。自明以來，刊本不載孝政註，亦不載其序。惟陳氏載其序，略曰："晝傷己不遇，天下陵遲，播遷江表，故作此書。時人莫知，謂為劉勰、劉歆、劉孝標作。"云云。不知所據何書，故陳氏以為終不知書為何代人。案梁通事舍人劉勰，史惟稱其撰《文心雕龍》五十篇，不云更有別書。且《文心雕龍·樂府篇》稱："塗山歌於候人，始為南音；有娀謠乎飛燕，始為北聲；夏甲歎於東陽，東音以發；殷整思於西河，西音以興。"此書《辨樂篇》稱"夏甲作《破斧之歌》，始為東音"，與勰說合。其稱"殷辛作靡靡之樂，始為北音"，則與勰說迥異，必不出於一人。又史稱勰長於佛理，嘗定定林寺經藏，後出家，改名慧地。此書末篇乃歸心道教②，與勰志趣迥殊。白雲霽《道藏目錄》亦收之"太元〔玄〕部無字號"中，其非奉佛者明甚。近本仍刻劉勰，殊為失考。劉孝標之說，《南史》、《梁書》俱無明文，未足為據。劉歆之說，則《激通篇》稱"班超憤而習武，卒建西域之績"，其說可不攻而破矣。惟北齊劉晝字孔昭，渤海阜城人，名見《北史·儒林傳》，然未嘗"播遷江表"，與孝政之序不符。傳稱晝"孤貧受學，恣意披覽，晝夜不息。舉秀才不第，乃恨不學屬文，方復綴輯詞藻，言甚古拙"，與此書之縟麗輕蒨亦不合。又稱："求秀才十年不得，乃發憤撰《高才不遇傳》。孝昭時出詣晉陽上書，言亦切直，而多非世要，終不見收，乃編錄所上之書為《帝道》。河清中，又著《金箱壁言》，以指機政之不良。"亦不云有此書。豈孝政所指，又別一劉晝歟？觀其書末《九流》一篇，所指

得失,皆與《隋書‧經籍志》子部所論相同。使《隋志》襲用其説,
不應反不錄其書。使其剽襲《隋志》,則貞觀以後人作矣③。或
袁孝政採掇諸子之言,自為此書而自註之,又恍惚其著書之人,
使後世莫可究詰,亦未可知也④。然劉勰之名,今既確知其非,
自當刊正。劉畫之名則介在疑似之間,難以確斷。姑仍晁氏、陳
氏二家之目,題畫之名,而附著其抵牾如右⑤。

【彙訂】

① "俱",殿本無。

② 書中末篇《九流》所謂"道以無為化世"者,指老莊言之,
是道家非道教。(余嘉錫:《四庫提要辨證》)

③ 袁孝政序曰:"畫傷己不遇,天下陵遲,播遷江表,故作此
書。""播遷江表"非特指劉畫言之。不善屬文者,未必不長於筆
也。"言甚古拙",未嘗不能作縟麗輕蒨之文。《隋書‧經籍志》
子部雜家類楊偉《時務論》條下注"梁有……《劉子》十卷,亡"。
《劉子》、《隋志》"九流"之説未必為互相因襲,或皆據《漢書‧藝
文志》。(同上)

④ 今存敦煌寫本《劉子》殘卷一種,不避唐諱,其出六朝人
手可知。《北堂書鈔》、《帝範》等亦屢引之。書中所引故實,孝政
注文多不能考明出處,顯非其所撰。(楊明照:《劉子理惑》)

⑤ "其",殿本無。

顏氏家訓二卷(江西巡撫採進本)

舊本題北齊黃門侍郎顏之推撰。考陸法言《切韻序》作於隋
仁壽中,所列同定八人,之推與焉,則實終於隋。舊本所題,蓋據
作書之時也①。陳振孫《書錄解題》云:"古今家訓,以此為祖。"

然李翱所稱《太公家教》，雖屬僞書②，至杜預《家誡》之類，則在前久矣。特之推所撰，卷帙較多耳。晁公武《讀書志》云："之推本梁人，所著凡二十篇。述立身治家之法，辨正時俗之謬，以訓世人③。"今觀其書，大抵於世故人情，深明利害，而能文之以經訓，故《唐志》、《宋志》俱列之儒家。然其中《歸心》等篇，深明因果，不出當時好佛之習。又兼論字畫音訓，並考正典故，品第文藝，曼衍旁涉，不專爲一家之言。今特退之雜家，從其類焉。又是書《隋志》不著錄，《唐志》、《宋志》俱作七卷，今本止二卷。錢曾《讀書敏求記》載有宋鈔淳熙七年嘉興沈揆本七卷，以閣本①、蜀本及天台謝氏所校五代和凝本參定，末附考證二十三條，別爲一卷，且力斥流俗并爲二卷之非。今沈本不可復見，無由知其分卷之舊，姑從明人刊本錄之。然其文既無異同，則卷帙分合，亦爲細故。惟考證一卷佚之可惜耳。

【彙訂】

①《北齊書·文苑傳》、《北史·文苑傳》顏之推本傳皆云卒於開皇中。《切韻序》末雖題大隋仁壽元年，然序中亦明言與劉臻、顏之推等八人論韻實在開皇初。書中屢敘齊亡時事，其《書證篇》明載開皇二年，《終制篇》云："先君、先夫人皆未還建鄴舊山，今雖混一，家道罄窮，何由辦此奉營經費。"則實作於隋開皇九年平陳之後。（余嘉錫：《四庫提要辨證》）

② 唐李翱《文公集》卷六《答朱載言書》並未嘗指《太公家教》爲齊之太公所作，更未言其真僞。宋王明清《玉照新志》卷三謂"世傳《太公家教》，其書極淺陋鄙俚……太公者，猶曾高祖之類，非渭濱之師臣明矣。"敦煌古寫本中有《太公家教》一卷，其內容近於冬烘童蒙，何嘗有僞托古人之意，不當疑爲僞書。

（同上）

③“世人”，《郡齋讀書志》儒家類《家訓》條原文（衢本卷十，袁本卷三）及殿本皆作“子孫”。

④“閣本”，《讀書敏求記校證》卷三之上《顏氏家訓》條作“閩本”，淳熙本沈揆跋亦作“閩本”。（江慶柏等：《四庫全書薈要總目提要》）

長短經九卷（編修勵守謙家藏本）

唐趙蕤撰。孫光憲《北夢瑣言》載：“蕤，梓州鹽亭人。博學韜鈐，長於經世。夫婦俱有隱操，不應辟召。”《唐書·藝文志》亦載：“蕤字太賓，梓州人。開元中召之不赴。”與光憲所紀略同，惟書名作《長短要術》為少異。蓋一書二名也①。是書皆談王伯經權之要，成於開元四年。自序稱“凡六十三篇，合為十卷”，《唐志》與晁公武《讀書志》卷數並同。今久無刊本。王士禎《居易錄》記徐乾學嘗得宋槧於臨清。此本前有“傳是樓”一印，又有“健菴收藏圖書”一印，後有乾學名印。每卷之末皆題“杭州淨戒院新印”七字，猶南宋舊刻，蓋即士禎所言之本，然僅存九卷。末有洪武丁巳沈新民跋，稱其“第十卷載《陰謀家》，本闕，今存者六十四篇”云云，案，此跋全剿用晁公武之言，疑書賈偽託②。是佚其一卷而反多一篇，與蕤序六十三篇之數不合。然勘驗所存，實為篇六十有四，疑蕤序或傳寫之譌也。第一卷八篇，題曰文上，第三卷四篇，題曰文下。第二卷四篇，則有子目而無總題，以例推之，當脱“文中”二字。第四卷一篇，題曰霸紀上。第五卷一篇，論七雄之事，題曰霸紀中。第六卷一篇，論三國之事，亦無總題，以例推之，當脱“霸紀下”三字。第七卷二篇，題曰權議。第八卷十九篇，題曰雜說。第九卷二十四篇，題曰兵權。其第十卷所謂《陰謀》者，則今不可考。篇中註文頗詳，多引古書，蓋即蕤所自作。註首或標以“議曰”二字，或亦不標，體例不一，亦未詳其故也。劉向序《戰國策》，稱：“或題曰《長短》。”此書辨析事勢，其源蓋出於縱橫家，故以《長短》為名。雖因時制變，不免為事功之學，而大旨主於實用，非策士詭譎之謀。其言固不悖於儒者，其文格亦頗近荀悦《申鑒》③、劉邵《人物志》，猶有魏、晉之遺。唐人著述，世遠漸稀，雖佚十分之一，固當全璧視之矣。

【彙訂】

①“一”，底本作空圍，蓋誤脱，據殿本補。

②《四庫》進呈原本今存，卷一、八、九卷末鐫“杭州淨戒院新印”。據《乾道臨安志》卷二《歷代沿革》、卷三《牧守》，杭州改為臨安府在建炎三年（1129），且此本多處有斷版與修版的痕蹟，應是修版重印之本，其刊刻當在北宋。末有洪武丁巳沈新民跋，為明初人手蹟。“書賈偽託”云云，純屬臆測。（冀淑英：《〈常熟翁氏世藏古籍善本叢書〉影印説明》；陳先行：《打開金匱石室之門：古籍善本》）

③“荀悦”，底本作“荀卿”，據殿本改。漢荀悦撰《申鑒》五卷。

兩同書二卷（江蘇巡撫採進本）

唐羅隱撰。隱字昭諫，新城人。本名橫，以十舉不中第，乃更名①。朱溫篡唐，以諫議大夫召，不應。後仕錢鏐為錢塘令。尋為鎮海軍掌書記、節度判官、鹽鐵發運副使。授著作佐郎、司勳郎中。歷遷諫議大夫、給事中。《吳越備史》載隱所著有《淮海

寓言》、《讒書》，不言有此書。然《淮海寓言》及《讒書》陳振孫已
訪之未獲，惟此書猶傳於今，凡十篇。上卷五篇，皆終之以老氏
之言，下卷五篇，皆終之以孔子之言。《崇文總目》謂：“以老子修
身之説為內，孔子治世之道為外，會其指而同原。”然則“兩同”之
名，蓋取晉人“將無同”之義。晁公武以為取兩者同出而異名，非
其旨矣。《書錄解題》引《中興書目》，以為唐吳筠撰。考《宋史·
藝文志》別有吳筠《兩同書》二卷，與此書同載之“雜家類”中，非
一書也。

【彙訂】

①　羅隱《偶興》詩曰：“逐隊隨行二十春，曲江池畔避車塵。”
《投前夏口韋尚書啟》：“僅踰十上，倖免一鳴。”顯然是説他考了
十次以上。又《感弄猴人賜朱紱》：“十二三年就試期，五湖煙月
奈相違。”進一步明確地説他考了十二三次。（李最欣：《錢氏吳
越國文獻文學考論》）

化書六卷（江西巡撫採進本）

舊本題曰《齊邱〔丘〕子》，稱南唐宋齊邱撰。宋張末跋其書，
遂謂齊邱“犬鼠之雄，蓋不足道”。晁公武亦以齊邱所撰著於錄。
然宋碧虛子陳景元跋稱舊傳陳摶言，譚峭景升在終南著《化書》。
因游三茅，歷建康，見齊邱有道骨，因以授之。曰：“是書之化，其
化無窮。願子序之，流於後世。”於是杖策而去。齊邱遂奪為己
有而序之。則此書為峭所撰，稱齊邱子者非也。書凡六篇，曰道
化、術化、德化、仁化、食化、儉化。其説多本黃、老道德之旨，文
筆亦簡勁奧質。元陸友仁《硯北雜志》稱：“譚景升書世未嘗見。
他書言其論書道，鍾、王而下一人而已。”今考“書道”一條見在

《仁化篇》中，而友仁顧未之見，則元世流傳蓋已罕矣。明初代王府嘗為刊行，後復有劉氏、中氏諸本。今仍改題《化書》，而以陳景元跋附焉①。峭為唐國子司業洙之子。師嵩山道士，得辟穀養氣之術。見沈汾《續仙傳》中。其說神怪，不足深辨。又道家稱峭為紫霄真人，而《五代史·閩世家》稱王昶好巫，拜道士譚紫霄為正一先生。其事與峭同時，不知即為一人否？方外之士，行蹤靡定，亦無從而究詰矣。

【彙訂】

① 文淵閣《四庫》本此書無陳景元跋。

昭德新編三卷（直隸總督採進本）①

宋晁迥撰。迥字明遠，澶州清豐人，自其父始遷家彭門。太平興國五年進士。至道末，擢右正言、直史館、知制誥。旋為翰林學士，加承旨。天禧中，判西京留司御史臺，以太子太保致仕。卒諡文元。事蹟具《宋史》本傳。是編為其晚年所作。因居昭德坊，故以名書。宋初承唐餘俗，士大夫多究心於內典。故迥著書，大旨雖主於勉人為善，而不免兼入於釋氏。自序謂：「東魯之書文而雅，西域之書質而備，故此五說，酌中而作。」蓋指下卷《指迷五說》也。李淑言其「服膺《墳》、《典》，耆年不倦，少遇異人，指導心要」，王古稱其「名理之妙，雖白樂天不逮」，其所學可知矣。迥五世孫溯搜羅家集，得此書於丹稜李燾。慶元中嘗有刊本，明嘉靖間又有重刊本。此本首題「裔孫伏武重錄」②，迥自序及李遵勗後序，皆與晁溯所記相符，蓋猶舊本。其後附迥及明晁瑮、晁束吳三人之詩數十首，蓋其後人採輯家集而未成者。文不相屬，實為駢拇枝指。今悉删之，不著於錄焉。

【彙訂】

① "三卷"，殿本作"二卷"，誤。明嘉靖寶文堂本為三卷，《四庫》本僅二卷，誤刪原書卷之下《袪迷五説并序》。（何新所：《宋代昭德晁氏家庭著述流傳考》）

② 據《郡齋讀書志》卷第十九《晁文元道院別集》條，搜羅晁迥遺著者為晁公武，"裔孫伏武重錄"疑為"裔孫公武重錄"之誤。（同上）

芻言三卷（永樂大典本）

宋崔敦禮撰。敦禮家本河北，南渡後與弟敦詩同登紹興進士，官至諸王宮大小學教授。愛溧陽山水，買田築室居焉。是編凡分三卷，上卷言政，中卷言行，下卷言學。其造文皆規橅揚雄、王通，無語錄鄙俚之習。然首卷以道德仁義分析差等，中又以諸經傳註為蠹道之書，其旨頗雜於黃、老，未為粹然儒者之言。至其間指切事理，於人情物態抉摘隱微，多中窾要，則亦不可盡廢者。雜家者流，《七略》著錄，固不妨並存其説，備採擇焉。

樂菴遺書四卷（浙江巡撫採進本）

舊本題宋李衡撰，其門人龔昱編。衡有《周易義海撮要》，已著錄。昱字立道，崑山人。據隆慶元年沈珠序，稱舊本五卷，今定為四卷。舊曰《語錄》，今更曰《遺書》。然珠但稱初得《語錄》一册，不言其所自來。又言隨失去，復得郡守曹紫峯鈔本。所謂"初得一本"，當即指天順癸未成廷珪所刻者①。而卷末天順己卯鄭文康跋在刻前四年，亦稱僅得鈔本，是終莫詳此書授受之的也。考書中所言，大抵與隆、萬間心學相合。卷首吳仁傑序與所作《兩漢刊誤》、《離騷草木疏》、《古周易》諸序截然如出二手，其大旨以悟為宗。又述周必大書曰："樂菴臨行一著,實是難得,禪和子亦服他。蓋尋常說時其易,臘月三十日直是不能瞞人。此老平生跌宕,到此乃得力,可敬可羨。"亦殊不似必大之語。考《宋史》衡本傳,有"臨没沐浴冠巾,翛然而逝,周必大聞之曰:'世謂潛心釋氏,乃能達生死。衡非逃儒入墨者,而臨終超然如此,殆幾孔門所謂聞道者歟。'"云云。無乃姚江末流,借此語以影撰此書此序,借以助心學之瀾,併所謂天順刻本之序跋亦出影撰歟[②]？不然,昱此編出於淳熙中,正與朱子同時,何以朱子於張九成、陸九淵辨析不遺餘力,而此書混儒、墨而一之,至輪對上殿,敢謂周公亦坐禪,而朱子寂無一語也？疑以傳疑,存備雜家之一種可矣。

【彙訂】

① 天順癸未為 1463 年。然《總目》卷一六八《居竹軒集》提要曰"元成廷珪撰。廷珪字原常,一字元章,又字禮執,揚州人"云云,則成氏實為元人。(瞿冕良:《版刻質疑》)

②《四庫》本此集後跋共七則,其四為周必大作,與《四庫》本周氏《文忠集》卷四九《題李彥平遺書後》一文一字不差,顯非偽託。又集中卷一"讀書須識字"說,宋王應麟《困學紀聞》卷八、明胡爌《拾遺錄》、清朱彝尊《曝書亭集》卷三十四均有引及,則此書至少部分內容為真。(司馬朝軍:《〈四庫全書總目〉編纂考》)

習學記言五十卷(浙江巡撫採進本)

宋葉適撰。適字正則,自號水心居士,永嘉人。淳熙五年進士,官至寶文閣學士,諡忠定[①]。其書乃輯錄經史百氏各為論述,條列成編。凡經十四卷,諸子七卷,史二十五卷,文鑑四卷。

所論喜為新奇，不屑摭拾陳語，故陳振孫《書錄解題》謂"其文刻峭精工，而義理未得為純明正大"。劉克莊為趙虚齋作《註〈莊子〉序》，亦稱其"講學析理，多異先儒"。今觀其書，如謂"太極生兩儀"等語為文淺義陋，謂《檀弓》膚率於義理而謇縮於文詞，謂孟子"子產不知為政"，仲尼"不為已甚"，語皆未當，此類誠不免於駁俗。然如論讀《詩》者"專溺舊文，不得《詩》意，盡去本《序》，其失愈多"，言《國語》非左氏所作②，以及考子思生卒年月，斥漢人言《洪範》五行災異之非，皆能確有所見，足與其雄辨之才相副。至於論唐史諸條，往往為宋事而發，於治亂通變之原，言之最悉，其識尤未易及。特當宋之末世，方恪守洛、閩之言，而適獨不免於同異，故振孫等不滿之耳。

【彙訂】

① 葉適之諡，《總目》襲《宋史》本傳，然《嘉靖溫州府志》卷三《葉適傳》、《宋元學案》卷五"艮齋學侶"條，均作"文定"。1940年於浙江溫州市慈山墓地，出土《葉適墓誌》，上書"大宋吏部侍郎葉文定公之墓"十二字，見趙萬里《南行日記》。（楊武泉：《四庫全書總目辨誤》）

② "言國語非左氏所作"，殿本無。

本語六卷（副都御史黃登賢家藏本）

明高拱撰。拱有《春秋正旨》，已著錄。是書成於萬曆丙子，距拱罷歸之日已十三年①，故開卷即以否、泰兩卦，君子、小人消長為言。其中論裴度，論劉晏，皆陰以自比；論李林甫，論哈嘛爾，_{原作哈麻，今改正。}皆以陰比徐階；論盧懷慎，則陰比殷士儋輩。亦發憤而著書者也。其間如隆慶六年宿良鄉，夢見孔子之類，頗為夸誕。如謂"無意之妙,非意之所能為[2],故聖人貴忘"之類,亦頗涉虛無;至駁伊川説《春秋》災異一條,欲破董仲舒、劉向、劉歆之説,遂謂天道不關於人事,尤為紕繆。其他辨詰先儒之失,抉摘傳註之誤,詞氣縱横,亦其剛很之餘習。然頗有剖析精當之處,亦不可磨。五卷以下,皆論時事,率切中明季之弊。故《明史》稱其"練習政體,有經濟才"。一書之中,蓋瑕瑜互見云。

【彙訂】

① 高拱罷相告歸在隆慶六年(1572)六月,見《明史》本傳及《宰輔年表》。丙子為萬曆四年(1576),上距隆慶六年僅三至四年。"十"字疑衍。(楊武泉:《四庫全書總目辨誤》)

②"之",據此書卷二原文及殿本補。

右雜家類"雜學"之屬,二十二部,一百七十八卷[1],皆文淵閣著錄。

【彙訂】

①"一百七十八卷",殿本作"一百七十七卷"。

案,古者庠序之教,胥天下而從事六德、六行、六藝,無異學也。周衰而後,百氏興。名家稱出於禮官,然堅石、白馬之辨,無所謂禮;縱横家稱出於行人,然傾危變詐,古行人無是詞命;墨家稱出於清廟之守,併不解其為何語。以上某家出某,皆班固之説。實皆儒之失其本原者,各以私智變為雜學而已。其傳者寥寥無幾,不足自名一家,今均以"雜學"目之。其他談理而有出入,論事而參利害,不純為儒家言者,亦均附此類。

子 部 二 十 八

雜 家 類 二

白虎通義四卷（通行本）

漢班固撰。《隋書・經籍志》載《白虎通》六卷，不著撰人。《唐書・藝文志》載《白虎通義》六卷，始題班固之名。《崇文總目》載《白虎通德論》十卷，凡十四篇。陳振孫《書錄解題》亦作十卷，云凡四十四門。今本為元大德中劉世常所藏，凡四十四篇，與陳氏所言相符。知《崇文總目》所云十四篇者，乃傳寫脱一"四"字耳。然僅分四卷①，視諸志所載又不同。朱翌《猗覺寮雜記》稱《荀子》註引《白虎通》"天子之馬"六句，今本無之。然則輾轉傳寫，或亦有所脱佚②。翌因是而指其偽撰，則非篤論也。據《後漢書》固本傳，稱："天子會諸儒講論《五經》，作《白虎通德論》，令固撰集其事。"而《楊終傳》稱"終言：'宣帝博徵羣儒，論定《五經》於石渠閣。方今天下少事，學者得成其業，而章句之徒，破壞大體。宜如石渠故事，永為世則。'於是詔諸儒於白虎觀論考同異焉。會終坐事繫獄，博士趙博、校書郎班固、賈逵等，以終深曉《春秋》，學多異聞，表請之，即日貰出"。《丁鴻傳》稱"肅宗詔鴻與廣平王羨及諸儒樓望、成封、桓郁、賈逵等論定《五經》同異於北宮白虎觀，使五官中郎將魏應主承制問難。侍中淳于恭奏上，帝親稱制臨決"。時張酺、召馴、李育皆得與於白虎觀，蓋諸儒可考者十有餘人。其議奏統名《白虎通德論》，猶不名《通義》。《後漢書·儒林傳》序言："建初中，大會諸儒於白虎觀，考詳同異，連月乃罷。肅宗親臨稱制，如石渠故事，顧命史臣，著為《通義》。"唐章懷太子賢註云"即《白虎通義》"。是足證固撰集後乃名其書曰《通義》。《唐志》所載，蓋其本名。《崇文總目》稱《白虎通德論》，失其實矣。《隋志》删去"義"字，蓋流俗省略，有此一名。故唐劉知幾《史通》序引《白虎通》、《風俗通》為説，實則遞相祖襲，忘其本始者也。書中徵引，《六經》傳記而外，涉及緯讖，乃東漢習尚使然。又有《王度記》、《三正記》、《別名記》、《親屬記》，則《禮》之逸篇。方漢時崇尚經學，咸兢兢守其師承，古義舊聞，多存乎是，洇治經者所宜從事也。國朝任啟運嘗舉正其闕，作《白虎通摘謬》[3]，見所自為制藝序中。今其書不傳，所糾之當否，不可考矣。

【彙訂】

① 文淵閣《四庫》本實作上、下二卷，書前提要不誤。（沈治宏：《中國叢書綜錄訂誤》）

② 元大德九年刊本《白虎通德論》為十卷。（倫明：《白虎通德論提要》）

③ "白虎通摘謬"，殿本作"白虎通摭謬"，誤。

獨斷二卷（通行本）

漢蔡邕撰。王應麟《玉海》謂："是書間有顛錯。嘉祐中，余擇中更為次序，釋以己説，故別本題《新定獨斷》。"擇中之本今不

傳。然今書中序歷代帝系末云:"從高祖乙未至今,壬子歲三百
一十年。"壬子為靈帝建寧五年,而靈帝世系末行小註乃有二十
二年之事,又有獻帝之謚。則決非邕之本文,蓋後人亦有所竄亂
也。是書於禮制多信《禮記》,不從《周官》。若五等封爵,全與
《大司徒》異,而各條解義與鄭元《禮註》合者甚多。其釋"大祝"
一條①,與康成"大祝"註字句全符,則其所根據,當同出一書。
又《續漢書·輿服志》樊噲冠"廣九寸,高七寸,前後出各四寸",
是書則謂:"廣七寸②,前出四寸",其詞小異。劉昭《輿服志註》
引《獨斷》曰:"三公、諸侯九旒,卿七旒",今本則作"三公九,諸
侯、卿七";"建華冠"註引《獨斷》曰:"其狀若婦人縷鹿。"今本並
無此文。又《初學記》引《獨斷》曰:"乘輿之車皆副轄者,施轄於
外乃復設轄者也。"與今本亦全異。此或諸家援引偶譌,或今本
傳寫脫誤,均未可知。然全書條理統貫,雖小有參錯,固不害其
宏旨,究考證家之淵藪也。

【彙訂】

①"大祝",殿本作"六祝"。

②"廣",殿本作"高",誤,參此書卷下"樊噲冠"條原文。

古今注三卷附中華古今注三卷(江蘇巡撫採進本)

《古今注》三卷,舊本題晉崔豹撰。《中華古今注》三卷,舊本
題後唐太學博士馬縞撰。豹書無序跋。縞書前有自序,稱:"昔
崔豹《古今注》博識雖廣,殆有闕文。洎乎黃初,莫之聞見。今添
其注,以釋其義。"然今互勘二書,自宋、齊以後事二十九條外,其
魏、晉以前之事,豹書惟"草木"一類及"鳥獸"類"吐綬鳥一名功
曹"七字為縞書所無,縞書惟"服飾"一類及開卷"宮室"一條、"封

部""兵陳"二條、"馬""齸犬"二條為豹書所闕①,其餘所載,並皆相同②,不過次序稍有後先,字句偶有加減。縞所謂增注、釋義,絕無其事。又縞書中卷云:"棒,崔正熊注車輻也。"使全襲豹語,不應此條獨著豹名。考《太平御覽》所引書名,有豹書而無縞書,《文獻通考·雜家類》又祇有縞書而無豹書。知豹書久亡,縞書晚出,後人掇其中魏以前事贗為豹作③。又檢校《永樂大典》所載蘇鶚《演義》,與二書相同者十之五六,則不特豹書出於依託,即縞書亦不免於剿襲④。特以相傳既久,姑存以備一家耳。考劉孝標《世說注》載豹字正能,晉惠帝時官至太傅。馬縞稱為正熊,二字相近,蓋有一誤⑤。新、舊《五代史》均有縞傳,載其明經及第,登拔萃科,仕梁為太常修撰,累歷尚書郎,參知理院事,遷太常少卿。唐莊宗時為中書舍人、刑部侍郎,權判太常卿。明宗時貶綏州司馬,復為太子賓客,遷戶部兵部侍郎,終於國子祭酒。今本題唐太學博士,蓋據《書錄解題》。然稱為太學博士,實振孫之誤。至其時代,則振孫亦稱後唐,不專稱唐,實明人刊本以意改之也。

【彙訂】

①"齸犬",殿本作"斂犬",誤。《中華古今注》卷下有"齸犬"條:"周成王時,渠蒐國獻齸犬,能飛食虎豹。"出自《逸周書·王會解》。

②《中華古今注》關於服飾諸條,散見於上、中兩卷中,實無服飾一類。而《古今注·輿服篇》亦多言服飾,馬縞已全錄入之。而《中華古今註》卷上有"宗廟"、"旌旐"、"五輅"三條,卷下有"問大琴大瑟"、"女媧問笙簧鷄鵲鱧魚鷄鷗"、"程雅問蠶"、"程雅問龜"、"玄晏先生問鳳",凡八條,亦皆《古今注》所無。凡此諸條,

既未涉及宋齊以後事,亦與服飾無關。又"馬自識其駒,非其駒則齧煞之"一條,明翻宋丁黼本《古今注》亦有之,未嘗闕也。(余嘉錫:《四庫提要辨證》)

③馬縞書雖多直錄崔豹之說,然往往有所增益,凡縞書中所有而為豹書所無者,皆縞所增也。使豹書果自縞書內摭出,則當出於五代以後,為唐人所未見,然《北堂書鈔》、《藝文類聚》、《文選》李善注、《史記索隱》、《史記正義》、《一切經音義》等所引《古今注》,與今本大致相合。則今本猶是崔豹原書。《隋書·經籍志》、《新唐書·藝文志》、《崇文總目》、《宋史·藝文志》、《直齋書錄解題》雜家類皆著錄崔豹《古今注》三卷,惟《舊唐書·經籍志》作五卷,《新唐書·藝文志》儀註類又別出崔豹《古今注》一卷。《郡齋讀書附志》類書類云:"《古今注》三卷,右晉太傅丞崔豹正熊所注也。"所舉篇名次第,與今本全同。(同上)

④據明翻宋本《古今注》附李熹《題崔豹古今注後》,尤袤刻蘇鶚《蘇氏演義》十卷,後四卷誤勒入崔豹《古今注》。《永樂大典》本《蘇氏演義》亦同此尤袤刻本,故與《古今注》多相出入。(同上)

⑤《世說新語·言語篇》注引《晉百官名》曰:"崔豹字正熊,燕國人,惠帝時官至太傅丞。"宋刻、明刻均作"正熊"。(同上)

資暇集三卷(江蘇巡撫採進本)

唐李匡乂撰。舊本或題李濟翁,蓋宋刻避太祖諱,故書其字,如唐修《晉書》,稱石虎為石季龍。或作李乂,亦避諱刊除一字,如唐修《隋書》,稱韓擒虎為韓擒,實一人也。《文獻通考》一入"雜家",引《書錄解題》作李匡文;一入"小說家",引《讀書志》

作李匡義，而字濟翁則同。《陸游集》有此書跋，亦作李匡文，王楙《野客叢書》作李正文。然《讀書志》實作匡乂，諸書傳寫自誤耳。匡乂始末未詳。書中稱“再從叔翁汧公”，知為李勉從孫①。又稱“宗人翰作《蒙求》，載蘇武、鄭衆事”云云，則晉翰林學士李翰之族，其人當在唐末②。《唐書·藝文志》有李匡文《兩漢至唐年紀》一卷，註曰“昭宗時宗正少卿”，蓋即匡乂。書中但自稱“守南漳”，蓋所歷之官，非所終之官也。《讀書志》載是書有匡乂自序曰：“世俗之談，類多譌誤，雖有見聞，嘿不敢證。”故著此書，上篇正誤，中篇談原，下篇本物。此本前有虞山錢遵王氏藏書印，蓋也是園舊物。末題“埭川顧氏家塾梓行”，中閒“貞”字、“徵”字、“完”字皆闕筆，蓋南宋所刊。“殷”字亦尚闕筆，則猶刻於理宗以前，宣祖未祧之時，較近本為善③。然無自序，疑裝輯者佚之。書中亦不標三篇之目，其所說之事，則皆與目應。疑自序乃櫽括之詞，原未標目也。其書大抵考訂舊文。黃伯思《東觀餘論》嘗駁其“茶託”一條，黃朝英《緗素雜記》嘗駁其“僷直”一條，胡仔《苕溪漁隱叢話》嘗駁其“藥欄”一條，王楙《野客叢書》嘗駁其“急急如律令”一條。今觀所辨，如“千里不唾井”事，云本因南朝宋之計吏，不知《玉臺新咏》舊本載曹植《代劉勳出妻王氏》詩已有“千里不唾井，況乃昔所奉”句，則宋計吏之說為誤。又蜀妓薛濤，見於唐人詩集者無不作“濤”，此書獨作“薛陶”，顯為譌字。又解“龍鍾”為龍所踐處，亦涉穿鑿。又全書均考證之文，而“穆寧啗熊白”一條忽雜嘲謔雜事，於體例尤為不倫。然如謂荀悅《漢紀》防將來之誤，“角里”直書“祿里”，足驗用”字上加一拂別作“角”字之非；謂《論語》“宰予晝寢”作“晝寢”，乃梁武帝之說，“傷人乎不問馬”，“不”字斷句，乃《經典釋文》之說，均不始於韓

愈《筆解》；謂五臣註《文選》竊據李善之本；謂韓愈《諱辨》誤以
"杜度"為名；謂有母之人不可稱舅氏為"渭陽"；謂作《詩疏》之陸
璣名從"玉"傍，非士衡；謂萬幾字譌作"機"，由漢王嘉封事；謂
除、授二字有分，以至座前、閣下之別，竹甲、題籤、門杖之始，皆
引證分明，足為典據。其中"鄭侯音醝"一條，明焦竑作《筆乘》，
摭為異聞。不知屬沛國者音"醝"，屬南陽者音"贊"，匡乂已引鄒
氏《史記註》駁讀"醝"之非。竑殆未見此書也歟？

【彙訂】

① 此書卷下云："大曆中，愚之再從叔翁司徒汧公之鎮滑
也。"知作者為李勉從孫。《新唐書·宰相世系表》載鄭惠王元懿
五世孫宰相李夷簡子匡文，而李勉乃元懿曾孫，輩份相符，可知
此書作者名匡文。（張固也：《〈資暇集〉作者李匡文的仕履與
著述》）

② "其人當在唐末"，殿本作"當為唐末人"。《宋史》卷二六
二《李濤傳》及《續資治通鑑長編》卷三載，李濤卒於宋建隆三年
（962），得年六十四。《宋史》本傳後附其弟李澣傳，謂澣曾任後
晉翰林學士，晉亡後仕遼為勤政殿學士，於建隆三年六月卒。
《舊五代史》卷七六載後晉天福二年（937）十一月"以右拾遺李瀚
為翰林學士"，卷八四又云開運二年（945）六月"以翰林學士、禮
部郎中、知制誥李瀚（或作澣）為中書舍人"，則李澣與李瀚實即
一人，唐亡時尚在孩提。《舊唐書》卷二九載僖宗中和元年（881）
李匡乂為太子賓客，顯為唐末人，既稱"宗人瀚作《蒙求》"，則此
李瀚或與匡乂同時，也是唐末人。《學林》卷七、衢本《郡齋讀書
志》卷十四、《文獻通考》卷一九〇、《宋史》卷四七九、《十國春秋》
卷五〇、《松雪齋集》卷六等皆云《蒙求》作者為"唐李瀚"。（周中

孚：《鄭堂讀書記》；周臘生：《〈蒙求〉作者究竟是哪個李瀚——〈四庫全書總目提要〉疏漏一例》）

③ 此本實為明顧元慶據宋本重刻。（葉德輝：《郋園讀書志》）

刊誤二卷（兩江總督採進本）

唐李涪撰。舊本前有結銜稱國子祭酒。郭忠恕《佩觿》引此書，亦稱"李祭酒涪"。五代去唐末未遠，當得其真。而陸游《渭南集》有是書跋曰："王行瑜作亂，宗正卿李涪盛陳其忠必悔過。及行瑜傳首京師，涪亦放死嶺南。"疑即此人，未詳孰是也。前有自序，稱撰成五十篇。此本惟四十九篇，蓋佚其一。其書皆考究典故，引舊制以正唐末之失，又引古制以糾唐制之誤，多可以訂正禮文。下卷閒及雜事，如論僅、甥、旁、繆、廄、薦六字之譌，辨陸法言《切韻》之誤，解《論語》"不問馬"之"不"非"否"音，校《左傳》"繕完葺牆"之"完"為"宇"字，以及駁李商隱"孔子師老聃，老聃師竺乾"之妄，正賈耽《七曜曆》之繆，亦頗資博識。唐末文人，日趨佻巧，而涪獨考證舊文，亦可謂學有根柢者矣。

蘇氏演義二卷（永樂大典本）

唐蘇鶚撰。鶚字德祥，武功人。宰相頲之族也。光啟中登進士第，仕履無考。嘗撰《杜陽雜編》，世有傳本。此書久佚，今始據《永樂大典》所引裒輯成編。《雜編》特小說家言，此書則於典制名物具有考證。書中所言，與世傳魏崔豹《古今注》、馬縞《中華古今注》多相出入，已考證於《古今注》條下。然非《永樂大典》幸而僅存，則豹書之偽猶可考見，縞書之剽襲竟無由證明。此固宜亟為表章，以明真贗。況今所存諸條為二書所未剌取者，尚居强半。訓詁典核，皆資博識。陳振孫《書錄解題》稱其"考究書傳，訂正名物，辨證譌謬，可與李涪《刊誤》、李濟翁《資暇集》、邱光庭《兼明書》並驅"，良非溢美。尤不可不特錄存之，以備參稽也。原書十卷，今掇拾放佚，所得僅此。古書亡失，愈遠愈稀，片羽吉光，彌足珍貴，是固不以多寡論矣。

兼明書五卷（浙江范懋柱家天一閣藏本）

五代邱光庭撰。光庭，烏程人，官太學博士。陳振孫《書錄解題》稱光庭為唐人，《續百川學海》及《彙祕笈》則題曰宋人。考書中"世"字皆作"代"，當為唐人。然《羅隱集》有贈光庭詩，則當已入五代。其為唐諱，猶孟昶《石經》"世"、"民"等字猶沿舊制闕筆耳。是書皆考證之文。《宋史·藝文志》作十二卷，《書錄解題》作二卷，此本五卷，疑後人所更定。首為諸書二十二條。次為《周易》五條，《尚書》四條，《毛詩》十三條。次為《春秋》十條，《禮記》五條，《論語》十二條①，《孝經》二條，《爾雅》三條。次為《文選》二十二條。次為雜說十八條，字書十二條。其字書十二條中，"恥"字、"鰥"字、"明"字、"朴"字四條有錄無書，係傳寫脫佚。"起"字一條，語不相屬。詳其大義，蓋說"起"字者佚其下段②，說"朴"字者佚其上段，傳寫誤合為一也。其中如諸書門，據《山海經》鳳凰之文，《管子》、《韓詩外傳》封禪之記，謂作字不始於蒼頡，不知百氏雜說，不足為據。《春秋》門譏劉知幾論《春秋》諸侯用夏正之非，不知《左傳》記晉事，經、傳皆差兩月，有用夏正之明徵。《論語》"請車為椁"一條，謂毀車為椁，非賣車市椁，不知一車之材，毀之豈能為椁，殊不近事理。雜說門"七夕"一條尤杜撰。《尚書》門論周康王當名"釗"；《孝經》門謂仲尼之

"尼"當作"𡰥",為古"夷"字;《春秋》門謂衛桓公當名"皃",更臆斷無所依據。然如論《史記》誤以放勳、重華、文命為堯、舜、禹名,毛萇誤以"垤"為螘冢,孔安國誤解"菁茅",顏師古誤以鳲鳩為白鷺,孔穎達誤以鴟鴞為巧婦,又誤以占書為龜策同釁,《公羊》、《穀梁》誤以"荆人"為貶詞,杜預誤以"文馬"為畫馬,趙匡誤以諸侯無兩觀,郭璞誤以"竊脂"為盜肉,應劭誤以丘氏為出左丘明[3],皆引據辨駁,具有條理。所記社稷諸條,多得《禮》意。駁五臣《文選註》諸條,亦皆精核。謂《春秋》之例,有褒而書者,有貶而書者,有譏而書者,有非褒非貶非譏國之大事法合書者,尤為卓識。在唐人考證書中,與顏師古《匡謬正俗》可以齊驅。蘇鶚之《演義》、李涪之《刊誤》、李匡乂之《資暇集》,抑亦其次。封演《見聞記》頗雜瑣事,又其次矣。

【彙訂】

① "十二條",底本作"十三條",據殿本改。此書卷三《論語》門有"而好犯上"等十二條。

② "蓋",殿本作"則以"。

③ "丘",殿本作"邱"。

近事會元五卷(兵部侍郎紀昀家藏本)

宋李上交撰。上交,贊皇人[1],始末未詳。是書成於嘉祐元年,前有上交自序。陳振孫《書錄解題》曰:"《近事會元》五卷,李上交撰。自唐武德至周顯德,雜事細務皆紀之。"錢曾《讀書敏求記》曰:"上交退寓鍾陵,尋近史及小說、雜記之類凡五百事,釐為五卷,目曰《近事會元》。唐史所失記者,此多載焉。"此本末題"萬曆壬午元素齋錄副本"[2],猶明人舊鈔,卷數與二家所記合。

其紀事起訖年月與振孫所言合，條數及自序之文亦與曾所言合，蓋即原本。惟振孫以為皆記雜事細務。今觀其書，自一卷至三卷首載宮殿之制，次載輿服之制，次載官制、軍制，其次亦皆六曹之掌故。四卷為樂曲，為州郡沿革。惟五卷頗載瑣聞，然如婦人檐子、兜籠、綫韀線鞦、親迎舉樂障車、公主事姑舅、公主賜謚、山川岳瀆封號、國忌行香、上元點燈、散從親事官、處士謚先生、律格、赦書、投匭、刑統、律令、死罪覆奏、斷獄禁樂、逐句問罪人、表狀、書奏、制敕，及始流沙門島、始配衙前安置、始貶崖州諸條，亦皆有關於典制。大抵體例在崔豹《古今注》、高承《事物紀原》之閒。其中如《霓裳羽衣曲》考證，亦極精核，不可徒以雜事細務目之。振孫殆未詳核其書③，但見其標題列說如《雲仙雜記》、《清異錄》之式，遂漫以為小說歟？

【彙訂】

①《容齋三筆》卷十五載嘉祐二年，雒陽人職方員外郎李上交來豫章東湖。自署贊皇，題其郡望也。（余嘉錫：《四庫提要辨證》）

②"壬午"，殿本作"壬辰"，誤，參清乾隆抄本此書末題原文。

③"細務"二字，明見自序，陳振孫所云即以為本。（胡玉縉：《四庫全書總目提要補正》）

東觀餘論二卷（浙閩總督採進本）

宋黃伯思撰。伯思字長睿，號霄賓，又自號雲林子，昭武人。政和中，官至祕書郎①。伯思歿時，年僅四十，而學問淹通。李綱誌其墓，稱："經史百家之書，天官、地理、律曆、卜筮之說，無不精詣。又好古文奇字,鍾鼎彝器款式體製,悉能了達辨正。"所著有《法帖刊誤》二卷,《古器説》四百二十六篇。紹興丁卯,其子訥與其所著論辨、題跋合而刊之,總名曰《東觀餘論》。然訥跋稱共十卷,今本僅二卷,或後來傳寫所合併。所載古器亦不足四百二十六條,則疑訥於其未定之説有所去取。較務矜繁富,不辨美惡,徒誇祖父之長,而適暴所短者,其識特高。又《書錄解題》載伯思《博古圖説》十一卷,凡諸器五百二十七,印章四十五②,無《古器説》之名,又稱後來修《博古圖》多採用之。疑為官書既行之後,其名適同,亦訥改題之,以避尊也③。其書頗譏歐陽修不精考核。而樓鑰跋中乃摘書中"史籒書"一條,"《異苑》"一條,"王獻之璇題"一條,"匆匆"一條,"《甘蔗帖》"一條,糾其疏漏。蓋考證之學,本無盡藏,遞相掎摭④,不能免也。要其精博,勝《集古錄》多矣。

【彙訂】

① 據《總目》體例,當刪簡介,改作"伯思有《法帖刊誤》,已著錄"。

② "四十五"乃"二百四十五"之誤,説詳卷一百十五《宣和博古圖》條注文。

③ 據黃訥跋,他於紹興十七年丁卯(1147)將《法帖刊誤》、《祕閣古器説》等合為十卷,名為《東觀餘論》。而李綱《左朝奉郎行祕書省祕書郎贈左朝請郎黃公墓誌銘》亦言及《古器説》,且黃伯思葬於宣和五年(1123),《墓誌銘》作於紹興十年(1140),可知《古器説》之名非黃訥避改。(王宏生:《北宋書學文獻考論》)

④ "遞相",殿本作"遞行"。

靖康緗素雜記十卷（通行本）

宋黃朝英撰。晁公武《讀書志》曰："朝英，建州人，紹聖後舉子。"又曰："所記凡二百事。"今本卷數與公武所記同，而衹有九十事。觀程大昌《演繁露》辨其誤引"麥秋"一條①，此本無之。考王楙《野客叢書》亦具載"麥秋"之說，稱《緗素雜記》，知非大昌誤引。又《野客叢書》載其辨李賀《金銅仙人辭漢歌序》誤以折露盤為青龍九年一條②，麻胡僅得二事一條，袁文《甕牖閒評》載其辨"穀陽"一條，辨"蘆菔"一條，此本亦無之。蓋明人妄有刪削，已非完書矣。袁文、王楙於此書頗有駁正。然考證之學，大抵後密於前，不足為病。晁公武譏其為王安石之學，又譏其解《詩》"芍藥"、"握椒"為鄙褻。劉敞《七經小傳》亦摭此條為諧笑，雖不出姓字，殆亦指朝英。今觀其書，頗引《新經義》及《字說》，而尊安石為"舒王"，解《詩》"綠竹"一條，於安石之說尤委曲回護，誠為王氏之學者。然所說自芍藥、握椒一條外，大抵多引據詳明，皆有資考證，固非漫無根柢，徒為臆斷之談。敞本與安石異趣，公武又自以元祐黨家，世與新學相攻擊，故特摭其最謬一條，以相排抑耳③。

【彙訂】

①"觀"，殿本無。

②"折"，殿本作"拆"。《野客叢書》卷六"露盤"條云："《緗素雜記》載……《漢晉春秋》曰：'帝徙盤，盤折，聲聞數十里。金狄或泣，因留於霸壘。'而唐李賀《金銅仙人辭漢歌序》云：'魏明帝青龍九年八月，詔宮官牽車而西，取漢武捧露盤仙人，欲立置殿前。既拆盤，仙人臨載，乃潸然淚下。'黃朝英謂《明帝紀》青龍五年三月改為景初元年，是歲徙長安銅人，重不可致，而賀以為

青龍九年八月。蓋明帝以青龍五年三月改為景初元年,至三年而崩,則無青龍九年明矣。此皆朝英所云也。僕謂賀所引青龍固失,然據今本《李賀集》云青龍元年,非九年也。朝英誤認'元年'為'九年'耳。"《苕溪漁隱叢話》前集卷二十所引略同。

③ 此書以靖康冠於書名之上,則成於北宋之末,靖康紀元在劉敞卒後五十八年,敞安得見此書而擿之為諧笑乎? 且《七經小傳》中並無解"芍藥"、"握椒"之語。晁公武衢本《郡齋讀書志》卷十三云:"朝英,建州人,紹聖後舉子也。為王安石之學者,以'贈之以芍藥'為男淫女,'貽我握椒'為女淫男。前輩嘗以是為嗤,朝英獨愛重之,他可知也。"不過嗤笑黃朝英附和"為王安石之學者",並未明言朝英為王氏之學者。《直齋書錄解題》卷十亦云:"其書亦辨正名物,而學頗迂僻。言《詩》'芍藥'、'握椒'之義,鄙褻不典。王氏之學,前輩以資戲笑,而朝英以為得詩人深意,其識可見矣。"(余嘉錫:《四庫提要辨證》)

猗覺寮雜記二卷(兩淮馬裕家藏本)

宋朱翌撰。翌字新仲,自號瀋山居士,舒州人。政和中登進士第,南渡後官中書舍人。此編上卷皆詩話,止於考證典據,而不評文字之工拙,下卷雜論文章,兼及史事。近時鮑氏知不足齋刻本,割其下卷六十八條移入上卷,以均篇頁,殊失古人著書之意矣。前載與丞相洪适求序書一篇,鮑氏移之卷末,亦非其舊也。适未及作序而卒,其弟邁始為序之。稱其"窮經考古,上撢騷①、雅,旁弋史傳"。劉克莊《後村集》中亦極稱其考證之功。今觀其書,如杜甫《巳上人茅齋》詩"天棘蔓青絲"句,據《本草》改為"顛棘",未免穿鑿;蘇軾詩"宜蠶使爾繭如甕"句,事出《列仙傳》，而引偽託之《述異記》；韓愈《謝自然詩》，實屬唐人，乃云出《風俗通》；杜甫《李潮八分小篆歌》，諸本皆作"苦縣光和尚骨立"，乃誤作"骨力"，引《南史》張融事為證；鵲填河事見《顏氏家訓》及庾肩吾詩，又見白居易《六帖》，乃與"親家"等字一概謂之俗說；案馬縞《中華古今注》亦以鵲填河為出俗說，然《俗說》乃沈約所著書名，見《隋志》。蘇轍《詩傳》仍存《小序》首一句，乃屢謂之廢《序》；唐、虞自是國號，乃云堯姓唐，舜姓虞，皆不免於疏舛。至於"雷琴"一條，引元稹詩註，證為蜀匠；又"賀若"一條，引《唐書・王涯傳》，證為賀若夷。不知段安節《樂府雜錄》稱"貞元中，成都雷生善斲琴，其業精妙，天下無比，彈者亦衆焉。大和中有賀若夷，尤能。後為待詔，對文宗彈一調，上嘉之，賜朱衣，至今為《賜緋調》"云云，固俱有明文，不須旁證，亦未為能究根柢。然其引據精鑿者，不可彈數。在宋人說部中，不失為《容齋隨筆》之亞，宜邁序之相推重也。

【彙訂】

① "騷"，殿本作"風"，誤，參洪邁序原文。

能改齋漫錄十八卷（浙江巡撫採進本）

宋吳曾撰。曾字虎臣，崇仁人。秦檜當國時，曾上所業得官。紹興癸酉，自救局改右承奉郎，主奉常簿，為玉牒檢討官。遷工部郎中，出知嚴州，致仕卒。此書末有其子復跋，稱所記凡二千餘條，釐為十八卷。自元初以來，刊本久絕。此本乃明人從祕閣鈔出，原闕首尾二卷。焦竑家傳寫之本，遂以第二卷、第十七卷各分為二，以足其數，實非完帙。又書中分事始、辨誤、事實、沿襲、地理、議論、記詩、謹正、記事、記文、方物、樂府、神仙鬼怪共十三類。而諸家傳本或分卷各殊，或次序顛倒，或併為十五卷，或以第十一卷分作兩卷，而併第九卷入第八卷內，或無"謹正"一類而併入"記事"類中，或多"類對"一門、"詼諧戲謔"一門。蓋輾轉繕錄，不免意為改竄，故參錯百出，莫知孰為原帙也。趙彥衛《雲麓漫鈔》又記秦檜卒後，曾不敢出其第十九卷。則當日已無定本，無怪後來之紛紛矣①。是書考證頗詳，而當時殊為衆論所不滿。劉昌詩《蘆浦筆記》常摘其舛誤十一條，又稱其"比事門"中案今本無"比事"之名。多所漏略，舉《史記》八事以例其餘。趙彥衛《雲麓漫鈔》亦摘其中論佛法與天地並原一條為所學之誣妄，併稱其"詬訾前賢不少。如詩人得句偶有相犯，即以為蹈襲，及恃記博，妄有穿鑿"。周煇《清波雜志》則謂其記荊王元儼戲劇批判及宗室子好尚之僻諸事，有論其不應言者，旋被旨毀版。盛如梓《恕齋叢談》又載當日有知麻城縣鄭顯文者，遣其子之翰赴御史臺論曾事涉訕謗②，有旨曾、顯文各降兩官。臣僚繳奏，乃黜顯文，送其子汀州編管。後京鏜愛其書，始版行。與煇所記不同，未詳孰是。王士禎《池北偶談》以為曾書多不滿王安石，顯文殆又襲黨人故智。今觀其書，以荀或為漢之忠臣，以馮道為大人，其是非甚為乖刺。又如孫仲鼇賀秦檜詩、曾惇上秦檜書事十絕句，皆臚載無遺。是其黨附權姦，昭然可見。併其書遭人攻擊，蓋由於此，士禎偶未詳考也。然曾記誦淵博，故援據極為賅洽，辨析亦多精核。當時雖惡其人，而諸家考證之文，則不能不徵引其説，幾與洪邁《容齋隨筆》相埒。置其人品而論其學問，棄其瑕纇而取其英華，在南宋説部之中，要稱佳本，則亦未可竟廢矣。

【彙訂】

① 趙希弁《郡齋讀書附志》著錄此書為二十卷，較之《四庫》

本，無"謹正"一類，而有"類對"、"詼諧戲謔"二門，是亦宋本相傳之舊，未可以為繕錄者有所改竄。《雲麓漫鈔》卷十原文文義乃以"秦檜，不敢出"為上句，"其第十九卷自稱不樂京局"為下句。（余嘉錫：《四庫提要辨證》）

② "訕謗"，殿本作"謗訕"。

雲谷雜記四卷（永樂大典本）①

宋張淏撰。淏有《會稽續志》，已著錄。此書《書錄解題》、《宋史·藝文志》皆不載，惟《文淵閣書目》載有一册，其本久佚。今從《永樂大典》中採撮得一百十條②。別有徐邦憲書帖一首及淏識語一則，乃當時冠於卷首者。又有楊楫、章穎、葉適後序三篇及淏自跋一篇，尚皆完整無闕。謹依類排次，析為四卷。而取書帖、序跋分載首末，以略還原本之舊。宋人說部紛繁，大都撫拾瑣屑，侈談神怪，惟淏此書專為考據之學。其大旨見自跋中。故其折中精審，釐訂詳明，於諸家著述皆能析其疑而糾其繆。如論蕙之非零陵香，而駁邵博《聞見錄》之舛；論王羲之換鵝實有《黄庭》、《道德》二經，而斥蔡絛《西清詩話》之非；引董德元言證蘇軾詩"虎頭城"之為虔州；引曾慥《百家詞》證"虎兒"為米友仁字，而摘施宿、任淵二家所註之誤。其釐正是非，確有依據，頗足為稽古之資，宜當時極重其書也。葉適後跋以淏所論《泊宅編》"花書名"一條義有未安，別存商榷之語，淏併存諸卷中。即是一節，亦與一語異同，務伸己是，書函往返，動溢萬言，訖於各尊所聞，各行所知者，意量之公私，相去遠矣。

【彙訂】

① 文淵閣《四庫》本尚有卷首一卷卷末一卷。（沈治宏：《中

國叢書綜錄訂誤》)

　　② 四庫輯《大典》本共一百二十四條，張宗祥輯抄《雲谷雜記》四卷附一卷補遺一卷，内容多於《大典》本，其中輯自明抄《説郛》第三十卷四十九條，與《大典》本同者二十九條，而《壽山艮嶽》一條，首尾完善，較《大典》本爲勝。其餘《臚句傳玉帳》、《月令字誤》等二十條，《大典》本中皆未見。（崔富章：《四庫提要補正》)

　　西溪叢語三卷（江蘇巡撫採進本）①

　　宋姚寬撰。寬字令威，嵊縣人。父舜明，紹聖四年進士，南渡歷官户部侍郎②、徽猷閣待制。寬以父任補官，仕至權尚書户部員外郎，樞密院編修官。其書多考證典籍之異同。如辨《文選・神女賦》"玉"字爲"王"字之誤；辨劉攽論蕭何不爲功曹之誤；辨黄庭堅論徐浩詩"瑰能"字押"奴來切"之誤；辨歐陽修論張繼"半夜鐘"之誤；辨王安石《詩經新義》"彤管"爲簫笙之誤，皆極精審。至考《感甄賦》之始末，不辨其非；謂陶潛詩中之"田子春"即《漢書・劉澤傳》之田生；謂杜甫詩中之"黄衫少年"爲《霍小玉傳》之黄衫客；又謂甫"俊逸鮑参軍"句爲譏李白，皆失之穿鑿附會。註劉禹錫詩"翁仲"字，不知其不作於洛陽；註李白詩"唾井"字，不知其出於《玉臺新咏》王宋詩；引秦嘉《贈婦詩》，誤以第一首爲徐淑作；引《詩品》，誤改"寶釵"字，皆爲疏舛。然大致瑜多而瑕少，考證家之有根柢者也。葉適《水心集》有《西溪集》跋，其稱此書以易"肥遯"爲"飛遯"，以《孟子》"不若是恝"爲"不若是念"二條。又謂金海陵王南侵時，寬推論太乙、熒惑行次，決其必敗，未幾果有瓜洲之事。又謂其"著書二百卷，古今同異，無不該括",又謂其"《古樂府》流麗哀思,頗雜近體詩。長短皆絕去尖巧,乃全造古律③,加於作者一等"。蓋亦一代博洽工文之士矣。

【彙訂】

① 文淵閣《四庫》本為上、下二卷。(沈治宏:《中國叢書綜錄訂誤》)

②"歷",殿本作"後"。

③"造",殿本作"入"。《水心集》卷二九《題姚令威〈西溪集〉》原文作"造"。

學林十卷(浙江吳玉墀家藏本)

宋王觀國撰。觀國,長沙人。其事蹟不見於《宋史》,《湖廣通志》亦未之載。惟賈昌朝《羣經音辨》載有觀國所作後序一篇,結銜稱"左承務郎、知汀州寧化縣、主管勸農公事兼兵馬監押",末題"紹興壬戌秋九月中澣",則南渡以後人也。考晁公武、陳振孫兩家書目及《宋史‧藝文志》是書俱未著錄,吳曾《能改齋漫錄》、趙與峕《賓退錄》引之,均稱曰《學林新編》。而今所傳本,但題《學林》,無"新編"二字。考袁文《甕牖閒評》、王楙《野客叢書》亦祇稱王觀國《學林》,則當時已二名兼用矣。書中專以辨別字體、字義、字音為主。自《六經》、《史》、《漢》旁及諸書,凡註疏箋釋之家,莫不臚列異同,考求得失,多前人之所未發。《賓退錄》嘗摘其誤以"不羹"為"羹頡",《甕牖閒評》亦摘其議《資暇集》以"行李"為"行峚","峚"字無所根據,不知《玉篇》山部有此字,註釋甚詳。《能改齋漫錄》又摘其謂《左傳》"季氏介其雞",當存高誘註"以鎧著雞頭"①,不當作蒙雞之臆;佛氏精舍《江表傳》載於吉事,是魏初已有之,觀國謂自晉始有者為誤;又《孟子》"以言餂之”，觀國不取郭璞音義，而取《玉篇》音“甜”之説；“京索”之“索”，觀國以為當音“山客反”，不知陸氏《釋文》及五臣之註、韓退之之詩皆音“悉落反”，固未嘗誤，亦頗為他家所駁正。然考證之文，遞相掎摭，此疏彼密，利鈍互形，原不能毫無疵累。論其大致，則引據詳洽，辨析精核者十之八九。以視孫奕《示兒編》，殆為過之。南宋諸儒講考證者不過數家，若觀國者，亦可謂卓然特出矣。

【彙訂】

①“存”，殿本作“從”。

容齋隨筆十六卷續筆十六卷三筆十六卷四筆十六卷五筆十卷（內府藏本）

宋洪邁撰。邁字景盧，鄱陽人，皓之子。紹興十五年進士，歷官端明殿學士。事蹟具《宋史》本傳①。其書先成《隨筆》十六卷，刻於婺州。淳熙間傳入禁中，孝宗稱其有議論。邁因重編為《續筆》、《三筆》、《四筆》、《五筆》。《續筆》有隆興三年自序②，《三筆》有慶元二年自序，《四筆》有慶元三年自序，亦各十六卷。而《五筆》止十卷，蓋未成而邁遂没矣。其中自經史諸子百家以及醫卜星算之屬，凡意有所得，即隨手札記，辯證考據，頗為精確。如論《易·説卦》“寡髮”之為“宣髮”；論《豳風》“七月在野”、“八月在宇”之文為農民出入之時，非指蟋蟀，皆於經義有裨。尤熟於宋代掌故，如以宋自翰林學士入相者非止向敏中一人，駁沈括《筆談》之誤；又引國史《梁顥傳》，證陳正敏《遯齋閒覽》所記八十二歲及第之説為不實，皆極審核。惟自序稱作《一筆》首尾十八年，《二筆》十三年，《三筆》五年，《四筆》不費一歲。蓋其晚年撰《夷堅志》，於此書不甚關意，草創促速，未免少有牴牾。如謂劉昭註《後漢書》五十八卷，《補志》當在其中，而不知所註乃司馬彪《續漢書志》[3]，章懷太子以《後漢書》無志，移補其闕。又駁《宣和博古圖》釋"雲雷磬"所引臧文仲"以玉磬告糴"之文，謂《左傳》並無其說，而不知出自《國語》中[1]，頗為失檢。又如史家本末及小學字體，皆無所發明，而綴為一條，徒取速成，不復別擇。然其大致，自為精博。南宋說部，終當以此為首焉。前有嘉定壬申何異序，明李瀚、馬元調先後刊行之。考《永樂大典》所載應俊合輯《琴堂諭俗編》中。有引《容齋隨筆》所論服制一條。而今本無之。豈尚有所脫佚歟？明人傳刻古書，無不竄亂脫漏者，此亦一證矣。

【彙訂】

① 依《總目》體例，當刪簡介，改作"邁有《史記法語》，已著錄"。

② "隆興"當作"紹熙"。（胡玉縉：《四庫全書總目提要補正》）

③ "司馬彪續漢書志"，殿本作"續司馬彪漢書志"，誤。司馬彪，《晉書》卷八二有傳，著有《續漢書》。其紀、傳部分逐漸散佚，而志則因《後漢書》無志而被併入《後漢書》。

④ "中"，殿本無。

考古編十卷（浙江巡撫採進本）

宋程大昌撰。大昌有《易原》，已著錄。是編乃雜論經義異同及記傳謬誤，多所訂證。其《詩論》十七篇，反覆推闡，大抵謂《詩》有南、雅、頌之名，無國風之名。說極辨博，而究無解於《禮記》之所引，故終為後人駁詰。至《正朔論》謂周人雖首子以命月，而占星命算、修詞舉事仍用夏時；《象刑論》謂是刑官取其法懸之象魏，而不取畫衣冠、異章服之説。其持論雖頗新異，而旁引曲證，亦能有所依據①。他若以白居易《樂府》正韋述所記《唐六典》不曾行用之誤；以在張掖者乃鮮水非令鮮水②，駁章懷太子所註《後漢·段熲傳》之非；以《漢書》"比景縣"當從劉昫《舊唐書》作"北景"；以《荀子》所稱"子弓"即仲弓，非馯臂子弓；以《琅琊臺碑》文證秦以前已嘗刻石，皆典確明晰，非泛為徵摭。雖亞於《容齋隨筆》，要勝於鄭樵輩之橫議也。

【彙訂】

① "依據"，殿本作"據依"。

② "白居易樂府"至"不曾行用之誤以"，殿本無。

演繁露十六卷續演繁露六卷（兩淮馬裕家藏本）

宋程大昌撰。案紹興中《春秋繁露》初出，其本不完。大昌證以《通典》所引"劍之在左"諸條、《太平御覽》所引"禾實於野"諸條，辨其為偽。因謂董仲舒原書必句用一物①，以發己意，乃自為一編擬之，而名之以《演繁露》。後樓鑰參校諸家，復得《繁露》原本，凡諸書所引者具在，譏大昌所見不廣，誤以仲舒為小説家。其論良是。然大昌所演，雖非仲舒本意，而名物典故，考證詳明，實有資於小學。所引諸書，用李匡乂《資暇集》引《通典》例，多註出某書某卷。倘有謁舛，易於尋檢，亦可為援據之法。其書正編不分類，續編分制度、文類、詩事、談助四門。中如衛士扈駕請道，"等子"當為"𨁘子"一條，岳珂《愧郯錄》引吳仁傑《鹽石新論甲編》，謂："《魏·典韋傳》有'等人'之稱。洪翰林云'等人'猶'候人',蓋軍制如此。"大昌所疑,未為詳允。然書中似此偶疏者,不過一二條,其他實多精深明確,足為典據。周密《齊東野語》云:"程文簡《演繁露》初成,高文虎嘗假觀之,稱其博贍。文虎子似孫,時年尚少,因竊窺之。越日,程索回原書,似孫因出一帙曰《繁露詰》,其閒多文簡所未載,而辨證尤詳。今其書不傳,諸家亦不著於錄。"考似孫所著《緯略》,其精博未必勝於大昌。或傳聞者過,周密誤載之歟?

【彙訂】

① "因",殿本無。

緯略十二卷(江蘇巡撫採進本)

宋高似孫撰。似孫有《剡錄》,已著錄。似孫嘗輯《經略》、《史略》、《子略》、《集略》、《騷略》及此書,今惟《子略》、《騷略》與此書存。陳振孫《書錄解題》論"其讀書以隱僻為博,其作文以怪澀為奇"。然考證之學,正不嫌其博。而是編所引,亦皆四庫所著錄,非馮贄之流詭詞炫俗者比,固不得以隱僻譏也。明沈士龍跋又稱其愍騷、招隱、八風、圍棋、氈毹、犚牙之類,全錄《藝文》、《初學》、《北堂》、《御覽》諸書,無所增輯。知宋世編集,不復具存,摘用類書,誇示宏肆,是誠在所不免。周嬰《卮林》譏其誤引《金樓子》,以劉休元〔玄〕《水仙賦》為唐劉子元,疏舛亦不能無。然其言篤實,無所贗託,終出楊慎《丹鉛》諸錄之上,亦考古者所必資矣。

甕牖閒評八卷(永樂大典本)

案《甕牖閒評》,《宋史·藝文志》及晁公武、陳振孫諸家俱未著錄。惟李燾《續通鑑長編》考異內閒引其書①,明代《文淵閣書目》亦有此書一部一册，而均未詳姓名、時代。《永樂大典》散載入各韻中，亦不題撰人。今考袁燮《絜齋集》，有所作其父墓表云："先公諱文字質甫，四明鄞人。幼喜讀書，不汲汲於科名，而惟務勤學。有雜著一編曰《甕牖閒評》。"又燮集載其曾祖知隨州，曾祖妣石氏臂痛，其祖延醫修佛及其父諸軼事，皆與是編所紀相合，則為袁文所撰無疑也。其書專以考訂為主，於經史皆有辨論，條析同異，多所發明，而音韻之學尤多精審。凡偏旁點畫，反切訓詁，悉能剖別於毫釐疑似之閒。其所載典故事實，亦首尾完具，往往出他書所未備。雖徵引既繁，不無小誤。如謂《漢書・敘傳》稱袁盎為"子絲"，疑傳中"字絲"為脫文。不知《敘傳》以四言為句，故加"子"字以成文。如《史記・項羽本紀》稱"字羽"，而《自敍》亦作"子羽"，是其例也。又謂古人"日暮倚修竹，佳人殊未來"，所稱佳人乃賢人。考"日暮倚修竹"乃杜甫《佳人》詩，云非婦人已謬，"佳人殊未來"乃江淹《擬休上人怨別》詩，合為一篇，尤非。至於不知"腹猶果然"出《莊子》；不知"鼠姑"為牡丹；不知"屠蒯"、"杜蒯"乃聲之轉，如"包胥"之為"勃蘇"，亦均失之眉睫之前。而大致賅洽，實考據家之善本。惜其在宋世已罕流傳，迄明遂佚，藏書家至不能舉其名。又文之子燮、孫甫，史皆有傳，而獨不及文，其行事亦幾不可考。今幸從沈埋剝蝕之餘，復加釐訂，排比成編，使其姓名、學問不致終沒於來世，亦可知顯晦之自有其時矣。原書卷帙不可考。今所輯者尚四百餘則，條目頗為紛雜。謹依類詮次，分為八卷。一卷論經，二卷論史，三卷論天文、地理、人事之類，四卷專論小學，五卷論詩、詞、書、畫之類，六卷論飲食、衣服、器用、宮室之類，七卷論釋、道、技術、物產之類，而以雜論因果怪異及自記之語終焉。

【彙訂】

①《續資治通鑑長編》考異未引此書,今本注文乃《永樂大典》編者所附加。(裴汝誠、許沛藻:《續資治通鑑長編考略》)

芥隱筆記一卷(通行本)

宋龔頤正撰。頤正字養正,處州遂昌人①。本名敦頤,光宗受禪,改今名。為國史院檢討官。其書名《芥隱筆記》者,考韓元吉《南澗甲乙稿》中有《題芥隱》一詩,為頤正而作。蓋其書室之名,因以名其所著也。頤正考證博洽,具有根柢,而舛謬處亦時有之。如韓愈"馬上誰家白面郎"詩,誤以為杜甫詩②;《公羊傳》"孔父義形於色",誤以為《左傳》孔子語;王昌齡"夢中喚作梨花雲"詩③,誤以為王建。信乎考證之難。然統合全編,則精核者居多,要不在沈括《筆談》、洪邁《隨筆》之下,未可以卷帙多少為甲乙也。每條下多有註語,其中"班固《賓戲》"一條與正文不相應,"王安石《草堂懷古》"一條明註異同,其"王建"一條註乃明駁之,似非頤正所自註。然出自誰手則不可考矣。

【彙訂】

①《建炎以來朝野雜記》、《直齋書錄解題》、《南宋館閣續錄》等皆作和州歷陽(今安徽和縣)人。(張民權:《宋代古音學與吳棫〈詩補音〉研究》)

②"詩",殿本無。

③"雲",底本作"雪",據殿本改。此書"東坡西江月"條曰:"東坡《梅詞》'不與梨花同夢',蓋用王建《夢中梨花雲》詩。"下註:"王昌齡《梅花》詩'落落寞寞路不分,夢中喚作梨花雲',坡用此語。"案《苕溪漁隱叢話》前集卷四十一載:"《高齋詩話》云:'高

情已逐曉雲空，不與梨花同夢。'後見王昌齡《梅》詩云：'落落寞
寞路不分，夢中喚作梨花雲。'方知東坡引用此詩也。"《野客叢
書》卷六"東坡梅詞"條："《高齋詩話》載王昌齡梅詩云：'落落寞
寞路不分，夢中喚作梨花雲。'坡蓋用此事也。"《墨莊漫錄》卷六：
"東坡作《梅花詞》云：'高情已逐曉雲空，不與梨花同夢。'註云：
'唐王建有《夢看梨花雲》詩。'……題云《夢看梨花雲歌》：'薄薄
落落霧不分，夢中喚作梨花雲……'或誤傳為王昌齡，非也。"皆
引作"雲"。

蘆浦筆記十卷（兩淮鹽政採進本）

宋劉昌詩撰。昌詩字興伯，江西清江人。第七卷"仙卜"一
條，稱"開禧乙丑竊太常第"，則寧宗元年登進士①。書末有嘉定
乙亥自跋，稱"捐俸刻於六峯縣齋"，則嘗為縣令。但六峯不知為
何地。前有嘉定癸酉自序，稱"服役海陬，賣鹽外無職事，惟翻書
以自娛。凡先儒之訓傳、歷代之故實、文字之譌舛、地理之遷變，
皆得溯其源而尋其流"。蓋其監華亭蘆瀝場鹽課時作，故以"蘆
浦"為名也②。書中"草輥大王"一條稱"紹興癸丑，余客淮南"云
云，癸丑為紹興三年，下距嘉定乙亥凡八十三年，計其年且百餘
歲，必無尚為縣令之理。即距開禧乙丑亦七十三年③，計其年當
過九旬，更必無登第之理。考紹熙五年亦為癸丑，或傳寫譌舛，
以"熙"為"興"歟④？其書多糾吳曾《能改齋漫錄》之失。其論泥
軾、屏星、金根車、諸葛亮《表》脫句、孫叔敖《碑》舛譌、歐陽修誤
題《多心經》、杜甫詩錯簡，皆有特識。又張栻《愨齋銘》本集不
載，黃庭堅咏藕詩實胡藏之作，皆足以資考據。王士禎《池北偶
談》尤稱其記王復死節之事，可補《宋史》之闕，又稱其書流傳甚

少。此本為丹陽賀氏所藏,而綏安謝兆申所傳鈔,則亦可寶之笈矣。惟"塗山啟母"一條,不能辨《淮南子》之妄,而轉引後來誕語以實之,未免失之附會。是則文士好奇之弊也。

【彙訂】

① 乙丑為開禧元年,但寧宗已即位十一年。(楊武泉:《四庫全書總目辨誤》)

② 平陽《南監東門楊氏宗譜》載彭仲剛《南監地輿記》,云"蘆浦為天富南監場",又載張雋《復楊少微廣文書》云"劉昌詩作鹽課司,於南監場撰《蘆浦筆記》十卷",孔景行《臨安教授楊謙度公墓誌銘》云"先生諱謙度,字守益,一字少微,居橫江之南監"。可知此書為劉昌詩監天富南監鹽場時作,蘆浦乃平陽南監之蘆浦鎮(今屬浙江溫州蒼南)。(潘猛補:《四庫提要〈蘆浦筆記〉訂誤》)

③ "七十三年",殿本作"七十二年",誤。紹興癸丑(1133)至開禧乙丑(1205)計七十三年。

④ 紹熙癸丑乃四年,非五年。(余嘉錫:《四庫提要辨證》)

野客叢書三十卷附野老記聞一卷(浙江巡撫採進本)

宋王楙撰。楙字勉夫,長洲人。養母不仕①,惟杜門著述,當時稱為講書君。是書皆考證典籍異同。前有慶元元年自序。又有嘉泰二年自記一條,稱"此書自慶元改元以來凡三筆矣,繼觀他書,間有暗合,不免有所竄易"云云。蓋刻意自成一家之言,故書中頗譏洪邁《容齋隨筆》不免蹈襲。然如"和嶠'千丈松'"一條、"周顗'阿奴火攻'"一條,皆黃朝英《緗素雜記》之說。"灰釘"一條,自云:"後見《藝苑雌黃》亦引此辨,與余暗合。"蓋刪除尚有未盡也。其間引據既繁,亦不免小有疏舛。如歐陽修《詩本義》

謂毛萇以前無以騶虞為獸者，槑引《六韜》以駁之；趙岐《孟子題詞》謂孟子無字，槑引《孔叢子》以駁之；顏師古《漢書註》謂玉樹在甘泉，而槑引《漢武故事》以駁之；傅奕《請正佛法表》謂佛漢明帝時入中國，槑引劉向《列仙傳》序以駁之；杜甫詩"筆架沾窗雨"句本咏實景，而槑改"沾"為"占"，引《開元天寶遺事》以證之。不知是皆晚出偽書，不足為據也。庾信《哀江南賦》"晉、鄭靡依，魯、衛不睦"句，本反用《左傳》語，而槑謂非其本義。黃庭堅詩註引烏孫公主琵琶事，本出傅元〔玄〕《琵琶賦序》，其石崇《王明君詞》乃因烏孫公主之例，想其亦必如是，而槑轉據明君事以駁烏孫公主事；秦觀詞"杜鵑聲裏斜陽暮"，槑辨"暮"字不誤似矣，復謂當作"斜陽曙"，以避英宗廟諱而改，夫斜陽豈可云"曙"耶？案觀詞元作"杜鵑聲裏斜陽樹"，宣和中歌者避英宗嫌名，改樹為暮，見項安世《家說》[②]。張祜寧王之詩自屬追咏，而槑以為目擊，又以與祜詩年代不符，則造為祜身歷十一朝，年一百二十餘歲之說。然則李商隱有《九成宮》詩，壽更永矣。他如茅盈見《史記·秦本紀》註，而槑沿梁孫文韜《碑》以為漢人，譏其以廟諱為名；非《鶡冠子》者柳宗元，而槑云韓愈；作《盤中詩》者蘇伯玉妻，而槑以為傅元；案，槑蓋據陳玉父《玉臺新咏》誤本[③]。然嚴羽《滄浪詩話》載《玉臺新咏》原本甚明。"買石得云饒"句本姚合武功縣詩，而槑以為王建；"餘糧棲畝"本《淮南子》語，而槑以為始於左思；以"準"作"准"始於呂忱《字林》，案，《字林》已佚，此條見郭忠恕《佩觿》所引。而泛舉唐碑。皆千慮一失，不必曲為之諱。其餘則多考辨精核，位置於《夢溪筆談》、《緗素雜記》、《容齋隨筆》之間，無愧色也。末附《野老記聞》一卷，乃槑父所作，不著其名字[①]，惟據槑題詞，知為其陳長方之弟子所記。多元祐諸人遺事，而解《孟子》"既入其苙"尚沿晁氏《客語》之說。

蓋棩曾祖伯虎及與黃庭堅游,庭堅《和王炳之惠玉版箋》詩所謂
"王侯鬚若緣坡竹"者是也⑤。案此事見書中"髯奴"條下。棩父承家世
餘聞,故所言如是耳。至棩以其父之書附己書之末,蓋沿《山谷
集》後附《伐檀集》例,於義均乖。然《伐檀集》為後人所附,非庭
堅之意,故分析著錄,以正其名。此書為棩所自附,非可諉過於
他人。故仍其舊第,以著其失,亦《春秋》褒貶,各探其本志之義
也。書本三十卷,見於自序。陳繼儒《祕笈》所刻僅十二卷,凡其
精核之處,多遭刪削。今仍以原本著錄,而繼儒謬本則不復存
目,附糾其失於此焉。

【彙訂】

① 此書末附有《宋王先生壙銘》云:"少嘗有志功名,蹭蹬不
偶。自母夫人歿,悉棄所習,不復逐時好,取吉貴。或勸之,泣
曰:'祿不逮親,尚奚望?'"則非"養母不仕"。(李裕民:《四庫提
要訂誤》增訂本)

② 此條夾注,殿本無。

③ 據王棩《野客叢談》小序,初稿完成於南宋慶元元年
(1195),嘉泰二年(1202)又有所續補。而據陳玉父《玉臺新咏》
重刻跋,嘉定八年(1215)始得豫章刻本殘卷,後又得鈔本配齊,
刊刻行世。(劉躍進:《玉臺新咏研究》)

④ "其",殿本無。

⑤ "惠",殿本脱。《山谷集》卷二收《次韻王炳之惠玉版
紙》詩。

考古質疑六卷(永樂大典本)

宋葉大慶撰。大慶,《宋史》無傳。是書亦不見於《藝文志》,

惟《永樂大典》散見各韻中，又別載入寶慶丙戌葉武子、淳祐甲辰
其子釋之序各一篇。據其文考之，知大慶字榮甫，當時以詞賦知
名，嘗官建州州學教授。其里貫則序文不具，莫能詳也。其書上
自六經諸史，下逮宋世著述諸名家[1]，各為抉摘其疑義，考證詳
明，類多前人所未發。其有徵引古書及疏通互證之處，則各於本
文之下用夾註以明之，體例尤為詳悉。在南宋說部之中，可無愧
淹通之目。昔程大昌作《考古編》，號稱精審，大慶生於其後，復
以為名，似隱然有接蹟之意。今以兩書並較，實亦未易低昂。乃
大昌書流傳藝苑，獨此書沈晦不顯[2]，幾至終湮，殆以名位不昌，
故世不見重耶？然蠹蝕凋殘踰數百載，卒能遭逢聖代，得荷表
章，亦其光氣之不可掩也。謹採掇編綴，訂正舛譌，釐成六卷。
雖其原目不傳，無由知其完闕，而已佚僅存，要可謂吉光之片
羽矣。

【彙訂】

① "名"，殿本無。

② "獨此書"，殿本作"此書獨"。

經外雜鈔二卷（兩江總督採進本）

宋魏了翁撰。了翁有《周易要義》，已著錄。是編皆雜錄諸
書，而略以己意標識於下，多有不載全文而但書"云云"字者。又
有如"元子心規"之類，一條而兩卷互見者。蓋隨手記載，以備考
證之用，本無意於著書。後人得其稿本，傳寫成帙也。其中如摘
錄《古詩十九首》及《素問》數條之類，頗無所取義，龜字元緒、桑
字子明之類，尤傷冗瑣。然如鄒淮所記星象之數、楊鼎臣《方圓
相生圖》、吳沉《問對錄》論明堂制度[1]、任直翁《易心學先天環中

《圖》之類，頗足以資考證。又如論虞仲房所編《説文五音譜》失李
燾本意；論李燾疑《説文》籀體為吕忱竄入之非；論像設始於《招
魂》；論常元楷雍門為劣；論師不專在傳授，友不專在講習，精神
氣貌之閒，自有相激發處；論陸贄識權字在伊川之前；論韓愈《上
李實書》與《順宗實錄》相矛盾；論《保蜀碑》徒知張大吳氏之功而
不知傷中國之體，語皆中理。其引《古詩》“凜凜歲雲暮”一首，次
句作“螻蛄多鳴悲”，與宋本《玉臺新咏》合，亦足證今《文選》刊本
之誤也。

【彙訂】

　　①“問對錄”，殿本作“對問錄”。此書卷一末條云：“《環溪
先生問對》中錄出。先生名沆，字德遠，撫州人。”

古今考一卷續古今考三十七卷（副都御史黃登賢家藏本）

　　《古今考》一卷，宋魏了翁撰。《續古今考》三十七卷，元方回
撰。回字萬里，號虛谷，歙縣人。宋景定壬戌别省登第，官提領
池陽茶鹽，遷知嚴州。入元為建德路總管。了翁以古制多不可
考，兩漢諸儒惟據叔孫通所定某物猶今之某物，孔、賈諸疏則又
謂去漢久遠，雖漢制亦不可考，乃即《漢書》本紀所載隨文辨證，
作《古今考》。前有自序一則。然其書未成，僅得二十條，又有錄
無書者四條。咸淳丁卯，回得手稿於了翁之子，乃推衍其意，續
成是編。併載了翁原書，而各附論於條下，以“鶴山先生曰”、“紫
陽方氏曰”别之。其無書四條，回亦補其“劉媼夢與神遇”一條，
併發例於下曰：“鶴山原書有此題而文闕，今回以意補之，加‘紫
陽方氏曰’五字。後此皆回所撰，不再書此五字。或引古於前，
則復書之。”云云。案回之所續，亦以《漢書》本文標目，而於歷代

制度推類以盡。其餘如“拔劍斬蛇”條下則附《廣劍考》，“范增舉玉玦”條下則附《玉佩考》。蓋特借《漢書》一物之名，推求古制，而與史家本文則絕不相涉也。然了翁所考多在制度。回則以在宋之日獻媚賈似道，似道勢敗又先劾之，既反覆陰狡，為世所譏。及宋亡之時，又身為太守，舉城迎降於元，益為清議所不齒。老而無聊，乃倡講道學以謀晚蓋。故其中多參以理語①，如《高帝紀》“寬仁愛人”四字，牽引程、朱以來諸儒論仁之語，至列目十有二篇，一字之義盈一卷，未免涉於支離。然回人品②、心術雖不足道③，而見聞尚屬賅洽，所考多有可取者。併了翁書錄之，亦不以人廢之義也。

【彙訂】

① “其中”，殿本作“書中”。

② “然”，殿本作“唯”。

③ 方回劾賈似道在其勢敗之前，降元乃為保全郡民，但晚年仍常感到內心有愧，說詳卷一六六《桐江續集》條注。

潁川語小二卷（永樂大典本）

案《潁川語小》，《宋史·藝文志》及諸家書目皆不著錄。其散見《永樂大典》中者，惟題為陳叔方撰，而不著時代。書中稱呂祖謙為“呂成公”。考《宋史》列傳，祖謙卒未得諡，至理宗時始追爵開封伯，賜諡曰成。則是書在理宗以後矣。周密《癸辛雜識》載有叔方二事，稱其字曰節齋。宋無名氏《詩家鼎臠》載有節齋陳昉叔方《宮詞》一首，在趙葵之後、王邁之前。《宋詩紀事》亦稱：“陳昉字叔方，號節齋，溫州平陽人，以父任入官，累除吏除尚書、端明殿學士，卒諡清惠。”此一陳叔方也。又倪瓚《清閟閣集》

有《與陳叔方書》二首,鄭元祐《僑吳集》有《元故慎獨處士陳君墓誌銘》一首,稱:"吳有隱君子曰陳君叔方,其名曰植,為宋遺民寧極先生陳深之子。"此又一陳叔方也。是書無一字及元事,其宋之陳昉所撰歟?其考究典籍異同、朝廷掌故,酷似洪邁《容齋隨筆》。其論文多辨別經史句法,又頗似陳騤《文則》。其中疏舛之處,如謂"履端"為閏月之名,則未考《左傳疏》、《史記註》。謂"巨羅"不知何器,則未考《北史・祖珽傳》及李白、岑參詩。謂"只"字《毛詩》以外別無所出,則未考《楚詞・大招》。謂"鈍尾"譌為"獺尾",由黃幡綽,則未考王建詩及王得臣《麈史》。謂林逋詩"郭索鉤輈"用《本草》語,則未考揚子《法言》及李羣玉詩。較之王觀國《學林》、王應麟《困學紀聞》,皆為少遜。然大致考據詳核。如辨女媧補天非鍊石,則取張湛之説;辨同姓不必同氏,則從許慎之論,以及名稱、字義沿譌襲謬而不知者,皆一一訂證,尤足以砭流俗之非。較之誌俳諧、述神怪者,有益多矣。裒而錄之,亦考證家之所取裁也。叔方舊本卷帙無徵,今即《永樂大典》所存者,略以類從,編為二卷。

賓退錄十卷(江蘇巡撫採進本)

宋趙與旹撰。與旹字行之。<small>案寶祐五年陳崇禮作是書序,稱其字曰德行,與《墓誌銘》不同①,或有兩字,亦未可知,謹附識於此。</small>以《宋史・宗室世系》考之,蓋太祖七世孫也②。《宋史》無傳,志乘亦不載其名。惟趙孟堅《彝齋文編》有《從伯故麗水丞趙公墓銘》曰:"有宋通直趙君行之之墓,在安吉州歸安縣鄉山之原。君以敏悟之資,秀出璇源。方弱冠,已薦取應舉。寧考登寶位,補官右選,調筦庫之任,於婺、於泰、於衢者三。又監御前軍器所,司行在草料場。蹉踔西階踰三十年，未嘗一日忘科舉業也。故自丁卯迄乙卯，以鎖廳舉而試者亦三。春闈率不偶，積階至忠翊。今上皇帝資賜，予換文階。舊制，宗姓換階視見服官品，忠翊則應得京秩。新制裁革，回視初薦，僅循從事丞處之麗水。君平昔游際貴達，方將汲引，而君疾不可復起矣。年五十七，紹定四年十一月終。上章告謝，尋通直命下，弗之覯也。"云云。其敘與旹生平最詳。惟《墓誌銘》之首稱"其子孟珒乞銘於某③，以丙戌進士同登"，則與旹當為理宗寶慶二年進士。而乃稱其"春闈不偶"，殆與孟珒同登進士歟？案，孟堅亦非丙戌進士①，此文下註"代作"二字，當為所代之人也。是書前後皆有與旹題識。前題不署年月，稱"平生聞見所及，喜為客誦之，賓退或筆於牘"，故命以《賓退錄》。後題稱"閼逢涒灘"，蓋成於嘉定十七年甲申也。陳崇禮序稱其"從慈湖先生問學"⑤，蓋楊簡之門人。然書中惟論詩多涉迂謬，於吟咏之事茫然未解。至於考證經史，辨析典故，則精核者十之六七，可為《夢溪筆談》及《容齋隨筆》之續⑥。觀其於王建及花蕊夫人《宮詞》前後再見，並自糾初考之未詳，知其刻意參稽，與年俱進。前乎是者，有鄭康成之註《禮》、註《詩》，後說不遷就前說；後乎是者，有閻若璩之《尚書古文疏證》，後說能訂正前說，得失並存，愈見其所學之加密。蓋惟不自是，所以能歸於是也。視宋人之務自回護、違心而爭勝負者，其識趣相去遠矣。

【彙訂】

①　"墓誌銘"，殿本作"墓銘"。

②　趙與旹之世系，據《宋史》卷二一六《宗室世系表》，為太祖之十世孫。《總目》卷一九五《娛樂堂詩話》條云趙與虤"蓋太祖十世孫也"，可以參證。（李裕民：《四庫提要訂誤》；楊武泉：

《四庫全書總目辨誤》)

③"墓誌銘",殿本作"墓銘"。

④"孟堅",殿本作"孟瑴",誤。

⑤ 作序者乃陳宗禮,《宋史》卷四二一有傳。(李裕民:《四庫提要訂誤》)

⑥"及",殿本無。

學齋佔畢四卷(通行本)

宋史繩祖撰。繩祖字慶長,眉山人。受業於魏了翁之門。了翁《鶴山集》中有《題史繩祖〈孝經〉》一篇①,即其人也。其仕履始末不甚可考。惟陽昉《字溪集》末有其挽詩,結銜稱"朝請大夫直煥章閣、主管成都府玉局觀、齊郡史繩祖",蓋奉祠時作。所謂"齊郡",其郡望也。是書皆考證經史疑義。其中如"君子懷刑",訓"刑"為"型","子罕言利與命與仁",訓"與"為"許",以凡事物之九數皆為乾元之九,以禹於《周易》直鼎卦,以至解黃庭堅詩譏蘇軾之類,皆失之穿鑿。又如譏杜預註《左傳》誤稱逸《書》②,而不知古文之晚出;謂"市井"字出《後漢·循吏傳》,而不知本出《國語》;謂雙聲詩始姚合,而不知先有齊王融之類,皆疏於考據。然其他援據辨論,精確者為多,亦孫奕《示兒編》之亞也。

【彙訂】

①"鶴山集",殿本作"龍山集",誤。《題史繩祖〈孝經〉》見載魏了翁《鶴山集》卷六五。

②"又",殿本無。

鼠璞二卷(內府藏本)①

宋戴埴撰。埴字仲培,桃源人②,仕履無考。書中"楮券源流”一條，歷陳慶元、開禧、嘉定之弊，知為南宋末人。故《書錄解題》著錄，而《讀書志》不著錄也。是書皆考證經史疑義及名物典故之異同，持論多為精審。其論“麟趾”為衰世之語，過泥序文；論性惡曲解荀子，以為與孟子同功③；論“崖蜜”字承惠洪之誤，不知《鬼谷子》實無此文，雖不免小疵①，然如論彭祖房中、太公陰謀、蘇軾非武王，立說皆正大。其他辨正，如謂《詩序‧絲衣篇》引《高子》“靈星”之言，知有講師附益之類，率皆確實有據，足裨後學。其曰《鼠璞》者，蓋取周人、宋人同名異物之義。《文獻通考》列之“小說家”，失其倫矣。

【彙訂】

① “二卷”，底本作“一卷”，據文淵閣庫書、書前提要及殿本改。（沈治宏：《中國叢書綜錄訂誤》）

② 戴埴乃鄞縣人，祖機，父燧，見樓鑰《攻媿集》卷一百六《戴伯度墓誌銘》。王應麟《戴氏桃源世譜引》謂為晉戴逵之後，戴氏世居鄞之桃源鄉，故譜稱桃源戴氏，然則桃源乃鄉名，非縣名。（陸心源：《儀顧堂題跋》）

③ “過泥序文論性惡曲解荀子以為與孟子同功”，殿本作“未免過泥序文反失經旨”。

④ “雖不免小疵”，殿本作“皆失於考證”。

朝野類要五卷（江蘇巡撫採進本）①

宋趙昇撰②。昇字向辰③，自署曰文昌。未詳何地，其始末亦不可考。是書作於理宗端平三年，徵引當時朝廷故事，以類相從。一班朝，二典禮，三故事，四稱謂，五舉業，六醫卜，七入仕，八職任，九法令，十政事，十一帥幕，十二降免，十三憂難，十四餘紀。逐事又各標小目，而一一詳詮其説，體例近蔡邕《獨斷》。宋至今五六百年，其一時吏牘之文與縉紳沿習之語，多與今殊。如朝儀有"把見"、科舉有"混試"之類，驟讀其文，殆不可曉。是書逐條解釋，開卷瞭然，誠為有功於考證。較之小説家流資嘲戲，佚神怪者，固迥殊矣。

【彙訂】

① "江蘇巡撫採進本"，底本作"浙江巡撫採進本"，據殿本改。《四庫採進書目》中"江蘇省第一次書目"、"浙江省第三次書目"、"江蘇採輯遺書目錄簡目"、"浙江採集遺書總錄簡目"等皆著錄此書。今存惠棟校清抄本即《四庫》底本，惠氏乃江蘇吳縣人。又沈叔埏錄惠棟校本有識語云："埏案，今館上遺書有紅豆書屋惠定宇手定本，乃巡撫江蘇薩所進。"（江慶柏：《殿本、浙本〈四庫全書總目〉著錄圖書進獻者主名異同考》；王瑞來：《〈朝野類要〉現存版本考述——版本源流考之三》）

② 明刻本、《四庫全書》本和由其衍生的《武英殿聚珍版叢書》本中，趙升自序和各卷卷首均記作"趙升"。"昇"字應是四庫館臣自做主張改寫的。（王瑞來：《〈朝野類要〉編撰者趙升考》）

③ "向辰"，底本作"向晨"，據殿本改。此書自序署"端平丙申重九文昌趙升向辰識於雙桂書院"。

困學紀聞二十卷（通行本）

宋王應麟撰。應麟有《周易鄭康成註》，已著錄。是編乃其劄記考證之文。凡説經八卷，天道、地理、諸子二卷，考史六卷，評詩文三卷，雜識一卷。卷首有自敍云"幼承義方，晚遇艱屯，炳燭之明，用志不分"云云，蓋亦成於入元之後也。應麟博洽多聞，在宋代罕其倫比。雖淵源亦出朱子，然書中辨正朱子語誤數條，如《論語》註"不舍晝夜""舍"字之音，《孟子》註曹交曹君之弟，及謂《大戴禮》為鄭康成註之類，皆考證是非，不相阿附。不肯如元胡炳文諸人堅持門戶，亦不至如明楊慎、陳耀文、國朝毛奇齡諸人肆相攻擊。蓋學問既深，意氣自平，能知漢、唐諸儒本本原原，具有根柢，未可妄詆以空言；又能知洛、閩諸儒亦非全無心得，未可概視為弇陋。故能兼收並取，絕無黨同伐異之私。所考率切實可據，良有由也。元時嘗有刻本，牟應龍、袁桷各為之序。卷端題語，尚鉤摹應麟手書。藏弆之家，以為珍笈。此本乃國朝閻若璩、何焯所校，各有評註，多足與應麟之説相發明。今仍從刊本，附於各條之下，以相參證。若璩考證之功十倍於焯，然若璩不薄視應麟，焯則動以詞科之學輕相詬厲。考應麟博極羣書，著述至六百餘卷。焯所聞見，恐未能望其津涯，未免輕於立論，是即不及若璩之一徵。以其拾遺補罅，一知半解，亦或可採。故仍並存之，不加芟薙焉。

　　識遺十卷（兩淮馬裕家藏本）

　　宋羅璧撰。璧字子蒼，自號默耕，新安人。《宋史》無傳，不知其時代。據書中"前定"一條引陳摶"寒在五更頭"之讖，稱"第五庚申後又十五年而祚移"，則其成書在宋亡以後矣。觀其謂"宋代文章多粹，自伊、洛發明孔、孟，便覺歐、蘇氣象不長"，又謂"夫子之道至晦翁集大成，諸家經解自晦翁斷定，然後一出於正"云云，蓋傳朱子之學者也。其論養老之制，謂《禮記》"袒而割牲"、"執醬而饋"、"執爵而酳"數語為委巷之談，排詆經文，殊無忌憚[①]。謂公羊高、穀梁俶皆姓姜，亦屬杜撰。謂班史原於劉

歆，引葛洪《西京雜記》後序為證，不知洪序謂劉子駿有《漢書》一
百卷者，自漢、魏以來絕無是説。乃輕信偽書，尤為疏舛。然其
他爬梳鉤索，徵據舊文，尚頗可採，不獨錢曾《讀書敏求記》所舉
"孔子生卒年月"一條為足資考證也。在講學之家，猶可稱言有
根柢矣。

【彙訂】

① "排詆經文殊無忌憚"，殿本作"論雖是而排詆太甚"。

坦齋通編一卷（永樂大典本）①

不著撰人名氏。《説郛》題曰宋邢凱撰，亦不詳其爵里時代。
所紀有淳熙中見冷世光論姓氏事，在孝宗時，又有慶元間高秉文
命題②、京鏜攻中官王德謙二事，及"近見楊誠齋《易傳》"語，則
是書成於寧宗以後。又紀乾道辛卯王寧為武寧宰，其家充里正，
則武寧人也。其書多考證經史，略如程大昌《演繁露》、洪邁《容
齋隨筆》之體。如引《思齊》之詩辨文母太任非太姒，引《説苑》證
《春秋》"矢魚"，引《世説》辨"元龍百尺樓"，引《漢書》證"伏波"之
號不可單稱，引《國語》證《列子》"西方聖人"不指佛，引《明堂位》
鄭註證《漢書》"禿翁"字，引《朱買臣》、《張湯傳》謂《漢書》自相矛
盾，引《李吉甫傳》謂《唐書》前後舛異，引《前漢書》證"豺狼當道"
二語不始張綱埋輪，引鄒陽書證"鷙鳥累百"二語不始孔融薦禰
衡，考訂皆為精核。他如論術家擇日及五音配姓之非，論姚察置
人事而委天數，論救荒當知戢姦，論羅浮山飛來峯之妄，論漢高
祖同罪異罰，論求長生，論毀淫祠，論公儀休怒織帛不可訓，持論
皆為正大。至所論子雖齊聖，不先父食，不應坐顏回、曾參於殿
上，而列其父於廡下，宜別立一堂之説，後世建啟聖祠，竟從其

議，尤可謂知禮意矣。是書《宋志》及諸家書目皆不著錄。其原本卷帙不可考③。今據散見《永樂大典》者，逐韻掇拾，編為一卷。雖所存僅數十條，而可取者特多焉。

【彙訂】

① 底本此條與文淵閣庫書次序不符。文淵閣庫書及殿本皆置"野客叢書三十卷附野老記聞一卷"條之後。

② 書中記作："慶元間，高秉儒內翰困士子以難題。"（李裕民：《四庫提要訂誤》增訂本）

③ 據《說郛》本所題，原書應為一卷。（昌彼得：《說郛考》）

愛日齋叢鈔五卷（永樂大典本）

案《愛日齋叢鈔》散見《永樂大典》者共一百四十三條，俱不題撰人姓氏。考諸家書目亦多未著錄，惟陶宗儀《說郛》第十七卷內載有此書二十二條，題為宋葉某所撰，而不著其名。以《永樂大典》本參校，相合者十二條，其《說郛》有而《永樂大典》脫去者十條①。取以參補，實得一百五十三條。雖原書卷目已佚，而裒輯排訂，尚可考見大略。觀其"論先儒從祀"一條有咸淳年號，知為宋末人所作也。書中大旨主於辨析名物，稽考典故。凡前人說部如趙德麟、王直方、蔡絛、朱翌、洪邁、葉夢得、陸游、周必大、龔頤正、何薳、趙彥衛諸家之書，無不博引繁稱，證核同異，其體例與張淏《雲谷雜記》、葉大慶《考古質疑》仿佛相近。特其文筆拖沓，頗傷冗蔓，又援引多而斷制少，往往惝怳無歸，不能盡出於精粹。然徵據既富②，中間訂譌正舛，可採者亦多。如辨印書之起於唐末，"準"書作"准"之不始於宋，銅人之有四鑄，"罘罳"之有二義，婦人拜跪之變禮，百官乘轎之初制，以至兩"黃裳"、三

"白石"之類,於考證經史,頗有裨益。其論詩諸條,尤抉摘深微,時能得古人之意,與胡仔、魏慶之諸説足以互相發明,固有未可盡廢者。謹掇拾編次,釐為五卷。閒有節錄故事而不及論斷者,蓋《永樂大典》原本脱佚。今無可參考,亦姑仍其舊錄之焉。

【彙訂】

①《千頃堂書目》卷十二小説家類有宋葉寘《愛日齋叢鈔》十卷,又《坦齋筆衡》一卷。明本《説郛》錄此書實有三十一條。(余嘉錫:《四庫提要辨證》)

②"徵據",殿本作"徵摭"。

卷一一九

子 部 二 十 九

雜 家 類 三

日損齋筆記一卷（浙江巡撫採進本）[①]

元黃溍撰。溍字晉卿，金華人[②]。延祐二年賜同進士出身，歷官翰林侍講學士、中奉大夫、知制誥，同修國史，同知經筵事。諡文獻。事蹟具《元史》本傳。是書《續通考》作一卷，危素《行狀》亦稱一卷，與今本合。書中皆考證經、史、子、集異同得失。其辨史十六則尤精於辨經。如引《史記》"沛公左司馬得泗州守壯殺之"之文，證顏師古《漢書註》之誤；又引《宋實錄》李繼遷賜姓名不在真宗時，證僧文瑩《湘山野錄》之誤。引據尤極明確，非束書不觀而空談臆斷者也。此本首有至正甲午宋濂序，末有危素所作《行狀》及詔令、移文、博士傅泰《諡議》，而末附以劉剛序。蓋附錄三篇，即剛所編入也。惟卷首、卷末均標云"大明庚辰天順四年十三世孫叔善重刊"。今考《行狀》，溍以至正十七年卒，其時但有孫四人，下距天順四年止一百三年，不得遂有十三世孫。然其子孫之詞，世系又不應謬誤，是則不可理解之事矣。

【彙訂】

① 文淵閣《四庫》本尚有附錄一卷。（沈治宏：《中國叢書綜

錄訂誤》)

②　黃溍之籍貫，《元史》本傳、《宋元學案》卷七〇小傳、康熙《金華府志》卷一六《人物志·黃溍傳》，均作義烏人。金華、義烏，元代同屬婺州路。婺州之州、郡名，從無"金華"之稱，明初改路為府而稱金華。黃溍未入明代，怎能稱"金華人"？宋濂《金華黃先生行狀》(載《宋學士全集》卷二五)亦稱溍為義烏人。其稱"金華黃先生"者，當因金華、義烏等縣之間有金華山(此山"橫亘金華、蘭溪、義烏、浦江之境，周三百六十里"，見康熙《金華府志》卷三山川篇)，黃溍居近此山，故有此稱。(楊武泉：《四庫全書總目辨誤》)

丹鉛餘錄十七卷續錄十二卷摘錄十三卷總錄二十七卷(浙江范懋柱家天一閣藏本)

明楊慎撰。慎有《檀弓叢訓》，已著錄。慎博覽羣書，喜為雜著。計其平生所敘錄，不下二百餘種①。其考證諸書異同者，則皆以"丹鉛"為名。顧其志《攬茝微言》曰："古之罪人，以丹書其籍。《魏志》：'緣坐配没為工樂雜户者，用赤紙為籍，其卷以鉛為軸。'升菴名在尺籍，故寄意於此也②。凡《餘錄》十七卷，《續錄》十二卷，《閏錄》九卷。慎又自為删薙，名曰《摘錄》，刻於嘉靖丁未。後其門人梁佐裒合諸錄為一編，删除重複，定為二十八類，名曰《總錄》③，刻之上杭。是編出而諸錄遂微。然書帕之本，校讎草率，譌字如林。又守土者多印以充饋遺，紙墨裝潢，皆取給於民，民以為困。乃檄毁之①。今所行者皆未毁前所印也。又萬曆中四川巡撫張士佩重刊慎集，以諸錄及《談苑醍醐》等書删併為四十一卷，附於集後，今亦與《總錄》並行。此本惟有《餘錄》、《續錄》、《摘錄》而闕《閏錄》，然有梁佐之《總錄》，則《閏錄》亦在其中。四本相輔而行，以《總錄》補三錄之遺，以三錄正《總錄》之誤，仍然慎之完書也。慎以博洽冠一時。使其覃精研思，網羅百代，竭平生之力以成一書，雖未必追蹤馬、鄭，亦未必遽在王應麟、馬端臨下。而取名太急，稍成卷帙，即付棗梨，餖飣為編，祇成雜學。王世貞謂其"工於證經而疏於解經，詳於稗史而忽於正史，詳於詩事而略於詩旨，求之宇宙之外而失之耳目之內"，亦確論也。又好偽撰古書以證成己說，睥睨一世，謂無足以發其覆。而不知陳耀文《正楊》之作，已隨其後。雖有意求瑕，詆諆太過，毋亦木腐蟲生，有所以召之之道歟！然漁獵既富，根柢終深，故疏舛雖多，而精華亦復不少。求之於古，可以位置鄭樵、羅泌之間。其在有明，固錚錚者矣。

【彙訂】

① 若去其重複，一百六十種而已。（王文才：《楊慎學譜》）

②《丹鉛續錄》自序云"丹鉛之研，點勘之餘"，其義自見。張素《丹鉛餘錄序》亦云："先輩謂校書如塵埃風葉，隨埽隨有，好古者所以丹鉛不去手也……丹鉛，點勘之具也，小學事也。"（同上）

③《丹鉛總錄》實分二十六類。（李勤和：《楊慎丹鉛諸錄研究》）

④ "乃檄毀之"，殿本作"後竟毀之"。

譚苑醍醐九卷（江蘇巡撫採進本）

明楊慎撰。其書亦皆考證之語，與《丹鉛錄》大致相出入，而亦頗有異同①。首有嘉靖壬寅自序。其名"醍醐"者，謂："從乳出酪，從酪出酥，從生酥出熟酥，從熟酥出醍醐，猶之精義入神，非一蹴之力也。"所稱周八士為南宮氏,引《逸周書》"南宮忽遷鹿臺之財,南宮百達遷九鼎"語,謂南宮忽即仲忽,南宮百達即伯達,《尚書》所云"南宮适"即伯适,引據極為確鑿。又謂《先天圖》始於希夷,《後天圖》續於康節。蓋"希夷以授穆伯長,穆伯長以授李挺之,挺之之學則授之康節②。其作《後天圖》,見於邵伯温之序"。"朱子所以不明言者,非為康節,直以希夷,恐後人議其流於神仙也"。其辨析亦最詳明。又從《毛傳》解"鄂不韡韡"云:"'鄂',華苞也,今文作'萼'。'不',華蒂也,今文作'跗'。謂華下有萼,萼下有跗,華萼相覆而光明,猶兄弟相順而榮顯。"可以辨《集傳》"鄂然外見,豈不韡韡"之誤。又據漢劉湛所書《吕梁碑》,碑中序虞舜之世,稱舜祖幕,幕生窮蟬,窮蟬生敬康,敬康生喬牛,喬牛生瞽瞍,質之《史記》蓋同,而不言出自黄帝。此可洗二女同姓,尊卑為婚之疑。又他碑所載后稷生臺璽,臺璽生叔均,叔均而下數世始至不窋,不窋下傳季歷猶十七世。而司馬遷作《周紀》拘於"十五王"之説,合二人為一人,又删縮數人以合其數。不知《國語》之言"十五王",皆指其賢而有聞者,非謂后稷至武王千餘年而止十五世也。又引《水經注》載諸葛亮《表》云:"臣遣虎步監孟琬〔琰〕據武功水東③。司馬懿因渭水漲,攻琬營,臣作橋越水射之。橋成,遂馳去。"此諸葛遺事,本傳不載者。又辨李白為蜀之彰明人,歷引其《上裴長史書》與《悲清秋賦》及諸詩句,以證《唐書》稱白為隴西人及唐宗室之非。如此之類④,考訂辨論,亦多獲新解。雖腹笥所陳,或有誤記,不免為後人所摭拾。要其大體,終非儉腹所能辦也。

【彙訂】

① 此書共三百三十九條,多自丹鉛諸錄轉錄,僅見於《丹鉛

續錄》者達二百零五條。（李勤和：《楊慎丹鉛諸錄研究》）

②“則”，殿本無。

③“孟琬”，當作“孟琰”，下同，乃避嘉慶諱改。殿本作“孟琰”。

④“如此之類”，殿本作“類皆有據其餘”。

正楊四卷（直隸總督採進本）

明陳耀文撰。耀文有《經典稽疑》，已著錄。是書凡一百五十條，皆糾楊慎之譌。成於隆慶己巳。前有李蓘序及耀文自序。慎於正德、嘉靖之間，以博學稱。而所作《丹鉛錄》諸書，不免瑕瑜並見，真偽互陳。又晚謫永昌，無書可檢，惟憑記憶，未免多疏。耀文考正其非，不使轉滋疑誤，於學者不為無功。然釁起爭名，語多攻訐，醜詞惡謔，無所不加。雖古人挾怨構爭如吳縝之糾《新唐書》者，亦不至是，殊乖著作之體。又書成之後，王世貞頗有違言，耀文復增益之①，反脣辨難，喧同詬詈②，憤若寇讎。觀是書者取其博贍，亦不可不戒其浮囂也。朱國楨《湧幢小品》曰，自“有《丹鉛錄》諸書③，便有《正楊》，又有《正正楊》。古人、古事、古字，此書如彼，彼書如此，散見雜出，各不相同。見其一，不見其二，鬩然糾駁，不免為前人所笑”。是亦善於解紛之說。然博辨者固戒游詞，精核者終歸定論。國楨之病是書，竟欲舉考證而廢之，則又矯枉過正矣①。

【彙訂】

①“之”，殿本作“其書”。

②“喧”，殿本作“語”。

③“自”，殿本無。

④“正”，殿本作“直”。

疑耀七卷（浙江巡撫採進本）

舊本題明李贄撰。贄有《九正易因》，已著錄。是編前有張
萱序，稱"負笈數千里，修謁其門。乃衷一編見示，屬以訂正。戊
申歲，以地官郎分務吳會，登梓以傳"云云，案贄恃才妄誕，敢以
邪說誣民。所作《藏書》，至謂："毋以孔夫子之是非是非我。"其
他著作，無一非狂悖之詞。而是編考證故實，循循有法，雖間倡
儒佛歸一之説，其言謹而不肆①。至云"儒不必援佛，佛不必援
儒"，又云"經典出六朝人潤色，非其本真"，且與贄論相反，斷乎
不出其手。王士禎《古夫于亭雜錄》云："家有《疑耀》一書，凡七
卷，乃李贄所著，而其門人張萱序刻者。余嘗疑為萱自纂，而駕
名於贄②，以中數有'校祕閣書'及'修玉牒'等語。萱嘗為中書
舍人，纂《文淵閣書目》，而贄未嘗一官禁近也。及觀'論溫公'一
條，中云'余鄉海忠介'，益信不疑。"云云。今因士禎之説而考
之，"奉朝請"一條云："余今年五十矣③，始為尚書郎。"是萱官戶
部時語，贄亦未嘗官六曹也④。"蘭香"一條云："此法在宋已有
之，自吾廣始。""蘇東坡"一條云："東坡寓吾惠最久。""文天祥"
一條云："文璧蓋守余惠州，而以城降元者。"是皆廣東人語，與萱
之鄉貫相合。贄本閩人，無由作此語也。知此書確出於萱，士禎
所言為不謬⑤。蓋以萬曆中贄名最盛，託贄以行，而其中刪除不
盡者，尚有此數條耳。相傳坊間所刻贄《四書第一評》、《第二
評》，皆葉不夜所偽撰，知當時常有是事也。其書多由記憶而成，
如文彥博偽帖，不知為《玉照新志》所載石蒼舒事；翡翠屑金，不
知為歐陽修《歸田錄》語；謂沈約"還家問鄉里，詎堪持作夫"二語
為白居易詩；謂《左傳》"巫尫"為巫者名尫，皆失之疏舛。謂《本
草》稱蟶可療目，故陳仲子耳無聞，目無見，食蟶李而即愈；又謂

《本草》稱蓴、鱸作羹，下氣止嘔，張翰在當時意氣鬱抑，遇事嘔逆，故思此味，尤穿鑿無理。然其他考證乃往往有依據。舊以惡贄之故，併屏斥之，過也。今改題萱名，從其實也⑥。

【彙訂】

① 殿本"言"下有"亦"字。

② "駕名"，殿本作"嫁名"。

③ "年"，據此書卷四"三十六奉朝請"條原文及殿本當作"將"。

④ 李贄曾任禮部司務、南京刑部員外郎，不得謂"未嘗官六曹"。(容肇祖:《"疑耀"考辨》)

⑤ 早於王士禛的屈大均《廣東新語》已斷定"坊刻以為李贄，非也"。張萱亦非李贄門人。(毛慶耆:《明代嶺南學者張萱及其〈疑耀〉》)

⑥ "也"，殿本作"焉"。

藝縠三卷縠補一卷(浙江鮑士恭家藏本)①

明鄧伯羔撰。伯羔有《今易筌》，已著錄②。是書援據經籍，考證詳贍③，雖多本舊文，亦頗自出新意。如疑漢有兩牟融，辨《出師表》原有兩本，皆為有見。引《西京賦》證澹、淡為兩字，引《唐六典》證畊、耕為兩字，於六書辨析亦精。闢《蘇氏橋杭》之妄，正邵子稱"外臣"之非，尤能力持公論，不附和門戶之局。至《續博物志》本南宋李石所撰，書中明出曾公亮、王安石、曾慥之名，而疑為唐人，殊為疏舛。又據《西溪叢語》、《七修類稿》以落霞為鳥名、蟲名，亦失別擇。謂《通考》馬妖當收舞馬，則迂謬彌甚。然隆慶、萬曆以後，士大夫惟尚狂禪，不復以稽古為事。是編廣徵博引，足備參稽，在爾時猶為篤實之學矣。

【彙訂】

① 底本此條與文淵閣庫書次序不符。文淵閣庫書及殿本皆置“譚苑醍醐九卷”條之後。

② 鄧伯羔之《易》學書，焦竑《國史經籍志》、《明史·藝文志》、清修《續文獻通考·經籍考》等書目，均著錄為《今易詮》。《總目》卷八著錄書名同。伯羔自序稱“詮次成帙”，則書名中字為“詮”，不得為“筌”。（楊武泉：《四庫全書總目辨誤》）

③ 殿本“詳”上有“頗為”二字。

名義考十二卷（兩淮鹽政採進本）

明周祈撰。祈，蘄州人，始末未詳。前有萬曆甲申劉如寵序，稱為周大夫。又有萬曆癸未袁昌祚重刻序，稱其嘗為民部郎，又稱其從幼時授經，至縉組擁輻。不知確為何官也。其書凡天部二卷，地部二卷，人部四卷，物部四卷，各因其名義而訓釋之。其有異同，則雜引諸書參互辨證。雖條目浩博，不無譌誤。如論月星則不知推步之術，論河源則全據傳聞之譌，論“廣輪”則不知《周禮》先有此文，論“化日”則不知《潛夫論》實無此語，論鮮卑以柳城為柳州，論肉刑以漢文為魏文，論筌筷為即琵琶，論杜甫詩“竹根”為酒杯，如斯之類，牴牾恒有。然訂謬析疑，可取之處為多。惟援引舊文，往往不著出典，不出明人著書之通病云爾。

筆精八卷（福建巡撫採進本）

明徐𤊹撰。𤊹有《榕陰新檢》，已著錄。是編分易通、經臆、詩談、文字、雜記五門。其曰《筆精》，取江淹《別賦》語也。𤊹以博洽名一時。朱彝尊《靜志居詩話》謂見其遺書，大半施鉛點墨，題端跋尾。然是書踳駁之處乃復不少。如以乾象陽在下為老子之猶龍，以坤卦"黃中"、艮卦"行其庭"為皆指道家之《黃庭》，以《繫辭》"游魂為變"為釋氏之四生六道，皆不免好為異說，援儒入墨。從王柏之說，謂《野有死麕》為淫詩；從焦竑之說，謂洛書出佛經；從陳元〔玄〕齡之說，謂周實建寅，皆失詳考。他若以鐵裲襠為馬鞍之飾，不知裲襠為袙腹，《廣雅》本有明文；以《漢郊祀歌》"甯"字當增入庚青韻，不知齊、梁以前本無四聲。謂杜詩"郫筒"本李商隱，不知商隱在杜甫後①；謂《冬青引》唐珏、林景熙二集並載，不知景熙有集，珏無集；謂"溶溶"為水貌，晏殊詩不應借以咏月，當改為雨，不知"月穆穆以金波"，以水比月，《漢郊祀歌》已然；謂一東、二冬為沈約所分，不知約之詩賦二韻實皆同用，據李涪《刊誤》，分用者乃陸法言；謂《蒙齋筆談》為鄭景望作，沿商濬之誤②，不知乃葉夢得書；謂李清照為趙扰子婦，不知趙明誠乃挺之之子；謂琵琶故事皆婦人，而男子無聞，不知賀懷智、康崑崙、羅黑黑、紀孩孩皆著名唐代，亦多涉疏舛。至謂杜牧語多猥澀，羅隱詩極淺俗，而稱高啟《梅》詩"詩隨十里尋春路，愁在三更挂月村"之句，為在林逋"疏影暗香"一聯之上，尤為鹵莽。甚至謂孟子不深於《易》理，周公之作《金縢》為不能以命自安，尤明人恣縱之習③。特其採摭既富，可資考證者頗多，亦不可盡廢。衡其品第，蓋張萱《疑耀》之流亞也。

【彙訂】

① 書中卷三"杜律虞註"條云："今其註具存，若'鶯啼修竹'不知為梁孝之園……'郫筒'不知有李商隱……則其涉於蕪陋也滋甚。"乃言虞註不知有李詩可證，非謂杜詩"郫筒"本於李商隱。

（沈文倬：《筆精前言》）

②"商澝"，殿本作"商維澝"。

③《孟子》引《詩》三十見，引《書》十八見，而絶少引《易》，謂其"不深於《易》理"非無確證。（沈文倬：《筆精前言》）

通雅五十二卷（左都御史張若溎家藏本）①

明方以智撰。以智字密之，桐城人。崇禎庚辰進士，官翰林院檢討。是書皆考證名物、象數、訓詁、音聲。首三卷分五子目，曰《音義雜論》，曰《讀書類略》，曰《小學大略》，曰《詩説》，曰《文章薪火》，皆不入卷數。書中分四十四門②。曰《疑始》，專論古篆古音，凡二卷。曰《釋詁》，分綴集、古雋、謰語、重言四子目，凡七卷。曰《天文》，分釋天、曆測、陰陽、月令、農時五子目，凡二卷。曰《地輿》，分方域、水注、地名異音、九州建都考、釋地五子目，凡五卷。曰《身體》，曰《稱謂》，各一卷。曰《姓名》，分姓氏、人名、同姓名、鬼神四子目，凡二卷。曰《官制》③，分仕進、爵禄、文職、武職、兵政五子目，凡四卷。曰《事制》，分田賦、貨賄、刑法三子目，凡二卷。曰《禮儀》，曰《樂曲樂舞》，附以《樂器》，共三卷。曰《器用》，分書札、碑帖、金石、書法、裝潢、紙墨筆研、印章、古器、雜器、鹵簿、戎器、車類、戲具十三子目，凡五卷。曰《衣服》，分彩服、佩飾、布帛、彩色四子目，凡二卷。曰《宮室》，曰《飲食》，曰《算數》，各一卷。曰《植物》，分草、竹葦、木、穀蔬四子目，凡三卷。曰《動物》，分鳥、獸、蟲三子目，凡三卷。曰《金石》，曰《諺原》，曰《切韻聲原》，曰《脈考》，曰《古方解》，各一卷。明之中葉，以博洽著者稱楊慎，而陳耀文起而與爭。然慎好偽説以售欺，耀文好蔓引以求勝。次則焦竑，亦喜考證，而習與李贄游，動輒牽綴佛書，傷於蕪雜。惟以智崛起崇禎中，考據精核，迥出其上。風氣既開，國初顧炎武、閻若璩、朱彝尊等沿波而起，始一埽懸揣之空談。雖其中千慮一失，或所不免，而窮源溯委，詞必有徵，在明代考證家中，可謂卓然獨立矣。

【彙訂】

① 文淵閣《四庫》本尚有卷首三卷。（沈治宏：《中國叢書綜錄訂誤》）

② 書中分二十四門，文淵、文津閣本書前提要不誤。（黃愛平：《四庫全書纂修研究》）

③ "官制"，殿本作"官職"，誤。此書卷二二至二五作"官制"。

厄林十卷補遺一卷（兩淮鹽政採進本）①

明周嬰撰。嬰字方叔，莆田人。崇禎庚辰以貢入京，特授上猶知縣。是書體近類書，而考訂經史，辨證頗為該洽②。每條以兩字標目，而各引原撰書之人姓以系之。如《質魚》、《譗杜》之類，蓋用孔叢子《詰墨》及王充《刺孟》之例也。其中如駁王僧虔之紀次仲，及論杜詩之西川杜鵑等處，亦未免於執滯。然所刊正，有據者多，要為有本之學，非率爾著書也。王士禎《池北偶談》稱其辨"石尤風"一條，及解《古樂府》"賜"字義一條③，"君苗無姓"一條，高似孫誤引《金樓子》一條，而謂其《詮鍾》一條不知《名媛詩歸》為吳下人託名鍾、譚，其中文明太后《青雀臺歌》、杜蘭香降張碩詩數條，皆不足辨。然鍾惺、譚元春之書盛行於天啟、崇禎間，至真贗並出，無由辨別。今鄉曲陋儒尚奉其緒論，繆種流傳，知為依託者蓋少。既悉其謬，即當顯為糾正，以免疑誤後人。如士禎之言，出於鍾惺則當辨，不出於鍾惺即不必辨，則惟攻其人，非攻其書矣。以是咎嫛，仍不免於門户之見也。

【彙訂】

① "厄林十卷補遺一卷"，殿本作"厄林十一卷"，誤，參文淵閣庫書。

② 是書共二百五十二條，涉及經部八條，史部四十條，子部一百二十七條，集部七十七條，可見其考辨對象乃以子部、集部為主。（李禧俊：《厄林研究》）

③ "及"，殿本無。

拾遺錄一卷（江西巡撫採進本）①

明胡爌撰。爌有《家規輯要》，已著錄②。是書雜考訓詁，分為六類，援引採輯，頗有根據。其《論語》類中，如"不舍晝夜"，《朱子集註》從《經典釋文》"舍，音捨"，及作《楚辭辨證》，則取洪興祖所引顏師古説："舍，止息也，《論語》'不舍晝夜'謂曉夕不息耳。今人或音'捨'者非是。"爌謂當以《辨證》之説為定；"今也純"，《集註》從《説文》，爌引《儀禮》疏古緇、紑二字並行，《釋文》云"紑音緇"，依字系旁"才"。後人以"才"為"屯"，因作"純"，是"純"即"緇"也；"君子不以紺緅飾"，孔氏註"一入曰緅"，爌則引《爾雅》、《考工記》以正其誤；"卞莊子之勇"，《集註》云見《説苑》，爌則以為先見《荀子》；"邦無道則卷而懷之"，《集註》謂於孫林父、甯殖放弒之謀不對而出，爌則據《左傳》謂"甯殖"當作"甯喜"；"子見南子"，陳自明以為南蒯，爌則據《左傳》南蒯叛時孔子年方二十有二，子路少孔子九歲，年方十三，詆其説為不通。其《孝經》類中，范祖禹《古文孝經説》"言之不通也"句，爌謂誤以司馬光註為經文。其《孟子》類中，"摩頂放踵"，據李善《文選註》所引"放"作"致於"二字；"狗彘食人食而不知檢"，據《漢書·食貨志》所引，謂"檢"當作"斂"；趙岐註以曾西為曾子之孫，以曹交為曹君之弟，《集註》並從之，爐則據《左傳》鬭宜申、公子申皆字子西，證當從《經典釋文》，以曾西即曾申，據《左傳·哀公八年》宋人滅曹，證曹交乃以國為氏，非曹君之弟；又據《呂氏春秋》知孔子"置郵傳命"之言為論舜服三苗。其"小學"類中，據《參同契》證《急就篇》之"老復丁"；據《詛楚文》在秦惠文王二十六年，知小篆非創自李斯；據《顧命》"齊侯吕伋"，知《竹書》稱太公卒於康王六年之妄；據張説《謝碑額表》，知以《季札墓碑》為孔子書始於唐人。雖持論多本舊人，然要非空疏者可比。其"經説"類中，"司馬光語"一條、"自漢儒至宋慶曆"一條，尤深中末流之失。其"儷考"類中，論文考古，亦多可採。上方楊慎則不足，下較焦竑則勝之多矣③。原本刻於明季，分為十卷。後版毀於火①，其書遂亡。其裔孫得殘闕舊本，復為掇拾，僅存《論語》八十一條，《孝經》十六條，《孟子》七十四條，小學四十二條，經説二十一條，儷考六十三條，特十之一二而已。然亦足以見其厓略矣。

【彙訂】

①"江西巡撫採進本"，殿本作"浙江巡撫採進本"。《四庫採進書目》未著錄此書。《欽定續文獻通考》卷一七六《經籍考·子部雜家上》亦著錄此書，云爐為南昌人。《總目》卷一三二著錄胡爐撰《家規輯要》，作"江西巡撫採進本"。則似以底本為是。（江慶柏：《殿本、浙本〈四庫全書總目〉著錄圖書進獻者主名異同考》）

②《總目》卷一三二著錄胡爐撰《家規輯要》，在此書之後，

且未述胡爌身世。(楊武泉:《四庫全書總目辨誤》)

③ 此書實即取《困學紀聞》卷七之下半卷及卷八、卷十九之
文,重錄一過,惟將"評文"改為"儷考"耳。無所考證,亦無所增
補。(余嘉錫:《四庫提要辨證》)

④ 殿本"後"上有"迨"字。

日知錄三十二卷(內府藏本)

國朝顧炎武撰。炎武有《左傳杜解補正》,已著錄。是書前
有自記,稱:"自少讀書,有所得,輒記之。其有不合,時復改定。
或古人先我而有者,則遂削之。積三十餘年,乃成一編。"蓋其一
生精力所注也。書中不分門目,而編次先後則略以類從。大抵
前七卷皆論經義,八卷至十二卷皆論政事,十三卷論世風,十四
卷、十五卷論禮制,十六卷、十七卷皆論科舉,十八卷至二十一卷
皆論藝文,二十二卷至二十四卷雜論名義,二十五卷論古事真
妄,二十六卷論史法,二十七卷論注書,二十八卷論雜事,二十九
卷論兵及外國事,三十卷論天象、術數,三十一卷論地理,三十二
卷為雜考證①。炎武學有本原,博贍而能通貫,每一事必詳其始
末,參以證佐而後筆之於書。故引據浩繁而牴牾者少,非如楊
慎、焦竑諸人偶然涉獵,得一義之異同,知其一而不知其二者。
閻若璩作《潛邱〔丘〕劄記》,嘗補正此書五十餘條②,若璩之壻沈
儼特著其事於序中,趙執信作《若璩墓誌》,亦特書其事。若璩博
極羣書,睥睨一代,雖王士禎諸人尚謂不足當抨擊,獨於詰難此
書沾沾自喜,則其引炎武為重,可概見矣。然所駁或當或否,亦
互見短長,要不足為炎武病也。惟炎武生於明末,喜談經世之
務,激於時事,慨然以復古為志。其說或迂而難行,或愎而過銳。

觀所作《音學五書》後序,至謂"聖人復起,必舉今日之音而還之
淳古",是豈可行之事乎? 潘耒作是書序,乃盛稱其經濟,而以考
據精詳為末務,殆非篤論矣。

【彙訂】

① 顧炎武《與人書》言,《日知錄》"上篇經術(前七卷),中篇
治道(八至十七卷),下篇博聞(十八至三十二卷)。"(陳垣:《日
知錄校注》)

②《潛丘劄記》補正此書凡四十條。(同上)

義府二卷(安徽巡撫採進本)①

國朝黃生撰。生有《字詁》,已著錄。此書皆考證劄記之文。
上卷論經,下卷論諸史、諸子、諸集。附以趙明誠《金石錄》、洪适
《隸釋》、酈道元《水經注》所載古碑,陶宏景、周子良《冥通記訓
詁》。以別教之書,綴之卷末,示外之之意焉。生於古音、古訓,皆
考究淹通,引據精確,不為無稽臆度之談。如據《說文》辨《周禮》
"樵毻",正賈公彥、丁度之誤;引賈誼《論》、陳琳《檄》,證《尚書》
"漂杵"為"漂楠";引《爾雅》,證《禮記》鄭註"烹魚去乙"之誤;引
《呂覽》,證"朱襮"非"朱領";引《檀弓》"彌牟"為木,證"勃鞮"為披;
引《左傳》及《詩序》,證《檀弓》"請庚"之"庚"訓道路;引《唐書》"廉
訪",證《周官》六計之"廉"訓"察";引《吳越春秋》,證"鄂不"即"鄂
跗";引《左傳》,證"出於其類"之"出"訓"產";引《周禮·載師》、《閭
師》,證夫布、里布為二事;引《詩·王風》,證《孟子》"施施";引《左
傳》劉子語,證"司中";引《繫辭》,證"信信"當讀"申";引《禮記》稱
"說命"為"兌命",解"行路兌矣"當訓"說";引《漢書》,證"志微噍
殺"當為"纖微憔悴",引《周頌》、《爾雅》,證鄭衆解"黷應雅"之譌;

引《爾雅》,證終軍、許慎解"豹文鼠"之所以異;引《後漢書·李膺傳》,證師古解"軒中"之譌;引《孝經疏》,證《後漢書》辜較、估較、辜榷、酤榷之義;引《史記·貨殖傳》,證"刁悍"當為"雕悍";引《潛夫論》,證"關龍"即"豢龍";引《莊子》,證《列子》"蕉鹿"之"蕉"為"樵";引《世說註》,證"茗艼"即"酩酊"②,皆根柢訓典,鑿鑿可憑。至於引《莊子》"斷在溝中"解"斷斷",引《王莽傳》謂青蠅、蒼蠅當作"蜹",引《國策》解"氓"為流民,引《易》"奇偶"證"奇貨",開有穿鑿附會。又哉、才通用,引顏真卿《碑》,不引《考古圖》;"昌樂肉飛",引《世說》,不引《吳越春秋》;所、許通用,引顏師古《漢書註》,不引《世說》;"九德",引《三國志註》,不引《國語》;"登時",引《集異記》,不引《焦仲卿妻詩》,亦有失之眉睫之前者。然小小疏舛,不足為累。雖篇帙無多,其可取者要不在方以智《通雅》下也。

【彙訂】

① 底本此條與文淵閣庫書次序不符。文淵閣庫書及殿本皆置"拾遺錄一卷"之後。

② "茗艼",殿本作"茗柯",誤。此書卷下"酩酊"條云:"'酩酊'二字,古所無。《世說》'茗艼無所知',蓋借用字。今俗云懵懂,即茗艼之轉也。"

藝林彙考二十四卷(安徽巡撫採進本)①

國朝沈自南撰。自南字留侯,吳江人。順治壬辰進士,官山東蓬萊縣知縣。是書凡五篇,曰《棟宇》,曰《服飾》,曰《飲食》,曰《稱號》,曰《植物》。前有秀水陳鑑題記,云:"此書凡二十四篇,卷帙甚多。當時所刻止此,然切於人事者略備矣。"《棟宇篇》子目凡十,曰宮殿、府署、亭臺、門屏、廟室、寺觀、宅舍、廡序、梁欄、溝塗。《服飾篇》子目凡八，曰冠幘、簪髻、裝飾、袍衫、佩帶、裙袴、履舃、繒布。《飲食篇》子目凡六，曰饗膳、羹胾、粉餌、臇膾、酒醴、茶茗。《稱號篇》子目凡十一，曰宮掖、宗黨、戚屬、尊長、朋從、卒伍、編戶、僕妾、巫優、諢名、道釋。《植物篇》止一卷，無子目，所載僅瓊花一類①。案《棟宇》、《服飾》、《飲食》、《稱號》四篇，皆有自南題辭，而《植物篇》獨無之，蓋尚非完帙也。其所徵引，率博贍有根柢，故陳鑑題記又述汪份之言曰："《彙考》所載諸書，皆取有辨正者，閱之足以益智袪疑。又所採必載書名，令習其書者可一望而知，欲觀原文者亦可按籍以求。其體例皆非近世類書所能及。"所論頗得其實。故特錄之"雜考"類中，不與他類書並列焉。

【彙訂】

① 文淵閣《四庫》本為四十卷，書前提要不誤。（沈治宏：《中國叢書綜錄訂誤》）

② 各篇子目相加，實得三十六。（曹正元：《〈四庫全書總目提要〉偶證三十例》）

潛邱〔丘〕劄記六卷（編修程晉芳家藏本）

國朝閻若璩撰。若璩有《尚書古文疏證》，已著錄。是編皆其考證經籍，隨筆劄記之文。曰"潛邱"者，若璩本太原人，寄居山陽。《爾雅》曰："晉有潛邱。"《元和郡縣志》曰："潛邱在太原縣南三里。"取以名書，不忘本也。此書傳本有二，一為其孫學林所刻，一為山陽吳玉搢所刪定。考若璩《尚書古文疏證》卷六第八十一條下有云："《潛邱劄記》，恐世不傳，仍載其說於此。"然所載兩條，一推春秋莊公十八年日食，一推晉光熙元年正月、七月、十二月頻食，今兩本皆無之。蓋其少年隨筆劄記，本未成書，後人掇拾於散逸之餘，裒合成帙，非其全也。此本即吳玉搢所重定。原刻首兩卷，雜記讀書時考論，多案而未斷，此本刪併爲一卷。原刻卷三曰《地理餘論》，以《禹貢》山川及《四書》中地名已詳《疏證》與《釋地》，此特餘論耳，此本次爲卷二，而取首兩卷內合於此一類者次爲卷三。原刻卷四上錄雜文、序跋，卷四下曰《喪服翼注》，曰《補正日知錄》，此本取首兩卷內涉及《喪服》者次《喪服翼注》後，合爲四卷，移雜文、序跋附《補正日知錄》後。次爲卷五，原本以與人答論經史書錄之卷五，以應博學宏詞賦一首併雜詩若干首錄之卷六。詩賦非若璩所長，且劄記不當及此，此本刪去，而存其與人答論經史書，次爲卷六。蓋學林綴輯其祖之殘藳，徒欲一字不遺，遂致漫無體例。此本較學林所編尚有端緒，今姑從之。中閒重見者四條，三見者一條，尚沿原本之誤，今悉爲刪正。若璩學問淹通而負氣求勝，與人辨論，往往雜以毒詬惡謔，與汪琬遂成讎釁，頗乖著書之體。然記誦之博，考核之精，國初實罕其倫匹。雖以顧炎武之學有本原，《日知錄》一書亦頗經其駁正，則其他可勿論也。兹編雖緝錄而成，非其全豹，而言言有據，皆足爲考證之資，固不以殘闕廢之矣。

　　湛園札記四卷（副都御史黃登賢家藏本）[①]

　　國朝姜宸英撰。宸英有《江防總論》，已著錄。是書皆其考證經史之語，而訂正《三禮》者尤多。其中如堅主天地合祭之説，未免偏執。引軒轅大角《傳》謂“軒轅十七星如龍形，有兩角，角有大民、小民”，以證“角”爲“民”之義，亦未免穿鑿。又如引《西京雜記》薄蹤事，證造紙不始蔡倫，不知乃吳均偽書[②]；引張平宅戰艦聲如野猪事,證陰子春"先鳴"語,不知"先二子鳴"乃出《左傳》;引"條驂"為宋祁語,不知乃唐徐堅文;引李廣鑄虎頭為溲器為虎子之始,不知漢制侍中所執乃在廣前;引顏竣《婦人詩集》為《玉臺新咏》之祖,不知《新咏》非婦人詩,亦皆不免小有疏舛。然考論禮制,精核者多,猶說部之有根柢者。前有自序,稱閻若璩欲改"札記"為"劄記",以《爾雅注》、《左傳注》皆有"簡札"之文,而"劄"則古人奏事之名,故不從其說,論亦典核。其書據鄭羽逵所作宸英小傳,本為三卷。此本二卷,乃黃叔琳編入《湛園集》者,豈有所删削與合併歟③?

【彙訂】

①"四卷",殿本作"二卷"。文淵閣庫書為四卷,卷一七三《湛園集》條云二卷。

②《西京雜記》非吳均撰,說詳卷八七《別本讀書叢殘》條注。

③ 書名下標為四卷,檢原本提要云:"據鄭羽逵所作宸英小傳,本為五卷。此本乃黃叔琳編入《湛園集》者,豈有所删削與?"(楊武泉:《四庫全書總目辨誤》)

白田雜著八卷(兵部侍郎紀昀家藏本)

國朝王懋竑撰。懋竑有《朱子年譜》,已著錄。是編皆其考證辨論之文,而於朱子之書用力尤深。如《易本義九圖論》、《家禮考》,皆反覆研索,參互比校,定為後人所依託,為宋、元以來儒者之所未發。《〈孟子序說〉考》謂《集註》從《史記》,《綱目》從《通鑑》,年月互異。《書〈楚詞〉後》謂《集註》誤從舊說,而以《九章》所述證史文之舛。其讀史諸篇,於《通鑑綱目》多所拾遺補闕。

而《朱子答江元適書、薛士龍書考》一篇，語盈一卷，皆根柢《全集》、《語錄》，鉤稽年月，辨別異同，於為學次第，尤齗若發蒙。蓋篤信朱子之書，一字一句，皆沈潛以求其始末，幾微得失，無不周知，故其言平允如是。非浮慕高名，偕以劫伏衆論，而實不得其涯涘者也。至呂祖謙《大事記》本非僻書，而《〈儒林傳〉考》第七條下自註曰：「《大事記》今未見其書，俟再考。」絕不以偶闕是編而諱言未見，與惠棟《九經古義》自稱未見《易舉正》者相同，均猶有先儒篤實之遺。知其他所援引，皆實見本書，與楊慎、焦竑諸人動輒影撰者異矣。此本後有乾隆丁卯河閒紀容舒跋，稱抄自景州申翊家，未知為懋竑所自訂，或翊所選錄。近別有《白田草堂全集》，凡此本所載，皆在其中，而此本所無者幾十之六，大抵多酬應之文，不及此本之精核。蓋其後人珍藏手澤，片語不遺，故不免失於簡汰。今以新刻《全集》別存目於集部中。此本篇篇標目，雖似雜文，而實皆考證之體，故特入於「雜類」，亦《東觀餘論》編入子家之例也。

　　義門讀書記五十八卷（江蘇巡撫採進本）

　　國朝蔣維鈞編，皆其師何焯校正諸書之文也。焯字屺瞻，長洲人。康熙四十一年用直隸巡撫李光地薦，以拔貢生入直內廷，尋特賜進士出身，改庶吉士，授編修。後坐事褫職，仍校書武英殿。康熙六十一年復原官，贈侍讀學士。焯文章負盛名，而無所著作傳於世。没後，其從子堂哀其點校諸書之語為六卷，維鈞益為蒐輯，編為此書。凡《四書》六卷，《詩》二卷，《左傳》二卷，《公羊》、《穀梁》各一卷，《史記》二卷，《漢書》六卷，《後漢書》五卷，《三國志》二卷，《五代史》一卷，韓愈集五卷，柳宗元集三卷，歐陽修集二卷，曾鞏集五卷，蕭統《文選》五卷，陶潛詩一卷，杜甫集六卷，李商隱集二卷，考證皆極精密。其《兩漢書》及《三國志》，乾隆五年禮部侍郎方苞校刊經史，頗採其說云。

　　樵香小記二卷（兵部侍郎紀昀家藏本）[①]

　　國朝何琇撰。琇字君琢，號勵菴，宛平人。雍正癸丑進士，官至宗人府主事。是編皆考證之文，凡一百二十條，論經義者居其大半，亦頗及字學、韻學。其論六書，頗與舊說異同。如謂"禿"字當從"禾"會意，《說文》謂"人伏禾下"固屬謬妄，即《六書正譌》改為"從木，諧聲"亦非確論；謂《說文》訓"為"字為母猴，本末倒置，當是先有"為"字，乃借以名猴；謂"射"字從"身"從"寸"，為籀文象手持弓形之譌，其說皆未免於獨創。至其解《春秋》"西狩獲麟"，解《周禮》"奔者不禁"，解《詩》"野有死麕"，亦時能發先儒所未發。其學問大旨，蓋出入於閻若璩、顧炎武、朱彝尊、毛奇齡諸家，故多演其緒論云。

【彙訂】

　　① 底本此條與文淵閣庫書次序不符。文淵閣庫書及殿本皆置"白田雜著八卷"之後。

　　管城碩記三十卷（兩江總督採進本）

　　國朝徐文靖撰。文靖有《禹貢會箋》，已著錄。此其筆記也。自經史以至詩文，辨析考證，每條以所引原書為綱，而各繫以論辨，略似《學林就正》之體，而考訂加詳，大致與《箋疏》相近。若其讀《易》據梁武以解《文言》，而王應麟所輯鄭註尚未之見。讀史引證乃及於潘榮之《總論》、劉定之之《十科策略》、蔡方炳之《廣治平略》、廖文英之《正字通》、陰時夫之《韻府羣玉》，斯皆未免汩於俗學。要其推原《詩》、《禮》諸經之論，旁及子史説部，語必求當，亦可謂博而勤矣。

訂譌雜錄十卷（浙江巡撫採進本）

國朝胡鳴玉撰。鳴玉字廷佩，號吟鷗，青浦人。歲貢生，乾隆丙辰薦舉博學鴻詞。是編皆考訂聲音文字之譌，大抵採集諸家説部而參以己説。其中有闇合前人者，如《文選·神女賦》一條，謂“玉”字、“王”字顛倒互寫是矣。然始辨其誤者為姚寬《西溪叢語》，申明其義者為張鳳翼《文選纂註》，而鳴玉仍反覆力辨之，是未見二説也①。《揚子法言》“鴻飛冥冥，弋人何篡”一條，鳴玉歷引《後漢書·逸民傳》註、陳子昂碑、韓愈詩，證今本誤“慕”是矣。然今本實作“篡”不作“慕”，其誤為“慕”，則自張九齡《感遇》詩“孤鴻海上來”一首押入遇韻始，以為近人所誤則非也。“龍鍾”一條，不取竹名、石名之説是矣。然誤以岑參“雙袖龍鍾淚不乾”句為常建詩。又李匡乂《資暇集》所解“龍鍾”之義，乃誤指為“龍爪泥痕”，鳴玉未及引駁，亦疏漏也。“雙鯉魚”一條，駁《漢·陳勝傳》、《宋書·符瑞志》魚腹藏書之説是矣。然此語始見蔡邕《飲馬長城窟行》，而但引《古詩》“尺素如霜雪，疊成雙鯉魚”，是蔡邕後語，非其本也。凡此偶然失檢，時亦有之。要其但引古書，互相參證，不欲多生新意，自見所長，所以言皆有據，所得反較諸家為多。狐白之裘，固非一腋。其網羅會稡之勤，亦未可遽没也。

【彙訂】

① 北宋沈括《夢溪筆談補》已辨之甚詳，早於姚寬。（李慈銘：《桃花聖解菴日記》）

識小編二卷（浙江巡撫採進本）

國朝董豐垣撰。豐垣字菊町，烏程人。乾隆辛未進士，官東流縣知縣。是書凡二十四篇，議禮者十之九。如前儒謂祭社即祭地，多不信《周禮》“祭地於澤中方丘”之文。豐垣因襲其説，而附會於《周禮》，謂澤中之方丘即《王制》之“大社”，同在庫門内。今考《明堂位》曰：“春社秋省。”《郊特牲》曰：“社祭土，日用甲。”《月令》曰：“中春擇元日，命民社。”《周禮·大司馬》：“中春，教振旅，遂以蒐田①，獻禽以祭社。”《肆師》：“社之日，涖卜來歲之稼。”疏曰：“此社亦是秋祭社之日也。”據此，則祭社自以春秋甲日，方丘自以夏日至，不得合而為一也。豐垣又因方丘一名方澤，遂牽一“澤”字，併合澤宫、方澤為一。今考《禮》：“天子將祭，必先習射於澤。”疏曰：“澤，所在無文，蓋於寬閒之處近水澤為之。”又考《周官·澤虞》註曰：“澤，水所鍾也。”則方澤之宫，皆近川澤，庫門之内焉得為水所鍾乎？豐垣又謂卿、大夫“入官而受禄者，待臣之常數。有功而受地者，優臣之常典”，則是無采地者其常，而有采地者其變。今考《禮運》曰：“天子有田以處其子孫，諸侯有國以處其子孫，大夫有采以處其子孫，是為制度。”云“制度”者，舉其常也。則大夫有采，非優異之特典明矣。《晉語》曰：“公食貢，大夫食邑，士食田，庶人食力。”言常制也。《荀子·正論篇》：“有天下者事七世，有一國者事五世，有五乘之地者事三世，有三乘之地者事二世②。”云五乘之地、三乘之地，皆言乎大夫、士之常禄也。《晉語》：“韓宣子以秦后子及楚公子賦禄問於叔向，對曰：‘大國之卿一旅之田，上大夫一卒之田。夫二公子者上大夫也③，皆一卒可也。’”宣子以秦公子富為難，叔向對以無績於民，乃與子干均其禄。夫受此一卒之地，傳明言無績於民，則豐垣必云有功而始受地者，不亦誤乎？《春秋·襄二十二年傳》曰：“國之蠹也，令倍其賦。”蓋倍魯大夫御叔之賦也。杜註：“古者家有國邑，故以重賦為罰，御叔於魯，非有功之大夫，而有國邑。”《昭十六年傳》：“鄭大旱，使屠擊、祝款①、豎柎有事於桑山，斬其木。不雨，奪之官邑。”夫屠、祝、豎微職耳，而亦得有官邑。則謂有功始受地，何所據乎？豐垣蓋誤讀《周禮·司勳》之文，以賞田、加田為采地，故有是説也。豐垣又謂：“大夫三廟，《王制》有太祖而無曾祖，《祭法》有曾祖而無太祖。大夫干祫及其高祖，則未必有高祖廟矣。”今考《大傳》“干祫及其高祖”疏曰：“此言支庶為大夫、士者耳。若適為大夫，亦得及太祖，故《王制》大夫有太祖。師説云：‘大夫有始祖者，鬼其百世，若有善於君得祫。’則亦祫於太祖廟中，徧祫太祖以下。”據此，則干祫止及高祖，自據無始祖廟者耳。豐垣即以證大夫無始祖廟，是見其一，不見其二也。《大傳》曰“別子為祖”，註曰：“別子謂公子若始來在此國者，後世以為祖也。”以為祖而無廟，豈尊祖之謂乎？《白虎通》曰：“宗其為始祖後者，為大宗，此百世不遷者也；宗其為高祖後者，為小宗，五世而遷者也。高祖遷於上，宗則易於下。”據此，則大宗不易於下，由始祖不遷於上也。大夫而為大宗，若無始祖廟，又何緣為百世之宗？核其所言，殊乖禮意。況《周官·祭僕》有曰⑤：“凡祭祀⑥，王之所不與則賜之禽，都家亦如之⑦。”註謂：“王所不與，同姓有先王之廟。”則同姓之卿、大夫尚得遠立祖王之廟，而先自絕其始封之祖可乎？是亦未之詳檢也。他如謂《禹貢》五服、《職方》九服二而實一；謂《周禮》公五百、侯四百里猶云今魯為方百里五，非為方百里者二十五；謂《祭法》有虞氏“祖顓頊而宗堯”不及《魯語》“郊堯而宗舜”，亦皆前儒之緒論。

至駁萬斯大"禘、祫一事"、"魯禘不追所自出"⑧,及"東周祖文宗武,不祖稷"之説;又駁毛奇齡祧主別立廟,不藏太祖廟之説,議論最正,援據亦詳,為有禆禮制。在近人之中,尚為究心經義者。雖論多出入,固亦有可節取者焉。

【彙訂】

①"田",殿本脱,參《周禮‧大司馬》原文。

②"者",殿本脱,參《荀子‧禮論篇》原文。

③"二",殿本脱,參《國語‧晉語》原文。

④"祝款",殿本作"祝穎",誤,參《左傳‧昭公十六年》原文。

⑤"祭僕",殿本作"祭儀",誤,參《周禮‧祭僕》篇。

⑥"祀",殿本脱,參《周禮‧祭僕》原文。

⑦"都",殿本作"邦",誤,參《周禮‧祭僕》原文。

⑧"萬斯大",殿本作"萬斯同大",誤。此書卷下"'禘祫一事'並'歲舉以午月'、'魯禘不追所自出'辨"條曰:"趙氏匡分禘、祫為二,朱子取之,楊氏復又推廣之,一破漢、魏支離之説。萬氏斯大乃欲合為一事,並謂'禘歲舉以午月'、'魯禘不追所自出',是大不然……"按萬斯大《學禮質疑》卷一有《禘祫一事》、《禘歲舉以午月》、《魯禘不追所自出》諸篇。

右雜家類"雜考"之屬,五十七部,七百七卷,皆文淵閣著錄。

案,考證經義之書,始於《白虎通義》。蔡邕《獨斷》之類,皆沿其支流①。至唐而《資暇集》、《刊誤》之類為數漸繁,至宋而《容齋隨筆》之類動成巨帙。其説大抵兼論經、史、子、集、不可限以一類,是真出於議官之雜家也。班固謂雜家者流出於議官。今彙而編之,命曰"雜考"。

【彙訂】

①《白虎通義》專述經義,當入經部總義類,《獨斷》記錄漢代名物制度,當入史部政典類。足稱學綜四部者,當始於宋王應麟《困學紀聞》和戴埴《鼠璞》。(沈文倬:《〈筆精〉前言》)

卷一二〇

子 部 三 十

雜 家 類 四

論衡三十卷（江蘇巡撫採進本）

漢王充撰。充字仲任，上虞人。《自紀》謂："在縣為掾功曹，在都尉府位亦掾功曹，在太守為列掾五官功曹行事。"又稱："永和三年①，徙家辟詣揚州部丹陽、九江、廬江。後入為治中②。章和二年，罷州家居。"其書凡八十五篇，而第四十四《招致篇》有錄無書，實八十四篇。考其《自紀》曰："書雖文重，所論百種。案古太公望，近董仲舒，傳作書篇百有餘，吾書亦纔出百而云太多。"然則原書實百餘篇。此本目錄八十五篇，已非其舊矣③。充書大旨詳於《自紀》一篇，蓋內傷時命之坎坷，外疾世俗之虛偽，故發憤著書，其言多激。《刺孟》、《問孔》二篇，至於奮其筆端，以與聖賢相軋，可謂誖矣。又露才揚己，好為物先。至於述其祖、父頑很，以自表所長，慎亦甚焉。其他論辨，如日月不圓諸說，雖為葛洪所駁，載在《晉志》，然大抵訂譌砭俗，中理者多，亦殊有裨於風教。儲泳《祛疑說》、謝應芳《辨惑編》不是過也。至其文反覆詰難，頗傷詞費。則充所謂"宅舍多，土地不得小；戶口衆，簿籍不得少；失實之事多，虛華之語衆；指實定宜，辨爭之言安得約徑"者,固已自言之矣。充所作別有《譏俗書》、《政務書》,晚年又作《養性書》,今皆不傳,惟此書存。儒者頗病其蕪雜,然終不能廢也。高似孫《子略》曰:"袁崧《後漢書》載充作《論衡》[④],中土未有傳者。蔡邕入吳,始見之,以為談助。談助之言,可以了此書矣。"其論可云允愜。此所以攻之者衆,而好之者終不絕歟?

【彙訂】

① "永和三年",《自紀篇》原文作"元和三年"。元和三年(86)王充年六十歲,且與下文"章和二年(88),罷州家居"相合。《後漢書·王充傳》:"永元中,病卒於家。"則永和三年(138)時已死三十餘年。(楊武泉:《四庫全書總目辨誤》;江慶柏等整理:《四庫全書薈要總目提要》)

② "後",殿本作"復",誤,參《自紀篇》原文。

③《自紀篇》乃統述平生之著述,不獨為《論衡》而作。所言百餘篇,亦兼他著述言之。(余嘉錫:《四庫提要辨證》)

④ 蔡邕以為談助之説,即王充本傳章懷太子注所引袁山松《後漢書》之語。《隋書·經籍志》、《舊唐書·經籍志》皆作袁山松《後漢書》,惟《新唐書·藝文志》作袁崧,高似孫亦承其誤。(同上)

風俗通義十卷附錄一卷(江蘇巡撫採進本)[①]

漢應劭撰。劭字仲遠,汝南人。嘗舉孝廉,中平六年拜泰山太守[②]。事蹟具《後漢書》本傳。馬總《意林》稱為三國時人,不知何據也。考《隋書·經籍志》"《風俗通義》三十一卷",註云:"《錄》一卷,應劭撰。梁三十卷。"《唐書·藝文志》:"應劭《風俗通義》三十卷。"《崇文總目》、《讀書志》、《書錄解題》皆作十卷,與今本同。明吳琯刻《古今逸史》，又删其半，則更闕略矣。各卷皆有總題，題各有散目，總題後略陳大意，而散目先詳其事，以"謹案"云云辨證得失。《皇霸》為目五，《正失》為目十一，《愆禮》為目九，《過譽》為目八，《十反》為目十，《音聲》為目二十有八，《窮通》為目十二，《祀典》為目十七，《怪神》為目十五，《山澤》為目十九。其自序云："謂之《風俗通義》，言通於流俗之過謬，而事該之於義理也。"《後漢書》本傳稱"撰《風俗通》以辨物類名號，識時俗嫌疑③"，不知何以删去"義"字。或流俗省文，如《白虎通義》之稱《白虎通》，史家因之歟？其書因事立論，文辭清辨，可資博洽，大致如王充《論衡》，而敍述簡明則勝充書之冗漫①。舊本屢經傳刻，失於校讎，頗有譌誤。如《十反》類中分范茂伯、郅朗伯為二事，而佚其斷語；《窮通》類中孫卿一事有書而無錄；《怪神》類中"城陽景王祠"一條有錄而無書。今並釐正。又宋陳彭年等修《廣韻》，王應麟作《姓氏急就篇》，多引《風俗通·姓氏篇》，是此篇至宋末猶存。今本無之，不知何時散佚。然考元大德丁未無錫儒學刊本，前有李果序，後有宋嘉定十三年丁黼跋，稱："余在餘杭⑤，借本於會稽陳正卿。正卿蓋得於中書徐淵子，譌舛已甚，殆不可讀。愛其近古，鈔錄藏之。攜至中都，得館中本及孔復君寺丞本，互加參考，始可句讀。今刻之於夔子⑥。好古者或得舊本，從而增改，是所望云。"則宋寧宗時之本已同今本，不知王氏何以得見是篇，或即從《廣韻》註中輾轉援引歟？《永樂大典》"通"字韻中尚載有《風俗通·姓氏》一篇，首題"馬總《意林》"字。所載與《廣韻》註多同，而不及《廣韻》註之詳，蓋馬總節本也。然今本《意林》無此文，當又屬佚脫。今採附《風俗通》之末，存梗概焉。

【彙訂】

① 文淵閣《四庫》本無附錄。（沈治宏：《中國叢書綜錄訂誤》）

② "拜"，殿本作"為"。

③ "識"，殿本作"讝"。《後漢書》卷四八應劭本傳作"釋"。

④ 殿本"漫"下有"多矣"二字。

⑤ 殿本"稱"上有"跋"字。

⑥ "夔子"，殿本作"夔府"，誤，參丁黼跋原文。

封氏聞見記十卷（安徽巡撫採進本）

唐封演撰。演里貫未詳。考封氏自西晉、北魏以來，世為渤海蓚人。然《唐書·宰相世系表》中無演名，疑其疏屬也。書中"石經"一條稱天寶中為太學生。"貢舉"一條記其登第時張繟有"千佛名經"之戲，然不云登第在何年。"佛圖澄碑"一條記大曆中行縣至內邱〔丘〕，則嘗刺邢州。卷首結銜題朝散大夫、檢校尚書、吏部郎中兼御史中丞。而"尊號"一條記貞元間事，則德宗時終於是官也①。是書唐、宋《藝文志》、《通志》、《通考》皆作五卷，《書錄解題》作二卷，殆輾轉傳鈔，互有分合。此本十卷，末有元至正辛丑夏庭芝跋，又有明吳岫②、朱良育、孫允伽、陸貽典四跋。良育跋云："自六卷至十卷，友人唐子畏見借所鈔，近又於柳大中借鈔前五卷。第七卷中全局俱欠，只存末後一紙耳。"今考目錄所列凡一百一條，第一卷僅二條，不盈兩紙，亦似不完。第三卷"銓曹"一條闕其末，而"風憲"一條全佚，不止闕第七卷。第七卷中"視物遠近"一條、"海潮"一條、"北方白虹"一條、"西風則雨"一條、"松柏西向"一條，皆全佚。"蜀無兔鴿"一條佚其前半，

“月桂子”一條僅完其下③，“石鼓”一條、“弦歌驛”一條又闕。“高塘館”一條亦不完④。其下“溫湯”一條又闕其末⑤，而目錄此條之下註“增”字，亦非僅存末一頁者。中閒又頗多闕字。允伽跋稱“借秦西巖本重校”，意其與朱本小異歟？然稱朱跋從秦本錄出，則又不可解。疑久無刊本，遞相繕寫，又非復朱氏之舊矣。唐人小說，多涉荒怪，此書獨語必徵實。前六卷多陳掌故，七、八兩卷多記古蹟及雜論，均足以資考證。末二卷則全載當時士大夫軼事，嘉言善行居多，惟末附諧語數條而已。其中“音韻”一條記《唐韻》部分為陸法言之舊⑥，其同用、獨用則許敬宗所定，為諸書之所未言。“文字”一條論隸書不始程邈，援《水經注》為證。明楊慎矜為獨見者，乃演之所已言。又顏真卿《韻海鏡源》世無傳本，此書詳記其體例，知元陰時夫《韻府羣玉》實源於此。而後人不察，有稱真卿取句首字、不取句末字者⑦，其說為杜撰欺人。併知《永樂大典》列篆、隸諸體於字下，乃從此書竊取其式，而諱所自來。“月中桂”一條，記“桂子月中落”一聯為宋之問台州詩，足證計有功《唐詩紀事》駱賓王為僧之妄⑧。他如論金雞、露布、鹵簿、官銜、石誌、碑碣、羊虎、拔河諸條，亦皆原委詳明。唐人說部自顏師古《匡謬正俗》、李匡乂《資暇集》、李涪《刊誤》之外，固罕其比偶矣。

【彙訂】

① 據《舊唐書·德宗紀》，詔去徽號，事在興元元年，本書誤作“貞元初”。（余嘉錫：《四庫提要辨證》）

② “明”，殿本脱。

③《四庫》本“月桂子”一條與雅雨堂本全同，内容完整，並無缺佚。（趙貞信校注：《封氏聞見記校注》）

④ "高塘館"，底本作"高唐館"，據殿本改。《南部新書》庚引此條云："濠州西有高塘館，附近淮水。御史閻敬愛宿此館，題詩曰：'借問襄王安在哉？山川此地勝陽臺。今朝寓宿高塘館，神女何曾入夢來！'軺軒來往，莫不吟諷，以為警絕。有李和風者至此，又題詩曰：'高唐不是這高塘，淮畔、江南各一方。若向此中求薦枕，參差笑殺楚襄王。'讀者莫不解顏。""不"，殿本脫。（同上）

⑤ 底本"下"上有"上"字，衍，據殿本刪。此書卷七"高唐館"條下為"溫湯"。

⑥ "音韻"當作"聲韻"，見此書卷二。（趙貞信校注：《封氏聞見記校注》）

⑦ "後人不察有"，殿本作"周亮工書影"。

⑧ 卷七"月桂子"條云："宋之問台州作詩云：'桂子月中下，天香雲外飄。'文士尚奇，非事實也。"而《本事詩》云："僧曰：'試吟上聯。'即吟與之，再三吟諷，因曰：'何不云"樓觀滄海日，門聽浙江潮"？'之問愕然，訝其道麗。又續終篇曰：'桂子月中落，天香雲外飄。捫蘿登塔遠，剝木取泉遙。霜薄花更發，冰輕葉未凋。待入天台路，看余度石橋。'僧所贈句，乃為一篇之警策。遲明更訪之，則不復見矣。寺僧有知者曰：'此駱賓王也。'"既然"僧所贈句，乃為一篇之警策"，則以下"又續"包括"桂子月中下，天香雲外飄"皆為宋之問所作，可見也並未以此句屬駱賓王。（范垂新：《說賓王靈隱續詩之可能》）

尚書故實一卷（安徽巡撫採進本）

唐李綽撰。綽仕履未詳。考《新唐書·宰相世系表》，趙郡李氏，南祖之後，有名綽字肩孟者，為吏部侍郎紓之曾孫①。書中自稱趙郡人，或即其人歟？是書《宋史‧藝文志》凡兩載之②，一見史部傳記類，一見子部小說類，而註其下云："'綽'一作'緯'，'實'一作'事'。"今按曾慥《類說》所引，亦明標李綽之名，則作"緯"者誤矣。自序稱："賓護尚書張公，三相盛門，博物多聞。綽避難圃田，每容侍話。凡聆徵引，必異尋常，遂纂集尤異作此書。"蓋皆據張尚書之所述也，惟張尚書不著其名。《新唐書‧藝文志》沿《崇文總目》之譌，以張尚書為即延賞，晁公武、陳振孫已斥其誤。然書中稱嘉貞為四世祖，又稱嘉祐為高伯祖。則所謂張尚書者，當在彥遠、天保、彥修、曼容諸兄弟中。其文規、次宗乃宏靖子，於嘉貞為曾孫，不可稱高祖。振孫乃皆以其不登八座為疑，亦非也。觀其言"賓護移知廣陵"，又言"公除潞州旌節"，則必嘗為揚州刺史、昭義節度使者。當以史於天保諸人下略其官位，遂致無可考耳。其書雜記近事，亦兼考舊聞。如司馬承禎、王谷、盧元公、尉遲迥、韋卿材、謝真人、淪落衣冠、章仇兼瓊、郭承嘏諸條，雖頗涉語怪。然如《蘭亭敘》入昭陵，顧長康畫《清夜遊西園圖》，謝赫、李嗣真評畫，百衲琴，戴容〔顒〕刻佛像③，《碧落碑》、《狸骨帖》、《寶章集》，靈芝殿，佛教屬鬼宿，昌黎生改金根車，謝安無字碑，鄭虔三絕④，顧況工畫諸軼事，皆出此書⑤。而"墓碑有圓空，德政碑不當有圓空"一條、"楊子華畫牡丹花已見北齊"一條、"《晉書》寒具"一條、"省試鶯出谷詩"一條、"杜牧未為比部"一條、"王右軍書《千字文》"一條，尤頗有考證。王楙《野客叢書》引據最為博洽，而"牡丹"引楊子華事，"天廚"《西園圖》事，又引其"東方朔"一條證《山海經》事，皆據為出典。在唐人小說中亦《因話錄》之亞也。惟張宏靖《蕭齋記》本為李約作，原《記》尚存，而云蕭齋在張氏東都舊第；李商隱僅兩任校書

郎,一任太學博士,本傳可考,而云臺儀自大夫以下至監察通謂
之五院御史,唐國歷五院者,惟李商隱、張延賞、溫造三人,皆為
失實⑥。要之瑕不揜瑜,固以一二小節廢矣。

【彙訂】

①“紓”,底本作“舒”,據《新唐書·宰相世系表》及殿本改。

②“是書”,殿本無。

③底本避嘉慶諱,改“顒”為“容”。殿本作“顒”。

④“虔”,殿本脫。書中此條末云:“玄宗御筆書其尾曰:鄭
虔三絕”。

⑤所舉諸例多見於張彥遠《法書要錄》與《歷代名畫記》,在
李綽之前。(余嘉錫:《四庫提要辨證》)

⑥據《歷代名畫記》卷一記,李約所藏書畫及蕭子雲壁書飛
白蕭字,皆於生前贈予張諗,張氏乃於修善里第構一亭,號曰蕭
齋。與李約建於仁風里第之蕭齋實非一地。李商隱誠未官御
史,然朱勝非《紺珠集》卷三引此作李尚隱,《舊唐書·良吏傳》有
李尚隱傳,其人確曾踐歷五院。“唐國”,本書作“國朝”,改為唐
國,便成不詞。(同上)

灌畦暇語一卷(浙江巡撫採進本)

不著撰人名氏,書中皆自稱曰老圃。“唐太宗”一條獨稱
“臣”,稱“皇祖”,知為唐人。“蒲且子”一條稱“近吳道元亦師張
顛筆法”,又引韓愈詩二章,云“後來豈復有如斯人”,則中唐以後
人也。前有自序,稱“早年血氣未定,鋪方紙,運寸管,亟起以干
一旦之名,力盡志殫,僅能如願”,又稱“急意勇退,脫謝纓弁”,則
亦嘗登第從仕矣。其書凡三十二條。觀其“答黃仲秉”一條,宗

旨蓋出於黄、老,而大抵持論篤實,亦不悖於聖賢。所載魏繁欽《生茨》詩一篇,馮氏《詩紀》未載,蓋未見其書。《唐志》、《宋志》皆不著錄,惟陳振孫《書錄解題》始著其名[①]。然朱子作《韓文考異》,於《岐山下》一首註云"世有《灌畦暇語》一書,謂子齊初應舉,韓公賞之,為作'丹穴五色羽'"云云[②],則其傳已久矣。此本為陸氏奇晉齋所刊,末有李東陽跋云:"余頃僦京城之西,有賣雜物者過門。見其篋有故書數種,大抵首尾不全。《灌畦暇語》一編,尤為斷爛。余以數十錢購得之。因料理其可讀者,才得三十餘條。"云云。則此書乃東陽所理之殘本。今"彭寵奴"一條佚其後半,"韓愈詩"一條佚其前半,凡闕二十八行有奇,又非東陽所理之舊矣。然核其詞旨,確為唐人著述。雖殘闕,終可貴也。

【彙訂】

① "陳振孫",殿本作"陳氏"。

② 此句實是朱熹引方崧卿《韓集舉正》語。(嚴傑:《唐五代筆記考論》)

　　春明退朝錄三卷(浙江巡撫採進本)

　　宋宋敏求撰。敏求有《唐大詔令》,已著錄。是書《文獻通考》凡兩出其名,一入於故事,一入於雜家。今觀所記,雖多述宋代典制,而雜説、雜事亦錯出其閒,則究為雜家類也。前有敏求自序,稱:"熙寧三年,予以諫議大夫奉朝請。"考《宋史》敏求本傳,熙寧元年以知制誥貶知絳州,即於是歲召還,為諫議大夫。王安石惡呂公著,出知潁州。敏求草制忤安石,請解職未聽。會李定自秀州判官除御史,敏求封還詞頭,遂以本官奉朝請。又考《宋史·呂公著傳》,公著之罷中丞,正在熙寧三年,蓋即是時。

王偁《東都事略》謂敏求自絳州遷右諫議大夫，後知制誥①，在職六年者，誤也。其序末但稱"十一月晦"，蓋蒙上"熙寧三年"之文，然其下卷又有"熙寧七年六月十三日"之註。豈先為序而後成書，如程伊川《春秋傳》之類歟？

【彙訂】

①"知制誥"，殿本作"知誥詔"，誤。《東都事略》卷五七載："降秩一等，出知絳州。實錄成，遷右諫議大夫。復知制誥，在職六年。"

筆記三卷（兩淮鹽政採進本）

宋宋祁撰。祁有《益部方物略》，已著錄。其書上卷曰《釋俗》。中卷曰《考訂》，多正名物音訓，裨於小學者為多，亦閒及文章史事。下卷曰《雜說》，則欲自為子書，造語奇傷，多似焦贛《易林》、譚峭《化書》，而終以《庭戒》、《治戒》、《左志》、《右銘》。未審為平日預作，為其後人附入也。末有寶慶二年上虞李衍跋，稱其可疑者七事：如以骨朵為胍肶，不知"朵"為"菜"字之譌；以鮑照作"昭"為誤，而不知唐避武后之諱；以牛耕始漢趙過，而不知冉耕字伯牛，古"犁"字文亦從"牛"；以"枔"為開而反合，而不知為郁李；以"臣瓚"為于瓚，而不知酈道元《水經注》稱薛瓚；以"朴"無"樸"音，而祁所預修之《集韻》實有蒲候、匹角二切；以"夗"本"柳"字，而不知實古"卿"字。所擿多中其失。然大致考據精詳，非他說部游談者比。其中如論漢高祖、呂后一條，後蘇洵《高祖論》全本之。又如蕭該《漢書音義》為顏師古所未見者，亦賴此書存其略。晁公武《讀書志》稱是書"每章冠以'公曰'字，不知何人所編"。此本無之，或傳刻者所削。《文獻通考》引《中興藝文志》，以是書為紹聖中宋肇次其祖庠之語，與公武説異。馬端臨謂"二《筆錄》卷數相同，祁、庠又兄弟"，不能定為一書二書。今考書中稱引"莒公"者不一，莒公即庠，則此《錄》為祁明矣。或肇所編又別一書，亦名《筆錄》耳。

　　東原錄一卷（浙江巡撫採進本）

　　宋龔鼎臣撰。鼎臣字輔之，鄆州須城人。景祐元年進士，歷官諫議大夫，京東東路安撫使，知青州。改太中大夫，提舉亳州太清宮，以正議大夫致仕。事蹟具《宋史》本傳。是編多考論訓詁，亦兼及雜事。其説經多出新解。如謂《書》本無百篇，孔子存《甘誓》，欲以見父子相傳之義；存《盤庚》，欲以為遷都之戒，並《洪範》錯簡之説亦自鼎臣發之，皆頗不可訓。其解杜甫"今日起為官"句，謂"今日"為"金日"之譌，以金日碑實之，尤為穿鑿。然如解《易》之"鼎金鉉"即《儀禮》之"鼎扃"；解《禮記》"升中於天"為《左傳》"民受天地之中以生"之"中"；解楊子"如玉如瑩"句，據唐類書證李軌註為誤本；解《後漢書》註引《潛夫論》"化國之日"句為章懷太子避高宗諱；解馬融"軼越三家"句為指三王，以及引《説苑》子桑伯子事，證王肅註之漏；引《漢地理志》有煮棗，證顏師古註之漏；引王弼解子弓為朱張字，證楊倞《荀子註》之誤；引"蹷"訓為"倒"，證高誘《呂覽註》之誤；引殷仲堪《天聖論》解仁宗年號，證拆字為"二人聖"之非；引《汲冢記》證湯墓在河東，證劉向説之非，皆頗有考據。所記雜事，如太宗賜進士詩御註；藝祖批答趙普論王仁贍及幸綾錦院警戒梁周翰事；鄭氏《詩譜》別有全本，歐陽修所得乃殘帙；文彥博家廟不作七閒，乃用唐杜岐公家舊式之類，亦皆可資參考。惟所稱"邵亢學士家作三代木主，

不更畫影幠，蓋非古禮"云云，其説最謬。以上下文義推之，當作
"蓋用古禮"。傳寫誤"用"為"非"，非其舊文，未可以是病鼎
臣也。

王氏談錄一卷（浙江范懋柱家天一閣藏本）

不著撰人名氏。《説郛》載之，題曰王洙撰。《書錄解題》則
以為"翰林學士南京王洙之子錄其父所言"。今觀此書凡九十九
則，而稱"先公"及"公"者七十餘則，則非洙所著明甚。蓋編此書
者見卷尾有"編錄觀覽書目"一則，末題云"王洙敬錄"，遂以為全
書皆出洙手。不知此一則乃嘉祐以前人所為，洙特錄而跋之，其
子附載書末耳。世無自著書而自標"敬錄"者也。其解"繪事後
素"一條，朱子《集註》取之。其論校書當兩存、解經不可改字就
義，皆為有識。其稱校書之註，二字以上謂之"一云"，一字謂之
"一作"，亦深有理。洙字原叔，應天宋城人。中甲科，官終侍讀
學士兼侍講學士。卒諡曰文。子欽臣，字仲至。賜進士及第，官
終待制，知成德軍。據本傳及《東都事略》，洙子惟欽臣一人，則
此書即欽臣所錄也[①]。

【彙訂】

① 據歐陽修所作《王洙墓誌》，洙有子五人，長早卒，次力
臣，次欽臣，次陟臣，次曾臣。（張麗娟：《北宋學者王洙及
其著述》）

文昌雜錄七卷（編修朱筠家藏本）[①]

宋龐元英撰。元英字懋賢，單州人。丞相籍之子，官朝散大
夫。王士禎《蠶尾集》作"文英"者，誤也。元豐壬戌，元英官主客
郎中，在省四年。時官制初行，所記一時聞見，朝章典故為多。

《通典》載尚書省為文昌天府,故以名書。其中所載,如以"堯舜"對"天地"為李矩問李演事。考范鎮《東齋記事》以為此楊億校士時事,岳珂《桯史》以為歐陽修知貢舉時事,《珍席放談》以為南唐時湯悦妹壻問悦事,與各書互異。又以虎子為出於李廣射虎事。不知孔安國為侍中,以儒者不執虎子而執唾壺,其事已見李廣之先,未免稍有舛誤。至朝廷典禮,百官除拜,其時日之先後異同,多有可以證《宋史》之舛漏者。原本六卷,後有補遺六條,故《宋史·藝文志》作七卷。又自為跋,記其入省及作書歲月。首有宋衛傳序。自明以來僅鈔本流傳,近始有刻本。然其中如"新定儀制,宰相、兩省侍郎、尚書、左右丞,皆朱衣吏雙引"一條,與下文"膳部魯郎中言萬州南山"一條;又崔豹《古今注》"蛺蝶大者名鳳子"一條,與下文《西京雜記》"玉搔頭"一條,皆自為條,今合而為一。又書中註闕文者四條。卷二十三曰"以原廟奉安禮成,宴百官於紫宸殿,酒九",下註"闕"字,下一條"經陳長文"上註"闕"字。考卷三"晏元獻"一條,"昔有相印"下註"闕"字,即當接以"經陳長文"云云;下一條"行罷教坊",上註"闕"字,即當接上"酒九"云云。是四條本未嘗闕,特鈔本、刻本俱誤析為四耳。王士禎稱此書為説部之佳者。《宋史》入"故事類",蓋以所記朝典為多。然中閒頗涉雜事雜論,今改隸"雜家類"焉。

【彙訂】

① 文淵閣《四庫》本為六卷補遺一卷,書前提要不誤。(沈治宏:《中國叢書綜錄訂誤》)

塵史三卷(兩江總督採進本)①

宋王得臣撰。得臣字彦輔,自號鳳亭子,安陸人。嘉祐四年

進士,官至司農少卿。陳振孫《書錄解題》以為王銍之伯父。案
書中"神受"門第七條稱:"王樂道幼子銍,少而博學,善持論。"又
"詩話"門第十九條稱:"王銍性之嘗為予言。""讒謗"門第三條
稱:"王萃樂道奉議,潁人也。"則與銍父子非一族,陳氏誤也[②]。
是書前有政和乙未自序,稱:"時年八十,追為之序。"書中稱:"予
在大農,忽得目疾,乞宮觀。已而挂冠,年六十二。"以政和五年
乙未逆推至其六十二時,為紹聖四年丁丑,成書當在其後。是時
紹述之説方盛,而書中於他人書官、書字、書諡,惟王安石獨書
名,蓋亦耿介特立之士。考所自述,初受學於鄭獬,又受學於胡
瑗。其"明義"一條,復與明道程子問答,疑為洛黨中人。然評詩
論文,無一字及蘇、黃,亦無一字攻蘇、黃;其論《詩》小序,兩申蘇
轍、程子之説,而俱不出其名;蘇軾以杜甫《同谷歌》中"黃獨"為
黃精,為《後山詩話》所駁者,得臣申軾之説,亦不出其名。知其
無所偏附,故《元祐黨碑》獨不登其姓氏,亦可謂卓然不染者矣。
所紀凡二百八十四事,分四十四門。凡朝廷掌故,耆舊遺聞,耳
目所及,咸登編錄。其閒參稽經典,辨別異同,亦深資考證,非他
家説部惟載瑣事者比。中如論唐劉存誤以"交交黃鳥止于棘"為
七言,不知為摯虞《文章流別論》之説;論王羲之《蘭亭集》,不知
"天朗氣清"本張衡《南都賦》,"絲竹管弦"本《漢書‧張禹傳》;論
潘岳《閒居賦》,謂"周文弱枝之棗,房陵朱仲之李",李善以周文、
房陵為未詳,因引王嘉《拾遺記》、《述異記》補之,不知善註於此
二條引《廣志》註"周文弱枝",引《荊州記》註"房陵朱仲",疏解分
明。得臣蓋偶見不全之本。案,李匡乂《資暇集》:李善註《文選》凡六七易
稿,世所行者不一本。其所補註,亦不知《拾遺記》所云北極下之岐峯
斷非岐山;論王羲之書不講偏旁,引韓愈《石鼓歌》為證,不知小

篆、隸書各為一體，其偏旁或同或不同，不能以彼律此，顏元孫《干祿字書》言之已明。雖不免於小有舛誤，而於當時制度及考究古蹟，特為精核。《朱子語錄》亦稱"王彥輔《麈史》載襆頭之説甚詳"云。

【彙訂】

① 底本此條與文淵閣庫書次序不符。文淵閣庫書及殿本皆置"王氏談錄一卷"條之後。

② 《直齋書錄解題》卷十一《麈史》條云："其序稱政和乙未行年八十，自號鳳臺子，蓋王昭素之後，王銍性之之伯父，《揮麈錄》詳載。"《宋史·儒林傳》載王昭素"開寶中，（李）穆薦之朝，詔召赴闕……賜坐，令講《易·乾卦》……以衰老求歸鄉里，拜國子博士致仕。"《東都事略》所載略同。《揮麈前錄》卷一第十四條云："明清五世祖拾遺，開寶八年，以近臣薦自布衣召對，講《易》於崇政殿。"與《宋史·儒林傳》所載一一相合。可知得臣與王銍父子同為王昭素之後。考《揮麈後錄》卷八云："伯祖彥輔……名得臣，自號鳳臺子。"是得臣為明清之伯祖，即銍之伯父甚明。（盧弼：《四庫湖北先正遺書札記》；胡玉縉：《四庫全書總目提要補正》）

夢溪筆談二十六卷補筆談二卷續筆談一卷（兩江總督採進本）①

宋沈括撰。括字存中，錢塘人，寄籍吳縣。登嘉祐八年進士，熙寧中官至翰林學士、龍圖閣待制。坐議城永樂事，謫均州團練副使②。後復光祿寺少卿，分司南京。卜居潤州以終。夢溪即其晚歲所居地也。事蹟附載《宋史·沈遘傳》中。祝穆《方輿勝覽》曰："沈存中宅在潤州朱方門外。存中嘗夢至一處小山，花如覆錦,喬木覆其上,夢中樂之。後守宣城,有道人無外者,為言京口山川之勝,郡人有地求售,以錢三十萬得之。元祐初,道過京口,登所買地,即夢中所遊處,遂築室焉,名曰夢溪。"是書蓋其閒居是地時作也③。凡分十七門,曰《故事》,曰《辨證》,曰《樂律》,曰《象數》,曰《人事》,曰《官政》,曰《權智》,曰《藝文》,曰《書畫》,曰《技藝》,曰《器用》,曰《神奇》,曰《異事》,曰《謬誤》,曰《譏謔》,曰《雜志》,曰《藥議》,共二十六卷。又有《補筆談》二卷,《續筆談》一卷,舊本別行。近時馬氏刻本始合之,而重編《補筆談》為三卷,《續筆談》十有一條附於末。其序有曰:"世所傳《補筆談》,每篇首必題所補之卷,又有'前幾件'及'中'與'後'之分。如'補第二卷後十件'之類,似非後人所得而創,其為舊本無疑。原書二十六卷,不補者十,餘各有補。今以其書校考之,多不合。如'故事不御前殿'云云十件,補第二卷既然矣,次則'廊屋為廡、梓榆為樸'二件,亦補第二卷。第二卷乃《故事》,豈謂是乎? '子午屬寅'本論納甲語,而以補六卷之《樂律》;'盧肇論海潮'當補《象數》,而以補九卷之《人事》;'王子醇樞密帥熙河日'六件,大抵皆'權智',當補十三卷,而以補十五卷之《藝文》。凡此類,不可悉舉。又若原書止二十六卷,今其所補有自二十七以至三十者,益不可曉。"又云:"《通考》'《筆談》二十六卷',今所行者是。《宋史》則二十五卷,鄭樵《通志·藝文略》則二十卷,分併不恒有如此者。此吾所以放筆而為之更定也。"云云④。今案《宋史·藝文志》顛倒舛譌,觸目皆是,其二十五卷之説,原可置之不論。至《通志》二十卷之説,則疑括初本實三十卷,鄭樵據以著錄,因輾轉傳刻,闕其一筆,故誤"三"為"二"。其後勒著定本,定為二十六卷。乾道二年湯修年據以校刻,頗為完善,遂相承至今。而所謂《補筆談》、《續筆談》者,則乾道本原未載。或稿本流傳,藏弄者欲為散附各卷,逐條標識,其所據者仍是三十卷之初本,故所標有二十七卷、三十卷之目,實非括之所自題。分類顛舛,固不足異也。然傳刻古書,當闕所疑,故今仍用原本以存其舊,而附訂其舛異如右。括在北宋,學問最為博洽,於當代掌故及天文、算法、鍾律尤所究心。趙與峕《賓退錄》議其"積罌"一條文字有誤;王得臣《麈史》議其"算古柏"一條議論太拘。小小疏失,要不足以為累。至"月如銀刃,粉塗其半"之説,《朱子語錄》取之;"蒲盧即蒲葦"之説,朱子《中庸章句》取之。其他亦多為諸書所援據。湯修年跋稱其"目見耳聞,皆有補於世,非他雜志之比"。勘驗斯編,知非溢美矣。

【彙訂】

① 文淵閣《四庫》本無《續筆談》。(沈治宏:《中國叢書綜錄訂誤》)

② "均州",殿本作"筠州",誤,參《宋史》卷三三一本傳。

③《筆談》所記最晚事為卷十五載"蒲傳正帥浙西"。據《乾道臨安志》,蒲知杭州在元豐八年七月至元祐二年十一月。康熙《揚州府志》卷二一《鄒浩傳》載鄒氏任揚州州學教授時刻《夢溪筆談》於郡齋。而據李兆洛《鄒浩年譜》,元祐二年任揚州州學教授秩滿。則《筆談》之成書不得晚於元祐二年,在元祐五年定居夢溪園之前。(李裕民:《四庫提要訂誤》)

④ "放筆而為之更定也",殿本作"放筆為之"。

仇池筆記二卷(兩淮馬裕家藏本)

舊本題宋蘇軾撰。今勘驗其文,疑好事者集其雜帖為之,未必出軾之手著。如下卷"杜甫詩"一條云:"杜甫詩固無敵,然自

'致遠'以下句甚村陋也。"絕不標其本題，又不舉其全句。其為
偶閱杜詩，批於"致遠終恐泥"句上之語，顯然無疑，他可以類推
矣。又如"蒸豚詩"一條記醉僧事，及"解杜鵑詩"一條解杜鵑有
無義，亦皆不類軾語，疑併有所附會竄入。然相傳引用已久，亦
閒可以備考證也。此書陶宗儀《說郛》亦收之，而刪節不完。明
萬曆壬寅趙進美嘗刊其全本，版已久佚。此本前有進美序，蓋即
從趙本錄出。書中與《志林》互見者，皆但存標題，而下註"見《志
林》"字，疑亦進美所改竄云。

　　東坡志林五卷（內府藏本）

　　宋蘇軾撰。陳振孫《書錄解題》載東坡《手澤》三卷，註曰：
"今俗本《大全集》中所謂《志林》者也。"今觀所載諸條，多自署年
月者，又有署"讀某書書此"者，又有泛稱"昨日"、"今日"不知何
時者。蓋軾隨手所記，本非著作，亦無書名。其後人裒而錄之，
命曰《手澤》。而刊軾集者不欲以父書目之，故題曰《志林》耳[1]。
中如"張睢陽生猶罵賊，嚼齒穿齦；顏平原死不忘君，握拳穿掌"
四語，據《東坡外紀》，乃軾謫儋耳時，醉至姜秀才家，值姜外出，
就其母索紙所書。今亦在卷中，自為一條，不復別贅一語，是亦
蒐輯墨蹟之一證矣[2]。此本五卷，較振孫所紀多二卷。蓋其卷
帙亦皆後人所分，故多寡各隨其意也[3]。

【彙訂】

　　[1] 據黃庭堅《豫章集》卷二十九《跋東坡敘英皇事帖》，蘇軾
時常把所見所聞手書下來交給諸子，放入手澤袋中，則"手澤"之
名當為蘇軾生前自定。又元符三年蘇軾有《與鄭靖老書》，內稱
"《志林》竟未成，但草得《書傳》十三卷"。則"志林"之名亦非書賈

所創。(余嘉錫:《四庫提要辨證》;吕叔湘選注:《筆記文選讀》)

②《四庫》底本實爲十二卷《稗海》本,此條載十二卷本卷一,五卷本無。

③ 五卷本已非《手澤》之舊,《志林》者雜誌之林,各人就所輯得編爲一書,故名同而内容實各異也。(昌彼得:《説郛考》)

珩璜新論一卷(江蘇巡撫採進本)

宋孔平仲撰。平仲字毅父,一作義甫,"清江三孔"之一也。治平二年進士,元祐中提點京西刑獄。坐黨籍,安置英州。崇寧初,召爲户部金部郎中,出提舉永興路刑獄,帥鄜、延、環、慶。黨論再起,奉祠以卒。事蹟具《宋史》本傳。是書一曰《孔氏雜説》,然吴曾《能改齋漫録》引作《雜説》。而此本卷末有淳熙庚子吴興沈詵跋,稱渝川丁氏刊版,已名《珩璜論》。則宋時原有二名。今刊本皆題《雜説》,而鈔本皆題《珩璜新論》,蓋各據所見本也。是書皆考證舊聞,亦閒託古事以發議,其説多精核可取。蓋清江三孔在元祐、熙寧之閒,皆卓然以文章名①,非言無根柢者可比也。卷末附録雜説七條,在詵跋之前,皆此本所佚,疑爲詵所補鈔。今併附入,以成完書。至"珩璜"之名,詵已稱莫知所由,又以或人碎玉之解爲未是。考《大戴禮》載曾子曰:"君子之言,可貫而佩。"珩、璜皆貫而佩者,豈平仲本名《雜説》,後人推重其書,取貫佩之義,易以此名歟? 考平仲與同時劉安世、蘇軾、南宋林栗、唐仲友,立身皆不愧君子。徒以平仲、安世與軾不協於程子,栗與仲友不協於朱子,講學家遂皆以寇讎視之。夫人心不同,有如其面,雖均一賢者,意見不必相符。論者但當據所爭之一事,斷其是非,不可因一事之爭,遂斷其終身之賢否。韓琦、富弼不相能,不能謂二人之中有一小人也。因其一事之忤程、朱,遂併其學問、文章、德行、政事一概斥之不道,是何異佛氏之法不問其人之善惡,但皈五戒者有福,謗三寶者有罪乎? 安世與軾,炳然與日月爭光,講學家百計詆排,終不能滅其著述。平仲則惟存本集、《談苑》及此書②,栗惟存《周易經傳集解》一書,仲友惟存《帝王經世圖譜》一書③。援寡勢微,鑠於衆口,遂俱在若存若亡閒。實抑於門户之私,非至公之論,今仍加甄錄,以持其平。若沈繼祖之《栀林集》④,散見於《永樂大典》者,尚可排緝成帙,以其人不足道,而又與朱子爲難,則棄置不錄,以昭衮鉞,凡以不失是非之真而已⑤。

【彙訂】

① "卓然",殿本作"卓卓然"。

② 孔平仲尚有《續世説》十二卷、《詩戲》三卷傳世。(王嵐:《宋人文集編刻流傳叢考》)

③ 唐仲友現存著述尚有《九經發題》、《魯軍制九問》、《愚書》、《悦齋文抄》十卷補一卷。(劉琳、沈治宏編著:《現存宋人著述總錄》)

④ "沈繼祖",殿本作"沈繼孫",誤。《直齋書錄解題》卷二十著錄《栀林集》十卷,吳郡沈繼祖撰。

⑤ 因"與朱子爲難"便棄置不錄,與上文"因其一事之忤程、朱,遂併其學問、文章、德行、政事一概斥之不道"恰相矛盾。今殘本《永樂大典》存沈繼祖之詩二十二首,文兩篇,從内容看,其人堅持抗戰,反對和議。(李裕民:《四庫提要訂誤》增訂本)

晁氏客語一卷(浙江鮑士恭家藏本)

宋晁説之撰。説之有《儒言》,已著錄。是書乃其劄記雜論,兼及朝野見聞，蓋亦語錄之流。條下閒有夾註，如云“右五段張某”，又云“第四段劉快活”，又有李及、壽朋、述志諸名氏。蓋用蘇鶚《杜陽雜編》之例，每條必記其所語之人，所謂“客語”也。其中議論多有關於立身行己之大端，所載熙、豐閒名流遺事，大都得自目擊，與史傳亦可互相參證。其說或參雜儒、禪，則自晁迥以來家學相傳，其習尚如是，所與游之蘇軾、黃庭堅等友朋所講，其議論亦如是。此蜀黨之學所以迥異於洛黨，亦毋庸執一格相繩。惟解經好為異說。如以孟子所稱“巨擘”為即蚓之大者；以“既入其苙”之“苙”為香白芷，云豚之所甘。皆有意穿鑿，與王氏《新經義》何異？未免為通人之一蔽爾。

師友談記一卷（兩淮鹽政採進本）

宋李廌撰。廌有《德隅齋畫品》，已著錄。是書記蘇軾、范祖禹及黃庭堅、秦觀、晁說之、張耒所談，故曰“師友”。其人皆元祐勝流，而廌之學問文章，亦足與相亞，能解諸人之所談。所載多名言格論，非小說瑣錄之比。其述秦觀論賦之語，反覆數條，曲盡工巧，而終以為場屋之賦不足重，可謂不阿所好。書中稱哲宗為今上，蓋作於元祐中。末記蘇軾為兵部尚書及帥定州事。軾到定州不久，即南遷。則是書之成又當在元祐諸人盡罷貶斥之後[1]。知其交由神契，非以勢利相攀。且以潦倒場屋之人，於《新經義》盛行之時，曲附其說，即可以立致科第，而獨載排斥笑謔之語，不肯少遜，窮視其所不為，亦可謂介然有守矣。寥寥數簡之書，而至今孤行於天地閒[2]，豈偶然哉！

【彙訂】

[1] 本書所記最晚為元祐八年（1093）事。末記蘇軾知定州

乃在八年九月戊子(二十六日)，見《續資治通鑑長編拾補》卷八。
又書中稱呂微仲(大防)為相，其人至紹聖元年(1094)三月始罷
相知永興，可見此書應作於元祐八年秋冬之際。而元祐諸人盡
逐在紹聖元年閏四月。（李裕民：《四庫提要訂誤》增訂本）

②"閏"，殿本無。

楊公筆錄一卷（浙江范懋柱家天一閣藏本）

宋楊延齡撰[1]。延齡里居未詳。書中自稱元豐中為山陰尉，
又曰任隰州司户，又曰元豐八年秋為滏陽令，又曰為虢倅，又曰自
江寧上元移宰常州武進，而卷首題曰"朝奉郎致仕"，其始末亦略
可見。其論《易》，取鄭夬之說，蓋其時邵伯温《易學辨惑》未出，故
不知其誤。亦頗稱引王安石、陸佃之說。而所辨字音、字義，惟引
《字說》一條，餘皆引許慎《說文》，亦稱"過洛見程子"。則似非王氏
學矣。又以"四詩風雅頌"對"三光日月星"句，《桯史》以為蘇軾事，
而延齡自記，乃其待試興國時夢中所得。亦可以證小說多附會也。

【彙訂】

①《四庫》本卷前提要、《宋史·藝文志》經部春秋類《左氏
春秋集表》條及《左氏蒙求》條、《直齋書錄解題》卷三《年表》條均
作"楊彥齡"，周中孚《鄭堂讀書記》卷五六《楊公筆錄》條同。（楊
武泉：《四庫全書總目辨誤》；李裕民：《四庫提要訂誤》增訂本）

呂氏雜記二卷（永樂大典本）

宋呂希哲撰。希哲字原明，先世萊州人，後家壽州。夷簡其
祖，公著其父也。初以父蔭入官。公著為相之日，不肯求進取。
公著没，始為兵部員外郎，進崇政殿說書。紹聖初，以祕閣校理出
知懷州，旋分司南京，居和州。徽宗初，召為光禄少卿。力請外

補，以直祕閣知曹州，坐黨籍奪職。後復歷知相、邢二州，罷奉宮祠，羈寓淮、泗閒以卒。事蹟具《宋史》本傳。希哲少從焦千之、孫復、石介學，又從二程子、張子及王安石父子游，故其學問亦出入於數家之中，醇疵互見。《朱子語錄》稱其"學於程氏，意欲直造聖人。盡其平生之力，乃反見佛與聖人合"。今觀此書，喜言禪理，每混儒、墨而一之，誠不免如朱子所言。又《宋史》載王安石欲薦希哲為講官，希哲辭曰："辱與公相知久。萬一從仕，將不免異同，則疇昔相與之意盡。"安石乃止。故所記安石父子事，亦無譏訶之詞。然其記顧臨使北之對，則謂為世教者當重儒。又謂："祖孔宗孟，學之正也，苟異於此，皆學之不正。"又記司馬光闢佛之語。又斥老子剖斗折衡之說，而深辨孔子非師老子。又極論禮樂之不可廢。則其所見特如蘇軾、蘇轍之流，時時出入二氏，固未可盡以異學斥。至於直載劉經《太學頌》，以見過尊安石，直載程公遜賀待制詩，以見過詉王雱，則於荊舒父子亦有微詞，非竟相黨附者矣。其他所記家世舊聞、朝廷掌故，多可與史傳相參考。中如"杞柳湍水"一條，"喜怒哀樂"一條，"耕莘釣渭"一條，今皆誤入《程氏遺書》中。殆以詞旨相近，故不及辨別耶？是書《宋志》不著錄。《通考》歲時類中有呂原明《歲時雜記》二卷。考陸游《渭南集》有《歲時雜記》跋，稱："太平無事之日，故都節物及中州風俗，人人知之，若不必記。自喪亂來七十餘年，遺老凋落無在者，然後知此書之不可闕。"則當如《夢華錄》之類。又周必大《平園集》有《歲時雜記》序，稱"上元一門，多至五十餘條"，則分門輯類之書，與此不合①。惟《文淵閣書目》載《呂原明雜記》一冊，蓋即此本。其中所載詩話，如王逵贈蔡襄作、元絳賀王安石作、呂公弼遊東園作諸篇，厲鶚《宋詩紀事》皆未採入，知近代久無傳本。今以《永樂大典》所載，裒合成帙，編為二卷。閒有呂氏他書之文，而《永樂大典》誤標此書者，疑以傳疑，亦併錄之，而各附案語訂正焉②。

【彙訂】

① 以《歲時雜記》、《說郛》、《錦繡萬花谷》所收《呂氏雜記》佚文可知，此書依時序收錄各節氣的風俗，與類書不同。（李裕民：《四庫提要訂誤》增訂本）

② 書中只有兩條案語，並無"訂正"之文。（同上）

冷齋夜話十卷（江蘇巡撫採進本）

宋僧惠洪撰。惠洪一名德洪，字覺範，筠州人。大觀中，游丞相張商英之門。商英敗，惠洪亦坐累謫朱崖①。是書晁公武《讀書志》作十卷②，與今本相合。然陳善《捫蝨新話》謂山谷《西江月》詞"日側金盤墜影"一首為惠洪贗作，載於《冷齋夜話》。又引《宋百家詩選》云"《冷齋夜話》中偽作山谷贈洪詩，韻勝不減秦少覿，氣爽絕類徐師川"云云。今本無此兩篇，蓋已經後人刪削，非其完本。又每篇皆有標題，而標題或冗沓過甚，或拙鄙不文，皆與本書不類。其最剌謬者，如"洪駒父詩話"一條，乃引洪駒父之言以正俗刻之誤，非攻洪駒父之誤也。其標題乃云"洪駒父評詩之誤"，顯相背觸③。又"郴亭湖廟"一條，捧牲請福者乃安世高之舟人，故神云"舟有沙門，乃不俱來耶"，非世高自請福也。又追敘漢時建寺乃為秦觀作《維摩贊》緣起，非記世高事也。其標題乃云："安世高請福郴亭廟。秦少游宿此，夢天女求贊。"既乖本事，且不成文。又蘇軾寄鄧道士詩一條，用韋應物《寄全椒山中道士》詩韻，乃記蘇詩，非記韋詩也。而其標題乃云"韋蘇州寄全椒道人詩"，更全然不解文義。又惠洪本彭氏子，於彭淵材為叔姪，故書中但稱淵材，不系以姓，而其標題乃皆改為劉淵材，尤為不考。此類不可殫數，亦皆後人所妄加，非所本有也。是書雜記見聞，而論詩者居十之八，論詩之中稱引元祐諸人者又十之八，而黃庭堅語尤多。蓋惠洪猶及識庭堅，故引以為重[①]。其庭堅"夢游蓬萊"一條，《山谷集》題曰《記夢》。《洪駒父詩話》曰："余嘗問山谷，云：'此記一段事也。嘗從一貴宗室攜妓游僧寺。酒闌，諸妓皆散入僧房中，主人不怪也。故有"曉然夢之非紛紜"句。'"惠洪乃稱庭堅曾與共宿湘江舟中親話，有夢與道士游蓬萊事，且云"今《山谷集》語不同，蓋後更易之"。是殆竄亂其說，使故與本集不合，以自明其暱於庭堅，獨知其詳耳。晁公武訛此書多誕妄偽託者，即此類歟？然惠洪本工詩，其詩論實多中理解，所言可取則取之，其託於聞之某某，置而不論可矣。

【彙訂】

① 吳曾《能改齋漫錄》卷十二："大觀四年八月，（洪覺）範入京……因往來於張（商英）、郭（天信）二公之門。政和元年，張、郭得罪，而覺範決脊杖二十，刺配朱崖軍牢，後改名惠洪。"則其謫非止緣張商英一人。（胡玉縉：《四庫全書總目提要補正》）

② 衢本、袁本《郡齋讀書志》皆著錄作六卷，作十卷者實出自《直齋書錄解題》卷十一。（黃嬿婉：《〈四庫全書總目〉誤引〈郡齋讀書志〉訂正十則》）

③ "洪駒父評詩之誤"，意為洪駒父評論詩中出現的文字錯誤，而非惠洪指摘其評詩中的失誤。（李裕民：《四庫提要訂誤（續）》）

④ 書中所引，黃庭堅與蘇軾、王安石並重，論及三家，均極推崇。（劉德重、張寅彭：《詩話概說》）

子部三十一

雜 家 類 五

曲洧舊聞十卷（浙江汪汝瑮家藏本）

宋朱弁撰。弁字少章①，朱子之從父也②。事蹟具《宋史》本傳。《文獻通考》載弁《曲洧舊聞》一卷，《雜書》一卷，《覎皼説》一卷。此本獨《曲洧舊聞》已十卷。然此本從宋槧影鈔，每卷末皆有"臨安府太廟前尹家書籍鋪刊"字。又"惇"字避光宗諱，皆闕筆。蓋南宋舊刻③，不應有誤，必《通考》譌十卷為一卷也④。案弁以建炎丁未使金被留，越十七年乃歸。而書中有臘月八日清涼山見佛光事，云"歲在甲寅"。又記祕魔巖事，其地在燕京⑤。又記其友述定光佛語云"俘囚十年"。則書當作於留金時。然皆追述北宋遺事，無一語及金，故曰"舊聞"⑥。《通考》列之小説家。今考其書惟神怪諧謔數條，不脱小説之體，其餘則多記當時祖宗盛德及諸名臣言行，而於王安石之變法、蔡京之紹述、分朋角立之故，言之尤詳。蓋意在申明北宋一代興衰治亂之由，深於史事有補，實非小説家流也。惟其中閒及詩話、文評及諸考證，不名一格，不可目以雜史，故今改入之雜家類焉。

【彙訂】

①“少章”,殿本作“少張”,誤,參《晦菴集》卷九十八《奉使直祕閣朱公行狀》、《宋史》卷三七三朱弁本傳。

②《晦菴集》卷三十七《答尤延之書》、卷八十三《跋朱奉使狀》等皆稱朱弁為叔祖,卷九十八《朱弁行狀》云:“熹先大父於公為三從兄弟。”卷八十七《祭叔祖奉使直閣文》云“從孫具位熹敢昭告於故五十六叔祖父奉使直閣府君”,則弁乃朱子之族祖。其子名梾,朱子之父名松,字皆從木,顯為兄弟行,亦可佐證。(余嘉錫:《四庫提要辨證》)

③“刻”,殿本作“刊”。

④《直齋書錄解題》作一卷,《朱弁行狀》及《宋史》朱弁本傳均載“《曲洧舊聞》三卷”,則《文獻通考》之“一卷”不定為“十卷”之譌。(岑仲勉:《跋〈南窗記談〉》)

⑤卷四所記祕磨巖事,其前二條及其後一條所記均為五台山事,唐慧祥《古清涼傳》卷上“古今勝蹟”記祕磨巖在五台山西臺之西,與本書相合。今山西繁峙縣境內尚存祕磨巖寺。則其地非在燕京。(李裕民:《四庫提要訂誤》)

⑥書中偶爾亦涉及金事,如卷六:“宣和間,大金始得天祚,遣使來告。上喜宴其使。”(同上)

元城語錄三卷附行錄一卷(浙江鮑士恭家藏本)

《元城語錄》三卷,宋馬永卿編。永卿字大年,揚州人,流寓鉛山①。據《廣信府志》,知其嘗登大觀三年進士。據所作《嬾真子》,知嘗官江都丞、淅川令、夏縣令。又稱嘗官關中,則不知何官矣。徽宗初,劉安世與蘇軾同北歸,大觀中寄居永城。永卿方為主簿，受學於安世，因撰集其語為此書。安世之學出於司馬光，故多有光之遺說。惟光有《疑孟》，而安世則篤信之，亦足見君子之交不為苟同矣。其中"藝祖製薰籠"一事，周必大《玉堂雜記》謂其以元豐後之官制加之藝祖之時，失於附會。然安世非妄語者，或記憶偶未確耳。李心傳《道命錄》又論其記程子諫折柳事為虛，謂"程子除說書在三月，四月二日方再具辭免，四月上旬非發生之時"云云。然四月上旬與三月相去幾何，執此以斷必無"方春萬物發生，不可戕折"之語，則強辨非正理矣。安世風裁嶽嶽，氣節震動天下，朱子作《名臣言行錄》，於王安石、呂惠卿皆有所節取，乃獨不錄安世②。董復亨《繁露園集》有是書序曰："朱文公《名臣言行錄》不載先生，殊不可解。及閱《宋史》，然後知文公所以不錄先生者大都有三。蓋先生嘗上疏論程正叔，且與蘇文忠交好，又好談禪。文公左袒正叔，不與文忠，至禪則又心薄力拒者，以故不錄。"其說不為無因，是亦識微之論。然《道命錄》備載孔平仲諸人彈論程子疏議，以示譏貶，獨不載安世之疏，不過於孔平仲條下附論其不知伊川而已。蓋亦知安世之人品世所共信，不可動搖，未敢醜詆之也。近時有安邱劉源淥者，作《冷語》三卷，掇拾伊、洛之糟粕，乃以衛道為名，肆言排擊，指安世為邪人，謂其罪甚於章惇、邢恕。豈非但執朋黨之見，絕無是非之心者歟？要之，安世心事如青天白日，非源淥一人所能障蔽衆目也。《行錄》一卷，明崔銑所續編，大名兵備副使于文熙又補綴其文。舊本附《語錄》之末，今亦並存之，庶讀者知安世之行，益足證安世之言焉。至《語錄》之中時有似涉於禪者，此在程門高弟游、楊、呂、謝之徒，朱子亦譏其有此弊，是不必獨為安世責，亦不必更為安世諱矣。

【彙訂】

① 永卿祖馬亮,盧江人,《宋史》卷二九八有傳。永卿自署廣陵,疑系後徙之地。(李裕民:《四庫提要訂誤》增訂本)

②《名臣言行錄》前集、後集實錄劉安世二十餘事。館臣誤信董復亨説,而未檢其書,遂失考核。

嬾真子五卷(内府藏本)

宋馬永卿撰。是編乃其雜記之書,然亦多述劉安世語。又開卷冠以司馬光事,書中亦多稱光,蓋其淵源所自出也。《宋史・藝文志》著錄,晁、陳二家書目乃皆不載。然袁文為建炎、紹興間人,王楙為慶元、嘉泰間人,費袞為紹熙、開禧間人。文《甕牖閒評》駁其中"印文五字"一條,楙《野客叢書》駁其"中丞露囊"一條,袁《梁谿漫志》駁其"漢太公無名,母媪無姓"一條。是其書未嘗不行於世,特二家偶遺之耳。其書末稱紹興六年,蓋成於南渡以後。中閒頗及雜事,而考證之文為多。如據《漢書》王嘉封事,謂《書》"無教逸欲有邦","教"當作"敎";謂陶潛《游斜川》詩"開歲倏五十"當作"五日",《與殷晉安別》詩本十韻,傳本誤脱一韻,東坡亦誤和九韻;謂杜甫詩"蚪鬃十八九"字出《漢書・丙吉傳》;謂韓愈《感二鳥賦序》,貞元十一年誤作十五年。又考正《曹成王碑》衍文譌字及箋釋句讀,謂《前漢百官表》少府之"遵官",據《唐百官志》當作"導官";謂成元〔玄〕英《莊子疏》不知其時已有縣令,誤讀"縣"為"懸",解為高名令聞;謂古者席面之賓乃稱客,列座之賓皆稱旅,引《左傳》為證;謂二十八宿中亢、氐、觜三星,《韻略》皆誤音;謂賜酺始趙武靈王;謂"河鼓"之"河"當作"何";謂唐《中興頌》"復復指期","復復"字本《漢書・匡衡傳》。

皆引據確鑿，不同臆説。其謂《離騷》"正則"、"靈均"乃小名、小字，雖無所考，亦足以備一解。惟頗參雜以二氏，至謂韓愈亦深明佛理。是亦安世之學，喜談禪悦之餘派，存而不論可矣。

春渚紀聞十卷（江西巡撫採進本）

宋何薳撰。薳，浦城人，自號韓青老農。其書分《雜記》五卷，《東坡事實》一卷，《詩詞事略》一卷，《雜書琴事》附《墨説》一卷，《記研》一卷，《記丹藥》一卷。明陳繼儒《祕笈》所刊僅前五卷①，乃姚士粦得於沈虎臣者。後毛晉得舊本，補其脱遺，始為完書，即此本也。薳父曰去非，嘗以蘇軾薦得官，故記軾事特詳。其《雜記》多引仙鬼報應兼及瑣事。如稱劉仲甫弈棋無敵，又記祝不疑勝之，兩條自相矛盾，殊為不檢。又蔡絛《鐵圍山叢談》稱前以弈勝仲甫者為王憨子，後以弈勝仲甫者為晉士明，與祝不疑之説亦不合，殆傳聞異詞歟？張有為張先之孫，所作《復古編》，今尚有傳本，而此書乃作"章有"。則或傳寫之譌，非薳之舊也。

【彙訂】

① 陳繼儒《祕笈普集》所刊五卷之後尚有《記墨》，實為六卷。（余嘉錫：《四庫提要辨證》）

石林燕語十卷考異一卷（永樂大典本）①

宋葉夢得撰。夢得有《春秋傳》，已著錄。夢得為紹聖舊人，徽宗時嘗司綸誥。於朝章國典，夙所究心。故是書纂述舊聞，皆有關當時掌故。於官制科目言之尤詳，頗足以補史傳之闕，與宋敏求《春明退朝錄》、徐度《却埽編》可相表裏。陳振孫《書錄解題》謂其書成於宣和五年。然其中論館伴遼使一條②，稱"建炎三年"；又論宰相一條，謂"自元祐五年至今紹興六年"，則書成於南渡之後，振孫之說未核矣。惟夢得當南、北宋閒，戈甲倥傯，圖籍散佚，或有記憶失真，考據未詳之處。故汪應辰嘗作《石林燕語辨》，而成都宇文紹奕案，紹奕始末無考。嘉定中有樞密使宇文紹節，疑其昆弟。亦作《考異》以糾之。應辰之書，陳振孫已稱未見。蓋宋末傳本即稀，僅《儒學警悟》案，《儒學警悟》亦南宋之書，不著撰人姓氏。閒引數條，與紹奕《考異》同散見《永樂大典》中。然寥寥無幾，難以成編③。惟紹奕之書尚可裒集，謹蒐採考校，各附夢得書本條之下。雖其閒傳聞年月之譌，繕寫字畫之誤，一一毛舉，或不免有意吹求，頗類劉炫之規杜預，吳縝之糾歐陽修。而援引舊文，辨駁詳確者十之八九。是一朝故事，得夢得之書而梗概具存，得紹奕之書而考證益密，二書相輔而行，於史學彌為有裨矣。又夢得之書，宋槧罕覯。前明有大字刊本，摹印亦稀。世行毛晉《津逮祕書》所載，脫誤頗多，而商維濬《稗海》所載，蹐駁尤甚。今併參驗諸本，以《永樂大典》所載，詳為勘校，訂譌補闕，以歸完善。凡所釐正，各附案語於下方，用正俗刻之譌，庶幾稍還舊觀，不失其真焉。

【彙訂】

①"考異一卷"，殿本無，文淵閣庫書亦無。

②"遼使"，殿本作"金使"，誤。此書卷七云："國朝館伴契丹，例用尚書、學士……"

③《儒學警悟》所收《石林燕語辨》共二〇二目，每目一條，除三條有目無文，其餘保存尚完整，非"僅閒引數條"。《永樂大典》卷一八四〇〇"悟"字韻下均收入，非"寥寥無幾，難以成編"。宇文紹奕《石林燕語考異》僅存五十八條，與此書相同者四十八條，略異者八條，不同者僅二條。二者實為一書。應辰曾舉薦紹

奕（見應辰《文定集》卷六《薦蜀中人材劄子》），此書或二人同撰，或由汪氏囑宇文氏撰成。（葉德輝：《郋園讀書志》；侯忠義：《〈石林燕語〉點校説明》）

避暑錄話二卷（兩江總督採進本）

宋葉夢得撰。案晁公武《讀書志》載此書作十五卷，與此本卷數多寡懸殊，疑今所行者非完帙。然《文獻通考》已作二卷，毛晉《津逮祕書》跋云：“得宋刻迥異坊本，亦作二卷。”則宋代亦即此本。考諸書所引《避暑錄話》，亦具見此本之中，無一條之佚脱。知《讀書志》為傳寫之謬矣。夢得在南渡之初，巋然耆宿，其藏書至三萬餘卷，亦甲於諸家，故通悉古今，所論著多有根柢。惟本為蔡京之門客，不免以門户之故，多陰抑元祐而曲解紹聖。如論“詩賦”一條，為王安石罷詩賦解也；“棐源”一條，為蔡京禁讀史解也；“王姬”一條，為蔡京改公主曰帝姬解也。至深斥蘇洵《辨姦論》，則尤其顯然者矣①。然終怵於公論，隱約其文，尚不似陳善《捫蝨新話》顛倒是非，黨邪醜正，一概肆其狂詆。其所敍錄，亦多足資考證而裨見聞。故善書竟從屏斥，而是編則仍錄存焉。

【彙訂】

① 葉夢得著作中對新、舊黨人並無偏袒，既尊蔡京、王安石，也尊司馬光為司馬温公，文彦博為文潞公，富弼為富鄭公。對王安石、蘇軾的敬重也無厚薄之分，如此書卷上謂“二公經營四海之志”，《巖下放言》卷中謂“二人皆天下偉人”。（潘殊閑：《葉夢得研究》）

巖下放言三卷（兩淮鹽政採進本）

宋葉夢得撰。其自崇慶節度使致仕退居卞山時作也。陳振孫《書錄解題》作一卷，此本乃三卷①，疑振孫書為傳刻之譌②。
又明商維濬《稗海》中別有《蒙齋筆談》二卷，題曰湘山鄭景望撰，
其文全與此同，但刪去數十條耳。厲鶚作《宋詩紀事》，稱景望為
元豐、元祐閒人，所錄景望潁川一詩③，亦即此書之所載。此書
舊無刻本，或疑其即剽取景望書而作。然考書中稱"先祖魏公"，
又稱"余紹聖閒春試不第"，又稱"大觀初，余適在翰林"，又稱"在
潁州時，初自翰林免官"，又稱"余守許昌時，洛中方營西內"，又
稱"遭錢塘兵亂"，又稱"余鎮福唐"，又稱"出入兵閒十餘年，所將
數十萬"，又稱"余頃罷鎮建康"，所述仕履，皆與夢得本傳相合。
又稱"嘗撰《老子解》、《論語釋言》二書"，今考《書錄解題》"《論
語》類"有葉夢得《論語釋言》十卷，"道家類"中有葉夢得《老子
解》二卷①，併所載"《老子解》中'生之徒十有三，死之徒十有
三'，本《韓非子》之說，以為四支九竅"云云，亦與此書相符。然
則為《蒙齋筆談》剽此書而作，非此書剽《蒙齋筆談》而作，確有明
證。商維濬、厲鶚蓋皆誤信偽書，考之未審矣。夢得老而歸田，
耽心二氏，書中所述，多提唱釋、老之旨。沈作喆、王宗傳、楊簡
等之以禪說《易》，實萌芽於此，殊不可以立訓。然夢得學問博
洽，又多知故事，其所記錄，亦頗有可採。宋人舊帙，姑存以備一
家焉。

【彙訂】

①"三卷"，殿本作"二卷"，誤。

② 此書確有一卷本，《文獻通考》、《澹生堂藏書目》等亦著
錄作一卷。（潘殊閒：《葉夢得研究》）

③《宋詩紀事》卷三一錄鄭景望《在潁州作》一詩，則"潁川"
乃"潁州"之誤。

④ "中"，殿本無。

却埽編三卷（河南巡撫採進本）

宋徐度撰。度字敦立，轂熟人。南渡後，官至吏部侍郎。書中屢稱先公，蓋其父處仁靖康中嘗知政事。故家遺俗，具有傳聞。故此編所紀，皆國家典章、前賢逸事，深有裨於史學。陸游《渭南集》有是書跋曰："此書之作，敦立猶少年，故大抵無紹興以後事。"蓋其書成於高宗初年也①。王明清《揮塵後錄》載明清訪度於雪川，度與考定創置右府與撲路議政分合因革，筆於是書②。又載其論《哲宗實錄》及論秦檜刊削建炎航海以後《日曆》③、《起居注》、《時政記》諸書二事，則度之究心史學，可以概見。至謂《新唐書》載事倍於舊書，皆取小説，因欲史官博採異聞，則未免失之泛溢。此書上卷載葉夢得所記俚語一條，中卷載王鼎嘲謔一條，下卷載翟巽詼諧一條，為例不純，自穢其書，是亦嗜博之一證矣。然大致纂述舊聞，足資掌故，與《揮塵》諸錄、《石林燕語》可以鼎立。而文簡於王，事核於葉，則似較二家為勝焉。

【彙訂】

① 卷中第九十七條云："劉公拜相，實元祐五年庚午，距今紹興十年庚申五十年矣。"則是書作於紹興十年（1140），徐度至少已三十多歲，不得謂"猶少年"。又書中記紹興事除此條外尚有七處，非"大抵無紹興以後事"。（李裕民：《四庫提要訂誤》增訂本）

② 《揮塵後錄》卷一第一百二十五條云："明清頃訪徐五丈敦立於雪川，徐詢以創置右府與撲路議政分合因革，明清即為考證以對，徐甚以擊節。"其文意為徐度向王明清請教，而非一同考

訂。(李裕民:《四庫提要訂誤》)

③ "及",殿本作"又",誤。

五總志一卷(浙江巡撫採進本)

宋吳炯撰。炯仕履未詳。惟宋《中興百官題名記》載紹興十三年七月,吳炯為樞密院編修官,八月除浙西提舉。其始末則不可考見矣① 。前有自序,題"建炎庚戌,避地無諸城,書於蕭寺之道山亭"。書中有與蘇叔黨自太原至河外事,又有靖康丙午於京兆祥符寓舍被掠事,又第一條內載其大父事仁宗為御史,嘗言大臣未報,復上章乞斬姦臣,以謝天下,上大書"鐵御史"三字賜之。又一條稱:"嘉州歲貢荔枝、紅桑等物,大父為犍為令,作《三戒》詩見意,九重稱獎。"又載其父嘗居李邦直幕府,及崇寧乙酉謫居荊南諸事。蓋亦北宋舊族,隨高宗南渡者也。其書皆紀所聞見雜事,閒亦考證舊説。取"龜生五總,靈而知事"之語,名之曰《五總志》。其論詩推重黃庭堅,以為於詩人有開闢之功,蓋亦江西流派。其引述故事,得失互見。如謂《千字文》"敕散騎員外郎周興嗣次韻","敕"字當作"梁",當時帝王命令尚未稱敕,不知"敕"字漢時已有;又謂漢高據廁見大將軍,不冠不見丞相,不知乃漢武帝事,疏舛亦未能免。又《唐詩紀事》稱駱賓王從徐敬業起兵,事敗為僧靈隱寺,為宋之問續"桂子天香"之句,其説已舛駁不合。而此書乃云賓王未顯時,庸作杭州梵天寺,一老僧苦吟不已,賓王為足成之,更不知其何據。然於北宋瑣事,紀錄綦詳,猶有足資參證者。《説郛》所載僅摘錄數條。此本與《永樂大典》所收者檢勘相合,蓋猶原本也。

【彙訂】

① 此書今有《知不足齋》及《藝海珠塵》兩刻本,題為吳坰。

書中凡自稱名處,皆作㤧,《吳郡志》、《臨安志》亦作㤧。《建炎以來繫年要錄》載其生平仕履甚詳。(余嘉錫:《四庫提要辨證》)

紫微雜説一卷(浙江巡撫採進本)

舊本題宋呂祖謙撰。又有別本,則但題《東萊呂紫微雜説》,而不著其名。今考趙希弁《讀書志》,載《東萊呂紫微雜説》一卷,《師友雜志》一卷,《詩話》一卷,皆"呂本中居仁之説,鄭寅刻之盧陵"云云。據此,則當為呂本中所撰①。蓋呂氏祖孫,當時皆稱為東萊先生,傳寫是書者遂誤以為出祖謙之手。不知本中嘗官中書,人故稱曰"紫微"。若祖謙僅終於著作郎,不得有"紫微"之稱。又書中有"自嶺外歸"之語,而本中《東萊集》有《避地過嶺》詩,於事蹟亦適相合。其為本中所撰無疑也。其書分條臚列,於《六經》疑義、諸史事蹟,皆有所辨論,往往醇實可取。如謂經書"致"字有"取"之義,又有"納"之義,先儒但以"至極"立解為未盡;又謂《檀弓》"齊穀王姬之喪"句,"穀"當為"告","使必知其反也"句,"知"當作"如",皆於經訓有合。又謂《論語》"四體不勤,五穀不分"句為荷蓧丈人自謂,亦頗有所見。其他大抵平正通達,切中理道之言,非諸家説部所能方駕。其書首論《衡門》之詩一條,所云"哀時君之無立志"者,祖謙後作《讀詩記》,實祖是説,亦可見其家學之淵源也。

【彙訂】

① 依《總目》體例,當補"本中有《春秋集解》,已著錄"。

辨言一卷(永樂大典本)

宋員興宗撰。興宗有《采石戰勝錄》,已著錄。興宗著作載於《永樂大典》者,皆冠以"《九華集》"字,惟《采石戰勝錄》及此書不以《九華集》字為冠,疑二書於集外別行也。其書歷摭經傳史子,下及宋代諸儒之說,凡於理未安者,皆條舉而系以辨,故曰《辨言》。中間惟論《公羊傳》"紀季入齊"一條稱紀以千乘畏人為非,乃因紹興時事而發,未為切當。若其辨《尚書》"六宗"舊解之誤①,《禮記》文王九齡之誕,以及譏劉氏《漢書刊誤》為不知史家行文之法,皆具有特識。其他亦多中理要。至以《詩》不待《序》而明,而斷《序》之作為非古,則沿鄭樵之新說,各存一解可矣。

【彙訂】

①"舊解",殿本作"傳解"。

墨莊漫錄十卷(兵部侍郎紀昀家藏本)

宋張邦基撰。邦基字子賢,高郵人①。仕履未詳。自稱宣和癸卯在吳中見朱勔所採太湖黿山石,又稱紹興十八年見趙不棄除侍郎,則南、北宋間人也。前有自序,稱"性喜藏書,隨所寓榜曰墨莊",故以為名。其書多記雜事,亦頗及考證。如渭州潘源縣土怪,周昕父變羊,胡師文見吳伴姑,明州士人遇裴休,葉世寧、嚴清、關注諸夢事,雖不免為小說家言。又如以王安石之妹譌為安石之女,如《宋詩紀事》所糾者,亦時有疏舛。然如記韓愈詩"風稜"、"露液"字之異同,蘇軾儋耳詩"石"字、"者"字之譌誤,辨杜甫詩"王母晝下雲旗翻"句、"還如何遜在揚州"句、"江湖多白鳥"句、"星落黃姑渚"句、"功曹非復漢蕭何"句,解王珪詩"舞急錦腰迎十八,酒酣玉醆照東西"句,解黃庭堅詩"爭名朝市魚千里"句、"影落華亭千尺月,夢通岐下六州王"句,皆極典核。他如辨《碧雲騢》為魏泰作,辨《龍城錄》、《雲仙散錄》為王銍作,皆足資考證②。以及鄭元註漢宮香方、玫瑰油、粘葉書、旋風葉書,與穆護為木瓠、具理為瓶罍之類，亦頗資博識。而所載宋時戶口轉運諸數，尤足與史籍相參考，宋人說部之可觀者也。《文獻通考》不著於錄，殆當時猶未盛傳歟？

【彙訂】

① 是書卷一稱崇寧三年，"伯父張文簡公賓老，自翰苑拜左丞"，張文簡公即張康國，乃揚州江都人。則作"高郵人"誤。（李裕民：《四庫提要訂誤》）

②《碧雲騢》確係梅堯臣所撰，非魏泰偽作，說詳卷一四一《東軒筆錄》條注。《龍城錄》非王銍所撰，說詳卷一四四《龍城錄》條注。

寓簡十卷（浙江巡撫採進本）

宋沈作喆撰。作喆字明遠，號寓山，湖州人。紹興五年進士，以左奉議郎為江西漕司幹官。據書中所敘，當和議初成之時，賜諸將田宅，作喆為岳飛作謝表忤秦檜，則似嘗在飛幕中。又自稱嘗官維揚，亦不知為何官。惟《梅磵詩話》記其官江西時作《哀扇工》詩，忤漕帥魏道弼，捃深文劾之，坐奪三官。後從人使金，韓元吉贈之以詩，有"但如王粲賦《從軍》，莫為班姬咏《團扇》"句，盡指是事。此書自序題"甲午歲"，以《長曆》推之，為孝宗淳熙元年，乃放廢以後所作。開卷一條即以古詩諷諫為說，蓋由此也。作喆與葉夢得相善。然夢得之學宗王安石，作喆之學則出於蘇軾。非惟才辨縱橫與軾相似，即菲薄安石①，牴牾伊川程子，以及談養生、耽禪悅，亦一一皆軾之緒餘。又為丞相沈該之從子，該有《易小傳》六卷，作喆沿其家傳，是書亦頗言《易》理，然所言與該頗殊。其解"帝乙歸妹"，以為人君之德與帝者相甲

乙，故能正人倫，頗為好異。其解卦終於未濟，以為即道家所謂
"神轉不回，回則不轉"，釋家所謂"不住無為，不斷有為"，亦竟以
二氏詁經。然其論《乾鑿度》太乙行九宮之法出於《黃帝素問》，
則能抉讖緯之本根；論五行者經世之用，紀歲時，行氣運，不可闕
一，邵堯夫《皇極經世》用揚雄之四數，加以本無之一，而去其本
有之二，為不合於古，亦能判術數之牽合。至於謂劉敞解《春秋》
"新作南門"為僭天子，其説本陸龜蒙《兩觀銘》；謂子路結纓在獲
麟之後二年，《公羊傳》所記孔子之言為妄；謂蘇軾解《論語》"患
得之"當作"患不得之"，證以韓愈《圬者王承福傳》，知古本原如
是；謂揚雄之姓從"扌"不從"木"，楊修《牋》不應稱"修家子雲"；
謂柳宗元集《柳州謝上表》稱於頔在襄陽相留，不知是時頔去襄
陽已二年，又有《代劉禹錫同州謝上表》，不知禹錫遷同州時宗元
没已十七年，斷其出於偽託，皆具有考據。而掊擊王安石之尊揚
雄在朱子《綱目》之前，尤為偉論。作喆所著別有一書，名《已
意》。第三卷論淮陰侯為治粟都尉一條，註曰："其詳見《已意》。"
又云"司馬氏、許氏二夫人事，予於《已意》既言之"。蓋二書本相
輔，今《已意》不傳②。又有《寓林集》三十卷，亦久佚。惟《哀扇
工歌》全篇見周煇《清波雜志》中，然詞殊不工。此十卷中亦無一
論詩之語，知吟咏非其所長矣。

【彙訂】

①"安石"，殿本作"王安石"。

②"意"，殿本脱。

欒城遺言一卷（浙江鮑士恭家藏本）

宋蘇籀撰。籀字仲滋，眉州人。轍之孫，遲之子也①。南渡

後居婺州,官至監丞。籀年十餘歲時,侍轍於潁昌。首尾九載,未嘗去側。因錄其所聞可追記者若干語,以示子孫,故曰"遺言"。中閒辨論文章流別、古今人是非得失最為詳晰,頗能見轍作文宗旨。其精言奧義,亦多足以啟發來學。惟籀私於其祖,每陰寓抑軾尊轍之意,似非轍之本心。又謂呂惠卿、王安石之隙起於《字說》及《三經義》,核之史傳,亦非事實。至謂轍母夢蛟龍伸臂而生轍,引孔子生時二龍附徵在之房為比,又雜載轍崇寧丙戌夢見王介甫事,尤為失之誕妄。特籀親承祖訓,耳擩目染,其可信者亦多,究非影響比也。

【彙訂】

① 蘇轍《欒城後集》卷二一《六孫名字說》云:"予三子,伯曰遲,仲曰适,叔曰遜……遲之子長曰簡,幼曰策……适之子長曰籀,幼曰範。"可知籀乃适之長子,非"遲之子"。(李裕民:《四庫提要訂誤》)

東園叢説三卷(浙江巡撫採進本)

舊本題宋李如箎撰。如箎始末未詳。據卷首紹興壬子自序,則括蒼人,時為桐鄉丞。正德《崇德縣志》載:"宋李如箎,字季膚,崇德人。少游上庠,博學能文,著有《東園叢説》、《樂書》行世。晚以特科官桐鄉丞。"人名、書名、仕履並合,當即其人也。其書諸家不記錄①,莫考其所自來。下卷"雜説"中所作《初夏》詩及其父《歡喜口號》三首,為自來錄宋詩者所未及。又是書自序作於壬子,為紹興元年。周庭筠刊書跋作於甲寅,為紹興三年。而"記時事"一條,記紹興六年楊幺②、李成事:"憸佞"一條③,記紹興二十四年秦塤登第事;"以少敗衆"一條,記紹興三十一年兩淮失守事,且有稱高宗廟號者。則書當成於孝宗時,年月殊不相應。且"語孟説"一門,《語》、《孟》合稱,不似南宋初語。所辨"北辰不動"一條,與明陳士元《論語類考》之説同,似乎曾見《集註》,故有此説,亦不似朱子以前語。其"天文曆數説"謂今之渾天,實蓋天之法,亦似歐羅巴書既入中國之語。宋以前即推步之家未明此理,無論儒生。或近時好事者因如篲書名掊摭舊文,益以所見,僞為此帙歟①? 今但就其書而論,如"春秋行夏時"一條,謂以建子為周正月乃左氏之失。不知左氏周人,記他事或失之誣,至於本朝正朔,則婦豎皆知,左氏不容有誤。"《詩》亡《春秋》作"一條,謂孔子所聞所見之世無《詩》。不知《株林》"夏南",《詩》有姓名,不能移之束遷前也。"召公不説"一條,謂周公朝諸侯於明堂,召公嘗北面而事之,則誤信明堂位之謬説。"《左傳》其處者為劉氏"一條,疑丘明先知⑤,又疑其附會。則未考此句為漢儒增入,孔穎達《正義》已有明文。然如解"王用三驅",引《周官·大司馬》立表為證;解《坤·六五》爻,駁程《傳》女媧、武氏之非;解《説卦》"生蓍",糾揚雄"產蓍"之誤;解《繫辭》"太極生兩儀"為生蓍之法;引《左傳》楚有句澨、章澨、雍澨、蓬澨諸地⑥,證三澨非水名;解《關雎》為后妃求淑女;引崔靈恩《三禮義宗》,證"縮酒用茅"之義,以及考究《易》之八法,及六日七分之説,推算絳縣人甲子之類,皆典核不苟,於經義頗為有裨。故雖顯有可疑,而其書可採。亦姑並存之,以資參訂焉⑦。

【彙訂】

①"記錄",殿本作"著錄"。

②"楊幺",殿本作"楊公",誤。此書卷下"記時事"條云:"紹興六年間,既誅滅楊幺,平定李成等,四方無虞,民庶安妥。"

③“憸佞”，殿本作“愉佞”，誤。此書卷下有“憸佞”條。

④ 李如箎自序題紹熙壬子，周庭筠跋題紹熙甲寅刊本。壬子乃紹興二年，甲寅乃紹興四年。蓋天即渾天之說，發於崔靈恩，何必歐羅巴。（張文虎：《東園叢說跋》）

⑤“丘明”，殿本作“邱明”。

⑥“蓬滋”，殿本作“蓬滋”，皆誤。《左傳·昭二十三年》：“冬十月甲申，吳太子諸樊入郹，取楚夫人與其寶器以歸。楚司馬薳越追之不及，將死……乃縊於薳澨。”字當作“薳”。

⑦“資”，殿本無。

常談一卷（永樂大典本）

宋吳箕撰。箕字嗣之，新安人。乾道五年進士，授仁和主簿，分教臨川，歷知當塗縣。為趙汝愚所重，召主審察。尋以疾卒。《宋史》不為立傳，其事蹟僅見於《徽州志》。所著尚有《聽詞類稿》十二册，已久佚不傳。惟此書之目，《宋史·藝文志》載有一卷①。今散見《永樂大典》各韻中者，鈔撮薈萃，猶存一百餘條②。大抵皆評騭史事，而間及於考證。《徽州志》稱箕之在臨川也，與陸九淵遊，相與講明義理，蓋深有得於金谿之學。今以此書與九淵文集互勘，如九淵《經德堂記》論漢高祖為義帝討項羽一事，謂新城三老深知天下大計，而箕亦謂：“新城老人獨知而言之，漢有天下，遂定於此。”又九淵《語錄》論曹參相漢，謂其能師蓋公，用黃老術，漢家之治，血脈在此。而箕亦謂參“得安靜之體，蓋公清心之言，有以先入之”。其旨趣往往相合，似乎墨守不變者。及觀其論汲黯一條，九淵集中稱黯“仗節守義，雖曰未學，必謂之學”，而箕乃以謂黯之直諫，“本於氣質，非學而得，故昧於大道"。其說又如枘鑿之不相入。可見箕之學術雖本陸氏,而亦不為苟同,與輔廣《詩童子問》一字一句堅持門戶者,其心術之公私,相去遠矣。觀尤袤與箕同時,而所輯《遂初堂書目》已列有《常談》之名,則當日即珍重其書也。今以所存各條,依次裒綴,勒為一帙,用還《宋志》卷目之舊。中間所引《外史檮杌》、《國史補》、《長編》諸條,或摘錄原書,無所論斷,疑《永樂大典》已有脫文。今無可校補,亦姑仍原本錄之焉。

【彙訂】

①《續文獻通考》卷一七七著錄吳箕《常談》一卷,"箕字嗣之,新安人,乾道進士,授仁和主簿,歷知當塗縣。為趙汝愚所重,召主審察,尋卒"。《萬姓統譜》卷十亦載"吳箕字嗣之,休寧人。少孤,刻志讀書。乾道五年登進士第,主仁和簿,分教臨川,與象山諸公講明義理。宰當塗縣,剖析民訟,編類成有《聽詞類稿》十二冊。趙忠定公汝愚尤加器重,召審察,尋以疾卒"。其事蹟非"僅見於《徽州志》"。且《郡齋讀書附志》有《常譚》二卷,"河南吳箕和父雜記經子史傳之事二百餘條",而不載被趙汝愚賞識及作《聽詞類稿》等事。或係明代以後文獻將著《常談》之河南吳箕(字和父)與安徽休寧之吳箕(字嗣之)混為一人。(段真子:《辨析〈四庫全書總目提要〉之誤》)

② 館臣所輯實為一百條。(李裕民:《四庫提要訂誤》)

雲麓漫鈔十五卷(浙江巡撫採進本)

宋趙彥衛撰。彥衛字景安,紹熙間宰烏程,又通判徽州。此書有開禧二年序,自署新安郡守。其所終則不可考矣。據自序,初名《擁鑪閒記》,本止十卷,先刻於漢東學宮。後官新安,併刻後五卷,始易今名。案《文獻通考》載《雲麓漫鈔》二十卷,又續二卷,與自序不符。豈其後此十五卷之外又有所增,抑《通考》誤十卷為二十卷,誤續五卷為二卷也①。世傳朱彝尊曝書亭所鈔宋本,乃止十卷,是此書原非一本,未能斷其孰是矣。書中記宋時雜事者十之三,考證名物者十之七。其記事於秦檜父子無貶詞②,而枉殺曲端一事,遺張浚而獨歸王庶,又稱"勘端反狀",殊為曲筆。其考證頗為賅博,中有偶然紕漏者。如謂《論語》"翔而後集",當非一雉,不知《詩》"如集于木",《春秋外傳》"獨集于枯"③,《家語》"有隼集于陳庭",皆非羣栖義也;謂魏之如姬乃取"尊如王姬"之意,不知古有如姓,而宋玉之賦神女,呂不韋之奉異人,戰國之時,以姬為媵侍美稱久矣。他如芙蓉花根為斷腸草,乃陶宏〔弘〕景《名醫別錄》之説,而引為老圃之言以解李白詩;《周禮》冬官散在五官,乃俞庭椿復古之説,而矜為獨見。至於以孟婆為元〔玄〕冥之配,以阿房宮之"阿"為阿嬌、阿連之"阿",以《詩》不顯文王證太宗派下趙不衰等命名之非,而"壽亭侯印"一條與《三國志》刺謬,"米元章評書"一條與所作《書史》互異,皆不能知其依託,均為瑕纇。然而辨《十八學士圖》乃欽宗畫賜張叔夜、李綱,誤題為閻立本,又開元亦有十八學士,不止太宗;辨以"黑"為"盧",即《尚書》"盧弓"之訓,非北方土語;辨行香非國忌之禮;辨《史記·龜策傳》諸兆之名;辨王獻之《保母墓磚》之偽;辨《博古圖》誤駁《三禮圖》;辨王莽律權石;辨《羅靖碑》非父子同名;辨墓祭已見《周禮》;辨蕭翼無賺《蘭亭》事,皆言有根據,足資考核。至於呂大防《長安圖》,原書已佚,此存其概。唐制科之名目,與宋送迎金使之經費,皆史志之所未詳。自序以為可敵葉夢得《避暑錄話》,殆不誣也④。

【彙訂】

① 殿本"二"上有"續"字。《文獻通考・經籍考》著錄卷數實照鈔《直齋書錄解題》《雲麓漫鈔》條之文。（葉德輝：《郋園讀書志》）

② 書中卷十"《能改齋漫錄》記問亦博矣"條，其不滿秦檜甚明。（余嘉錫：《四庫提要辨證》）

③ "外"，殿本脫。《春秋外傳》即《國語》，其《晉語二》載優施歌曰："暇豫之吾吾，不如鳥鳥。人皆集于苑，己獨集于枯"。

④ 彥衛自序云："此書本名《擁鑪閒紀》，近有《避暑錄》，似與之為對，易曰《雲麓漫鈔》云。"並無自誇可敵《避暑錄話》之意。（余嘉錫：《四庫提要辨證》）

示兒編二十三卷（兵部侍郎紀昀家藏本）

宋孫奕撰。奕字季昭，號履齋，廬陵人。其歷官無可考。第十卷中稱"紹熙丁巳三月，侍讌春華樓，聞大丞相周益公議論"。考之《宋史》，紹熙元年為庚戌，至五年甲寅，即內禪。丁巳實慶元三年。殆寧宗時嘗官侍從，傳寫誤為"紹熙"歟？是編凡《總說》一卷，《經說》五卷，《文說》、《詩說》共四卷，《正誤》三卷，《雜記》四卷，《字說》六卷①。中第九卷前為《文說》，後為《詩說》。李維楨序謂《文說》三卷，《詩說》二卷，誤也。前有開禧元年自序，稱："考評經傳，漁獵訓詁，非敢以污當代英明之眼，姑以示之子孫，故名曰《示兒編》。"其書雜引眾說，往往曼衍，又徵據既繁，時有筆誤。如《經說》類中以《廣雅》、《博雅》並言，而皆云張揖作；《詩說》類中以杜甫襲用白居易詩；《雜記》類中謂唐太宗納巢刺王妃為妻嫂；《字說》類中謂《詩》有陳佗，案陳佗之名見於《詩序》，奕以為《詩》則非。皆失於考訂。以至"荆舒是懲"句,《經説》類中反覆論僖公無此事,故孟子歸之周公,《正誤》類中又謂僖公之事孟子誤以為周公;王安石《字説》"霸"字條下,稱其"學務穿鑿無定論",《藝苑雌黄》一條,又稱"熙豐間定有成書,是正舛謬,學者不能深考,類以穿鑿嗤之",亦間或自相矛盾。《文説》類中契丹空紙祭文一事,尤委巷不根之談。其《經説》類中於"竊比老彭"訓"彭"為"旁",於"黽勉從事"訓"黽"為"蛙",王士禎《古夫于亭雜錄》深取之,實亦附會之論。然其中字音、字訓,辨別異同,可資考證者居多。其冗雜者可削,其精核者究不可廢也。

【彙訂】

① "六卷",殿本作"五卷",誤。此書卷十八至二十三為《字説》。

游宦紀聞十卷(兩江總督採進本)

宋張世南撰。陳振孫《書錄解題》載其字曰光叔,鄱陽人①,然其名則作士南。未詳孰是。其紀年稱嘉定甲戌,又稱紹定癸巳,蓋寧宗、理宗間人。自稱嘗官閩中,多記永福縣事,亦不知永福何官也。世南與劉過、高九萬、趙蕃、韓淲諸人遊,而述程迥之説尤多。蓋其兄為董焀壻,焀為迥之壻②,故聞之親串閒也。其書多記雜事舊聞,而無一語及時政。如記秦觀元祐刺字,記黄師尹解"打"字義,記張嵩先借紫,記諱名、諱字,記蘇、黄用一"鷗"字,記古書刀,記何致初揭《岣嶁碑》始末,皆足資考證。其駁黄伯思八十一首之説,及推闡王湜"百六"之義,尤極精核。其他如論犀角、龍涎、端研、古器之類,亦足以資博識。宋末説部之佳本也。

【彙訂】

① 書中卷二云"予世居德興"，當是鄱陽德興縣人。（劉孔伏：《〈游宦紀聞〉考辨三題》）

② "之"，殿本無。

密齋筆記五卷續記一卷（永樂大典本）

宋謝采伯撰。采伯字元若，台州臨海人。宰相深甫之子，理宗后謝氏之伯叔行也。中嘉泰二年傅行簡榜進士，歷知廣德軍、湖州，監六部門，大理寺丞，大理寺正。《宋史》無傳，其事蹟不甚可考，官爵名字僅見於陳耆卿《赤城志》中①。是編乃其易班東歸時所撰，錄以示其子者。雜論經史文義凡五萬餘言，自序以為無牴牾於聖人。其間援據史傳，頗足以考鏡得失，雜錄前賢懿言媺行，亦多寓懲勸。雖持論間有未醇，其援引證據，亦未能如《容齋隨筆》、《夢溪筆談》之博洽，而語有本源，瑜多瑕少，要亦説部之善本也。史稱謝后父渠伯早卒，兄奕宗封郡王，姪並節度使。端平初，頗干國政。采伯以世家貴介，歊歷中外，洊更麼節，政當謝后用事之時，獨能解組逍遙，至使史官佚其姓氏，則蕭然於榮利之外，一無所預可知。王宗旦原序謂："士大夫晚節嗜好，鮮有不迷其初者。密齋獨以書籍詒謀後人，使知其老不忘學。"則采伯潛心著述，殆以一生之精力為之，宜其言多中理矣。原本久佚，僅散見《永樂大典》中，謹採錄編綴，分為《筆記》五卷《續記》一卷，仍所題之舊目焉。

【彙訂】

① 除《赤城志》外，嘉泰《吳興志》、景定《嚴州續志》及此筆記均有記述。（李裕民：《四庫提要訂誤》增訂本）

梁谿漫志十卷（內府藏本）

宋費袞撰。袞字補之，無錫人。卷端有開禧二年國史實錄院牒，稱為"國子免解費進士"。《禮部韻略·條例》中有"開禧元年國子監發解進士費袞論《韻略》'經'、'弦'二字劄子一篇，經禮部看詳"，當即其人。其始末則不可詳矣。其書《宋志》作一卷，今本實作十卷，與牒文卷數相符。末有嘉泰元年施濟跋，亦作十卷，則《宋志》由傳寫誤也[①]。牒文稱編修高宗、孝宗、光宗三朝正史，取是書以備參考。然是書惟首二卷及第三卷首"入閣"一條言朝廷典故。自"元祐黨人"一條以下，則多說雜事。而卷末"王鞏"一條及第四卷，則全述蘇軾事。五卷以下多考證史傳，品定詩文。末卷乃頗涉神怪。蓋雜家者流，不盡為史事作也。惟其持論具有根柢，舊典遺文，往往而在。如不試而授知制誥始梁周翰，不始楊億，則糾歐陽修《歸田錄》之譌；薛映、梁鼎與楊億同命，不與梁周翰同命，則糾葉夢得《避暑錄話》之失；蘇軾烏臺詩案在元豐二年，上距熙寧變法僅十年，無二三十年之久，則糾王鞏《甲申雜記》之謬；朱勝非起復制乃綦崇禮貼麻，非陳與義自貼，謝顯道崇寧元年入黨籍，崇寧四年未入黨碑，則糾謝伋《四六談麈》之失；歐陽修為程文簡作碑誌，隱其進《武氏七廟圖》事，實未受帛五千端，則糾邵博《聞見後錄》之誣。皆考據鑿鑿，不同他小說之剿襲。當時以一不第舉子之作[②]，至錄之以入史館，其亦有由矣。他如蘇舜欽與歐陽修辨謗書為本集所不收；陳東《茶錄》跋為今本所未載；蘇軾《乞校正陸贄〈奏議〉上進劄子》、《獲鬼章》、《告裕陵文》，具錄其塗註增刪之稿，尤論蘇文者所未及，皆足以廣異聞。至於和凝、范質衣鉢相傳，本第十三名而譌為第五；漢太上皇名煓，本見《後漢書》註，而誤以為《後漢書》，小小疵累,亦時有之。然其可採者最多,不以一二小節掩也。

【彙訂】

① 明《文淵閣書目》、《菉竹堂書目》載此書一册,《絳雲樓書目》亦載一卷,是此書另有別行一卷者,《宋志》未必即傳寫之誤。(昌彼得:《說郛考》)

② “一”,殿本無。

潤泉日記三卷(永樂大典本)

宋韓淲撰。淲字仲止,澗泉其號。世居開封,南渡後其父流寓信州,因隸籍於上饒。陶宗儀《說郛》載此書數條,題曰宋虎撰,蓋傳刻譌脫。《江西通志》作韓琥,厲鶚《宋詩記事》又作韓湅。考淲兄名沆,弟名濟,皆連水旁,則其名從“水”不從“玉”,作“琥”為誤。又考《說文》“湅”,水名,徐鉉註:“息移切。”①別無他義。又“淲,水流貌”,即《詩》“淲池”之“淲”。徐鉉音“皮彪切”,則名取流而字取止,於義為協,作“湅”亦誤也。淲,《宋史》無傳,仕履始末無考。惟戴復古《石屏集》有挽韓仲止詩云:“雅志不同俗,休官二十年。隱居溪上宅,清酌澗中泉。慷慨商時事②,淒涼絕筆篇。三篇遺稿在,當並史書傳。”自註云:“時事驚心,得疾而卒。作《所以商山人》、《所以桃源人》、《所以鹿門人》三詩,蓋絕筆也。”知淲乃遭逢亂世,坎坷退居,齎志以沒之士矣。是書《宋史·藝文志》不著錄,無從知其卷帙之舊③。今以散見《永樂大典》中者裒合排次,勒為三卷,約略以次相從。其有關史事者居前,品評人物者次之,考證經史者又次之,品定詩文者又次之,雜記山川古蹟者又次之。雖未必盡復其舊,然亦粲然可觀矣。考《東南紀聞》載淲清高絕俗,不妄見貴人,亦不妄受饋遺,其人品學問即具有根柢。又參政韓億之裔,吏部尚書韓元吉之子,其親串亦皆當代故家,如東萊呂氏之類,故多識舊聞,不同勦説。所記明道二年明蕭太后親謁太廟事,可證《石林燕語》之誤;大觀四年四月命禮部尚書鄭允中等修哲宗正史事,亦可補史傳之遺。其他議論,率皆精審。在宋人説部中固卓然傑出者也。

【彙訂】

①"息移切",殿本作"急移切",誤,參《説文解字》卷十一上"漉"字注文。

②《石屏詩集》卷四《哭澗泉韓仲止》詩原文作"慷慨傷時事"。(司馬朝軍:《〈四庫全書總目〉精華錄》)

③《總目》所據乃明末重編《説郛》本,陶宗儀《説郛》原本不誤,且題作五卷,當係韓氏原書卷帙。(昌彼得:《説郛考》)

老學菴筆記十卷續筆記二卷(江蘇巡撫採進本)①

宋陸游撰。游有《入蜀記》,已著錄。案《宋史·藝文志》"雜史類"中載陸游《老學菴筆記》一卷②,陳振孫《書錄解題》作十卷,與此本合,《宋史》蓋傳刻之誤。《續筆記》二卷,陳氏不著於錄,疑當時偶未見也。振孫稱其"生識前輩,年及耄期,所記見聞,殊有可觀"。《文獻通考》列之"小説家"中。今檢所記,如楊戩為蝦蟆精、錢遜叔落水神救之類,近怪異者僅一兩條;鮮于廣題《逸居集》、曾純甫對蕭鷗巴之類,雜諧戲者亦不過七八事。其餘則軼聞舊典,往往足備考證。惟以其祖陸佃為王安石客,所作《埤雅》多引《字説》,故於《字説》無貶詞,於安石亦無譏語③,而安石龍睛事併述《埤雅》之謬談,不免曲筆。杜甫詩有"蔚藍天"字,本言天色,故韓駒承用其語,有"水色天光共蔚藍"句,游乃稱

“蔚藍”為隱語天名。今考“蔚藍”天名別無所出，惟杜田註引《度人經》。然《度人經》所載三十二天有東方太黄皇曾天，其帝曰鬱繿玉明，則是帝名鬱繿，非天名蔚藍。游説反誤。又稱：“宋初人尚《文選》，草必稱王孫，梅必稱驛使，月必稱望舒，山水必稱清暉。”今考“驛使寄梅”出陸凱詩，昭明所錄，實無此作，亦記憶偶疏。不止朱國楨《湧幢小品》所糾“游岱之魂”一條，不知引駱賓王《請中宗封禪文》；王肯堂《鬱岡齋筆麈》所糾記諸晃謂“壻”為“借倩”之“倩”一條，不知出郭璞《方言註》也。然大致可據者多，不以微眚而掩。《宋史·藝文志》又載游《山陰詩話》一卷，今其書不傳。此編論詩諸條頗足見游之宗旨，亦可以補《詩話》之闕矣。

【彙訂】

① 文淵閣《四庫》本無《續筆記》。（沈治宏：《中國叢書綜錄訂誤》）

②《宋史·藝文志》無“雜史類”，陸游《老學菴筆記》一卷著錄於“傳記類”。（崔富章：《四庫提要補正》）

③ 書中如云（荆公）輕沈文通以為寡學，詆鄭毅夫不識字，又不樂滕元發，目為“滕屠鄭酤”，及裁減宗室恩數諸條，俱不置斷語，而言外似有未滿意。（李慈銘：《桃花聖解菴日記》）

愧郯錄十五卷（江蘇巡撫採進本）

宋岳珂撰。珂有《九經三傳沿革例》，已著錄。是書多記宋代制度，參證舊典之異同。曰“愧郯”者，取《左傳》郯子來朝，仲尼問官之事，言通知掌故，有愧古人也。其中記魚袋頒賜及章飾之始末、公主之改稱帝姬，辨論甚確。同二品之起於五代、金帶之有六種、金塗帶之有九種，皆史志所未備。至敘《尚書》之名，引戰國時已有尚冠、尚衣之屬，皆杜氏《通典・職官》所未及者，其徵引可云博洽，與《石林燕語》諸書亦如驂有靳矣。其間偶爾舛譌，如論金太祖建元始於天輔，而以收國為遼帝年號，及《通考》所摘誤以九品中正為官品之類，亦間有之。然大致考據典贍，於史家、禮家均為有裨，不可謂非中原文獻之遺也。

祛疑説一卷（浙江鮑士恭家藏本）

宋儲泳撰。泳字文卿，號華谷，僑居華亭。工於吟咏，其詩集今已失傳，惟《詩家鼎臠》《至元嘉禾志》中稍載其遺篇一二而已[1]。是書以平生篤好術數，久而盡知其情偽，因作此以辨之。明商維濬嘗刻入《稗海》中，而多所刪削，僅存十之五六，題曰《祛疑説纂》，殊非儲氏之舊。此為左圭《百川學海》所載，蓋猶當時完本也。中間惟“辨脈”一條為論醫理，“墨説”一條為論雜藝，餘皆考陰陽五行家言及闢方士幻妄之術與黃白之説。其論鬼神為氣之聚散，持鍊為心之誠正。又謂神像之靈靈於人心，又謂陰陽拘忌之説“大而緊者避之，小而緩者略之，合於理者存之，背於理者去之”。其言皆平易切實，足以警醒世俗。泳嘗作《易説》，見於丁易東所引，又嘗為《老子註》。蓋雖泛濫道術，而能折衷於經義者，宜其立説之悉軌於正也。

【彙訂】

①《後村千家詩》尚載其《題隱者所居》一首。（李裕民：《四庫提要訂誤》增訂本）

琴堂諭俗編二卷（永樂大典本）

案《宋史・藝文志》載鄭玉道《諭俗編》一卷，彭仲剛《諭俗

續》一卷。雖相因而作，實各自為書。此本為宜豐令應俊輯二家
之書為一編，而又為之補論。其末《擇交遊》一篇，又元人左祥所
增入，以拾原書之遺者也。其書大抵採摭經史故事關於倫常日
用者，旁證曲諭，以示勸戒，故曰"諭俗"。文義頗涉於鄙俚。然
本為鄉里愚民設，不為士大夫設，故取其淺近易明，可以家諭户
曉。以文章工拙論之，則乖著書之本意矣。《宋志》列之子部雜
家，而史部刑法類中又出鄭玉道《諭俗編》一條[①]。不但前後重
複，且非獄牘之詞，亦非禁令之事，列於刑法，殊踳駁不倫。今仍
列之雜家，庶不失其實焉。

【彙訂】

①《宋史·藝文志》史部刑法類、子部雜家類均作鄭至道。
卷上《孝父母》等七篇後應俊皆明言："鄭至道原編。"（沈治宏：
《〈四庫全書總目〉子部著錄訂誤》）

鶴林玉露十六卷（兩江總督採進本）[①]

宋羅大經撰。大經字景綸，廬陵人。事蹟無考。惟所記"竹
谷老人畏説"一條，有"同年歐陽景顏"語，知嘗登第。又"高登忤
秦檜"一條，有"為容州法曹掾"語，知嘗官嶺南耳。其書體例在
詩話、語錄之閒，詳於議論而略於考證。所引多朱子、張栻、真德
秀、魏了翁、楊萬里語，而又兼推陸九淵。極稱歐陽修、蘇軾之
文，而又謂司馬光《資治通鑑》且為虛費精力，何況呂祖謙《文
鑑》。既引張栻之説謂詞科不可習，又引真德秀之説謂詞科當
習。大抵本文章之士而兼慕道學之名，故每持兩端，不能歸一。
然要其大旨，固不謬於聖賢也。陳耀文《學林就正》譏其載馮京
《偷狗賦》乃扭摭滕元發事，偽託於京。今檢《侯鯖錄》所載滕賦，

信然。蓋是書多因事抒論，不甚以記事為主。偶據傳聞，不復考核，其疏漏固不足異耳。

【彙訂】

① 文淵閣《四庫》本尚有補遺一卷。（沈治宏：《中國叢書綜錄訂誤》）

貴耳集一卷二集一卷三集一卷（江蘇巡撫採進本）

宋張端義撰。端義字正夫，自號荃翁，鄭州人，居於蘇州。端平中應詔三上書，坐妄言，韶州安置。此書即在韶州所作，凡三集。每集各有自序。初集成於淳祐元年。序言："生平接諸老緒餘，著《短長錄》一帙，得罪後為婦所火。因追舊事記之，名《貴耳集》。以耳為人至貴，言由音入，事由言聽，古人有入耳著心之訓，且有貴耳賤目之説也。"集末一條，自序生平甚悉。《二集》成於淳祐四年，《三集》成於淳祐八年①。其書多記朝廷軼事，兼及詩話，亦有考證數條。《二集》之末綴"王排岸女孫"一條，始涉神怪。《三集》則多記猥雜事，故其序有"稗官虞初"之文也。書中如論制誥，引陸游《南唐書》載李煜詞臣有陶穀、徐鉉。考陶穀由晉、漢、周入宋，未仕李煜，《南唐書》亦無此文也。論"物從中國，名從主人"，引《穀梁傳》謂長狄謂善、稻為伊、緩。考《穀梁傳》乃"吳謂善，伊；謂稻，緩"，不云長狄也。論《易》卦，謂漢之《周易》不以乾、坤為首卦，然後知揚雄《太元經》以中孚為首卦即漢之《易》。考卦氣起中孚，見《易緯稽覽圖》，即孟喜六日七分之法，非《易》卦之次序也。論《春秋》，謂王安石黜《春秋》非聖經，故元祐諸人多作《春秋解》，自胡安定先生始。考胡瑗仁宗時人，不及見熙寧之制也。論施宜生《日射三十六熊賦》，謂熊即侯也，非獸也。案《桯史》載："金海陵王校獵國中，一日而獲三十六熊。廷試多士，遂以命題。"則熊獸也，非侯也。論《藝文類聚》以雞為"稽山子"，以驢為"廬山公"，吳越毛勝作《水族加恩簿》，祖歐陽詢之遺意也。考此乃《藝文類聚》禽部、獸部集錄舊文，非詢作也。論伶官，謂自漢武帝時東方朔以諧謔進。案優施遠見《春秋》，不始於朔。朔自官大中大夫，非伶人也。觀其三集，大抵本江湖詩派中人，而負氣好議論。故引據非其所長，往往顛舛如此。然所載頗有軼聞，足資考證，其論詩、論文、論時事皆往往可取，所長固亦不可没焉。

【彙訂】

①《三集》首自序末署："張端義淳祐丙午閏四月四日書"。淳祐六年丙午有閏月，八年無閏月。（李裕民：《四庫提要訂誤》增訂本）

　　吹劍錄外集一卷（江蘇巡撫採進本）

　　宋俞文豹撰。文豹字文蔚，括蒼人。其始末未詳。所作先有《吹劍錄》，故此曰《外集》。然卷首有淳祐庚戌序，稱"續三為四，以驗其學之進否"，則中閒尚有二編，今已佚矣①。《吹劍錄》持論偏駁，多不中理，今別存其目。此集卷末載二詩，詩前題詞有"絕筆斯錄"之語，蓋其晚年之所作。故學問既深，言多醇正。其記道學黨禁始末甚詳。所稱"韓、范、歐、馬、張、呂諸公無道學之名，有道學之實，故人無閒言。伊川、晦菴二先生言為世法，行為世師，道非不宏，學非不粹，而動輒得咎，由於以道統自任，以師嚴自居，別白是非，分毫不貸。與安定角，與東坡角，與東川②、象山辨，求必勝而後已"，亦未始非平心之論也。

【彙訂】

① 《吹劍錄》三錄有抄本存世。

② 據此書記道學黨禁條原文，"東川"當作"龍川"。陳亮字同甫，號龍川，朱熹《晦菴集》有《答陳同甫書》多篇。

腳氣集二卷（兩江總督採進本）①

宋車若水撰。若水字清臣，號玉峯山民，黃巖人。此書據其從子惟一跋，蓋成於咸淳甲戌。因病腳氣，作書自娛，故名曰《腳氣集》。書中論《孟子》"集義"章一條，下有細字夾註云："此二章是癸酉八月所書，今錄於此。"則餘皆是冬所著也。若水少師事陳耆卿，學為古文，晚乃棄去，改師陳文蔚，刻意講學。書中所謂"篔窗先生"者，耆卿號；"克齋先生"者，文蔚號也。故此書體例頗與語錄相近。其論《詩》，攻《小序》；論《春秋》，主夏正；論《禮記》，搉擊漢儒，皆堅持門户之見。論《周禮》冬官，譏俞庭椿斷定撥置，其説甚正。然必證以周官尚存三百五十，謂冬官不亡，則仍留柯尚遷等割裂之根。論《詩》三百篇為漢儒所偽託，與王柏之説相同。論《禮記》之"畏、壓、溺"，以畏為疫氣傳染，尤為杜撰。其論史謂諸葛亮之勸取劉璋為申明大義；其論文謂李邕諸碑文不成文，理不成理，亦皆乖剌。然如論《周禮·載師》乃園廛之征，非田賦之制，駁蘇洵説之誤；論《春秋》"蔑之盟"，主程子盟誓結信，先王不禁之説；"及宋人盟于宿"，主《公羊》以"及"為"與"之説；"宰咺歸賵"②，主直書"天王"而是非自見之説，均有神經義。於朱子《四書集註》服膺甚至。惟謂《大學》"格物"難以訓"至"，當從《玉篇》舊訓，作"比方思量"之義；謂《論語》"惟求則非邦也與"以後皆聖人之言，稍立異同，然大旨不殊。又謂《詩集傳》當於"綱領"之後列諸家名氏,使之有傳。"此書不比《論》、《孟》,自'和鳴摯別'以下皆是取諸家見成言語。若不得前人先有此訓,詩亦懵然",亦為公論。其他論蔡琬〔琰〕《十八拍》之偽⑤;論白居易《長恨歌》非臣子立言之體;論文中子鼓《蕩之什》為妄;論錢塘非吳境,不得有子胥之潮;論子胥鞭尸為大逆;論王羲之帖"不宣"字①,皆鑿然有理。論"擊壤"為以杖擊地,論應劭註《漢書》誤以夏姬為丹姬,皆足以備一説。論"杜鵑生子百鳥巢"一條,雖未必果確,亦足以廣異聞也。

【彙訂】

① 文淵閣《四庫》本為一卷。(沈治宏:《中國叢書綜錄訂誤》)

② "賵",殿本作"賻",誤。《春秋·隱公元年》:"秋七月,天王使宰咺來歸惠公、仲子之賵。"

③ "蔡琬",當作"蔡琰",乃避嘉慶諱改。殿本作"蔡琰"。

④ 此書原文作"王右軍帖多於後結寫'不具',猶言'不備'也……"可知"不宣"乃"不具"之誤。

藏一話腴四卷(兩江總督採進本)

宋陳郁撰。郁字仲文,號藏一,臨川人①。理宗朝充緝熙殿應制,又充束宮講堂掌書。始末略見其子世崇《隨隱漫錄》中。世崇載度宗嘗贊郁像,有"文窺西漢、詩到盛唐"之語,寵獎甚至。岳珂序稱其"閉戶終日,窮討編籍,足不蹈毀譽之域,身不登權勢之門"。然劉壎《隱居通議》有度宗御札跋,惜其下訪陳郁父子之卑陋。語詳《隱居通議》條下。又周密《武林舊事》載諸色伎藝人姓名,所列御前應制者八人,姜特立為首而郁居第四,則亦特立之流。惟特立名列《宋史・佞倖傳》，而郁不與焉，似乎未可同日語耳。是書分甲、乙二集，又各分上、下卷，多記南、北宋雜事，閒及詩話，亦或自抒議論。珂序又稱其"出入經史，研究本末，具有法度。而風月夢怪，嘲戲謾誕，淫麗氣習，淨洗無遺"。今觀所載，如謂周子《游廬山大林寺》詩"水色含雲白，禽聲應谷清"一聯，前句是明，後句是誠，附會迂謬，殆可笑噱。惠洪解杜甫"老妻畫紙為棋局，稚子敲鍼作釣鉤"一聯，以老妻比臣，以稚子比君，固為妄誕。郁必謂上句比君子之直道事君，下句比小人之以直為曲，亦穿鑿無理。所錄諸詩，亦皆不工。其持論，如謂孔子不當作《世家》，豫讓不當入《刺客傳》，斥《史記》不醇，頗涉庸膚。謂李虛中以年月日時推命，而不知韓愈作《虛中墓誌》，其推命實不用時，尤失考證。然所記遺聞，多資勸戒，亦未嘗無一節之可取焉。

【彙訂】

①《臨川陳氏族譜》載元至大二年周端禮作《故宮講陳公隨隱先生行狀》："父藏一……家住撫州崇仁縣。"臨川為其郡望，實為崇仁人。（李裕民：《四庫提要訂誤》）

佩韋齋輯聞四卷（浙江鮑士恭家藏本）

宋俞德鄰撰。德鄰字宗大，號大迂山人，永嘉人，徙居京口。舉咸淳癸酉進士①。宋亡不仕，遯蹟以終。是書多考論經史，閒及於當代故實及典籍文藝。大抵皆詳核可據，不同於稗販之談。惟第四卷專說《四書》②，頗出新意，往往傷於穿鑿。如論"九合諸侯"，謂自莊十五年再會於鄄，齊桓始霸，至葵丘而九③，故曰九合。其北杏及鄄之始會，霸業未成，皆不與焉。是猶有一說之可通。至於謂"子在齊聞韶，三月不知肉味"，為憂陳氏強而齊將亂。又謂“匏瓜繫而不食”，為繫以濟涉，引《衛風》及《莊子》為證；又謂“子擊磬於衛”，為磬以立辨，欲其辨上下之分，則務生別解，不顧其安矣。蓋永嘉之學，自朱子時已自為一派，故至其末流猶斷斷不合也。然其說實不足以相勝。原本所有，姑以贅疣存之可也。

【彙訂】

① 書前自序署名為大玉山人。據至順《鎮江志》卷一九，其籍貫為平陽，永嘉乃郡名。咸淳十年中進士。癸酉為咸淳九年，該年無科舉。（李裕民：《四庫提要訂誤》增訂本）

② 是書超過半數條目為考史，考《論語》、《孟子》二十六條，未涉及《大學》、《中庸》。（同上）

③ “葵丘”，殿本作“葵邱”。

書齋夜話四卷（兩淮馬裕家藏本）

宋俞琬〔琰〕撰①。琬有《大易集說》，已著錄②。此書乃其平日讀書論文隨所得而筆記者。卷一皆辨論經義，其斥孔安國稱《洛書》錫禹之非，確為有見。於諸經字訓，正譌考異，頗為該洽。如謂《論語》“富與貴”章當就“不以其道”為句，《孟子》則“慕少艾”為慕愛少衰之意，當讀少字為上聲，其說亦頗足資參正。二卷、三卷皆推闡先儒之說，多發明河圖、洛書及《先天》、《太極》二圖。蓋陳摶所述，以丹訣通之於《易》，其原本出道家，琬所註《陰符經》、《參同契》，皆詮釋黃老神仙之說。所著《席上腐談》、《易外別傳》，亦研究鑪火修鍊之術，故其註《易》，皆傳邵學。是書反覆申明，亦不出是義也。末一卷皆論文之語，然頗乏精奧。蓋琬詞章之學不及其《易》學之深，觀所作《林屋山人集》，亦可以概見云。

【彙訂】

①"俞琬",當作"俞琰",乃避嘉慶諱改。殿本作"俞琰"。

②《大易集説》乃《周易集説》(《總目》卷三著錄)之誤。本書卷四云:"予矻矻三十年,《周易集説》方脱稿。"(李裕民:《四庫提要訂誤》)

齊東野語二十卷(兩江總督採進本)

朱周密撰。密有《武林舊事》,已著錄。密本濟南人,其曾祖扈從南渡,因家吳興之弁山,自號弁陽老人。然其志終不忘中原,故戴表元序述其父之言①,謂:"身雖居吳,心未嘗一飯不在齊。"而密亦自署歷山,書中又自署華不注山人。此書以《齊東野語》名,本其父志也。中頗考正古義,皆極典核。而所記南宋舊事為多,如張浚三戰本末、紹熙内禪、誅韓本末、端平入洛、端平襄州本末、胡明仲本末、李全本末、朱漢章本末、鄧友龍開邊②、安丙矯詔、淳紹歲幣、岳飛逸事、巴陵本末、曲壯閔本末③、詩道否泰、景定公田、景定彗星、朱唐交奏、趙葵辭相、二張援襄、嘉定寶璽、慶元開禧六士④、張仲孚反間諸條,皆足以補史傳之闕。自序稱其父嘗出其曾祖及祖手澤數十大帙,又出其外祖目錄及諸老雜書示之,曰:"世俗之言,殊傳譌也;國史之論,異私意也。定、哀多微詞,有所避也;牛、李有異議,有所黨也。愛憎一衰,議論乃公。國史凡幾修,是非凡幾易,而吾家書不可删也。"云云。今觀所記張浚⑤、趙汝愚、胡寅、唐仲友諸事,與講學者之論頗殊。其父所言,殆指此數事歟? 明正德十年,耒陽胡文璧重刻此書。其序稱:"或謂符離、富平等役,頗涉南軒之父;若唐、陳之隙，生母之服，則晦菴、致堂有嫌焉。書似不必刻，刻則請去數事。殊失密著書之旨。"文璧不從，可謂能除門户之見矣。明商維濬嘗刻入《稗海》，删去此書之半，而與《癸辛雜識》混合為一，殊為乖謬。後毛晋得舊本重刻，其書乃完。故今所著錄，一以毛本為據云。

　　【彙訂】

　　①"戴表元序"，殿本作"自序中"，誤，參戴序原文。

　　②"鄧友龍"，殿本作"鄧文龍"，誤。此書卷十一有"鄧友龍開邊"條。

　　③"曲壯閔"，殿本作"鄧文龍"，誤。此書卷十五有"曲壯閔本末"條。

　　④ 書中卷二十有"慶元開元六士"條，然宋無開元年號，據《宋史》卷四七四《丁大全傳》應為"開慶"。（朱菊如等：《齊東野語校注》）

　　⑤"所"，殿本無。

子部三十二

雜 家 類 六

困學齋雜錄一卷（浙江吳玉墀家藏本）

元鮮于樞撰。樞字伯機，漁陽人。官太常寺典簿。《書史會要》稱其“酒酣豪放①，吟詩作字，奇態橫生，趙孟頫極推重之”。是書所紀，當時詩話雜事為多。原本不著名氏，故嘉靖中袁襃跋稱撰人未詳。曹溶收入《學海類編》，以鮮于樞自號困學民，題所居曰困學齋，遂以此書為樞撰。今考其書，雖隨筆劄錄，草草不甚經意，而筆墨之閒，具有雅人深致，非俗士所能偽託。且元初諸人亦別無稱困學齋者，溶定為樞作，似乎可信。末有厲鶚跋②，謂卷中金源人詩，可補劉祁《歸潛志》之闕，存之亦可以資採錄也。開卷引李平、許褚二事，但錄舊文，無所論斷，莫詳其意。卷中趙復初二詩，前後兩見，字句亦有異同。殆亦偶然雜錄，未經編定之本。後人因其墨蹟，繕錄成書，如蘇軾《志林》、《仇池筆記》之類歟？

【彙訂】

① “豪”，《書史會要》卷七“鮮于樞”條原文及殿本作“驁”。

② 袁襃實作袁表，稱撰人未詳者乃弘治閒無垢道人跋，袁

袁跋後有曹溶跋，無屬鶚跋，曹溶亦未嘗刻此書於《學海類編》中。（王重民：《中國善本書提要》）

隱居通議三十一卷（江西巡撫採進本）

元劉壎撰。壎字起潛，南豐人。書中自稱開慶元年年二十，則宋亡之時已年三十六，故於宋多內詞。然書中又稱至大辛亥為南劍州學官，計其年已七十二矣。日暮途窮，復食元祿，而是書乃以"隱居"為名，殊不可解。考其《水雲村槀》中延祐己未《重題梅氏海棠》詩有"花甲重周人八十"之句，則壎入元四十四年尚存，最為老壽[1]。是書當其晚歲退休時所著也。凡分十一門。理學三卷、古賦二卷、詩歌七卷、文章八卷、駢儷三卷、經史三卷、禮樂、造化、地理、鬼神雜錄各一卷。其論理學，以悟為宗，尊陸九淵為正傳，而援引朱子以合之。至謂朱子後與道士白玉蟾游，始知讀書為徒勞，蓋姚江《晚年定論》之說源出於此。皆鄉曲門戶之私，無庸深辨。其"經史"以下六門，考證亦未為精核，且多餖飣，而"鬼神"一門尤近於稗官小說。惟評詩、論文之二十卷，則壎生於宋末，舊集多存，其所稱引之文，今多未見其篇帙，其所稱引之人，今亦多莫識其姓名，又多備錄全篇，首尾完具，足以補諸家總集之遺。如宋璟《梅花賦》，今惟據田藝衡《留青日札》傳鮮于樞所書一篇，又據李綱《忠定集》，知原賦已亡，綱為補作。今觀壎所錄，知宋、元閒行於世者乃有二本。又如陸游之從韓侂胄，以牽於愛妾幼子之故，為他書之所未言[2]，厲鶚《宋詩紀事》載李義山詩，不能舉其仕履，觀壎所記，乃知其嘗以江東提刑守池州[3]。凡此之類，頗足以廣聞見。至於論詩、論文，尤多前輩緒餘，皆出於諸家說部之外，於徵文考獻，皆為有裨，固談藝者所必錄也。壎所著《水雲村稾》,世有二本。其一本別題曰《泯稾》,卷帙頗少,不知何人刪取是書三分之一,附諸稿末,殊為闕略。此為三十一卷之足本,固罕覯之祕笈矣。書中閒有案語,蓋其後人所附,自署其名曰凝。考國初有南豐劉凝字二至,嘗撰《稽禮辨論》、《韻原表》、《石鼓文定本》三書,或即其人歟?

【彙訂】

① 開慶元年己未(1259)年二十,則宋亡之年(祥興二年己卯,1279)年四十,至延祐己未(1319)則已入元四十年。(胡玉縉:《四庫全書總目提要補正》)

② 書中卷二十一“陸放翁諸作”條云:“晚年高臥笠澤,學士大夫爭慕之。會韓侂胄顓政,方修南園,欲得務觀為之記,峻擢史職,趣召赴闕。務觀恥於附韓,初不欲出。一日,有妾抱其子來前曰:‘獨不為此小官人地耶?’務觀為之動,竟為侂胄作記。由是失節,清議非之。”然陸游於慶元六年為韓侂胄作《南園記》時,幼子亦已二十三歲。(白敦仁:《關於陸游的所謂“晚節”問題(下)》)

③ 此書卷二十二“趙次山諸作”條記李義山“以山東提刑守池州”,非“江東提刑”。《江西通志》卷六十七載:“李義山字伯高,豐城人……出知吉州,後以湖南提舉攝帥漕……歷階至中正大夫……”未言曾守池州。(陸心源:《儀顧堂續跋》)

湛淵靜語二卷(兩淮鹽政採進本)

元白珽撰。珽字廷玉,錢塘人,家於西湖。有泉自竺山匯於其門,珽名曰湛淵,因以為號。是書為其友海陵周暕所編。前有珽自序,又有暕序,題“至大庚戌”,稱珽是年六十三歲。以長曆

推之,當生於宋理宗淳祐八年戊申。元兵破臨安時,年二十七
矣。故其書於宋多内詞,與劉壎相類。然考斑入元以後,以李衎
之薦,授太平路儒學正,未幾攝教授事,尋轉常州路教授,升浙江
等處副提舉,遷淮東鹽倉大使,再遷蘭溪州判官,乃致仕。則食
元之祿久矣,而猶作宋遺民之詞,其進退無據,亦與壎相類也。
是書乃其雜記之文。據卷末有明人跋語,稱嘉靖丙午鈔自崑山
沈玉麟家,而疑其不止此二卷,殆殘本歟? 厲鶚作《宋詩紀事》,
蒐採極博,而此書開卷載理宗賜林希逸詩一篇,鶚不及收,則鶚
未見其本矣。其中如謂皎然《銅碗為龍吟歌》咏房琯事,詩家未
有引用者,不知李賀《昌谷集》中實有《假龍吟歌》;謂《匡謬正俗》
為顏真卿作,不知實出顏師古,不免稍有疏舛。"文中子、李德
林"一條乃晁公武《讀書志》之語,"辨常儀占月"一條亦史繩祖
《學齋佔畢》之説,亦未免偶相剿襲。其載倪思論司馬光《疑孟》
一條,謂王安石援《孟子》"大有為"之説,欲神宗師尊之,故光著
此書,明其未可盡信,其説為從來所未及。案晁公武《讀書志》
稱:"王安石喜《孟子》,自為之解,其子雱與其門人許允成皆有註
釋。"蓋唐以前《孟子》皆入儒家,至宋乃尊為經。元豐末,遂追封
鄒國公,建廟鄒縣,亦安石所為。則謂光《疑孟》實由安石異議相
激而成,不為無見。必以為但因"大有為"二語,則似又出於牽
合,非確論也。然其他辨析考證,可取者多。其記汴京故宮,尤
為詳備。在元人説部之中,固不失為佳本矣。

敬齋古今黈八卷(永樂大典本)

元李冶撰[①]。冶有《測圓海鏡》,已著錄。此書原目凡四十
卷。其以"黈"名者,案《漢書·東方朔傳》:"黈纊充耳,所以塞

聰。"顏師古註曰："示不外聽。"冶殆以專精覃思,穿穴古今,以成是書,故有取於"不外聽"之義歟?《元史》本傳、邵經邦《宏簡錄》、黃虞稷《千頃堂書目》俱作《古今難》,當因字形相似,傳寫致譌。《文淵閣書目》題作宋人,則併其時代亦誤矣。其書皆訂正舊文,以考證佐其議論,詞鋒駿利,博辨不窮。其說《毛詩》"草蟲阜螽"一條云:"師說相承,《五經》大抵如此,學者止可以意求之。膠者不卓,不膠則卓矣。"是其著書之大旨也。其中如謂蚩尤之名取義於"蚩蚩之尤";謂《內則》一篇卑鄙煩猥②,大類世所傳《食纂》;謂《中庸》"素隱行怪"乃"素餐"之素;謂《孟子》"兄戴蓋"為一句,"祿萬鍾"為一句,"戴蓋"即乘軒之義,或不免於好為僻論,橫生別解。又如《淳化閣帖》漢章帝書《千字文》,米芾《書史》、黃伯思《法帖刊誤》、秦觀《淮海集》俱以為偽帖,而冶據以駁《千字文》非周興嗣作;《太平廣記》載徐浦鹽官李伯禽戲侮廟神,其事在貞元中,具有年月,而冶即以為李白之子伯禽,亦偶或失考。然如辨《史記》"微子面縛,左牽羊,右把茅",乃其從者牽之把之,司馬遷所記不謬,孔穎達書《正義》所駁為非;辨《鄭語》"收經入行娭極",謂"經"即"京","娭"即"核",韋昭不當註"經"為"常";辨《論語》"五十以學《易》",謂《論語》為未學《易》時語,《史記》所載則作《十翼》後語,不必改"五十"字作"卒";辨《孟子》"龍斷"即《列子》所謂"冀之南,漢之北,無隴斷焉";辨《史記》自敍"甌、駱相攻",謂當為"閩、越相攻";辨張耒《書鄒陽傳後》,謂韓安國實兩見長公主,《漢書》不誤而耒誤;辨《衛青傳》三千一十七級,謂"級"字蒙上"斬"字,顏師古誤蒙上"捕"字,遂以生獲為級;辨《魏志》"穿方負土",謂即《算經》之立方定率;辨《吳志》孫權《告天文》,謂不當呼上帝為爾;辨《通鑑》"握槊不輟",謂胡三省誤以長行局為長矛③；以及辨古者私家及官衙皆可稱朝，引《後漢書》劉寵、成瑨及《左傳》伯有事為證；辨佝僂丈人承蜩所以供食，引《內則》鄭元註、《荀子》楊倞註為證；辨《吳都賦》獑子"長嘯"當是"常笑"④，引《山海經》為證，皆具有根據。要異乎虛騁浮詞、徒憑臆斷者矣。至於所引《戰國策》"蔡聖侯因是已"、"君王之事因是已"，二"已"字今本並作"以"，而證以李善註阮籍《詠懷詩》所引實作"已"字，足以考訂古本。又《大學》"絜矩"，今本《章句》作"絜度"也，冶所見本則作"絜圍束"也；蘇軾《赤壁賦》，今本作"而吾與子之所共適"，冶所見本則作"共食"，而駁一本作"共樂"之非，亦足以廣異聞。有元一代之說部，固未有過之者也。雖原本久佚，今採掇於《永樂大典》者不及十之四五，然菁華具在，猶可見其崖略。謹以經、史、子、集依類分輯，各為二卷，以備考證之資焉。

【彙訂】

①　"李冶"乃"李治"之誤。（陳垣：《通鑑胡注表微》）

②　"煩"，殿本作"凡"，誤，參此書卷二原文。

③　李治至元十六年卒，年八十八，見蘇天爵《元名臣事略》，長胡三省三十八歲，卒時胡氏《資治通鑑音注》尚未成。其所謂《通鑑注》，當為司馬康或史炤釋文。又胡氏注釋曰："握槊，局戲也……史炤乃以為握丈八之槊，是但知槊之為兵器，而未知握槊之為局戲也。"不僅未誤，且辨前人以局戲為兵器之誤，與《敬齋古今黈》同。（陳垣：《通鑑胡注表微》）

④　"常笑"，殿本作"長笑"，誤，參此書卷七原文。

日聞錄一卷（永樂大典本）

元李翀撰。翀不見史傳。惟書中紀至正甲辰、丙午閒事，下

距洪武元年僅一二載，其人當已入明。然書中皆稱元為國朝，則
前代遺老，抱節不仕者也。是書多及歷代故事，略如蔡邕《獨
斷》、崔豹《古今注》之體，而辨論差詳，多有可採。亦閒及元代軼
事，蓋雜家者流。其中如謂典命以九為節，以七為節，以五為節，
即掌節之節，殊屬臆斷。又謂唐以後"有司給門旗二，龍虎旗一
之類，乃變節為旗"，不知《周禮·司常》"諸侯建旂，孤卿建旜，大
夫、士建物，師都建旗，州里建旟，縣鄙建旐"，已各以旂常為表
識，不得云自唐以後始變節為旗，考證未免少疏。又如真德秀題
《三教圖》之類，亦未免傳聞附會。然大致引據詳核，足與史志相
參考，數典者固宜有取也。舊本久佚，今以《永樂大典》所載，鈔
合排比，編為一卷。《千頃堂書目》載有是書，而題作者為凌翀。
《永樂大典》所題，亦有一條作凌翀，然其餘無作凌翀者。今擇其
多者從之，而附載姓氏之異同，備考核焉。

　　勤有堂隨錄一卷（編修程晉芳家藏本）

　　元陳櫟撰。櫟有《書傳纂疏》，已著錄。此其隨筆劄記之文
也。雖多談義理，而頗兼考證，於宋末元初諸人，各舉其學問之
源流，文章之得失，非泛泛託諸空言者。其謂陳安卿為朱門第一
人，黃直卿及李方子多有差處[1]；謂楊誠齋亦閒氣所生，何可輕
議；謂劉辰翁父喪七年不除為好怪釣名，尤平情之論，不規規於
門戶之見者矣。櫟《定宇集》前載有《年表》一卷，稱至治三年年
七十二，作《勤有堂記》，則是書當成於晚年。然其記集中不載，
而集末別有朱升《記》一篇，述其曾孫鎜之言曰："'辛勤三十年，
始有此室廬'，韓公詩也，'詩書勤乃有'，亦韓公詩也。觀吾家堂
名者，惑而弗辨，請為記以昭之。"云云。詳其詞意，主於櫟夫婦

辛勤,以有此堂。蓋宋末建陽余氏書坊亦名曰勤有堂,故有是辨歟?

【彙訂】

①"及",殿本無。

玉堂嘉話八卷(江蘇巡撫採進本)

元王惲撰。惲有《承華事略》,已著錄。是編成於至元戊子。紀其中統二年初為翰林修撰、知制誥兼國史館編修官,及調官晉府秩滿,至元十四年復入為翰林待制時①,一切掌故及詞館中考核討論諸事。始於辛酉,終於甲午,凡三十四年之事②。所記當時制誥特詳,足以見一朝之制。如《船落至祭文》③、《太常新樂祭文》之類,皆他書所未見。他如記唐張九齡、李林甫告身之式;記平宋所得法書古畫名目、宋聘后六禮金、科舉之法;以及論宣諭、制誥之別;據柳公權跋,知唐時已有《廣韻》;辨米芾之稱南宮,以贈官太常;記秦檜家廟之制;摘顏真卿書《出師表》之偽;謂《金史·天文志》出於太史張中順;與夫張德輝述塞北之程④、劉郁述西域之事,皆足以資考證。而宋、遼、金三《史》之議,尤侃侃中理。其中如論日月五星則不知推步之法;謂古婦人無諡,則不知聲子、文姜之例;論《六帖》則剿襲《演繁露》;論舜事則誤信錢時;論野合則附會《博物志》,皆為疵累。"《唐六典》女伯女叔"一條,二卷、五卷再見,亦失檢校。然大致該洽,不以瑕掩。全書已收入《秋澗集》中,此乃其別行之本也。

【彙訂】

①"復",殿本作"後",誤。此書卷前王惲自序云"其年(中統二年)秋七月授翰林修撰,同知制誥,兼國史院編修官……自

後由御史裏行調官晉府，秩滿，復入為翰林待制”。

②戊子為至元二十五年，若此時書已告成，何以内容又“終
於甲午”，即終於至元三十一年呢？蓋此時之戊子自序，雖言時
已“輯為八卷”，但謂“紬繹所記憶者凡若干言”。言“若干”，不舉
實數，因字數未定，固可隨時增加也。據《元史》本傳，元貞元年，
王惲“加通議大夫、知制誥，同修國史”，即又入“玉堂”。故此書
卷八有“至元貞元年，歲六月十三日，《宋太祖實錄》抄並校勘無
差”之記事。則所記終於元貞元年乙未，而非終於甲午，年數共
三十五，非僅三十四也。（楊武泉：《四庫全書總目辨誤》）

③“至”，底本作“致”，據此書卷三原文及殿本改。

④“夫”，殿本無。

庶齋老學叢談三卷（安徽巡撫採進本）

元盛如梓撰。如梓，衢州人①。庶齋其自號也。嘗官崇明
縣判官。其書多辨論經史，評騭詩文之語，而朝野逸事，亦閒及
之。分為三卷，而第二卷別析一子卷，實四卷也。大抵皆隨時掇
拾而成。如載陸游姚將軍、趙宗印二詩，惜不得姚名字，而《渭南
集》實有《姚平仲傳》，王士禎《居易錄》已摘其疏。他若引《左傳》
晉景公病，如廁陷而卒，謂國君何必如廁，而以為文勝其實，不知
《國策》趙襄子、《史記》慎夫人皆載有此事。古人朴質，不以為
怪，豈可執此以證《左傳》之誣？又於賈似道有豪傑之譽；載曹東
畎媟俚之詞，皆為失當。然如駁《吹劍錄》，謂《廣陵散》不始於王
陵②、母邱〔丘〕儉；以姑蔑墓證韋昭註《國語》之非，此類亦頗見
考據。又各條之下，閒註出某人說。蓋如梓猶及與元初故老游，
故所紀多前人緒論，頗有可採云。

【彙訂】

① 周中孚《鄭堂讀書記》卷五六《庶齋老學叢談》條云："元盛如梓撰。如梓,號庶齋,揚州人,嘗為衢州教官,歷從仕郎崇明州判官致仕。"雍正《江南通志》卷一九二《藝文志·子部·庶齋老學叢談》條,記作者為"揚州盛如梓",而康熙《衢州府志》及民國《衢縣志》,均不載此人。惟民國《衢縣志》卷一五藝文志《庶齋老學叢談》條注,引康熙己亥林佶跋曰:"觀《叢談》中語氣,知公是揚州人。"又引鮑廷博跋曰:"庶齋,揚州人,曾為衢州教官,見龔璛《存悔齋集》。"龔璛,元初人,其《存悔齋稿》有《送盛庶齋任衢教》詩。可知作者盛如梓為揚州人。(楊武泉:《四庫全書總目辨誤》)

② "王陵",底本作"王凌",據此書卷中上原文及殿本改。

研北雜志二卷(內府藏本)

元陸友撰。友有《墨史》,已著錄。友嘗取《漢上題襟集》所載段成式語,自號研北生,因以名其雜著。前有元統二年二月自序,稱元統元年冬還自京師,索居吳下,追憶所欲言者,命其子錄藏。蓋虞集、柯九思同薦友於朝,會二人去職,友亦罷歸時也。所錄皆軼文瑣事。友頗精賞鑒,亦工篆隸,故關於書畫古器者為多,中亦頗有考證。如解李商隱之"金蟾齧鎖"句;辨徐鍇《說文繫傳》之"玁"字、"禰"字互相矛盾;援《北史》證馬定國以石鼓出宇文周之非;引鄭康成之說證傳註稱錯簡之誤,皆有可採。至謂仇姓出《梁四公子傳》,不知孟母先氏仇①;以王明清字仲言,謂本張華《答何劭》詩"其言明且清"句,不知《禮記》先有此文,則偶然疏舛也。徐顯《稗傳》載友撰《研史》、《墨史》、《印史》,不載此

書。此本出自陳繼儒家，末有舊跋，已稱字多譌脫。繼儒刻入
《普祕笈》中，更失校讎。如"皇象《天發神讖碑》事"一條，上、下
卷其文複見，則顛倒錯亂可知矣。錢曾《讀書敏求記》稱有柯柘
湖校本[②]、項藥師刊本，今皆未見也。

【彙訂】

①"梁四公子"，指梁武帝時四怪姓人——𩶘閭、𪏮傑、𣤶
䵬、仉督。四人皆稱"公"，如閭公、傑公，不涉"公子"，"子"為衍
文。此書乃記占卜、異國殊俗奇物等事物，非四人之傳，故古代
書目稱"《梁四公記》"，不作"傳"。孟子之母，見於《韓詩外傳》卷
九、劉向《列女傳》卷一，但均不著姓。唐《元和姓纂》、宋《廣韻》、
《通志·氏族略》等書，於"仉姓"，只舉"仉"，不提孟母。明代楊
慎《希姓錄》，始著孟母姓仉，但不言所據。其後薛應旂《四書人
物考》、凌迪知《萬姓統譜》仉姓條，均以孟母姓仉。明陳士元《姓
觿》卷六"仉姓"條云："《玉海》云：'孟軻母仉氏。'"但遍檢《玉
海》，並無此語。而王應麟《姓氏急就篇》卷下註仉姓，只舉仉肸，
不言孟母。清初馬驌《繹史》卷一〇六"子思孟子言行"篇，又謂
孟母姓仉，出《風俗通》，然傳世《風俗通》無此文。近人王利器
《風俗通校注》、吳樹平《風俗通校釋》，其中輯古姓氏佚文多達五
百餘姓，但無孟母姓仉氏之文。元人張須《孟母墓碑》稱孟母為
李氏，見清林春溥《孟子列傳纂注》及清梁端校注《列女傳·鄒孟
軻母》條。可知元代尚無孟母姓仉之說。明初解縉等撰《古今列
女傳》，於孟母傳亦不言姓。則此說起於楊慎之前，解縉之後也。
（楊武泉：《四庫全書總目辨誤》）

②"柯柘湖"乃"何柘湖"之誤，見章鈺《讀書敏求記校證》卷
三之上《硯北雜志》條。（朱家濂：《讀〈四庫提要〉劄記》）

北軒筆記一卷（兩淮鹽政採進本）

元陳世隆撰。是書前有小傳，不知何人所作。稱世隆字彥高①，錢塘人，宋末書賈陳思之從孫。順帝至正中，館嘉興陶氏，没於兵。所著詩文皆不傳，惟《宋詩補遺》八卷與此書存於陶氏家。今《宋詩補遺》亦無傳本②，惟此一卷僅存。所論史事為多，如論西伯戡黎，力辨委曲回護之説；論魯兩生不知禮樂；論胡寅譏劉晏之非；論秦王廷美生於耿氏之誣；論周以於謹為三老有違古制，皆援據詳明，具有特見。至所載僧静如事，則體雜小説，未免為例不純。是亦宋以來筆記之積習，不獨此書為然，然不害其宏旨也。

【彙訂】

① 書前小傳云：“陳彥高字世隆，以字行。”

②《宋詩補遺》應作《宋詩拾遺》，今存二十三卷抄本。（李裕民：《四庫提要訂誤》續）

閒居錄一卷（浙江汪啟淑家藏本）

元吾衍撰①。衍有《學古編》，已著錄②。是書乃衍劄記手藁，陸友仁得於衍從父家，錄而傳之，猶未經編定之本。故皆隨筆草創，先後不分，次序字句亦多未修飾。其中如駁戴侗《六書故》妄造古篆一條、辨徐鉉篆書筆法一條，皆與《學古編》互相出入。蓋先記於此，後採入彼書，而初稿則未削除也。然零璣碎玉，往往可採，如辨顏氏誤解“匆匆”③；辨魏伯陽《參同契》誤以“易”字從日月；辨杜甫非不咏海棠，語皆有識。惟論《堯典》“中星”，以為四時皆以戌刻為昏，未免武斷；論“借書一瓻”，謂以甖盛卷軸，亦為穿鑿。以及論“奥”、“竈”字與《爾雅》相違；論“五伯"字不考《後漢書·禰衡傳》,以為唐人行杖之數,皆不免於疏漏。其他雜談神怪,亦多蕪雜。以衍學本淹通,藝尤精妙,雖偶然涉筆,終有典型。故仍錄存之,以備節取焉。

【彙訂】

① "吾衍",殿本作"吾邱衍"。

② 依《總目》體例,當作"衍有《周秦刻石釋音》,已著錄"。

③ "匆匆",底本作"勿勿",據此書原文及殿本改。按《顏氏家訓》卷三《勉學》原文實作"勿勿",吾衍所駁蓋據誤本。

雪履齋筆記一卷（編修程晉芳家藏本）

元郭翼撰。翼字羲仲,崑山人,自號東郭生,因以東郭先生故事名其齋曰雪履。嘗獻策張士誠不用,歸耕婁上。老得訓導官,偃蹇而終。蘇州知府盧熊題其墓曰遷善先生,又為撰《墓誌》,載翼卒於至正二十四年,其文在朱珪《名蹟錄》中。則距順帝北行尚前三載,他書或謂翼至洪武初嘗徵授學官,非其實也。是編乃江行舟中所紀,隨手雜錄,漫無銓次,然議論多有可採。如解《商書》"兼弱攻昧"二句,取張九成説;解《論語》"犬馬有養",取何晏《集解》説;駁張九齡《金鑑錄》之偽;辨蔡氏"三仁"之論,皆為有見。其論謝師直語一條、論詩一條,亦具有義理。惟解《論語》"怪力亂神"一條、"為力不同科"一條,過信古註,未免好奇耳。其書久無刊本,曹溶嘗收入《學海類編》,然中有"近時袁了凡"之語。袁黃萬曆時人,翼在元末,何由得見?殆明人有所竄亂,非其舊本矣。

霏雪錄二卷（浙江吳玉墀家藏本）

明鎦績撰。案《説文》有"鎦"字而無"劉"字,徐鉉附註以為

“鎦”字即“劉”字。此書作“鎦”，蓋偶從古體，遂相沿別為一姓，實非有二也。績字孟熙，先世洛陽人，徙於山陰。其父渙，通《毛詩》，元時嘗為三茅書院山長。績承其家學，故此書辨核詩文疑義，頗有根據。又及與元末諸遺老游，故雜述舊聞，亦多有淵源。然每紀夢幻詼諧之事，頗雜小說家言。其以杜常詩為杜牧詩，王士禎《香祖筆記》嘗糾之，亦不免小誤。又如稱其遠祖馬牧君事金太祖，有紀信之節。元修“三史”時，史臣責賕於其祖，不肯，遂不得書此事。論史者俱未之及。然當時元政雖頹，而秉筆諸臣如揭傒斯、歐陽元〔玄〕等，皆一代勝流，未必遽有索米受金之事。是亦一家之私言，未可概信。以其可取者多，錄備明初說部一家耳。此書成化間嘗刊行，有胡諡後序，稱績所著尚有《嵩陽稿》、《詩律》，今俱未見，殆已散佚矣。

蠡海集一卷（兩淮鹽政採進本）

舊本題宋王逵撰。案宋有三王逵。其一王逵，不知何許人，仁宗時官江南西路轉運使，調淮南轉運使。包拯連具七章彈之，具載拯《奏議》中，極斥其貪鄙酷虐，似非能著書之人。其一王逵，濮陽人，天禧三年進士，官刑部郎中。其所著作，惟呂希哲《雜記》載其贈蔡襄詩一首，阮閱《詩話總龜》載其咏酒帘一聯，不聞更有此書。其一王逵，淄州人，建炎中知徐州王復之孫，紹興中太僕丞王伀之子。其所著作，惟《蘆浦筆記》載送田鄂詩一首[①]，亦不聞有此書。此書中論脈一條，稱：“七表、八裏、九道，計二十四，見之於叔和《脈訣》。”是熙寧間書也，前兩王逵不得見。論“百刻”一條，稱“趙緣督又有一說”，是至元以後書也，後王逵亦不得見，又安得而引之耶？考明黃姬水《貧士傳》載：“王逴,錢塘人,足一跛。家極貧,無以給朝夕,因賣藥。復不繼,又市卜。博究子史百家,客至,輒談今古不休。人知其辨博,每以疑難質之,無不口應。"列其人於張介福之後、王賓之前,蓋洪武、永樂閒人。作是書者,必此王逴。商濬刻《稗海》時[②],未及詳考,誤以為宋王逴也。其學蓋出於邵子,其書亦規摹《觀物外篇》,分天文、地理、人身、庶物、曆數、氣候、鬼神、事義八門,皆即數究理,推求天地人物之所以然。雖頗穿鑿,而亦時有精義。世稱"二十四番花信風",楊慎《丹鉛錄》引梁元帝之説,別無出典,殆由依託,其説亦參差不合。惟此書所列,最有條理,當必有所受之云。

【彙訂】

①《蘆浦筆記》卷八"資政壯節王公家傳"條曰:"紹興十二年,承宣使田諤扈從顯仁太后回鑾。佾子逴留淄川,南北隔絶,以詩送諤曰:'兩地音塵隔死生,十年常效執珪吟。羨君已作遼東鶴,顧我空存魏闕心。日下既蒙新眷遇,海邊休忘舊知音。倘憐萬里親庭在,為向雲山處處尋。'詩至而佾卒已一歲矣。"可知"田鄂"乃"田諤"之誤。

②"商濬",殿本作"商維濬"。

草木子四卷(兩江總督採進本)

明葉子奇撰。子奇有《太元〔玄〕本旨》,已著錄。考子奇所著諸書,有《範通元〔玄〕理》二卷,詩十六卷,文二十卷,《本草》、《醫書節要》各十卷,《齊東野語》三卷,又《餘錄》若干卷,紀元季明初事最詳。今惟《太元本旨》及此書存。此書黃衷序云二十二篇,鄭善夫序又云二十八篇。正德丙子,其裔孫溥以南京御史出知福州,重刻之,約為八篇,曰《管窺》,曰《觀物》,曰《原道》,曰《鈎元〔玄〕》,曰《克謹》,曰《雜制》①,曰《談藪》,曰《雜俎》。每二篇為一卷,即此本也。善夫序又云:"舊本今纂為四,《野語》今纂為二,併曰《草木子》。則似此四卷已合《野語》為一書。"然四卷、二卷當為六卷,不當為八卷。《野語》今無別本,無由質其異同,莫之詳也。子奇學有淵源,故其書自天文、地紀、人事、物理,一一分析,頗多微義。其論元代故事,亦頗詳核。惟賈魯勸托克托開河北水田,造至正交鈔,求禹河故道,功過各不相掩,子奇乃竟斥之為邪臣,則不若宋濂《元史》之論為平允也。書前有子奇自序,題戊午十一月,乃洪武十一年,即子奇罷巴陵主簿,逮繫之歲。此書蓋其獄中所作云。

【彙訂】

① "雜制",殿本作"雜誌",誤,參此書卷三原文。

胡文穆雜著一卷(浙江范懋柱家天一閣藏本)

明胡廣撰。廣字光大,建文庚辰進士第一。惠帝以其名與漢胡廣同,更名靖,除翰林院修撰。靖難兵至,迎降。永樂初,復原名。累官文淵閣大學士,卒諡文穆。事蹟具《明史》本傳。所著有《晃菴》、《扈從》諸集。是書乃其隨手劄記,已載入《文穆集》中,此其別行之本也。其中如謂《資治通鑑》論維州悉怛謀事,司馬光非不知李是牛非,特以意主和鄰,不欲生釁,故矯為此言,引其臨終與呂公著簡為證,可謂深明時勢。又謂灞陵尉禁人夜行,乃其本職,李廣憾之為私意;謂子產論黃熊為啟信安喜怪之漸;謂申屠嘉大節凜然,班固稱其學術不及陳平,其說非是,持論亦正。他如謂《易卦》吉凶皆戒,占者當反求諸己,與《左傳》穆姜、南蕆之事合；謂問名、納吉、納幣之卜，皆卜其日，非卜吉凶，程子所疑未可憑；謂李白非無與杜甫詩，《容齋隨筆》所考未確；謂灌嬰實定豫章，李白詩不誤，而胡若思指為陳嬰，反誤，亦頗有考據。廣文集未足名家，此書在明初説部之中則猶為可取。至論季布不死一條，謂班固之言抑揚太過，與其負王肂而迎成祖，截然相反，豈書作於建文壬午以前耶？然論漢黄生、宋蘇軾"武王非聖人"之説，又似曲為靖難者解[1]。或自知大節有虧，而故為成仁取義之言，以掩後世之耳目歟？

【彙訂】

[1] "者解"，殿本作"解者"。

讕言長語一卷（内府藏本）

明曹安撰。安字以寧，號蓼壯，松江人。正統甲子舉人，官安邱〔丘〕縣教諭。是書前有安自序，謂"皆零碎之詞，故名曰《讕言長語》。讕言者逸言也，長語者剩語也"，則"長"當讀為"長物"之"長"矣。書中多據所見聞，發明義理。其論詩不中肯綮，所錄諸詩，亦大抵不工。蓋真德秀《文章正宗》、金履祥《濂洛風雅》之派。至於欲取皋陶《賡歌》、《五子之歌》、《洪範》及詩之三言、五言、七言體刻為一集，使人習之以復古，尤萬不能行之事。然大致持論醇正，於人心風俗，多有所裨。其論讀經一條，尤切中明代俗學之弊。成化丙午顧純題詞，以《輟耕錄》、《水東日記》比之。正德乙亥史紀重刊跋，又以《霏雪錄》比之。今以四書相較，劉績、葉盛二家書大致相近，陶宗儀書直小説家言，遠不逮此書也。

蟫精雋十六卷（浙江范懋柱家天一閣藏本）

明徐伯齡撰。伯齡字延之，自署曰古剡，蓋嵊縣人。書中十二卷之末有《籜冠生傳》一篇，即張錫為伯齡作者，又曰"生杭人也"，豈嵊其祖籍歟？傳稱其"嘗集籜為冠，嘯歌自得，若不與於人世者。雖博學能文，善書，工琴，熟律，而不肯以技自試"，則亦山林放曠之士。考張錫，天順壬午舉人，官山西山陰縣教諭。則伯齡為天順中人，故所記有成化癸巳、癸卯事。明末杭州別有一徐伯齡，崇禎庚午舉人，官永壽縣教諭。名姓偶同，非一人也。是書雜採舊文，亦兼出己說。凡二百六十一條，大抵文評、詩話居十之九，論雜事者不及十之一，其體例略似孟棨《本事詩》，其多錄全篇又略似劉壎《隱居通議》。其中猥瑣之談，或近於小說，而遺文舊事，他書所不載者，亦頗賴以傳。其論周德清《中原音韻》一條，尤為明確。《千頃堂書目》作二十卷，此本僅十六卷。前後無序跋，亦無目錄，不能知其完闕，其中多闕字、闕句。又所錄詩文，往往但存其標題，而其文皆作空行。蓋繕錄者圖省工力，因而漏落。今於有可考者補之，無可考者則亦姑闕焉。

震澤長語二卷（內府藏本）

明王鏊撰。鏊有《史餘》，已著錄。此本乃其退休歸里隨時筆錄記之書，分經傳、國猷、官制、食貨、象緯、文章、音律、音韻、字學、姓氏、雜論、仙釋、夢兆十三類。鏊文詞醇正，又生當明之盛時，士大夫猶崇實學，不似隆慶、萬曆以後聚徒植黨，務以心性相標榜，故持論頗有根據。惟其辨累朝絲綸簿具存內閣，無楊士奇私送司禮監事，焦竑《筆乘》嘗據以證士奇之受誣。然考《復辟錄》載："初朝廷旨意，多出內閣條進，槀留閣中，號絲綸簿。其後宦寺專恣，奏收簿祕內。徐有貞既得權寵，乃告上如故事，還簿閣中。"云云。則鏊時所見之簿乃徐有貞所重取以出[1]，未可為

士奇不送之證，其考訂間有未審。又欲於河北試行井田，殊為迂
闊。"夢兆"一條，篤信占驗，亦非儒者之言，未免為白璧之瑕耳。
前有賀燦然序，稱鏊元孫永熙梓鏊所著《長語》、《紀聞》及永熙父
遵考《紀聞續卷》、《郢事紀略》，總題曰《震澤先生別集》。此本蓋
別集中之一種。然舊本別行，今亦各著於錄焉。

【彙訂】

①"所"，殿本無。

井觀瑣言三卷（浙江鮑士恭家藏本）

舊本題宋閩南鄭瑗撰。鍾人傑《唐宋叢書》亦作宋人，而書
中稱明為國朝，所評論者多明初人物，決非宋人所為。考宏治
《八閩通志》載有莆田人鄭瑗，字仲璧，成化辛丑進士，官至南京
禮部郎中。朱彝尊《明詩綜》亦載有其人，所著有《明省齋集》。
則此編當即明莆田鄭瑗所作，題宋人者妄也。其書大抵皆考辨
故實，品騭古今，頗能有所發明。如論王柏改經之非，斥《綱目》
發明書法考異之曲說，辨李匡乂《資暇集》解律令之誤，駁史伯璿
《管窺外編》言天地之自相牴牾，及摘胡三省《通鑑註》所未備，皆
中窾要①。又引《宋書·柳元景傳》，證魏崔浩因有異圖被誅，特
假史事為名，所論亦有根據，在明人說部中尚稱典核。惟不喜宋
濂，謂"其文多浮詞，於性命之學不甚理會"，未免失之過刻。其
論諸史紀年之例，尤偏駁不足為據云。

【彙訂】

①"窾"，殿本作"竅"。

南園漫錄十卷（湖北巡撫採進本）

明張志淳撰。志淳有《永昌二芳記》，已著錄。是書前有正

德十年自序,稱因讀洪邁《容齋隨筆》、羅大經《鶴林玉露》二書,
仿而為之。卷首數條皆掎摭《容齋隨筆》之語,辨其是非,蓋其書
之所緣起也。其餘則述所見聞,各為考證。大抵似洪書者十之
一,似羅書者十之九。所論如"江神"一條,譏洪邁舍人事而諂鬼
神①;"邱濬著書"一條,譏其《大學衍義補》不敢論及宦官,立意
皆極正大。其"避諱"一條,謂蜀本書多闕唐諱,乃相沿舊刻;"桂
辨"一條,謂桂花、桂樹兩種;"張籍詩意"一條,謂瞿宗吉《歸田詩
話》不知其作《還珠吟》時已先居幕下,駁正皆頗明核②。其辨
"永昌非金齒地"諸條考證致誤之由,亦極詳核。他如"春草王
孫"一條,王維詩語自本《楚辭》,而昧其所出,橫生訓詁之類,或
失之陋;"元順帝"一條,誤據《庚申外史》、《符臺外集》之說,以順
帝為瀛國公子之類,或失之無稽。蓋瑕瑜不掩之書也。中頗紀
載時事,臧否人物。故卷末又有嘉靖五年《題後》一篇,辨何喬新
《撫夷錄》之失實,而以書中所載自比於孫盛書枋頭事。其所紀
錄,亦可與《明史》相參考云。

【彙訂】

①"諂",殿本作"謟",誤。

②"明核",殿本作"明析"。

雨航雜錄二卷(兩江總督採進本)

明馮時可撰。時可有《左氏釋》,已著錄。是書上卷多論學、
論文,下卷多記物產,而閒涉雜事。隆、萬之閒,士大夫好為高
論,故語錄、說部往往滉漾自恣,不軌於正。時可獨持論篤實,言
多中理。如云:"漢人之於經,臺史之測天也,不能盡天,而觀象
者不能廢;宋人之於學,規矩之畫地也,不能盡地,而經野者莫能

違。"又曰："子靜之求心,而其徒棄經典;紫陽之窮理,而其徒泥
章句。非教者之過,學者之失也。"又曰："宋儒之於文也,嗜易而
樂淺;於論人也,喜核而務深;於奏事也,貴直而少諷。"皆平心靜
氣之談。其論王世貞"悲歌碣石虹高下,擊筑咸陽日動搖"句,以
為近於造作而遠自然,正其一病。又引徐叔明語,論世貞為人作
傳志,"極力稱譽,如膠庠試最,乃至細微事而津津數説①。此非
特漢以前無是,即唐、宋人亦無此陋識",亦皆有見。惟其論《十
三經註疏》立而西京諸儒之訓亡,未免失之過高,偶涉當時習
尚耳。

【彙訂】

①"説",此書卷上原文及殿本作"語"。

採芹錄四卷(江蘇巡撫採進本)

明徐三重撰。三重有《餘言》,已著錄。是編第一卷論養民、
教民,第二卷、三卷多論學校貢舉、政事利弊,第四卷多論明代人
物臧否。大抵皆考稽典故,究悉物情,而持論率皆平允,無激烈
偏僻之見,亦無恩怨毀譽之私。勝明人所作諸説部動涉卮言,亦
勝三重所作他語錄,借周子之一言,遂太極、陰陽,連篇累牘,講
學於天地之外。惟力主均田、限田之議,反覆引據,持之最堅。
究而論之,自阡陌既開以後,田業於民,不授於官,二千年於兹
矣。雖有聖帝明王,斷不能一旦舉天下之民,奪其所有,益其所
無而均之;亦斷不能舉天下之田,清釐其此在限外,此在限內,此
可聽其買賣,此不可聽其買賣而限之,使黠豪反得隱蔽為姦,猾
胥反得挾持漁利,而閭里愚懦紛紛然日受其擾。故漢董仲舒,北
魏李安世、唐陸贄、牛僧孺,宋留正、謝方叔,元陳天麟皆反覆言

之,而卒不能行。此猶可曰權不屬,時不可也。宋太宗承五季凋
殘之後,宋高宗當南渡草創之初,以天子之尊,決意行之,亦終無
成效。則三重所言,其迂而寡當可見矣。然如論漕粟則駁邱濬
海運之非,論養兵則駁徐階塞外不可屯田之謬,皆卓然明論。其
他亦多篤實近理,切於事情,猶可謂留心經世之學者也。

　　畫禪室隨筆四卷(內府藏本)

　　明董其昌撰。其昌有《學科考略》,已著錄。是編第一卷論
書,第二卷論畫,中多微理,由其昌於斯事積畢生之力為之,所解
悟深也。第三卷分記遊、記事、評詩、評文四子部。中如記楊成
以蔡經為蔡京之類,頗涉輕薄;以陸龜蒙《白蓮》詩為皮日休之
類,亦未免小誤。其評文一門,多談制藝,蓋其昌應舉之文與陶
望齡齊名,當時傳誦,故不能忘其結習也。四卷亦分子部四,一
曰《雜言上》,一曰《雜言下》,皆小品閒文,然多可採。一曰《楚中
隨筆》,其冊封楚王時所作。一曰《禪悅大旨》,乃以李贄為宗。
明季士大夫所見,往往如是,不足深詰,視為蜩螗之過耳可矣。

　　六研齋筆記四卷二筆四卷三筆四卷(禮部尚書曹秀先家
藏本)[①]

　　明李日華撰。日華有《梅墟先生別錄》,已著錄。日華工於
書畫,故是編所記論書畫者十之八。詞旨清雋,其體皆類題跋。
蓋錦贉玉軸,流覽既久,意與之化,故出筆輒肖之也。其他所記
雜事,亦楚楚有致。而每一真蹟,必備錄其題咏跋語、年月姓名,
尤足以資考證。王士禎《居易錄》嘗譏其以韓愈《山石》詩為白居
易、陸游作;以唐莊宗《如夢令》詞為李白作;以韋應物《西澗》詩
為杜牧作;以林逋為與文同、李公麟同時;以趙秉文為元人,皆誠

為舛謬。其他如以蘇若蘭與渤海高氏並列於能書婦人中，不知
何據。又文徵明詩"竹符調水沙泉活"句乃用蘇軾詩語，今見《東
坡集》中，而以為"吳中諸公遣力往寶雲取泉，先以竹作籌子，付
山僧為質，其事未經人用"，亦屬疏漏。大抵工於賞鑒而疏於考
證。人各有能有不能，取其所長可矣。是書分三集，集各四卷。
《明史·藝文志》作十二卷，蓋總而言之，其實即此三集也。

【彙訂】

①"二筆"、"三筆"，殿本作"二記"、"三記"，誤。此書明末
刻本與文淵閣《四庫》本皆作"二筆"、"三筆"。

物理小識十二卷（江蘇巡撫採進本）①

明方以智撰。以智有《通雅》，已著錄。此書為其子中通、中
德、中發、中履所編，又《通雅》之緒餘也。首為總論，中分天類、曆
類、風雷雨暘類、地類、占候類、人身類、鬼神方術類、異事類、醫藥
類、飲食類、衣服類、金石類、器用類、草木類、禽獸類凡十五門，大
致本《博物志》、《物類相感志》諸書而衍之。但張華、贊寧所撰但
言剋制生化之性，而此則推闡其所以然。雖所錄不免冗雜，未必
一一盡確，所論亦不免時有附會，而細大兼收，固亦可資博識而利
民用。《鶡冠子》曰："中流失船，一壺千金。"韓愈曰："牛溲馬勃，
敗鼓之皮，兼收並蓄，待用無遺。"則識小之言，亦未可盡廢矣。

【彙訂】

① 文淵閣《四庫》本尚有《總論》一卷。（沈治宏：《中國叢書
綜錄訂誤》）

春明夢餘錄七十卷（內府刊本）

國朝孫承澤撰。承澤有《尚書集解》，已著錄。是書首以京

師建置、形勝、城池、畿甸，次以城防^①、宮殿、壇廟，次以官署，終以名蹟、寺廟、石刻、巖麓、川渠、陵園。似乎地志，而敘沿革者甚略；分列官署，似乎職制；每門多錄明代章疏，連篇累牘，又似乎故事，體例頗為龐雜。且書中標目，悉以明制為主，則不當泛及前代。既泛及前代，則當元元本本，絲牽繩貫，使端委粲然。不當挂一漏萬，每門寥寥數語，或有或無，絕不畫一。即如禮部第一子目標曰"禮制"，而首以朱子《儀禮經傳通解》一條，次以吳澄《三禮考註》一條，又次以朱子《家禮》一條，此儒者之著述，非朝廷之典章，不當繫於禮部。又周與宋之舊文，非明代之新制，尤不當繫於明之禮部，是何義也？太醫院門自"敘官"一條外，皆雜錄古人醫書序文及諸家脈論^②，以足一卷。此無論不能徧載，即徧載之，何預明太醫院？然則翰林院門將備錄歷代制誥詩賦耶？又承澤沿門戶餘波，持論皆存偏黨。如萬曆以後曆法差舛，眾論交爭。至崇禎中，西法、中法喧啾彌甚，此沿革之大者。乃欽天監門於鄭世子載堉諸說今見於《明史》者悉刪不錄，於徐光啟等改法之事亦僅存其略。且謂舊法不過時刻之差，不害於事，又謂新法將來亦必差。殊有意抑揚，不為平允。蓋其時論者多攻《大統曆》，而《大統曆》曾經許衡參修，承澤以講學家宗派所繫，故為之左袒^③。其反復以衡為詞，宗旨了然可睹也。又周延儒招權納賄，賜死非枉。承澤乃於內閣門中錄其《直房記》一篇，以為美談，復於刑部門中以閣臣公救延儒揭列之"慎刑"條下，益乖是非之公矣。其好惡任情，往往如是，蓋不足盡據為典要。然於明代舊聞，採摭頗悉，一朝掌故，實多賴是書以存。且多取自實錄、邸報，與稗官野史據傳聞而著書者究為不同。故考勝國之軼事者，多取資於是編焉。

【彙訂】

① 此書卷五為《城坊》:"京師雖設順天府兩縣,而地方分屬五城,每城有坊。"(江慶柏等整理:《四庫全書薈要總目提要》)

② "家",殿本無。

③ 元初修曆,成其功者為郭守敬,但領其事者(非參修)為許衡,見《元史·許衡傳》。且元時曆稱《授時曆》,《大統曆》之名定於明初,見《明史·曆志》。(楊武泉:《四庫全書總目辨誤》)

居易錄三十四卷(山東巡撫採進本)

國朝王士禎撰。士禎有《古懽錄》,已著錄。是書乃其康熙己巳官左副都御史以後,至辛巳官刑部尚書以前,十三年中所記。前有自序,稱取顧況"長安米貴,居大不易"之意,末又以"居易俟命"為說,其義兩岐,莫知何取也①。中多論詩之語,標舉名俊,自其所長。其記所見諸古書,考據源流,論斷得失,亦最為詳悉。其他辨證之處,可取者尤多。惟三卷以後忽記時事,九卷以後兼及差遣遷除,全以日曆、起居注體編年紀月,參錯於雜說之中。其法雖本於龐元英《文昌雜錄》,究為有乖義例。又喜自錄其平反之獄辭、伉直之廷議,以表所長。夫《鄞侯家傳》乃自子孫,《魏公遺事》亦由僚屬。自為之而自書之,自書之而自譽之,即言言實錄,抑亦淺矣。是則所見之狹也。

【彙訂】

①《居易錄》自序云:"憶顧況語'長安米貴,居大不易',因取以名其書。予仕宦四十年,居易俟命,鈍拙無似,而顧以此蒙知主上,則首陽柳下,又未知孰為工拙也。取以名書,亦以見志云爾。"《禮記·中庸》曰:"君子居易以俟命,小人行險以徼倖。"

"居易俟命"是表明其處世態度,即便宦途"居不易",也可轉化為
"居易"。(張鼎三:《關於王漁洋及其〈居易錄〉的幾個問題》)

　　池北偶談二十六卷(山東巡撫採進本)

　　國朝王士禎撰。凡《談故》四卷,皆述朝廷殊典及衣冠勝事。
其中如戊己校尉、裙帶官之類,亦閒及古制。《談獻》六卷,皆明
紀中葉以後及國朝名臣、碩德、畸人、列女。其中如論王縉、張商
英、張綵之類,閒有摘斥其惡者,蓋附錄也。《談藝》九卷,皆論詩
文,領異標新,實所獨擅,全書精粹,盡在於斯。《談異》七卷,皆
記神怪,則文人好奇之習,謂之戲錄可矣。池北者,士禎宅西有
圃,圃中有池,建屋藏書,取白居易語,以"池北書庫"名之,自為
之記。庫旁有石帆亭,嘗與賓客聚談其中,故以名書。前有自
序,康熙辛未作也。

　　香祖筆記十二卷(山東巡撫採進本)

　　國朝王士禎撰。皆康熙癸未甲申二年所記,至乙酉乃排纂
成書[1]。其曰"香祖"者,王象晉《羣芳譜》曰"江南以蘭為香祖",
士禎蓋取其祖之語以名滋蘭之室,因以名書也。是書體例與《居
易錄》同,亦多可採。惟論尹吉甫一條,最為紕繆。又如姚旅《露
書》以章八元詩為盧照鄰,某詩話以柳惲詩為趙孟頫,案,某詩話原
本不著其名,蓋有所諱,今亦仍其舊文。記憶偶誤,事所恒有,指其疏舛
足矣。而一則以為"無目人語",一則以為"眯目人道黑白",肆口
毒詈,皆乖著書之體。士禎《池北偶談》"任惇表語"一條,何嘗不
以劉禹錫"覆舟側畔千帆過,病樹前頭萬木春"二句為白居易詩,
《漁洋文略·遊攝山記》何嘗不以左思"振衣千仞岡,濯足萬里
流"二句為郭璞詩乎? 此由晚年解組,侘傺未平,筆墨之閒,遂失

其沖夷之故度，斯亦盛德之累矣。又第十二卷一條曰："《輟耕錄》言'或題畫曰特健藥，不喻其義'。余因思昔人如秦少游觀《輞川圖》而愈疾，黃大癡、曹雲西②、沈石田、文衡山輩皆工畫，皆享大年，人謂是煙雲供養。則特健藥之名，不亦宜乎？"案《法書要錄》載武平一《徐氏法書記》曰："駙馬武延秀聞二王之蹟，強學寶重，乃呼薛稷、鄭愔及平一評其善惡。諸人隨事答稱，為上者題云特健藥，云是突厥語。"案，《唐書》稱延秀嘗質於突厥，解其國語。《法書要錄》所載太平公主"三馱藐提"四字印，亦突厥語也。其解甚明。士禎乃以字義穿鑿，殊為失考。此非僻事，殆耄而忘乎？然其品題文藝，宏獎風流，至於老而不衰，固足尚也。

【彙訂】

①"乃"，殿本作"而"。

②"曹雲西"，殿本作"曹雲溪"，誤，參此書卷十二原文。曹知白字貞素，號雲西，元代畫家，《元詩選癸集》有傳。

古夫于亭雜錄六卷（兩江總督採進本）

　　國朝王士禎撰。士禎以康熙甲申罷刑部尚書里居，乙酉續成《香祖筆記》之後，復採掇聞見，以成此書。自序謂"無凡例，無次第，故曰雜。以所居魚子山有古夫于亭，因以為名"。其中如據《西京雜記》鉤弋夫人事以駁正史，則誤採偽書。據《貴耳集》以王安石為秦王廷美後身，則輕信小說。據《詩》"元龜象齒"之文，謂韓非"希見生象"之語不足為信；據《易》"匪其彭"之文，謂《論語》"竊比老彭"，"彭"當音"旁"，訓為"側"；據《子華子》證《詩》"有美一人"；據《示兒編》解《詩》"黽勉從事"，則附會經義。以張為為南唐人，以俞文豹為元人，亦失於考核。然如謂岳珂

《桯史》之名出於李德裕，辨《劉表碑》非蔡邕作，辨貼黄今古不同，辨《劇談錄》元稹見李賀之妄，辨《丹鉛錄》載蘇軾詞之謬，辨洪邁《萬首絶句》，辨《西溪叢語》誤引田子春，辨《才調集》誤題王之渙，辨唐彦謙誤咏齊文惠太子宮人，皆引據精核。品題諸詩，亦皆愜當。而記董文驥論擬李白、孟浩然詩，記汪琬論新異字句，不諱所短，若預知其詩派流弊而防之者。可謂至公之論，異乎沾沾自護者矣。

分甘餘話四卷（山東巡撫採進本）[①]

國朝王士禎撰。此書成於康熙己丑罷刑部尚書家居之時。曰"分甘"者，取王羲之《與謝萬書》中語也。大抵隨筆記錄，瑣事為多。蓋年踰七十，借以消閒遣日，無復考證之功，故不能如《池北偶談》、《居易錄》之詳核。中如引《嬾真子》稱《漢書》昌邑王賀妾名羅紨即羅敷，"不言二字何以通用，俟考"云云。今案《漢書·昌邑王傳》，實作羅紨，顏師古註曰："紨音敷。"《說文》糸字部有此字，註曰："布也，一曰粗紬。從糸，付聲。"蓋"紨"字同音[②]，故得與"敷"字通用。馬永卿誤引《漢書》，士禎不加辨正，而轉以設疑，殊為疏舛。是亦隨時摘錄，不暇翻檢之明驗矣。其他傳聞之語，偶然登載，亦多有未可盡憑者。然如繁臺之當讀蒲禾切、梅福為吳門市卒之非、蘇州宣室之有二，此類皆有典據，不同摭拾。披沙揀金，尚往往見寶也。其中《滄浪詩話》一條，獨舉馮班《鈍吟雜錄》之説，反覆詆排，不遺餘力。則以士禎論詩宗嚴羽，而趙執信論詩宗馮班。核其年月，在《談龍錄》初出之時，攻班所以攻執信也。然執信訟言詆士禎，而士禎僅旁借其詞，不相顯斥，則所養勝執信多矣。

【彙訂】

① 底本此條與文淵閣庫書次序不符。文淵閣庫書及殿本皆置"香祖筆記十二卷"條後。

② "同音"，殿本作"音同"。

右雜家類"雜説"之屬，八十六部，六百三十六卷^①，皆文淵閣著錄。

【彙訂】

① "六百三十六卷"，殿本作"六百三十二卷"，誤。

案，雜説之源，出於《論衡》。其説或抒己意，或訂俗譌，或述近聞，或綜古義，後人沿波，筆記作焉。大抵隨意錄載，不限卷帙之多寡，不分次第之先後，興之所至，即可成編。故自宋以來作者至夥，今總彙之為一類。

卷一二三

子部三十三

雜家類七

洞天清錄一卷（兩淮鹽政採進本）①

宋趙希鵠撰。希鵠本宗室子，《宋史·世系表》列其名於燕王德昭房下，蓋太祖之後，始末則不可考②。據書中有“嘉熙庚子③，自嶺右回至宜春”語，則家於袁州者也。是書所論皆鑒別古器之事，凡古琴辨三十二條，古硯辨十二條，古鐘鼎彝器辨二十條，怪石辨十一條，硯屏辨五條，筆格辨三條，水滴辨二條，古翰墨真蹟辨四條，古今石刻辨五條，古今紙花印色辨十五條，古畫辨二十九條①。大抵洞悉源流，辨析精審。如謂刁斗乃行軍炊具，今世所見古刁斗乃王莽威斗之類，為厭勝家所用；又謂今所見銅犀牛、天祿、蟾蜍之屬皆古人以貯油點燈，今人誤以為水滴。其援引考證，類皆確鑿，固賞鑒家之指南也。明寧獻王權嘗為刊版於江西，見《寧藩書目》。曹溶《續藝圃蒐奇》所載與此本同，蓋皆從寧王舊刻傳錄。明錢塘鍾人傑輯《唐宋叢書》，別載一本，與此本迥異。考其中有楊慎之說、寧庶人宸濠之名，及永樂、宣德、成化年號，希鵠何自知之？其為未見此本而刺取他書以贗其名，固不待辨矣。

【彙訂】

① 此書書名當以《洞天清祿集》為是。（俞劍華：《中國古代畫論類編》）

② 殿本"考"上有"詳"字。

③ "據"，殿本無。

④ 此書原為十門，後人謬分為十一門（多"古今紙花印色辨"）。（俞劍華：《中國古代畫論類編》）

負暄野錄二卷（兩江總督採進本）

舊本題曰陳槱撰。不著時代。卷末有至正七年王東跋，乃云不知何人所述，是當時所見之本未署名也。今考書中"秦璽"一條稱"槱嘗聞諸老先生議論"，則其人名槱無可疑，但不知何據而題為陳姓。案《閩書》："陳槱，陳幾之孫，長樂人，紹熙元年進士。"書中"秦璽"條內稱"近嘉定己卯"，光宗紹熙元年下距寧宗嘉定己卯，首尾三十年。又，"西漢碑"條內亦稱聞之梁谿尤袤，"惜不再叩之"。袤亦當光、寧之時，疑即此陳槱也。其書上卷論石刻及諸家書格，下卷論學書之法及紙、墨、筆、研諸事，皆源委分明，足資考證。至所載《鼠鬚筆》詩一首，《宋文鑑》題為蘇過作①。其時《斜川集》尚存，必無舛誤。而槱稱"昨見邵道豫《賦鬚須筆》，殊有風度，今載於此"云云，則失考之甚矣。

【彙訂】

①《賦鼠須筆》詩，不載於《宋文鑑》。《宋文鑑》之各種傳本，不僅無此詩，且無蘇過他作。（楊武泉：《四庫全書總目辨誤》）

雲煙過眼錄四卷續錄一卷（浙江巡撫採進本）

宋周密撰。密有《武林舊事》，已著錄。是書記所見書畫古器，略品甲乙，而不甚考證。其命名蓋取蘇軾之語。第考軾《寶繪堂記》，實作"煙雲之過眼"。舊本刊作"雲煙"，殆誤倒其文。然錢曾《讀書敏求記》載元至正閒夏頤鈔本，已作"雲煙"，則譌異已久矣。曾記夏本作一卷，而此本四卷，或後人所分歟？觀所記收藏之人，蓋入元以後所作。中有湯允謨、葉森、文璧之語。蓋點勘是書，各為題識，傳寫者誤合為一。如王子慶所藏宋太祖御批三件條末云："今第三卷只有二件，疑有脫誤，當參考《志雅堂雜鈔》。"云云。《志雅堂雜鈔》亦密所著，不應自云"當參考"，知亦誤連校正之語為正文矣。中記蘇軾手書詞，稱"'郟湛初溢'，今本譌為'漣漪初溢'"，然"郟湛"字不可解，恐亦有譌。又記《蘭亭序》有隋煬帝內府石刻，不知何據。又記吳彩鸞書《切韻》以"一先"、"二仙"為"十三仙"、"二十四先"，稱不可曉。案《困學記聞》載魏了翁之言，已稱《唐韻》下平不作"一先"。則《唐韻》或有此別本，亦未可知也。《續錄》一卷，題逢澤湯允謨撰。凡三十九條。董其昌《戲鴻堂帖》定絹本《黃庭經》為楊許舊蹟，蓋本此書。則亦以其賞鑒為準矣。

格古要論三卷（衍聖公孔昭煥家藏本）

明曹昭撰。昭字明仲，松江人。其書成於洪武二十年。凡分十三門，曰古銅器，曰古畫，曰古墨蹟，曰古碑法帖，曰古琴，曰古硯，曰珍奇，曰金鐵，曰古窯器，曰古漆器，曰錦綺，曰異木，曰異石。每門又各分子目，多者三四十條，少者亦五六條。其於古今名玩器具真贗優劣之解，皆能剖析纖微，又諳悉典故，一切源流本末，無不釐然。故其書頗為賞鑒家所重。郎瑛《七修類稿》嘗議其《琴論》後當入'古笙管'，《淳化帖》後當收'譜系'一卷。

珍寶欠祖母綠聖鐵，異石欠大理仙姑，異木欠伽楠香，古銅欠布刀等錢，古紙欠藏經紙，且‘珍奇’後當設一‘羽皮’，如狐貉、孔雀、翡翠、豹兒之類，而‘文房門’亦不可不論”云云。其言雖似有理，然其書不過自抒聞見，以為後來考古之資，固與類書隸事體例有殊。要未可以一二事之偶未賅備，遽訾其脫漏也。惟所論“銅器入土千年色純青如翠，入水千年色綠如瓜皮”一條，孫炯《硯山齋珍玩集覽》以為：“信如所言，則水銀色、褐色、墨漆古色者，又將埋於何地？”而深譏其說為未確。是誠不免於疏駁耳。

　　竹嶼山房雜部三十二卷（浙江巡撫採進本）[1]

　　是書凡養生部六卷，燕閒部二卷，樹畜部四卷，皆明華亭宋詡撰。種植部十卷，尊生部十卷，詡子公望撰。公望之子懋澄，合而編之[2]。詡字久夫，公望字天民，皆見於書中，其始末則未詳焉。考《千頃堂書目》載是書，凡二十七卷。前集《樹畜部》四卷，《養生部》六卷，《家要》二卷，《宗儀》二卷，《家規》四卷。後集《種植》一卷，《尊生》一卷。此本蓋不完之書。然此書以農圃之言兼玩好之具，與家要、家規、宗儀同為一帙，實屬不倫，疑其後析而別行。而此五部以類相聚，自為一編，則亦不可謂非全帙也。至《種植》、《養生》二部實各十卷，與黃氏所云各一卷者不合。且以黃氏所載卷數計之，與二十七卷之數又自不相合。則黃氏所云，亦不足據以定此書之完闕矣。其書於田居雜事最為詳悉，而亦閒附考證。如《養生部》“鱒魚”條引《爾雅》“鮥當鮛”以證之。鄭樵註謂：“鮥即鮛，鮛即縮項鯿。”郭璞註謂：“鮥似鯿而大。”[3]則非鯿可知，鄭註似誤。此書取張萱《彙雅》之說，舍鄭從郭，以鮥為鱒，所解甚確。猶讀書考古者之所為[1]，非僅山人墨客語也。

【彙訂】

① 文淵閣《四庫》本為二十三卷。(沈治宏:《中國叢書綜錄訂誤》)

② 公望為懋澄之曾祖,其父名論(據《梅村家藏稿》卷四七《宋幼清墓誌銘》及《華亭縣志·選舉》),詡當為公望從父輩。明刊《宋氏家要部》三卷、《宋氏宗儀部》四卷、《宋氏家規部》四卷、《宋氏燕閒部》二卷,署"華亭宋詡久夫甫著,從玄孫懋澄稚原父校",可證。(崔富章:《四庫提要補正》)

③ "大",殿本作"小",誤,參《爾雅》郭璞注原文。

④ 殿本"猶"上有"則"字。

遵生八牋十九卷(通行本)

明高濂撰。濂字深父,錢塘人。其書分為八目。卷一、卷二曰《清修妙論牋》,皆養身格言,其宗旨多出於二氏。卷三至卷六曰《四時調攝牋》,皆按時修養之訣。卷七、卷八曰《起居安樂牋》,皆寶物器用可資頤養者。卷九、卷十曰《延年却病牋》,皆服氣導引諸術。卷十一至十三曰《飲饌服食牋》①,皆食品名目,附以服餌諸物。卷十四至十六曰《燕閒清賞牋》,皆論賞鑒清玩之事,附以種花卉法。卷十七、十八曰《靈祕丹藥牋》,皆經驗方藥。卷十九曰《塵外遐舉牋》,則歷代隱逸一百人事蹟也。書中所載,專以供閒適消遣之用。標目編類,亦多涉纖仄,不出明季小品積習,遂為陳繼儒、李漁等濫觴。又如張即之,宋書家,而以為元人;范式官廬江太守,而以為隱逸,其譌誤亦復不少。特鈔撮既富,亦時有助於檢核。其詳論古器,彙集單方,亦時有可採。以視剽襲清言，强作雅態者，固較勝焉。

【彙訂】

① 殿本"至"下有"卷"字。

清祕藏二卷（浙江鮑士恭家藏本）

明張應文撰，而其子謙德潤色之。應文字茂實，崑山監生，屢試不第，乃一意以古器書畫自娛。謙德即作《清河書畫舫》及《真蹟日錄》之張丑①，後改名也。是編雜論玩好賞鑒諸物，其曰《清祕藏》者，王穉登序謂取倪瓚清祕閣意也。上卷分二十門，下卷分十門，其體例略如《洞天清錄》。其文則多採前人舊論。如"銅劍"一條本江淹《銅劍贊》之類，不一而足，而皆不著所出，蓋猶沿明人剽剟之習。其中所列香名，多引佛經，所列奇寶，多引小説，頗參以子虛烏有之談，亦不為典據。然於一切器玩，皆辨別真偽、品第甲乙以及收藏裝褙之類，一一言之甚詳，亦頗有可採。卷末記所蓄所見一條，稱所蓄法書惟宋高宗行書一卷，蘇子瞻《詩草》，元趙子昂《歸田賦》，所蓄名畫惟唐周昉《戲嬰圖》，宋人羅漢八幅，《畫苑雜蹟》一册，元倪雲林小景一幅而已。而其子丑作《清河書畫表》，列於應文名下者乃有三十一種。此書成於應文臨没之日，不得以續購為詞。然則丑表所列，殆亦夸飾其富，不足盡信歟②？此本為鮑士恭家知不足齋所刊③，原附丑《真蹟日錄》後，蓋《山谷集》末載《伐檀集》之例。今以各自為書，仍析出別著錄焉。

【彙訂】

①"及"，殿本無。

②《清河書畫表》乃追錄其父生平所收藏者，而《清祕藏》所

載乃萬曆二十四年（1596）刊印前實藏者，不可混而為一。（謝
巍：《中國畫學著作考錄》）

　　③《總目》卷一三四有《張氏叢書》四卷，浙江鮑士恭家藏
本，"其《清祕藏》尚可資賞鑒考訂，別有刊本，附其子丑《清河書
畫舫》後，已著於錄"。今存明萬曆丙申刻本《張應文藏書》七種
九卷附三卷，乃四庫進呈原本，有"曾在鮑以文處"印。則此書非
鮑氏刻，而為鮑氏藏。（葉德輝：《郋園讀書志》）

　　長物志十二卷（浙江鮑士恭家藏本）

　　明文震亨撰。震亨字啟美，長洲人，徵明之曾孫。崇禎中官
武英殿中書舍人，以善琴供奉。明亡殉節死。是編分室廬、花
木、水石、禽魚、書畫、几榻、器具、位置、衣飾、舟車、蔬果、香茗十
二類。其曰"長物"，蓋取《世說》中王恭語也。凡閒適玩好之事，
纖悉畢具，大致遠以趙希鵠《洞天清錄》為淵源，近以屠隆《考槃
餘事》為參佐。明季山人墨客多以是相誇，所謂清供者是也。然
矯言雅尚，反增俗態者有焉。惟震亨世以書畫擅名，耳擩目染，
與眾本殊，故所言收藏賞鑒諸法，亦具有條理。所謂"王謝家兒，
雖復不端正者，亦奕奕有一種風氣"歟？且震亨捐生殉國，節概
炳然。其所手編，當以人重，尤不可使之泯沒。故特錄存之，備
雜家之一種焉。

　　韻石齋筆談二卷（浙江鮑士恭家藏本）

　　國朝姜紹書撰。紹書有《無聲詩史》，已著錄。是書仿周密
《雲煙過眼錄》，記所見古器書畫及諸奇玩。惟密書以收藏之人
標題，此書即以其物標題；密書但記其名，此書併詳其形模及諸
家授受得失之始末，其體例小異耳。其"天成太極圖"一條，不過

石中圓理偶爾黑白相閒，遂執以駁朱子"太極無形"之說，殊為迂謬。"延陵十字碑"一條，力辨孔子未嘗至吳之說，引後世書墓誌者不必皆至墓門為證。然墓之建碑，自是漢以下事，越國數千里，乞人表墓，自是唐、宋以下事，以例三代，殆恐不然。至其辨黃氏文王鼎附會《博古圖》；辨天啟甲子所得玉璽非秦物；辨河莊《淳化帖》為宋人所重刊，非王著原摹；辨句容崇明寺《藏經》有宋元祐五年張暉、潘澤題名，無斗神幻書之事；辨宋徽宗《山居圖》董其昌誤以為王維；辨宋《藏經》多仿蘇、黃字體，非必二人真蹟，皆鑿然有理。其他亦多可資考證，猶近代說部之可觀者。其上卷祕閣藏書、《永樂大典》、名賢著述、朝鮮人好書四條，下卷晚季音樂、白兔、沙雞、文臣玉帶四條，雜說他事，於全書為不類。蓋隨筆記錄，偶失刊削。以原本所有，仍並存之焉。

七頌堂識小錄一卷（浙江巡撫採進本）

國朝劉體仁撰。體仁字公勇，諸書或作公㦷，"㦷"即古"勇"字也，河南棣川衛人。順治乙未進士，官至吏部郎中。王士禎《居易錄》記體仁喜作畫而不工，恒蓄一人代筆，有"宣州兔毛褐，真不如假"之戲，至今以為口實。然其賞鑒則特精，所撰《七頌堂集》中有與張寶水尺牘，稱"近日仿《煙雲過眼錄》，為《識小錄》一册"，即是書也。所記書畫古器凡七十四條，多稱孫承澤、梁清標諸舊家物。蓋體仁當時與汪琬、王士禎為同榜進士，以詩文相倡和，而與承澤等又以博古相高。每條必詳其所藏之人與其授受所自，皆可以資考證。王宏〔弘〕撰《山志》曰："近劉公勇撰《識小錄》，中有云：'王山史亦有五字未損《蘭亭》本，宋榻豫章本也。有米元暉跋與宋仲溫跋，若出一手，為蛇足耳。'汪苕文大不然之。予嘗馳簡公勇云：'米元暉跋固疑其贋，然與宋仲溫跋用筆迥異，足下謂如出一手，何也？今遂望足下刪改此稿，不然失言矣。'云云。其跋今未之見。然恐亦好事之家，自矜所有，未足為定論也。惟蘇軾所書《醉翁亭記》，《因樹屋書影》以為出中州士人白麟之手①，高拱誤為真蹟，勒之於石。體仁亦稱："人疑其贋，或指為鍾生所摹。"而謂："定州有軾草書《中山松醪賦》殘碑，筆與此同。軾一書每為一體，忽作顛張醉素，何可謂其必無？"殆以鄉曲之私回護其詞耶？末二條一為陸竺僧遇魔事，一為韋際飛池河驛見雌雄猿事，皆與賞鑒無關。疑偶記册末，而其子凡據以入梓，未及刊除也。

【彙訂】

① "因樹屋書影以為"，殿本無。

研山齋雜記四卷（編修勵守謙家藏本）

不著撰人名氏。考研山為孫承澤齋名，或疑即為承澤作。然所引查慎行《敬業堂詩》、王士禎《居易錄》等書，皆在承澤以後，則必不出承澤手。考承澤之孫炯有《研山齋珍玩集覽》，此書或亦炯所撰歟？首論六書，而附以璽印及刊版、告身、表文之屬。次研說墨譜，而附以眼鏡。次為銅器考、窯器考，皆頗足以資考證。蓋承澤雖人不足道，而於書畫古器則好事賞鑒，兩擅其長。其所收藏，至今為世所重。炯承其遺緒，耳孺目染，具有淵源。其所論著，一一能詳究始末，細別纖微，固亦不足異矣。

右雜家類"雜品"之屬，十一部，八十三卷。俱文淵閣著錄。

案，古人質朴，不涉雜事。其著為書者，至射法、劍道、手搏、蹴踘止矣。至《隋志》而《欹器圖》猶附小說，《象經》、

《棋勢》猶附兵家，不能自為門目也。宋以後則一切賞心娛
目之具，無不勒有成編，圖籍於是始眾焉。今於其專明一事
一物者，皆別為譜錄，其雜陳眾品者，自《洞天清錄》以下，並
類聚於此門。蓋既為古所未有之書，不得不立古所未有之
例矣。

意林五卷（江蘇巡撫採進本）

唐馬總編。《唐書》總本傳但稱其系出扶風，不言為何地人。
其字《唐書》作會元，而此本則題曰元會，均莫能詳也。《傳》稱其
歷任方鎮，終於戶部尚書，贈右僕射，謚曰懿。陳振孫《書錄解
題》稱總仕至大理評事，則考之未審矣①。初，梁庾仲容取周、秦
以來諸家雜記凡一百七家，摘其要語為三十卷，名曰《子鈔》。總
以其繁略失中，復增損以成此書。宋高似孫《子略》稱："仲容《子
鈔》每家或取數句，或一二百言。馬總《意林》一遵庾目，多者十
餘句，少者一二言，比《子鈔》更為取之嚴，錄之精。"今觀所採諸
子，今多不傳者，惟賴此僅存其概。其傳於今者，如老、莊、管、列
諸家，亦多與今本不同，不特《孟子》之文如《容齋隨筆》所云也。
前有唐戴叔倫②、柳伯存二序，與《文獻通考》所載相同。《唐志》
著錄作一卷，叔倫序云三軸，伯存序又云六卷。今世所行有二
本，一為范氏天一閣寫本，多所佚脫，是以御題詩有"《太元》以下
竟亡之"之句③。此本為江蘇巡撫所續進，乃明嘉靖己丑廖自顯
所刻，較范氏本少戴、柳二序，而首尾特完整。然考《子鈔》原目
凡一百七家，此本止七十一家。洪氏載總所引書尚有《蔣子》、
《譙子》、《鍾子》、張儼《默記》、《裴氏新書》、《袁淮正書》、《袁子正
論》④、《蘇子》、張顯《析言》、《于子》、《顧子》、《諸葛子》、《陳子要

言》、《符子》諸書,此本不載。又《通考》稱今本《相鶴經》自《意林》鈔出,而《永樂大典》有《風俗通·姓氏篇》,題曰"出馬總《意林》",此本亦並無之。合記卷帙,當已失其半,併非總之原本矣。然殘璋斷璧,益可寶貴也。

【彙訂】

①《直齋書錄解題》卷十云:"《意林》三卷,唐大理評事扶風馬總會元撰,以庾鈔增損裁擇為此書,總後宦達,嘗副裴晉公平淮西者也。""總後宦達"句,《文獻通考·經籍考》引作"總後仕至尚書僕射"。可見陳氏本意是說馬總撰《意林》時官為大理評事,並未說仕至"大理評事",下文明云"後仕至尚書僕射"。(李裕民:《四庫提要訂誤》)

②"唐",殿本無。

③"亡",殿本作"佚"。此書卷前御題《意林》三絕句無此句。

④《袁淮正書》、《袁子正論》實皆袁准作,而"淮"即"准"之誤也。(胡玉縉:《四庫全書總目提要補正》)

紺珠集十三卷(內府藏本)

不著編輯者名氏。案晁公武《郡齋讀書志》載有《紺珠集》十三卷,稱為朱勝非編百家小說而成,以舊說張燕公有紺珠,見之則能記事不忘,故以為名。其所言體例、卷數皆與今本相合,則此書當為勝非所撰。然書首有紹興丁巳灌陽令王宗哲序,稱《紺珠集》不知起自何代①,建陽詹寺丞出鎮臨門,命之校勘,將鏤版以廣其傳云云。考丁巳為紹興七年,而《宋史》列傳勝非以紹興二年入相,既罷後,以五年起知湖州,後引疾歸,廢居八年而卒。

是宗哲作序時，勝非方以故相里居。使此書果出其手，何至刊校之人俱不能詳知姓氏，於情理殊為可疑②。或公武所紀有誤，未可知也③。其書皆鈔撮說部，摘錄數語，分條件繫，以供獺祭之用，體例頗與曾慥《類說》相近。惟《類說》引書至二百六十一種④，而此書祇一百三十七種⑤，視慥書僅得其半。然其去取頗有同異，未可偏廢。且其所見之書多為古本，亦有足與世所行本互相參討者。如《方言》"奕，傑容也"一條，今本註曰："奕、傑，皆輕麗之貌。"而此書則註云："奕奕，傑傑。"又今本"私、策、纖、菲、稚、杪，小也"一條，此書引作"私、纖、稺、杪、策，少也"。證之下文，"策"字本次在"杪"字下，則此書所引為長。蓋雖徵據叢雜，而旁見側出，其足資考證者亦多，固未可概以襞積譏之矣。

【彙訂】

①"紺珠集"，王序原文及殿本作"紺珠之集"。

② 王宗哲序原文曰："紺珠之集不知起自何代……建陽詹寺丞出鎮臨汀，僕幸登其門。一日出示兹集俾之校勘譌舛，將命工鏤板以廣其傳。"所云"紺珠之集不知起自何代"，乃藉以指雜記備忘類著述體裁不知"起自何代"，並非具體指其所序之書不知何代。（虞雲國：《靜嘉堂藏罕覯宋籍初讀記》）

③《直齋書錄解題》卷六時令類《秦中歲時記》條亦謂朱勝非撰，云："朱藏一（朱勝非字藏一）《紺珠集》、曾端伯《類說》載此書，有杏園探花使、端午扇巾、歲除儺公儺母及太和八年無名子詩數事，今皆無之。"（孫猛：《郡齋讀書志校正》）

④《類說》收入書實為二百五十九種。（李裕民：《四庫提要訂誤》增訂本）

⑤ 殿本"祇"上有"所引"二字。

類説六十卷（兩江總督採進本）

宋曾慥編。慥字端伯，晉江人。官至尚書郎，直寶文閣。奉祠家居①，撰述甚富。此乃其僑寓銀峯時所作，成於紹興六年。取自漢以來百家小説，採掇事實，編纂成書。其二十五卷以前為前集，二十六卷以後為後集。其或摘錄稍繁，卷帙太鉅者，則又分析子卷，以便檢閲。書初出時，麻沙書坊嘗有刊本，後其版亡佚。寶慶丙戌，葉時為建安守，為重鋟置於郡齋，今亦不可復見②。世所傳本，則又明人所重刻也。其書體例略仿馬總《意林》，每一書各删削原文，而取其奇麗之語，仍存原目於條首。但總所取者甚簡，此所取者差寬，為稍不同耳。南宋之初，古籍多存，慥又精於裁鑒，故所甄錄，大都遺文僻典，可以裨助多聞。又每書雖經節錄，其存於今者以原本相校，未嘗改竄一詞③。如李繁《鄴侯家傳》下有註云"繁於泌皆稱先公，今改作泌"云云。即一字之際，猶詳慎不苟如此。可見宋時風俗近古，非明人逞臆安改者所可同日語矣。

【彙訂】

① 據《建炎以來繫年要錄》卷一六五、一六六、一六八，曾慥以右文殿修撰知廬州罷官卒。（昌彼得：《舊抄本〈類説〉題識》）

② 宋刊本尚有《仇池筆記》、《隱齋閒覽》、《東軒筆錄》三卷殘本傳世，殘本《永樂大典》中尚存數十條。（李裕民：《四庫提要訂誤》增訂本）

③ 《類説》所輯大多經過删節，亦有改竄者。（同上）

事實類苑六十三卷（兩淮馬裕家藏本）

宋江少虞撰。少虞始末未詳。據序首自題，稱左朝請大夫

權發遣吉州軍州事①。而《江西通志》亦未載其履貫，蓋已不可
考矣②。其書成於紹興十五年。以宋代朝野事蹟見於諸家記録
者甚多，而畔散不屬，難於稽考，因爲選擇類次之。分二十二門，
各以四字標題，曰《祖宗聖訓》、《君臣知遇》、《名臣事蹟》、《德量
智識》、《顧問奏對》、《忠言讜論》、《典禮音律》、《官政治績》、《衣
冠盛事》、《官職儀制》、《詞翰書籍》、《典故沿革》、《詩賦歌詠》、
《文章四六》、《曠達隱逸》、《仙釋僧道》、《休祥夢兆》、《占相醫
藥》、《書畫技藝》、《忠孝節義》、《將相才略》、《知人薦舉》、《廣智
博識》、《風俗雜誌》③。自序作二十八門，蓋傳録之譌也④。所引
之書，悉以類相從，全録原文，不加增損，各以書名註條下，共六
十餘家⑤。凡十四年而後成⑥，故徵採極爲浩博。其中雜摭成
編，有一事爲兩書所載而先後並存者。又如邊鎬稱邊和尚等事
及諸家詩話所摘唐人詩句與宋朝事實無所關者，亦概録之，未免
疏於簡汰。然北宋一代遺文逸事，略具於斯。王士禎《居易録》
稱爲"宋人説部之宏構，而有裨於史者"，良非誣也。其閒若《國
朝事始》、《三朝聖政録》、《三朝訓鑒》、《蓬山志》、《忠言讜論》、
《元豐聖訓》、《傅商公佳話》、《兩朝寶訓》、《熙寧奏對》、《劉真之
詩話》、《李學士叢談》等書，今皆久佚⑦。藉此尚考見一二，是尤
説家之總彙矣。王士禎載此書作四十卷，今本實六十三卷，檢勘
諸本皆同，疑爲士禎筆誤，或一時所見偶非完帙歟⑧？

【彙訂】

①"事"，殿本脱。

②《衢州府志》、《常山縣志》皆有其傳，《大明一統志》卷四
十三亦載其履貫。（羅振玉：《大雲書庫藏書題識》；昌彼得：《跋
日本活字本〈宋朝事實類苑〉》）

③"誌",底本作"記",據殿本改。此書卷六十二、六十三為"風俗雜誌"。又"詩賦歌詠"當作"詩歌賦詠"。(李裕民:《四庫提要訂誤》)

④此書現存七十八卷與六十三卷兩種版本。前者正分為二十八門,"風俗雜記"後尚有"談諧戲謔"、"神異幽怪"、"詐妄謬誤"、"安邊禦寇"四門。後者應為江少虞自行刪去四門。(王瑞來:《〈宋朝事實類苑〉雜考》)

⑤六十三卷本引用四十餘家,七十八卷本引用五十家。(李裕民:《四庫提要訂誤》;昌彼得:《跋日本活字本〈宋朝事實類苑〉》)

⑥七十八卷本有江少虞紹興十五年自序,六十三卷本有紹興二十八年自序云:"考之歲月,越十四寒暑,更俟博洽君子訂焉。"當指成書至作此序,已歷十四載而言。(王瑞來:《〈宋朝事實類苑〉雜考》)

⑦"忠言讜論"乃此書二十八門之一,非書名。《李學士叢談》應作《李學士家談》,《傅商公佳話》應作《傅簡公佳話》。《劉真之詩話》乃劉邠(字貢父)《中山詩話》之誤。(李裕民:《四庫提要訂誤》)

⑧王士禛《居易錄》卷十六雖云四十卷,然其下所記,自《祖宗聖訓》第一至《風俗雜誌》第六十二至六十三,悉與六十三卷本同,則所謂四十卷,殆為四十冊之譌。(昌彼得:《跋日本活字本〈宋朝事實類苑〉》)

仕學規範四十卷(兩淮馬裕家藏本)

宋張鎡撰。鎡字功甫①,官奉議郎、直祕閣。是書分為學、行己、涖官、陰德、作文、作詩六類，統載宋名臣事狀，並徵引原文，各著出典。若所採《九朝名臣傳》諸書，俱為修史者所據依，故多與史合，且可補其遺闕。如所錄范仲淹鎮青社時，設法免青民輦置之苦，青民至為立祠。又趙抃治越州，歲荒，令貯米者反增價糶之，而其後更賤，民胥全活。均云出《四科事實》。又張方平知崑山縣，收餘賦以給貧民，而止民數十年侵越之訟。云出《哲宗名臣傳》。今其書皆不傳，而三人本傳亦未載。此類頗多，均可以資考證。蓋與朱子《名臣言行錄》體例雖殊，而其為一代文獻之徵則一也②。

【彙訂】

①　“功甫”，殿本作“公甫”，誤。周密《齊東野語》卷二十“張功甫豪侈”條載：“張鎡功甫，號約齋。”文淵閣《四庫》本《南湖集》書前提要亦作：“宋張鎡撰。鎡字功甫，號約齋。”《孟子‧公孫丑上》：“齊人有言曰：‘雖有智慧，不如乘時；雖有鎡基，不如待時。’今時則易然也……故事半古之人，而功必倍之。惟此時為然。”

②　殿本“則”下有“其致”二字。

自警編九卷（直隸總督採進本）

宋趙善璙撰。善璙，太宗七世孫，家於南海①。端平中嘗知江州。其書乃編次宋代名臣大儒嘉言懿行之可為法則者。凡《學問類》子目三，《操修類》子目十二，《齊家類》子目四，《接物類》子目七，《出處類》子目五，《事君類》子目十一，《政事類》子目十七②，《拾遺類》子目二，共八類五十五目。蓋亦仿《言行錄》之體而少變其義例者也。善璙生南宋之季，而所載至靖康而止。其後惟朱子議論閒為採入，其餘多不甄錄。固由時代相接，難於棄取，亦以宋時士大夫風俗淳厚，惟汴都為極盛。南渡而還，門戶立而黨局生，議論繁而實意減③，非復先民篤厚之風。故獨臚陳舊德，以示斷限歟？雖所列率人所習聞，而縷析條分，便於省覽。其財賦門、兵門及拾遺一類，則并及於壬人憸夫，用垂炯戒，亦當時士大夫之藥石矣。原本各註所引書名，今多佚脫，蓋傳刻者失之。諸本並同，亦姑仍其舊焉。

【彙訂】

①《弘治徽州府志》卷八趙善璙傳云："字德純，歙人，宗室不俄兄不彼之子……登嘉定元年進士第……官至中奉大夫，有《自警編》行世。"《明一統志》卷一六《徽州府·人物·趙善璙》條、雍正《江南通志》卷一四七《徽州府·人物·趙善璙傳》，所載並同。里籍與仕履，均不涉南海。《弘治徽州府志》卷一〇《趙不俄傳》云："隨父士檜以宗室扈駕南渡，寄居歙縣……姪善璙，別有傳。"可知趙善璙乃家於歙縣。（楊武泉：《四庫全書總目辨誤》）

②"政事類子目十七"，殿本無。文淵閣《四庫》本書前提要作"《政事類》子目十一"，合計方為五十五目。然卷二《操修類》實有子目十一，卷四《接物類》子目六，卷八《政事類》子目十三，合計仍為五十五目。

③"實意"，殿本作"實用"。

言行龜鑑八卷（永樂大典本）

元張光祖編，光祖《元史》無傳，志乘亦不載其名，始末無可考見。惟大德癸卯陳普作是書序，稱："襄國張君字紹先，大德辛丑為泉州推官。睹其歷任為政，信其為仁人君子。"又有大德甲辰熊禾序，稱光祖“質美嗜學，有天下來世之志”。陳普即學者所稱石堂先生，熊禾即學者所稱勿軒先生，皆宋、元間篤行醇儒，不妄許可。據其所言，則光祖亦君子人矣[1]。初，宋趙善璙作《自警編》，錄前輩嘉言善行以示矩矱，光祖欲為刊行。熊禾以善璙所編尚有未及刪潤者，光祖乃即善璙舊本益以《典型錄》、《厚德錄》、《善善錄》、《名臣言行錄》，及博採名臣碑誌之文，裒輯排比，以成是編。據原序稱，分《學問》、《德行》、《交際》、《家道》、《出處》、《政事》、《民政》、《兵政》八門。黃虞稷《千頃堂書目》著錄作八卷，蓋一門為一卷也。原序又稱：“類列八十有二，枚舉為九百五十有五。”今原本散佚，惟載於《永樂大典》者尚存四百七十二條，而八十有二之子目則不可復考。然唐以前分類之書，不過撮舉大綱，易於包括。宋人著書，好立子目，目愈繁碎則分隸彌易糾紛。今子目既已無徵，惟以所立八門依類排纂，轉覺便於循覽。又原序稱：“每類之中首之以善行，次之以嘉言，先踐履，後議論也。”然言行既各分編，則一人之名，一類中先後複出，時代未免顛舛。又或一事一人而言行並見，尤難於割裂其文，體例殊為未善。今惟以人統事，以時代敘人，庶端緒不淆，釐然易見。雖編次視原本稍殊，而要之標舉芳躅[2]，示人效法，於光祖著書之本旨固未嘗失矣。宋、元說部諸書，每雜述詼諧，侈陳神怪，以供文士之談資。是編所記雖平近無奇，而篤實切理，足以資人之感發。亦所謂布帛菽粟之文，雖常而不可厭者歟？

【彙訂】

① “光祖”，殿本作“紹祖”，誤。

② “芳躅”，殿本作“芳蹤”。

説郛一百二十卷（通行本）

明陶宗儀編。宗儀有《國風尊經》，已著錄。《因樹屋書影》稱："南曲老寇四家有宗儀《説郛》全部，凡四巨櫥，世所行者非完本①。"考楊維楨作是書序，稱一百卷。孫作《滄螺集》中有宗儀小傳，亦稱所輯《説郛》一百卷。二人同時友善，目睹其書，必無虛説，知《書影》所記妄也②。蓋宗儀是書實仿曾慥《類説》之例，每書略存大概，不必求全③。亦有原本久亡，而從類書之中鈔合其文，以備一種者，故其體例與左圭《百川學海》迥殊。後人見其目錄所列數盈千百，遂安意求其全帙，當必積案盈箱。不知按籍而求，多歷代史志所不載，宗儀又何自得之乎？都印《三餘贅筆》又稱《説郛》本七十卷，後三十卷乃松江人取《百川學海》諸書足之，與孫作、楊維楨所説又異。豈印時原書殘闕，僅存七十卷耶？考宏治丙辰上海郁文博序，稱與《百川學海》重出者三十六種，悉已刪除④。而今考《百川學海》所有，此本仍載。又卷首引黃平倩語，稱"所錄子家數則，自有全書。經籍諸註，似無深味。宜刪此二号，以鹽官王氏所載《學》、《庸》古本數種冠之"云云。今考此本已無子書、經註，而開卷即為《大學石經》、《大學古本》、《中庸古本》三書，目錄之下各註"補"字，是竟用其説，竄改舊本。蓋郁文博所編百卷，已非宗儀之舊。此本百二十卷，為國朝順治丁亥姚安陶珽所編⑤，又非文博之舊矣。其中如《春秋緯九種》之後又別出一《春秋緯》，《青瑣高議》之外又別出一《青瑣詩話》，《孔氏雜説》之外又別出一《珩璜新論》，周密之《武林舊事》分題九部，段成式之《酉陽雜俎》別立三名，陳世崇之《隨隱筆記》詭標二目，宗儀之謬，決不至斯。又王逵《蠡海集》，其人雖在明初，而於宗儀為後輩，自商濬《稗海》始誤為宋之王逵⑥；《漢雜事祕辛》

出於楊慎僞撰,慎正德時人,又遠在其後。今其書並列集中,則不出宗儀又爲顯證。然雖經竄亂,崖略終存。古書之不傳於今者,斷簡殘編,往往而在,佚文瑣事,時有徵焉,固亦考證之淵海也。所錄凡一千二百九十二種,自三十二卷劉餗《傳載》以下,有錄無書者七十六種,今仍其舊⑦。原本"卷"字皆作"弓",卷首引包衡之說,謂"弓音周,與'軸'同",《書影》則謂:"弓音縛",並云出佛書⑧,今亦仍之。至珽所續四十六卷,皆明人餖飣之詞,全書尚不足觀,摘錄益無可取。別存其目,不復留溷簡牘焉。

【彙訂】

①"因樹屋書影"至"世所行者非完本",殿本無。

②"知書影所記妄也",殿本無。

③《類說》往往經編者刪節,只存故事大要。而《說郛》則悉據原文節錄,體例上實與馬總《意林》同。(昌彼得:《說郛考》)

④ 郁文博序作六十三種。(同上)

⑤《總目》卷一三二《續說郛》條曰"明陶珽編……萬曆庚戌進士",其人卒於崇禎末年。(夏定域:《四庫全書提要補正》)

⑥"商濬",殿本作"商維濬"。

⑦ 清順治四年刻本此書所錄爲一千二百四十八種。《四庫》本刪去四十二種,新增四種,重複收入一種,實收一千二百十一種。(李裕民:《四庫提要訂誤(續)》)

⑧"書影則謂弓音縛並云出佛書",殿本無。

古今說海一百四十二卷(直隸總督採進本)

明陸楫編。楫字思豫,上海人。是編輯錄前代至明小說,分四部七家。一曰說選,載小錄、編記二家。二曰說淵,載別傳家。

三曰說略,載雜記家。四曰說纂,載逸事、散錄、雜纂三家。所採凡一百三十五種①,每種各自為帙而略有刪節。考割裂古書,分隸門目者,始魏繆襲、王象之《皇覽》。其存於今者,《修文殿御覽》以下皆其例也。裒聚諸家,摘存精要,而仍不亂其舊第者,則始梁庾仲容之《子鈔》。其存於今者,唐馬總《意林》以下皆其例也。楫是書作於嘉靖甲辰,所載諸書,雖不及曾慥《類說》多今人所未見,亦不及陶宗儀《說郛》捃拾繁富,鉅細兼包,而每書皆削其浮文,尚存始末,則視二書為詳贍。參互比較,各有所長。其蒐羅之力,均之不可沒焉。

【彙訂】

① 文淵閣《四庫》本實為一百三十九卷,缺說選部《遼志》、《金志》和《蒙韃備錄》三種,卷一三一《北里志》、卷一三二《青樓集》兩種亦因“辭近褻狎”刪去,僅存其目。(俞頌雍:《古今說海考》)

玉芝堂談薈三十六卷(浙江巡撫採進本)

明徐應秋撰①。應秋字君義,浙江西安人。萬曆丙辰進士,官至福建左布政使。是書亦考證之學,而嗜博愛奇,不免兼及瑣屑之事。其例立一標題為綱,而備引諸書以證之,大抵採自小說、雜記者為多。應秋自序有曰:“未及典謨垂世之經奇,止輯史傳解頤之雋永。名之《談薈》,竊附《說鈴》。”其宗旨固主於識小也。然其捃摭既廣,則兼收並蓄者不主一途②。軼事舊聞,往往而在。故考證掌故,訂正名物者,亦錯出其閒。披沙揀金,集腋成裘,其博洽之功,頗足以抵冗雜之過,在讀者別擇之而已。昔李昉修《太平廣記》,陶宗儀輯《說郛》,其中譎怪居多,而皆以取材宏富，足資採擇，遂流傳不廢。應秋此編，雖體例與二書小別，而大端相近。至來集之之《樵書》，全仿應秋而作，然有其蕪漫而無其博贍，故置彼取此焉。

【彙訂】

① "撰"，殿本作"編"。

② "者"，殿本無。

元明事類鈔四十卷（湖北巡撫採進本）

國朝姚之駰撰。之駰有《後漢書補逸》，已著錄。是編蓋摘取元、明諸書分門隸載，亦江少虞《事實類苑》之流，似乎類書，實則非類書也。其所纂述，大抵典則可觀。如元代故實載於說部者最少，是書志"疆域"則引劉郁《西使記》，以證拓境之遠；志"任官"則引《經世大典》，以證銓法之密，皆足補《元史》各志之闕。又如引《詩會小傳》以志馬祖常之耿直；引《名臣言行錄》以志霍肅之公正，亦足裨《元史》列傳所未備。至記"宮殿"一門，雜取《元掖庭記》、元人詩集，蒐羅頗博，更可與《析津志》諸書相參。唯記奎章閣而不知崇文閣之更重；記"只遜"引《長安客話》，謂上直之衣，不知即《輿服志》之"質孫"，案，只遜、質孫，皆"濟遜"譌文① ，《元史國語解》已經改正。今以辨訂其譌② ，是以仍各書其舊字，以見異同舛互之所由。自天子至衛士皆有之。乃前後互引，失於考證，未免稍有疏略。至明代說部，浩如煙海，所採亦未為詳賅。然萬曆以後，門戶交爭，恩怨糾纏，餘波及於翰墨，凡所記錄，多不足憑。之駰或病其冗濫而矜慎取之歟？是亦不失闕疑之義也。

【彙訂】

① "譌文"，殿本作"之譌"。

② 殿本"譌"下有"文"字。

右雜家類"雜纂"之屬,十一部,五百三十六卷,俱文淵閣著錄①。

【彙訂】

① "俱",殿本作"皆"。

案,以上諸書皆採摭衆説以成編者,以其源不一,故悉列之雜家。《吕覽》、《淮南子》、《韓詩外傳》、《説苑》、《新序》亦皆綴合羣言,然不得其所出矣。故不入此類焉。

儼山外集三十四卷(浙江汪汝瑮家藏本)

明陸深撰。深有《南巡日錄》,已著錄。是編乃其劄記之文,其子楫彙為一集。凡《傳疑錄》二卷,《河汾燕閒錄》二卷,《春風堂隨筆》一卷,《知命錄》一卷,《金臺紀聞》二卷,《願豐堂漫書》一卷,《溪山餘話》一卷,《玉堂漫筆》三卷,《停驂錄》一卷,《續停驂錄》三卷,《豫章漫鈔》四卷,《中和堂隨筆》二卷,《史通會要》三卷,《春雨堂雜鈔》一卷,《同異錄》二卷①,《蜀都雜鈔》一卷,《古奇器錄》一卷,《書輯》三卷。其中惟《史通會要》摭劉知幾之精華,騶括排纂,別分門目,而採諸家之論以佐之,凡十有七篇,專為史學而作。《同異錄》為進御之本,採擇古人嘉言,撮其大略,分上、下二篇,上曰《典常》,下曰《論述》,專為治法而作。《古奇器錄》皆述珍異。《書輯》皆論六書八法。其餘則皆訂證經典,綜述見聞,雜論事理。每一官一地,各為一集,部帙雖別,體例則一。雖讕言瑣語,錯出其閒,而核其大致,則足資考證者多,在明人説部之中猶為佳本。舊刻本四十卷。今簡汰《南巡日錄》、《大駕北還錄》、《淮封日記》、《南遷日記》、《科場條貫》、《平北錄》六種，別存其目，故所存惟三十四卷焉。

【彙訂】

①"同異錄"，底本作"同異鈔"，據殿本改。此書卷二十八、二十九為《同異錄》。

少室山房筆叢正集三十二卷續集十六卷（兩淮馬裕家藏本）①

明胡應麟撰。應麟字元瑞，蘭谿人，萬曆丙子舉人。以依附王世貞得名，故《明史·文苑傳》附載世貞傳中②。此其生平考據雜說也。分正、續二集，為書十六種。曰《經籍會通》四卷，皆論古來藏書存亡聚散之蹟。曰《史書佔畢》六卷，皆論史事。曰《九流緒論》三卷，皆論子部諸家得失。曰《四部正譌》三卷，皆考證古來偽書。曰《三墳補遺》二卷，專論《竹書紀年》、《逸周書》、《穆天子傳》三種，以補《三墳》之闕。曰《二酉綴遺》三卷，皆採摭小說家言③。曰《華陽博議》二卷，皆雜述古來博聞強記之事。曰《莊嶽委譚》二卷，皆正俗說之附會。曰《玉壺遐覽》四卷，皆論道書。曰《雙樹幻鈔》三卷，皆論內典。曰《丹鉛新錄》八卷，曰《藝林學山》八卷，則專駁楊慎而作。其中徵引典籍，極為宏富，頗以辨駁自矜，而舛譌處多不能免。如沈德符《敝帚軒剩語》摘其以峨嵋為佛經金剛山之非④，辨婦人弓足之前後兩岐。王士禎《香祖筆記》摘其誤以秦宜祿妻為呂布妻，唐人"長安女兒踏春陽"一絕止據《博異志》而不引沈亞之為疏漏。近時張文虎《螺江日記》以為《竹書》實出於晉太康年，而應麟以為咸寧，反糾楊慎為非。今核其所說，如《經籍會通》謂"《崇文總目》但經、史有所論列，子、集闕如"，蓋據《六一集》所載。然《六一集》中亦尚存子部之半，非竟闕也。又謂“《廣川書跋》惟以説經為主，自餘諸家僅存卷數”，蓋據《書錄解題》。然《書錄解題》所言乃《廣川藏書志》，非《廣川書跋》也。又謂“《孟子》七篇，而《漢志》十一篇，蓋‘七’字誤分為二也”。⑤然前已引《困學紀聞》稱《孟子》外篇四篇，以四合七，非十一而何，何隔兩頁而自矛盾也。又謂“先孔子而著書者，黃帝史孔甲《盤盂》二十六篇”，然《漢志》註明云依託，何以謂書在孔子前也。又謂《漢志》兵家“《兒子》一篇”書名奇怪，然“兒”古“倪”字，故“倪寛”史亦作“兒寛”，《兒子》名書亦猶《孫子》⑥、《吳子》，何奇怪之有也。又云刊版當始於隋，引“開皇十三年，敕廢像遺經悉令雕版”為證⑦。然史文乃“廢像遺經悉令雕造”，非“雕版”也。《史書佔畢》大抵掉弄筆端，無所考證。至云：“世知項橐八歲而師孔，不知蒲衣八歲而師舜⑧。甘羅十二上卿少矣，而伯益五歲掌火尤少。”以小説委談入之史論，殊為可怪。至以曹沫劫盟為葵丘之會⑨，以《素問》之雷公為黃帝弟子，更不知出何典記也⑩。《九流緒論》謂史佚為墨家之祖，不知《呂氏春秋》有“史角”之明文；謂《隋志》不載《孔叢》，不知《隋志》“《孔叢》七卷”在“《論語》類”中，不在“儒家類”中；謂孔傳《續六帖》鄭樵《通志》所無，不知傳與樵俱建炎、紹興閒人，同時之書，樵安能著錄？《四部正譌》為憚於自名者魏泰《筆錄》，然《束軒筆錄》寔泰自署名，其託名梅堯臣者乃《碧雲騢》⑪；謂衛元嵩《元命包》襲《春秋》、《孝經》緯之名，然元嵩書名《元包》，不名《元命包》，且《春秋》有《元命苞》，“苞”字從“草”，《孝經》並無《元命包》也。至謂《子華子》之“程本”即偽撰者之姓名，益無稽矣。姑約舉其一二，尚不止沈德符等之所糾。蓋捃摭既博，又復不自檢點，牴牾橫生，勢固有所不免。然明自萬曆以後，心學橫流，儒風大壞,不復以稽古為事。應麟獨研索舊文,參校疑義,以成是編。雖利鈍互陳,而可資考證者亦不少,朱彝尊稱其"不失讀書種子",誠公論也。楊慎、陳耀文、焦竑諸家之後,錄此一書,猶所謂差強人意者矣。

【彙訂】

① 文淵閣《四庫》本無《續集》。(沈治宏:《中國叢書綜錄訂誤》)

② 胡應麟與王世貞始於學術上的相知神交,後王世貞以衣缽相授,臨終前又將其遺集托胡應麟"校而序之",其遺言曰"知吾言莫若子"、"吾日望子來而瞑",足見引為知己,絕非"諛附"。《明史》所論乃據錢謙益《列朝詩集》丁集"胡舉人應麟"條刪潤而成,不足為信。(王嘉川:《布衣與學術——胡應麟與中國學術史研究》)

③《二酉綴遺》實於所錄一書一事後都或對作者、或對其書、或對其事進行考證,並非僅作採摭。(同上)

④《甲乙剩言》之"王太僕"條所言金剛山乃指"天竺雪山",非王太僕身處之峨嵋山,沈德符誤讀原文。(同上)

⑤ "也",殿本脫,參《經籍會通三》原文。

⑥ "兒子",底本作"倪子",據殿本改。

⑦《經籍會通》卷四引陳河汾《燕閒錄》云:"開皇十三年,敕廢像遺經悉令雕版,此印書之始。"非胡應麟之言。(林慶彰:《明代考據學研究》)

⑧ "舜",殿本作"堯",誤,參《史書佔畢二》原文。

⑨ "丘",殿本作"邱"。

⑩ "也",殿本作"矣"。

⑪《四部正譌》卷下"碧雲騢"條明言《東軒筆錄》乃魏泰作，前舉"有憚於自名而偽者"以《東軒筆錄》為例，乃一時疏忽，非不知何書為真名出，何書為假名出。（王嘉川：《布衣與學術——胡應麟與中國學術史研究》）

　　鈍吟雜錄十卷（浙江巡撫採進本）

　　國朝馮班撰。班字定遠，號鈍吟居士，常熟人。卷首自署曰"上黨"，從郡望也。是書凡《家誡》二卷，《正俗》一卷，《讀古淺說》一卷，《嚴氏糾謬》一卷，《日記》一卷，《誡子帖》一卷，《遺言》一卷，《〈通鑑綱目〉糾謬》一卷，《將死之鳴》一卷。班著述頗多，沒後大半散佚。其猶子武搜求遺稿，僅得九種，裒而成編。《家誡》多涉歷世故之言，其論明末儒者之弊，頗為深切。《正俗》皆論詩法，《讀古淺說》多評詩文，《日記》多說筆法、字學，皆間附雜論。《嚴氏糾謬》辨嚴羽《滄浪詩話》之非。《誡子帖》多評古帖。《論筆法》末附以《社約》四則，皆論讀書之法。《遺言》、《將死之鳴》皆與《家誡》相出入。《〈通鑑綱目〉糾謬》尚未成書，僅標識五條，武錄而存之耳。大抵明季諸儒，守正者多迂，鶩名者多詐，明季詩文，沿王李、鍾譚之餘波，偽體競出。故班諸書之中，詆斥或傷之激。然班學有本源，論事多達物情，論文皆究古法。雖間有偏駁，要所得者為多也。

　　右雜家類"雜編"之屬，三部，九十二卷，皆文淵閣著錄。

　　　案，古無以數人之書合為一編而別題以總名者，惟《隋志》載《地理書》一百四十九卷，錄一卷。註曰："陸澄合《山海經》以來一百六十家以為此書。澄本之外，其舊書並多零失，見存別部自行者惟四十二家。"又載《地記》二百五十二卷。註曰："梁任昉增陸澄之書八十四家，以為此記。其所增舊書亦多零失，見存別部行者惟十二家。"是為叢書之祖，然猶一家言也。左圭《百川學海》出，始兼裒諸家雜記[1]。至明而卷帙益繁，《明史·藝文志》無類可歸，附之類書，究非其宜[2]，當入之雜家，於義為允。今雖離析其書，各著於錄，而附存其目，以不没蒐輯之功者，悉別為一門，謂之"雜編"。其一人之書合為總帙而不可名以一類者，既無所附麗，亦列之此門。

【彙訂】

①《儒學警悟》初刻於嘉泰二年壬戌（1202），尚早於《百川學海》數十年。（胡玉縉：《四庫全書總目提要補正》）

②"宜"，殿本作"實"。

子部三十四

雜家類存目一

於陵子一卷（江蘇巡撫採進本）

舊本題齊陳仲子撰。王士禎《居易錄》曰："萬曆間學士多撰偽書以欺世，如《天祿閣外史》之類，人多知之。今類書中所刻唐韓鄂《歲華紀麗》，乃海鹽胡震亨孝轅所造。《於陵子》，其友姚士粦叔祥作也。"凡十二篇，一曰《畏人》，二曰《貧居》，三曰《辭祿》，四曰《遺蓋》①，五曰《人問》，六曰《先人》，七曰《辯窮》，八曰《大盜》，九曰《夢葵》，十曰《巷之人》，十一曰《未信》，十二曰《灌園》。前有元鄧文原題詞，稱前代《藝文志》、《崇文總目》所無，惟石廷尉熙明家藏，又稱得之道流。其說自相矛盾。又有王鏊一引、一跋，鏊集均無其文，其偽可驗。惟沈士龍一跋，引揚雄《方言》所載齊語及《竹書紀年》、《戰國策》、《列女傳》所載沃丁殺伊尹、齊、楚戰重邱〔丘〕，及楚王聘仲子為相事，證為古書，其說頗巧。然摭此四書以作偽，而又援此四書以證非偽，此正朱子所謂採《天問》作《淮南子》，又採《淮南子》註《天問》者也。士龍與士粦友善，是蓋同作偽者耳②。末有徐元文跋，詞尤弇鄙。則又近時書賈所增，以冒稱傳是樓舊本者矣。

【彙訂】

①"遺蓋"，殿本作"遺益"，誤。明萬曆綠天館刻本、明《祕册彙函》本此書皆作"遺蓋"，其文曰"於陵子休於青丘之門，去而遺其蓋。天將雨，識者獲而馳返之於陵子"云云。

②卷首有姚、沈、胡題辭，於致疑處並未諱言。雖未作詳考，但對其真偽尚在疑信之間，似不至巧飾言語，顯為偽造。（冉旭：《祕册彙函考》）

天祿閣外史八卷（內府藏本）

舊本題漢黃憲撰。前有晉謝安，唐田宏〔弘〕、陸贄題詞。每篇又有宋韓洎贊，而冠以王鏊之序。詞旨凡鄙，顯出一手。朱國楨《湧幢小品》載徐應雷《黃叔度二誣辨》曰："黃叔度言論風旨，無所傳聞。入明嘉靖之季，崑山王舜華名逢年，有高才奇癖，著《天祿閣外史》，託於叔度以自鳴。舜華為吾友孟肅諸大父行，余猶及見其人，知其著《外史》甚確，自初出有竄入東漢文者。時舜華尚在，而天下謂《外史》出祕閣，實黃徵君著，則後世曷從核真贗乎？"又李詡《戒菴漫筆》曰："《天祿閣外史》乃近年崑山王逢年所詭託者。迺有餘姚人御史某，案，即刻《兩京遺編》之胡維新。沾沾以文學自喜，雜此文於《左》、《國》、司馬諸篇中刊行，頒於蘇常四郡學宮，令諸生誦習之，殆亦一奇事也。"據其所記，則此書出王逢年，明人已早言之。考張孔教《雲谷臥餘》，所言亦合。而流傳之本仍題黃憲，殆不可解。王鉞《讀書蕞殘》曰："其《賓秦文》中有《黨錮》一篇。考《後漢書》本傳，陳蕃為三公，臨朝歎曰：'叔度若在，吾不敢先佩印綬。'是黨禍未起，憲已謝世矣。又《賓晉文》有《董卓》篇，益不相見。"辨其偽蹟甚明。惟謂傳自謝安，或者即其門下士及子弟所為。則仍為偽序所欺，失考甚矣。

化書新聲無卷數（浙江巡撫採進本）

明王清一撰①。前有序，自稱先天風雷侍者，且言：“萬曆壬
辰，自京師奏太后，請武當山《道藏經》回。止三公巖，大眾推充
都管。”蓋道士也。是編取譚峭《化書》，案節分章，各為註釋。中
如釋《大同章》“思火生暖，思水生涼”諸語，亦時有理解。然大致
摭採道家之言，氾濫恣肆，無所歸宿。

【彙訂】

① 明萬曆刻《四經》本此書作七卷，題“晉紫霄真人譚景昇
著，明體物子王一清註”，《浙江省第十次呈送書目》著錄《化書新
聲》六卷，明王一清注。（杜澤遜：《四庫存目標注》）

心傳錄三卷日新錄一卷（兩江總督採進本）

宋于恕編。恕，張九成之甥。此二書皆錄九成語也。前有
淳熙元年恕序云：“无垢張先生乃予母之兄。頃為春官宗伯，以
議忤時相，一斥嶺下十四年。寓橫浦僧舍，嗜書不厭。晚年目
昏，立短簷下展卷就明，向暮不輟，石閒雙趺隱然。南安守張公
見而歎息，標記於柱，今猶在也。”案《宋史》九成本傳，稱九成召
除宗正少卿，權禮部侍郎，兼侍講，兼權刑部侍郎，謫守邵州。秦
檜又令司諫詹大方論其與徑山僧宗杲謗訕朝政，謫居南安軍。
在南安十四年。以《橫浦集》考之，其到南安在癸亥三月，乃紹興
十三年。其橫浦僧舍題柱字，據恕此序，是南安張守所記。而
《南安府志》載寶界寺題柱識語為九成自題，又失張守之名，誤
矣。陳振孫《書錄解題》曰：“張九成《无垢語錄》十四卷，言行編
遺文共一卷。九成之甥于恕所編《心傳錄》及其門人郎昱所記

《日新錄》。近時徐鹿卿德夫教授南安，復裒其言行，繫以歲月及遺文三十篇附於末。"今此本止三卷。恕序稱與其弟憲徒步三千餘里，抵嶺下，得侍講論，難疑答問，莫不備錄，名之曰《心傳》。後恕以思親歸，弟憲獨住①。各以所得，合為一集。又學生郎昱麤得數語，纂為錄，故人刁駿序之。而後卷《日新錄》亦題"甥于恕編"，蓋非陳振孫所謂徐鹿卿裒集之本。中閒止有序記等文凡八篇，亦與所謂三十篇者不合。故仍舊名曰《心傳》，曰《日新》，而不名《語錄》，是尚未經合訂者矣。明人刻《橫浦集》，已收入之，此其別行之本也。

【彙訂】

① 明萬曆四十二年吳惟明刻《橫浦先生文集》附刻此書於恕序原文曰："予後以思親歸，季弟憲亦不憚勞遠，奮然獨往，其承教猶予前日也。"可知"獨住"乃"獨往"之誤。

經鉏堂雜志八卷（江西巡撫採進本）

宋倪思撰。思有《班馬異同》，已著錄。是編乃其晚年劄記之文。其學雜出於釋、老，務為恬退高曠之說。然如謂："妻子無論賢不肖，皆當以冤家視之。"害理殊甚。其他亦皆淺陋無味，明代陳繼儒一派發源於此。又議論空疏，多無根據。如顏斶"生王死士"之論與"安步晚食"之語同出一時，而思引斶前王前一段，附論其下曰："此即'晚食以當肉，安步以當車'之顏斶耶，抑別一人耶？"是併《戰國策》未讀也。賈誼謫長沙王傅，作《鵩賦》之後年餘而死。而思謂："賈誼陳治安之策，乃在於《鵩賦》之後。豈其涉歷世故，於事理講明，尤更深究耶？"是併《漢書》、《史記》亦未詳考也。《宋史》思本傳載陳晦草史彌遠制詞，用"昆命元龜"

語。思以為類董賢策文用“允執厥中”之文，上疏爭之，坐是罷去。考劉克莊《後村詩話》稱思駁論時，晦累疏援引唐人及宋代累朝命相皆用此語以駁思，思遂削秩。則晦雖曲貢諛詞，而轉據典文，思雖力持正論，而疏於考證。是書之陋，固其宜矣。

善誘文一卷（内府藏本）

宋陳錄撰。錄不知何許人，自稱丹穴老人。其書皆通俗勸善之言。蓋明袁黃等之所祖。前有嘉定辛巳其弟鍊序，末有木石居士虞舜徒跋，皆以閻羅王為說，詞旨頗鄙。

樵談一卷（編修程晉芳家藏本）

舊本題宋許棐撰。棐字忱父，海鹽人。嘉熙中居秦溪①，於水南種梅數千樹，自號梅屋。是編皆勸戒之言。然核其詞氣，如出屠隆、陳繼儒一輩人口，殊不類宋人之作②。

【彙訂】

①“秦溪”，殿本作“泰溪”，誤。許棐《獻醜集》（《百川學海》本）有《梅屋記》曰：“予小莊在秦溪極北，屋廥地狹，水南別築數椽為讀書所。四簷植梅，因扁‘梅屋’。”《總目》卷一六四《梅屋集》條亦云：“宋許棐撰……嘉熙中居於秦溪，自號曰梅屋，因以名集。”

② 南宋咸淳刻《百川學海》所收許棐《獻醜集》内有《樵談》三十則，可知非明末人偽造。（杜澤遜：《四庫存目標注》）

几上語一卷枕上語一卷（兩淮鹽政採進本）

宋施清臣撰。清臣號東洲，淳祐間人，自稱赤城散史。是書皆宗二氏之旨，而以儒理附會之。詞多儷偶，明人小品濫觴於斯。其謂《易》可通修鍊之旨，亦魏伯陽等之緒餘，無足採錄也。

千古功名鏡十二卷拾遺一卷(浙江范懋柱家天一閣藏本)

宋吳大有撰。大有字勉道，號松壑，嵊縣人。寶祐間遊太學，率諸生上書言賈似道姦狀，不報。遂退處林泉，與林昉、仇遠、白珽等以詩酒相娛。元初辟為國子檢閱，不赴。是書分十五類，皆闡揚因果之説，以警世勸善。然有所為而為之，假以誘掖愚蒙則可。若士君子之學，為所當為，則固無取於是焉。

厚德錄四卷(内府藏本)

宋李元綱撰。元綱有《聖門事業圖》，已著錄。此書盛陳果報①，兼以神怪。如言張孝基以還產為山神，及福州張生捐資救縊，遇鍾離權得道事，不一而足，殊非儒者立言之道。與《聖門事業圖》如出兩手，不可解也。

【彙訂】

① "書"，殿本作"錄"。

樂善錄二卷(内府藏本)

宋李昌齡撰。昌齡始末未詳。書中引胡仔《苕溪漁隱叢話》及葉夢得《巖下放言》，蓋紹興後人。大旨皆談罪福因果。所記宋事為多，亦間及漢以來事。然如"淳于棼南柯入夢"諸條，殊於"樂善"無與。記"小兒胞胎"一條，雜引道家符籙之説，凡數百言，更為泛濫也。

西疇常言一卷(内府藏本)

宋何坦撰。坦，盱江人①。是編分《講學》、《律己》、《應世》、《明道》、《蒞官》、《原治》、《評古》、《用人》、《正弊》九門，大抵因舊説而衍之。其《講學篇》謂性與天道子貢不得聞，而以後世學者竊襲陳言，自謂窮理盡性為妄；《明道篇》謂"儒者之待異端，甚於拒寇敵”，蓋皆有為而發。然其論“心如槃水，措之正則表裏瑩然，微風過之，則湛濁動於下。方未動時，非有以去其滓污也，澄之而已；風之過，非有物入之也，撓動則濁起也”，所見頗近於禪。又謂孟子之闢楊、墨，“深排峻拒，詞費而力殫”，其說皆不可訓也。

【彙訂】

① 何坦，字少平，號西疇，廣昌人。淳熙十一年（1195）進士（《寰宇通志》卷四二、正德《建昌府志》卷一五）。（李裕民：《四庫提要訂誤》）

東谷所見一卷（內府藏本）

宋李之彥撰。之彥，永嘉人，東谷其所自號。書中“教導”一條稱：“游湖海五十年，教公卿大夫之子孫屢矣，教尋常白屋之類亦多。”則老塾師也。是書凡十三則①，皆憤世疾俗，詞怨以怒。末載“太行山戲語”一條，謂“是非不必與世人辨”，蓋其篇中之寓意。前有自序，題“咸淳戊辰小春”，正宋政弊極之時也。

【彙訂】

①《四庫》本所收不全。《說郛》商務本所引有十九則，《說郛》宛委本有三十則。（李裕民：《四庫提要訂誤》增訂本）

鳴道集說一卷（永樂大典本）

舊本題金李之純撰。案元好問《中州集》、劉祁《歸潛志》並云李純甫字之純，則此書當為李純甫作。《金史·文藝傳》及《大金國志》作純甫字之甫，殆傳寫誤也。純甫，宏〔弘〕州襄陵人①，承安中登進士，前後三入翰林。正大末出倅坊州，未赴，改京兆府判官。卒於南京。是書列周、程、張、邵、朱、呂、蔡諸儒之說而條辨之。末附自作文數篇。大旨出於釋氏，殊為偏駁。《歸潛志》曰："之純自類其文，凡論性理及關佛、老二家者號《內槀》，其餘碑誌詩賦號《外槀》。又解《楞嚴》、《金剛經》、《老子》、《莊子》，又有《中庸集解》、《鳴道集解》，案"解"字當為"說"字之譌，今姑仍原本錄之。號為中國心學，西方文教，數十萬言。嘗曰：'自莊周後，惟王績、元結、鄭厚與吾或談儒、釋異同。環而攻之，莫能屈。'"又曰："屏山案屏山即純甫之號。平日喜佛學，嘗曰中國之書不及西方之書。作《釋迦贊》云：'竊吾糟粕，貸吾粃糠。粉澤邱〔丘〕、軻，刻畫老、莊。'嘗論伊川諸儒，雖號深明性理，發明《六經》聖人心學，實皆竊吾佛書者也。因此大為諸儒所攻。"云云。可謂之無忌憚矣。《中州集》但云："於書無所不窺，而於莊周、列御寇、左氏、《戰國策》尤長。三十歲後徧觀佛書，能悉其精微。既而取道學書讀之，著一書，合三家為一。"猶諱而渾其詞也。

【彙訂】

①《金史·文藝下·李純甫傳》："弘州襄陰人。"《金史·地理志》西京路弘州轄縣二，其一襄陰，無襄陵之名。劉祁《歸潛志》卷一、《宋元學案》卷一〇〇"翰林李屏山先生純甫"條，亦均作"弘州襄陰人"。（楊武泉：《四庫全書總目辨誤》）

中説三卷（永樂大典本）

元敖剌撰。剌，古文"淵"字，見夏竦《古文四聲韻》。其爵里皆無可考。是書大旨本乎圖、書，雜以佛、老。首之以先、後天理數圖，又有《求仁》、《盡性》諸圖。其《盡性圖》有曰："吸蒂思不出位，呼根不失赤子之心。"又有曰："服氣為上，服藥為下。"又曰："數息，禪學之長；抱元，元學之長。仙，山人也，不以身許人者也。"可以見其宗旨矣。

學問要編六卷(浙江巡撫採進本)

元劉君賢撰。君賢字文定,本泰和人。元末兵亂,依母族袁氏於雩昌,遂冒姓袁。故左修品序稱劉文定,而鄭應桂序則稱袁文定。然修品序又謂今其子孫為袁氏,而鄉賢祠則仍稱劉。此本題劉君賢,蓋從祀典也。是書初名《雩昌集》,應桂序稱自元及明,僅有寫本,藏其後裔家。康熙庚辰,雩都縣知縣盧某始為刊行①。其分天地、理學、經濟、倫紀、論古、雜說六類及八十六子目,亦盧所編定。修品重刊序則稱據袁氏家譜,知《雩昌集》乃其詩文,而是書乃所著《學問要編》。考古人雜著筆記,往往編入詩文集。是書必原在集中,卷帙標題相屬,故詩文雖佚,而是書仍冒《雩昌集》名。今既別行,則修品所改是也。編中所論,雖以洛學為宗②,而諸所援據,乃盡屬小說家言,實以雜學佐雄辯。又其"好還類"中第二條稱金俘宋於青城,元人俘金亦在青城。果為君賢所作,斷無當元之世,自稱元人之理。相其文格,亦全類明萬曆以後清言小品之蹊徑。元人敦篤,無此體裁。毋乃後人偽託,抑或有所竄亂歟?

【彙訂】

①"刊行",殿本作"刻行"。

②"洛學",殿本作"洛書",誤。洛學指程顥、程頤之理學,與河圖洛書之學迥異。

慮得集四卷附錄二卷(江蘇巡撫採進本)①

元華悰韡撰。悰韡字公愷,自號貞固處士,無錫人。入明之後,不仕而終。是編乃其貽訓子孫之書,一曰《家勸》,二曰《祭禮習目》,三曰《冠婚儀略》,四曰《治喪紀要》。又輯其詩文雜著為二卷,附錄於後。其曰《慮得集》者,取千慮一得之義也。後其八世孫繼祥校刊,卷首增以趙友同所作《貞固處士傳》一首,陳鎰所作《墓表》一首②。

【彙訂】

① “江蘇巡撫採進本”,底本作“浙江巡撫採進本”,據殿本改。《四庫採進書目》中“江蘇省第一次書目”、“江蘇採輯遺書目錄簡目”皆著錄此書。(江慶柏:《殿本、浙本〈四庫全書總目〉著錄圖書進獻者主名異同考》)

② “陳鎰”,底本作“陳鑑”,據明萬曆四十二年華繼祥刻本此書卷首陳鎰《貞固華先生墓表》及殿本改。(杜澤遜:《四庫存目標注》)

郁離子二卷(內府藏本)

明劉基撰。基有《國初禮賢錄》,已著錄。是書原本十卷,分十八篇,一百九十五條。今止二卷,蓋後人所併也。基初仕元,不得志,因棄官入青田山中,著此書。天台徐一夔序曰:“郁離者,離為火,文明之象,言用之其文郁郁然,為盛世文明之治也。”已附載《誠意伯集》中,此蓋其別行之本。

青巖叢錄一卷(編修程晉芳家藏本)

明王禕撰①。禕有《大事記續編》②,已著錄。此書論緯書及釋、道兩家源流,堪輿、醫書同異,凡五篇。已見禕本集。曹溶《學海類編》摘出別行,併別立此名③。

【彙訂】

① “王禕”,殿本作“王禕”,下同,誤。說詳卷四六《元史》條

注文。

②“大事記續編”，殿本作“大事紀續編”，誤。《總目》卷四七著錄《大事記續編》七十七卷：“此書乃續呂祖謙《大事記》而作。”《千頃堂書目》卷四、《明史·藝文志》亦作《大事記續編》。今存明成化二十年刻本。

③明嘉靖三十三年鄭梓刻《明世學山》已有此種此名，非曹溶所為。（杜澤遜：《四庫存目標注》）

華川卮辭一卷（編修程晉芳家藏本）

明王褘撰①。此書雜論處世為治之理，間用喻語。取“卮言日出”之義，名曰《卮辭》②。亦載褘本集中，曹溶摘出別行。“華川”二字，亦溶所加也③。

【彙訂】

①“王褘”，殿本作“王禕”，下同，誤。

②“卮辭”，底本作“卮詞”，據殿本改。此書諸本皆作《卮辭》。

③明嘉靖三十三年鄭梓刻《明世學山》已有此種此名，非曹溶所為。（杜澤遜：《四庫存目標注》）

空同子瞽說一卷（浙江巡撫採進本）

明蘇伯衡撰。伯衡字平仲，金華人。本宋蘇轍之裔，以轍子遲守婺州，因家於婺。元末貢於鄉，洪武初徵入禮賢館。後為國子學正，以薦擢翰林編修。宋濂以翰林承旨致仕，薦以自代，辭不拜。後起為處州教授。以表箋忤旨逮治，卒於獄。事蹟具《明史·文苑傳》。是書仿諸子文體，多託物寓意之詞。已載入伯衡文集第十六卷，此其別行之本。後李夢陽亦著《空同子》，與此同名,實兩書也。

筆疇二卷(江蘇巡撫採進本)

明王達撰。達字達善,號耐軒居士,無錫人。洪武中,以明
經薦為縣學訓導。改大同府學,後遷國子助教。永樂初擢編修,
官至侍讀學士。是書多抑鬱憤世之談。前有題詞,稱遠居塞外,
蓋官大同時作也。又有太倉陸之箕序,稱是書本載達所著《天遊
集》中,凡百有七篇。王澄之弟淵,先刊其三十二篇①,續又得五
十二篇刊之,尚闕其三之一,之箕復為校補成完書,付淵全刊焉。
各條之下閒附之箕案語,亦膚淺②,罕所考正。

【彙訂】

①“三十二篇”,底本作“二十二篇”,據殿本改。明萬曆榮
壽堂刻本此集前有長白山人太倉陸之箕《〈筆疇〉序》:“歲癸巳,
梅巖毛公既取其行世三十二篇,刻之家塾……又為篇五十有五,
毛公喜,即嗣刻焉……毛公名淵,字彥深,梅巖則其自號,少保文
簡公弟也。”《明史》卷一百九十一《毛澄傳》云:“毛澄字憲清,崑
山人,舉弘治六年進士第一……其卒也,深悼惜之,贈少傅,諡文
簡。”此即陸之箕序中“少保文簡公”。(胡露:《〈四庫全書總目〉
子部存目補正》)

②“膚淺”,殿本無。

黎子雜釋一卷(浙江鄭大節家藏本)

明黎久之撰①。久之字未齋,臨川人,官高要縣知縣。書中
有永樂、宣德年號,則宣宗後人也。其書雜舉奇幻之事,推求其
理,詞極辨博,而大旨仍歸於神怪。如鍊銅為銀,點石成金,以及
器之能聚寶者,皆以為有理可推,其言頗謬。末綴論文二條。一

謂詩即文，文即詩，杜詩即其文，韓文即其詩。一綴魯兩生"禮樂
百年後興"語、董仲舒"道之大原出於天"語、韓愈"堯以是傳之
舜"數語，為漢、唐人精於講學之證；舉《太極圖說》、《通書》、《東》
《西銘》等數篇，為宋、元人工於文章之證。皆務反舊說，未為
確論。

【彙訂】

① 明萬曆刻《百陵學山》本此書"未齋黎久之大"，可知應為
名久字之大。《浙江採集遺書總錄》："《未齋雜錄》一卷，寫本，明
臨川黎久撰。"(杜澤遜：《四庫存目標注》)

類博雜言一卷（編修程晉芳家藏本）

明岳正撰。正字季方，號蒙泉，漷縣人。正統戊辰進士第
一，由編修改修撰。天順中入閣預機事。以謀去石亨、曹吉祥不
成，謫欽州同知。後逮繫，杖戍肅州。憲宗立，復本官，留侍經
筵。又以忤大學士李賢，出為興化府知府。嘉靖初追贈太常寺
卿，諡文肅。事蹟具《明史》本傳①。此書雜論陰陽五行及醫卜
星算之說，中閒論大衍之數及《皇極經世》之數，亦頗有發明。
《明史·藝文志》作二卷。今已編入正《類博稿》中。此本乃曹溶
《學海類編》所收，僅存六頁，非其全也。

【彙訂】

①《總目》卷一四三《可齋雜記》條云："明彭時撰。時字純
道，安福人，正統戊辰進士第一。"同是正統戊辰進士而同為"第
一"，必無是事。檢王世貞《弇山堂別集》卷八一《科試考一》云：
"(正統)十三年戊辰，命工部右侍郎兼翰林院學士高穀、侍講杜
寧為考試官，取中岳正等。廷試，賜彭時、陳鑑、岳正及第。"可知

岳正在會試時為第一,廷試時為第三,俗名探花是也。《明史·岳正傳》云:"正統十三年會試第一,賜進士及第,授編修。"雍正《畿輔通志》卷七一《人物志·岳正傳》同。岳正於殿試後,授編修,明非狀元。(楊武泉:《四庫全書總目辨誤》)

　　警時新錄一卷(浙江巡撫採進本)[①]

　　明胡澄撰。澄字景高,臨川人。是書末附《澄墓誌》,稱生於永樂丙申,卒於宏治乙卯。是書則作於天順庚辰。凡五十篇,篇有標題,皆警戒下愚之語,故其詞不文。各證以見聞實事,亦多蕪雜。

【彙訂】

　　① 此書在《各省進呈書目》中僅著錄於《浙江省第五次鄭大節呈送書目》及《二老閣呈送書》,則應為浙江鄭大節家藏本,作"浙江巡撫採進本"誤。(江慶柏:《四庫全書私人呈送本中的鄭大節家藏本》)

　　桑子庸言一卷(編修程晉芳家藏本)

　　明桑悅撰。悅字民懌,常熟人。成化乙酉舉人,官至柳州府通判。《明史·文苑傳》附載《徐禎卿傳》中,稱其怪妄狂誕。考悅《思元〔玄〕集》中有《道統論》曰:"夫子傳之我。"又《學以至聖人論》曰:"我去而夫子來。"可謂肆無忌憚,史所詆者不虛。史又稱悅在長沙著此書,自以為窮究天人之際。今觀所論,實無甚精奧也。

　　祝子罪知七卷(兩江總督採進本)

　　明祝允明撰。允明有《蘇材小纂》,已著錄。是編乃論古之言。其舉例有五,曰舉,曰刺,曰說,曰演,曰系。舉曰是是,刺曰非非，說曰原是非之故，演曰布反復之情，系曰述古作以證斯文。一卷至三卷皆論人，四卷論詩文，五卷、六卷論佛、老，七卷論神鬼妖怪。其說好為創解。如謂湯、武非聖人，伊尹為不臣，孟子非賢人，武庚為孝子，管、蔡為忠臣，莊周為亞孔子一人，嚴光為姦鄙，時苗、羊續為姦貪，謝安為大雅君子，終弈折屐非矯情，鄧攸為子不孝，為父不慈，人之獸也，王珪、魏徵為不臣，徐敬業為忠孝，李白百俊千英，萬夫之望，种放為鄙夫，韓愈、陸贄、王旦、歐陽修、趙鼎、趙汝愚為匪非。論文則謂韓、柳、歐、蘇不得稱四大家，論詩則謂詩死於宋，論佛、老為不可滅，皆剿襲前人之說而變本加厲。王宏〔弘〕撰《山志》曰："祝枝山，狂士也。著《祝子罪知錄》。其舉刺予奪，言人之所不敢言。刻而戾，僻而肆，蓋學禪之弊。乃知屠隆、李贄之徒，其議論亦有所自，非一日矣。聖人在上，火其書可也。"其說當矣。《千頃堂書目》載《祝子罪知》十卷，此本僅七卷，而佚去八、九、十三卷。卷為一册。惟第五卷併入四卷之後，藏書者未經翻閱，以為闕第五卷，乃改七卷"七"字為"五"字，攙入六卷之前。不知五、六兩卷皆論佛、老，安得參以七卷之神鬼妖怪也？殆坊肆賈人無知者之所為歟？然如是之書，不完亦不足惜也。

　　浮物一卷（浙江范懋柱家天一閣藏本）

　　明祝允明撰。是編取韓愈"文氣，水也，言浮物也"之義命名①。皆務為新奇之論，其至以《詩》三百篇、《春秋》二萬言為聖人之煩，則放言無忌可知矣。蓋允明平生以晉人放誕自負，故持論矯激，未能悉軌於正云。

　　【彙訂】

　　①"文氣水也言浮物也"，殿本作"文浮物也氣猶水也"，誤，

參韓愈《答李翊書》原文。

讀書筆記一卷（戶部尚書王際華家藏本）

明祝允明撰。凡三十四條，言頗近理，不似其他書之狂誕。前有自識，稱於乙巳居憂時"偶有所得，隨筆箋記，就有道而正之"。乙巳者，成化之二十一年。蓋其少時所作，猶未蕩然禮法之外也。

空同子一卷（戶部尚書王際華家藏本）

明李夢陽撰。夢陽字獻吉，慶陽人，徙扶溝①。宏治癸丑進士，官至江西提學副使。事蹟具《明史·文苑傳》。其書分《化理篇》二，《物理篇》一，《治道篇》一，《論學篇》二，《事勢篇》一，《異道篇》一，凡六目八篇，已編入《空同集》中。此本乃後人摘出別行。夢陽文摹擬秦、漢，多艱深詰屈之語，為後人所詆訾。此書亦仿揚雄《法言》之體。其發明義理，乃頗有可採，不似其他作之贗古。

【彙訂】

① 李東陽為夢陽父李正所寫墓表曰："按李氏出開封扶溝。君祖諱恩，從外舅戍慶陽，死事邊徼。"（《李東陽集》文後稿卷十六《大明周府封邱王教授贈承德郎戶部主事李君墓表》）可知其祖籍河南扶溝，自曾祖遷為慶陽衛籍。（顧誠：《談明代的衛籍》）

空同子纂一卷（編修程晉芳家藏本）

不著編輯者名氏，載曹溶《學海類編》中。取李夢陽《空同子》每篇摘鈔十之三四，故題曰"纂"。其去取殊無義例，大抵庸劣坊賈所為，以給藏弄之家者也。

濯舊稾一卷（江西巡撫採進本）

明王俊撰。俊字機翁，弋陽人。宏治癸丑進士，官至禮部尚書，謚文莊[①]。是書多以周子、程子、邵子、張子之言擊排朱子，亦頗攻陸九淵，而其說仍多墮於虛渺。後附諸詩，尤多同禪偈。

【彙訂】

①　弋陽人，弘治癸丑進士，官至禮部尚書，謚文莊者為汪俊，《明史》卷一九一、《明儒學案》卷四八、雍正《江西通志》卷八六均有傳，《明儒學案》且詳載其"濯舊"之說。明嘉靖三十年刻本亦題作汪俊撰。（楊武泉：《四庫全書總目辨誤》；杜澤遜：《四庫存目標注》）

雅述二卷（陝西巡撫採進本）

明王廷相撰。廷相有《慎言》，已著錄。《慎言》雖多偏執，猶不大悖於聖賢，此書則頗多乖戾。自序謂"宋儒才情有限，沾帶泥苴，使人不得清澄宣朗，以睹孔門之景。余於讀書之暇，時置一論，求合道真。積久成卷，分為上、下二篇，名曰《雅述》。謂述其中正經常，足以治世者云爾。"今觀其書，標舉《中庸》"修道之謂教"為本，而多斥枯禪寂坐之非，未為無見。而過於擺落前人，未免轉成臆斷。如謂"人性有善有惡，儒者亦不計與孔子言性背馳與否[①]，而曰孟子言性善，是棄仲尼而尊孟子矣。況孟子亦自有言不善之性者，何獨以性善為名"云云，是其所見與告子殆無以異。又謂："人生而靜，天之性也；感於物而動，性之欲也，此非聖人語"，然則聖人之動，亦皆欲而非天耶？是又不以情言欲，直以私言欲，無怪其並性善而疑之矣。至謂雷搏擊成聲"乃物之所為,但非人閒可得而見",尤涉於小説家神怪之言。廷相以詩名一時,而持論偏駁乃爾。蓋宏、正以前之學者惟以篤實為宗,至正、嘉之閒,乃始師心求異。然求異之初,其弊已至於如此,是不待隆、萬之後始知其決裂四出矣。

【彙訂】

① "亦",殿本無。

大復論一卷(户部尚書王際華家藏本)

明何景明撰。景明有《雍大記》,已著録。此書蓋仿《昌言》、《中論》而作。曰《嚴治》,曰《上作》,曰《法行》,曰《任將》,曰《勢成》,曰《功實》,曰《用直》,曰《敵中》,曰《固權》,曰《處與》,曰《策術》,曰《心迹》,凡十二篇。已載入《大復集》中,此乃其別行之本。

經世要談一卷(編修程晉芳家藏本)

明鄭善夫撰。善夫字繼之,閩縣人。宏治乙丑進士,官至南京吏部驗封司郎中。事蹟具《明史·文苑傳》。此書泛論立身為治之理,多老生之常談。

惜陰録十二卷(浙江朱彝尊家曝書亭藏本)

明顧應祥撰。應祥有《人代記要》,已著録。此書乃其致仕以後所作,時年八十有二矣。自序謂:"古今人物之賢否,政治之得失,筆之於册。"前數卷論理、論學諸篇,皆主良知之説。首附録《禮論》一篇,蓋嘉靖初議大禮時所作。其説欲但尊以天子之號,而別立一廟,與桂尊初議相同。其論曾為王守仁所取,故弁於卷首①。蓋守仁於大禮亦以張、桂為是也。《明史·藝文志》列之"儒家"。然其中頗及雜説,不專講學,今改入"雜家類"焉。

【彙訂】

① "卷首",底本作"首卷",據殿本乙。

西原遺書二卷(浙江巡撫採進本)

明薛蕙撰。蕙字君采,亳州人。宏治甲戌進士①,官至吏部考功司郎中。事蹟具《明史》本傳。此編為嘉靖癸亥南充王廷所刊,皆其晚年與朋友往還講學之書,附以語錄。大旨尊陸九淵、楊簡之說,毅然不諱其入禪。至謂釋氏於六度萬行未嘗偏廢,殊為駁雜。蕙本詩人,足以自傳於後,乃畫蛇添足,兼欲博道學之名,又務立新奇,遁入異教。其謂《中庸》根本在未發之中,《六經》皆不出此旨,借李侗之說而廣之,實非侗之本意。雖辭辨蠭起,終不免於"臧三耳"也。

【彙訂】

① 弘治無甲戌。薛蕙為正德九年甲戌進士,《列朝詩集小傳》丙集、《明儒學案》卷五三、《明史》本傳所載皆同。《總目》卷一七六《南泠集》提要言作者蔣山卿與薛蕙同年,而蔣氏即正德甲戌進士。(楊武泉:《四庫全書總目辨誤》)

約言無卷數(浙江巡撫採進本)

明薛蕙撰。是編乃其退居西原時學養生家言,後讀《中庸》"喜怒哀樂之未發"句,自謂有得,因作此書。分為九篇,曰《天道》、《性情》、《潛龍》、《時習》、《君道》、《學問》、《君子》、《立言》、《春秋》。其學以復性為宗。故《性情篇》云:"靜者性之本,主靜者復性之學也。"又云:"靜者自然之本體,動者後來之客感。夫自有陰陽,即不能有靜而無動。以動為客感,是二氏元寂之旨也。"又曰:"理即此心,此心即理,夫理具於吾心,不可謂心之虛靈不昧者即理也。"即心即理,是姚江良知之宗也。其去濂、洛、關、閩之學，固已遠矣。

錢子測語二卷（浙江巡撫採進本）

明錢琦撰。琦字公良，海鹽人。正德戊辰進士，官至思南府知府①。是書乃其劄記之語。分象元、繇庚、浮風、治本、檢精②、鑒遠、規世、導儒八門，不出明人小品之習。然正、嘉時人猶淳實，無此佻薄體裁。末有其孫孺穀跋，稱：「昔眉公陳先生手牘索覽」云云。疑隆、萬閒僞體盛行，琦之子孫趨當時風氣，依託為之也。

【彙訂】

①「至」，殿本脫。

② 據明刻《鹽邑志林》本《錢公良測語》二卷，「浮風」當作「淳風」，「檢精」當作「斂精」。

百感錄一卷（浙江范懋柱家天一閣藏本）

明陳相撰。相字汝弼，號古埜道人，懷寧人。前有正德庚午曾漢序，稱其年四十貢成均，歷司封。明制，吏部必甲科，不知相何以得入。其始末莫能詳也。是書仿《莊子》「夔蚿罔兩」、《戰國策》「桃梗土偶」之意，取蟲魚鳥獸作為寓言，以寄其不平之感。託意淺近，亦多未雅馴。

拘虛晤言一卷（浙江范懋柱家天一閣藏本）

明陳沂撰。沂有《維楨錄》，已著錄。此書皆所著雜說，共三十四條。大旨用兩事比類取譬，中明其義於下，頗近連珠之體而不用韻。然意主修詞，不必盡名言至理也。

竹下寤言二卷（浙江范懋柱家天一閣藏本）

明王文祿撰。文祿有《廉矩》，已著錄。是編凡分十四篇。

中稱"廉子"者，皆自謂也。其中如詆韓愈之學不如柳宗元、張子《西銘》可不必作之類，皆失之舛駁。又謂"君子貴無心，古今天地如在大夢中"，參雜佛、老，亦不可訓。至《惡戒篇》解說輪回，尤非儒者立言之道矣。

海沂子五卷（編修程晉芳家藏本）

明王文祿撰。是編分《真才》、《作聖》、《稽闡》、《儀曜》、《敦原》五篇，篇各為卷，持論往往偏駁。如《真才篇》以于謙、石亨、石彪之不令終，同歸之天命；《作聖篇》混儒、釋而一之；《稽闡篇》論《大學》孔門之元理，《中庸》孔門之元神；《儀曜篇》純舉釋氏四大部洲之說；《敦原篇》謂古人父重母輕，以制禮者乃男子，故為己謀，不免於偏私。其言皆不可訓也。

宋學商求一卷附錄一卷（浙江巡撫採進本）

明唐樞撰。樞有《易修墨守》，已著錄。其學援儒入墨，純涉狂禪。所刻《木鍾臺集》，無非恣肆之論。此編皆評論宋儒，大抵近於禪者則譽，不近於禪者則毀，不足與辨是非。《附錄》一卷，則其與人論學之語，以發明此書之意者也。

疑諠偶述一卷（浙江巡撫採進本）

明唐樞撰。首題門人潘鳴時述，末又有鳴時跋語。蓋樞所作以示鳴時者，凡十八條。具論古今學術法制之可疑者，故以"疑諠"名篇。其文詰曲聱牙，幾不可解，殆所謂以艱深文其淺易者歟？

一菴雜問錄一卷（兩江總督採進本）

明唐樞撰。是書自心性知覺至進德修業，旁及於詩學、韻學、字學、樂律，皆設為問答。其論學以禪為宗，而附會以儒理。如問千手觀音何義，曰："一箇身有千百個化身，一雙手化出千百雙手，這便與一致而百慮意思相似。"殊不免援儒入墨之譏。又謂："作字必求工，便是玩物喪志。"又謂："《太平御覽》、《册府元龜》、《説郛》、《玉海》、《通典》、《通考》、《藝文》、《事文類聚》諸書，必非有道者所為。"大抵皆佛家埽除語言文字之見。其餘雜論，則多因襲恒談，罕所考證。

嘉禾問錄一卷（浙江巡撫採進本）

明唐樞撰。樞於嘉靖壬辰、癸巳閒講學嘉興，其門人錄為此編。初名《四書雜問》，邑令周顯宗改題今名。其言格致心性諸説，率宗王守仁之緒論。原本二卷，後其門人王愛翻刻，併為一卷。末附數十條，乃雜論經史傳註，不專主於《四書》，疑為愛所增入也。

轄圜窩雜著一卷（浙江巡撫採進本）

明唐樞撰。亦所著講學雜文。其以"轄圜"名窩者，杭州唐禹序云："天非圜無以職覆，人非心無以轄圜"，蓋專言心學者也。其大旨宗王守仁，而實未嘗及其門。觀所作《元菴訪誼》一篇，知其學實得之穆孔暉。中閒如"海上十三參"、"梅花屋夢語"諸條，純以禪機立論。蓋沿姚江之末派而失其本原，宜其惝恍無歸矣。

酬物難一卷（浙江巡撫採進本）

明唐樞撰。其立名本之韓非《説難》，皆以闡明心學。首篇末云："蹟其意之所來，道其往之所止，明通而通，力極而極，勢駐以駐，詳於參伍之變，因於性情之宜。"以此七語，別為七篇，附於後。樞有引辭曰："予之難於酬物也，有所懲而苦之於思，於思鬼

神有庇焉。"蓋任心太過,故堅僻至此。即其所言,可以知其所
蔽矣。

咨言一卷(浙江巡撫採進本)

明唐樞撰。樞聚徒講學,所至即為咨言。一作於金波園,一
作於木鍾臺,一作於飛英寺,一作於天心書院。大抵衍述良知之
説。末有《小學咨言》,專明孝、廉二字之義,則訓蒙之文也。

景行館論一卷(浙江巡撫採進本)

明唐樞撰。嘉靖十七年,浙人辟景行館延樞講學。樞因作
論三十一篇,其門人錢鎮敘而梓之。樞平日專以討真心為教,故
論中首及此旨。是時尚在樞罷官講學之初,其説未盡流於禪,故
持論尚不甚詭於正云。

積承錄一卷(浙江巡撫採進本)

明唐樞撰,其門人吳思誠編。以其承受於師門者積為一書,
故曰《積承錄》。卷首即拈"真心"二字立義,蓋其宗旨如此。
《錄》中闡發,較《因領錄》尚稍純正。然引《圓覺經》及支道林、劉
靜春之言以詮釋性命之旨,究屬援儒入墨。許孚遠序所謂"假借
援引,以示性學之真"者,究不免曲為回護也。

一菴語錄一卷(浙江巡撫採進本)

明唐樞撰,其壻陸秄編。樞初號朋垣子,後改一菴,故以為
名[1]。樞嘗言:"良知一拈萬到,本末具舉,今日只欠躬行。"編中
所錄[2],大抵不離此意。然其所謂躬行者,亦祇師心自用而已。

【彙訂】

[1]"樞初號朋垣子後改一菴故以為名",殿本作"皆平日講

學之語惟主於闡發良知"。

②"編中所錄",殿本作"故所申明"。

因領錄一卷(浙江巡撫採進本)

明唐樞撰,其壻吳允恭編。皆樞講學往復書札。詞意誕謾,多涉佛理。費攀龍序稱:"初述神體以揭其要,末紀十諦以示其全。"允恭跋亦稱:"此吾師與門弟子相為應感之語,種種自一性呈露。"其提唱禪宗,悍然無忌,又不止於陽儒而陰釋矣。

唐集輯要四卷(浙江巡撫採進本)

明唐樞撰。此本為國朝王表正删輯①。分《講學》、《論治》、《澄道》、《闡性》為四篇。樞之學純出於禪,所言大抵空虛幻杳。此集雖刊除其太甚,而根本如斯,徒翦其枝葉無益也。

【彙訂】

①"此本為",殿本無。

存愚錄一卷(浙江范懋柱家天一閣藏本)

明張純撰。純,永嘉人。嘉靖戊子舉人,官至南康府知府。是編雖自稱尊崇道學,然實無所發明。至以《王制》五祀為金、木、水、火、土①,又以鬼怪不經之事雜入卷中,以解經傳,亦殊失醇正也。

【彙訂】

① 書中實作穀、水、火、金、木,又泛論五祀,不主《王制》。(孫詒讓:《溫州經籍志》)

百泉子緒論一卷(浙江范懋柱家天一閣藏本)

明皇甫汸撰。汸字子循,長洲人。嘉靖己丑進士,官至雲南按察司僉事。《明史·文苑傳》附見其兄淬傳中。此書凡八篇，一曰《原墨》，二曰《罪言》，三曰《非俗》，四曰《詭士》，五曰《刺飲》，六曰《慨禮》，七曰《詒戚》，八曰《知難》。皆為時弊而發，譏切甚至。世傳汸解官後嘗為御史王言捕繫，復為陳御史所審，因破其家。觀此書極論臺諫惡習，至謂其"逞忿己私，媒孽善類，衆口易鑠，百足不僵"，俱抗論無所避。當時必惡其訊己而擯拾之，可謂不肯隨時俯仰者。然其文多駢偶，往往以辭累氣，此又王世貞所謂"學六朝而時時失步"者也。

夜燈管測二卷（浙江范懋柱家天一閣藏本）

明沈愷撰。愷字舜臣，號鳳峯，南直隸華亭人。嘉靖己丑進士，官至湖廣布政司右參政。是書乃其為寧波知府防倭海上時所作。凡一百篇，篇各標題。皆借事寓言，以示勸戒，大抵規仿《郁離子》而作。然摹古有痕，亦頗涉纖佻。至如歐陽修作《五代史》，而誤云韓愈；桓溫不識王猛，而譌為苻堅。興之所至，不暇檢點者亦多矣。

冬遊記一卷（浙江范懋柱家天一閣藏本）

明羅洪先撰。洪先字達夫，吉水人。嘉靖己丑進士第一，官至贊善。隆慶初贈太常寺少卿，諡文恭。事蹟具《明史·儒林傳》[①]。洪先宗姚江良知之說，是書乃其赴召時取道金陵，與王守仁弟子王畿、王艮輩講學語。所言性命學問，浸淫佛氏，淪於虛寂，并守仁本旨而失之。李贄諸人沿流不返，遂至累及守仁為儒者詬厲，其所從來者漸矣。

【彙訂】

① 《明史·儒林傳》云："隆慶初卒，贈光祿少卿，諡文莊。"

諡文恭者,乃緊接此傳之程文德,非羅洪先也。雍正《江西通志》卷七九《吉安府·人物·羅洪先傳》,據"白志",即康熙五十九年巡撫白潢增修之《江西志》,所載與《明史》本傳同。可知《總目》作贈太常寺少卿,諡文恭,均誤。(楊武泉:《四庫全書總目辨誤》)

太藪外史一卷(戶部尚書王際華家藏本)

明蔡羽撰。羽字九逵,自號林屋山人,又稱左虛子,吳縣人。由國子生授南京翰林院孔目。《明史·文苑傳》附載《文徵明傳》中。是編前有嘉靖庚子正月自題,稱:"夜夢一文移,上有符信曰《太藪外史》。私念具區為揚州之藪,一曰太湖。左虛子去翰林歸太湖,蓋所謂'外史'。因著文五首,題曰《太藪外史》,志夢也。"說頗荒誕。其文為《文苑考》上、下篇二首,《政通》上、下篇二首,《易大贊》一首。史稱羽自負甚高,文法先秦兩漢。而此五首中,類多排偶之詞,體格卑雜,未能及古,殊為不副其名也。

擬詩外傳一卷(浙江巡撫採進本)

明黃省曾撰。省曾有《西洋朝貢典錄》[①],已著錄。是書雜論治亂之理,凡三十條。每條引詩二句為證,全仿韓嬰《詩外傳》之例,故謂之"擬"。然感時發議,何妨自著一書? 乃學步邯鄲,規規形似。此亦明人贗古之一端矣。

【彙訂】

① "錄",殿本作"議",誤。《總目》卷七八著錄《西洋朝貢典錄》三卷。

客問一卷(浙江巡撫採進本)

明黃省曾撰。其書凡十五則。前四則論陰陽象緯,後十一則論人事，皆設為客問而答之。其論解州鹽池殊附會，論月、星不借日光，亦不知推步之法。所論人事，則大抵憤時嫉俗之言。

閒適劇談五卷（浙江汪汝瑮家藏本）

明鄧球撰。球自號三吾寄漫子，祁陽人。嘉靖乙未進士[1]，官至銅仁府知府。是編前四卷題《元集》、《亨集》、《利集》、《貞集》，後一卷題《起元集》，蓋取"貞下起元"之義。末載自跋，託言萬曆癸未遇隱君子，悟忘言之意，蓋書止於是矣。其書雜論象理[2]，兼涉三教，設為客問己答。所註《太極圖說》、《西銘》、《老子》諸書，皆全部收入，亦設為問答。尋其體例，似乎先隸諸書，條分件繫，而後各命一意以融貫之。故每徵一事，輒連錄舊文，多擁腫不能運化。亦有僅徵其事而未及排比者，如"問人不問位"、"受弔不受慶"諸條，皆痕蹟宛然也。

【彙訂】

[1] 乙未為嘉靖十四年，然雍正《湖廣通志》卷三二《選舉志》載祁陽鄧球為嘉靖三十八年己未科進士，而嘉靖十四年乙未科無此人。（楊武泉：《四庫全書總目辨誤》）

[2] "象理"，殿本作"理氣"。

汲古叢語一卷（兩江總督採進本）

明陸樹聲撰。樹聲有《平泉題跋》，已著錄。是書論陰陽五行之理，多以《周易》為言，然皆參以術數之說與老、莊之旨，非《易》之精義也。已彙入《陸學士雜著》中，此本乃陳繼儒摘入《廣祕笈》者。《明史·藝文志》載樹聲所著小說，無是書之目，或偶遺歟？

病榻寤言一卷（浙江鮑士恭家藏本）

明陸樹聲撰。自序謂"臥病初起，捉筆疾書，名'寤言'者，以其得於寤寐也”。中多養生家言。至於“緩步當車,晚食當肉”,語出《戰國策》,而以為《史記》,則明人讀書不求源本之故也。

　　耄餘雜識一卷(浙江鮑士恭家藏本)

　　明陸樹聲撰。其書成於萬曆甲寅。雜抒所見,頗有足以警世勵俗者。而多雜二氏之學,不為純粹。蓋著是書時,樹聲年已八十二,喜與方外遊,故其言如此。至若論許衡、吳澄不當仕元一條,全本邱濬之語,則偏謬尤甚矣。

　　金罍子四十四卷(內府藏本)

　　明陳絳撰。絳字用揚①,上虞人。嘉靖甲辰進士,官至太僕寺卿②。其書上篇二十卷,中篇十二卷,下篇十二卷。大抵欲仿其鄉人王充《論衡》,博引古事而加以論斷考證,然迂僻者居多。本名《山堂隨鈔》,陶望齡為刪汰之,改題今名,以所居有金罍山也。

　　【彙訂】

　　①“用揚”,底本作“用言”,據殿本改。今存明萬曆三十四年陳昱刻本,即題作“陳絳用揚甫著”。

　　②《山東通志‧職官志》載隆慶間右布政使有上虞人陳絳。《四川通志‧職官志》載萬曆時布政使亦有上虞人陳絳。可知“官至太僕寺卿”應作“官至四川布政使”。(胡露:《〈四庫全書總目〉子部存目補正》)

　　經濟錄二卷(陝西巡撫採進本)

　　明張鍊撰。鍊字伯純,武功人。嘉靖甲辰進士,官至湖廣按察司僉事。是編上卷論捍禦西北之計,皆紙上陳言。其《遠計》一篇,以堅壁清野為上策,而我之強弱、敵之進退可勿論,世有此安邊之法乎？下卷一論鹽法，一論錢法，一論徒夫宜以充役。末附以史論四條，一論趙盾，一論秦坑儒，一論漢高祖斬丁公，一論王導負周顗，益與經濟無關矣。

學道記言五卷事行紀略一卷（浙江巡撫採進本）

明周思兼撰。思兼字叔夜，華亭人。嘉靖丁未進士，官至湖廣按察司僉事。遷廣西提學副使，未上而卒[①]。事蹟具《明史》本傳。是編乃其隨時劄札記。始嘉靖壬戌七月二十八日，訖甲子五月二十二日，逐日記載，取前言往行及所睹聞為之論辨，蓋語錄之類。末附補遺、家訓、遺語各數則，又彙錄碑版傳志等文為《事行紀略》一卷，皆其子紹元、紹節所增輯也。

【彙訂】

① "而"，殿本無。

推篷寤語九卷餘錄一卷（浙江范懋柱家天一閣藏本）

明李豫亨撰。豫亨字元薦，松江人。自序謂："舟之亡所見者，篷蔽之；人之懵所知者，寐障之。"此書欲啟昔之寐，為今之覺，故曰《推篷寤語》。分《測微》、《原教》、《本術》、《還真》、《訂疑》、《毗政》六篇，共三十類，五百五十章。黃虞稷《千頃堂書目》作十二卷，今原刻實止九卷，蓋虞稷誤也。其書參掇前聞，附以己見，多涉釋、道二家言，《原教》、《還真》兩篇尤為駁雜。《餘錄》一卷則豫亨哀其友人周思兼往返書翰，附綴於後。所談皆修真鍊性之說，益不足道矣。

三事溯真一卷（內府藏本）

明李豫亨撰。豫亨以有生所必資者衣、食、居處三事，因為原本所由，逮及古今成行可為世則者綴於篇。前有王畿序，稱其

"卓然有見,能私淑良知之學"。然豫亨篤好内典,所作《推篷寤語》已淪虛寂之宗。而此書中"人身之生淨騍騍,赤灑灑"諸語,尤近禪門語錄矣。

瞿塘日錄十二卷(浙江朱彝尊家曝書亭藏本)

明來知德撰。知德有《瞿塘易註》,已著錄。是編分内篇七卷,外篇五卷。内篇分十五種。一曰《弄圓篇》,作一大圈,虛其中以象無極,外圍則用陳敷文所傳蜀中太極圖形,以黑白互包,象陰陽遞相消長,而以人事世運繞圈旋轉而註之。二曰《河圖洛書論》,皆其《易》説之緒餘。三曰《格物諸圖》,大旨以《論語》"三戒"爲三欲,務格而正之。四曰《大學古本》,不取朱子之説,亦不取王守仁之説。大旨以明德爲五倫,以明明德爲明人倫,以親民爲親親而仁民,歸本於修身,而以格物爲克己,猶然格去物欲之説也。五曰《入聖工夫字義》,其體例略如陳淳《北溪字義》,但立説不同耳。六曰《省覺錄》,皆講學之語。七曰《孔子謹言工夫》,以《論語》四十條聯貫其文,分爲八段。其首一段云:"天何言哉?四時行焉,百物生焉。天何言哉? 君子欲訥於言而敏於行。"末一段云:"言寡尤,行寡悔,禄在其中矣,夫我則不暇。始吾於人也,誰毁誰譽,今吾於人也,慎言其餘①,言思忠,非禮勿言,似不能言者。時然後言,言必有中。"其大概可以想見矣。八曰《省事錄》,與《省覺錄》相近,但彼多講學,此多論事耳。九曰《九善榻記》②,十曰《四箴》,十一曰《諭俗俚語》,十二曰《革喪葬之俗》,併有錄無書,殆此本偶佚歟? 十三曰《理學辨疑》,所論皆陰陽天象之事,純以臆斷。如論晝夜長短,不以南北至爲度,而謂冬至一陽生,陽氣主升,則日隨而高;夏至一陰生,陰氣主沈,則日隨而低。論日月，謂如一鏡在桌上，一鏡在桌下，如何月能受日之光？論交食，謂日月如兩飛毬，疾馳而過，彼此安能相掩？其食不過如氛祲之類，偶然有變。諸儒不明造化陰陽大頭腦，所以信曆家之説。十四曰《心學晦明解》，自述所以攻駁先儒之意。十五曰《讀易悟言》，亦有錄無書。但註於標目下曰："有《易註》，別刻單行。"朱彝尊《經義考》載是書，謂"見《目錄》中"，或彝尊所見又別一本歟？蓋知德自嘉靖壬子舉於鄉，後因公車不第，退居空山，自求解悟。既無師友之切劘，又無典籍之考證，冥心孤想，時有所見，遂堅執所得，自以為然。不知天下之數可以坐推，故所註《周易》，雖穿鑿而成理，至於天下之事物，非實有所見，則茫乎無據。朱子之學必以格物致知為本，正慮師心懸想，其弊必至此也。知德以是譏朱子，宜其敝精神於無用之地，至老死而終不悟矣。外篇為所作詩文，曰《斧山槖》、曰《悟山槖》、曰《遊峨嵋槖》、曰《快活菴槖》、曰《八闋槖》、曰《遊足槖》[③]、曰《重遊白帝槖》、曰《求溪槖》、曰《買月亭槖》、曰《鐵鳳槖》、曰《遊華山槖》、曰《遊太和槖》、曰《續求溪槖》，凡十三集。大抵自為知德之詩文而已。

【彙訂】

① 據清道光十一年刻本《來瞿塘先生日錄·孔子謹言工夫篇》原文，"慎言其餘"乃"慎言語"之誤。

② 清道光十一年刻本《來瞿塘先生日錄》內篇目錄有《九喜榻記》，所述乃九種可喜之事。（胡露：《〈四庫全書總目〉子部存目補正》）

③《斧山稿》、《遊足稿》乃《釜山稿》、《遊吳稿》之誤。（同上）

一貫編四卷（江西巡撫採進本）

明羅汝芳撰。汝芳有《孝經宗旨》，已著錄。王守仁之學一傳而為王艮，再傳而為徐樾，三傳而為顏鈞。鈞即所謂顏山農，凡弟子投謁，必先毆三拳以為贄禮者也。汝芳習其師說，故持論洸洋恣肆，純涉禪宗，併失守仁之本旨。是編為其門人熊儐所輯[1]。冠以《一貫》說，次為講論《五經》、《四書》之說，次為心性之說。前有儐序，又有楊起元序。起元亦汝芳之門人也。案《明史・楊時喬傳》曰："時喬受業永豐呂懷，最不喜王守仁之學，闢之甚力，尤惡羅汝芳。官通政時，具疏斥之曰：'佛氏之學初不溷於儒，乃汝芳假聖賢仁義心性之言，倡為見性成佛之教，謂吾學直捷，不假修為。於是以傳註為支離，以經書為糟粕，以躬行實踐為迂腐，以綱紀法度為桎梏。踰閑蕩檢，反道亂德，莫此為甚。請敕所司明禁，用彰風教。'詔從其言。"云云。是當時持正之士已糾其謬，朝廷且懸為禁令，然運當末造，風氣澆漓，好異者終不絕也。所以世道人心日加佻薄，相率而趨於亂亡歟？

【彙訂】

①"熊儐"，底本作"熊濱"，下同，據殿本改。明長松館刻本此書有《近溪羅先生〈一貫編〉序》，末署"萬曆戊戌白鹿洞門人熊儐序"。各卷卷首亦題"門人熊儐孺夫編次"。《江西通志》卷九十一有傳，云："熊儐，字敬吾，星子人……後聞羅近溪得陽明旨要，徒步往南昌，與語移時，若合符契。所著有《易經翼旨》、《熊子庸一言》、《羅氏一貫編》、《匡樵野咏》等書。""儐"通"賓"，義為敬。《禮記・禮運》："山川，所以儐鬼神也。"與其字"敬吾"正合。（杜澤遜：《四庫存目標注》；胡露：《〈四庫全書總目〉子部存目補正》）

近溪子明道錄八卷（江蘇巡撫採進本）

明羅汝芳撰。前有昆明郭斗序，稱汝芳以家居富美堂及雲南五華書院所集講義二卷，合而刻之。一題曰《五華會語》，一題曰《雙玉會語》。其門人杜應奎又附以所記汝芳論學編為三卷，題曰《近溪先生會語》。此本題曰《明道錄》，作八卷，又每卷但題《會語》，不標其地，卷端題"門人樂安詹事講校梓"。蓋應奎編於前，事講又編於後，故書名、卷帙各不同也。

會語續錄二卷（浙江巡撫採進本）

明羅汝芳撰。是編乃萬曆丙戌汝芳游南京時講學之語。其門人楊起元加以評語，國子監祭酒趙志皋為之付梓。以先有《會語》，故名《續錄》。前有自題，稱"與年友周君到白下，聲聞大老，絡繹往來。時周君以小恙先歸，余未得去。時諸大老於興善方丈，雞鳴憑虛，久亦聯有講會，拉余偕往。乃哀成茲帙。既而大司成瀯陽趙老先生貽音促付梓氏，且云諸老先生意固均此"云云。蓋以誇講席之盛。其開章第一條云："今日吾儕聚講憑虛，是天下文明一大機會。大宗師諸僚及諸俊彥不下千人，皆應期而集，以昌明昭代聖化。於道脈固當光顯，即文字精英亦於此須發露妙義。"云云。其詞氣亦似禪僧登座語也。

卷一二五

子 部 三 十 五

雜家類存目二

識仁編二卷（兩江總督採進本）[①]

明羅汝芳撰。其門人楊起元編。名以"識仁"者，蓋取程子"為學須先識仁"之語也。然是書皆提唱禪宗，恣為幻杳之論，特假借程子以為名耳。

【彙訂】

① 殿本此條置於上卷末。

古言二卷（浙江范懋柱家天一閣藏本）

明鄭曉撰。曉有《禹貢圖説》，已著錄。曉清直端諒，號為名臣，其人足以自傳。此編則隨筆成文，議論時有偏僻，引據亦不免疏舛。如謂公孫宏〔弘〕勝司馬光，謂王安石遠過韓、范、富、歐，謂王通勝董仲舒，謂柳宗元勝韓愈，謂張子勝程子，甚至謂堯、舜非生知安行，皆務為高論而不近理。又謂："佛言空，道家言虛，儒言太極，只一個空圈，為學只要還此本體。"謂："吾儒格致誠正工夫與佛、老無甚異，但二家不歸於修身。"謂："老、佛莫可繫絆[①]，天理完固。"又欲以老子、周子、文中子別為三子。其他如"前劫、後劫無不毀之天地,豈有不亡之國,不敗之家,不死之身"云云,提唱二氏之說,不一而足,尤不可為訓。至於以《竹書》紀伊尹事誤為《逸周書》,以《大禹謨》為今文《尚書》之類,小小筆誤,又不足言矣。

【彙訂】

①"老佛",殿本作"佛老"。

渾然子一卷(浙江鮑士恭家藏本)

明張翀撰。案《明史》有兩張翀,一在《列傳》第八十者,字習之,潼川人。正德辛未進士,官戶科給事中。以疏爭大禮謫戍①。此張翀在《列傳》九十八,字子儀,柳州衛籍,馬平人。嘉靖癸丑進士,授刑部主事。以疏劾嚴嵩下詔獄,謫戍都勻。隆慶初起為吏部主事②,官至刑部右侍郎。是書凡十八篇,曰《神遊論》,曰《田說》,曰《樵問》,曰《將》,曰《明心》,曰《士貴》,曰《體用論》,曰《興廢》,曰《禍福》,曰《忠孝》,曰《變化》,曰《窮理》,曰《求知》,曰《弭盜》,曰《用材》,曰《強弱》,曰《臣道》,曰《高潔》。皆設為主客問答,旁引曲證,以推明事物之理。大抵規仿劉基《郁離子》也。

【彙訂】

①《明史》卷一九二(《列傳》第八十)載張翀爭大禮前由戶科給事中屢遷至禮科都給事中。

②據《穆宗實錄》卷二隆慶元年正月壬戌條及張翀《鶴樓集》卷十一《奏為比例陳情懇乞天恩俯賜追贈前母以弘聖澤疏》,翀乃於隆慶元年官復刑部主事。(朱鴻林:《〈明史・張翀傳〉補正》)

經子臆解一卷（兩淮鹽政採進本）

明王世懋撰。世懋有《卻金傳》，已著錄。是編凡解《易》二條，解《論語》二條，解《孟子》三條，解《老子》一條。大抵自以己意推衍，無所考證發明，不脫明人語錄之習。

　　案，陸德明《經典釋文》兼及《老子》、《莊子》，而古來著錄皆入經解，以其考訂音訓，始末兼該，漢以來諸儒舊學，藉是以傳。二子附錄其中，存而不論可也。世懋是編，雖亦解《周易》、《四書》，然不過偶拈數則，特筆記之流，不足以言經義。又參以道家之言，是有德明之過而無其功，不能與之並論矣。今入之"雜家類"中，從其實也。

望崖錄二卷（兩淮鹽政採進本）

明王世懋撰。是書內篇一卷，皆談佛理。自稱以三教歸一，與林兆恩、屠隆所見相同。蓋明中葉以後士大夫之所見，大抵如斯。外篇一卷，記師事曇陽子事，尤為怪謬[①]。

【彙訂】

① "怪謬"，殿本作"怪異"。

澹思子一卷（兩淮鹽政採進本）

明王世懋撰。是編乃其講學之書，多浸淫於二氏。蓋萬曆以後，士大夫操此論者十之九也。至謂孟子所以不及孔子者為"性善"二字，則益橫矣。

內外篇二卷（安徽巡撫採進本）

明周宏〔弘〕祖撰。宏祖字少魯，麻城人。嘉靖己未進士，官至南京光祿寺卿。事蹟具《明史》本傳。是編內篇所論皆性命道德事[①]，多剿竊老、莊之旨。外篇則自天文、地理、錢穀、甲兵皆各有論。然皆略涉藩籬，不能得其精要也。

【彙訂】

① 殿本"事"下有"物"字。

文雅社約一卷附錄一卷（兩淮馬裕家藏本）

明沈鯉撰。鯉字仲化，歸德人。嘉靖乙丑進士，官至文淵閣大學士。諡文端。事蹟具《明史》本傳。鯉里中有文雅臺，相傳即瞿相之圃，鯉與里人修舉社飲之禮，以禮法相約。凡書劄、宴會、稱呼、揖讓、交際、冠服、閑家、御下、田宅、器用、勸義、明微、冠婚、喪祭、身檢、心檢十六條，附錄《社倉約》、《義學約》、《族田約》、《勸施迂談》、《垂涕衷言》、《鄉射約》、《篤親會》、《墓享儀》、《沈氏祠堂生忌單》、《女訓約言》十篇，刻本題為《社約》下卷。然沈氏祠堂生忌之類，非可約之一社者。前有鯉自序，稱"總十六類，百六十三款"，則十篇顯為附錄，為其後人所誤合明矣。《明史》稱鯉"念時侈，因稽典制，自冠婚喪祭以及酬酢往來，率定為中制，頒示天下"。蓋救奢崇朴，鯉之本志，此書猶是意也。中多失於太略太儉①，不合古禮者。蓋事取易行，義主救弊，不無矯枉過直耳。

【彙訂】

① "失於"，殿本無。

脈望八卷（內府藏本）

明趙臺鼎撰。臺鼎字長元，自號丹華洞主，內江人，大學士貞吉之子也。其書雜論三教，於《道藏》尤為詳悉。故名以《脈望》，自比於書內蠹魚，三食神仙之字。然陳因相襲，未能獨抽奇祕也。

庭幃雜錄二卷（編修程晉芳家藏本）

明嘉善袁衷等錄其父母之訓，而錢曉所訂定者也。衷父參坡生五子，長即衷，次曰襄，曰裳，曰表，曰袞。表嘗舉於鄉，袞遊文徵明之門，能以文學世其家。曉婚於袁氏，故刪定而為之跋云。

甘露園長書六卷短書十一卷（江西巡撫採進本）[①]

明陳汝錡撰。汝錡字伯容，高安人。嘉靖中，由貢生官建陽縣訓導[②]。是編前有自序云：「文之有首尾，稍紆徐曲折者，為《長書》。其邊幅稍狹，辭不加純緣，若語錄、說家之類者，為《短書》。」題曰《甘露園》，從所居也。《長書》於經史及古今人物各為論一篇，大約多縱橫之辭，持論亦多紕繆。如論宋和議，謂李通歸附，韓常、王鎮、崔慶輩乞降，皆烏珠案烏珠原作兀术，今改正。陰指使之。而岳飛不悟，偶以班師，故不興尸返耳。又斥胡銓封事為欲使其君為無父無母之人。又論張巡遮蔽江淮，食人以守，死不為功。至力為王安石辨冤，作《史謗》一十九條[③]。其中如辨安石排滕甫、貶呂公著，皆引《東軒筆錄》以證之。考魏泰為曾布婦弟，傾險無行，所作《東軒筆錄》與《碧雲騢》[④]，皆黨邪醜正，顛倒是非，可據以為公論乎？《短書》尤議論多而考證少。亦閒記時事，大致失之佻巧，已開屠隆、陳繼儒等小品風氣。其論入定苦行諸條，則全入於外道，更篤信輪回之說，歷引古事以證。且謂劉基為北斗六星，王守仁為南安上座，殊屬荒渺不經。至謂「嘗至法雲寺見阿羅漢像，一一如舊相識。一僧在旁知其意，謂『爾原此會中人』，遂悟平生因緣」云云，尤恍惚不足詰。初，其從子兵部侍郎邦瞻取《短書》汰其十一刊行，後其同里劉願人以邦瞻所刪過甚，又據原本增刊之。願人刻書凡例曰：“司馬公刻《短書》，刪有十之一。余細細求之，大都司馬公瞻較小耳。其瞻之小，以官之大也。”云云。可謂悍然無忌矣。

【彙訂】

① “短書十一卷”，殿本作“短書四卷”；“江西巡撫採進本”，殿本作“江蘇巡撫採進本”，皆誤。《四庫採進書目》中“浙江第十二次呈送書目”、“江西巡撫海第三次呈送書目”、“浙江採集遺書總錄簡目閏集”均著錄《甘露園短書》，未見於“江蘇省呈送書目”。作者陳汝錡，江西高安人。兩種浙江書目明確著錄為十一卷。今存明萬曆三十八年陳邦瞻刻清康熙六年劉願人重刻本亦作《甘露園短書》十一卷。疑《長書》本未傳世。（江慶柏：《殿本、浙本〈四庫全書總目〉著錄圖書進獻者主名異同考》）

② 明萬曆三十八年陳邦瞻刻清康熙劉願人重修本《甘露園短書》十一卷，前有《甘露園書》自序，末署“萬曆庚戌秋八月，高安陳汝錡伯容序”，則萬曆三十八年陳汝錡尚未辭世。又據書中願願道人《陳真吾先生傳》云：“選建陽縣訓導，在官一年而卒。”可知官建陽縣訓導應不早於萬曆三十七年。（胡露：《〈四庫全書總目〉子部存目補正》）

③ “一”，殿本無。

④ 《碧雲騢》確系梅堯臣所撰，非魏泰偽作，說詳卷一四一《東軒筆錄》條注。

海蠡編二卷（浙江巡撫採進本）

明袁士瑜撰①。士瑜號七澤，公安人。即宗道、宏道、中道之父也。其書大旨以儒、釋二家同源異派，或援釋疏孔，或證孔於釋。謂濂、洛諸儒於聖人書詮釋妙暢，如樽注海，是篇如蠡注海，故名《海蠡編》。開卷釋"明德"，謂："明德即是良知，德即是明，不可以明更求於明，朱子註為'虛靈不昧'最妙。"又謂："善何以曰至。住於惡固非至善，住於善亦非至善，善惡兩邊俱不倚，是何境界，所謂至善也。但起心動念，便不是止。起心動念，不屬善邊，便屬惡邊，便不是至善。息機忘見，便是止於至善。"皆本釋氏之虛寂與無善無惡之說而曼衍之，蓋沿姚江末流而變本加厲者耳。

【彙訂】

①袁中道《石浦先生傳》云："先生（袁宗道）……乃遍閱大慧、中峯諸錄，得參求之訣。是年（萬曆十七年己丑），先生以册封歸里……踰年，偶於張子韶與大慧論格物處有所入，急呼仲兄與語。甫擬開口，仲兄即躍然曰：'不必言！'相與大笑而罷。至是，始復讀孔孟諸書，乃知至寶原在家內，何必向外尋求。吾試以禪詮儒，使知兩家合一之旨，遂著《海蠡編》。"可知此書乃宗道所著。中道《游居柿錄》載："道甫處，又見龍湖（李贄）《書伯修〈海蠡編〉》一紙，為千古悟人發藥，因記於此。云：'予讀袁石浦《海蠡編》已奇矣，茲復會石浦於龍湖之上，所見又別，更當奇矣。'"又《柞林紀潭》云："叟（李贄）曰：'伯修《海蠡編》說天命之謂性處盡好，如何卻又這等纏縛？'"黃輝《祭石浦袁太史文》亦云袁宗道著《海蠡編》。袁宗道《白蘇齋類集》收"說書類"三卷，計有《讀〈大學〉》八篇，《讀〈論語〉》四十五篇，《讀〈中庸〉》二十六篇，《讀〈孟子〉》二十六篇，其內容與《總目》所引《海蠡編》吻合。（李健章：《補正〈四庫全書總目提要〉一則》；孟祥榮：《〈海蠡編〉為袁宗道作考——〈四庫全書總目提要〉辨誤一則》）

槐亭漫錄無卷數（湖北巡撫採進本）

明嚴堯歔撰。堯歔字汝儀，號槐亭，朝邑人。官房縣主簿。是書凡十一篇，曰《明元》，曰《太極》，曰《天文》，曰《地理》，曰《時令》，曰《人物》，曰《性命》，曰《鬼神》，曰《文史》，曰《雜著》，曰《拒邪》[1]。前有嘉靖甲辰自序，謂是錄皆經傳格言、師友緒論。然鈔撮舊文，參以膚談，不足稱窮理格物之功。

【彙訂】

① 明嘉靖刻本此書目錄作《太極篇》、《元會篇》、《天文篇》、《地理篇》、《時令篇》、《人物篇》、《性命篇》、《鬼神篇》、《文史篇》、《雜著篇》、《拒邪篇》，而正文中依次為《太極編》、《天文編》、《地理編》、《時令編》、《人物編》、《性命編》、《鬼神編》、《文史編》、《災祥編》、《類蹟編》、《原易編》、《明元編》。

東水質疑六卷（兩江總督採進本）

明胡衰撰。衰字補之，自號味菜山人，鄱陽人。嘉靖中，官台州教授。東水者，其所居也。前四卷皆史論，起周訖宋。後二卷皆讀書題記，有《左傳》[1]、《國語》以暨諸子、諸集，起周訖明。前有小引，自謂於諸生講論之暇，筆之以備考訂。然持論疏淺，不免為餖飣之學也。

【彙訂】

① "有"，殿本作"自"。

宵練匣十卷（浙江巡撫採進本）

明朱得之撰。得之自號參元〔玄〕子，烏程人，一云靖江人[1]。是書凡分三編。曰《稽山承語》，紀其聞於師者也；曰《烹芹漫語》，紀其聞於友者也；曰《印古心語》，紀其驗於經典而有得於心者也。皆提唱心學，陽儒陰釋。其曰《宵練匣》者，案《列子》：“宵練，劍名。晝則見影不見光，夜則見光不見形，觸物而不覺。”喻其析理之入微，不在名象間也。曰“匣”者，理寓於書，如劍藏於匣也。即其名之不衺，而書可想見矣。

【彙訂】

① 康熙《常州府志》卷二三《人物·朱得之傳》：“字本思，靖江人。”光緒《靖江縣志》卷十四《人物·儒學》有朱得之傳，卷九《藝文志·書籍》著錄有朱得之《四書詩經忠告》、《蘇批孟子補》、《老子通義》、《莊子通義》、《列子通義》、《正蒙通義》、《杜詩闡義》、《心經註》、《鍊宵匣參元三語》（當為《宵練匣參元三語》）。《明儒學案》卷二五《南中王門學案》亦有傳，云“直隸靖江人”。同治《新城縣志》卷七《秩官表》，明嘉靖間縣丞有朱得之，云：“清江貢，二十九年任，踰月以憂去。”（“清江”當為“靖江”之誤）而光緒《烏程縣志》不載此人。（王重民：《中國善本書提要》；楊武泉：《四庫全書總目辨誤》；胡露：《〈四庫全書總目〉子部存目補正》）

意見一卷（浙江巡撫採進本）

明陳于陛撰。案明嘉、隆時有兩陳于陛，一為曲周人，嘉靖己未進士，官至南京戶部尚書。一為南充人，大學士以勤之子，隆慶戊辰進士，官至文淵閣大學士。此書自署曰“玉壘”①，玉壘在蜀，則南充陳于陛也。事蹟具《明史》本傳。是書乃其劄記，每段各立標題。其“立教”、“立物”諸條，極駁王守仁之説，蓋以篤實為本者。而“出處”一條、“天意”一條、“造物所福”一條、“天道”一條，則純為黃、老之談。至於“老莊”一條，更直露出本旨矣②。"用人"一條，頗涉於植黨樹援。"元史"一條，尤偏駁。"孝宗世廟"一條，稱成化之濁亂、武宗之放縱，非當時臣子所宜言。且憲宗謂之"濁亂"，似亦稍過當也。

【彙訂】

①"署"，殿本作"著"。

②"出"，殿本無。

藝圃琳琅四卷（浙江汪汝瑮家藏本）①

明蔣以忠撰。以忠字孝甫，常熟人。隆慶戊辰進士，官至廣平府知府。此書因何景明《大復論》門目太狹，推而廣之，自《從化》至《殖業》，凡八十二篇。以忠為長樂令時嘗刊行之，諸生林大桂為之集註。及守廣平時，復令訓導何錦刪訂前註，而屬永平令張可久重刻。所論皆類集古人成語，而以己意聯絡之。詞多排偶，大旨與類書相似，但稍變其體例耳。

【彙訂】

①《浙江省第四次汪汝瑮家呈送書目》、《浙江採集遺書總錄》、明萬曆十五年張可久刻本等皆作《藝圃球琅》。（杜澤遜：《四庫存目標注》）

筆塵十八卷（兩江總督採進本）

明于慎行撰。慎行有《讀史漫錄》，已著錄。此編乃其退居穀城山中時所著。凡分三十五類，所記多明代故典①，亦頗及雜記②。

【彙訂】

①"故典"，殿本作"典故"。

②"雜記"，殿本作"雜說"。

問辨牘四卷續問辨牘四卷（浙江巡撫採進本）

明管志道撰。志道有《孟義訂測》，已著錄。是書萃其平日與人講學之書，合為一編，曰《問辨牘》，取“問以辨之”之義也。志道之學出於羅汝芳，原本先乖，末流彌甚。放蕩恣肆，顯唱禪宗，較泰州、龍谿為尤甚。其《答王塘南書》謂：“孔、顏真是即心是佛，即經世是出世，與文殊之智、普賢之行，兩不相違。”其宗旨可見矣。雖為儒言，實則佛教，今附之“雜家類”焉。

從先維俗議五卷（江蘇巡撫採進本）

明管志道撰。是書多論往來交接之禮。其四、五卷皆講學之語，理雜二氏，且明立三教主賓之說。並謂：“敦化通於性海，川流通於行海，經世之中有出世，是孔子與佛同道。”又云：“達摩安心，了不可得之宗。孔門七十二賢，靡不得其大意。至遵此實際，則惟顏子一人，而曾子啟手足時曾及之。”其附會尤甚。蓋心學盛行，而儒、墨混而為一，是亦明季之通病矣。

無甚高論七卷（編修勵守謙家藏本）

明趙鴻賜撰。鴻賜字承元，桐城人，嘉靖中副都御史鈗之子也。此書雜引佛經及釋子語錄，而以聖賢之經傳互相辨證，大旨以援墨入儒為主。

何之子一卷（浙江巡撫採進本）

明周宏禴撰。宏禴字元孚，麻城人。萬曆甲戌進士，官至尚寶司少卿。事蹟附見《明史·李沂傳》。是編乃其初謫代州州判時所作。汝南吳同春序稱其語似《關尹子》。然九流競起，雖多以怪誕為宗，要無不可尋文索解。宏禴此書，乃以常詞故為澀體。其命名之義，似取《禮記》“倀倀何之”之語，已為好異。至如

四庫全書總目彙訂

書中"太虛奚無,無以無無無,無無無則無無,無無則虛,虛虛則實,實實則極,極極則易,易易則始"諸語,殆至不可句讀,則尤為無取矣。

鴻苞四十八卷(浙江巡撫採進本)

明屠隆撰。隆字長卿,鄞縣人。萬曆丁丑進士,官至禮部儀制司主事。《明史·文苑傳》附載《徐渭傳》中①。此書乃隆晚年所著,其言放誕而駁雜,又併所為雜文案牘同編入之,體例尤為餕飣。大旨耽於二氏之學,引而加於儒者之上。謂:"周公、孔子大而化之之謂聖,老子、釋迦聖不可知之謂神。儒者言道之當然,佛氏言道之所以然。"蓋李贄之流亞也。

【彙訂】

① 依《總目》體例,當補"隆有《篇海類編》,已著錄"。《明史》卷二八八《文苑四》:"屠隆者,字長卿……舉萬曆五年進士,除潁上知縣,調繁青浦……遷禮部主事。"而《浙江通志》卷一百三十三《選舉十一·明進士》萬曆五年丁丑科沈懋學榜中有屠隆,云:"鄞人,禮部郎中。"卷一百八十其傳亦云:"屠隆,《列朝詩集傳》:字緯真,一字長卿,鄞人,萬曆丁丑進士,除潁上知縣,調青浦,升禮部郎中。"據《明史》卷七二《職官志一》,禮部郎中為正五品,主事為正六品。可知此應作"官至禮部郎中"。(胡露:《〈四庫全書總目〉子部存目補正》)

證學編四卷附證學論策一卷(兩江總督採進本)

明楊起元撰。起元字貞復,廣東歸善人。萬曆丁丑進士,官至吏部左侍郎。諡文懿。《明史·儒林傳》附載《王畿傳》末。稱其清修姱節,而其學不諱禪。是編載尺牘、語錄及雜文,附論策數首,大抵講學之語,故以"證學"為名。觀其論佛仙云:"秦、漢以還,不復知道為何物,而佛之教能守其心性之法。及至達摩西來,單傳直指,儒生學士從此悟入,然後稍接孔脈。"云云。其援儒入墨,誣誕實甚。艾南英嘗作《文待》序曰:"蓋自摘取良知之說,而士稍異學矣。然予觀其書不過師友講論,立教明宗而已,未嘗以入制舉業也。其徒龍谿、緒山闡明其師之說,而又過焉,亦未嘗以入制舉業也。然則誰為之始歟? 吾姑為隱其姓名,而又詳乙註其文,使學者知以宗門之糟粕為舉業之俑者,自斯人始。"云云。顧炎武《日知錄》嘗考南英所乙註者,即起元文也。然則起元變亂先儒,其流毒且及於經義矣。

因明子_{無卷數}(浙江巡撫採進本)

明張恒撰。恒字伯常,嘉定人。萬曆庚辰進士,官至太常寺少卿[1]。是書於儒、釋之辨言之甚力。屢提"幽明"二義,以佛法為幽教,聖道為明教。書名"因明",當取於此書中多借古人之言為作轉語。筆墨間有輕雋自喜之意,故其理多參語錄,其格則頗近清談。

【彙訂】

[1]《大清一統志》卷七十一:"張恒,字明初,嘉定人。萬曆進士,歷江西按察副使。"《江南通志》卷一百四十五亦云:"張恒,字明初,嘉定人。萬曆庚辰進士,知建昌府……舉江右循吏第一,仕至參政。"《江西通志》卷四十七《秩官·明》萬曆間右參政有張恒,上海人。卷五十八有其傳,云:"張恒,字明初,嘉定人,萬曆進士,由刑部郎遷江西副使。"據《明史》卷七四《職官志三》,太常寺少卿為正四品,《明史》卷七五《職官志四》參政為從三品,

提刑按察司副使為正四品,則張恒應官至江西右參政。(胡露:《〈四庫全書總目〉子部存目補正》)

　　進修錄三卷(江西巡撫採進本)

　　明馮渠撰。渠字謙川,江西新城人,萬曆癸未進士。是書全規仿《論語》之文,復仿《論語》分為二十篇。蓋又王通《中說》之重儓也。

　　三一子無卷數(檢討蕭芝家藏本)

　　明程德良撰。德良字凝之,號雲連,雲夢人。萬曆癸未進士,官崇信縣知縣。《雲夢縣志》載所著有《不波館正續集》、《白蓮沜》、《代豆日鈔》、《明文覽》諸書,今皆不傳,傳者惟此書。前有自序,謂是書作於宰崇信時。"若三才一人焉,則吾豈敢?若三不朽而居一焉,則亦不敢。第次三篇,而名曰《三一子》。"三篇以立德、立功、立言為序,其大旨亦欲合儒、釋而一之。

　　微言四卷附說書隨筆一卷(浙江巡撫採進本)

　　明詹在泮編。在泮字定齋,衢州人,萬曆癸未進士。是編採輯明代講學語錄,王守仁、王畿、羅汝芳三家合為一卷,良知家之宗主也。又雜錄諸儒之言為一卷,良知家之支派也。其非良知家言而亦割裂剿綴者,援儒入墨之術也。末為《說書隨筆》一卷,則在泮所自著。要其宗旨,總借儒言以闡禪理耳。

　　宗一聖論二卷(安徽巡撫採進本)

　　明吳應賓撰。應賓字尚之,桐城人。萬曆丙戌進士,官翰林院編修。以目眚告歸。《江南通志》稱其著《宗一聖論》十篇。今考上卷為《性善篇》、《致知上篇》、《致知下篇》、《養氣篇》、《孝慈

篇》，下卷為《知人篇》、《樂壽篇》^①、《述志篇》，凡八篇，則《通志》
之言誤也。其書闡發性命，多入禪宗。

【彙訂】

①"樂壽篇"，底本作"樂善篇"，據殿本改。清光緒四年吳
樹申刻本此集作"樂壽篇"，云"天下有至樂而人不知也，而皆以
苦為樂也。天下有至壽而人不知也，而皆以夭為壽也……"通篇
皆論樂與壽。（胡露：《〈四庫全書總目〉子部存目補正》）

祈嗣真詮無卷數（浙江鮑士恭家藏本）

明袁黃撰。黃有《皇都水利》，已著錄。黃持功過格甚謹，鄉
里稱為愿人。是書分改過、積善、聚精、養氣、存神、和室、知時、
成胎、治病、祈禱十門。雜引常言俚語及醫方果報之事，頗為
蕪雜。

支談三卷（兩江總督採進本）

明焦竑撰。竑有《易筌》，已著錄。是書主於三教歸一，而併
欲陰駕佛、老於孔子之上。此姚江末流之極弊，併其本旨失之
者。雖亦講學之言，不復以儒家論之，亦不復以儒理責之矣。

焦弱侯問答一卷（浙江巡撫採進本）

明焦竑撰，潘曾紘編。竑師耿定向而友李贄。於贄之習氣
沾染尤深，二人相率而為狂禪。贄至於詆孔子，而竑亦至尊崇
楊、墨，與孟子為難。雖天地之大無所不有，然不應妄誕至此也。
曾紘乃綴拾刻之，以教新鄭之士子，可以見明季風氣矣。

叢語十二卷（浙江巡撫採進本）

明吳炯撰。炯字晉明，華亭人。萬曆己丑進士，官杭州府推

官。是書成於萬曆癸巳。初無門目,故李時英序但稱上編、下編。此本乃其門人孫汝學重為排次,刻於南京①,始分為十七類。其學亦出於姚江,而不甚取其末流之狂肆。至於論處世之道,謂"相安於無事為上",又云"為善亦須顧慮"。雖激於時事而言,然已參入黃、老矣。

【彙訂】

① 明萬曆何汝學重刻本此集前有序,述重編其類而付剞劂之始末,末署"門生何汝學謹書"。可知作"孫汝學"誤。(胡露:《〈四庫全書總目〉子部存目補正》)

環碧齋小言一卷(兩江總督採進本)

明祝世祿撰。世祿字無功,江西德興人。萬曆己丑進士,官至尚寶司卿。是書純以禪門之說附合儒理。如云:"中本無物,執亦非我。"又云:"聖人空空,鄙夫亦空空,故虛而能受。"又云:"賢者之學從意立根,聖人之學從無意立根。"又云:"許行、白圭、陳仲子、楊朱、墨翟皆有意於聖人之學,而不悟幾希。"又云:"有善之善與惡對,無善之善善不足以名之。"又云:"或問所存者神,曰'神識不生,如空如水'。問所過者化,曰'雁過長空,影落寒水'。"又云:"禪那纔下一語,便恐下語為塵,連忙下一語掃之。又恐掃塵一語復為塵①,連忙又下一語掃掃塵語。宗門尤為陡絕。弩之機,劍之鋒,無容擬議。《六經》原自無塵,而自為掃塵語亦不少。既已曰識曰知,又曰不識不知;既已曰再思,曰九思,曰千慮,曰百憂,又曰何思何慮。至吾有知乎哉,無知也。應口即掃,何其迅速。自訓詁之學興,引葫蘆之纏,鑿混沌之竅,起人種種見解。而聖人當下指趣反為晦蝕,快句以鈍,空句以填,於是高明者為之攢眉扼腕，不難叛孔氏而皈依佛氏矣。"云云。觀其所言，蓋姚江、龍溪之末流也。

【彙訂】

① "又"，殿本脫，參明萬曆刻《環碧堂集》本《祝子小言》原文。

時習新知六卷（山東巡撫採進本）

明郝敬撰。敬有《周易正解》，已著錄。是書舊名《知言》，敬於萬曆壬辰官永嘉時自為之序。後改今名，復於萬曆己未及崇禎戊辰為自序二首。凡初篇三卷，中篇二卷，後篇一卷，閱三十年而成。自序謂："早歲出入佛、老，中年依傍理學，垂老途窮，乃輸心大道。"書中於周子《太極圖說》、張子《正蒙》、邵子《皇極經世》及二程子、朱子無不肆言詆斥。謂："宋儒設許多教門，主靜持敬，操存省察，致知窮理，專內疏外，舉體遺用，為浮屠之學。"又謂："世儒先知後行，以格物為窮理，以聞見為致知，皆非。"是即王守仁知行合一，致知格物之說。然既借姚江之學以攻宋儒，而又斥良知為空虛以攻姚江，亦可謂工於變幻者矣。

西行草一卷（浙江孫仰曾家藏本）

明曾偉芳撰。偉芳字君彥，號滄巖，惠安人。萬曆己丑進士，官至兵部武選司員外郎，謫賓州州判。天啟中，贈布政使司參議。是書皆其雜著筆記之文，即謫賓州時舟中所作。凡論學二十二章，論君道五章，論臣道七章，論治九章，雜論四十五章，而雜文十二首附焉。大旨以王守仁之學為主。

傳家迂言一卷（江西巡撫採進本）

明賀應保撰。應保字宏任，號正予，永新人。是編凡十四篇,皆其家訓。多參引古事以示勸戒,然頗談果報之説。

迂議一卷(江西巡撫採進本)

明賀應保撰。是編多評論古事,蓋隨筆劄記之文。持論頗篤實,而別無新意。

迂億四卷(江西巡撫採進本)

明賀應保撰。是編與所作《迂議》體例相近,蓋隨得一編,即各立一名,實則正、續集爾。第一卷皆解《四書》,其説以心學為主①,故多與朱子齟齬。餘三卷多考證史事及經史文句,如《五代史》韓通無傳、《孟浩然集》有送孟郊詩之類,頗襲舊説。亦有失於詳檢者,如論大事不須卜一條曰:"又如卜郊,苟三卜不吉,可不郊耶?"不知《春秋》固有"三卜郊不從",猶三望也。又謂宇文虛中偶迕金人被殺,不知虛中以謀劫金主而死,元好問《中州集》載之甚詳,非偶迕也。

【彙訂】

① "為主",殿本作"為本"。

共發編四卷(山西巡撫採進本)

明曹于汴撰。于汴字自梁,安邑人。萬曆壬辰進士,官至左都御史。事蹟具《明史》本傳。是編乃為淮安推官時講學安定祠內,與門人問答之語。其持論多涉元妙。如譚大禮問無我相之語①,儒與禪宗將無同。於汴答云:"若天地萬物一一聯屬於我,斯無我相矣。然天地萬物亦無相也。以相觀天地,則如彼其大矣;以相觀萬物,則如彼其衆矣。安能聯屬於我?故幻相非真,真相亦非真,而無相者為真。夫墮禪者非也,避禪者亦非也。無真而未嘗無真,無幻而未嘗無幻,無天地萬物而未嘗無天地萬

物。裁成輔相②,種種現在③,烏在其禪與不禪。"云云。是坐儒
者之皋比,而演釋迦之經呪,則何不披緇而開方丈也。

【彙訂】

①"語",明天啟五年刻本此書卷一原文及殿本作"旨"。

②"裁",殿本作"財"。卷一原文作"裁"。

③"在",底本作"成",據卷一原文及殿本改。

盡心編一卷證語二卷海鷗居日識二卷(山東巡撫採進本)

明陳伯友撰。伯友字中怡,濟寧州人。萬曆辛丑進士,官至
太常寺卿。是書取《孟子》盡心之義,其說為"心統性仁,其要在
悟。悟由於恥與憤,加以操存涵養擴充,則心無不盡矣"。故前
列為總圖、分圖,後各為之論。大抵沿良知之學而參入禪機。其
《證語》二卷則牽引宋儒之言,以附會其說。《海鷗居日識》上卷
多論世事,反稍切實。然謂:"佛生堯、舜之時,則所就不在孔子
下;佛生孔子之時,則所就不在顏、曾下。"又謂:"吾儒心性透悟,
則肢節皆靈。又謂一貫如水迸荷葉,散為萬珠①。"蓋即晦堂和
尚以聞木樨香證聖人無隱之義。下卷或為駢句,或如偈語,或如
詩話。在彼法頗具聰明,而於聖賢本旨則愈失愈遠矣。

【彙訂】

①"珠",殿本作"殊",誤。

寅陽十二論二卷(浙江巡撫採進本)

明葉秉敬撰。秉敬有《字孿》,已著錄。是編分十二篇,曰
《太極》,曰《仁孝》,曰《性善》,曰《工夫》,曰《勉强》,曰《學問》,曰
《資質》,曰《知行》,曰《理欲》,曰《好惡》,曰《零總》,曰《獨並》。
其說喜為新奇,而理多不愜。

剩言十四卷（浙江巡撫採進本）

　明戴君恩撰。君恩字忠甫，澧州人。萬曆癸丑進士，官至四川兵備副使①。是編凡内篇十一卷，外篇三卷，乃君恩家居時所著，其學出於姚江。至外篇謂"孔子近禪，孟子近道"，真可謂援儒入墨矣。

【彙訂】

　① 依《總目》體例，當作"君恩有《讀風臆評》，已著錄"。戴君恩或字紫宸，官至山西巡撫，説詳卷一七《讀風臆評》條注。

宏〔弘〕山集四卷（山東巡撫採進本）

　明張後覺撰。後覺字志人①，號宏山，茌平人，官華陰縣訓導。嘗受業於尤時熙，《明史·儒林傳》附載時熙傳末。其學源出姚江，推闡彌深，而彌墮禪趣。是集凡《教言》一卷，《語錄》一卷，皆其門人趙維新所編。第三卷為後覺所作誌銘一篇，詩三篇，書五篇。第四卷附錄傳誌之類，《教言》、《語錄》皆冥恍惚之談，動稱顏山農，其宗旨可見。詩文皆不入格，尤不諳體例。如為其父作誌，題曰《明故先考府君墓誌銘》。夫明者當時帝王國號也，"明故先考"是誰之先考乎？

【彙訂】

　①《明史·儒林傳二》尤時熙傳附："張後覺字志仁，茌平人。"《明儒學案》卷二九《北方王門學案》"教諭張弘山先生後覺"條云："張後覺，字志仁，號弘山，山東茌平人，仕終華陰教諭。"（楊武泉：《四庫全書總目辨誤》）

感述錄六卷續錄四卷（山東巡撫採進本）

　明趙維新撰。維新字素衷，茌平人，官長山縣教諭。《明

史・儒林傳》附載《尤時熙傳》末。以維新師張後覺,源出時熙故
也。此二錄即維新感其師之言而述之,故曰《感述》。前錄皆記
後覺講授《四書》之義。《續錄》前二卷皆自述講學之旨,第三卷
為詩文,第四卷則附錄維新行略及張元忭[①]、孫鑛諸人評語也。
師弟所述,無非禪機,而轉相神聖,以為不傳之祕。蓋姚江立説
之初,亦不料其末流至此矣。

【彙訂】

① "張元忭",殿本作"張元拤",誤。清道光刻本此書附名
公評有"張陽和曰",張元忭號陽和,《明史・儒林傳》附載尤時熙
傳末。《總目》著錄其《紹興府志》等著作。

治平言二卷(江西巡撫採進本)

明曾大奇撰。大奇字端甫,泰和人。明神宗之末,萬事叢
脞,門户之禍大起。大奇是書分經世、主術、輔臣、明法、責成、富
國、賦役、兵制、養兵、廟算、馬政、言路、資格、核舉、聽訟、宦豎十
六議,而《輔臣議》分為二篇,凡十七篇。其體例指陳時弊,略仿
賈誼《新書》,而文格則多近蘇氏策論。然論弊則明,而論所以救
弊之道,則往往參以書生之見,知其一而不知其二云。

論學緒言六卷(江西巡撫採進本)

明鄒士元撰。士元字志尹,吉水人[①]。是書首載鄒元標序,
萬曆時人也。其論學大抵以陳獻章、王守仁為宗,而立論多墮於
虛無。如《與歐南野書》云:"未發、已發分不得先後,時時用吾靈
明照察,則私欲客氣纖毫容他住腳不得。"又《與劉一齋書》云:
"吾性之靈乃先天太極未生之時無始之真也,吾氣之靈乃後天陰
陽交合有生之初賦畀之精也。"又《與鄒東廓書》云:"真機不息,

莫非物也；人情物理，莫非虛也。"其大旨略可見矣。

【彙訂】

①《江西通志》卷七十九有其傳云："鄒士元字志伊，萬安人。"吉水、萬安皆為吉安府屬縣。（胡露：《〈四庫全書總目〉子部存目補正》）

林子全集四十卷（安徽巡撫採進本）①

明林兆恩撰。兆恩字懋勛，號龍江，又號子谷子，又稱三教先生，莆田人。生平立説，欲合三教為一，悠謬殆不足與辨。至稱夢中見孔子，授以《魯論》微旨，尤為誕妄。是編乃其門人涂元輔彙刻。分元、亨、利、貞四集，每集十冊，皆猖狂無忌之談。謝肇淛《文海披沙》曰："吾閩莆陽林兆恩，亦自博學能文，能以艮背之法治病。其門人傳之者不得其學，徒以上章降魔捉鬼為事，儼然巫矣。縱日捉百鬼何益？況從其教者日盛，姦偽詐盜，無所不有，恐他日一方之患，不下黃巾、白蓮也。"肇淛為兆恩鄉人，其言如此。而顧大韶《炳燭齋集》有《林三教集序》，乃盛推之，謬矣。

【彙訂】

①"林子全集"，底本作"林全子集"，據明崇禎刻本此書及殿本改。（杜澤遜：《四庫存目標注》）

韋弦佩無卷數（浙江巡撫採進本）

明屠本畯撰。本畯有《閩中海錯疏》，已著錄。是書凡四篇，一曰《處方》，二曰《艾觀》，三曰《藥鏡》，四曰《卻病》。大旨以情性嗜欲之偏為疾病，以清淨忍耐之法為醫藥。後《視履》一篇，亦謹身寡過之意。然語多近鄙。

紀聞類編四卷(浙江鮑士恭家藏本)

明竇文照撰。文照字子明,秀水人。萬曆中,官光祿寺典簿[①]。其書每卷分六類,亦格言之流。朱國祚跋甚稱其孝行。蓋以其人重之,其言則不能免俗也。

【彙訂】

[①]《廣東通志》卷二十七《職官志二·明》,惠州府通判有竇文照,云:"浙江秀水人,監生,(萬曆)二十八年任。"據《明史》卷七四《職官志三》,光祿寺典簿為從七品,《明史》卷七五《職官志四》,通判為正六品。則其官至惠州府通判。(胡露:《〈四庫全書總目〉子部存目補正》)

虞精集八卷(江西巡撫採進本)

明周伯耕撰。伯耕字更生,莆田人。是書蓋雜家者流。其曰"虞精",蓋取"虞人獵百禽之精"意也。前有李維楨序,稱原書正、續共百餘篇,莆田知縣郭如闇為刻其四十七篇。此本實五十三篇,殆刻版時續入四篇,序則未改也。其書篇各立名,鎔鑄故事以成文,欲以博麗見長,而襞積之痕不化。蓋借文以隸事,而非用事以成文,故往往堆砌擁腫,不能運掉。維楨序稱其文格與陸賈《新語》、王符《潛夫論》、荀悅《申鑒》、徐幹《中論》、劉劭《人物志》相似。今考其文,實與數書不類。晉、宋以後,以儷偶為子書者,惟葛洪《抱朴子外篇》、劉晝《新論》有是體裁。伯耕此書,蓋規橅二家而不成耳。

聽心齋客問一卷(浙江鮑士恭家藏本)

舊題廬山山人萬尚父撰,不詳其履貫。書中大旨皆宗尚二氏之學,謂一切聲色,弗以耳聽而以心聽。設為客問,亦弗以言答而以心答也。大抵近俞琬〔琰〕《席上腐談》①，而所言荒渺，尤多紕繆之詞。

【彙訂】

①“俞琬”，當作“俞琰”，乃避嘉慶諱改。殿本作“俞琰”。

王氏二書選要十一卷（江西巡撫採進本）

明王貞善撰。貞善字如性，泰和人。是編為鄒元標所選定。凡《靜談》五卷。前四卷皆其語錄，分十篇，各摘篇首二字為名。第五卷附雜文五篇。其《〈象山學辨〉辨》，則為霍韜《象山學辨》而作。蓋貞善為陸九淵鄉人，故持論以陸氏為宗也。又《讀史法戒》六卷。前三卷為《法言》，後三卷為《戒言》，皆紀古人言行之有關勸懲者。前有元標序。其名為《王氏二書選要》，亦元標所題也。

文園漫語一卷（浙江吳玉墀家藏本）

舊本題程希堯撰。不著時代，亦不詳其始末。書中“詩韻更定”一條稱“我朝《洪武正韻》”，則明人也。其大旨合儒、禪而一之，謂佛法皆從儒出，較明末尊佛抑儒者其說更巧。然朝三暮四、朝四暮三，同一變幻伎倆也。所考論天文諸條，純以臆斷，如謂“地形之大，去天不遠”，其謬可知。至於龜、鵠諸解，更為鄙俚矣。

辨學遺牘一卷（兩江總督採進本）

明利瑪竇撰。利瑪竇有《乾坤體義》，已著錄。是編乃其與虞淳熙論釋氏書①，及辨蓮池和尚《竹窗三筆》攻擊天主之說也②。利瑪竇力排釋氏，故學佛者起而相爭，利瑪竇又反唇相詰，各持一悠謬荒唐之說，以較勝負於不可究詰之地。不知佛教可闢,非天主教所可闢;天主教可闢,又非佛教所可闢,均所謂同浴而譏裸裎耳。

【彙訂】

①"虞淳熙",殿本作"虞熙",誤。虞淳熙,《浙江通志》卷一七八《人物·文苑一》有傳。

②《竹窗三筆》刊於萬曆四十三年,而利瑪竇歿於萬曆三十八年。故此書後編駁斥《竹窗三筆》部分非利瑪竇著。(陳垣:《重刊〈辨學遺牘〉序》)

二十五言一卷(浙江巡撫採進本)

明利瑪竇撰。西洋人之入中國自利瑪竇始,西洋教法傳中國亦自此二十五條始。大旨多剽竊釋氏,而文詞尤拙。蓋西方之教惟有佛書,歐羅巴人取其意而變幻之,猶未能甚離其本。厥後既入中國,習見儒書①,則因緣假借以文其說。乃漸至蔓衍支離,不可究詰,自以為超出三教上矣。附存其目,庶可知彼教之初,所見不過如是也。

【彙訂】

①"書",殿本作"言"。

天主實義二卷(兩江總督採進本)

明利瑪竇撰。是書成於萬曆癸卯,凡八篇。首篇論天主始制天地萬物而主宰安養之。二篇解釋世人錯認天主。三篇論人魂不滅,大異禽獸。四篇辨釋鬼神及人魂異,論天下萬物不可謂之一體。五篇排辯輪回六道戒殺生之謬,而明齋素之意在於正志。六篇解釋意不可滅,並論死後必有天堂、地獄之賞罰。七篇論人性本善,併述天主門士之學。八篇總舉泰西俗尚,而論其傳道之士所以不娶之意，并釋天主降生西土來由。大旨主於使人尊信天主，以行其教。知儒教之不可攻，則附會《六經》中"上帝"之説以合於天主，而特攻釋氏以求勝。然天堂、地獄之説與輪回之説相去無幾[1]，特小變釋氏之説，而本原則一耳。

【彙訂】

[1] 殿本"幾"下有"也"字。

畸人十篇二卷附西琴曲意一卷（兩江總督採進本）

明利瑪竇撰。是書成於萬曆戊申。凡十篇，皆設為問答以申彼教之説。一謂人壽既過，誤猶為有。二謂人於今世惟僑寓耳。三謂常念死候，利行為祥。四謂常念死候[1]，備死後審。五謂君子希言而欲無言。六謂齋素正旨非由戒殺。七謂自省自責，無為為尤。八謂善惡之報在身之後。九謂妄詢未來[2]，自速身凶。十謂富而貪吝，苦於貧窶。其言宏肆博辨，頗足動聽。大抵掇釋氏生死無常、罪福不爽之説，而不取其輪回、戒殺、不娶之説，以附會於儒理，使人猝不可攻。較所作《天主實義》純涉支離荒誕者，立説較巧。以佛書比之，《天主實義》猶其禮懺，此則猶其談禪也。末附《西琴曲義》八章，乃萬曆庚子利瑪竇覲京師所獻，皆譯以華言，非其本旨，惟曲意僅存。以其旨與十論相發明，故附錄書末焉。

【彙訂】

[1] 二"候"字，殿本皆作"後"，誤，參明刻《天學初函》本此書卷上原文。

[2] "詢"，殿本作"詞"，誤，參明刻《天學初函》本此書卷下原文。

交友論一卷（兩江總督採進本）

明利瑪竇撰。萬曆己亥利瑪竇遊南昌，與建安王論友道，因著是編以獻。其言不甚荒悖，然多為利害而言，醇駁參半。如云“友者過譽之害，大於仇者過訾之害”，此中理者也。又云“多有密友，便無密友”，此洞悉物情者也。至云“視其人之友如林，則知其德之盛；視其人之友落落如晨星，則知其德之薄”，是導天下以濫交矣。又云“二人為友，不應一富一貧”，是止知有通財之義，而不知古禮惟小功同財，不概諸朋友。一相友而即同財，是使富者愛無差等，而貧者且以利合，又豈中庸之道乎？王肯堂《鬱岡齋筆塵》曰：“利君遺余《交友論》一編，有味哉其言之也。使其素熟於中土語言文字，當不止是。乃稍删潤，著於篇。”則此書為肯堂所點竄矣。

七克七卷（兩江總督採進本）

明西洋人龐迪我撰。書成於萬曆甲辰。其說以天主所禁罪宗凡七，一謂驕傲，二謂嫉妒，三謂慳吝，四謂忿怒，五謂迷飲食，六謂迷色，七謂懈惰於善。迪我因作此書，發明其義，一曰伏傲，二曰平妒，三曰解貪，四曰熄忿，五曰塞饕，六曰坊淫，七曰策怠。其言出於儒、墨之間，就所論之一事言之，不為無理。而皆歸本敬事天主以求福，則其謬在宗旨，不在詞說也。其論保守童身一條，載或人難以“人俱守貞不婚，人類將滅”，乃答以“儻世人俱守貞，人類將滅，天主必有以處之，何煩過慮”。其詞已遁。又謂生人之類有生必有滅，亦始終成毁之常，若得以此終，以此毁，幸甚大願。則又詞窮理屈，不覺遁於釋氏矣，尚何闢佛之云乎？

西學凡一卷附錄唐大秦寺碑一篇（兩江總督採進本）

明西洋人艾儒略撰。儒略有《職方外紀》，已著錄。是書成於天啟癸亥，《天學初函》之第一種也。所述皆其國建學育才之法，凡分六科。所謂勒鐸理加者，文科也。斐錄所費亞者，理科也。默第濟納者，醫科也。勒義斯者[①]，法科也。加諸撝斯者，教科也。陡祿日亞者，道科也。其教授各有次第，大抵從文入理，而理為之綱。文科如中國之小學，理科則如中國之大學，醫科、法科、教科者，皆其事業，道科則在彼法中所謂盡性致命之極也。其致力亦以格物窮理為本，以明體達用為功，與儒學次序略似。特所格之物皆器數之末，而所窮之理又支離神怪而不可詰，是所以為異學耳。末附唐碑一篇，明其教之久入中國。碑稱："貞觀十二年，大秦國阿羅本遠將經像，來獻上京。即於義寧坊敕造大秦寺一所，度僧二十一人"云云。考《西溪叢語》載唐貞觀五年有傳法穆護何祿將祆教詣闕聞奏。敕令長安崇化坊立祆寺，號大秦寺，又名波斯寺[②]。至天寶四年七月，敕波斯經教出自大秦傳習而來，久行中國，爰初建寺，因以為名。將以示人，必循其本，其兩京波斯寺並宜改為大秦寺，天下諸州郡有者準此。《册府元龜》載："開元七年，吐火羅國王上表獻解天文人大慕闍，智慧幽深，問無不知。伏乞天恩喚取，問諸教法。知其人有如此之藝能，請置一法堂，依本教供養。"段成式《酉陽雜俎》載："孝億國界三千餘里，舉俗事祆，不識佛法，有祆祠三千餘所。"又載："德建國烏滸河中有火祆祠[③]。相傳其神本自波斯國乘神通來，因立祆祠。祠內無像，於大屋下置小廬舍，向西。人向東禮神，有一銅馬，國人言自天而下。"據此數說，則西洋人即所謂波斯，天主即所謂祆神。中國具有紀載，不但有此碑可證。又杜預註《左傳》"次睢之社"曰："睢受汴，東經陳留、梁、譙、彭城入泗，此水次有祆神，皆社祠之。"[①]顧野王《玉篇》亦有"祆"字，音"呵憐切”，註為祆神。徐鉉據以增入《説文》。宋敏求《東京記》載：“寧遠坊有祆神廟。”註曰：“《四夷朝貢圖》云：‘康國有神名祆，畢國有火祆祠，或曰石勒時立此。’”是祆教其來已久，亦不始於唐。岳珂《桯史》記番禺海獠，“其最豪者蒲姓，號白番人，本占城之貴人，留中國以通往來之貨。屋室侈靡踰制，性尚鬼而好潔，平居終日相與膜拜祈福，有堂焉以祀。如中國之佛，而實無像設。稱謂聱牙，亦莫能曉，竟不知為何神。有碑高袤數丈，上皆刻異書如篆籀。是為像主，拜者皆嚮之”。是祆教至宋之末年，尚由賈舶達廣州。而利瑪竇之初來，乃詫為亘古未睹。艾儒略作此書，既援唐碑以自證，則其為祆教更無疑義。乃無一人援古事以抉其源流，遂使蔓延於海内。蓋萬曆以來⑤，士大夫大抵講心學，刻語錄，即盡一生之能事，故不能徵實考古，以遏邪説之流行也。

【彙訂】

①“勒義斯”，殿本作“勒斯義”，誤，參明刻《天學初函》本此書原文。勒義斯即 laws 音譯。

② 火祆與大秦（本名景教）均源自波斯，但實二非一。（陳垣：《火祆教入中國考》）

③《酉陽雜俎》卷四：“有祆祠三百餘所。”《太平廣記》卷四八二亦引作“三百”，《總目》乃循《西溪叢語》之誤。又《酉陽雜俎》卷十：“俱德建國烏滸河中灘流有火祆祠。”（同上）

④ 杜預注原文作“睢受汴，東經陳留、梁、譙、彭城入泗，此水次有妖神，東夷皆社祠之”。《總目》乃循《西溪叢語》之誤。（同上）

⑤“以來”，殿本作“以後”。

靈言蠡勺二卷(兩江總督採進本)

明西洋人畢方濟撰,而徐光啟編錄之。書成於天啟甲子,皆論亞尼瑪之學。亞尼瑪者,華言靈性也,凡四篇。一論亞尼瑪之體,二論亞尼瑪之能,三論亞尼瑪之尊,四論亞尼瑪所同美好之情,而總歸於敬事天主以求福。其實即釋氏"覺性"之説,而巧為敷衍耳。明之季年,心學盛行,西士慧黠,因摭佛經而變幻之,以投時好。其説驟行,蓋由於此。所謂物必先腐而後蟲生,非盡持論之巧也。

空際格致二卷(直隸總督採進本)

明西洋人高一志撰。西法以火、氣、水、土為四大元行,而以中國五行兼用金、木為非,一志因作此書以暢其説。然其窺測天文,不能廢五星也。天地自然之氣,而欲以强詞奪之,烏可得乎?適成其妄而已矣。

寰有詮六卷(浙江汪啟淑家藏本)[①]

明西洋人傅汎際撰[②]。書亦成於天啟中。其論皆宗天主。又有圓滿、純體、不壞等十五篇,總以闡明彼法。

【彙訂】

① "詮",底本作"銓",據明崇禎元年靈竺玄樓刻本此書題名及殿本改。(杜澤遜:《四庫存目標注》)

② "傅汎際",底本作"溥汎際",據明崇禎元年靈竺玄樓刻本此書卷首署名及殿本改。(同上)

案,歐羅巴人天文推算之密,工匠制作之巧,實踰前古。其議論夸詐迂怪,亦為異端之尤。國朝節取其技能,而禁傳其學術,具存深意。其書本不足登册府之編。然如《寰有

詮》之類,《明史·藝文志》中已列其名,削而不論,轉慮惑
誣,故著於錄而闢斥之。又《明史》載其書於"道家"。今考
所言兼覈三教之理,而又舉三教全排之,變幻支離,莫可究
詰,真雜學也,故存其目於"雜家"焉。

蒼崖子　無卷數（浙江巡撫採進本）

明朱健撰。健字子强,進賢人,天啟辛酉舉人。是書凡十
篇,曰《大氣》,曰《廣化》,曰《達命》,曰《質情》,曰《裁理》,曰《挈
真》,曰《善學》,曰《習境》,曰《簡制》,曰《鏡治》,皆題曰"内篇"。
前有其弟徽序,云:"外篇專於商訂今古,雜考物類。而内篇則自
天地造化性命之精微、陰陽律曆之廣博,閒及於古今成敗、人事
得喪,蓋略以備矣。"然則尚有外篇也。其文混漾自恣,而時時參
以排偶,僅仿佛偽《子華子》。明魯重民輯《子史類語》,收入是
書,乃稱其文沉鬱古奥,絕似魏、晉,未免標榜之詞矣。

爨下語二卷（浙江巡撫採進本）

明張復撰。復字子遠,休寧人。其書黃虞稷《千頃堂書目》作四
卷,此本止分上、下二卷。每條俱以偶語聯比成文,頗似格言而多雜
以委巷之語。前有天啟壬戌陳繼儒序,知為繼儒一流人矣。

尚絅小語三卷（浙江巡撫採進本）

明姚張斌撰。張斌號尚絅,亦號絅生,金谿人,天啟乙丑進
士。是編皆其雜著筆記,多論人情世事,所見頗粗。而自序乃上
援孔子,亦云妄矣。

垂訓樸語一卷（浙江巡撫採進本）

明陳其德撰。其德字太華,桐鄉人。據卷中《災荒紀事》稱

生於萬曆初年,而作記於崇禎十四、十五年,則明末之人。自序稱“首蓿多年”,則嘗為學官也。是書皆勸善格言,附以遺詩十首。卷首題“同里後學編校”,而劖去其名,未喻何故。

狂夫之言三卷續狂夫之言二卷(浙江孫仰曾家藏本)

明陳繼儒撰。繼儒有《邵康節外紀》,已著錄[1]。此書曰“狂夫之言”者,用漢《鼂錯傳》語也。書中雜論古今得失,才辨亦頗縱橫,而見地多失之偏矯。如謂佛家能養鰥寡孤獨,殊不免故為異論。至於指顏子端居不動為以身諷孔子,左丘明《春秋內傳》非有意於發明孔子[2],則尤為臆見矣。

【彙訂】

① 依《總目》體例,當作“繼儒有《建文史待》,已著錄”。

② “丘”,殿本作“邱”。

安得長者言一卷(浙江孫仰曾家藏本)

明陳繼儒撰。“安得長者之言”句,本《漢書・龔遂傳》語,繼儒取以名其書。自序云:“少從四方名賢遊,有聞輒錄。使異日子孫躬耕之暇,粗識數行字者,讀之了了。”蓋亦語錄之類。然聖賢以言立訓,本出自然,有意雕鑴,便非心得。張峋跋謂其“於熱鬧中下一冷語,冷淡中下一熱語”。宗尚如此,宜其於布帛菽粟之旨去之益遠也。

睿養圖說無卷數(浙江巡撫採進本)

明楊觀光撰。觀光,招遠人。崇禎戊辰進士,官至少詹事。是書乃其為贊善時所進。以《唐六典》載東宮官制,贊善掌侍從翼養之事,故以睿養之道演為三圖。一曰《養性圖》,二曰《養氣圖》,三曰《養體圖》,每圖各系一說。末附凡例數條,以明奇耦方

圓不同之故。其説養性，則首重良知，養氣則專言夜氣，養體則
推闡太極。反復演説，皆舍實踐而談微妙，非啟迪引翼之道也。

尋樂編一卷（浙江巡撫採進本）

　　明毛元淳撰。元淳字還樸，一字嬰中，松陽人，崇禎癸酉歲
貢生。是編乃其所撰語錄。序稱"慕周茂叔尋孔、顏樂處，遇會
心輒便記錄"，故以"尋樂"名編。然意旨頗為淺近。自稱"素性
讀陳眉公書則躍然喜，讀李卓吾書則怫然不悦。非有意愛憎，乃
氣味自有同異"，蓋所見與繼儒相近，故著作亦復似之云。

補計然子一卷（江蘇周厚堉家藏本）

　　明董漢策撰。漢策字帷儒，烏程人。是書成於崇禎壬午。
雜取《左》、《國》、《吳越春秋》諸書為之，凡四十篇，又《敘略》一
篇。大旨以句踐之復伯，起衰激怠，事在人自為之，蓋借以為晏
安之戒。自云是書為寓言，又云釋憤之作，是也。考《文獻通考》
載《范子計然》十五卷，今其書不傳，故漢策補之。然不偽託於古
書，賢於姚士粦《於陵子》、王逢年《天祿閣外史》以贗售欺者
多矣。

蔬齋厞語四卷（浙江巡撫採進本）

　　明沈大洽撰。大洽號愚公，又號雪樵，杭州人。是書卷首吳
之鯨序，稱"武林高士坊有梅花屋，明聖湖有讀書舫，表忠觀右有
蔬齋，法華山有萬竹廬，愚公隨意偃息"云云，蓋亦趙宧光、陳繼
儒之類。前二卷皆隨筆小品，不儒不釋，強作清言，不出明季山
人之窠臼。後二卷為詩。末為自作小傳，亦當時纖佻之體。其
曰"厞語"者，"厞"訓為"隱"，蓋故取僻字，以竊附《法書》、《薉書》
之例耳。

激書無卷數（江西巡撫採進本）

明賀貽孫撰①。貽孫有《詩觸》，已著錄。是書凡三十三篇②。以《激書》名者，自云：“深感夫激我者成我之德，故記而述之。”所述皆憤世嫉俗之談，多證以近事。或舉古事，易其姓名，借以立議，若《太平廣記》貴公子鍊炭之類；或因古語而推闡之，如蘇軾書孟德事之類。其文稱心而談，有縱橫曼衍之意，而句或傷於冗贅，字或傷於纖麗，蓋學《莊子》而不成者。其大旨則黃、老家言也③。

【彙訂】

① 當作“國朝賀貽孫撰”，說詳卷十七《詩觸》條注。

② 是書始自《貴因》，終於《空明》，凡四十一篇。（羅天祥：《賀貽孫考》）

③ 此書多通於治理，約與唐甄《潛書》同其淵微。（張舜徽：《清人文集別錄》）

真如子醒言九卷（兩江總督採進本）

明王化隆撰。化隆自號真如子，廣漢人。由貢生官主簿。其書分《天道》、《地道》、《人道》、《懋修》、《訂學》、《鈞元〔玄〕》、《彝典》、《齊治》、《均平》九篇，篇各分章，皆設為問答。其文頗博麗宏肆，規仿《淮南》、《鶡冠》諸子，然理不足而軋苗。其辭又多用奇字，如《亢倉子》之例，則亦金玉其外而已。

養生弗佛二論一卷（兩江總督採進本）

明魏大成撰。大成字時夫，柏鄉人。其《養生論》以平情為袪病之本，而深明醫之不足恃。其《弗佛論》則明儒理以闢釋也，持論頗不詭於正。然《養生論》稱“聖有心而無為，無為則能平情,情平總歸無情,所以長生久視",則闢佛而轉入黃老矣。故退而列之"雜家類"焉。

枕流日劄一卷(浙江巡撫採進本)

不著撰人名氏[①]。觀其中引明薛瑄、蔡清、吳與弼事,則明中葉以後人矣。前有自題,稱"偶有會心,即述諸楮,不倫不次,或佛或儒"。今觀所錄諸條,大抵格言之類。至於說"志"字之義,以為從"士"從"心",不知"志"字上本從"㞢",知為不學人矣。

【彙訂】

① 據《浙江採集遺書總錄》己集,乃明僉事海寧陳之伸撰,民國《海寧州志稿》卷十二有傳。(曹正元:《〈四庫全書總目提要〉偶證三十例》)

息齋藏書十二卷(山西巡撫採進本)

國朝裴希度撰。希度字晉卿,號中菴,陽曲人。崇禎甲戌進士,官監察御史。入國朝,官至太常寺少卿。是書第一卷曰《儒經撮要》,第二卷曰《道統中一經》,第三、四、五卷曰《四子丹元》,第六卷曰《學鏡約》,第七卷曰《心聖直指》,第八、九、十卷曰《嘉言存略》,第十一卷曰《公餘證可》,第十二卷曰《麈譚摘》,皆講學之言,中閒多與蔚州魏象樞書問辨論。卷首凡例謂:"自一卷至十卷,皆古先聖賢之前言往行。閒出臆見,以發攄其底蘊。十一卷之《證可》,十二卷之《麈譚摘》,則同人之書札往來,與夫座譚有涉名教者。"今核是編,其中《四子丹元》舉濂溪、明道、象山、陽明而不及朱子,其生平宗主已可概見。至《道統中一經》多以二氏之言互證,亦未免於雜也。

衡書三卷（浙江巡撫採進本）

國朝唐大陶撰。大陶字鑄采，夔州人。書中自稱官長子時事，蓋嘗為長子縣知縣也。是書凡《核儒》、《仁師》、《五形》[①]、《審知》、《利才》、《釋孟》、《受任》、《抑尊》、《權實》、《賤隸》、《貞隱》、《明悌》、《富國》十三篇。大抵學《莊》、《列》之寓言。如《核儒篇》稱冉有為魯將，與齊兵戰敗，季孫欲誅之，懼而奔楚；子貢遊說吳越，反為魯召兵，國幾亡；朱子進正心誠意之說，金人聞風而遁，遂恢復中原，并削平西夏。皆故繆其事實，以資嘲戲。蓋大陶生於明末，故其書多有激之談也。

【彙訂】

　①“五形”，底本作“五行”，據殿本改。此書實即《潛書》前身，作者唐甄，原名大陶，字鑄萬，說詳本卷《潛書》條注。考《潛書》目錄，《仁師》、《審知》、《利才》、《受任》、《抑尊》、《權實》、《貞隱》、《明悌》八篇皆有，而《核儒》或即《潛書》之《辨儒》，《釋孟》或即《潛書》之《尊孟》與《宗孟》，《賤隸》或即《潛書》之《賤奴》，《富國》或即《潛書》之《富民》，惟《五行》一篇，《潛書》無相應篇目，而下篇下有《五形》篇，論軍事上常見之五種情形，與五行無涉。（胡露：《〈四庫全書總目〉子部存目補正》）

新婦譜一卷（江西巡撫採進本）

國朝陸圻撰。圻字麗京，號講山，錢塘人，順治中貢生[①]。其書皆詳論為婦承順之道，凡五十九條。乃其嫁女之時，作以授之者，故多通俗之語。自序謂：“傅氏有《理縣譜》，今世無其書。所見惟時人《治譜》一帙，京邸授官者，率不可闕。”故仿其例，亦名之為譜云。

【彙訂】

①《國朝先正事略》卷三七丁澎《事略》附陸圻事略、康熙《錢塘縣志》選舉志、民國《杭州府志》選舉志,民國《杭州府志》卷一四五《文苑二·陸圻傳》、《清史稿》卷四八四《文苑一·陸圻傳》均無陸圻為順治中貢生之記載。(楊武泉:《四庫全書總目辨誤》)

格物問答三卷(浙江巡撫採進本)

國朝毛先舒撰。先舒有《聲韻叢説》,已著錄。此書為《思古堂全集十四種》之一。大旨主王守仁之説,以格物為格去物欲,力斥朱子窮理之非。然王守仁初為是説,特高明之過,流入釋氏耳。先舒乃毅然謂三教本一,二氏為儒之根本。且稱:"此論既確,決定無疑。恪欲專一守此,以為自修自證之學。"蓋明季心學之流弊,深中乎人心如此,此固非王守仁所及料者矣①。

【彙訂】

①"王",殿本無。

螺峯説錄一卷(浙江巡撫採進本)①

國朝毛先舒撰。大旨調停於儒、禪之間。謂"聖人之學深入於無生死,故其説曰格物欲者完性命,完性命者了生死;曰盡倫常者完性命,完性命者了生死。格物欲語與考亭異,盡倫常語與佛氏異"云云。蓋欲以佛立教,而恐儒者以蔑倫攻之。故巧立是説,以彌縫其闕也②。

【彙訂】

①"浙江巡撫採進本",殿本作"浙江汪汝瑮家藏本"。《四庫採進書目》未著錄此書。(江慶柏:《殿本、浙本〈四庫全書總

目〉著錄圖書進獻者主名異同考》)

②“以彌縫其闕也”,殿本作“彌縫其隙也”。

聖學真語二卷(浙江汪汝瑮家藏本)

國朝毛先舒撰。先舒既著《匡林問答》諸書,復約其指歸以為是編。其學雖出劉宗周,然宗周傳良知之說而主於慎獨,故持論篤實。先舒傳良知之說,乃流於幻眇支離,無語非禪,而又自以為非禪。所謂姚江末流,愈失愈遠,彌巧而彌離其宗者也。

潛齋處語一卷(陝西巡撫採進本)

國朝楊慶撰。慶有《古韻叶音》,已著錄。是書分二十四門,大旨欲仿宋儒語錄而所見頗淺。其駁陳淳論鬼神一條,以曾於夢中親見抱朴子葛洪,具有靈驗為證。夫淳以為必無鬼神,固宋儒主持過甚之論。然慶所云祈禱感應之說,亦非知鬼神之理者也。

蒙訓一卷(陝西巡撫採進本)

國朝楊慶撰。是編凡十九門,皆採摭古人之言,而大旨出袁黃《功過格》,雜以二氏福田之說,動輒稱引鬼神。所謂有為而為,非儒者之本旨也。

理學就正言十卷(浙江巡撫採進本)

國朝祝文彥撰。文彥字方文,海寧人。自稱受學於劉宗周。然所論主於儒、道同源,合孔、老而一之,似非宗周慎獨之旨也。

聖學大成無卷數(浙江范懋柱家天一閣藏本)

國朝孫鍾瑞編。鍾瑞字子麟,嘉興人。是編雜鈔明人語錄,始自曹端,終於金鉉,共八十五人。大旨以朱、陸、羅、王各分黨與,釀為門戶之爭,欲以調停之説解兩派之紛,其意本善。然兩派判如水火,言人人殊,訐爭固為私心。竟合而一之,莫明誰是,後學將何所適從? 此所謂"子莫執中"者也。所引皆講學之語,當列於"儒家"①。以其中楊起元輩儼然自號比丘者②,亦廁簡牘,則其流不一矣。故改錄之於"雜家",從其實焉。

【彙訂】

① 殿本"當"上有"原"字。

② "丘",殿本作"邱"。

拳拳錄二卷(江西巡撫採進本)

國朝李衷燦撰。衷燦號梅村,含山人。官荊門州知州①。其學出鹿善繼、孫奇逢。是書分内、外二篇。内篇講學,以見性為宗。外篇以《陰符》為衛道、衛仁之書,謂朱子晚歲自悔早年訓詁章句之非。皆沿襲姚江宗旨,去其師説猶不甚遠。云:"不為俗情所染,方能説法度人。光明藏中,孰非游戲? 淫坊酒肆,徧歷道場;絲竹管弦,皆談般若。"則定興、容城之學均無此論矣。

【彙訂】

①《大清一統志》九十一云:"李衷燦,字黎仲,含山人。順治中以貢授知洵陽縣,遷冀州知州,復補荊門州……擢衛輝府同知。"《江南通志》卷一百五十其傳亦同。《江南通志》卷一百三十七《選舉志·貢監》有李衷燦,亦云:"含山人,副榜貢,衛輝府同知。"據《明史》卷七五《職官志四》,知州為從五品,府同知為正五品。當作"官至衛輝府同知"。(胡露:《〈四庫全書總目〉子部存目補正》)

顏巷錄一卷(江西巡撫採進本)

國朝李衷燦撰。是書多記前言往行,其大旨歸於淡泊。蓋成於衷燦罷官之後，故以"顏巷"名編。然往往雜於二氏之學。如載九宮隱呪寢魂之法，又云："真儒始能徹佛之巔，真禪始能窺儒之岸。"其宗旨可見矣。

晚聞篇一卷（江西巡撫採進本）

國朝李衷燦撰。是書摘錄宋周、程五子以下至國朝孫奇逢、魏裔介、成性諸人之語，大旨在抑朱而尊陸。末附祖乩二條、《南華》十二條，更顯然入二氏之談矣。

柏鄉魏氏傳家錄二卷附家約一卷（直隸總督採進本）

國朝魏裔介撰。裔介有《孝經註義》，已著錄。是編皆訓導子孫之詞，多講舉業。後附《家約》一卷，凡十事。大旨主於謹身守法，保全富貴。蓋其為大學士時作也。

勸世恒言一卷（直隸總督採進本）

題曰"時人近本，崑林删訂"。崑林者，魏裔介之別號也。凡四十八條。意主化導下愚，是以多陳因果，然皆雜用駢偶之詞。以文論則不工，以示俚俗又不能解，未免兩無所取矣。

萬世太平書十卷（內府藏本）

國朝勞大輿撰①。大輿有《甌江逸志》，已著錄。是書皆雜綴先儒緒論。其曰《萬世太平書》者，考周密《癸辛雜識》續集載："道學諸儒，自稱為生民立極，為天地立心，為萬世開太平，為前聖繼絕學。"命名之義，當取是語云。

【彙訂】

①"勞大輿"乃"勞大與"之誤，説詳卷七七《甌江逸志》條注。

龍巖子集十二卷(兩江總督採進本)

國朝李丕則撰。丕則自號龍巖山人,曲沃人。順治乙未進士,官金谿縣知縣。是書乃其自編語錄。首列《天地萬物一體圖》,為其講學宗旨。書中議論,務為奇創。如云:"鵝湖之會,紫陽毫未有悟,直詆朱子為强項。"又云:"余每不樂'與天地合其德'等語,加一'與'字,是天地與己為二。"遂欲竄改經文,可謂果於自用。乃亟稱《明一統志》、《月令廣義》為無所不備,尤不可解也。

唾居隨錄四卷(江西巡撫採進本)

國朝張貞生撰。貞生有《王山遺響》[①],已著錄。是編乃其家居之時,於王山下葺頹垣為唾居。隨意會所至,或披閲有得,陸續筆記成帙,故名曰《隨錄》。凡九百八十三則,皆講學之語。持論頗為平正,多切近人情,而失之太繁,遂枝葉多於根柢。又多為對偶長聯,猶沿明季陳繼儒等小品之習。

【彙訂】

① "王山",底本作"玉山",下同,據殿本改。說詳《總目》卷七八《王山遺響》條注。

圖書祕典一隅解一卷(河南巡撫採進本)

國朝張沐撰,其子煓註。《祕典》者,沐之書,"一隅解"者,煓之註也。沐有《周易疏略》,已著錄。煓仕履未詳。是書前無序文[①],而列湯斌、毛甡案毛甡即毛奇齡之原名。書二首。其說以天下事物之數起於一,而其要在集神明。如云:"聞見之知,月也;神明之知,日也;毛髮寒變之知,星也;肌膚痛癢之知,辰也。"其知皆神明也,而不可謂即神明。其說實本姚江之良知而變化其語。

至燸之註，則守其父說而元虛彌甚。如云："一旦躍起，正容端坐，息心以集神明。"又云："聖人在上，蔽目塞耳，斂手並足，端居深宮，而家國天下治，神明而已。"堯、舜、周、孔以來，有是枯寂之學乎？ 至"典"之為訓，《說文》謂："從冊在几上，尊閣之也。"五帝之書，乃有是稱，沐以自名，不免於僭。至《靈蘭祕典》，乃《黃帝素問》篇名，方技家依託之文，更不應以名儒書矣。

【彙訂】

① "無"，底本作"有"，據殿本改。

潛書四卷（浙江巡撫採進本）

國朝唐甄撰。甄字鑄萬，達州人，僑寓蘇州。順治庚子舉人，官長子縣知縣①。宋李覯先有《潛書》，今見《盱江集》中，甄此書偶同其名。凡分上、下二篇，而上篇、下篇又各析為二，凡九十七目。大略仿《論衡》之體，自心性、治術，以至處世淑身之理，無不具列。甄與魏禧友善，故其文格頗相類。然所載多據當時見聞及友朋酬對之語。其《尊孟篇》頗詆伊川。《法王》、《虛受》、《知行》三篇，又力崇良知之學，皆未為醇粹。

【彙訂】

① 此書其壻王聞遠刻本附《西蜀唐圃亭先生行略一十五則》，云："先生姓唐氏，諱大陶，字鑄萬。順治丁酉舉人，仕為山西潞安府長子縣知縣。後更名曰甄，別號圃亭。先生生於西蜀夔州府之達州……著《衡書》九十七篇。天道、人事、前古、後今，具備其中，曰'衡'者，志在權衡天下也。後以連蹇不遇，更名《潛書》。"《吳中文獻小叢書》之十四楊賓《楊大瓢先生雜文殘稿》之《唐鑄萬傳》云："蜀撫姚締虞奏驅蜀人歸蜀。大陶乃變姓名曰

甄,出入避人,而困益甚。"此傳與《清史列傳》卷七十《文苑傳》一、《乾隆吳江縣志》卷三十六《寓賢》、《民國達縣志》卷十五《人物門·宦業》等皆云其為順治十四年丁酉舉人。(李之勤:《唐甄事蹟叢考》;胡露:《〈四庫全書總目〉子部存目補正》)

五倫懿範八卷(兩淮馬裕家藏本)

舊本題曰天台鹿門子撰,不著名氏。前有康熙五年自序一篇,又有康熙十年四明山人鶴控子序一篇,亦不知何許人。其書以五倫為綱,而各分子目。一目為論一篇,反覆申勸戒之旨。詞多淺易,蓋意求通俗也。

天方典禮擇要解二十卷(兩江總督採進本)

國朝劉智撰。智字介濂,江寧人,回回裔也。嘗搜取彼國經典七十種,譯為《天方禮經》。後以卷帙浩繁,復撮其要為此書。首為《原教》、《真宰》、《識認》、《諦言》四卷。次為《五功》四卷。五功者,念真、禮真、齋戒、捐課、朝覲也。次為《禮祀》一卷。次為《五典》四卷,言五倫之事。次為《民常》四卷。次為《娶禮》[①]、《婚禮》、《喪禮》,而附以《歸正儀》。每事詳為解釋,以自尊其教。回回教本僻謬,而智頗習儒書,乃雜援經義以文其說,其文亦頗雅贍。然根柢先非,巧為文飾無益也。

【彙訂】

① 清康熙四十九年揚斐菉刻本此書卷十八為《聚禮篇》,非"娶禮"。云:"聚禮者,斂眾歸一,以示斂性歸真之義也。"所述皆回教聚眾禮拜之儀,故云"聚禮"。且其卷十九為《婚姻篇》,述嫁娶之儀,若卷十八為"娶禮",則重複矣。(胡露:《〈四庫全書總目〉子部存目補正》)

進善集無卷數（江西巡撫採進本）

國朝張天柱撰。天柱字孟高，號擎菴，秀水人。康熙丙申，天柱寄蹟南京，見風俗奢汰，因為是書。共三十篇，總題為《持身要則》，惟編末《略覽古昔》、《近觀天地》二篇別署《進善寶書》。其中如保身禁忌、功過格之類皆附入焉。大意在箴砭世俗侈靡之失，而歸之於三教清淨。謂：“清淨者儒之髓，佛之原，道之宗。”又謂：“佛繼三王、周、孔，有功於後世。三王、周、孔為盛世之佛。”其立意未始不善，而立言則悖謬甚矣。

懿言日錄一卷二錄一卷續錄一卷別錄一卷附禮闈分校日記一卷七規一卷（江蘇巡撫採進本）

國朝王喆生撰。喆生字素巖，崑山人。康熙壬戌進士，官翰林院編修。是書編年成帙。《日錄》始康熙庚申，終丁丑。《二錄》始戊寅，終壬寅。《續錄》始雍正癸卯，終丁未。多講學之語，亦兼及雜事。大旨尊程、朱，攻陸、王。謂孫奇逢初守程、朱甚篤，自鹿善繼誘以文成，講習遂復異趣，所遇非人，固其不幸云云。案鹿善繼之在明季，力赴楊、左之難，觸璫焰而不辭。泊大兵攻定興，死守孤城，力竭授命。為人如是，亦可無愧於聖賢①。而喆生不論人品之醇疵，但論學術之同異，至以非人詆之。程、朱所傳，恐不如是。至《別錄》一卷，純言修鍊之術，稱為真仙所傳。又稱“佛言應生無所住心，是無上妙義，能見得無住之心，便可超凡”云云，純為二氏之學。其《禮闈分校日記》一卷，乃康熙乙丑為同考官時所作。《七規》一卷，則其邀講學諸人結會，每一會靜坐七晝夜，以驗心學者也。

【彙訂】

① "可無"，殿本作"奚"。

方齋補莊_{無卷數}（江蘇巡撫採進本）

國朝方正瑗撰。正瑗字引除，號方齋，桐城人。康熙庚子舉人，官至陝西潼商道。是書以《莊子》背馳聖道，故即其内篇之目而補其所未及論者。蓋欲明孔之全，正莊之偏，反莊之肆，以歸學莊者於醇也^①。然莊子之書，汪洋恣肆，本不附託聖人以立言。此乃一一與之辨難，殊為贅設。至反《南華經》之名而别名《西華經》，尤為不必矣。

【彙訂】

① "歸"，殿本作"規"。

公餘筆記二卷（江西巡撫採進本）

國朝張文炳撰。文炳有《易象數鉤深圖》，已著錄。此書乃其講學之語。凡八十一篇，各立篇名。其大意欲仿《通書》，故其自序謂："官浙江安吉州州判時，嘗奉檄校刊欽定《朱子全書》、《御纂周易折中》，得益窺聖學之始終。全體大用，多所發明。"然其學以無為宗，已全流於佛氏。又多雜以丹經之語，亦為不醇。

容膝居集雜錄六卷（浙江巡撫採進本）

國朝葛芝撰。芝字龍仙，崑山人。是書所載類多格言，若所云"心本無欲，欲者非心"之類，其學蓋頗雜於禪。卷首有芝自序，不著年月。而中引魏禧、徐枋語，知為近時人作矣。

苕西問答一卷（浙江巡撫採進本）

國朝吳學孔錄其師羅為賡講學語也。為賡號西溪，南充人。

康熙中官烏程縣知縣①。嘗顏其書室曰"古小學"，與門人講論其中。學孔錄其問答②，而附以與人論學之書。其大旨出於陸、王，而體例則全如禪宗機鋒。

【彙訂】

①《四川通志》卷三十六《選舉·舉人》順治甲午科有羅為賡，卷九下《皇清人物》有其傳，云："羅為賡，字西溪，南充人。順治甲午鄉薦，任浙江孝豐令。"《大清一統志》卷之二百二十三、《浙江通志》卷一百五十一其傳皆云官孝豐縣令。據《清史稿》卷六五《地理志十二·浙江》，烏程、孝豐皆為湖州府屬縣。（胡露：《〈四庫全書總目〉子部存目補正》）

②"學孔錄"，殿本作"因自錄"，誤。

續箋山房集略十八卷（兵部員外郎丁田樹家藏本）

國朝鄭道明撰。道明字希濂，號松岡，懷寧人。乾隆丙辰副榜貢生。是編皆其讀書劄記之文。卷一曰《理氣解略》，卷二至卷四曰《四書解略》，卷五曰《四書徵略》①，卷六至卷八曰《四書疏略》，卷九曰《洪範解略》，卷十曰《春秋解略》，卷十一至十四曰《經史解略》，卷十五曰《明史論略》，卷十六、十七曰《明史綱目述略》，卷十八曰《葬儀記略》、《節烈記略》。其學尺尺寸寸②，摹仿宋儒，惟恐有一毫不似。在鄉塾老儒之中，亦可謂篤志者矣③。

【彙訂】

①"四書徵略"，殿本作"四書微略"，誤。

②殿本"尺"上有"皆"字。

③"在鄉塾老儒之中亦可謂篤志者矣"，殿本無。

頤菴心言一卷（山東巡撫採進本）

國朝喬大凱撰。大凱有《周易觀瀾》，已著錄。是編乃其筆記之文，多所論辨，而頗近拘迂。

聖學逢源錄十八卷（安徽巡撫採進本）^①

國朝金維嘉撰。維嘉號潛川，休寧人。是書每卷為一類，每類以六字標題。既以《逢源錄》為名，而每卷之首又別題"《深造篇》第幾"字，未喻其例。其書為講學而作，然大旨參雜以佛、老。

【彙訂】

① "逢源錄"，殿本作"逢原錄"，下同。《安徽省呈送書目》著錄作《聖學逢原錄》，然《浙江省第十二次呈送書目》、《浙江採集遺書總錄》、《江蘇省第一次書目》、《江蘇採輯遺書目錄》皆作《聖學逢源錄》。

右雜家類"雜學"之屬，一百八十四部，七百五十卷^①，內十三部無卷數。皆附存目。

【彙訂】

① "一百八十四部，七百五十卷"，殿本作"一百八十五部，七百四十卷"，誤。殿本實際著錄一百八十四部，七百四十三卷。

子部三十六

雜家類存目三

事始一卷(浙江范懋柱家天一閣藏本)

不著撰人名氏。其書皆推原事物之始,雜引經史。如以太師始於呂望。考之《尚書》,箕子已先為之,則非周始也。又如開府儀同三司謂始於漢代。考漢建初二年使車騎將軍馬防班同三司,同三司自此始;延平元年鄧騭為車騎將軍,儀同三司,儀同之號自此始,而皆不云開府。至魏黃權,乃以車騎將軍開府,儀同三司。蓋漢制惟三公開府,至魏始有開府儀同三司之號。是編混而一之,皆失精審。又如《檀弓》載乘丘之戰①,乃士有誄之始,非自是而始有誄。引為誄始,亦殊疏舛。案《郡齋讀書志》載唐劉將孫《事始》三卷,晁公武謂分二十六門,與此本體例不合。又載蜀馮鑑《續事始》十卷②,卷數尤不相應。此本所引皆唐以前書,疑後人鈔撮類書中所引劉將孫書,湊合成帙也。

【彙訂】

① "丘",殿本作"邱"。

② 衢本《郡齋讀書志》卷十二(袁本前志卷三上)著錄劉孝孫《事始》三卷,馮鑑《續事始》五卷。(昌彼得:《説郛考》)

釋常談三卷（兵部侍郎紀昀家藏本）

不著撰人名氏。考陳振孫《書錄解題》曰：“《續釋常談》二卷，祕書丞龔頤正養正撰。案，王楙《野客叢書》作二十卷，此蓋誤脫“十”字。昔有《釋常談》一書，不著名氏，今故以‘續’稱。凡常言俗語，皆著其所始。”然則此書之作在龔頤正之前，當出北宋人手矣。原序稱“隨日註解，總得二百事”，而此本僅一百二十六事。殆後人病其冗濫，有所刊除歟？明謝肇淛《文海披沙》云：“《釋常談》一書，作者不著名氏。其中援引蕪陋，極有可笑。至以鵝為右軍，筯為趙達，盲為小冠子夏，瘦為智囊，醉為倒載，覓食為彈鋏，五遷為盤庚，子死為喪明，聾為䜌纊。皆謬誤不經，似村學究所為。其引‘負荊’一段，尤似打鼓上場人語也。”云云。今核其書，如謂程普為程據，謂夫婦不睦為參商，謂戴帽為張蓋，卸帽為傾蓋，謂“鳳兮鳳兮”為孔子之語，謂屟步為不乘鞍馬，謂膏肓之疾為晉悼公，謂秦醫為盧醫，謂董宣封强項侯，謂飲酒燭滅為絕纓，謂自稱己善為自媒。齊東之語，展卷皆是，尚不止肇淛之所摘。而災梨禍棗，流傳五六百年，亦事之不可理詰者矣[1]。

【彙訂】

[1] “理詰”，殿本作“理解”。

別釋常談三卷（浙江巡撫採進本）

不著撰人名氏。其中引《中庸》冠以《禮記》，知為宋人；稱齊桓公為威公，知為南宋人。故所徵引如蘇軾《東坡集》、蘇轍《欒城集》、魏泰《臨漢隱居詩話》之類，皆至北宋而止也。以先有《釋常談》《續釋常談》，故以“別釋”為名。其淺陋鄙俚，亦與二書相等，摘之不可勝摘也。

肯綮錄一卷（編修程晉芳家藏本）

宋趙叔問撰。叔問自號西隱老人，其始末未詳①。以宋宗室聯名字推之，蓋魏王廷美之裔也。是書首辨俚俗字義，於陸法言《唐韻註》中摘錄，以備考證。然《唐韻》為孫愐作，法言隋時人，所著乃《切韻》非《唐韻》，開卷先誤。又謂孟子名應讀"口簡切"，不知韓愈《石鼓歌》正押平聲。其他辨證亦多説部習見之文，無可採錄。

【彙訂】

①《函海》、《學海類編》、《藝海珠塵》等諸本此書皆題宋趙叔向撰。趙叔向，《宋史》卷二四七《宗室四》有傳。（杜澤遜：《四庫存目標注》）

古今考一卷（兩江總督採進本）

宋魏了翁撰。了翁有《周易要義》，已著錄。是書前有自序，稱"即《漢紀》隨文辨理，作《古今考》"。然惟有二十餘頁①，摘《漢書·高帝紀》中名物稱謂字義音釋，略為辨論，與序相應。自東坡《胡麻賦》以下，皆雜記他事，註曰："以下雜識諸條附。"考方回所補了翁《古今考》，仍以原書為第一卷，無此諸條。知為後人以篇頁寥寥，不盈卷軸，竄入他文以足之。陳繼儒《祕笈》所載，大抵此類也。

【彙訂】

①"有"，殿本作"前"。

正朔考一卷（兩江總督採進本）

宋魏了翁撰。其書力主周行夏時之説。首舉《豳風·七月》詩，次考《六經》及先秦古書與歷代正史所書之月皆為夏正，而以改時改月為世儒之臆說。凡三篇。考之《周禮》，"正歲"、"正月"
並見於經。所謂正歲者，兼用建寅以便民；所謂正月者，則專用
建子以頒朔。故一王之制，而兩正並行。經典時有異文，蓋緣於
此。了翁不考《左傳》"王周正月"之文，及"春王正月，日南至"之
類，而摭其兼用之文，為周行夏時之證。可謂知其一不知其
二矣。

讀書雜鈔二卷（江蘇巡撫採進本）

宋魏了翁撰。其書多辨證經義之語。若引《左傳》"或濡馬
褐以救之"註"褐，馬衣"，遂謂馬有衣。不知馬衣即馬被具，猶之
宋人以馬被具為馬甲耳，非別有衣也。《春秋正義》引服虔說，謂
馬繁纓為索幘，豈古者馬亦別有幘耶？此類皆隨文生解，不得經
意。其謂"哉生魄"當作"霸"，霸、魄二字有異；"昭"為"詔"音，不
始晉諱，則皆有合於《說文》之旨。蓋隨筆劄記之書，不及一一考
證，故不能一一精核也。

搜採異聞集五卷（江蘇巡撫採進本）[①]

舊本題宋永亨撰。諸家書目皆不載，惟明商維濬《稗海》中
刻之。今考其文，皆剿取洪邁《容齋隨筆》而顛倒其次序。其中
"濮安懿王子宗綽藏書目錄"一條，尚未及改去"忠宣公"字。又
"兄公"一條，亦未及改去"余奉使金國"字。蓋明季士風浮偽，喜
以藏蓄異本為名高。其不能真得古書者，往往贗作以炫俗；其不
能自作者，則又往往竄亂舊本，被以新名。如是者指不勝屈，此
特其一耳。

【彙訂】

① 明萬曆刻《稗海》等各本書名皆作《搜採異聞錄》。（杜澤

遜：《四庫存目標注》）

續古今考九卷（兩江總督採進本）

舊本題金元好問撰。考好問著述存者有《遺山集》、《中州集》、《續夷堅志》，佚者有《壬辰雜編》[1]，此外諸家著錄，別無他書，此編莫省所自來。前有永樂四年解縉序[2]，詞意凡鄙，不類縉文。其論《晉書》以十六國為載記，不若《東都事略》以遼、金、夏為附錄，決非金人之言。中閒屢引《困學紀聞》、《文獻通考》。案，王應麟生於宋寧宗嘉定十四年辛巳。其作《困學紀聞》，據袁桷序，應麟時年五十餘歲，當在咸淳末年[3]。好問卒於憲宗七年丁巳，即宋理宗寶祐五年，是《困學紀聞》書成在其歿後二十年。《通考》雖成於宋末元初，其刊行於世則在元英宗至治二年，在好問歿後又六十餘年。皆不應預為徵引。至解《論語》“有婦人焉”，引來集之《樵書》，又引顧炎武語，皆明末國初之人。解《中庸》“屋漏”，引陳司業之說，今見陳祖范《經咫》中。祖范薦舉經學，賜國子監司業銜，事在乾隆十六年，則此書直近時人所為。本可不著於錄，以其託名古人，故存而辨之，不使售欺焉。

【彙訂】

① 凌廷堪《元遺山先生年譜》（有嘉慶元年序）謂：“《壬辰雜編》或云已佚，偃師武虛谷進士嘗與余言朱竹君（朱筠，1729—1781）學士有此書。戊申（乾隆五十三年）冬，詢之朱少白同年，云‘幼時見家有藏本’，亦不知其確否也。興化任幼植禮部云‘聞江南藏書家尚有之’，而未之見，當再覓之”。則《壬辰雜編》乾隆間尚未失傳。（陳學霖：《元好問〈壬辰雜編〉探賾》）

② 底本“序”上有“續”字，據殿本刪。

③《困學紀聞》卷首載袁桷於泰定二年所作序"下世三十年"句下，翁元圻注引閻若璩按語云："《王應麟傳》，後二十年卒，則卒當成宗元貞二年丙申。下至泰定二年乙丑，整三十年。方回序《小學紺珠》，在元大德庚子，自稱回年七十四，公長回六歲。是王氏生於嘉定十四年辛巳。"《總目》所本，當即閻氏此說。然翁注云："元圻案，錢氏大昕《潛研堂集·王厚齋生卒年月考》：'閻說厚齋生於辛巳歲，卒於丙申歲，年七十有六。今考延祐《四明志》人物傳，厚齋年七十四。而陳本堂《祭厚齋文》，首稱柔兆涒灘之歲孟冬甲辰。其文亦云：余年八十三，公七十四。則厚齋卒於元貞丙申，年七十四信矣。推其生年，當在嘉定十六年癸未，非辛巳歲也。'"又前引袁桷序云："先生年未五十，諸經皆有說。晚歲悉焚棄，而獨成是書。"並未言成是書在五十餘歲時。相反，是在"晚歲"。《紀聞》卷二〇《雜事篇》云："咸淳末德祐初，賣降恐後者，多武人也。其後文臣亦賣降矣！"記此之時間，顯已入元，豈能謂《紀聞》成書於"咸淳末年"？翁元圻於所注《困學紀聞》自序云："王厚齋先生《紀聞》一書，蓋晚年所著也。"即在入元之後之二十年。（楊武泉：《四庫全書總目辨誤》）

箐齋讀書錄二卷（兩江總督採進本）

明周洪謨撰。洪謨有《羣經辨疑錄》，已著錄。是書卷首一行題"南皋子述"，篇中皆自稱南皋子。前有正德丁卯陳旦《引詞》，云："是文安先生精神心術所在。羽翼經傳，闡明意義，最為精切。惜篇帙首尾俱未載姓氏，恐歲久傳疑，敢引其大略於端。"今觀上卷中如"黑水和夷"諸辨，頗見考據，"三皇制器"諸論，則義甚平淺。下卷辨論周正凡十餘條，力主蔡氏改時不改月之說，反詆孔、鄭為非，極為博辨。至於僖公五年"春正月，日南至"之文①，夏正必不可通，則直斷以為左氏妄意增改，可謂不顧其安矣。其他論伯牛非患癩之類，亦皆純以臆斷，不足與辨也。

【彙訂】

① "五年"，殿本作"二年"，誤。《左傳•僖公五年》："春王正月辛亥朔，日南至。"二年無此文。

兩山墨談十八卷（兩淮鹽政採進本）

明陳霆撰。霆有《唐餘紀傳》，已著錄。是書考證古籍，頗為詳贍，而持論每涉偏駁。如據《國語》王子晉"厲、宣、幽、平"之言，謂周宣與厲、幽、平相等；謂許衡、姚樞不當仕元；謂至正二十六年即當削元之統，皆乖謬殊甚。又輕信小說，如紅線、蘇小妹之類，並引為故實。至於據《政和縣志》所載余應詩，以元順帝為瀛國公子，益荒誕矣。

灼薪劇談二卷（浙江鄭大節家藏本）

明朱承爵撰。承爵字子儋，不知何許人。其書作於正德癸酉。因臘月大雪，與朋友擁鑪夜話，錄而成編，因以"灼薪"為名。然雜鈔唐、宋說部之文。如"余遊褒禪山"一條，全錄葉夢得《避暑錄話》，而註其末曰："余，葉石林自謂也。"似乎節錄古書。而"彭淵材禁蛇開井"一條，全錄惠洪《冷齋夜話》，惟改"使余跋其書"句為"使其宗跋其書"，又似乎冒為己語者。殊不解其何所取義，哀此一編也。殆書肆賈人所為耶？

古今原始十四卷（浙江鮑士恭家藏本）

明趙釴撰。釴字子舉，一字鼎卿，桐城人。嘉靖甲辰進士，官至右僉都御史，巡撫貴州。此編皆考究事始，提綱列目，而採

摭繁蕪，漫無別擇，又多不註所出。其皇古諸條尤荒陋。如“燧
人氏”條下云“立傳教臺”，註曰：“案教令始此。”“軒轅氏”條下云
“帝誓翦蚩尤，乃齋三日”，註曰：“此齋戒之始。”又云“命風后為
侍中”，註曰：“侍中官名始於此。”此類已極弇陋。又云《黄帝内
傳》題籤鏗得於石室，劉向校書得之，註曰：“此作傳之始。”更幾
於戲劇矣。又“伊耆氏蜡”，詞見於《禮記·郊特牲》，實非僻書，
乃列之“女希氏”下，而註曰：“後世祭用祝文，皆原於此。”不考殊
甚。至謂《五經》之外有《四書》始於明太祖，則不足與辨矣。

史綱疑辨四卷（江蘇巡撫採進本）[1]

明林有望撰。有望字未軒，桐城人。嘉靖癸丑進士，官至四
川按察司僉事。是書裒集唐、宋至明文集、説部考辨之文與論世
之作，不分門目。唐、宋僅十之一二，明人居十之七八。編次標
目，殊為蕪雜。或附載詩篇，尤無體例。

【彙訂】

①　明萬曆元年饒仁卿刻本書名作《史綱疑辨》，《江蘇省第
一次書目》著録亦同。（杜澤遜：《四庫存目標注》）

千古辨疑七卷（安徽巡撫採進本）

明陳錫撰。錫字南衡，天台人。嘉靖丙辰進士，官至禮部員
外郎[1]。其書皆辨證經籍疑義。凡《天文》一卷，《地理》一卷，
《詩》一卷，《書》一卷，《律吕》一卷，《春秋》一卷。大抵務博好辨，
而僅憑虛臆斷，考證之處十不得一，非根柢之學也。

【彙訂】

①《浙江通志》卷一百三十二《選舉十·明進士》，嘉靖三十
五年丙辰科諸大綬榜有陳錫，云：“臨海人，禮部主事。”卷一百八

十一有其傳云:"陳錫,《臨海縣志》:字元之,宏通該博,嘉靖己酉薦於鄉……丙辰成進士,授禮部祠祭司主事。會日食,時陰雲莫辨,相嵩方以當食不食,奏稱賀,錫從實報所食分數。嵩怒,因考察罷歸,益杜門著書……"則其當為臨海人,官至禮部祠祭司主事。(胡露:《〈四庫全書總目〉子部存目補正》)

　　讀史訂疑一卷(兩淮鹽政採進本)

　　明王世懋撰。世懋有《卻金傳》,已著錄。是編乃其考證之文。雖以《讀史訂疑》為名,而所言不必皆史事。如鴻臚澗、昆山、龍魚水,則糾《明一統志》疏漏;鍾離令嫁前令女事,則論《自警編》之失。至於"玉蘭花"一條,直農家圃史中語,與史益為無關。蓋本筆記之流,而強立讀史之目,名實乖舛,職是故矣。

　　簡籍遺聞二卷(浙江范懋柱家天一閣藏本)

　　明黃溥撰。溥,鄞縣人,黃潤玉之孫也。仕履未詳。是書多紀明代軼聞,亦間考證古事。如謂胡一桂《十七史纂要》第三卷乃董鼎之作,張光啟《宋鑑節要》、劉定之《宋論》、邱濬《世史正綱》、程敏政《受終考》皆未檢刻本所題,誤引為胡說;謂謝鐸《尊鄉錄》漏胡三省名;辨秀州刺客為韓琦事;記欒肇作《四書駁》,引"季康子問弟子好學"一節,辨"君問稱'孔子對曰'"之例;辨《元祐幸學詩》同異,辨《金川玉屑集》偽本三可疑;論夾註書字本杜荀鶴詩;辨金忠諡忠襄非易名之禮;辨《程端學集》誤以伏飛都副兵馬使黃晟為古斬蛟之伏飛,皆有依據。而委巷叢談,時復濫載。如記明太祖謂《六經》為五穀,《琵琶記》為珍羞;記元順帝為宋後;記成祖纂修《五經》、《四書》性命格言及古人行孝為善事,名《永樂大典》;記成祖徐后迷其葬處,賴老卒以朽木識之,乃尋求而得；謂戴良私遁捕得，鎖貫肩骨而死；謂明惠帝自田州解入京時，其祖目擊；謂楊士奇以“昭”字為仁宗廟號，以“宣”字為宣宗諡，乃以霍光之推昭立宣自比，皆荒唐無據之談。至記李清照事，一條云趙扑子婦，一條又云趙挺之子婦，隔數頁而矛盾，尤失檢矣。

稗乘四卷（浙江巡撫採進本）

不著編輯者名氏。萬曆戊午，孫幼安得其本，為校正刊行。其類凡四，曰史略，曰訓詁，曰說家，曰二氏。凡採用書四十二種，然多所刪削，不載全文。中閒如陶九成《元氏掖庭偽政》一篇[①]，考孫作為九成集序，備列其所著之書，並無此名。蓋即摘《輟耕錄》中數條，別為新名。餘亦多隨意鈔撮，無可採錄。

【彙訂】

① 明萬曆四十六年戊午孫幼安刻本此書第十三種為陶九成《元氏掖庭佟政》。（杜澤遜：《四庫存目標注》）

常談考誤四卷（浙江鮑士恭家藏本）

明周夢暘撰。夢暘有《水部備考》，已著錄。是書卷首諸序皆稱《常談考誤》，而其書題曰《青谿山人文集》，以《常談考誤》為子目。蓋其初別行，後又編入文集也。其言皆辨世俗引用典故之譌，而援據頗為寒窘，亦多舛誤。又有不必辨而辨者，如辨“青雲”非聖賢元語即仙隱蹤蹟，今乃謂登科入仕為青雲者誤，是不知《史記·范睢蔡澤傳》，須賈有“致身青雲之上”語也；謂程子表章《大學》《中庸》，朱子合以《論語》《孟子》，謂之“四子”，宋時尚未以“四書”名[①]，是併真德秀《四書集義》未見也[②]；又謂明太祖以《五經》《四書》取士，《四書》之名自此起，是併《元史·選舉志》未見也。至辨太學石鼓非落星所化、道士所居不可稱方丈，尤嫌猥陋。如為讀書人辨，則讀書人無謬至此者；如為不讀書人辨，里巷譌傳，觸耳皆是，如劉克莊所謂"滿村聽唱蔡中郎"者③，可勝與辨乎？

【彙訂】

① "四書"，殿本作"四子"。

② 真德秀所著為《四書集編》，說詳卷三七《重訂四書輯釋》條注。

③ 陸游《劍南詩稿》卷三三《小舟遊近村舍舟步歸》詩云"滿村聽說蔡中郎"，其時代早於劉克莊。（楊武泉：《四庫全書總目辨誤》）

琅琊曼衍四卷（江蘇巡撫採進本）

明張鼎思撰。鼎思字慎吾，安陽人。萬曆丁丑進士①。是編皆考證之文，然皆鈔撮前人之語。其第四卷專解《周易》，多雜錄李氏《易解》及劉牧《鉤隱圖》，蘇軾、楊萬里《易傳》語，而皆不辨論其是非。蓋錄以備檢之冊，其後人繕寫成帙，非其本志也。

【彙訂】

① 申時行所撰《張鼎思墓誌銘》，謂字慎吾，長洲人。《千頃堂書目》著錄其《考工記補圖》二卷，注云："長洲人，萬曆丁丑進士。"據《浙江採集遺書總錄》己集所錄與萬曆二十五年陳性學刻本《琅琊代醉編》（《總目》卷一三二著錄，亦張鼎思撰）卷首所題，張鼎思籍屬蘇州，字睿父。雍正《江南通志》卷一二三《選舉志》、乾隆《長洲縣志·選舉志》與《人物傳》，均載明萬曆五年丁丑科進士張鼎思為長洲人，而雍正《河南通志》卷四五《選舉志》不載

此人。（王重民、屈萬里：《普林斯頓大學葛思德東方圖書館中文善本書志》；曹正元：《〈四庫全書總目提要〉偶證三十例》；楊武泉：《四庫全書總目辨誤》；胡露：《〈四庫全書總目〉子部存目補正》）

秕言四卷（浙江鮑士恭家藏本）

明鄭明選撰。明選字侯升，歸安人。萬曆己丑進士，官至南京刑科給事中。是編皆考證之文，而弇陋特甚。如辨西王母但引《山海經》，是並《爾雅》及《穆天子傳》均未考也；辨《飲馬長城窟行》謂見《蔡邕集》，是併《玉臺新咏》未考也；辨接䍦引《世說》曰：“接䍦，今之襴衫。”《世說》實無此文，是併《世說》未考也；辨望羊但引《釋名》，是並《家語》未考也；辨羽化引柳公權語，是併《晉書》未考也；辨諱“丙”為“景”始於六朝，是併《唐書》未考也。其他舛誤顛倒者，不可以殫數。觀所徵引者，不過《韻會》、《事物紀原》之類，而遽欲攻詰古人，宜其動輒自敗矣。

升菴新語四卷（浙江巡撫採進本）

明王宇編。宇字永啟，閩縣人。萬曆庚戌進士，官至山東提學參議。是編鈔撮《丹鉛》諸錄，存其什一，而所擇又不能精。原書具存，此為蛇足矣。

學林就正四卷（安徽巡撫採進本）

明陳耀文撰。耀文有《經典稽疑》，已著錄。耀文在明季諸人之中，頗能考證。所作《正楊集》，攻《丹鉛》諸錄之譌，雖詞氣叫囂，有乖大雅，而疏通引據，尚不失精詳。此書則聚諸駁雜異說，詆呵聖賢。如引慕容盛之論，比周公於曹操之流；據《汲冢書》之文，誣文王以商臣之事。小言破道，莫甚於斯。若夫南宋諸儒，力分門户，或不免主持太過，不得其平。如抑蘇軾、詆岳飛之類，誠不愜人心是非之公。隨事辨正，未為不可。耀文必以張栻晚得異疾，指為偽學之證，則深文苛索，有意求瑕，將伯牛之歌《茉莒》亦為内行不謹乎？又若許衡隸籍河南，已非宋土，中閱金源一代，相距百有餘年，而乃責以仕元，曲相指摘。是東晉之士當越三國而宗漢朝，北宋之人當隔五代而心唐室。其吹索無理，益乖刺不足辨矣。

玉唾壺二卷（浙江范懋柱家天一閣藏本）

明王一槐撰。一槐，錢塘人，萬曆末官臨淄縣知縣[①]。此書即其在臨淄時所作，皆辨證經史之言。前有自序，謂："書之朽牆，斂之唾壺，滿而册脱，因以名焉。"其中如據東坡《〈龍井題名記〉跋》，知其嘗三遊赤壁；據《爾雅》"食苗心曰螟"，駁韓文"根節之螟"句為誤，亦間有考訂。至如謂《蘭亭序》"曾"字作"僧"，乃原作立人，鉤進行裏，後人臨摹誤加，而不知為徐僧權押縫題名，"權"字滅而"僧"字存。又以馬明王為蘭陵王；又以王勃文"落霞"為鳥名；又以《曹娥碑》"幼婦"為"昌口"，改"絕妙"為"絕唱"，則穿鑿太甚矣。

【彙訂】

① 民國《臨淄縣志》卷十七《職官志·明縣令》有王一槐，云"仁和舉人"。《浙江通志》卷一百三十七《選舉十五·明舉人》正德十一年(1516)丙子科："王一槐，仁和人。"正德十一年距萬曆末約百年，"萬曆末官臨淄縣知縣"顯誤。（胡露：《〈四庫全書總目〉子部存目補正》）

戲瑕三卷（浙江鮑士恭家藏本）

明錢希言撰。希言有《劍筴》，已著錄。是書皆考證之文。

其名《戲瑕》者，取劉勰所云"尹敏戲其深瑕"義也。然此語出《文心雕龍·正緯篇》，"戲"字頗無義理，故朱謀㙔等校本皆以為"戠"字之誤，其說不為無見。希言以其新異，採以名書，亦好奇而不顧其安矣。書中頗以博識自負，而所言茫昧無徵。如"婦人纏足"一條，不知《祕辛》為楊慎偽撰，已為失考。復云："余見一書，稱纏足始於帝辛妲己。妲己狐妖，故纏其足。此說最古，要必有據。"云云。"東方朔"一條稱"又見一書，其母夢太白"云云，不知一書者竟何書也。又如"稱姬"一條，引宋玉《高唐賦》有"天帝之季女名曰瑤姬"語，謂婦人稱姬在周以前，不知此正周末寓言；《神女賦》改正王、玉二字，引凌初成《核劄》，謂沈括《夢溪筆談》無此說，而不知實出姚寬《西溪叢語》。"古人姓名"一條，謂馮驩一稱馮煖，韓憑一稱韓朋，荀卿一稱孫卿，匡俗一稱康俗，不知卿姓因漢宣帝而改，俗姓以宋太祖諱而改，非其本字。"洗瀞"一條，謂唐人仲子陵《賦》用"泉魚"二字，出《吳志》①，而不知本《老子》"淵魚"二字，避唐高祖而改。"古人墓文"一條，謂孔子《季札碑》古法帖中止"嗚呼有吳君子"六字，則併誤記《淳化閣帖》矣。至於因粉盒名多羅，而解顧甄遠詩"多羅少年"為粉少年；因七月為蘭秋，而解王勃"文蘭燕"為七月燕，尤為穿鑿附會。惟引陸龜蒙詩證宋玉真有《微詠賦》；引柳宗元、劉禹錫集證《姜芽帖》；辨褚遂良所作《司馬遷妾隨清娛墓碑》可疑；引《梁書》證梁皇懺郗后化蟒之妄；引陳鴻《長恨歌傳》證《說郛》"《飛燕外傳》"之贗託，以及記《琅嬛記》出桑懌，《集柳志》、《女紅餘志》皆出好事偽託②；葉晝偽造李贄諸書；《顧氏詩史》本唐汝詢作諸條，差可資參考耳。

【彙訂】

① 明萬曆刻本此書卷二有"㵫瀞"條云："㵫，水落地聲，瀞，

水小聲。‘瀺灂’見《考工記》。而宋玉《高唐賦》中‘巨石溺溺之
瀺灂兮’，李善注曰：‘溺溺，没也。瀺灂，石在水中出没之貌。’乃
唐人仲子陵《五色琴弦賦》遂譌為‘泉魚瀺灂以躍鱗’，‘泉魚’二
字出《吳志》。"可知"洗灂"係"瀺灂"之誤。

　　②《戲瑕》卷三《贋籍》曰："《嫏嬛記》傳是余邑桑民懌悦所
藏，祝希哲允明竊之，第無核據。考之二公集中，初未嘗用嫏嬛
語。後此而作者有《緝柳編》、《女紅餘志》諸書五六種，並是贋
籍，不知何人締構。顧多俊事致談，書類勝國，要或近時好事者
為之耳。"則錢氏並未言《琅嬛記》、《女紅餘志》為桑氏偽撰。又
桑氏名悦，字民懌，《明史》有傳。桑懌乃宋仁宗時武將，《宋史》
有傳。（劉葉秋：《歷代筆記概述》；楊武泉：《四庫全書總目
辨誤》）

　　析酲漫錄六卷（浙江巡撫採進本）

　　明陳懋仁撰。懋仁有《年號韻編》，已著錄①。是書成於萬
曆壬子。大意欲以考證見長，而捃摭殘剩，多無根據，蓋學楊慎
而不成者也。如謂"對牛彈琴"為俗諺，引李石"面牛鼓簧"為證，
不知此漢牟融《理惑論》中所載公儀休事，今在《宏〔弘〕明集》中，
非諺語也。謂鬥百草始於周，引申培《詩傳》為證，不知為豐坊偽
作也。謂西王母為國名是矣，而曰漢武時西王母必其種落，不知
《漢武内傳》所云西王母，實造為神仙之説，非如舜時貢環而來者
也。謂高似孫《緯略》誤以燒香為始佛圖澄是矣，乃不引《博山香
鑪》證始於漢，而引《法苑珠林》由余對秦穆公燒香供佛，是以釋
氏妄談執為典故也。其引周穆王於五臺山造寺供養文殊，證佛
寺不始於漢，病亦同此。其尤無謂者，如云："人知左太冲十年乃

成，而不知張平子《二京賦》成亦十年。"又云："人知始皇博浪沙
中為盜所驚，大索十日，而不知蘭池為盜所窘，大索二十日。"又
云："人知斷機教子有孟母，而不知斷機厲夫有樂羊妻。"此與徐
渭《路史》載劉歆為劉向之子以為異聞，同一舛陋。觀其於諸書
之中最推重《韻府羣玉》，可知其學問所由來矣。惟辨《通幽記》
之李伯禽在貞元五年，必非李白之子，與引《釋名》駁《太平御覽》
"過所"之誤，差可取耳。

【彙訂】

①《總目》卷七七著錄陳懋仁撰《泉南雜志》，卷八三著錄陳
撰《年號韻編》。依《總目》體例，當作"懋仁有《泉南雜志》，
已著錄"。

雅俗稽言四十卷（湖南巡撫採進本）

明張存紳撰。存紳字叔行，號見其，華容人。天啟中由貢生
官蒲圻縣訓導。是書鈔撮雜說，凡二十門①。自序謂："後先借
讀書，幾破萬卷，殫三十餘年之力，七易其稿。"前列引用書目千
餘種，多唐以來所不著錄，大抵鈔自類書，子虛烏有。又或標其
篇名為書名，顛倒錯亂，不可縷指。其凡例一條云："出處書目，
有既揭總名，而篇章亦復錯出。如曰《禮記》矣，又出《王制》、《坊
記》；曰緯書矣，又出《元命苞》、《援神契》；曰《史記》矣，又出《貨
殖》、《滑稽》；曰《升菴集》矣，又出《丹鉛》、《伐山》之類。非贅也，
要以詳其言之有稽。"云云。則亦自知其叢脞矣。

【彙訂】

① 清康熙刻本目錄、正文均為十九門。（胡露：《〈四庫全書
總目〉子部存目補正》）

讀書考定三十卷（浙江巡撫採進本）

明陳良儒撰。良儒字穉修，湖北人[①]。崇禎中，由蔭生官光祿寺典簿。是書分天象、時令、地輿、人物、仕籍、行誼、肖貌、人事、書籍、法教、方伎、宮室、飲食、服飾、器用、花木、品彙，凡十七門。每類徵引舊聞，訂其譌舛，亦《容齋隨筆》之支流。然大抵多前人所已言。如唐明皇遊月宮及月中嫦娥之類，不過詩賦家藉為詞藻，本無人以為實事，亦無庸紛紛詰辨也。

【彙訂】

①《浙江省第十二次呈送書目》作明程良孺輯，《浙江採集遺書總錄》作明程良孺撰。明萬曆四十一年刻本、崇禎六年刻本均署"楚人程良孺穉修父著"。《湖北通志》引《孝感志》，亦作程良孺。《總目》卷一三八《茹古略集》條云："明程良孺撰。良孺有《讀書考定》，已著錄。"（盧弨：《四庫湖北先正遺書札記》；杜澤遜：《四庫存目標注》）

事物初略三十四卷（浙江巡撫採進本）

明呂毖撰。毖字貞九，吳縣人[①]。是編成於崇禎甲申。雜記事物俚俗語言之所自始。然多剿取《事物紀原》諸書，語多猥鄙[②]，不足以言考證之學。

【彙訂】

① 呂毖乃江蘇太倉縣人，說詳卷八二《明宮史》條注。

②"語多猥鄙"，殿本無。

俗語一卷（兩淮馬裕家藏本）

不著撰人名氏。錄古今諺語及方言，標其原始。凡經史小學諸書，皆見援據。其採自說部者，並各註書名於其下。雖釋常言,而考證頗近於古。然如釋大夫稱主,引《左傳》及《國語》,而《周禮》"以主得民"之文反不見引,則錄傳而遺經。又釋郡君、縣君,引元品官母妻四品贈郡君,五品贈縣君,然考漢武帝尊王太后母為平原君,平原漢郡,則封郡君之制已始於漢。又武帝封金王孫女號修成君,修成漢縣,則封縣君之制亦始於漢。是書僅載元品官,則引後而遺前。又論音韻,謂北人以"步"為"布",為方音之謬。不知《周禮註》"酺"、"步"可以通讀,《春秋釋文》"蒲圃"之"圃"一作"布"音,是四音且可並轉,況"步"、"布"之通為一韻,不過讀有輕重耳①。此由昧於古讀,故未得通方之旨也。

【彙訂】

① "耳",殿本作"耶"。

緯略類編三十五卷(浙江范懋柱家天一閣藏本)

不著撰人名氏。其書皆取楊慎《丹鉛》諸錄,稍顛倒竄亂其舊次,鈔合成編。偽書中之最拙者。蓋姦點書賈,苟且漁利之所為,而收藏家不及辨也。

菰中隨筆三卷(兩淮鹽政採進本)

國朝顧炎武撰。炎武有《左傳杜解補正》,已著錄。炎武本精考證之學。此編以讀書所得,隨時記載,旁及常言俗諺及生平問答之語,亦瑣碎記入。雖亦有足資參考者,然編次不倫,餖飣無緒。當為偶錄稾本,後人以名重存之耳。

救文格論一卷雜錄一卷(大學士英廉購進本)

國朝顧炎武撰。載吳震方《說鈴》中,然皆炎武《日知錄》之文。潘耒作《日知錄》序,題康熙乙亥,徐倬作《說鈴》序,題康熙乙酉。是《日知錄》已刻十年,乃有《說鈴》,不應剽剟割裂,別立書名。考毛先舒《潠書》有與炎武札，稱"承示《救文格論》，《考古》、《日知》二錄"云云，則炎武原有此書別行於世，後乃編入《日知錄》中。此猶據初本刻之耳。

別本潛邱〔丘〕劄記六卷（江蘇巡撫採進本）

國朝閻若璩撰。若璩有《古文尚書疏證》，已著錄。此書有吳玉搢編次之本，亦已著錄。此本乃其孫學林所編。前有學林識語云："《劄記》卷一至卷六乃大父有疑即錄，自為問難之書。其中有已校訂者，有止存舊說而未校訂者。或謂已校訂者自當付梓，未校訂者乃古人舊說，似宜刪去。學林以是皆先人疑而未訂之義，何敢妄加去取？至卷五一冊乃仲弟學機竭數年之力，尋先人手蹟，陸續成帙。不敢漫為分析，惟依原本付梓，以成先志。"云云。蓋學林尊其家學，不欲一字散失，故全錄舊文，漫無體例。如卷一中突出一條云："此自其勝場，安可爭鋒？"又突出一條云："此書詎復須註，徒棄人作樂事耳。"此類至多，當時不過以備簡牘之用，乃一概錄之，亦復何取？又六卷皆錄若璩之詩。若璩學無不通，惟詞賦一道涉之甚淺，凡所持論，多強不知以為知。學林錄而刻之，適足以彰其短，殊不及吳玉搢本有條理。故今以吳本為定，而此本附存其目焉。

修潔齋閒筆四卷（浙江巡撫採進本）

國朝劉堅撰。堅字青城，無錫人。是書凡三百餘條，皆雜論典故字義，大抵從說部中錄出。自序稱同邑顧宸有《辟疆園習察》一書，綴緝未竟，復剌取數十則以附益之。今書中不加標識，亦不知孰為顧氏之語也[①]。

【彙訂】

① 清乾隆六年自刻增修本凡八卷,自序稱:"年來翻閱再過,汰其什七,僅存三百餘條,復以《辟疆園習察》刺取數十則,略加比次,區分四卷……"目錄載"卷一,計七十二條;卷二,計一百二條;卷三,計一百四十四條;卷四,計九十三條"。前四卷各條數確如目錄所言,合計四百一十一條。後四卷各八十條、一百二十四條、九十二條、六十四條,計三百六十條,蓋後來續刻。《浙江省第七次呈送書目》、《浙江採集遺書總錄》亦作八卷。(胡露:《〈四庫全書總目〉子部存目補正》;杜澤遜:《四庫存目標注》)

天香樓偶得十卷(浙江巡撫採進本)

國朝虞兆澂撰①。兆澂字虹升,嘉興人,康熙初諸生。是編乃其讀書所得,隨筆纂錄,分類編次為天文、地理、宮室、器用、鳥獸、蟲魚、草木、典制、字學、人事、藝文十部。中多蹈襲舊文,其自為考證者不過十之一二。如論《刀劍錄》誤以宋廢帝為順帝,以楊玉夫為楊玉;論《五代史》唐莊宗立皇后劉氏事,《本紀》與家人傳年月不同;論劉禹錫詩自註二"高"字,謂"高門"字既對"曉鏡",則亦似自高;論孟子非館於雪宮;論郭子章《馬記》誤收羊事②,皆為確當。而論《五雜俎》"野薑"一條,尤洞燭真偽。至於謂《詩》"投畀有北"用《拾遺紀》黃帝事,不知王嘉正依託《詩》語;謂鏡稱"菱花"未詳何義,不知《飛燕外傳》有七出菱花鏡事;謂隋時改"丙"為"景",唐修《晉書》皆仍《隋書》③,不知"丙"字本唐諱嫌名;謂周邦彥《十六字令》當以"明月影"三字為句,"穿窗白玉錢"五字為句,譏改"明"為"眠",作上一下七之非,不知別作之"歸十萬人家兒樣啼",亦是上一下七,不可歸"十萬"為句,皆失詳考。至謂對子字父始於蘇軾，併忘"曹子丹佳人"一語即在本書之中，失於檢核。其他所論天文，多涉臆揣，而孟姜女滴血尋夫骨事，更無徵不信矣。

【彙訂】

① 今存清鈔一卷本此書題"秀水虞兆淦著"。（杜澤遜：《四庫存目標注》）

② "羊"，殿本作"牛"。清鈔一卷本此書有"牛駿"條曰："郭子章《馬記》引《宋書》云：'何偃乘在前，劉瑀居後。瑀謂偃曰：君轡何疾？曰：牛駿馭精，故疾。'子章蓋以牛駿為馬名，誤矣……何偃所云牛駿乃謂車牛之駿耳，豈馬名乎？"然明萬曆《寶顏堂祕笈》本郭子章《蟫衣生馬記》有"黑馬"條云："《五代史》：黑訖支部，地多黑馬，善走，其登山逐獸，下上如飛。歲獻以為常。"按《新五代史》卷七十四載："奚本匈奴之別種……分為五部……五曰黑訖支部……地多黑羊，馬趫前蹄堅善走，其登山逐獸，下上如飛。"則其書確有誤收羊事條目，或十卷本中亦有指摘。

③ 據書中"諱丙字"條，"書"乃"舊"字之誤。

言鯖二卷（大學士英廉購進本）

國朝呂種玉撰。種玉字藍衍，長洲人。是編皆訂正字義，考究事始，亦宋人《釋常談》之類，而語多習見。又往往昧其本原，或反滋顛舛。如謂今之"路引"本漢之"長境"，不知《周禮》亦有此法；謂墓誌有爵者稱公，無爵者稱君，不知《隸釋》有後漢《故民吳公碑》；謂"即時"為"登時"，本唐戴冑語，不知漢建安中《焦仲卿妻》詩已有"登即相和許"語①；謂"親家"之稱始五代，不知唐大曆中盧綸詩已有"人主人臣是親家"語②；謂排行起晉末，漢人未有，不知《水經注》載漢光武帝封諸姪，已"德"字聯名；謂"虎林"稱"武林"先見《晉書》及《漢地理志註》，非避唐諱，不知作《晉書》之房喬、註《漢書》之顏籀，正為唐人。其尤謬者，如《漢武内傳》"王母命田四非答哥，哥畢"云云，乃"答哥"為句，"哥畢"為句，"哥"即古文"歌"字，種玉不知漢人假借通用之法，又誤讀為一句，遂以弟呼兄為哥哥語本於此，亦太疏舛矣。

【彙訂】

①《焦仲卿妻詩》原文作"登即相許和"，並無"登時"一詞。（楊琳：《古典文獻及其利用》）

② 據趙翼《陔餘叢考》卷三七"親家翁"條，《後漢書‧禮儀志》已載"親家"之稱。《北史‧李渾傳》又載隋煬帝稱宇文述為"親家翁"，因宇文述之子士及，尚煬帝長女南陽公主。此皆可證"親家"之稱，非始見於唐大曆時。宋趙與旹《賓退錄》卷四云："又有以'親'字為去聲者，亦有所據，盧綸作《王駙馬花燭》詩，有'人主人臣是親家'之句。"蓋謂"親"字異讀，始見於盧綸詩，非謂"親家"之稱，始見於此。（楊武泉：《四庫全書總目辨誤》）

事物考辨六十二卷（江蘇巡撫採進本）

國朝周象明撰。象明有《七經同異考》，已著錄。是書自《七經》、諸史至昆蟲植物，凡分四十六類①。凡經傳註疏及子史百家，靡不採輯，亦閒附己說於各條之後。此本猶出其手錄，旁註塗抹，多所改定，其用力頗深。中如《甸師》"祭祀共蕭茅"，鄭大夫曰："蕭字或為茜"，鄭康成以為"取蕭祭脂"之蕭。象明義主後鄭，所見頗允。至如《禮記》鄭註"君陳，周公子"，孔安國《傳》以為臣名。象明宗孔而黜鄭，謂《蔡仲之命》曰"率乃祖文王之彝訓"，成王命君陳，第曰"懋昭周公之訓"，不曰"率乃父周公之訓"，其非周公子可知，則未免拘文牽義矣。其他隨筆記錄，亦鮮考核，蓋勤於採摭而短於考證者也。

【彙訂】

① 清康熙二十四年周德宣抄本此書為六十三卷，書前自序云："爰別為四十三類，共六十三卷。"正文亦為四十三類。（胡露：《〈四庫全書總目〉子部存目補正》）

天祿識餘二卷（大學士英廉購進本）

國朝高士奇撰。士奇有《春秋地名考略》，已著錄。是書雜採宋明人說部，綴緝成編。輾轉裨販，了無新解，舛誤之處尤多。杭世駿《道古堂集》有是書跋曰："錢塘高侍郎以儒臣獲侍先皇禁幄，退而著書二冊，題曰《天祿識餘》。意謂延閣廣內祕室之藏，有非窮巷陋儒所得窺見者。今觀其書，則'笑脓言鯖'豈足以當天廚一臠也。蹟其所徵引辨說，大半皆襲前人之舊。一二偏解，時有牴牾。不觀《左傳》註，妄謂'經皇'為冢前之闕①；不觀《漢書》註，妄引《後漢紀》以證太上皇之名；不觀《水經》、《文選》兩注，妄詫金虎、冰井以實三臺；不觀《地理通釋》，妄分兩函谷關為秦、漢。其尤踳駁不可據者，'青雲'二字莆田周方叔以為有四解，乃遽以隱逸當之；聚頭扇已見之金章宗詞咏，出《歸潛志》。乃謂元時高麗國始貢；'銀八兩為流'本《漢書·食貨志》，乃引《集韻》以為創獲；'八米盧郎'既見之《齊》、《隋》兩書，姚寬《叢語》云：'蓋關中語，歲以六米、七米、八米分上、中、下，言在穀取米，取數之多也。'黃山谷、徐師川何嘗誤用。乃用元微之'八采詩成未伏盧'為證,是知一未知二也。古人為學,先根柢而後枝葉,先經史而後詞章。侍郎置身石渠金匱,獲窺人閒未見之本,而所採擷若此,此可以徵其造詣矣。"其排斥士奇,可謂不遺餘力。然取此書覆勘之,竟不能謂世駿輕詆也。

【彙訂】

① "経皇",底本作"窒皇",據此書"経皇"條及殿本改。

畏壘筆記四卷(浙江巡撫採進本)

國朝徐昂發撰。昂發字大臨,長洲人。康熙庚辰進士,官翰林院編修。是書成於康熙戊戌。前有昂發題詞,稱"自庚寅、己丑閒始隨筆劄記①。雖古人成説,有裨見聞,增長智識者,咸掇錄焉,閒參以意見"云云②。其書皆考證之文,大抵皆採掇舊聞,斷以己意。中閒如"匡鼎説詩"一條,知《西京雜記》之偽,而"楊王孫名貴"之類,又引《西京雜記》為憑。《孔叢子》一條,既灼知其書為依託,而"子思生無須眉"之類③,又引以為證。蓋愛博嗜奇,隨文生義,未能本末賅貫。至於以泰山碧霞元君為周武王女太姬之神,陳敬仲奔齊,奉之以來;以西洋天主教為秦始皇所遣求仙之人,飄流海島,奉之以去。尤屬牽合臆斷。核其所學,自不及國初顧炎武、朱彝尊等之淹通。然持擇矜慎,敍述簡潔,正舛訂譌,頗資聞見。在近時説部之中,猶為秩然有條理者。究非明人雜錄轉相裨販、冗瑣無緒者比也①。

【彙訂】

① 康熙庚寅為四十九年,己丑為四十八年,不當顛倒。清康熙桂森堂刻本此書所載小序正作"自己丑、庚寅閒始隨筆劄記"。(胡露:《〈四庫全書總目〉子部存目補正》)

②"意見"，殿本作"臆見"。

③"生"，殿本作"性"。

④"核其所學"至"冗瑣無緒者比也"，殿本作"矣"。

古今釋疑十八卷（副都御史黃登賢家藏本）①

國朝方中履撰②。中履字素北，桐城人，方以智之子也。此書皆考證之文。一卷至三卷皆論經籍，四卷至九卷皆論禮制，十卷論氏族、姓名，十一卷論樂，十二、十三卷論天文推步，十四卷論地理，十五卷論醫藥，十六至十八卷論小學、算術，各標題而為之說。中履名父之子，學有淵源，故持論皆不凡陋。然鎔鑄舊說以成文，皆不標其所出。其體例乃如策略，不及其父《通雅》之精核也。

【彙訂】

①"十八卷"，殿本作"八卷"，誤。

②"中履"，殿本作"履中"，下同，誤。《清史稿·藝文三》著錄《古今釋疑》十八卷，方中履撰。清康熙汗青閣刻本此書各卷卷首題"合山方中履素北學"。

螺江日記八卷（浙江巡撫採進本）①

國朝張文檒撰。文檒有《大學偶言》，已著錄。是書雜志經史疑義，如《尚書》篤信古文，《大學》遵用古本，皆守其師毛奇齡之說，持論亦甚辨博。然疏舛往往不免。如謂漢元狩中造銀、錫為白金三品，即官造假銀。不知古人銀、錫通謂之金，漢時本無以銀交易之事，非若後世之貴賤頓殊，亦何所用其假造乎？至論陸農師家世，而謂《通考》所載佃曾孫遹為又是一人，不記世系。不知遹即游之子，其所作游文集跋語現存集中。而以為別一人，尤失考之甚矣。

【彙訂】

① “螺江日記”，殿本作“螺江雜記”，誤。今存清乾隆十七年張氏二銘軒刻本《螺江日記》八卷，《浙江採集遺書總錄》有《螺江日記》八卷、《螺江日記續編》四卷。（杜澤遜：《四庫存目標注》）

知新錄三十二卷（安徽巡撫採進本）

國朝王棠撰。棠字勿翦，歙縣人。是書成於康熙丁酉。每一事採集衆説，考其原始，參以論斷，各為標目，略以類從，惟不立部分耳。採摭頗富，而多不著所出。大旨欲仿顧炎武《日知錄》，然不過《談薈》、《樵書》之流亞耳。

西圃叢辨三十二卷（兵部侍郎紀昀家藏本）

國朝田同之編。同之字在田，德州人。康熙庚子舉人，官國子監學錄。是書雜採諸家説部，分類排比，皆因其舊文，不加論斷。故卷首題名不曰“撰著”，而曰“纂集”云。

經史問五卷（福建巡撫採進本）

國朝郭植撰。植字于岸，古田人，乾隆壬戌進士。是編乃其主廣東粵秀書院時，與諸生搜經史疑義，設為問答以考訂之。大率皆註疏舊義，且與毛奇齡《經問》雷同者亦復不少。

掌錄二卷（江蘇巡撫採進本）

國朝陳祖范撰。祖范有《經咫》，已著錄。是書乃其劄記之文，皆考證名義訓詁。然大抵捃摭舊文，罕逢新義。疑其輯錄諸書之説以備檢閱，其門人轉相傳寫，因而刊行，本非有意著書也。

　　右雜家類“雜考”之屬，四十六部，四百四十三卷[1]，皆附存目。

　　【彙訂】

　　① “四百四十三卷”，殿本作“四百三十四卷”，誤。殿本實著録四百三十三卷。

子部三十七

雜家類存目四

試筆一卷（兵部侍郎紀昀家藏本）

舊本題宋歐陽修撰，末有蘇轍、蘇軾二跋。蓋雜集其手書墨蹟，錄而成編，故往往與《六一詩話》、《歸田錄》語相出入。考陸游《渭南集》有《為楊元發跋東坡所書蘭亭記》曰："明窗淨几，筆研紙墨皆極精良，是人間之至樂，六一居士嘗以是為自得。"云云①。今其語正載此編中，似非贋作。惟蘇軾一跋凡猥殊甚，決非軾語，或刊是書者所依託歟②？

【彙訂】

①《渭南集》無《為楊元發跋東坡所書蘭亭記》，而見錄於李之儀《姑溪居士前集》卷三八。（王宏生：《北宋書學文獻考論》）

② 北宋江休復、黃庭堅等對歐陽修書法評價都不高，但蘇軾卻評價甚高。此跋亦對其書法讚賞有加，且又見於《東坡題跋》卷四，題作《題劉景文所收歐公帖》。以其為依託，恐失於臆斷。（同上）

章中公九事一卷（浙江范懋柱家天一閣藏本）

不著編輯者名氏。晁、陳二家書目及《宋史·藝文志》皆未著錄。卷首序云：“丞相惇性喜揮翰，在政府時，日書數幅。予嘗見雜書一卷，乃鈔錄之。”蓋從其墨迹錄出[①]。前七則皆論書體源流及用筆之法，惟第八則為敘呂元圭幻異事。第九則末署曰：“元祐六年十一月五日京口西齋大滌翁書”。元祐六年正惇貶汝州時。按《東都事略》，惇自汝州徙揚州，提舉洞霄宮，以父老乞侍養，歸蘇州。其事《宋史》不載。今據此書所云“大滌翁”者，當因領洞霄宮，故以自號。而京口亦由汝赴蘇所經之路，與《東都事略》一一相合，知非偽託。然惇人不足道，併其書亦為世所棄置矣。

【彙訂】

①　此書蓋好事者從《墨莊漫錄》中抄出，非真從墨蹟錄出。（余嘉錫：《四庫提要辨證》）

蒙齋筆談二卷（兵部侍郎紀昀家藏本）

舊本題宋鄭景望撰。商濬刻之《稗海》中[①]。厲鶚《宋詩紀事》亦曰：“景望，湘山人。生元豐、元祐間。有《蒙齋筆談》。”今考其書，乃全錄葉夢得《巖下放言》之文，但刪其十分之三四，而顛倒其次序。濬蓋誤刻偽本[②]。又考景望乃永嘉鄭伯熊字，見於陳傅良《止齋集》中。其人登紹興十五年進士，累官太子侍讀，宗正少卿，謚曰文肅。《宋詩紀事》既載伯熊詩於四十七卷中，又據此書於三十七卷別出一鄭景望，亦殊疏舛也。

【彙訂】

①　“商濬”，殿本作“商維濬”。

②“瀋蓋”，殿本作“維瀋”。明嘉靖間陸楫刻《古今説海》已收入此書，不自商濬始也。（杜澤遜：《四庫存目標注》）

麟書一卷（通行本）

宋汪若海撰。若海號東叟，歙縣人。靖康中為太學生。建炎中官至直祕閣，知江州。事蹟具《宋史》本傳。史稱若海豁達高亮，深沈有度。金兵至汴，若海上書樞密曹輔，請立康王為大元帥。及京城失守，若海復述麟為書以獻，即此本也。其書託麟為喻，以儷詞作韻語，詭言鷗夷子授之磐固侯。大旨主用兵之是，斥和議之非。又言不當追回康王，而勸欽宗以死社稷，用意甚為剴直。因當時金人已破京城，故不敢顯言而以廋詞寄其意。後有鄧肅、呂本中及其從父藻三跋。明人嘗以此書及其圍城中上曹輔書、上尼瑪哈原作“粘没喝”，今改正。請存趙氏諸書①，合編為若海集。此則別行之本，陳繼儒刻入《祕笈》者也。

【彙訂】

①“請存趙氏”，殿本無。

捫蝨新話十五卷（兩江總督採進本）

宋陳善撰。善字敬甫，號秋塘。史繩祖《學齋佔畢》稱其字子兼①，蓋有兩字。善，羅源人，《學齋佔畢》稱福州②，蓋舉其郡名也③。其書考論經史詩文，兼及雜事。別類分門，頗為冗瑣，持論尤多踳駁。大旨以佛氏為正道④，以王安石為宗主⑤，故於宋人詆歐陽修、詆楊時、詆陳東、詆歐陽澈，而詆蘇洵、蘇軾、蘇轍尤力⑥，甚至議轍比神宗於曹操。於古人詆韓愈，詆孟子⑦。誤讀《論語》，甚至謂江西馬師在孔子上⑧。而於周邦彥諛頌蔡京之詩，所謂“化行《禹貢》山川外，人在周公禮樂中”者，則無譏焉⑨。善,南、北宋閒人,其始末不可考⑩。觀其書顛倒是非,毫無忌憚,必紹述餘黨之子孫,不得志而著書者也。錢曾《讀書敏求記》載是書有二本。其一本不分卷帙,末有紹興己巳善自跋。一本分十五卷,而無自跋。此本作十五卷,當即曾所言之第二本⑪。然實有自跋,蓋曾所見本偶佚末頁耳。

【彙訂】

① "其",殿本無。

② 殿本"州"下有"人"字。

③ 按陳善字子兼,福州羅源人,紹興三十年進士(據《淳熙三山志》卷二十九《人物四》),卒於淳熙元年(1174)之前(說見第10條)。而字敬甫,號秋塘者,乃"淳熙閒豪士,有《雪篷夜話》"(《宋詩紀事》下,卷五十六),另有其人。(李紅英:《〈捫蝨新話〉及其作者考證》)

④ 本書卷一經類《道在六經不在浮屠》曰:"………顧但設教自有先後耳,豈如今日之俗學,乃全不考究以六經為治世語言,至欲求道則以為盡在浮屠氏。嗚呼,此宜今世脫空謾語者之所以得肆,其誕而不顧也。"又卷十三戲謔類《人比犬僧似鱉》:"歐公言:'漢人碑云,鷹擊盧搏,是以人比犬也。'山谷言:'徐浩詩言,法師多壞能,三足鱉也。'乃是僧似鱉耳。人比犬,僧似鱉,正好一對。"恐非"以佛氏為正道"者所敢言。(同上)

⑤ 本書卷一經類《王荊公說經穿鑿》、《王荊公新經字說多用佛語》、卷十五蟲魚類《王荊公通應子魚之誤》等,直言其謬誤,皆不似"以王安石為宗主"。(同上)

⑥ 本書卷六文才類《歐蘇之文》、《蘇黃文妙一世》、《東坡文字妙一世》,卷七詩類《東坡山谷詩可謂畫本》等,均對歐、蘇讚賞

有加。(同上)

⑦ 本書卷五文章類《晉唐國朝之文》:"晉無文章,惟陶淵明《歸去來辭》一篇而已。唐無文章,惟韓退之《送李愿歸盤穀序》一篇而已。予亦謂國朝無文章,惟范文正公《嚴先生祠堂記》一篇而已。"卷一經類《孟子文字最為巧妙》:"文章鋪敍事理,要須往復上下宛轉鉤貫,令人一讀終篇不可間斷,乃為盡善,蓋自《論語》、六經之外,惟《孟子》最為巧妙。"同卷《孟子難讀》:"近日學者隨立一説,以非孟子,所謂蚍蜉撼大樹,可笑不自量者耶。"何以見得詆韓、孟?(同上)

⑧ 本書卷十儒釋類《儒釋迭為盛衰》:"世傳王荊公嘗問張文定公,曰:'孔子去世百年生孟子亞聖,後絕無人,何也?'文定公曰:'豈無又有過孔子上者?'公曰:'誰?'文定曰:'江西馬大師、汾陽無業禪師、雪峯嚴頭、丹霞雲門是也。'公暫聞,意不甚解,乃問曰:'何謂也?'文定曰……予謂馬大師等在孔子上下,今不必論,然馬大師之後,釋門又復淡薄,收拾不住,絕無一人,何也? 豈其復生吾儒中乎? 近世歐陽文忠公、司馬溫公、范蜀公,皆不喜佛,然其聰明之所照了,德行之所成就,真儒法也,豈復在馬大師下乎? 吾以是知儒釋二者,迭迭為盛衰,不知歐公後數十年當復生釋氏中,未可知也。方當吾儒生聖賢之時,要不可使邪説詭服者得以自肆可也。雖然,吾豈與今世脱空謾語者較其上下耶? 惜荊公不聞此語。"並未推尊佛氏於儒家之上。(同上)

⑨ 本書卷七詩類《東坡秦少游周美成詩》:"……今人只見美成《蔡相生辰》詩'化行禹貢山川外,人在周公禮樂中',相傳竟以為佳,不知前輩已疊用之矣,人之易欺如此。"不可謂之"無譏"。(同上)

⑩ 據陳善紹興己巳(紹興十九年，1149)跋"丙寅歲，予由海道將抵行在所，未至而遇大風漂舟，盡失平日所業文字，既而於知友間收拾逸外，得所著《捫蝨新話》，十才可五六……"則丙寅歲(紹興十六年，1146)前《捫蝨新話》已成書，且以抄本流傳，此時陳善已絕非少年。又紹興二十七年自跋"……因理舊楮，兼摭新聞，又得一百則……"據陳益淳熙元年序"益少之時，初入鄉校，聞游學子道先生之文行，願一識而未之得。既冠，始獲從先生游……又數年，先生復出百則以示益……"可知紹興二十七年時陳善至少已值壯年，生年約在徽宗時。陳益序曰："……惜乎，負抱儒業，晚得一命之爵，曾不得食寸祿而死……"《宋會要輯稿》選舉二〇之二〇載："(乾道)五年正月九日，命吏部尚書兼侍讀翰林學士汪應辰知貢舉……左迪功郎陳善、御史臺主簿宋敦書，諸王宮大小學教授……點檢試卷。"則陳善卒於乾道五年至淳熙元年之間。(同上)

⑪《讀書敏求記》所載第二本"標題云《潮溪先生捫蝨新話》，釐為十五卷，不列子兼氏名，並脫跋語……"《總目》所言十五卷本顯非此本。另，本書各序跋均未提及"釐為十五卷"，卷帙或係後人所分。(同上)

蕉窗雜錄一卷(兩淮馬裕家藏本)

舊本題曰宋稼軒居士撰。稼軒，辛棄疾號也。故凡遇"宋"字必加"皇"字於上，以明其為真棄疾作。然書中乃引楊慎《丹鉛錄》、王鏊《震澤長語》、都穆《聽雨紀談》、焦竑《類林》、王世貞《藝苑卮言》，其妄殆不足辨。其所自增數條，如謂木筆名辛夷，芍藥一名辛夷，云出《山海經》之類，更為無稽之談。殆妄劣書賈鈔合明人説部，詭題此名也。

　　誠齋揮塵錄一卷（浙江鮑士恭家藏本）

　　舊本題宋楊萬里撰。左圭收入《百川學海》中。今檢其文[①]，實從王明清《揮塵錄話》内摘出數十條，别題此名[②]。凡明清自稱其名者，俱改作"萬里"字。蓋坊刻贋本，自宋已然。《百川學海》在叢書中最有體要，然且如此，其餘固無足責矣。

【彙訂】

　　① "其文"，殿本作"其本"。

　　② 此書實即《揮塵前錄》之初稿。（王國維：《庚辛之間讀書記》）

　　鶴山筆錄一卷（浙江巡撫採進本）

　　舊本題宋魏了翁撰，載陸烜《奇晉齋叢書》中。末有悔餘老人跋，稱"竹垞自粵游回，鈔《鶴山筆錄》一卷見視。予意必陳腐滿紙，漫不省也。近因箋註蘇詩，試取檢閱，則見辨核紀錄，皆有真趣，卓乎小説名家。毛氏《津逮》既鐫其題跋而不及此，想汲古閣中亦無此藏本也"云云。悔餘老人為查慎行别號，竹垞不知何許人，疑為"竹垞"之誤也[①]。然朱彝尊《曝書亭集》無此書跋，而慎行《補註蘇詩》亦無一字引此書。跋中"辨核紀錄，皆有真趣"二語，文義殆不可通，恐不出慎行之筆。烜又自跋其後云："按《唐宋叢書》曾刻了翁《經外雜鈔》二卷，此纔及十分之三，大段相類而互有異同。古人於説部，往往歷年成書各種，而後併歸一部，此當是初本也。"察烜之意，殆亦隱覺其偽，而巧為之詞。其實即書賈剽《經外雜鈔》偽為之，與烜所刻《平巢事蹟考》鈔《通鑑》半卷者等也。

【彙訂】

① "誤",殿本作"譌"。

螢雪叢説二卷(通行本)

宋俞成撰。成字元德,東陽人。前有慶元庚申自序,稱年四十後即不應科舉①,"優游黄卷,考究討論,付之書記。囊螢映雪,無所不為。塵積日久,遂成一編,目曰《螢雪叢説》"。其書多言揣摩科舉之學,而諄諄於假對之法,以為工巧,論皆迂鄙。所記契丹祭文之事,蓋本孫奕《示兒編》,不能糾駁其非,仍述為美談,尤齊東之語。其解"宥過無大,刑故無小"二句,謂過當宥而大者不在所宥,故曰無大;故當刑而小者不在所刑,故曰無小。又訓"皋陶陳謨"為射策之義②,皆穿鑿附會,無可取也。

【彙訂】

① "年",殿本無。

② "陳謨",殿本作"矢謨"。

宜齋野乘一卷(浙江范懋柱家天一閣藏本)

宋吳枋撰。枋字木方,江陰人。是書以"野乘"為名,而多涉考證。其中如謂孟嘗君與孟子同時,謂顔子之卒不止二十九,謂吞東、西周者非始皇,皆有依據。至論五帝非官天下,而舉少昊之傳位於姪、顓頊傳位於從姪、摯傳位於弟①、堯傳位於五世姪孫、舜傳位於六世祖之從兄弟,為家天下之證,其説過奇,不中經訓矣。前有自序,稱其書本十卷,毀於火,後憶錄其一二。此本祇十一條,與《説郛》所載相同,似又經刪節,非完書也。

【彙訂】

① 殿本"弟"下有"堯"字。

木筆雜鈔二卷（編修程晉芳家藏本）

舊本題宋無名氏撰。前有小序，稱“息軫多年，小有紀錄。齋前有木筆一叢，遂以名之”云云。其書載曹溶《學海類編》中。今考其書，皆宋吳子良《荆溪林下偶談》之文。原書本八卷①，此本摘鈔二卷，別標新名，又僞撰小序弁於首。蓋姦黠書賈所爲，曹溶不辨而收之耳。

【彙訂】

①“八卷”，殿本作“二卷”，誤。《學海類編》本《荆溪林下偶談》四卷，有郁嘉慶跋云：“昔分爲八卷，今作四卷。”《總目》卷一九五著錄《荆溪林下偶談》四卷，云：“舊本八卷”。

吹劍錄一卷（兩淮鹽政採進本）

宋俞文豹撰。文豹有《吹劍錄外集》，已著錄。此編作於淳祐三年癸卯。前有自序，謂取《莊子》“吹劍首者吷而已”之語以名其書，言無韻也。然議論實多紕繆，於古人多所詆訶①。如貶武王則拾蘇軾之緒論，詆孟子則循李覯之謬詞。斥諸葛亮爲不明大義，不忠漢室，亦本其兄文龍之妄說。蓋文龍以此說取解於同文館，故文豹述之也。他若韓愈、程子，並遭掊擊。又文彥博燈籠錦之事，則獨信魏泰之僞書；《通鑑綱目》帝蜀之辨，則力攻朱子之特筆。其妄誕無識，殊爲悖理。所謂“小人好議論，不樂成人之美”者歟？

【彙訂】

①“詆訶”，殿本作“詆詞”。

碧湖雜記一卷（編修程晉芳家藏本）

不著撰人名氏。陶宗儀《說郛》載之，題曰宋謝枋得撰。然

《宋志》及諸家書目皆不著錄，未知確出枋得否也。書僅八條，殆亦非完本矣。第一條辨蘇軾《老饕賦》當作"老餮"。此據《說文》"貪財曰饕，貪食曰餮"之説①，似乎有理，而實膠固。《說文》所註，特因《左傳》稱"貪於飲食，冒於貨賄，天下之人謂之饕餮"，因而分屬立訓耳。考《呂氏春秋》稱"周鼎饕餮，有首無身，食人未咽，害及其身"，則饕餮本屬獸名。獸貪食有之②，獸貪財則無是事。觀字並從"食"，其義可推。通用為貪食之名，於理無害，不必執也。第二條載僧思説及曾季貍辨五臣《文選註》陶潛但書甲子之譌③。謂按其甲子，皆在宋未受禪以前，其言鑿鑿可據。此書乃云劉裕自庚子得政，淵明逆知晉必為宋，故於二十年前先削年號以寓意，其説尤迂謬不通。餘六條亦皆剿襲舊文，罕逢新義。

【彙訂】

①　"貪財為饕，貪食為餮"乃杜預注，《說文》則並云"貪也"，無貪財、貪食之分。（胡玉縉：《四庫全書總目提要補正》）

②　殿本"有"上有"則"字。

③　"僧思説"，殿本作"湯思説"。《古今説海》本此書原文作"五臣註《文選》謂陶淵明詩自晉義熙以後，皆題甲子，後世因仍其説。獨治平中，虎丘僧思悦編淵明詩，辨其不然"。南宋紹興刻本《陶淵明文集》錄思悦《書靖節先生集後》。

志雅堂雜鈔一卷（兩淮鹽政採進本）

宋周密撰①。是編分為九類②。其文與所作《雲煙過眼錄》、《癸辛雜識》諸書互相出入，而詳略稍殊。疑為初記之稿本，經後人裒綴，別成此書。其閒惟論"殷玉鉞"一條，知元時劈正斧亦宣和内府之物，為他書所未載，可資考證耳。

【彙訂】

① 依《總目》體例，當補"密有《武林舊事》，已著錄"。

② 實分為圖畫、碑帖、諸玩、寶器、人事、醫藥、陰陽算術、仙佛、書史八類，"圖畫碑帖續抄"不應計入。（鄧子勉：《〈志雅堂雜鈔〉説明》)

袖中錦一卷（編修程晉芳家藏本）

舊本題宋太平老人撰，不著名氏。其書雜鈔説部之文，漫無條理，命名亦不雅馴。蓋書賈所依託，曹溶不考，誤收入《學海類編》也。

衍約説十三篇（兩江總督採進本）

不著撰人名氏。諸家書目皆不著錄。相其版式，由宋麻沙本翻雕，所徵引亦至南宋而止。前有小引數行，稱其祖"以約自號，所以垂訓後人。爰取古人之可法戒者，分類採錄一二，而衍其説於左"。然不知以約為號者何人也。後有自跋，題"上章閹茂"。考宋度宗咸淳六年歲在庚午，則其人當在南宋末矣。書分十三目，曰身心，曰學業，曰幾務，曰言語，曰交際，曰田宅，曰器用，曰服飾，曰飲食，曰珍貨，曰婚姻，曰喪葬，曰奴婢。每目之下，各先衍其説，後乃雜引故實格言，亦偶加評斷。蓋家誠、世範之流也。

月下偶談一卷（編修程晉芳家藏本）

舊本題宋俞琬〔琰〕撰①。今核其文，即琬所著《席上腐談》中摘錄數十條，別題此名耳。曹溶《學海類編》所收，往往如此也。

【彙訂】

① "琬"，當作"琰"，下同，乃避嘉慶諱改。殿本作"琰"。

學易居筆錄一卷（編修程晉芳家藏本）

元俞鎮撰。鎮字伯貞，崇德人。其書共四十九條，多雜舉經史成語及前哲格言，又頗斥佛、老之妄，其旨頗正。而詞意庸腐，終不免鄉塾學究習氣也。

春雨雜述一卷（兩江總督採進本）

舊本題明解縉撰。縉字大紳，吉水人。洪武戊辰進士，永樂中官翰林學士。出為廣西參議，改交趾。後為漢王高煦所譖，下獄死。事蹟具《明史》本傳。是書論作詩、學書之法。謂"詩當先除五俗，後極三來"，謂"書家用筆，有撅、捺、鉤、抵、揭、拒、導、送，當盡其妙於毫釐鋒穎之閒"。又自漢、晉以迄宋、元，撮舉能書姓名，各紀其源流授受。然多從詩話、書譜中鈔撮而成，罕逢新義。又逐條標題重複，漫無體例，疑或出於依託也。

海涵萬象錄四卷（浙江范懋柱家天一閣藏本）

明黃潤玉撰。潤玉有《四明文獻錄》，已著錄。是書乃潤玉孫溥錄其平日言論，分四十類。其中閒有新意，然舛誤者多。如引《禮》"公子之子孫有封為國君，則世世祖是人"，遂謂宋太祖當居始祖廟，其祖父宜另立六廟。信如此言，則周之后稷不當居始祖廟，武王不當列二世室矣。其說甚謬。又謂《春官·大司樂》，其祭祀之樂不用商聲，朱子與蔡西山俱不說出。案《周禮·太師》曰"皆文之以五聲宮、商、角、徵、羽"，則周未嘗不具商聲。且《大司樂》曰"凡樂圜鍾為宮"，又曰"黃鍾為角"，乃謂黃鍾為夷則宮之角；又曰"太簇為徵，姑洗為羽"，乃謂林鍾宮之徵及羽，非謂圜鍾之宮止有角、徵、羽三聲而闕商聲也。後韓邦奇《苑洛志樂》論之甚詳，潤玉未詳考經文也。又謂《周禮》別無北郊之文，其"北郊"字出緯書。案《天官‧内宰》文曰："中春，詔後帥外、内命婦治蠶於北郊。"何嘗無"北郊"字耶？又謂《爾雅》有"不律筆"之文，謂蒙恬始造筆，證非周公之作。不知蒙恬造筆，事出張華《博物志》，小説雜書不足為據，《魯語》有"以死奮筆"之文，固在張華先也。如此之類，頗傷舛駁。至所載"羅銓賂交東楊，求陞都御史"諸條，尤語涉恩怨，益不足徵信矣。

古穰雜錄三卷（浙江范懋柱家天一閣藏本）

明李賢撰。賢有《天順日錄》，已著錄。是編乃所著筆記，閒抒議論，而述時事者為多。中多不滿"三楊"。其謂李時勉自仁宗譴怒以後，不復直言，自王振誣構以後，即乞歸，有明哲保身之義。亦頗著微詞。"三楊"固時有短長，若時勉，恐非賢所能議也。其自稱土木之役隨軍過雞鳴山時，欲邀三五御史，以一勇力之士捽王振而碎其首於帝前，即挾駕還大同，欲謀於英國公不得云云，恐亦文飾之説耳。

瑯琊漫鈔一卷（兩淮鹽政採進本）

明文林撰。林字宗儒，長洲人。成化壬辰進士，官至温州府知府。是書雜記瑣聞逸事，閒亦考證經史。凡四十八則，無甚可採。其"三皇"一條，至謂司馬貞祖邵子之説而成《本紀》，則唐、宋不辨矣。

三餘贅筆二卷（浙江范懋柱家天一閣藏本）

明都印撰。印字維明，號豫菴，吳縣人，太常寺卿穆之父也。穆官工部主事時，封如其官，年已八十。餘姚王守仁為作壽序，今附錄卷末。是書雜錄見聞，亦閒有辨論，然多摭拾舊文。其引《唐六典》解世俗長功、短功之名，未免附會古義。謂鄭本伯爵，《春秋》書爵非貶；段必敵人之名，故書曰“克”，決非其弟，尤悖謬之甚。惟論鄧攸殺子不情，朱子不當載之於《小學》書中，頗為有見。及“陶九成著書”、“呂洞賓始末”、“趙緣督姓名”、“宋高宗作《幽閒鼓吹》”數條，差資考證耳。

損齋備忘錄二卷（浙江范懋柱家天一閣藏本）

明梅純撰。純，夏邑人，成化辛丑進士。《太學題名碑》作南京京衛人，蓋純為洪武中駙馬都尉梅殷之元孫，世隸勳籍故也。書中自稱初以應襲指揮使登進士。後復讀《近思錄》中張子論世祿子孫不應工聲病，售有司一條，遂請於朝廷而復舊官。蓋亦戞然自異之士矣。是書上卷分紀事、纂言、知人、格物四類，下卷分說詩、論文、補闕、拾遺、辨疑、刊誤六類。其說詩論文，頗能中理，而亦每傷於迂闊。如謂“韓退之《畫記》，先儒謂其體似《顧命》，今觀之信然①。但顧命所言皆經世遠圖，其所敘載亦皆一時聲容禮樂之盛，而退之所紀不過游玩禽荒，是可同年而語哉？韓子不以其道得之，又玩而弗置，不幾於喪志乎”云云，可謂膠固之甚。且顧命何嘗有樂，而曰聲容禮樂之盛，殆謬為大言，不核事實矣。其“紀事類”中述梅殷之歸京師，乃以母老之故。其擠死笪橋下，出於趙深、譚曦之竊害，非成祖之意，是以其家“受恩未艾”云云。與史迥異，亦曲筆也。

【彙訂】

① 底本無“今”字，據《國朝典故》本此書卷下“論文類”“韓退之《畫記》”條原文及殿本補。

蜩笑偶言一卷（浙江孫仰曾家藏本）

明鄭瑗撰。瑗有《井觀瑣言》，已著錄。其書多論古之語，閒及考證。止二十六條，蓋隨筆記錄，未經卒業之本。如謂蘇軾以程頤爲姦，猶盜跖以孔子爲僞。軾何至如盜跖，程子亦何可比孔子①，殊爲儗不於倫。遠不及《井觀瑣言》也。

【彙訂】

① "可"，殿本作"得"。

荷亭辨論十卷（浙江巡撫採進本）

明盧格撰。格字正夫，東陽人。成化辛丑進士，官至監察御史。嘗築荷亭，讀書其中，因以名書。大抵持論詭異，攻擊朱子之説，往往過當。至作《夢遊清都記》，極爲揚雄辨冤，謂"親見朱子與雄辨難，朱子詞窮屈服，稱雄爲得洙泗真源"云云，尤爲誣誕。前有劉宗周序，謂："學惟大疑，而後能大信。後儒不及前人，亦其果於自信之意多，而存疑者寡。若先生，可爲真求自信者。"蓋亦微詞也。

凝齋筆語一卷（江西巡撫採進本）

明王鴻儒撰。鴻儒字懋學，南陽人。成化丁未進士，官至南京戶部尚書，諡文莊。事蹟具《明史》本傳。此書論《易》十三條，論《詩》三條，論《書》一條，論《左傳》一條，論《周禮》三條，論《四書》三條，論史三條，論子書三條，引朱子《答王子合書》一條。其自立論者惟"男女有別"一條耳，大抵皆掇拾舊説。其解《詩·下武》，以爲天在上而武王在下，是未考庾信《三月三日華林園馬射賦序》》"皇帝以上聖之資，膺下武之運"句也。

餘冬序錄六十五卷（内府藏本）

明何孟春撰。孟春有《文簡疏議》，已著錄。是書體格近王充《論衡》①。凡內篇二十五卷，前五卷多論君道，後二十卷多論古今人品。外篇三十五卷又閏五卷，則皆雜論也。大旨主於品藻得失，不主於考證同異。好為高論，而不免流入迂僻。又炫博貪多，有得輒錄，往往傷於踳駁。外篇或剽陳言，或記瑣事，亦病蕪雜。使其精自簡汰，僅存數卷，頗足為一家之言。而愛不能割，遂僅於陳絳《金罍子》諸書較其優劣，殊為不善用長。至分卷之目，原本標以《爾雅》月名、月陽，尤為詭異。

【彙訂】

①“體格”，殿本作“體例”。

聽雨紀談一卷（通行本）

明都穆撰。穆有《壬午功臣爵賞錄》，已著錄。穆登宏治己未進士。而此書自題成化丁酉九月所作，距其登第時二十有一年①。又考穆教授濠上幾二十年，始補博士弟子，三年而成進士，則其時並未為諸生矣。其書皆參考經史異同。陶珽嘗刊入《續說郛》，多所刪節。此為李蓘《琅探》中所載，猶全本也。

【彙訂】

① 此書乃成化二十三年丁未（1487）九月所作，而非成化丁酉十三年（1477），距弘治十二年己未（1499）十一年。（王嘉川：《布衣與學術——胡應麟與中國學術史研究》）

山堂瑣語二卷（浙江范懋柱家天一閣藏本）

明陳霆撰。霆有《唐餘紀傳》，已著錄。是書乃其自山西提學僉事歸田後所作，雜引經傳，以己意論斷。詞意儇薄，已開陳繼儒等之派。如謂盜發魏王之冢而《竹書》出，盜發楚王之冢而《考工記》出，二盜於發冢則有罪，於詔世則有功。夫盜發古冢，志在寶器耳，非為求書發也，可錄以為功哉？

　　正思齋雜記二卷（浙江范懋柱家天一閣藏本）

　　明劉教撰。教字因吾，吉水人。書中稱孝宗為今上，則宏治中人也[①]。其書雜論古今軼事，頗崇道學。其開卷引陳亮之說，以歲建干支推宋、元、明國家盛衰至二千餘言。大抵用《丙丁龜鑑》之剩論，殊附會無理。其取《伊洛淵源續錄》之說，詆許衡、劉因不當仕元，尤明人偏駁之見。

【彙訂】

　　①《浙江採集遺書總錄簡目》作“明進士安成劉教撰”。考楊廉《楊文恪公文集》卷十八有《劉舉人文集序》，云：“安成劉進士名教，字因吾。”康熙《安福縣志》卷四《劉教傳》謂：“教，弘治戊午舉人，著《正思齋雜稿》。”吉水別有一劉教，《吉水先哲碑傳集》卷三十有曾同亨為彼劉教撰《墓誌銘》，略謂：教字可賢，號少洲、字河。世為吉水儒籍，諸生，從邑人李中、羅洪先學，博雅好學，有聞於時。著《貽穀篇》，乃教詔家人子弟語。生於嘉靖癸未（1523），卒於萬曆庚辰（1580）。吉水劉教於弘治時尚未出生，別字亦不同。館臣以二人同名而誤安福劉教為吉水劉教。至稱教為“進士”，乃鄉進士之謂，非進士及第者。（何振作：《〈四庫全書總目〉著錄江西人著作考辨七則》）

　　遜言十卷（浙江巡撫採進本）

　　明孫宜撰。宜字仲可，華容人。是書原目十七類，分十七卷。此本止於十卷，蓋非完帙。論多膚淺，如以雷霆為蛟龍之類。以朱子《綱目》立綱分註為贅，以王伾、王叔文為受誣，尤涉偏僻。

河汾燕閒錄二卷（兩江總督採進本）

明陸深撰。深有《南巡日錄》，已著錄。是書隨筆劄記，雜論史事得失，經典異同，亦頗及當代故實。其曰《河汾燕閒錄》者，蓋深為山西提學僉事時所著也。

停驂錄一卷續錄三卷（兩江總督採進本）

明陸深撰。是編乃其罷山西提學僉事南歸時所作。前《錄》成於嘉靖九年，《續錄》成於十一年。雜錄詩話、文評、朝章、國典，於經義亦閒有考證。《續錄》中所載《孟子》"為長者折枝"當解作"肢體"之"肢"，亦足以備一說。又謂《論語》"詩書執禮"，"執"疑是"蓺"之誤，則太創見矣。

傳疑錄二卷（兩江總督採進本）

明陸深撰。上卷雜論經說異同，兼及史事，於前代宗室恩數等殺之制敍述尤詳，當為明代宗祿之弊而設。下卷則專論調律之法，始於累黍候氣，終於十二辰，皆備載之。蓋隨手雜錄而成者。

春雨堂雜鈔一卷（兩江總督採進本）

明陸深撰。所錄多古今政治得失之故，鈔撮舊文，自為評騭。其謂漢光武篤信圖讖，與求仙覆轍相去不遠，似亦因世宗好道而託諷也。

厄言餘錄十三卷（山東巡撫採進本）

明林炫撰。炫字貞孚，閩縣人。正德甲戌進士，官至通政司參議。是編乃其隨筆劄記，多談典籍藝文，亦頗及雜事，而評史者較多。其中往往但引用舊文[①]，不加斷語。疑其裒輯諸書，欲有所論著而未成。故前後無序跋，亦併無目錄也。

【彙訂】

① "用"，殿本無。

詢芻錄一卷（浙江范懋柱家天一閣藏本）

明陳沂撰。沂有《維楨錄》，已著錄。是書取里巷相傳譌謬之事及通俗俚語，各為疏證其出處，故以"詢芻"為名。僅十九條，皆不足以資考據。

真珠船八卷（通行本）

明胡侍撰。侍字奉之，號濛溪，咸寧人。正德丁丑進士，官至鴻臚寺少卿。坐議大禮，謫潞州府同知。事蹟附見《明史·薛蕙傳》①。是書雜採經史故事及小說家言，其曰《真珠船》者，陸佃詩註引元積之言，謂："讀書每得一義，如得一真珠船也。"案佃詩註今不傳②，此據胡爌《拾遺錄》所引。然徵引拉雜，考證甚疏。如以北曲為朝廟之音；信王子年《拾遺記》，謂七言昉於寧封、皇娥等歌。又喜談怪異果報之說，皆不免於紕繆。

【彙訂】

① 據《明史·薛蕙傳》，胡侍為寧夏人。胡侍《胡蒙谿續集》嘉靖刻本附錄有許宗魯撰《明故奉政大夫鴻臚寺右少卿蒙谿胡公墓誌銘》，曰："公姓胡氏，諱侍，字承之，別號蒙溪，應天府溧陽人也。國初諱士真者，明醫術，坐累謫戍陝西寧夏衛，歷四世皆為寧夏人。至司馬公卒，賜葬陝西咸寧，子姓得守冢墓，遂為韋曲里人。"（張世宏：《明代作家胡侍生平及著述考辨》）

② 陸佃《和孫勉教授》詩"仲舒玉杯足瑕纇，中散珠船不光彩"，自注云："中散謂王微之。"（陸以湉：《冷廬雜識》）

墅談六卷（通行本）

明胡侍撰。皆辨證古籍，兼及時事。而徵採龐雜，多及怪異不根之語，未免失實。又謂宋人專以散文為古，斥為矇瞽之論，尤失之偏僻矣。

東谷贅言二卷（兩江總督採進本）

明敖英撰。英有《慎言集訓》，已著錄。是書上卷雜論立身處世之道①，多舉古事為證。下卷亦雜論詩文。所載明初都督府軍數、太僕寺馬數有禁，不令人知，并額派、歲派、坐派之始末，尚賓館之聘士，皆足補史志所未備，亦《識小》之類也。

【彙訂】

① "上卷"二字，殿本無。明嘉靖二十八年沈淮刻本此書上、下二卷體例相同，皆雜論立身處世之道，多舉古事為證。

綠雪亭雜言一卷（浙江吳玉墀家藏本）

明敖英撰。其自序曰："蜀臺清戎之西，有亭曰綠雪。環亭有竹百餘竿，日與此君相對，翛然有吏隱之適。因追憶見聞，竊有評論，隨筆雜記。"其書前半卷皆議論，大抵老生常談。至謂宋進士尹引穀潭州死節為賢者之過，則偏駁過當。又如謂"富"字為文下從田①，言富自田起也，上從一口，言有田人貴食之者寡也。其說字穿鑿，又在王安石上矣。後半多記雜事，往往兼及靈怪，近小說家言。卷末頗評文章得失，至謂《昭明文選》既已載詩，即不當題曰《文選》。然則諸史《文苑傳》外亦當別出《詩苑傳》乎？

【彙訂】

① "謂"，殿本無。

七修類稿五十一卷（江西巡撫採進本）

明郎瑛撰。瑛字仁寶，仁和人。是編乃其筆記，凡分天地、國事、義理、辨證、詩文、事物、奇謔七門。所載如杭州宋官署考，則《咸淳臨安志》及西湖各志所未詳。又紀明初進茶有探春、先春①、次春、紫筍諸名及漕河開鑿工程，皆《明會典》及《明史》諸志所未及，亦閒有足資考證者。然採掇龐雜，又往往不詳檢出處，故踳謬者不一而足。如以宋李建中為南唐人，謂謝無逸以蝴蝶詩得名，後李商隱竊其義②，則以唐人而蹈襲宋人；引武林女子金麗卿詩“梅邊柳外識林蘇”句，譏其不能守禮，出則擁蔽其面。皆極為王士禎所詆斥，見於《香祖筆記》中。此外如紀楊維楨為明太祖所召，託疾固辭，作詩縊死，則全無事實；桓溫妻“我見猶憐”之語③，不知為李勢妹，而但云溫娶妾甚都，則失之耳目之前；至“周公恐懼流言日，王莽謙恭下士時”一詩，以為不知姓名，必宋人所作，則並《白居易集》而亦忘之。蓋明人著書鹵莽，往往如此。書中極詆《說郛》、《輟耕錄》，然此編實出此二書下，所謂人苦不自知也。

【彙訂】

① “春”，殿本脫，參明刻本此書卷九“茶法”條。

② “竊其義”，殿本作“襲其語”。

③ “我”，殿本作“吾”。

東巢雜著二卷（浙江巡撫採進本）①

不著撰人名氏。前有陸鈇序，稱為同邑。鈇，鄞縣人，則亦鄞人也。序中但稱其號曰東巢子。下卷“兩鄉水利事宜”一條但自稱其名曰復，其姓則未之詳。考《甬上耆舊詩》小傳，稱倪復字汝新，列其所著書凡十四種，《東巢雜著》居其一，當即倪復作矣。所撰《詩傳纂義》，已著錄。是書皆考辨之文，於禮制、樂律、《易》象皆有論斷，亦雜及經義、史事，而終以其鄉之水利及《武宗實錄》。其書成於嘉靖初年，故“仲嬰齊後歸父辨”力主為之後者為之子。蓋亦剛正之士，不附張、桂之説者云。

【彙訂】

① 此書在《各省進呈書目》中僅著錄於《浙江省第五次鄭大節呈送書目》及《二老閣呈送書》，則應為浙江鄭大節家藏本，作“浙江巡撫採進本”誤。（江慶柏：《四庫全書私人呈送本中的鄭大節家藏本》）

郊外農談三卷（浙江范懋柱家天一閣藏本）

明張鈇撰。鈇字子威，慈谿人，嘉靖丙戌進士①。此書有“文章不在高古”、“作詩亦要平易”二條，蓋為當時王、李之學而發。其他議論，多以朱子為宗，亦無姚江末派之弊，然持論往往迂緩。如引《詩》“田畯”之文，謂明代不設勸農之官，殊為闕典。夫耕耘收穫，民間自有常期。宋世勸農使等亦止守令兼銜，徒為具文。如一邑專設一官，課其勤惰，非惟冗員糜祿，且恐轉滋之擾，勸農適以妨農。明初定制，因其無益而廢之，不可反譏為漏略也。

【彙訂】

① 張鈇非進士，亦未能活到嘉靖丙戌（五年）。雍正《寧波府志》卷二八《隱逸傳》云：“張鈇，字子威，慈谿人……再試場屋不第，遂棄去。”光緒《慈谿縣志》卷四七《藝文志》“郊外農談”條注引《徵文錄》曰：“舊《志》以鈇入《隱逸傳》，稱其再試不利，遂棄

去。又據家傳,卒於嘉靖癸未(即嘉靖二年),《總目》以鈇為嘉靖丙戌進士,誤。"嘉靖八年乙丑科有張鈇,山東冠縣人。(王重民:《中國善本書提要》;朱家濂:《讀〈四庫提要〉札記》;楊武泉:《四庫全書總目辨誤》)

箕齋雜著一卷(編修程晉芳家藏本)

明陸坤撰。坤字秀卿,嘉善人。嘉靖丙戌進士,官至右僉都御史,巡撫河南。此編乃其筆記,載曹溶《學海類編》中。僅十四條,蓋摘錄不完之本也。

逌旃瑣語一卷(浙江鮑士恭家藏本)①

明蘇祐撰。祐字允吉,一字舜澤,濮州人。嘉靖丙戌進士,官至兵部尚書。是書雜記碎事,而引據多疏。如以唐昭宗"絃干山頭"之句,謂左克明不及見,而不知克明所纂《古樂府》,止於六朝;以插箭嶺、曬甲石指為楊六郎之真迹,而不知為委巷所託;以《衡山碑》為真禹書,而不知後人所偽;以正、五、九月不上官為元制,而不知北齊至唐均有此説;以《賀王參元失火書》為韓愈,而不知其為柳宗元。如斯之類,不一而足。其餘亦多鄙猥之談,不足採錄。

【彙訂】

① 明嘉靖刻本作《逌旃璅言》二卷,其後諸傳本同。(杜澤遜:《四庫存目標注》)

讀書一得四卷(兩淮馬裕家藏本)

明黃訓撰。訓有《名臣經濟錄》,已著錄。此編蓋每讀一書,即摘取其中一兩事,論其是非,積久編而成帙,共一百九十三條。亦有一書數見者,雖各題曰"讀某書",實非如序錄題跋類也。其書議論多而考證少，近乎王世貞之《讀書後》，而又不逮焉。三卷之末附載嘉靖甲申大同兵變一事，與全書不類，亦未免為例不純也。

長水日鈔一卷（浙江鮑士恭家藏本）

明陸樹聲撰。樹聲有《平泉題跋》，已著錄。此書前有自序，稱："自請謝歸，年衰病積。追憶見聞，偶與心會，輒一操翰，汗漫成帙①。"蓋其歸田後隨筆劄記之本也。前數條多論《易》義，間及於《春秋》、《四書》，後則皆尚論古人之言行。其說經間涉穿鑿，如解《周禮》"參之以九藏之動"句為以三指按寸關尺三脈，不免失之好奇也。

【彙訂】

①"帙"，底本作"帖"，據明萬曆《寶顏堂秘笈》本此書卷前小引原文及殿本改。

濯纓亭筆記十卷（浙江鮑士恭家藏本）

明戴冠撰。冠有《禮記集說辨疑》，已著錄。是書雜記見聞，終以辨物、字義，皆鈔撮前人成說。第十卷謂《玉篇》"匸"、"匚"二字形像①、字義俱同，不應分作二部，不知《說文》"匸"作"匸"②，謂袤徯有所俠藏也，"匚"作"匚"③，謂受物之器。迥不相涉，冠乃混而為一，誤矣。舊名《隨筆類記》，都穆為易今名。濯纓，冠所自號也。前有嘉靖丁未陸粲序，後有華察跋。舊本以《禮記集說辨疑》一卷附此書之末，殊為不類，今析出別入經部焉。

【彙訂】

①"匸匚"，殿本作"匚匸"。

②“匸作匚”，殿本作“匸作丂”，誤，參《說文解字》卷十二下“匸”字條。

③“匚作匸”，殿本作“匸作匚”，誤，參《說文解字》卷十二下“匚”字條。

太岳雜著一卷（兵部侍郎紀昀家藏本）

明張居正撰。居正有《書經直解》，已著錄。是編多論古之語，而於明代掌故尤詳，亦兼及醫方雜事。其中如廣寒殿梁上拆得至元通寶錢，知為元造而非遼造。朱彝尊《日下舊聞》引為考證，亦閒有可採。中有其子懋修跋，稱殿閣學士之設在洪武革丞相後，不始於永樂。天下知府有上、中、下三秩，從三品、正四品、從四品之不同，為鄭曉、王世貞諸書所未知。然洪武中設殿閣學士，皇甫錄《明記略》已載之。錄書成於嘉靖壬寅，在居正前，懋修蓋未詳考。其論趙、蓋、韓、楊一條，最為平允，而卒之以傲很掇禍，乃與所言相反。其論古人，惟心服張咏而頗斥南宋諸儒之迂，然至詆周公為多事，則妄矣。其論周初禮樂尚質一條，隆慶辛未主會試，以“先進於禮樂”命題，即用其意作程文，未免偏論。至於謂大臣子弟當以科第進身，不必避與寒士爭進之嫌，則全為其子殿試第一而發，益出私心矣。此書本載《太岳集》中，此本乃崇禎癸未德州盧世㴶錄出別行，今亦併存其目焉。

次麓子集十二卷（山西巡撫採進本）

明李錦撰。錦號次麓，榆社人。嘉靖壬子舉人，官宛平縣知縣①。是書雖以集名，實說部之類，凡列三十二門。據卷首錦自序云：“約舉經傳子史百家，以及稗官小說。遇有可評騭者，無論工拙，輒附數語，以資睹記。”云云。其書皆先列古書一條，而其下綴以己説，多掉弄筆墨，無所闡發。

【彙訂】

①《山西通志》卷一七五《經籍》著錄有李錦製《次麓子外集》，卷六八嘉靖三十一年壬子科舉人有李錦製，"榆社人，元英子，宛平知縣"。嘉靖三十七年戊午科舉人有李錦襲，"榆社人，元英子，涇州知州"。乾隆《榆社縣志》卷七《選舉志》，明舉人有李錦製，云"西廂人，嘉靖壬子科亞魁，任博興、文安、□安、宛平四縣知縣"。卷八《人才志》亦有其傳。康熙《宛平縣志》卷之四《曆官》，明知縣有李錦製，"山西榆次人，萬曆二年任"（"榆次"當為"榆社"之誤）。（胡露：《〈四庫全書總目〉子部存目補正》）

黃谷瑣談四卷（兩淮鹽政採進本）①

明李蓘撰。蓘字于田，内鄉人。嘉靖癸丑進士，官至提學副使②。其書雜綴瑣聞，閒有考證。而立論多與朱子為難，偏駁不少。如首條引宋儒"心如穀種"之説，以為祖《華嚴經》；又以仲弓持敬，顔子克復為頓、漸二義；又以朱註"天理人欲，同行異情"之語為自中峯和尚《山堂夜話》中來，皆所謂援儒入墨者也。

【彙訂】

①《兩淮鹽政李續呈送書目》及傳世各本均作《黃谷璅談》四卷。（杜澤遜：《四庫存目標注》）

② 民國十八年陶然齋刻本此集卷首題"順陽李蓘子田甫著"，書前張嘉謀序亦云："内鄉李子田《黃谷瑣談》，存目於《四庫》。"《河南通志》卷六五李蓘傳亦作"字子田"。《總目》卷一七八著錄李蓘《李子田文集》四卷。（胡露：《〈四庫全書總目〉子部存目補正》）

窺天外乘一卷（兩淮鹽政採進本）

明王世懋撰。世懋有《却金傳》，已著錄。是編述明代故事，而參以論斷。其體例頗近《龍川略志》，但《略志》記所閱歷，此則泛言一代事耳。其論建文當復年號，修實錄，景帝當稱宗，興獻帝不當祔廟，仁宗、宣宗不宜以興獻帝之故而早祧[1]；又辨宣德非建文子，元順帝非合尊子，一出於建文故臣之口，一出於宋遺民之口，均未可信，持論皆正。其記佩袋、官窯器之類，亦足備掌故。至於論建文敕勿加矢刃於燕王為必無其事，未免臆斷。於李東陽曲相寬假，殊不協公評。而詆斥元代，尤為乖謬偏駁，非定論矣。

【彙訂】

① "帝"，殿本無。

遠壬文一卷（兩淮鹽政採進本）

明王世懋撰。是編乃其訓導子弟之作，縷陳親狎之害。詞雖淺近，而切中物情。後有王三錫、錢順德二跋及世懋自跋。厥後王士驌等卒以不慎交遊，幾遘大禍，幸以右之者衆，僅而得解。則世懋可謂先見矣。

四友齋叢説三十八卷（兩江總督採進本）

明何良俊撰。良俊字元朗，華亭人。嘉靖中官翰林院孔目，《明史·文苑傳》附見《文徵明傳》中。是書分十六類，一經，二史，三雜記，四子，五釋道，六文，七詩，八書，九畫，十求志，十一崇訓，十二尊生，十三娛老，十四正俗，十五考文，十六詞曲。又附以"續史"一類，雜引舊聞而論斷之，於時事亦多紀錄。然往往摭拾傳聞，不能核實。朱國楨《湧幢小品》嘗辨王守仁實以宸濠付張永，而此書云責中官領狀；章懋卒於嘉靖元年，守仁征廣東在嘉靖六年，其歸而卒於南安舟中在嘉靖七年，而此書乃云守仁廣東用兵回，經蘭溪見懋，懋有所請託；又懋卒時其姪拯方為布政使，拯為工部尚書，忤旨歸里時，懋已卒十餘年，此書乃稱拯致仕時有俸餘四五百金，為懋所責，所記全為失實[1]。又文徵明官翰林院待詔日，為姚淶、楊維聰所侮一事，朱彝尊《靜志居詩話》亦力辨之，引淶所作送徵明序以證其誣，則其可以徵信者良亦寡矣。

【彙訂】

　　[1] 章懋卒於正德十六年除夕，見《獻徵錄》卷三六載黃佐《章懋傳》及《明儒學案》卷四五章懋小傳，不得謂卒於嘉靖元年。王守仁卒於嘉靖八年正月，見《明實錄》。王於嘉靖六年出征思恩州及田州，其地在廣西，非征廣東。正德十三年，王在南贛巡撫任內，向南征剿，直至九連山數百里地，事定後立和平縣，"置戍而歸"，見《明史》本傳。九連山在廣東境，和平縣今仍屬廣東。王由廣東班師北歸之時，章懋正辭官家居（在浙江蘭溪），何得謂章懋不及見王守仁廣東用兵回？（楊武泉：《四庫全書總目辨誤》）

　　覽古評語五卷（浙江巡撫採進本）

　　明陳師撰。師字思貞，錢塘人。而自署曰錢唐，云考之《漢書》，不當從土旁也。嘉靖壬戌會試副榜，授華亭縣教諭，官至永昌府知府。是書師所自撰者不及十分之一，餘皆雜鈔宋、元、明人說部，隱沒其名，而年代及稱謂之間往往刪除不盡。如所載"文彥博"一條，稱"福壽康寧，近世未有其比"，是北宋人語也；

“辨楓橋”一條，稱“近時孫仲益尚書、尤延之侍郎”，是南宋人語也；“江南婦”一條，稱“天兵下江南”，“虞集詩”一條，稱“國朝之詩推虞、楊、趙、范、揭”，是元人語也。又如“王安石放魚”一條，乃全鈔羅大經《鶴林玉露》。其中“錯認蒼姬六典書”一詩實大經作，故曰“余嘗有詩”云云，乃改“余”字為“人”字，遂攘為己有，尤拙於剽竊。其第五卷全為師官助教時講章及官知府時公牘，併題為《覽古評語》，亦乖體例。

禪寄筆談十卷續談五卷（浙江巡撫採進本）

明陳師撰。是書乃其自永昌罷歸，寓居僧舍時作，故以“禪寄”為名。書中有稱“支離生”者，有稱“邊吏”者，又有稱“更四百六十餘甲子”者。案《左傳》，絳縣人四百四十五甲子為七十三年。則師之年合閏計之，應亦近八十。書成於萬曆二十三年[①]，蓋生於正德中也。其書《筆談》分三十二類，而附以雜著數篇。《續談》分二十則，而附以《歲餘隨筆》一卷，紀錄頗為龐雜。如“符兆類”載明太祖微時軼事數條，及成祖髮散被面現元帝像、額森以布囊盛英宗之類，多里巷無稽之談。又如謂《春秋》非盡宣尼之筆；謂司馬光作《通鑑》，私蔽盤結，繆戾乖刺，朱子作《綱目》以正之，猶不敢盡發其私意；謂司馬遷以項羽為本紀，見漢世人才風俗之正，其持論皆近於李贄。蓋與贄友善，習氣沾染而不覺也。至謂宋徽宗屍骨鍊油則輕信《北狩日記》，謂元順帝為瀛國公子則輕信《符臺外集》，皆失考證。他如謂《唐書》有韋應物列傳，謂蘇軾膺使遼之選，謂華山處士如容見，“不覓仙方覓睡方”為陳搏之詩，謂謝石拆字為李石，疏略又不必言矣。惟論次韻倡和始於盧綸、李端，舉端《野寺病居盧綸見訪》詩為證，則前人所未言也。

【彙訂】

① 明萬曆二十一年自刻本此集，書後有自序云："毛穎之役既訖，遂不度而鋟諸梓。夫歊厠之費，予窶人也，力不辦此，奈性癖嗜，乃變一釐得十金，召工始事。余藉友人高誼，次第助成之，爰述所由，以紀歲月。"末署"萬曆癸巳歲，朱明之中呂月中浣書"。萬曆癸巳為萬曆二十一年，此書此年前已成。（胡露：《〈四庫全書總目〉子部存目補正》）

青林雜錄一卷（浙江巡撫採進本）①

明王薰撰。薰字簡之，天台人。嘉靖中，為黃巖縣學生。是書蓋其隨筆記錄之文，後人鈔而傳之者。如第五頁中一條，上書一"胥"字，下註"實物於器之名"六字，別無他語，可以知其非著書也。中多講學之語，亦多憤激之談。如謂"越有貴人操予奪之權，寵辱進退，惟其所專制。有三人謁之，一翼之行，舉為邑；一為供僕隸之役，舉為郡；一為奉溺器，遂舉為郡邑長。小賤則小貴，大賤則大貴"云云。雖寓言以鳴不平，亦失之太甚矣。

【彙訂】

① 此書在《各省進呈書目》中僅著錄於《浙江省第九次進呈書目》與《浙江採集遺書總錄》，又見於《二老閣進呈書》，"浙江巡撫採進本"應為"浙江鄭大節家藏本"之誤。（江慶柏：《四庫全書私人呈送本中的鄭大節家藏本》）

厭次瑣談一卷（浙江范懋柱家天一閣藏本）

明劉世偉撰。世偉字宗周，陽信人。嘉靖中官寧州州同。其書雜取古人說部而評論之，所見頗淺。又載宋江誘柴進為盜事,尤俚俗附會之説。末附《談後》二十八條。其曰"厭次"者,以陽信乃漢厭次縣地也。

對問編八卷(副都御史黃登賢家藏本)

明江應曉撰。應曉字覺卿,徽州人[1]。嘉靖末,官涪州州判。是書剌取史籍所載天文、地理、人物、雜事分條立説,議論多偏駁不純。前有自序一篇,文頗聱牙。蓋亦沿歷下、瑯琊之習者也。

【彙訂】

[1] 明萬曆刻本此集,卷首題"新安江應曉覺卿著",前附焦竑《江覺卿傳》亦云為新安人。《江南通志》卷一六七有其傳,作歙人。歙明時乃徽州府屬縣,古稱新安,《總目》徑作"徽州",失之籠統。(胡露:《〈四庫全書總目〉子部存目補正》)

孤竹賓談四卷(兩淮鹽政採進本)

明陳德文撰。德文號石陽山人,吉水人。嘉靖中以順天府尹行部永平[1],館於夷齊廟。公事餘閒,隨筆紀載。以永平為古孤竹國,故以《孤竹賓談》名書。其中論斷,率多僻謬。如謂唐之房、杜不過一文人墨士;滕文公恨不與孔子生同時;扶蘇、蒙恬得矯詔,當舉兵稱王之類。皆謬悠之談,不足辨也。

【彙訂】

[1] 萬曆《順天府志》卷四《政事志・曆官》,《順天府尹丞題名記》後,順天府尹內無陳德文,而《順天府寮佐領題名記》後,順天治中內有陳德文,云"江西奉和縣人,由舉人"。則"順天府尹"乃"順天治中"之誤。(胡露:《〈四庫全書總目〉子部存目補正》)

子部三十八

雜家類存目五

應菴任意錄十四卷（浙江范懋柱家天一閣藏本）

明羅鶴撰。鶴字子應，號應菴，泰和人。是書計二百四十四條。大意欲仿《容齋隨筆》、《學齋佔畢》諸書[1]，而耳目頗隘，不能盡有援據考證，多據所聞見，以意褒貶而已。其持論有最偏駁者，如"赤龍合慶都生堯，修己坼背生禹"[2]，本緯書妄說，皆反覆論辨，以為必然。又引《章氏家譜》、《宏〔弘〕益記聞》、東林論《易》語、尹氏之《性學指要》[3]、趙說之《〈心學淵源〉後跋》、胡氏《大同論》一切瑣說，文致周、程諸儒皆以僧為師。至以鄉曲之私，謂建文遜國之時楊士奇不當死難，"使務此小節，則不足以為東里"，尤為害義。其謂"呂后名雉，高祖字之曰野雞"之類，杜撰故實，尤其小疵矣[1]。

【彙訂】

[1] "學齋佔畢"，殿本作"學齋占佇"。

[2] "坼"，殿本作"折"，誤。《史記·楚世家》集解引作"坼"，明萬曆刻本《應菴隨錄》卷一"聖人之生多異"條原文亦作"坼"。

[3] "之"，殿本無。

④"尤"，殿本作"又"。

路史二卷（浙江吳玉墀家藏本）

舊本題青藤山人撰。青藤山人，徐渭別號也。渭有《筆元要旨》，已著錄。渭以才俊名一時，然惟書畫有逸氣，詩文已幺弦側調，不入正聲。至考證之功，益為疏舛。是編蓋其雜記之册。王士禎《香祖筆記》嘗議其不知隃糜為漢縣①，而妄云："唐時高麗貢墨，以麋膠和松煙②，謂之隃糜。"又云："中山酒、中山兔毫並是應天府溧水縣，非古中山。"亦出杜撰。今考其書，瑣事多據《事文類聚》，訓詁多據《洪武正韻》，故事多據《十七史詳節》，頗為弇陋。甚至《檀弓》之"髽"指為喪冠，《月令》之"大酋"指為周禮，以暨季江為江季，以寒具為寒食之具，種種臆談，不可枚舉。至云"劉歆字子駿，向之少子"，亦記為異聞，則更無謂矣。

【彙訂】

①"隃糜"，底本作"隃糜"，下同，據《香祖筆記》卷一及殿本改。

②"麋膠"，底本作"糜膠"，據殿本改。

梅花草堂筆談十四卷二談六卷（兩江總督採進本）

明張大復撰。大復字元長，崑山人①。是編為其《梅花草堂集》中之一種。據《江南通志‧文苑傳》，乃其喪明以後追憶而作也。所記皆同社酬答之語，閒及鄉里瑣事，辭意纖佻，無關考證。第十三卷中有《論孟解》十二條，以釋家語詮解聖經，殊屬支離。《二談》輕佻尤甚。如云："《水滸傳》何所不有，却無破老一事。案"美男破老"，《逸周書》之文。非關闕陷，恰是酒肉漢本色如此。以此益知作者之妙。"是何言歟？

【彙訂】

① 依《總目》體例，當作"大復有《崑山人物傳》，已著錄"。

聞雁齋筆談六卷（浙江鮑士恭家藏本）

明張大復撰。是編大抵欲仿蘇軾《志林》，故多似古人雜帖短跋之格。然所推重者李贄，所規摹者屠隆也。

河上楮談三卷（江西巡撫採進本）

明朱孟震撰。孟震字秉器，新淦人。隆慶戊辰進士，官至右副都御史，巡撫山西。是書多述舊聞軼事，閒或評論詩文，考證典籍，亦頗喜談神怪。其《停雲小志》一卷，記當時文士頗詳，所載詩篇，多可採錄。其論文宗王世貞，推為明代第一，則當時耳目所染，無足深怪。其辨王禕、吳雲事甚有典據，而遜國一事全沿史彬《致身錄》之譌①，引證愈多，舛謬愈甚，與所論元順帝出宋後事，同一誤信之失。其論《史記》譌字最確。而"前輩博雅"一條，不知《清江集》之現存，又誤以孔傳《六帖》為三孔所作，疏駁亦甚矣。

【彙訂】

① 殿本"全"上有"則"字。

汾上續談一卷（浙江巡撫採進本）

明朱孟震撰。其體例與《河上楮談》同，而所記多瑣事。惟"安南國試錄"一條，敍述頗詳，足資考證。

浣水續談一卷（浙江吳玉墀家藏本）

明朱孟震撰。是編乃萬曆十三年孟震官四川按察使時所作，故以浣水為名①。浣水者，浣花溪也。其書雜撮而成，往往不著時代,亦不著出典。如"并州士族好為可笑詩賦"一條,蓋《顏氏家訓》之原文,而孟震筆之於己書,儼如新事。然則所謂"誠擊邢、魏諸公"者,不幾為明代之邢、魏乎?惟"松柏灘觀音寺"一條,考詢遺老,繪畫地圖,核其墳塔名氏、師弟世系,知所謂雪菴和尚者在有無疑似之間,特為明確。

【彙訂】

① 明萬曆刻《朱秉器全集》本此集,前有《浣水續談小引》,云:"歲癸未,再入蜀,叨總臬事……又長夏風雨,門絕車馬之蹟,憑几據梧,頗自暇適,乃取篋中舊帙,時一展玩,以代晤言。復憶今昔傳聞與所睹記,援管濡墨,登之陗釐,可得五十餘幅,方較前紀差有異同……"末署"萬曆十又二年六月朔,郁木山人朱孟震識"。(胡露:《〈四庫全書總目〉子部存目補正》)

游宦餘談一卷(江西巡撫採進本)

明朱孟震撰。自序稱生平宦轍,殆遍九州,因撮耳目所及,撰成此書。初分五卷,後乃併為一卷。所錄多瑣事。末附《西南夷風土記》二十六條,頗為詳明。然孟震序中自言未至滇雲,則惟據傳聞書之,恐亦未盡確實矣[①]。

【彙訂】

① 是書為親歷目睹者所記,多確實可信。蓋孟震得之,錄入《游宦餘談》,而削去作者之名耳。(方國瑜:《雲南史料目錄概說》)

黃帝祠額解一卷(兩江總督採進本)

明李維楨撰。維楨有《史通評釋》,已著錄。是書乃其奉詔謁黃帝陵,見舊祠取鼎湖之事,額曰"龍髯"。乃作是書以辨其不經,謂騎龍即乘六龍之義。其實《子華子》已有是説,無庸復贅。又舉百家所言黃帝神靈諸事,一一駁詰,詞極辨博。實亦司馬遷《五帝本紀》"文不雅馴,薦紳難言"之緒論也。

木几冗談一卷(浙江巡撫採進本)

明彭汝讓撰。汝讓字欽之,青浦人。是編乃劄記清言,儇佻殊甚,蓋屠隆一派也。

説頤八卷(兩淮鹽政採進本)

明余懋學撰。懋學字行之,婺源人。隆慶戊辰進士,官至南京户部右侍郎。天啟中追謚恭穆。事蹟具《明史》本傳。是書凡三百五十二則,每則徵引古事相類或相反者二條,撮為四字標題,而以論斷數語綴其末。旁見側出,頗得連珠遺意。然引事不標出典,置論亦多庸膚。

留青日札三十九卷(浙江巡撫採進本)

明田藝蘅撰。藝蘅有《大明同文集》,已著錄。是書欲仿《容齋隨筆》、《夢溪筆談》,而所學不足以逮之,故蕪雜特甚。其中《詩談》初編、二編各一卷,《玉笑零音》一卷,《大統曆解》三卷,《始天易》一卷,皆以所著別行之書編入,以足卷帙,尤可不必。

玉笑零音一卷(兩江總督採進本)

明田藝蘅撰。是書皆採取新奇故事,緯以儷語,凡一百二十八條。其中如以堯、舜之讓天下為愛身,不與朱、均以天下為愛子,舜、禹之受天下為不知害;鑄鼎為鎮厭之術,《金縢》為詛咒之媒,皆紕繆之甚者。已編入所著《留青日札》中,此乃其初出別行之本也。

留留青六卷（通行本）

明徐懋升編。懋升字元舉，錢塘人。初，田藝蘅作《留青日札》，駁雜頗甚。懋升刪存六卷，因以《留留青》為名，標目已為纖佻。其所選錄，亦未為精審。

天都載六卷（浙江巡撫採進本）

明馬大壯撰。大壯字仲復，徽州人，羅汝芳之門人也。嘗築天都館讀書，因以名其所著。大抵喜採異聞，亦閒有考證，而往往務求博引，不核虛實。如"魚化為人"一條，即引《搜神記》孔子厄陳、蔡時，魚妖與子路鬥事為證，是豈可為徵信乎？又往往採自說部，不據本書。如夜郎王事自見《後漢書·西南夷傳》，而云"小說稱夜郎王"云云，則亦雜錄之學耳。

異林十卷（河南巡撫採進本）

明支允堅撰。允堅字子固，號梅坡居士。是編凡《軼史隨筆》二卷，《時事漫記》三卷，《軼語考鏡》三卷，《藝苑閒評》二卷。《軼史隨筆》論多瑣屑，時寓不遇之感而識趣頗卑。如論劉穆之金柈貯檳榔、段文昌金蓮花盆濯足之類，皆不勝企羨。又論飛燕、合德無損於漢，妲己、妹喜皆不白之冤，殊為偏僻。至於薛嵩夢蝨報恩、西王母論漢武帝語，小說誣詞，皆竟據為實事，尤不足取。《時事漫記》多載委巷之談。《軼語考鏡》掇拾餖飣，如"宋人二結"之類，點竄《列子》而不竟其說，不知何取。《藝苑閒評》皆詩話之流，而所見亦淺。

宙合編八卷（福建巡撫採進本）

明林兆珂撰。兆珂有《毛詩多識編》，已著錄。是編乃其考證之文，分為六門。一曰《泰真測徼》，皆談天地；二曰《珍駕提

羽》，皆談經籍；三曰《墨兵微畫》，皆談史傳；四曰《議疇剽耳》，皆
談世務；五曰《在鈞誦末》，皆論學問文章；六曰《說藪鬖髟》，皆談
雜事。明代說部，大都撏撦斷爛，游談無根。兆珂又摭明人之說
部而以己見斷之，輾轉裨販，似奧博而實無考證。每篇名目，故
為詭異。篇首各有小序，亦皆澀體。均之當時習氣也。

　　紫瓦三編十二卷（浙江巡撫採進本）

　　明吳安國撰。安國字文仲，長洲人。萬曆丁丑進士，官至寧
波府知府。是編凡《讀經》二卷，《讀史》二卷，《述訓》二卷，《談
藝》二卷，《匡時》二卷，《紀龐》二卷。其《讀經》諸條多有駁孟子、
闢朱子之語，《讀史》內謂湯武之征誅為逆，而以聖人應天順人之
說為非。《述訓》以下語頗平正，然大都鈔撮說部，亦無所心
得也。

　　牖景錄二卷（江蘇巡撫採進本）

　　明徐三重撰。三重有《餘言》，已著錄。此書名“牖景”者，蓋
取“北人讀書如顯處視月，南人讀書如牖中窺日”意也。中多雜
論世事，故與所作語錄別為一書。中多篤實切近之論，而傷於拘
迂者亦頗有之。如謂杜甫詩“厚祿故人書斷絕，恒饑稚子色凄
涼”，不如明道程子詩“陋巷一生顏氏樂，清風千古伯夷貧”；謂宋之
問〔案此蘇味道詩，三重誤以為之問詩〕。《上元夜》詩“火樹銀花合，星橋鐵鎖
開。遊妓皆穠李，行歌盡落梅”，三代盛王之時恐無此俗，國風、雅、
頌之什亦無此言；謂杜甫“黃四娘家花滿溪”一首為不軌於名教，皆
不能謂之無理。然事事操此論以往，其勢未有不窒礙者也。

　　家則一卷野志一卷（江蘇巡撫採進本）

　　明徐三重撰。此書皆貽訓子孫之語。《家則》為所立規條，

每條之後閒引古人嘉言善行以證明之，其言酌乎古今之閒，如喪禮不得用僧道，而得用紙錢、紙錠之類是也。《野志》分十六篇，曰《端習》，曰《袪惑》，曰《營業》，曰《稽籍》，曰《本教》，曰《掄交》，曰《範內》，曰《居身》，曰《人道》，曰《節用》，曰《使令》，曰《狎暱》，曰《庖饌》，曰《服飾》，曰《燕樂》，曰《戲具》。其詞多用駢偶，蓋與所作《家則》相發明。惟《野志》之名不甚可解，豈“禮失求野”之意歟？ 末為《附志》，則偶然自述家事也。

　　湧幢小品三十二卷（兵部侍郎紀昀家藏本）

　　明朱國楨撰。國楨有《大政記》，已著錄。是書雜記見聞，亦閒有考證。其是非不甚失真，在明季説部之中，猶為質實。而貪多務得，使蕪穢汨没其菁英，轉有沙中金屑之憾。初名曰《希洪》，蓋欲仿《容齋隨筆》也。既而自知其不類，乃改今名。其曰“湧幢”者，國楨嘗構木為亭，六角如石幢，其製略如穹廬，可以擇地而移，隨意而張，忽如湧出，故以為名云。

　　俟後編六卷補錄一卷附錄一卷（江蘇巡撫採進本）

　　明王敬臣撰。敬臣字以道，長洲人，歲貢生。萬曆丙戌，南京禮部尚書袁洪愈薦授國子監博士。《明史·文苑傳》附見《魏校傳》中[1]。是編凡《經説》一卷，《論學》、《論治》共二卷，《詩文》一卷，《禮文疏節》、《便俗禮節》共一卷，《女戒》一卷。其《補錄》一卷，乃其門人所錄，故其中時稱先生。刊本亦題敬臣撰，校讎者誤也。《經説》論《易》頗切近，如其為人。論《書·洪範》非洛書，亦為有見。論《詩》以三百篇為秦火之餘，後人竄亂，蓋陰祖王柏之説，不知其謬。論《春秋》亦平允。説《禮》僅一條，謂《王制》出於史官，與漢文博士之説異，未詳所本。其講學以立志為本，以慎獨為宗，謂學者不可單看虛明景象，蓋參酌於朱、陸之間。所定四禮，大抵以《朱子家禮》為藍本，而參以鄉俗，亦呂坤《四禮翼》之支流。惟《補錄》一卷，頗嫌駁雜。如謂朱子誤解格致，不及陽明之説；又謂朱子後日自悔；又謂王守仁、陳獻章皆理學之宗，王艮見道甚確；又謂莊子甚高曠，使在聖門，則為曾點之流，老子比莊子更高一步。皆不可訓。蓋敬臣之學本從姚江得力，後乃覺其虛無，參以朱學。凡《補錄》所載，皆門人過尊其師，一字不欲散佚，掇拾舊論，復成此卷，而不知皆其師所已棄也。至於“軍中呼萬歲，亦下馬呼萬歲”，乃宋張咏事，而《補錄》以為郭子儀，則記憶偶譌，又其小疵矣。

【彙訂】

① 王敬臣確實附見於《明史》魏校傳中，但魏校傳並非在《文苑傳》，而在《儒林傳一》。（楊武泉：《四庫全書總目辨誤》）

藝林剩語十二卷（浙江巡撫採進本）

明顧成憲撰。成憲字初章，松江人。是書或雜舉古事而綴以論斷，或自立議論而證以古事，其説無大新異，亦無大疵謬。卷首有萬曆甲戌陳所藴序，稱其年未三十，而善著書。末有其門人瞿守跋，亦稱其年方比於賈傅，而著述富於董相。蓋猶其少作也。

趙氏連城十八卷（福建巡撫採進本）

明趙世顯撰。世顯字仁甫，侯官人。萬曆癸未進士，官梁山縣知縣。是書中分三種；一為《客窗隨筆》六卷，前有孫昌裔序；一為《芸圃叢談》六卷①，前有謝肇淛序；一為《松亭晤語》六卷，前有林材序。《連城》則其總名也，以世顯自序弁之。其書或引

古事而稍附以己説，或自作數語，近乎語錄，又或但引古事一條，
無所論斷，似乎類書。蓋全無著作之體者。凡意所不合之事，無
論巨細，輒云“恨不縛之生飼豺虎”，何其褊且躁也。林材序稱其
《松亭晤語》不下於洪景盧《隨筆》，今觀所載，疏謬頗多。如稱
“永樂末，詔學官考滿乏功績者，審已有子嗣，聽淨身入宮訓女官
輩。時有十餘人，後獨王振官至太監”云云。考史載太祖不許內
侍讀書識字。至宣宗時設內書堂，令翰林二三員為教習，由是此
輩通曉古今，作姦為患，不言有學官考滿淨身之事。此殆當時稗
史誣傳，世顯信而筆之，殊為失考。又如偽本沈約《〈竹書紀年〉
註》所載大舜龍工衣、鳥工衣事，出自劉向《列女傳》，乃誤以為約
語而詆之，併誤沈約為沈總。又古惟庶人稱匹夫匹婦，自士以上
皆備妾媵，禮有明文。而此書謂孔子不當有妾，駁《孔叢子》之
妄，尤為膠固。《孔叢子》本偽書，然其偽不在此等也。其他大抵
類此，以比《容齋隨筆》，談何容易乎？

【彙訂】

　①　國家圖書館藏明抄本此集第二部分各卷皆作“藝圃叢
談”，《福建通志》卷六十八《藝文一》、《千頃堂書目》卷二十六皆
著錄有趙世顯《芝圃叢談》二十八卷，“芸圃”蓋形誤。（胡露：
《〈四庫全書總目〉子部存目補正》）

　　說原十六卷（浙江巡撫採進本）

　　明穆希文撰。希文字純文，嘉興人。是編成於萬曆丙戌。
分原天、原地、原人、原物、原道術五部。雜採事蹟，閒亦論斷，其
體例在類書、說部之閒。大抵剽剟之談，非根柢之學，又不著其
所出，更茫無依據。

焦氏筆乘八卷（安徽巡撫採進本）①

明焦竑撰。竑有《易筌》，已著錄。是書多考證舊聞，亦兼涉名理。然多剿襲說部，沒其所出。如"《周易舉正》"一條，乃洪邁《容齋隨筆》語；"禿節"一條，乃宋祁《筆記》語；"開塞書"一條，乃晁公武《讀書志》語；"一錢"一條，乃師古偽蘇軾《杜詩註》語；"花信風"一條，乃王逵《蠡海集》語；"玉樹菁蔥"一條，乃封演《聞見記》語②；"何遜詩"一條，乃黃伯思《東觀餘論》語；"烏鬼"一條，乃沈括《夢溪筆談》語；"倉頡"一條，乃張華《博物志》語；"續《史記》"一條，乃無名氏《尊俎餘功》語。如斯之類，不可縷數。其中"《周易舉正》"條，末稱："此書世罕見，晁公武所進《易解》多引用之。"蓋洪邁當南宋孝宗時，故其言云爾。至明代則郭京書有刊本，而晁公武書久佚，正與邁時相反，乃仍錄原文，斯非"不去葛龔"耶？竑在萬曆中以博洽稱，而剽竊成書，至於如是，亦足見明之無人矣③。其講學解經，尤喜雜引異說，參合附會。如以孔子所云"空空"及顏子之"屢空"為虛無寂滅之類，皆乖迕正經，有傷聖教。蓋竑生平喜與李贄遊，故耳濡目染，流弊至於如此也。

【彙訂】

① 傳世諸本皆為六卷，"八卷"或"續集八卷"之誤。（李文琪：《焦竑及其國史經籍志》）

② "聞見記"，殿本作"見聞記"，誤。《總目》卷一百二十著錄封演《封氏聞見記》十卷。《焦氏筆乘》卷三"玉樹青蔥"條云："左思《三都賦序》譏揚雄賦甘泉不當言‘玉樹青蔥’，或言‘玉樹’者，武帝所作，集眾寶為之以娛神，非謂自然生之。猶下句言‘馬犀’，金人也。此說亦非。按王褒《雲陽宮記》、《三輔黃圖》並言甘泉宮北有槐樹，今為玉槐樹。根幹盤峙，三二百年木也。著舊

相傳，即子雲所謂'玉樹青蔥'者。據此，則何必巧為解邪?"《封氏聞見記》無此條，疑為陳耀文《正楊》（卷三"玉樹"條）之誤。

③ 書中所錄，皆注出典，雖偶有遺漏，非有心剽竊。（李文琪：《焦竑及其國史經籍志》）

鬱岡齋筆塵四卷（兩江總督採進本）

明王肯堂撰。肯堂有《尚書要旨》，已著錄。是編第一卷所載論醫諸條，凡四十頁，皆深切微妙，得古人法外之意，與所作《證治準繩》足相表裏。其他雜論天文、算術、六壬、五行家言，以及賞鑒書畫之類，亦頗足資參考。惟生於心學盛行之時，凡所議論，大抵以佛經詁儒理，甚至謂教習庶吉士當令看《楞嚴經》，是何言歟?

紫桃軒雜綴三卷又綴三卷（禮部尚書曹秀先家藏本）

明李日華撰。日華有《梅墟先生別錄》，已著錄。是書《明史・藝文志》不載。書中惟論書畫用其所長，餘多剽取古人說部而隱所自來，殊無足取，不及其《六研齋筆記》遠矣。

瓶花齋雜錄一卷（編修程晉芳家藏本）

明袁宏道撰。宏道有《觴政》，已著錄。此書多記聞見雜事及經驗醫方，閒及書傳，持論亦多偏駁。如"孟子說性善"及"儒與老、莊同異"諸條，第喜逞才辨，不自知其言之過也。

文海披沙八卷（浙江巡撫採進本）①

明謝肇淛撰。肇淛有《史觿》，已著錄。是編皆其筆記之文。偶拈古書，藉以發議。亦有但錄古語一兩句，不置一詞，如黃香《責髯奴文》之類者。大抵詞意輕儇，不出當時小品之習。較所作《五雜俎》稍為簡約，而疏舛時復相似。如“烏老”一條，謂近來村學究作，不知此唐人所錄，見《太平廣記》，其人非出近代也；“曹娥碑”一條，據《三國演義》為説，不知傳奇非史也；“婦人能文”一條，謂“劉琬〔琰〕丫頭能熟《魯靈光賦》”②，“花面丫頭”字出劉禹錫詩，“劉琬丫頭”無典也；“詩讖”一條，謂“冰鏡不安臺”為梁武帝詩，不知《梁書》作元帝也；“不妄稱人”一條，謂鮑照問惠休己與靈運優劣，不知《詩品》所載乃顏延年也；“人日”一條，謂虞摯不知曲水為不學無術，不知《束晳傳》所載乃摯虞，即字仲治，作《文章流別論》者也；“纏足”一條，引《雜事祕辛》，亦不知為楊慎依託。蓋一時興至輒書，不暇檢閲耳。

【彙訂】

①“文海披沙”，殿本作“文海披抄”，誤，參《明史·藝文志》、《千頃堂書目》卷十二及明萬曆三十七年刻本此書。

②“劉琬”，當作“劉琰”，乃避嘉慶諱改。殿本作“劉琰”。

西峯字説三十三卷（江蘇巡撫採進本）①

明曹學佺撰。學佺有《易經通論》，已著錄。是書分天、地、人三大部，而天部止三卷，人部止三卷，地部乃居二十七卷。其中或引《説文》小篆之解，或又僅就楷字發義。如解“春”字，以為三畫象三陽，雖與《説文》不合，而義尚可通。若解“冬”字，以為反文之反，即陰變陽之義，不知“反文”云者，所據何典。且合計通部之中，解字者十之一二，不解字者十之七八，若天官占驗、地理、郡國排次成卷，皆與“字説”無與，亦莫解其故。《明史·藝文志》不載此書，《福建通志》載此書而不載卷數。殆學佺没後，後人重其忠義，掇拾殘棄刻之。故詳略不齊，體例亦不畫一也。四庫之中，無類可附，姑存其目於“雜家”焉。

【彙訂】

①“江蘇巡撫採進本”，底本作“江西巡撫採進本”，據殿本改。《四庫採進書目》“江蘇省第一次書目”、“江蘇採輯遺書目錄簡目”著錄。（江慶柏：《殿本、浙本〈四庫全書總目〉著錄圖書進獻者主名異同考》）

射林八卷（浙江范懋柱家天一閣藏本）

明朱光裕撰①。光裕字仁仲，蘇州人，萬曆中諸生。是書取平日所見聞者論次之，曰《輿象系》、《君臣系》、《政事系》、《藝文系》、《禮樂系》、《疆戎系》、《田賦系》，皆為發策決科而設。中多沿襲舊聞，閒有深中時弊者。如取士、制祿、防禦之類，亦不為無見。惟其決震澤隄、廢會通河諸論，揆之時勢，皆不可行。至欲仿海運鑿新河，則又邱濬之偏見矣。

【彙訂】

① 明嘉靖二十三年刻本此書題吳郡朱克裕著。（杜澤遜：《四庫存目標注》）

青溪暇筆三卷（江蘇巡撫採進本）

明姚福撰。福字世昌，自號守素道人，江寧人。是編皆劄記讀書所得及雜錄耳目見聞。其首卷所述明初軼事，多正史所不載。惟“體用”字見《周易正義》，福乃以為宋儒以前無此字，出於佛典。至其取鄭謐之說，謂異姓可以為後，而深駁陳淳之論。其為乖剌，又不止訓詁閒矣。

讀書雜記二卷（安徽巡撫採進本）①

明胡震亨撰。震亨有《海鹽縣圖經》，已著錄。是編乃其讀書筆記。如引元稹《白集序》，證刊版始唐長慶中；引顏師古《匡謬正俗》，證《柏梁詩》傳寫之謬；引劉孝標《世說》註，證《蜀都賦》有改本；引杜牧詩，證木蘭為黃陂人；引孟元老《東京夢華錄》，證"爆仗"字；引朱子、陸游詩，證豆腐緣起；引曾慥《類說》，證李賀"容州槎"語；引王象之《碑目》，證顧況《仙游記》，皆語有根據。他如辨孔子防墓，辨周稱京師，亦俱明確。以及元鄉試錄條格、贊寧《譯經論》、《道藏》源流諸條，亦足以資考據。惟其生於明末，漸染李贄、屠隆之習，掉弄筆舌，多傷佻薄，憤嫉世俗，每乖忠厚。如謂"嫦娥、纖阿兩雌與吳剛共處月中"，則調笑及於明神；謂"生天、生地，乃生盤古，應稱三郎"，則嘲弄及於古帝。以至明末時事，動輒狂詈，牽及唐之進士，併詆為賊，其偵亦未免已甚也。

【彙訂】

① 書名當作《讀書雜錄》，今存清康熙十八年刻本。（周本淳：《胡震亨的家世生平及其著述考略》）

説儲八卷二集八卷（浙江鮑士恭家藏本）

明陳禹謨撰。禹謨有《經籍異同》，已著錄。是編乃其劄記。皆偶拈一二古事，綴以論説，不出明人掉弄筆墨之習。中多闡揚佛教，大抵沿屠隆《鴻苞》之派，但不至如隆之放恣耳①。

【彙訂】

① 是書隨事借物，發為奧論，閒雖涉及佛事，蓋亦不及十之一二，其大旨托微言為規諫之辭。此外偶及史事，寓意殊多褒貶。（潘景鄭：《著硯樓書跋》）

閱耕餘錄六卷（兩江總督採進本）

明張所望撰。所望字叔翹，上海人。萬曆辛丑進士，官至廣東按察司副使①。此其隨筆劄記之文，中頗有所考證，而摭拾舊文者亦多，又兼錄諧謔果報諸雜事，蓋陳繼儒《珍珠船》之類也。

【彙訂】

①《廣東通志》卷二十七《職官志一二》"提刑按察司按察使"有張所望，云："江南上海人，進士，三十八年任。"而同卷"按察司副使"中未列張所望。（胡露：《〈四庫全書總目〉子部存目補正》）

書肆説鈴二卷（兩淮鹽政採進本）

明葉秉敬撰。秉敬有《字學》，已著錄。是書乃其隨筆劄記，原分三卷。後烏程閔元衢為之重編，分十一類，併為上、下二卷，而仍載原次於卷首，以存其舊，即此本也。秉敬好為議論，而考據殊疏。如謂三代皆建寅，若周人建子則二十四氣皆錯，不知古本無"二十四氣"之名；謂《三都賦》改"草木甲坼"為"甲宅"，不知《周易》古本實作"甲宅"；謂"冰凝於水而寒於水"為《翰苑新書》論文之妙，不知本《荀子》語，昭明太子《〈文選〉序》亦嘗引用，皆失之目睫之前。至於溺信二氏，謂盲儒之議老子，如叔孫之毀仲尼，桀犬之吠堯、舜，又謂讀書不可不學禪，其言尤不可訓也。

蓬牕日錄八卷（福建巡撫採進本）

明陳全之撰。全之字粹仲，閩縣人，萬曆甲辰進士①。是編分世務、寰宇、詩談、事紀四門②，門各二卷。《世務》一門多可採，《寰宇》一門頗參興記陳言，《詩談》、《事紀》則更傷猥雜矣。

【彙訂】

①《明詩紀事》己籤卷八載全之為嘉靖甲辰進士。雍正《福建通志》卷三六《選舉志》"進士"篇云：嘉靖二十三年甲辰榜，

"陳全之,山西參政,著《蓬牕日錄》,談九邊阨塞甚悉。"乾隆《福州府志》卷三九《選舉志》亦載陳全之為嘉靖二十三年甲辰科進士,附注與上引雍正《福建通志》文全同。(曹正元:《〈四庫全書總目提要〉偶證三十例》;楊武泉:《四庫全書總目辨誤》)

②依書中卷次順序,應為寰宇、世務、事紀、詩談。(胡露:《〈四庫全書總目〉子部存目補正》)

歐餘漫錄十二卷(浙江巡撫採進本)

明閔元衢撰。元衢字康侯,烏程人①。縣有昇山,山麓有歐陽亭,故昇山一名歐餘山。元衢因以歐餘生自號,併以名其劄記。書中考證閒有可採,而膚淺者居多。

【彙訂】

① 依《總目》體例,當作"元衢有《羅江東外紀》,已著錄"。

秋涇筆乘一卷(浙江巡撫採進本)

明宋鳳翔撰。鳳翔字羽皇,秀水人,萬曆壬子舉人。是書皆載史傳雜事,而附以議論,類多迂闊。其記太倉王千戶入海見龍抱石事,則又涉於神怪矣。

燕居功課二十七卷(安徽巡撫採進本)

明安世鳳撰。世鳳字鳳引,商邱人。萬曆癸丑進士①,官定海縣知縣②。是編分二十四類,每類子目各五③。其議論出入儒、釋之閒。自謂天地之大,無不閱歷,然所見率皆膚淺。至於標題纖巧,識見偏駁,尤明代山人結習,不足深詰者矣。

【彙訂】

① 癸丑為萬曆四十一年,然康熙《商丘縣志》卷六選舉志、雍正《河南通志》卷四五選舉志,均載安世鳳為萬曆十一年癸未

科進士。（楊武泉：《四庫全書總目辨誤》）

② 康熙《商丘縣志》卷六《選舉》，癸未十一年進士有安世鳳，云："任户部主事，臨清鈔關，謫山西解州同知，遷浙江嘉興府通判。"則"官至定海縣知縣"不確。（胡露：《〈四庫全書總目〉子部存目補正》）

③ 明萬曆刻本此集前二十四卷卷各一類，類分五目，而二十五卷至二十七卷分别為戒上（戒所以養身者）、戒中（戒所以養德者）、戒下（戒所以養交者），各分四目。（同上）

仙愚館雜帖七卷（江蘇巡撫採進本）

明黄元會撰。元會字經甫，太倉人，萬曆癸丑進士。是書多剽掇佛、老浮談，而於服食修鍊尤所篤信，其名館以"仙愚"，當由於此。其他雜説引據，亦多譌舛。如"唐優宋婦"一條，謂德宗為宋主；"點陳言為佳句"一條，謂宋王珪與柳宗元論詩；"海棠無香"一條，謂彭淵材為劉淵材；"文人顯紕"一條，謂荀悦稱漢高祖字國[①]。則其他不足詰矣。

【彙訂】

① 明刻本此書卷六"文人顯紕"條作"諱邦之，字□國"。

戒菴漫筆八卷（浙江鮑士恭家藏本）

明李詡撰。詡字厚德[①]，江陰人。少為諸生。坎坷不第，年八十餘而卒。所作《世德堂吟稿》、《名山大川記》諸書，皆已亡佚。惟是編為其孫如一刊行，皆所記聞見雜説。詡自號戒菴老人，因以為名。書中稱世宗為今上，而又載有萬曆初事，蓋隨時綴録，積久成編，非一時所撰集，故前後不免於駁文也。其閒多志朝野典故及詩文瑣語，而敘次煩猥，短於持擇，於凡諧謔鄙俗之事，兼收並載，乃流於小説家言。惟記蘇軾、黄庭堅真蹟詩句，可補本集之亡佚；記劉基畫《蜀川圖》，可證《圖繪寶鑑》之闕漏；又如論《孟子》古本同異，則較王士禎《池北偶談》所摘為詳；又據《三水小牘》以證洪邁《夷堅志》之蹈襲，辨《兩山墨談》所稱蘇軾有妹嫁秦觀之誕妄諸條，為沙中金屑耳。

【彙訂】

① 據陸化淳撰《明故太學戒菴李公墓誌銘》，李詡字原德。《赤岸李氏宗譜》卷五《世表編》、《江陰縣續志》亦作原德。《赤岸李氏宗譜》載其弟李詢字原岳，李諷字原道皆可佐證。明萬曆二十五年李如之刻本、清順治五年李成之世德堂重刻本《戒菴老人漫筆》八卷，書前皆有王穉登《戒菴老人漫筆》序，云：“利城蓋有李先生云。先生名詡，字原德，有道君子也，號戒菴老人。”翁方綱所撰此書提要稿亦作“字原德”。（楊祖耕、錢永賢：《李詡生平、著述補正》；胡露：《〈四庫全書總目〉子部存目補正》；楊洪升：《李詡表字沿誤考》）

認字測三卷（浙江鮑士恭家藏本）

明周宇撰。宇有《字考啟蒙》，已著錄。是書標八十一字，每字各為疏解一篇。其義欲藉以講學，而穿鑿點畫，實則王安石之緒餘而已。既非小學，又非語錄，四庫之中，無類可入，姑附之於雜家焉。

吕氏筆弈八卷（浙江鮑士恭家藏本）

明吕曾見撰。曾見字眉陽，紹興人，由貢生官西安縣教諭。是編前有方應祥①、鄒維璉、汪慶百②、吕奇策序，蓋萬曆中人也。首二卷多説經義。其學出於姚江，詆毁程、朱頗甚，至謂伊川背師忘本。每篇各有批評,乃純用禪語,殊不免心學習氣。其餘或史論,或雜考,大抵捃摭楊慎、王世貞、陳耀文、胡應麟、焦竑諸家說部,而以議論貫串之,亦非根柢之學也。

【彙訂】

①"是編前",殿本作"是書卷端"。

②"汪慶百",底本作"汪慶伯",據殿本改。清乾隆《浙江通志》卷一百三十三《選舉十一·明進士》萬曆三十八年庚戌科韓敬榜有汪慶百,開化人。光緒《重修開化縣志》卷九《人物·質行》小傳、《明清進士題名碑錄》均作"汪慶百"。

黃元龍小品二卷(浙江巡撫採進本)

明黃奐撰。奐字元龍,歙縣人。是書分《醒言》一卷,《偶載》一卷。《醒言》皆讀書時隨筆劄記之文,所見頗為迂闊。《偶載》則鬼神怪異之事,亦多不經。

古今評錄四卷(浙江巡撫採進本)

明商維濬撰。維濬字初陽①,會稽人。世所傳《商氏稗海》即所輯也。是書皆借古事立論,不出明季纖巧之習,間有考證,每多疏舛。如論以船量物事,謂《符子》所紀燕昭王稱豕事,在曹蒼舒稱象之前。不知《符子》為符朗所撰。朗,秦王堅之姪也。其書今已佚,惟見類書所引,如關龍逢諫桀、齊景公好馬之類,皆假借古人為寓言,並無事實。維濬徒知燕昭王在蒼舒前,而不知朗在蒼舒後,殊為失考。其膚淺率此類也。

【彙訂】

①"字初陽",殿本作"字陽初"。萬曆二十八年商濬刻《徐文長三集》卷端題"明會稽徐渭文長著……商濬景哲、陳汝元起

侯同校”。明萬曆三十四年商濬刻本《隆萬兩朝平攘錄》卷首序
亦署“會稽商濬景哲父題”。

雪菴清史五卷（浙江朱彝尊家曝書亭藏本）

明樂純撰。純字思白，號天湖子，沙縣人。是書皆小品雜
言。分清景、清供、清課、清醒、清福為五門，每門又各立子目。
大抵明季山人潦倒恣肆之言，拾屠隆、陳繼儒之餘慧，自以為雅
人深致者也。

露書十四卷（兩淮馬裕家藏本）

明姚旅撰。旅號園客，莆田人[①]。其書分《核篇》二、《韻篇》
三、《華篇》、《雜篇》、《蹟篇》、《風篇》、《錯篇》、《人篇》、《政篇》、
《籟篇》、《諧篇》、《規篇》、《枝篇》、《異篇》各一。雜舉經傳，旁證
俗說，取東漢王仲任所謂“口務明言、筆務露文”之意，名曰《露
書》。然詞氣儇薄，頗乖著書之體。其《核篇》所論經義，率毛舉
掊拾，無關大旨。《韻篇》亦猥雜不倫，《諧》、《異》諸篇尤多鄙俚。
至謂屈原宜放，馬遷宜腐，以其文之繁也。僄亦甚矣。

【彙訂】

①《千頃堂書目》卷十二著錄有姚旅《露書》十四卷，云：“字
園客，莆田人。”周嬰《巵林》卷七有《增姚莆中方言》條，云：“吾鄉
姚旅，字園客，作《露書》數十卷。”周嬰即莆田人也。《御選明詩
姓名爵里六·諸家姓名爵里》、《明詩綜》卷六十九皆云其“初名鼎
梅，字園客，莆田人”。（胡露：《〈四庫全書總目〉子部存目補正》）

稽古堂論古三卷（江蘇巡撫採進本）

舊本題明張燧撰。今核其書，即從《千百年眼》中摘出。蓋
坊賈偽立此名以售欺者。鈔本尚新，是近時所依託也。

書蕉二卷（浙江孫仰曾家藏本）

明陳繼儒撰。繼儒有《邵康節外記》，已著錄[①]。是書皆雜鈔古今名物訓詁及奇文僑字可供詞藻之用者，隨筆劄記，頗無倫次。如執金吾、秦吉了之類，人所習見者，俱泛載之，徒費簡牘。又如"泥孩兒"一條出陸游《老學菴筆記》，而没其書名，亦爲攘美。至以闞止爲宰予，渾城爲渾城，陳正敏爲陳所敏，尤失考矣。

【彙訂】

① 依《總目》體例，當作"繼儒有《建文史待》，已著錄"。

枕談一卷（江蘇巡撫採進本）

明陳繼儒撰。僅寥寥數條。自跋謂"讀古人書，往往承襲譌謬"，因取目前常用之語而考據之。然亦各有所本，非心得也。

偃曝談餘二卷（江蘇巡撫採進本）

明陳繼儒撰。取其平日與客談者鈔撮成書，無他考證。所紀歷代年號一則，遺漏尤多。前有自跋云"入冬喜負暄讀書"，故以"偃曝"名之云。

明辨類函六十四卷（直隸總督採進本）

明詹景鳳撰。景鳳有《畫苑補益》，已著錄。是書《明史·藝文志》、黄虞稷《千頃堂書目》俱作《詹氏小辨》。而世所傳崇禎壬申刊本實作《明辨類函》，蓋後又改名也[①]。首列《作者辨》，以發明周子《太極圖》至蔡氏《範極十書》之旨。次《造化辨》，分理氣至異事八目。次《人道辨》，爲篇三：曰《明自》，言學也；曰《行自》，言治也；曰《適自》，言藝也。次《人品辨》，爲統二，以歷代君臣志得道行者爲《得志統》，以不能行其道者爲《齋志統》。景鳳宗耿定向之學，故所論格物致知及明明德於天下皆以知識爲良知，乖隔支離，不能窺見本體。其於當時為禪學者，雖亦斥之甚力，而中無定識，往往騎牆。如《諸子》門中謂夫子與老子同生周世，為萬古開辨局；又謂佛、老倘真能信之，亦足為清心寡欲之助，仍不免混儒、墨而一之。又稱孟子在齊，三卿往返數年，名實竟未加上下，尤放言無忌。其品藻同時諸人，每恨不為王世貞所知。蓋亦文士好名者，乃欲附講學以自重。議論高而無所歸宿，終不免於遊談無根之誚也[②]。

【彙訂】

①《明辨類函》實就《詹氏性理小辨》之原版刓改而成者。除將書名標題全部變更外，並將校閱人王元貞易為鍾惺，王序末行"萬曆二十四年王元貞序"改為"崇禎壬申孟冬朔日張溥題"。非詹氏自定。（王重民、屈萬里：《普林斯頓大學葛思德東方圖書館中文善本書志》；王次澄：《〈四庫全書總目提要〉正補二十五則》）

②"之誚"，殿本無。

澹齋內言一卷外言一卷（兩淮鹽政採進本）

明楊繼益撰。繼益字茂謙，松江人[①]。是書《內言》閒有考證，《外言》則語錄也。議論皆宗二氏。其解邵子"三十六宮都是春"句，誤以為"宮闈"之宮，殊為疏舛。欲刪《元史》一條，尤為悖謬。惟解《孟子》"泄泄沓沓"一條，引《說文》"呭"訓多言，引《荀子》"諓諓而沸"亦謂多言，證"泄"、"沓"皆多言之意，足備一解耳。末有陳繼儒跋，稱其學道有得，蓋為禪學言之也。

【彙訂】

① 依《總目》體例，當作"繼益有《煙雲手鏡》，已著錄"。

説楛七卷（兩淮馬裕家藏本）

明焦周撰。周字茂孝[①]，上元人，焦竑之子也。萬曆庚子舉人[②]。其書皆刺取諸書中新穎之語，及聞見所及可資談噱者，雜載成編，不分門類。如元微之謫通州，史無其事。論吳越改元，誤以歐陽修《五代史》與《十國世家》為二書，亦時有疏舛。其稱《説楛》者，取《荀子》"説楛勿聽"之義也。

【彙訂】

① "字茂孝"，底本作"字茂叔"，據殿本改。明萬曆刻本《焦氏説楛》卷首有"仲弟潤生"《説楛》小序云"余兄茂孝……"清道光《上元縣志》卷十《選舉志》萬曆三十一年癸卯科舉人有焦周，"字茂潛，一作茂孝，竑次子。有《説楛集》"。

② 據清乾隆《江南通志》卷一百二十九《選舉志·舉人五》、清道光《上元縣志》卷十《選舉志·舉人》，焦周為萬曆三十一年癸卯科舉人。（胡露：《〈四庫全書總目〉子部存目補正》）

譚子雕蟲二卷（浙江巡撫採進本）

明譚貞默撰。貞默有《三經見聖編》，已著錄。此書作於崇禎壬午，乃其《著作堂集》之一種。所錄祇《小蟲賦》一篇，又名《小化書》。其命意蓋取《莊子》"惟蟲能蟲，惟蟲能天"及《家語》"倮蟲三百有六十，而人為之長"二語，因即蟲喻人，分為三十七段。每段自為之註。亦《和香方》、《禽獸決錄》之支流也。

福堂寺貝餘五卷（浙江巡撫採進本）

明茅元儀撰。元儀有《嘉靖大政類編》，已著錄。此書首有自序云："崇禎三年，余守大將軍，以傲罷。為頭陀於是寺，有所感則識之。"蓋其罷官後所為也。雜記古今，語無倫次，議論亦多偏駁。

蘭葉筆存無卷數（兩江總督採進本）

明釋本以撰。本以字以軒，別號亦已，又號師嶽叟，蘇州人。書中載天啟四年董其昌所記玉璽事，則猶在其後也。又稱"先生每書竟，必令潛寫填語"，蓋潛其本名矣。是編首頁題為《蘭葉筆存》，次頁又題為《慎辭錄》。所論《淳熙祕閣續帖》，於《黃庭內景經》點畫形模，辨析絲毫，蓋即姜夔《蘭亭偏傍》之意。其餘多談書畫，亦偶及雜事。所稱引者，焦竑、董其昌語為多。中後雜載詩二十餘首，即其自作。大抵隨筆紀錄之冊，後人鈔合為帙也。其中"石頭城謠"一條，論樂府音節，穿鑿附會，殊不足據。餘皆明末山人語耳。

蒙泉雜言二卷（浙江范懋柱家天一閣藏本）

不著撰人名氏。上卷採撮陰陽五行之說，率多穿鑿附會。下卷隨筆記載，如以書家"永字八法"為合於太極兩儀四象八卦之類，亦多牽強①。

【彙訂】

① 此書乃明岳正所撰，岳氏另一著作《類博雜言》各條均見於此書，文字相同。而《總目》卷一二四《類博雜言》條提要云："此書雜論陰陽、五行及醫卜星算之說，中間論大衍之數及《皇極經世》之數，亦頗有發明。"評騭大異其詞。（朱鴻林：《〈四庫提要〉所見盛清學術偏見一例》）

束皋雜記一卷（浙江范懋柱家天一閣藏本）

不著撰人名氏。所載皆有明朝野雜事，閒及經義及音律、詩話。其中若辨"康定易儲，薛瑄不諫"，謂崔銑修《孝宗實錄》，親見祕閣舊案，瑄銜下註"以公出"，則瑄乃未嘗與其事，非不諫也。此類頗有關於史事。至所論樂律，謂六十調仲呂所生之黃鍾，僅能得黃鍾之半而差强焉。考黃鍾無半聲，旋宮所用之半聲乃變半聲也，止得四寸三分有奇，則得黃鍾之半而猶弱焉。此書云"差强"，殊不可曉。其他亦率多膚末，無足採擇。

春寒閒記一卷（兩淮鹽政採進本）

不著撰人名氏。卷末自跋稱"辛酉三月二十五日記"，署曰德水。又有錢塘厲鶚跋，謂是書頗有可觀，而疑德水為德州盧氏子。蓋以盧世㴶字德水也。案《御史題名》曰："盧世㴶，山東德州左衛軍籍，直隸淶水人。前明進士。順治元年起福建道御史，以病乞歸。"其書多錄前人佳事雋語，然頗推重李贄。

山居代膺一卷（浙江巡撫採進本）

不著撰人名氏。凡臚列山居、園居、舟居、游居、瓢居、獨居、酣居、宵居、睡居、病居十目，下引前人閒適之語以應之，意以示客，故名"代膺"。其所引書有明末陳繼儒《巖棲幽事》，而序題"丁亥夏五"，則當在國朝順治四年也。

棗林雜俎無卷數（浙江巡撫採進本）

國朝談遷撰。遷有《海昌外志》，已著錄。是書分類記載，凡十二門，曰《科牘》，曰《藝簣》，曰《名勝》，曰《器用》，曰《榮植》，曰《頤動》，曰《幽冥》，曰《叢贅》，曰《彤管》，曰《空元〔玄〕》，曰《炯鑒》，曰《緯候》[①]。多紀明代軼事，而語多支蔓。其《名勝》一門，雜引志乘及里巷齊東之語，漫無考證。《藝簣》亦多疏舛。其餘大抵冗瑣少緒，亦不分卷。疑雜錄未成之本也。

【彙訂】

① 此書足本為十八門。《浙江遺書總錄》著錄之本凡十三門，較《總目》多《營建》、《逸典》二門，少《緯候》一門，較足本少四門：

《先正流聞》、《技餘》、《土司》、《妖異》。（崔富章：《四庫提要補正》）

　　讀書偶然錄十二卷（兩淮馬裕家藏本）

　　國朝程正揆撰。正揆字端伯，孝感人。前明崇禎辛未進士，官尚寶司卿。入國朝授光祿寺丞，官至工部侍郎[1]。是編乃其讀書劄記，議論考證，兼而有之，閒出新意，而頗不免踳駁。如以"武王上祭於畢"為畢星，引《蘇竟傳》為證，未免牽合。論聯句詩二條，一以為始於《柏梁》，一以為起於《式微》，一書之中，自相矛盾。又解杜甫《丹青引》，據"先帝天馬玉花驄"句，以為至尊含笑，圉僕惆悵，乃深譏肅宗不軫羹牆之念[2]，而斥舊說之非。則不考明、肅、代三朝受終年月，而臆為穿鑿，尤固於說詩矣。

　　【彙訂】

　　① 顧炎武《聖安本紀》書左、右諭德兼翰林院編修等官程正揆、李景濂、劉正宗、張居迎降。案李映碧《南渡錄》，正揆先官尚寶司卿，後官右諭德。（李慈銘：《孟學齋日記》）

　　② "念"，殿本作"意"，誤，參清雍正程氏刻本此書卷三原文。

　　見聞記憶錄五卷（浙江巡撫採進本）

　　國朝余國楨撰[1]。國楨字瑞人，別號劬菴，遂安人。前明崇禎庚辰進士，官富順縣知縣。是編乃其入國朝以後家居所作。自序稱："生平卷帙，盡佚兵火，偶舉所憶，惝恍都如夢境。"後其子中恬分為五卷，曰《記文》，曰《記人》，曰《記物》，曰《記異》，曰《雜記》。蓋隨筆纂錄之本，大抵皆明末瑣事，閒涉荒誕，無關考證。又所作雜文並廁其中，亦非得體[2]。

　　【彙訂】

　　① 清康熙四十七年刻本題"嚴陵余國楨瑞人甫著"，作"余

國楨”誤。(杜澤遜:《四庫存目標注》)

②“亦非得體”,殿本作“亦為非體”。

餘菴雜錄三卷(兩淮鹽政採進本)

國朝陳恂撰。恂字子木,本姓曹,海鹽人。前明崇禎壬午舉人。是書雜説經義詩文,兼載碎事。其論禹治水順行一條,全攘鄭樵之説,不言所自。其引伊世珍《嫏嬛記》一條,以范雎“裹足不入秦”語為女子纏足之證①,亦失之不經。

【彙訂】

①“證”,殿本作“註”。

冬夜箋記一卷(大學士英廉購進本)

國朝王崇簡撰。崇簡字敬哉,宛平人。前明崇禎癸未進士。入國朝補選庶吉士,官至禮部尚書。是編成於康熙乙巳,皆其隨筆劄記之語。所述格言,多先儒名論,亦閒摘錄古事及同時耳目所見聞。然徵引舊聞,皆不載其出典,亦或偶然記憶未真。如“伯夷、叔齊姓名”一條,云出《呂氏春秋》及《韓詩外傳》,今二書並無此文①。案《論語疏》所引,乃出《春秋少陽篇》也。

【彙訂】

① 殿本“書”下有“具在”二字。

樗林三筆五卷(直隸總督採進本)

國朝魏裔介撰。裔介有《孝經註義》,已著錄。是書分三種。《樗林閒筆》一卷,《樗林偶筆》二卷,《樗林續筆》二卷。《閒筆》所載多息心養生之論,《偶筆》上卷多講學之語,下卷皆論史事,《續筆》則援引先儒,閒參己見,亦頗及明季時事。裔介以講學名,而是編多以二氏為宗,殆不可解。至《續筆》內稱“楊嗣昌起復入都，白帢布袍，所過驛傳蔬粳而已。剿殺流賊，不遺餘力。襄陽之破，鬱鬱而死”云云，未免為之回護，則亦不盡公論矣。

雕邱雜錄十八卷（直隸總督採進本）

國朝梁清遠撰。清遠字邇之，號葵石，真定人。順治丙戌進士，官至吏部侍郎。是編十有八卷，卷立一名。一曰《眠雲閒錄》，二曰《藤亭漫鈔》，三曰《情話記》，四曰《巡簷筆乘》，五曰《臥痾隨筆》，六曰《今是齋日鈔》，七曰《閒影雜識》，八曰《采榮錄》，九曰《飽卿談叢》，十曰《過庭暇錄》，十一曰《東齋掌鈔》，十二曰《予寧漫筆》，十三曰《晏如筆記》，十四曰《西廬漫筆》，十五曰《晏如齋檠史》，十六曰《耳順記》，十七曰《嗇翁檠史》①，十八曰《休園語林》。皆隨時筆記之文。大抵雜錄明末雜事及真定軼聞，頗多勸戒之意。惟末年尤信修鍊之說，亦閒涉釋氏，至謂《心經》是古今第一篇文字。蓋禪學、元學，明末最盛，清遠猶沿其餘風也。閒有考證，然不甚留意。如九卷載李屏山所作《西嵒集》序，稱“李義山喜用僻事，下奇字，晚唐人多效之，號西昆體。殊無典雅渾厚之氣，反置杜少陵為村夫子”。是以楊億事為李商隱事，殆唐、宋不辨。又引黃庭堅之言，謂“韓退之詩如教坊雷大使舞”，“學退之不至，即為白樂天”。是以陳師道所評蘇軾詞、蘇軾所評陶潛詩，併誤為庭堅評韓愈詩之詞，顛舛尤甚。

【彙訂】

　　①“七日閒影雜識……九日飽卿談叢……十七日嗇翁檠史”，殿本作“七日閒影雜識……九日飽鄉談叢……十七日晉翁檠史”，誤，參清康熙二十一年梁允桓刻本此書。